医药经销企业运营管理规范

潘振玲 ◈ 著

中国医药科技出

内容提要

本书根据最新版GSP、GCP、医药经销管理实践和医药经销企业相关从业人员的实际经验，从医药经销企业运营的角度，设身处地帮助医药经销企业在机构设置、人员组建、制度规划、业务管理和营销运营等各个层面，给出医药经销企业应对GSP、GCP拿来即用的措施及模板和在运行管理中存在问题的解决方法，读者可以快速而准确地掌握医药经销企业的管理要领，以进入持续、高效、健康运营的发展轨道。

本书适用于医药批发企业、零售连锁企业、零售药店、医疗机构各层面从业人员、企业管理者和从事医药培训、认证的人员使用。

图书在版编目（CIP）数据

医药经销企业运营管理规范/潘振玲著.—北京：中国医药科技出版社，2013.7

ISBN 978-7-5067-6256-4

Ⅰ.①医… Ⅱ.①潘… Ⅲ.①药品-商业企业管理-规范-中国

Ⅳ.①F721.8-65

中国版本图书馆CIP数据核字（2013）第146814号

美术编辑 陈君杞

版式设计 郭小平

出版 中国医药科技出版社

地址 北京市海淀区文慧园北路甲22号

邮编 100082

电话 发行：010-62227427 邮购：010-62236938

网址 www.cmstp.com

规格 787×1092mm 1/16

印张 36 1/4

字数 677千字

版次 2013年7月第1版

印次 2013年7月第1次印刷

印刷 北京地泰德印刷有限责任公司

经销 全国各地新华书店

书号 ISBN 978-7-5067-6256-4

定价 120.00元

<<< 前言

原卫生部于2013年1月22日公布了《药品经营质量管理规范》（2012年修订），并于今年6月1日起正式实施。新版GSP共有4章187条，与2000年版相比，新版GSP在药品经销企业的信息化管理、冷链管理和人员要求等软硬件方面都增加了许多新规定。第一，在硬件方面，新版GSP要求药品经销企业建立局域网、信息平台、数据库组成的计算机网络系统，以满足电子监管的要求。同时，要求要对药品仓库采用温湿度自动监测系统，以对仓储环境实施持续、有效地监测。第二，在药品的购销管理方面，新版GSP要求药品购销过程必须开具发票，出库运输药品必须有随货同行单（票）并在收货环节查验，物流活动要做到票、账、货相符等。第三，对医药经营企业从业人员的任职条件也提出了更高的要求，即医药经营企业的管理机构、质量管理者、采购人员和零售企业法定代表人或者负责人必须为执业药师。这意味着今后若无执业药师，药房将无法开业。第四，新版GSP实施有3年的过渡期，到2016年后，对仍不能达到新版GSP要求的企业，将依据《药品管理法》的有关规定停止其药品的经营活动。这样，医药流通企业将面临全流通环节质量标准全面提升的考验。

中国目前持《药品经营许可证》的企业已超过30万家，医药流通行业整体运营趋势呈现为：企业众多、同质化竞争激烈的特征。新版GSP对药品运营的信息化管理、冷链管理等方面的提升要求，将会增加行业整体的资金投入，对于行业内中小型企业而言，由于其自身基础薄弱、资金实力不足，或将面临被市场淘汰的风险，这将同时为大型企业带来较多市场并购的机会。在国内医药市场需求整体保持较快增长的背景下，大型医药流通企业的市场竞争力有望不断增强。

与此同时，与医药企业紧密相关的医疗机构，作为药品销售的权威指导机构和存续环境，其运营和规范的管理层级也随之提升。医疗机构的建设是医药经销企业持续运营的基本保障。本书对医疗机构的组织建设、管理职能和医疗机构的制度层面等内容进行分节阐述，以期为医药企业的运营展示可拓展的运营环境。

正是基于上述背景，编者将自己在药品经销企业从业十多年的实务经验拿出来与广大医药经销企业的各层级的人士共同分享。希望通过对国内外优秀的医药企业的运营实例和环境的介绍，能与药品批发企业、零售连锁企业、零售药店和与医疗机构的同行互勉，共同推进我国医药经销企业规范化的管理水平。

本书从医药经销企业运营的角度，设身处地帮助医药经销企业在机构设置、人员组建、制度规划、业务管理和营销运营等各个层面设计应对新版GSP规定的策略，助医药企业进入持续、高效运营的发展轨道。

本书共分为4篇，按GSP认证的顺序从药品批发企业、药品零售连锁企业、药品零售企业的规范化管理以及医疗机构的管理等内容顺序书写。在每篇中，分别按企业实务的需要从组织结构设置、岗位说明书、业务运营管理、绩效考核方案和管理制度等层面阐述。该书依据当前医药经销企业的实际情况，整合了药品经销企业的实务管理经验和相关医药企业及从业人员的实际意见。本书的内容紧扣新版 GSP、GCP，深入剖析和讲述企业运营管理中的问题，系企业经营者在新版 GSP 规范下成功把控运营管理主动权的宝贵工具书。

本书适用于医药经销企业的各层面从业人员、企业管理者、医院从业人员和从事医药企业研究、培训和运营的人士使用。

本书承蒙黑龙江省亿隆大药房有限公司质量部总经理孙衍华女士、哈尔滨市善购网络技术服务有限公司医药信息部部长何元宏先生、哈尔滨市善购网络技术服务有限公司医药信息部主任何晓妍女士、黑龙江省穆棱市统计局潘振华同志、黑龙江省科学技术情报研究所的李晓琳同志及哈尔滨理工大学软件工程师刘鑫老师的大力支持，在此表示诚挚的谢意！

限于时间和作者的水平，书中难免有疏漏之处，肯请广大读者批评指正。

编　者

2013 年 5 月

目录

第一篇　药品批发企业规范化管理

第二篇　药品零售连锁企业规范化管理

第三篇　药品零售企业的规范化管理

第四篇　医疗机构的设置与管理

第一篇

药品批发企业规范化管理 >>>

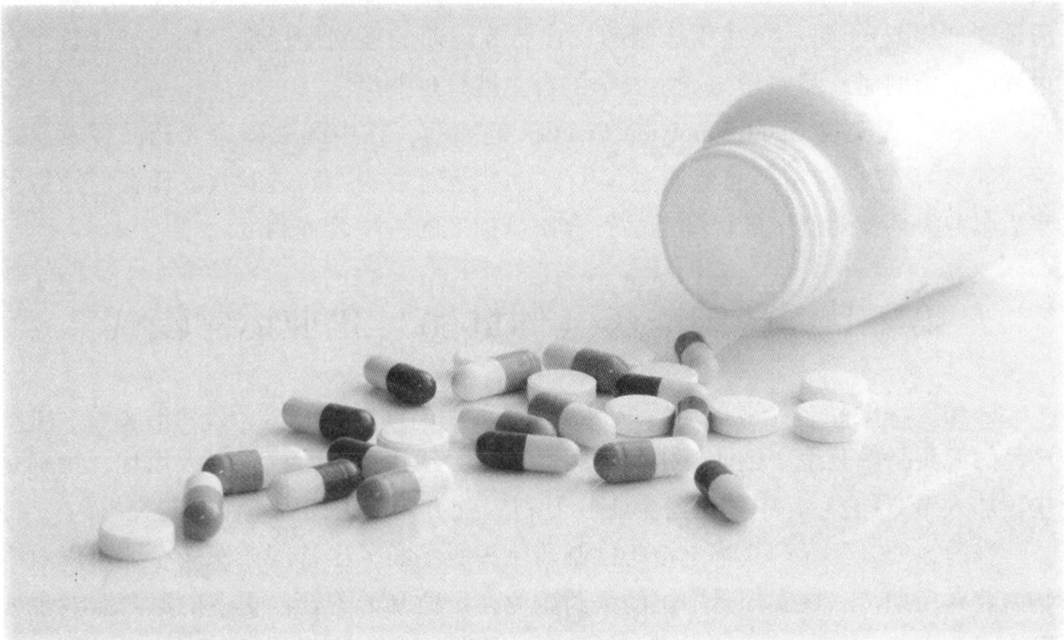

第一章　我国医药(保健品)企业运营概述

第一节　我国医药（保健品）企业运营概念

根据《中华人民共和国药品管理法》第一百零二条关于药品的定义：药品是指用于预防、治疗、诊断人的疾病，有目的地调节人的生理机能并规定有适应症或功能主治、用法和用量的物质，包括中药材、中药饮片、中成药、化学原料及其制剂、抗生素、生化药品、放射性药品、血清、疫苗、血液制品和诊断药品等。

于2005年7月1日正式实施的《保健品注册管理方法（试行）》对保健品进行了定义：保健品是指声称具有特定保健功能或者以补充维生素、矿物质为目的的食品，即适宜于特定人群食用，具有调节机体功能、不以治疗疾病为目的，并且不对人体产生任何急性、亚急性或者慢性危害的食品。随着国家对食品药品管理的规范和强化，已将其细分为药品、医疗器械、保健食品、化妆品和餐饮食品。

除非特别说明，本书所称的医药经销企业包括对保健品的经销。

医药保健流转是一个持续的过程，涉及到上游生产企业、药品批发企业、药品零售连锁企业和药品零售企业。在不同的流转环节上，他们具有不同的效能和遵守不同的质量规范。

“GMP”是英文Good Manufacturing Practice的缩写，在中国被称为《药品生产质量管理规范》，是一套适用于制药、食品等行业的强制性标准，是一种注重生产过程中实施的对产品质量与卫生安全的自主性管理制度。

“GSP”是英文Good Supplying Practice的缩写，在中国被称为《药品经营质量管理规范》。它是指在药品流通过程中，针对计划采购、购进验收、储存、销售及售后服务等环节而制定的保证药品符合质量标准的一项管理制度。

第二节　我国医药（保健品）企业运营模式

医药（保健品）企业的运营说到底是医药产品的运营和医药公司的运营。医药产品的源头是医药生产企业。中国的医药产品的现状和运营模式令人堪忧，特别是中国加入WTO之后，中国医药企业（专利）处方药缺失的困境越来越突出。

当前，处方药专利基本上被跨国制药巨头所垄断，尽管国产医药企业可以对生物制药有所期待，现实却是中国的医药企业在做仿制处方药、更多的医药企业主要是在非处方药（OTC）领域中进行拼争。结果是市场上流通的国产化学药品97%以上都是仿制药，更令人担忧的是，国内医药企业研发投入只在总销售额1%左右徘徊，广告投入却居高不下，而跨国制药巨头企业的研发投入都是总销售额的10%～20%。

从现实发展来看，中国医药企业是在迅速壮大。可是，在成长型的中国市场中，中国医药（保健品）企业的运营却有其自身独特的轨迹，存在着与中国医药工业发展道路不同的运作模式。中国医药（保健品）企业的运作模式可以概括为四种主要模式：广告导向型、品牌导向型、营销导向型和战略导向型。

一、广告导向型

一句广告词“收礼只收脑白金”颇受指责，却有畅销十年的事实，而且，这是中国医药（保健品）企业典型的广告运作模式；采用密集式的广告投放进行运作，采用大规模的广告突围和多层次花样翻新的广告来取悦消费者，一旦一个产品取得成功，便延伸其品牌的应用，或把广告运作模式嫁接到公司另外一个新的产品当中去，黄金搭档就是这种延伸模式的体现。

广告导向型的药品运营，主要体现在以广告带动销售，以宣传带动业务的拓展。中国的保健品市场曾是广告辉煌的见证。三株药业就是中国医药广告缔造的先锋，20世纪90年代，当中国的老百姓刚刚从电视屏幕上、从广告媒体上，看到药品的广告时，就会不管适用与否地全盘接纳。这些广告产品历历可数，红桃K、太太口服液、朴雪口服液、补钙产品和鱼肝油等。

广告导向型医药产品的基本特点，主要是采用多层面、全方位的广告投放来轰炸市场，2003年根据国际著名的调查机构尼尔森公司的研究报告，脑白金的广告刊投放达到15亿元。

在广告导向型的产品中，又不断地衍生形成新型的广告运营策略。很突出的是概念的炒作产品、特色的会议营销产品等，这些都曾在中国医药（保健）产品成长的大地上留下过了印迹。

在广告产品的运作上，我们可以找到新的思路，药品企业可以自营产品的广告，也可以通过广告代理公司来运作产品或企业广告。通过前者，是以企业自有投入获得市场的产品或品牌的宣传推广，然后再将产品以铺货、代理或自营等方式实现销售；而后者主要是指通过广告公司来运作自己的产品或品牌，将代理权全部下发给广告或经销公司进行产品营销运作的模式。后者可以减少广告推广的运营成本，但是企业要将产品的代理价格压低，且代理权的时间也较长。

从巨人、太阳神、彼阳牦牛骨髓壮骨粉、脑白金等广告导向型产品在中国的医药保健品市场上，着实是取得了让人瞩目的佳绩。

二、品牌导向型

品牌导向型医药（保健品）企业更多的是通过广告来塑造一个企业品牌，然后，进行企业品牌的延伸，并在企业品牌下推出新的OTC产品或保健品，在营销渠道上，辅之以零售终端的渗透，最终谋求在OTC市场或保健品市场占领较大的份额。

中国的四大名堂（北京同仁堂医药集团、哈尔滨世一堂、天津达仁堂和广州敬修堂）、鲁药集团、上药集团和哈药集团，这些都是以企业品牌成功运作医药市场的企业，因而使其在拓展自己的产品类别和经营模式上拥有更多成功的优势。

哈药集团迅速成为品牌导向型运作模式的成功典范，其"严迪"、"盖中盖"、"补雪口服液"、"新钙中钙"等通过企业品牌的延伸带动了其他产品的品牌，使其在OTC市场上占领了较大的市场份额。目前，三精制药和哈药六厂的补钙制剂规模已达到全国产量的一半左右，其中，2004年三精制药的销售收入14多亿元，是其1994年1.4亿元的10倍。

品牌导向型医药企业的运营特点是，企业的品牌深入人心，只要是这个企业生产的药品，即使是新推出的产品，也会很快被市场认可。

我们还清楚地记得本世纪前十年，六味地黄丸风靡药店的时候，只要顾客一看是"世一堂"产的六味地黄丸，就会欣然接受，不问是否曾经用过，这就是品牌效应的优势。

这种医药保健品企业品牌的销售，在中国的保健品、OTC类医药产品中久盛不衰。

三、营销导向型

营销导向型产品主要是药品生产企业将药品的经营方向定位在处方药品的初级研发、仿制药品的市场上。

医药运营企业将其产品的主攻方向锁定在仿制药市场上，锁定在医药治疗的临床上，锁定在处方药品上，这毕竟是远远高于OTC市场更持久药品企业的定位策略。而且，占领仿制药处方药品市场之后，向下渗透影响OTC市场也更为有利。

东盛药业在收购"白加黑"之后通过广告，不仅树立了感冒药的第一品牌，还在"白加黑"之上塑造了"东盛"这个企业品牌，在收购潜江制药、青海制药、山西广誉远国药、云南白药等之后积极图谋仿制药市场，在医院/医生渠道营销中迅速崛起，已经发展成为有影响力的医药企业。

石药集团的欧意药业生产的片剂（含头孢菌素类）、硬胶囊剂（含头孢菌素类）、粉针剂（头孢菌素类）是国内处方类药品的领先品牌。

哈尔滨珍宝岛药业生产的舒血宁注射液、注射用炎琥宁是临床处方类的药品，在国内处方药品是知名的品牌。经过研发进行拓展，之后其研制的复方芩兰口服液、小儿热速清糖浆，就是向 OTC 品牌的拓展实例。

营销导向型的医药企业具有一定的药品研发能力、在找准市场的营销方向后，加速医药产品的升级和研发，在中国的医药市场上，拥有一定的市场地位和营销导向。

营销导向型的产品适用于处方药产品的研发、生产和 OTC 药品的生产。

四、战略导向型

战略导向型的产品，其核心能力是“研发”，盈利框架是“前沿问题”。战略导向型医药企业就是将社会前沿问题，作为主攻方向，通过科研创新予以攻关，一旦创新得到新药，便以学术会议的方式在医生/医院中进行推广。通常，创新性的专利处方药由于疗效显著，一上市便会受到医生的大力推荐。

由于新药研发费时费力，只有一些大型医药公司才能有所突破，国内医药企业也不乏研发创新的实例。复方丹参滴丸开创了将中药混合物做成滴丸之先例，自 1994 年技术鉴定以来，已成为预防、治疗冠心病的主导药物，并且是目前国内单品种年销售额最高的中成药，自 2002 年以来，已经连续三年超过 10 亿元，其中研发创新已获国际认可，是第一个以药品身份向美国 FDA 提交临床药申请（IND）的中成药。

相比之下，国外的处方药品的研发拥有着无可撼动的地位。从全球格局来看，前十大制药公司是世界上跨国大型制药企业，其所占市场份额从 1990 年的 28% 提高到 2004 年的 48%。主要原因是得益于绝大多数处方药基本上控制其手中（处方药占全球整个医药市场的 74%），而且相信在现有专利保护条件下，其对处方药的垄断地位几乎没有超越的可能。

客观来看，中国医药企业跟随跨国制药巨头（如葛兰素－史克公司、辉瑞公司等）的发展步伐而实现“后发制人”的可能性并不大。新药研发耗时费力，非一般性医药公司所能为。对中国医药企业而言，坚定走医药研究创新的道路肯定没错，不过，对当前绝大多数的中国医药企业来说，战略导向型运作模式显然不是现实的选择，这种运营模式可能只是具备较强研发能力的巨型医药集团更上一层楼的跨越途径。

五、当前国内医药企业运营思路选择

中国医药企业的平均规模不大，对绝大多数医药企业来说，迅速做大规模而获得足够的话语权既是生存的现实选择，又是发展的前提条件，可以说，有资金的成长型企业可以选择“短平快”广告导向型的营销模式。

没有资金或产品受到限制的成长型医药企业可以选择稳健的客情管理模式，或是成长型医药企业通过一两个医药产品而获得巨额回报，而选择品牌导向型运作模式，以前期的投入获得的高利润回报而建立长效的营销体系，进而围绕营销体系而实现OTC销售规模效应的品牌运营模式，如湖北的九州通、江苏的先声药业等。

一旦拥有优势（处方）仿制药资源，这些优势医药企业就可以选择营销导向型运作模式，近十年的并购成就了不少拥有（处方）药仿制优势资源的大型医药企业，如华源、东盛、复星、远大等，正是因为有了拳头（处方）仿制药产品，这些医药企业极有可能通过医院/医生渠道的运作而获得突破式的发展。

医药产品除了上述营销模式外，还有一对一的客情或客户关系管理的运作模式、或是主作保健品柜台或特色专营店的运营渠道，如工大哈科系列保健品、糖尿病系列产品等。

第三节　我国医药企业市场经营特征

我国的医药企业经过二十多年的市场积淀，在行业特质和国家法律的统一规范下，其经营特征主要为相似性。无论是医药产品的运营渠道、运营成本、还是企业的经营模式，无不体现了行业相似性的特征。

一、国内医药企业的运营渠道

1. 国内医药企业运营渠道的相似性

凡是医药类的企业，多是根据其在医药行业中经营类别（生产类、批发类、零售连锁类和零售类），按相似的运营渠道进行运作。医药企业运营的相似性主要体现在：

（1）药品生产企业主要以招商代理、展会招商、大区营销等为其运营渠道。

（2）药品批发企业主要以零售连锁药店运营、零售店运营、地区分销渠道、特色店和商超经营等为其运营渠道。

（3）药品零售连锁企业会在物流统一配货的条件下，以加盟连锁和直营运营渠道为主。

（4）零售药店主要以零售居民、定点医保卡用户、会员卡顾客和社区民众等为其运营的对象。

2. 国内医药企业运营渠道相似性原因

医药企业运营渠道的相似性，主要有以下原因：

（1）医药企业作为特定的行业，有其统一的规范。药品生产企业的GMP、药品经营企业的GSP是其运营的基础和框架，医药类企业作为其各个环节的构成，就形成了相同或相似的运营模式。

（2）中国企业的经营特色。中国医药企业的形成有其特定的背景，虽然经过了近30年的发展，但是由于我国企业的起点低，底子薄，加上中国企业的管理水平和运营思路等方面的原因，使得中国的医药企业的运营模式相同或相近。

（3）当前的国情及市场经济发展的现状。在当前的市场经济环境下，中国离欧美等发达国家还是有一定的差距，中国的国情决定了中国企业的运营模式；中国的民众接受程度，也是产生中国医药类企业相似运营模式的背景。

二、国内医药企业经营的品种

虽然中医药传承了中国千年的文化，随着西医、西药和其他治疗方式传入我国，而中国的医药企业的市场化发展历程，却是近30年的事情。

在相同的环境下，中国的医药企业面临着相同的问题，面对着相同的环境和资源，这使得各个医药企业在经营的品种上就会产生更多相似的选择。

1. 国内医药企业经营品种的相似性

医药保健品企业经营的品种主要包括处方类药品、OTC类药品、保健品类产品和进口类药品。大部分主打品种都进入了零售终端，供货价格也差不多，主要体现在：

（1）药品的治疗症状相似。例如，同是治疗感冒，既有西药又有中药，如治疗风热感冒症状（双黄连口服液、三九感冒灵等）的药品，治疗风寒感冒类症状（同仁堂感冒清热颗粒、感冒软胶囊等）的药品，西药也有治疗感冒症状（新康泰克、伤风胶囊等）的药品。

（2）药品的有效成分相同或相似，而品牌不同的药品很多。

拿治疗感冒的西药来说，就有伤风胶囊、感冒通、感康、快克、新康泰克、白加黑等多个品牌，有效成分相似。

（3）医药经销公司的经营类别相似。

①一般的医药企业，经营的品种是OTC类药品、保健品。②规模大的医药经营企业，即可经营OTC类药品，还经营处方类药品。③符合资质的医药经营企业，即可销售处方药品，还可能销售临床类药品。

不同的医药经销企业，其经营模式可能会不同，经营的品种亦有多少之别，但基本都经营常规类药品。

2. 医药企业品种经营相似性产生的原因

（1）销售渠道。医药企业“走货”（销售）渠道是相同的，药品生产企业走医药公司、走超市（保健品）、走特色经营店等，因此，药厂向外拓展业务的渠道是相同的。

（2）进货渠道。各个医药企业的进货渠道，无非是从药厂、医药公司和药品连锁店，这样医药企业的采购渠道也是相同的。

(3) 各个上游医药公司向下游企业“放货”（销售）的渠道相同或相似。二级医药代理企业，其向下“放货”的渠道，也是相同或相似的。

这样，药厂生产的药品，就在医药运营的各个环节，通过流转（医药代理、批发企业）、分销（医药二级代理、连锁药店和医院）和零售（超市、单体零售药店）铺展出去，甚至同一品种也可以做到同步上市场、同步管理、同步升级等。

三、医药经销企业运营的费用相似

医药经销企业的运营耗费总体是相同的，可能会因为各个企业的实际操作能力不同，具体运用上会有所区别。医药经销企业的运营耗费主要体现在以下方面。

1. 采购及运输费用

医药经销企业采购费用主要包括招商采购费用、调货人员调研费用、各项需求计划申请及拨付及各个连锁店面之间供求调货（经调配中心验收、审核和调配）等采购及运输费用。

2. 储运费用

药品的储运费用包括药品采购后的搬运、储存、养护、盘点（药品盘点时需要停止销售、财务、店面和业务人员同步盘点）、损耗（近效期、损坏等）和异地销售代发货（送货至货场）等费用。

3. 人工费用

各个药品服务岗位的人员开支、劳保用品耗费、超额工时费用等。

4. 验收、出库的检查费用

与验收相关的储备库、验收出库的办公设备和器材耗费（药品升降机、验收仪器和核检单据审批耗材等）的费用。

5. 销售渠道的促销费用

各期促销活动中，分销渠道的培训与跟进、连锁药店的维护费用、零售店的促销费用、各期会员活动的组织等。

以上是医药经销企业基本的耗费。但是，由于不同企业的经营能力和管理水平的高低不同，其运作的效果也会不同，这就是不同医药企业经销效益差别的原由。

四、医药企业药品流转运营管理

（一）药品经营质量管理规范释义

《药品经营质量管理规范》Good Supplying Practice（GSP）是指在药品流通过程中，针对计划采购、购进验收、储存、销售及售后服务等环节而制定的保证药品符合质量标准的一项管理制度。其核心是通过严格的管理制度来约束企业的行为，对药品经营全过程进行质量控制，保证向用户提供优质的药品。

1982 年我国开始了 GSP 的起草工作。在经历了几年的试行后，1991 年中国医药商业协会组织力量对 1984 年版 GSP 进行了修订，1992 年由原国家医药管理局正式发布实施，使 GSP 成为政府实行医药行业管理的部门规章。2000 年 4 月 30 日对 1992 版 GSP 重新修订颁布，于同年 7 月 1 日起正式执行，其内容更具体、科学、实用和丰富。2013 年 6 月 1 日正式施行的《药品经营质量管理规范（2012 年修订)》更注重细节规范。

GSP 是我国药品流通渠道的基本准则，涉及到药品进入营销渠道的各个环节，包括药品批发、医院诊所、超市、药品零售连锁和零售药店等渠道的药品流转。

（二）药品流转运营的途径

药品的流转途径是：药品生产企业⟶药品批发企业⟶药品零售连锁企业（或药品分销商、医院）⟶药品零售企业⟶顾客（终端)。

因为药品流转企业遵守相同的质量管理规范，故其运作途径也是相同的。药品的顺序流转渠道为：

（1）药品生产企业的流转渠道多是药品批发企业。

（2）药品批发企业再向医院、药品零售连锁企业、零售药店、商超、专营药店、药品分销批发企业流转。

（3）药品零售连锁企业，通过药品配送中心，向各个零售药店（直营店和加盟店）配送药品。

（4）药品零售店是向终端顾客销售药品的最终渠道，只有零售药店、超市才具有向单体消费人员销售药品的资质。

依此顺序流转药品，医药企业在相同环节上的运作途径是相似的。

五、药品经销企业的管理

在医药经销企业的日常管理中，由于其流转的顺序和依据是相同的，且各个企业遵守统一的 GSP 质量管理体系，故其管理运作的模式基本是相同的。

所不同的是，每个企业会因业务执行人的能力不同、自身的资源和运营方式上的差别，而会出现不同的管理效果。

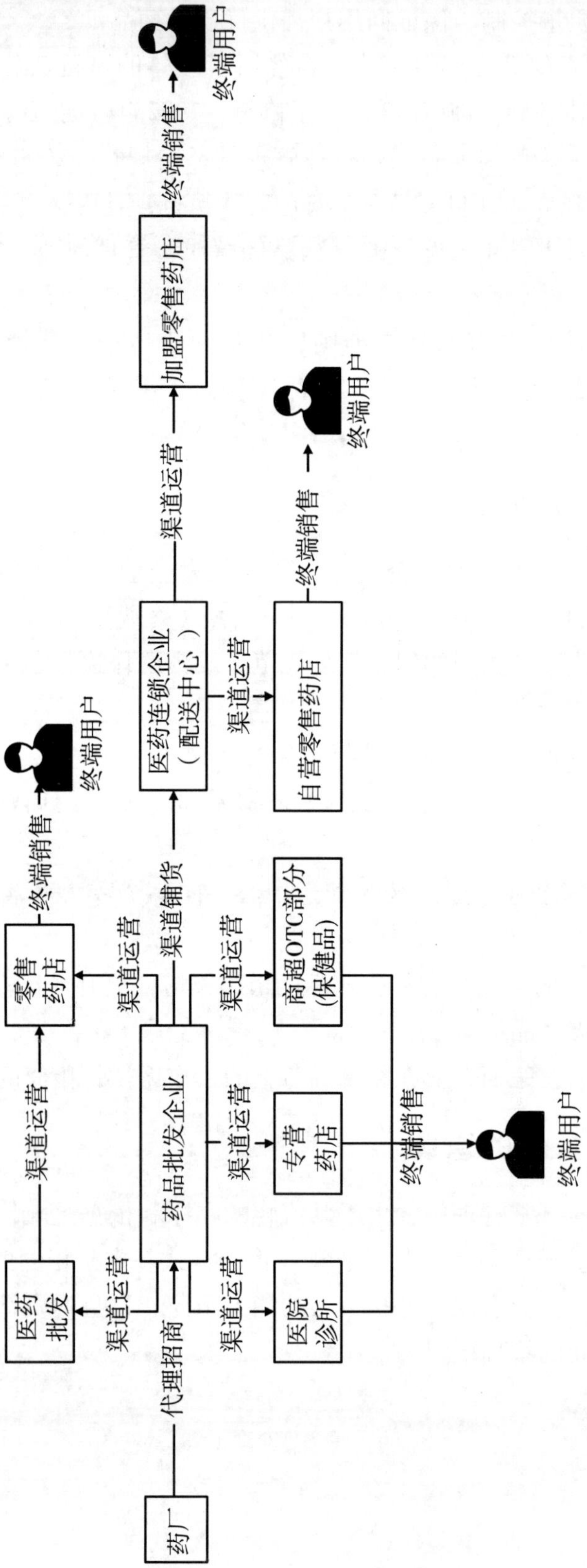

GSP体系下的药品生产、药品批发、连锁药店和零售药店中的货品流转图

第四节　医药企业的市场出路

一、医药企业的运营成本

从营销类别上看，医药批发企业是行销，药品连锁和零售药店属于被动式的坐销。无论是采用哪种销售方式，因企业运营的特征相似、同类品种较多，故其同行竞争的差异性较小，经营的好坏主要取决于其运营成本的控制能力。

医药企业的运营成本涉及多个方面，如管理运营成本、采购成本、营销成本、配送成本和储存成本等。

各个医药企业的竞争主要是在这些成本费用控制指标上。

典型的医药企业运营成本如下所示：

各医药企业运营成本调控因素比较表

项目 / 企业	医药批发企业	医药连锁企业	医药零售企业	商超卖场
管理运营成本	人工成本、办公耗材、行政费用	人工成本、办公耗材、行政费用	人工成本、办公耗材、行政费用	人工成本
采购成本	差旅费用、招投标费、验收耗材	验收耗材、采购调研、调配费用	调货成本、采购成本	配送成本
营销成本	促销费用、维护费用、培训费用	培训费用、促销费用、管理费用	营业费用、促销费用、管理费用	营业费用、促销费用
配送成本	配送成本、运输成本	配送运输、配送分拣、配送调货	无	无
储存成本	安全库存、储备耗费、仓储保障	安全库存、储备耗费、仓储保障	安全库存、储备耗费、仓储保障	安全库存

注：本表的零售药店假设不能通过非柜台配送方式进行销售；不能通过网络配送销售

二、医药企业的经营服务

医药企业的经营服务，主要是指其销售中的运营服务。在企业的经营服务中，各个医药企业，因经营品种、服务的管理水平及经营方向的侧重点等因素的差异，会有所不同。

医药企业经营服务的主要调控因素如下所示：

各医药企业的经营服务调控因素比较表

项目 企业	医药批发企业	医药连锁企业	医药零售企业	商超卖场
营销渠道	连锁药店、医院诊所、商超、分销批发企业	直营连锁药店、加盟连锁药店	终端顾客	终端顾客
主要客户	医药经销企业	零售药店	消费顾客	消费顾客
目标管理	收益/成本高、渠道覆盖、品种市场占有率	网点覆盖量、收益/成本高	客源稳定、满意度高、收益/成本高	客源稳定、收益/成本高
收益控制	销售扣点高、承担费用少	店铺客流量大、客源固定、进货成本低	店铺客流量大、客源固定、进货成本低	超市流量大、客源固定
服务管理	维护客情、促销带动经销商运营	优质服务、规范行为、形象统一	优质服务、规范行为	创优服务、提高顾客满意度
销售管理	培训知识、销售政策、销售保护	品牌管理、会员管理、促销管理	会员管理、促销管理	卖场摆放、堆头促销等

三、医药企业的流程优化

在医药经销企业的各个流程上，做好流程优化的工作，主要体现在以下方面：

1. 药厂、医药经销企业各环节实现供需平衡

通过产品产销一体化运作，即通过供应链管理SCM（supply chain management，简称SCM），使药品生产企业的产出能满足终端用户的需求。

第一，药厂投产的方向符合终端用户的需求，即终端用户的产品需求，使其产品能通过零售药店、医药连锁企业和医药批发企业，实时地传送至药厂；药厂也能根据当前用户市场的需求，生产出适销对路的药品。

第二，用户对药品的用量需求，可以根据终端零售药房、商超、医院诊所等对顾客需求量的预测，逐级反馈给零售连锁药房、医药批发企业，直至药厂，使药厂实现计划量生产，能有效地控制资源。

在医药企业各环节的具体管理中，建议每个药厂能通过各个渠道的市场调研和需求计划，实现整体流程的控制。

2. 终端用户对产品的治疗效果，能及时地传送至药品生产企业

通过销售终端的用户信息反馈，和综合有效的信息传送渠道，能将终端用户对药品的疗效等需求，及时地反馈传达到医药生产企业。医药企业能不断地根据用户的信息反馈，及时地研发、拓展药品的治疗效果。

3. 各个环节、各个渠道需求状况，可以根据市场变化通过实时动态调控来弥补

当前的药厂会通过地区保护、销售政策控制等方式，来对不同区域的药品实现个例管理，例如，不同区域的代理商，其供货价格会不同，不同时期、不同批次的药品，价格和返点程度也会有差异，地区保护就是这个现象存在的根本原因。

但是，药厂作为代理合作的甲方，在适当的时候有能力调控当前的局面。例如，当药厂统一换包装时，会在经销商间调控药品，将滞销的品种调配到销售流转程度高的区域，即实现医药产品的动态调控。

4. 医药生产企业的药品信息，能准确地传至终端用户手中

医药生产企业通过宣传海报、产品推介会、对代理商的培训，或对药品零售各端终渠道的培训支持，实现对其药品治疗原理、疗效、用法、禁忌等的准确传达，使各个终端销售渠道，能将此信息最终准确地传到终端顾客手中。

5. 各个环节的运营渠道是最优的渠道

医药质量管理体系 GSP 是一个全面、渠道划分明细的质量制度，其所确定的批发、代理、零售连锁药店和单体药店、商超等都是医药营销的最优渠道，也是规范的渠道。各个环节的医药企业，应保证在此环节上，实现最优化地运营，以达成本环节的运营目标。

在医药企业运营的各个环节上，要建立一条由终端顾客到达药厂的“绿色通道”，即一条信息通道。除使用 GSP 中的销售客户意见反馈单、缺药登记等表单外，还通过《药品市场调研信息单》和《药品订购计划信息表》来实现医药企业与用户之间的沟通。

“市场调研”是用于终端用户的，是建立长线客户关系 CRM（customer relationship management，简称 CRM）的需要；“需求计划”是本环节的医药企业向其上游供货商报送的表格，是完成企业供应链需求信息的 SCM 计划信息单。

四、医药企业的管理规范

医药企业的管理规范既是企业的规范，也是特定行业——医药企业的运营规范化。医药企业的管理规范是指在医药企业的特定流程作业中，应具体遵守的管理特质。包括：医药企业规范的组织机构、员工的岗位职能和行为规范、药品流转的质量规范、药品销售的管理规范等。

以下章节，围绕药品企业运营中的各个环节，讲述其企业机构设置、经营定位、员工行为考核与培训和业务流程优化等方面的管理规范。

附件 1

××药品市场调研信息单

填表时间（月度）：　　　　　　　　　　　　　　销售终端名称：

销售终端地址：　　　　　　　　　　　　　　　　填报人：

序号	药品名称	购买数量	同类药品种类	医保否	广告否	价格档次	顾客意见

终端描述：

成立日期：

经营类型：药品零售店□　商超□　医院诊所□　专营药店□　其他□

规模大小：面积________　经营人员________

药品经营性质：药品零售连锁□　药品零售□

经营环境：居住人群、周边环境、经营特定期间等

经营特色：保健品、一般类别、综合药品等

环境设施：会员卡、促销期设定否、公益服务台、药师职位在线服务否

注：1. 本表主要适用于最终消费的用户群体，用于反馈真实的药品需求信息。

2. 满意度，可以使用终端用户打分的形式确定，如评分为 10 是非常满意、疗效明显；9 分是较满意，疗效确切；8 分是满意，有一定疗效；7 分是良好，疗效较慢；6 分是好，小见疗效；5 分是不满意，或没疗效；4 分以下有其他的副作用等。

3. 为方便药厂了解其药品疗效信息，也可以定期向各个销售终端索要专对其药品的疗效信息统计表。

4. 该表对于安排药品生产导向、改善药品生产工艺等有积极的作用。

附件 2

××药品订购计划信息表

填表时间（月度）：　　　　　　　　　　　　需求单位名称：

需求单位地址：　　　　　　　　　　　　　　填报人：

序号	药品名称	上月销售	季度销售	上年销售	本期计划订购	配送否	结款方式

需求单位描述：

成立日期：

合作期间：

合作联系人：　　　　　　　联系部门：　　　　　　　联系电话：

经营类型：零售药店□　商超□　医院诊所□　专营药店□　药品批发□
连锁药店□　其他类型□

规模大小：面积________　经营人员________

合作评价：优□　良□　中□　差□

经营环境：居住人群、周边环境、经营特定期间等

经营级别：优□　良□　中□　差□

合作性质：全国代理□　地区代理□　渠道分销□　销售终端□

环境设施：会员卡、促销期设定否、公益服务台、药师职位在线服务否

注：1. 本表用于各个渠道向上游企业报送销售需求计划。

2. “合作评价”和“经营级别”根据上级供应商在合作中的表现、信誉、销售能力等进行评级打分。

3. 本表可以作为药品供应中，上下游企业采购的依据。

第五节　我国保健品市场运营初探

一、我国保健品市场的发展阶段

（一）我国保健品市场的发展趋势

1. 保健品市场消费者的心理

人们对保健品作用和疗效的认识回归了理性：保健品是好的商品，但是它“不治病”。

目前市场上的保健品良莠不齐的发展状况，许多炒作类品种在市场上层出不穷地运作，使许多人对保健类产品的品牌及其效果存在更多的置疑。当务之急是，保健品研发生产经营厂家需要给消费者时间和条件，以树立消费者对其保健品在市场消费观念上的信心。

保健品的价格与当地居民的消费水平是否相宜，也是影响消费者选购保健品的因素之一。从人的正常消费心理来看，保健品作为药品之外的附加消费品，在当前的市场条件下，被认为是一种“奢侈”的消费品。因此，保健品市场的消费群体定位应该更多地集中在中高收入的人群、机关事业单位及不用自掏腰包的医保卡（医保允许购买的保健品）使用人群和想提升自己礼品档次的人群。

解决上述问题，是保健品营销的关键突破点。

2. 保健品研发、生产、经营企业的经营理念

针对市场上保健品的消费者需求，作为保健类产品的研发、生产、经营企业相应也是多元化的，它们的商业运作模式更是多种多样的。在某种程度上，正是这些不同品类的保健品企业的经营理念左右着保健品市场上的消费者的心理，甚至可以说，保健品消费者的消费理念是由这些拥有自主权的运作企业的行为影响和形成的。

通过一段时间的市场分析，我们认为当前保健品研发生产经营厂家可以概括为：走品牌路线的长线保健品、走炒作道路的唯利模式的短线保健品、立足于研发创新的生产企业和追逐经营利润的代理经销商家、提供实体产品的企业和仅靠媒介推广运作的运营商等几种类型。

想在如此复杂的消费者和商家之中，找到自己的位置，寻求一种平衡，我们必须要研究市场的大环境，以从中找到我们的位置。聪明的企业，善于从市场中找到自己的着眼点，分析自己的优劣势，采用杠杆原理，利用可用之石，以轻小的力，撬起一个庞大的企业，然后站稳脚根，向前走下去。这也是我们现在最期望的企业成功之路。

现在，我将分析一下不同保健品企业的特点及其运作之路。

（1）运作品牌成功的保健品生产企业　这类企业多数是走系列产品生产经营之路，如哈药系列保健品、身心健康、千林系列、汤臣倍健系列等。

品牌运作的企业，其营销的主要原因有：①他们生产的保健品是常规类的（鱼油、钙、蛋白质粉、大豆异黄酮等），依靠单一产品的营销模式，优势不明显；②产品是保健性质的，所以，不需要也不可能看出有明显的“治疗”效果。他们认为多吃一点儿，少吃一点儿，对于身体健康没有明显的影响。因此，其采用了迎合消费者追求时尚、向往健康的心理，制作了“精品装、小瓶装、试用装、赠品装”等产品和试品。这样，当赶上消费者有保健的需求、有送礼需求的时候，他们的销售时机就来了。

（2）专营保健品的经销公司　这样的公司，通常会代理几十家、甚至上百家生产企业不同品种的保健产品，利用自己的运营渠道进行销售。通过多种经营方式，推出多种品类的产品迎合消费者的需求，使企业得以生存和发展。这样的企业很多，它们多以保健品代理公司，或是以药品经销企业经营部的形式存在。

（3）具有媒介策划能力的经营保健品的运营公司　这类企业是媒体服务公司，其既无研发能力，又无生产能力，靠得是强有力媒介宣传实力、产品整体包装策划水平、代理产品的运作，从而建立企业的知名度，产品形成品牌，进而运作一种产品，推出一个企业。其成功运作的例子也很多，如我们熟知的：21 金维他、肠清茶等。

但是，这种运作方式在产品的采购、员工队伍建设和市场管理方面都有自己的特定轨迹。

A. 保健品的生产企业需要为运营商提供低折扣（据了解，一般情况下，广告在运营商运作时，其谈判的成本为 1.5 ~2 折之间，合作时间一般为两年以上）的产品，供应者实际上是为运营商提供免费技术、服务和廉价的产品。

B. 生产企业需交出产品的市场经营权，不再能直接参与产品的销售，即生产企业俨然成为了一个保健品市场上的旁观者，除了作为其产品的生产加工者外，不再拥有该产品的市场运作权。

C. 多数情况下，生产企业还是需要付出很多成本的，即承担着产品区域经营串货管理、辖区内运营服务、技术和售后等的管理成本以及由此带来的风险。

D. 媒介合同期结束后，生产企业仍然面对着一个未来陌生的商业市场，生产企业仍然没有自己的销售团队，还要“重新”探索未来的营销渠道。

当然，这样确实可以起到产品品牌宣传的效果，达到扩大产品知名度的目的。

（4）运营推广方式　即生产厂家可以找一个广告运营公司来包装自己，但是，这种方式也是要支付大量的运作成本，而且对该运营包装的效果却不易判定。

生产企业最好是采用与广告运营公司合作的方式，以实现靠广告合作共赢的目的，既能减少广告策划的费用，又能加强对广告效果的监控保障。这种方式谈起来很好：有收益时，大家共享，无收益时，都没有“损失”。

对于企业经营能力、运作渠道单一的企业来说，（3）、（4）项运营方式，既可以减少成本支付，又可以提升企业的知名度，不失为保健品生产企业运营的参考办法。

（二）当前保健品市场的发展状况

对当前保健品市场发展状况的研究，这里主要谈以下三点。

1. 企业的市场定位

（1）明确本企业的市场定位　保健品企业主要有以下类型。

①自主研发、独立运作的产销一体化生产厂家。

②独立研发的委托代加工的生产厂家。

③独立研发，外委销售的生产厂家。

④以合作方式获得保健品专利权，通过外委加工，贴牌运营的保健品。

⑤获得保健品的经营权的保健品营销公司。

⑥仅以合作方式获取保健品的运营权利。

（2）明确本企业当前的经营特点　若以上述②项，认定企业为“独立研发的委托代加工的生产厂家。”进一步分析企业的经营特点。

例如：其经营的主要特点为：

①经营单一品种。

②暂时由厂家自己运作。

③已有传统的经营渠道。

④在市场上有销售，有很小的市场占有份额。

2. 企业发展的定位

对于动态发展中的企业来说，在不同的时期，其发展定位也会有所不同。

（1）从企业长期发展的思路来说，必须走品牌运营路线。

具有品牌经营的条件：一是，产品过硬的质量；二是，产品具有原料的稀缺性和持续发展的基础条件（养殖基地）；三是，拥有独立研发和生产委托权。

（2）从短期发展目标来看，企业必须走一条自力更生，自创自新的企业发展之路，即为“市场特色的保健品经营之路”。

短期目标与长期目标的联结点，即是企业应先自己学会找路、走路，然后在自给自足的条件下，与品牌运作人讲合作，创品牌。

3. 企业的产品定位

采用SWOT法分析本企业内外部环境的优劣势。

SWOT分析法的概念：SWOT分析最早由美国旧金山大学韦里克（H. Weihrich）

教授于20世纪80年代初提出的。所谓SWOT分析法，是一种综合考虑企业内部条件和外部环境的各种因素，进行系统评价，从而选择最佳经营战略的方法。这里，S是指企业内部的优势（strengths），W是指企业内部的劣势（weaknesses），O是指企业外部环境的机会（opportunities），T是指企业外部环境的威胁（threats）。

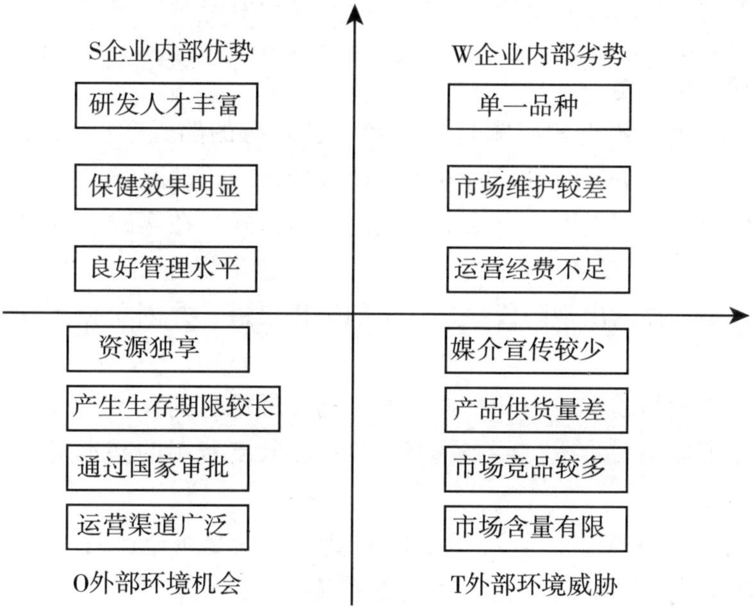

某医药企业SWOT模型分析

（1）分析公司产品的优势　例如，本公司的保健品具有的内部优势（S）：研发人才丰富、良好的管理水平、保健效果明显；具有的外部优势（O）：资源独享、产品的生存期限较长、通过国家保健品审批、拥有传统药品渠道销售的基础条件和具有第三方渠道（代理分销、商超等）运作的可能。

（2）明确公司产品的劣势　例如，产品具有的内部劣势（W）：单一品种、市场维护实力不佳、运营经费不足；外部劣势（T）：当前无大量的媒介辐射宣传、很少的产品落地接应点（产品供货能力差）、市场竞品较多和市场含量有限等。

本企业的内部优势（S）、内部劣势（W），是企业可以控制的；而外部的环境优势（O）、劣势（T），是企业无法控制，只能适应和减少。

（3）确定公司产品的定位　例如，经过分析，确定本公司的产品为：

①心脑血管类保健品。

②健康礼品。

③有利润空间的产品（对经销商）。

（三）保健品企业的运营发展阶段分析

按照企业发展的过程对市场认识的一般描述，结合保健品公司现阶段的特点及对其未来发展方向的预期，可以将保健品企业的发展历程划分为三个阶段，即起始阶段、发展阶段和持续阶段。划分依据和具体的内容如下。

1. 第一阶段：起始阶段

（1）释义　起始阶段，即是保健品开始进入市场的探索阶段，主要以吸纳和学习的态度博采众长，同时也是认识市场、认识自己的过程。这是保健品企业及其产品要走向市场的第一步。

（2）本阶段的任务

①这一阶段所要解决的问题是，走好自己已有的路，学好且用好别人成功的路，审视自己，审视市场时机，时刻找出此刻最佳的行动路线。

②自己要研究和探索不同方式下不同的宣传方式，在实践上找出主流媒介之外的其他有效且成本适宜的宣传方式（本节称为“生活媒介”）。

③在销售中，探索出现阶段最适宜走的销售渠道，并创立和完成营销渠道形成的基础工作。

④实现销售额与成本费用的在期内的平衡，最低达到收支相抵，并有节余（因为，本阶段是市场拓展阶段，要有花费，争取在收支费用的基本持平的条件下完成市场的拓展）。

（3）本阶段的特点　“学”，即以吸收为主，这是企业运营的起点。

（4）本阶段的结束标志　已有可行的宣传方式、销售渠道和收入日渐稳定的回升趋势。

（5）本阶段的时间预期　以时间段或以找到了一条适合自己发展的保健品发展之路为止为区间。

2. 第二阶段：发展阶段

（1）释义　发展阶段，是公司开始自我成长、自我壮大，不断地充实企业实力的过渡期。这是一个漫长的成长和发展过程，要进行大量具体销售任务的落实和管理的细化工作。

企业只有依托着这种高度强化的基础工作，才能创造公司未来发展所需要的资本、市场、渠道和人力等积累。

（2）本阶段的任务

①落实销售目标。

②完成市场宣传，拥有一定比例的保健品市场份额，稳定的消费客户（包括直接消费者和经销商）。

③日渐巩固的运作渠道和越来越完善的营销模式。

④与阶段发展相匹配的人力和团队建设、相应的管理软件环境等。

（3）本阶段的特点　做，踏踏实实地工作，以发展和创造性的思维来工作。

本阶段是企业的一个非常重要的实力积累阶段。

（4）本阶段的结束标志　可以依下列情况确定该阶段的结束。

①企业本部市场占有率与行业相同品类的保健品市场认知度相当。

②或销售额达到中型经营企业的水平，利润创收空间仍可开发且人力建设和管理层次与企业发展水平相宜。

(5）本阶段的时间预期　本阶段是企业漫长的发展之路，是企业财富积累和沉淀的过程，估计至少需要几年的时间或是企业认可的积累程度丰富为止。

当有了前两个阶段的市场孕育后，企业才走到了当前市场环境中，达到同行业相同或相似的水平，即进入有一定竞争能力保健品企业的运作之列，才有了底气跟运营商等进行谈判，才有权利选择和管理经销商，才能算是一个真正的研发生产保健品的企业，即才有了更多的行动和决策上的自由。

3. 第三阶段：持续阶段

(1）释义　持续阶段，即当企业走到了高速经营，独立创建自己的品牌，发挥自己的经营特色的阶段。

(2）本阶段的任务

①高起点的销售目标。

②高品位的传统媒介宣传，甚至于全国范围内的辐射，走品牌发展之路（或者继续做着“生活媒介”宣传）。

③拥有精英团队及优势起点的管理运作能力。

(3）本阶段的特点

①“走”——快速发展，引跑行业。

②独立运作品牌。

③拥有保健品经营合作的话语权。

(4）本阶段的发展标志

①企业运营品牌在国内知名，企业成为保健品行业的成功运作的新典范、行业的旗标，创造出了“市场特色的保健品经营之路”。

②销售额达到中型以上保健品经营企业的水平，利润创收、升值空间无限。

③人力建设与管理为高标准、高起点。

(5）本阶段的时间预期　估计可能需要二年及以上的时间。

（四）保健品企业如何解决市场问题

解决消费者对保健品的重新认识、重建消费者对保健品的信心，并与行业专业公司成功合作实现运营的跨越性发展，才是企业持续发展的快车道。

现对解决消费者的当前保健品市场疑问进行探讨和解答。

针对本部分“保健品消费者的心理”，建议采用以下的方式来解决：

1. 对于保健品“不治病”的共识

建议可以从“保健、无副作用、预防比治疗更有效、保健和时尚”等方面着手去对消费者进行思想渗透。或者与公益广告等合作，如“健康理念、保健相伴”等。

2. 消费者对目前保健品市场中良莠不齐的产品心存置疑

认真做市场的企业应从产品走品牌路线、地理资源性（野生、稀缺的实际情况等）的产品、长时间市场考验（运行十年，经过市场考验等）、功效前后对比和良好顾客口碑等，从这里去挖掘营销方法。同时通过消费者和为其创造的接触本企业产品的机会，使用周围人群随处可见的方式等去做深度的市场宣传，让公司的保健产品能悄然走进消费者的视线中，以“存在证明它的价值”来诠释产品的质量。

3. 保健品的价格问题

可以将意向购买人群锁定在特定人群（如中高收入的人群、机关事业单位人群、不用自掏腰包的医保卡使用和追求时尚健康消费理念的人群）中，有市场运作方向性地指导好“广泛宣传，定向购买”的营销策略。

做到拓开思路，坚持宣传与购买两条线走路，采用逐步渗透的方式，以期早日实现营销的跨越式发展。

综上所述，若公司的保健产品是走长线，建议走品牌路线的产品。所要做的工作是：创造机会，促使消费者逐步实现对公司产品认知、感受、信任，直至接受的市场营销工作。

二、保健产品的营销思路

（一）当前保健品市场的总体营销思路——维养、发展、壮大

从20世纪90年代，保健品企业的空间媒介“轰炸”，到如今人们对保健品认识的理性回归，且根据当前保健品市场公司的发展现状，并结合当前保健品市场的发展趋势，我认为中国的保健品企业的营销发展之路应该是：“维养——→发展——→壮大“之路。这种营销思路与当前保健品公司的发展阶段是相对应的。

1. 营销第一阶段：维养

（1）释义　本节所提及的“维养”，简单地讲是指维持和养护保健品公司的产品、保健品的行业市场（没有行业，就没有自身运营的市场），进而落实保健品企业的经营目标；深层次地讲，保健品企业的维养是指，通过解决当前保健品企业所面临的市场问题，使企业逐步摆脱消费者不信任的营销困境，实现企业的经营目标。

（2）原因　由于国内保健品市场的前期工作做得不好，消费者对保健品行业产生了不信任，这就需要各个保健品企业加强自身的建设，给消费者以时间和条件认识企业的保健类产品，重树消费者对保健品行业的信心。

笔者经过几个月的市场调研，认为当前困惑保健类产品销售的瓶颈如下。

一是，消费者不认知保健类产品。

二是，消费者对保健类产品的价格有疑问。

三是，人们对保健品的效果没有信心。

四是，消费者自身保健观念有待转变。

五是，市场对保健类产品的功效认识有限（不认识，不了解）。

以上情况充分表明，当前保健产品运作中的问题，已不是单纯“销”所能解决的了的，只有通过“营”才能解决问题，而且这个“营”一定要在前面，然后才能“销”，即实现真正意义上的“营”和“销”。

在当前的市场经济下，已不再是“为了销售而销售”的初级市场营销模式了，因为消费者再也不会接受你“硬塞”给他的东西，他们有了自己的判别能力和选择商品的能力，企业是在打一场真正意义上的商战。

如果企业现在仍然还是要“为销售而销售”的话，不但不能进入市场，达不到上量的目标，反而会被市场逐步抛弃，也输掉了自己的信心，最终还可能会出局。

所以，企业的当务之急是解决好包括上述问题在内的所有市场对企业营销提出的问题，“维养”好企业的市场，“维养”好企业的品牌。只有这样，才能为企业的营销打好基础，达到“水到渠成，有营自销”的目标。

（3）解决上述市场问题的思路

①让消费者认知企业的产品，做好百姓身边的宣传。

②选择有购买能力的人群和适宜的消费方式，做好价格分解式的宣传。

③抓住消费者的心理，宣传企业产品的卖点。

④利用可能的条件，在公益广告上做好“健康保健”类的行业宣传。

⑤采用多种方式，进行相关保健产品的系列宣传活动。

（4）维养的原则

①做好每期的成本与收入的计划，控制成本/收入。

②时刻分析　现阶段有多少路到了可以走的条件，有多少路还在培养和酝酿阶段，现在到底可以做什么？怎么做才是最佳？时刻选择最佳的工作方案，做到此刻的最好。

③在每个时期的营销中，应拿出几个方案进行比较，选择这个时期最适宜的方案，最适宜的路走，不好高，不骛远，踏踏实实，水到渠成。我们所做的事，就是在缩短企业营销运作的发展时间。

④多看、多学、多用，不断用思考的态度来解决营销发展中的问题。

（5）维养的目标

①实现本阶段发展中各项收入与花费的自给自足。

具体做法是：一面对以前的销售渠道做好维护和跟进工作，同时坚持以收入增长养护市场的原则，培养持续发展的市场环境。

这个养护费用包括：不断增加人员支出、不断增加的运营成本、开拓市场的尝试成本及其他活动设计实施成本等。这是一个很重要的内容，也是一个基本的运营条件。因为，企业要发展，必然会有扩张和拓展的费用，企业在每期的具体实施时，应做到基本或几个月内收益/成本的相对平衡。

②养护消费者，养护企业的品牌、养护企业的产品。

通过上述工作，完成对企业产品的宣传和市场前期的预热工作。

2. 营销第二阶段——发展

营销第二阶段的起点是第一阶段的终点，通过第一阶段——“维养”，探索出的企业发展之路以及企业的微薄积累后，才可能实现在第二阶段上快速成长。

营销第二阶段：发展，是企业财富积累的关键时期，要解决企业未来发展的后劲问题。包括：巩固企业坚实的经济实力、人力的销售水平、清晰的发展路线和企业未来运营方向等。

同时，“发展”阶段也是一个漫长的经营时期，需要做许多具体的销售和管理工作，是一个有许多事要“反复”处理、销售目标不断提升、管理层次不断提升的时期。

3. 营销第三阶段——壮大

营销第二阶段的尽头就是营销第三阶段的开始。

壮大，是保健品公司真正做回自己的时期。因为，这时企业会有自己产品的市场知名度，创造了产品的品牌价值；有了更多的市场回旋余地，有了经营的话语权，例如，可以选择合作企业、选择适合自己特点的媒介合作形式、有了国内、甚至国外扩张的基础，企业有了更多的经营自主权。

本营销阶段的销售和管理模式，应该是选择精英的团队、实现企业高管理标准的运营方式。

（二）行动思路——学、做、走

根据对保健品企业营销发展三阶段的预期，那么保健品企业的运营思路就可以归纳为：“学”、“做”和“走”三个步骤。

对于保健品经销企业，曾经走过的路都已经过去了，对于现在的市场来说，企业是在新的市场环境下开拓新的营销思路：新的市场状况、新的竞争对手、新的问题等，企业应重新审视自己的定位，要走一条自力更生的路，要走一条一步一步探索的新路，这条路，在刚起步时，会有蹒跚学步的感觉，但不会很长，因为，企业的经营方向已定，一路前行，会渐渐地清晰地看清市场的脉络，看清经营中的优与劣。从而，用辨证的思维来看待这一切，放弃一些，吸纳一些，完成从“学”到“做”的转变。

当企业在“做”过一段时间后，会积累了一些财富和经验，这时，就可以站在市场的角度上给自己定位，划定自身的市场位置，即企业到了争取更多的主动权，领跑保健品市场，有了话语权的时候了，即企业能“走”了。

企业所做的一切，只是为了短缩到达可以“走路”的时间，所做的努力只是为了那个可以自主运营的目标能早日实现。

如果有人问，是不是可以不经“学”和“做”而直接达到未来的“走”呢？我认为这是不可能的，因为路是一步一步走的。

首先，“学、做、走”是一个企业的成长周期，是一个自然过程，这犹如人的一生在不断地成长一样，没有不会走路，就会跑步的，更不会有直接就跑得很快的现象。

其次，“学、做、走”本身也是一个量变到质变的过程，只有在前一个阶段时有了一定的积累，并根据自己的条件，才能不断融和市场等多种元素，创造出我们“市场特色的保健品营销之路”，没有积累，直接跨度到下一个过程，至少我感觉有点脱离现实，脱离客观发展规律。

第三，我们必须知道，我国的保健品企业的整体底子还很薄（与行业成功的经营企业相比较），与国外的保健品企业相比较，也不具有明显的优势，在这种情况下，发展、壮大保健品公司只是现在的一个努力方向。

现在最好最实际的方法，企业只能自己勤勤勤恳恳地去学、去做、去走，除此之外，那就是等待，但是“等待”却不可能换来成绩，我们也不能期待未来市场会突然给保健品一个机会，即使未来保健品市场会有机遇，但是，这种机遇也是要给有准备的企业的，一个肢体不全，运作产品都有问题的企业，即使来了机会，也是很难成功运作的。

所说的这些，是希望保健品企业能放下等待、放下期盼，踏实去做，自己给自己找路，总之，企业是不能停下来的。即使暂时不被市场认可时，也不要气馁，企业需要不断地修正错误，清醒前行。

（三）企业营销的具体措施——可用之人、支持、时间

企业要落实对整个营销市场的调整，扭转现在的亏损和被动的局面，我认为，至少需要三个基本条件：可用之人、支持和时间。

在保健品企业未来发展的各个阶段上，这三个条件需要的比例、需要的方式和具体的内容会有所不同，但是，这些条件所实现目标只有一个：就是公司持续高效地发展。

在具体操作中，安排好企业运行各个投放比例、时间、方式、各期的收入/成本等因素，来具体落实“营销实略”。

（四）企业营销的方式——稳健、扎实、持续

针对企业未来预期阶段的经营特点，建议采用“稳健、扎实、持续”的方式来应对保健品市场的机遇和挑战。

1. 稳健

采用“以消（消是“消费”）养销，自给自足，不断充实”的思想，先是小幅度地销售投入，根据效果再进一步拓展市场，然后，不断扩充周边的市场，实现以

点带面，逐步覆盖的市场战略。

关注的要点：成本与效益、成本与评估价值、信息的反馈、总结与展望、学习与改进。

做专业的营销业务，做专业的营销市场，走自己的特色经营之路，实现多品种、多渠道、多策略的方式运营市场，创建保健品市场成功运营的典范。

2. 扎实

在企业的不同发展阶段上，采用持续的产品宣传方式，让自己的产品品牌在市场上逐步渗透至人们的生活中，逐步地被市场、被消费者、被经销商所认知，最终实现“依托市场，占有市场，走向市场”的营销之路。

踏踏实实地做事，做好做不好都要有个说法，每一步都应保证自己是向同一个方向前进的，一点儿也不能偏，更不能轻易改变大的运营方向。

3. 持续

炼好自己的基本功，坚持营销和管理工作双管齐下的经营思想，采用营销的手段来拓宽和壮大企业，采用管理的力度来巩固、发展和创新成果，使企业保持在“忙而不乱，事多而有序”理性经营的道路上。

在企业发展的各个阶段上，无论是营销的拓展工作，还是管理事务的维护，都应做好运营和管理的配合。以营销作管理的指导，用管理使营销的作用充分有效地发挥，两相配合，使营销的成果得以巩固，发展得以持续。

一个方案的实效是要经过一个过程才能看到的，这就需要周期，需要各项指标的综合反馈才能看到，所以当我们评价某项工作、某个时期的历史作用时，不能只凭单方面的指标，就轻易地否定或肯定一个方案的对与错，也不能凭某种条件下的不可以或可以，而轻易断言某个方案在任何条件下的可行或不可行。

在工作中，要坚持全面的思维观点，发展地看待问题。

三、保健品企业当前阶段的发展战略

（一）营销战略规划

从企业的长期发展思路来看：人力路线应是从“大口径”——→“小而精”的转变；市场从“小口径”——→“大口径”开拓。

从现阶段的营销导向来看：采用人力“人文”销售、“人文”广告的人力战略，采用“以点再面”的经营思路来规划企业现阶段的发展。

现阶段营销战略规划举例如下。

（1）采用“生活媒介”的市场宣传手段——宣传、宣讲并进入百姓视线。

（2）采用实体广泛的地面接应点——各渠道的销售，即各销售通路。

（3）采用套餐形式的组合策划销售——采用宣、销、合作等营销形式。

（4）转变思想、拓宽营销概念——坚持宣传与销售分开管理的模式。

坚持宣传与销售分开管理的模式，是指实施宣传与销售两条腿走路的方式，做好“广泛宣传，定向购买”营销思维的实践转化工作。突破“为了销售而宣传”，“只做宣传区域内的销售”等狭隘的营销观念，不断地以“维养、培孕”意识争取最大多数用户的潜在购买力，并不断争取宣传区内的“意向”人群向“定向”人群的转变。

（5）将服务与销售结合起来——转变传统的销售观念

现代营销人员应采取与时俱进的营销思维，不断调整自己在市场中的工作导向，生产产品的企业也不能只为产品做销售，应将增值服务作为企业营销管理的一部分，并在营销日程中占有越来越重要的比例。

企业应转变“为销而销，只销不服务”的思想，为实现企业的持续稳定的销售目标打好基础。

（6）将销售人群、营销市场细化——区分出不同级次人群的特点，并分别对待

根据营销管理的需要，可以将意向消费者区分为稳定人群、随机人群和特定人群等。可以根据基础市场发育的充分程度，将市场区分为成熟市场、待培育市场和过程市场等。针对不同的营销管理需要和市场的发展状况，营销管理人员应实时地设计出相应的市场发展策略，以应对变化中的市场挑战，争取主动权。

（7）充分调动一线员工的思维，充分发挥市场因素——避免孤立或单方面地运作市场

员工、经销商、消费者、同行，甚至于能接触于市场的路人，都应是我们营销渠道策划时，应考虑的范围。

（二）医药保健品市场的营销炒作

炒概念这回事，最初应该是由医药营销人创造的，后来屡屡引起轰动以后，逐渐被其他行业纷纷效仿，并在不同的营销领域取得了成功，比如负离子空调、立领男装、27 层净化水，以至于红外线保暖内衣等。限于笔者单一行业经历，在此只谈医药保健品概念炒作方面的一些体会。

在医药保健品营销领域，概念说白了其实就是产品的治疗机制和保健功能。好的治疗和保健效果能有力地支撑起产品品牌的核心利益点，使疗效和承诺更具有可信度，直接促进产品的销售。不好的治疗和保健效果则使患者如坠云雾，不知所云，甚至被一眼识破，落得个身败名裂的下场。

根据多年的市场实践，笔者认为，爆炒概念应做到“不黏不糊”，通常需要遵循以下 4 条法则。

1. 顺势而动

顾客在经历过无数次惨痛的忽悠后，大多数已练就一双“火眼金睛”，任你自说自话，他自巍然不动。导致的直接结果是，众多医药操盘手感觉报纸、电视、电台各种媒体都不好使了，以前一期广告能接 300 多个电话，现在连一

二十个都接不上了。事实上，今天这种举步维艰的营销环境，在很大程度上是由医药人自己过度承诺、恶性竞争等违规手段造成的，信任危机的恶果也自然由整个行业来承担。

因此，成功概念的核心通常应紧扣顾客思想中的固有认知，而不是全盘创新。只有这样，才更容易获得消费者的认可，较易突破消费者信任危机的心理防线。

以中医药理论体系为例，虽然看似繁复，其实完全可以用三个字来概括——通、排、补。

通：绝大多数人都听过并认同中医的“通则不痛，痛则不通”。所谓通，就是指气血津液运行通畅，如果局部有病变就会阻滞气血运行，形成瘀症，表现出“痛”的症状来，要做到通则不痛，就要消除瘀症，使气血运行通畅。利用“通”理论为概念载体的有万通筋骨贴、汝婷乳宁等，都取得了成功。

排：很多人看到这个字就能联想到“排出毒素，一身轻松。”可见盘龙云海应用的概念炒作是多么经典，一句话就说到人心里去了。同样借此东风扶摇直上的还有“碧生源”常润茶，与排毒养颜胶囊有异曲同工之妙。

补：男人需要补，因为他们容易肾虚；女人需要补，因为特殊的生理结构导致她们气血两亏；老人需要补，因为需要多种营养；孩子更要补，长身体的时候钙铁锌硒维生素哪样少得了！于是乎，汇仁、东阿、健特个个赚得盆满钵平。

以这些理论为基点进行概念延伸，不需要花费太多口舌说服教育，你一说，大家就都懂了。有可能成为先驱，但绝对不会成先烈。

2. 大道至简

最近，笔者看到某民营医院治疗股骨头的广告专题片，在短短一分钟里，充斥着各种艰深繁杂的医疗专业术语，还有各类英文缩写简称，笔者不禁对其广告效果产生了深深的忧虑。根据某权威机构调查结果显示，目前我国公民年平均阅读量为0.7本书，而日本是30本，足见当前我国普通大众的心态是何等浮躁，在这样的大环境下，谁会去绞尽脑汁理解那些高深莫测的广告?

你的概念越生动，越形象，越简单，就越成功，最好能让只有小学文凭的人都能轻松搞明白才好。时刻应谨记：我们是卖药的，不是做报告的。

看看下面这些似曾相识或耳熟能详的例子：“老公，烟戒不了，洗洗肺吧!”“排出毒素，一身轻松。”“养出女人好气色。”“宫内排毒，让女人心服口服。”

大而深的广告是阳春白雪，曲高和寡，没有谁愿意为自己搞不明白的东西买单。

3. 佛靠金装

前段时间，笔者参加某营销专家的品牌讲座。会议中，专家拿出了一款由其全程策划的醒酒饮品，给在座每人发了一罐（250ml），同时附带一张终端宣传三折页。抛开包装设计与产品名称不谈，当我看到其主要成分为番茄、芹菜发酵榨汁，又听见专家称其终端零售价为 15 元/罐时，不禁哑然失笑。坦白地讲，我对这个玩意儿不抱任何希望。换位思考，你愿意花 15 块钱买一小罐蔬菜汁吗？那还不如喝汇源果蔬汁。

这个东西可能真的很有效，这个价位也并非一定卖不出去。问题是，当你看到它的成分时，眼前难免浮现出农贸市场包着头巾、摆摊卖菜的大嫂，还会想起曾经讨价还价的经历。

概念炒作，一定要提升产品的价值感，否则就没必要炒作。

曾火爆大江南北的木竭胶囊，其主要成分为黑木耳多糖，是从黑木耳里提取出来的。在传播过程中，它刻意回避这一成分带给患者的低价值感，进行药理改造，改头换面，其实还是黑木耳多糖。

畅销十余年而不衰的脑白金，无非就是褪黑素而已，史玉柱给它取了个更好的名字，一下就把其他褪黑素的同类产品甩到身后边去了。

知道“再生资源回收公司总经理”吗？其实就是个收破烂的！都是一个道理。

4. 越级而立

套用第九代本田雅阁的广告语，意思是说，炒作概念一定要比竞品境界高。

在这个消费过剩的年代，顾客面临多种选择，踌躇难定、犹豫不决。这就要求营销人员，不仅仅要淋漓尽致地说出自己的好，以及为什么这么好，还要隐蔽地跟他们分析，竞品有什么不好，为什么不好。

不打压竞品，我们就无法生存下去，弱肉强食，别无选择。

我们常见很多产品喜欢在宣传品中列表，把自己跟别人做对比，一看这表格，除了自己完美无瑕，别人全都一无是处。事实上，这种作法是很狭隘，很失败的。

顾客都不是傻子，这么做的目的性太明显了，因此也就完全失去了它的作用。金无足赤、人无完人，如果我们告诉患者，我们也有小缺点，反而能搏取信任，前提是，这个缺点是完全可以容忍、可以忽略不计的。分析竞品当然不能指名道姓，但要让人看过之后就知道你说的是谁，要先肯定人家的优点，然后看似不经意地带出它的缺点，这个缺点是我们自己没有而顾客又非常在乎的。

有一次，我在国美选购电热水器，问及某品牌导购另一品牌如何，其并未百般诋毁，而是大加褒奖了一番，最后轻描淡写地来了句：“因为没有防电墙，除了可能偶尔会漏电，别的也都挺好的。”为了不被电死，我连忙掏钱买下了她家的热水器。

记不清哪位大师曾说过：这个世界惟一不变的就是变化。市场在变，营销环境也在变，永远不可能有一种套路在任何阶段、任何前提下都有效，适合市场的就是对的。

“夫兵形象水，水之形，避高而趋下，兵之形，避实而击虚；水因地而制流，兵因敌而制胜。故兵无常势，水无常形。能因敌变化而取胜者，谓之神。”希望《孙子兵法》中的这段话能带给医药界同仁们以更深刻的启迪。

（三）保健品渠道的管理思路

营销渠道管理的思路应着重于人的管理、信息的管理、策划方案的选择及实施，以及营销中问题的解决等事项。

以下从营销管理的角度阐述。

1. 营销服务渠道

企业营销服务渠道不仅在于产品的直接消费者，同时也在于经销商。

2. 营销方式

营销的方式有产品、服务、观念等。

3. 营销管理的特点

营销管理的特点：实时、应变、稳定。

4. 营销管理要处理好的关系

营销管理中的关系：历史与现实的关系、稳定与变革的关系、企业与市场的关系、成本与收入的关系、员工个人发展与企业发展的关系等。

5. 营销策略管理

营销策略管理，包括应设计出销售套餐、产品递次方案、时效备选方案等多种组合方式，进行营销渠道的管理。

（四）保健品企业的营销策略

以“营”带动“销”，通过“营销”运营的推进，解决企业产品在市场上所面临的问题，进而实现“销售”是本节的观点。

实　　例

背景

2010年11月9日，笔者任某生物保健品公司企管负责人，与新职商务代表开始第三方渠道的市场调研。

过程

最初采用传统的方式进行销售，在被调研的七家美容或健康会馆中，无一例外地全被拒绝销售或宣传，甚至电话都没有被留下；2010年11月13日，在营销政策调整后，我们做了“一销售，二宣传，三合作”营销套餐的初试，我方商务代表，又重新对上述的美容或健康会馆进行再访，情况大有改观。这些场馆们改变了上次接待时的态度，允许我方商务代表介绍产品和公司的营销政策了，其中一家健身俱乐部，主动介绍了他们店里的经理跟我们商务代表认识，并互留了电话。我方商务代表也倍感鼓舞。

结论

从上述的实例中，我们可以看到：在当今供需丰富的市场关系中，发展多种合作方式确实是一个可以尝试摆脱困境的新路子。

采用多种多样的营销方式，制作组合营销套餐。

1. 销售，现金结款。

2. 代销，压批结款。

3. 展示宣传。

4. 合作及提成。

5. 只是窗口，不备货品，但留我公司电话，需货时直接打电话向我公司订货。

6. 返利销售，对长期合作的客户。

这些都是低成本运营企业产品的可操作方式。

各个企业在实地操作时，可以根据上述内容进行细化设计，无论是方式，还是实施办法都更具有实时性。

（五）保健品企业营销管理策略

企业的营销方向确定后，就要紧跟着营销的管理策略，或者说，只有落实好营销的管理工作，企业才能实现营销的效果。

以下从营销管理的指导方面，阐述营销管理的策略。

1. 指导、培训、会议、监督，有效地落实工作

上面已经谈及了企业的发展战略、营销思路等问题，而实现这一切，却需要企业营销团队付出大量坚实的工作努力。

或许，为了一个阶段性的目标，却需要企业花费许多的人力、许多的时间、许多的心血，正如“伟大的成绩是孕育在平凡而辛苦的劳动”中一样，企业营销的阶段发展，也是“信念＋汗水＋智慧”的结晶。

企业需要踏踏实实地做好营销策划及其管理工作。

（1）做好不同渠道营销政策的制定、落实和修正工作。

（2）做好员工的教、导和帮扶等工作，建设好团队，抓好员工的思想动员工作，坚持在管理与培训上做好同步，使团队时刻“保鲜”。

（3）培训和学习应贯穿于企业运作发展的全部过程中，做到天天学习，时时进步。

2. 提成政策

为了促进营销目标的实现，企业在管理上，应做好营销人员（甚至包括代理商）销售提成政策的设计和实施工作。

在营销政策的设计上，应把握以下思路。

（1）整体观念　本公司的营销副总、拓展部主管、渠道部和直销部，甚至于仓储部发运人员均按销售额的不同比例计算提成，这样才能使团队中的每个人实现同一个方向的营销目标，并对整体营销产生促动力。

若开拓分销商的渠道销售时，可以为其代理商设定一定的提成比例，以加强其对营销目标的落实。

（2）全局观念　在维持公司各期目标的基础上，详细设定每月基本任务，计算员工个人的提成。

从全局目标开始，逐层、逐级地设计员工的提成等行为，可以保持经营的方向和具体实施政策。

（3）公平合理原则　对员工提成的设计，应做好平衡和分配。

①试用期为三个月，先按80%支付工资，若其在试用期间，其实际工作业绩达标，即可以在转正时补齐至100%工资。

②正式的员工，若某一个月未达标，而其他的月份有超标的表现，一季度取平均后业绩计算提成（从减资月计算），若平均达标，即可补齐至每月100%工资。

这样做，可以使员工有工作的劲头，不会因为某时的失误或某月的市场环境而影响其个人整体销售业绩的实现，同时，也符合市场“维养”稳定企业发展的方向，并可减少新入职的员工出现的为个人的工资而急功近利，甚至损害公司长期发展目标的行为。

③加强持续管理，提高员工工作的责任感。

未有特殊原因的，连续三个月未达到规定的销售额，公司可做出辞退或降薪处理。

3. 不同渠道销售的管理政策

企业应根据当前各个渠道的回款、销售的难易程度、业务拓展的整体规划和不同渠道中的管理问题等因素制定具体的渠道营销政策。

应关注的问题：

（1）公司的收入/成本。

（2）公司的发展战略　是否需要这块市场、现阶段所处的时期。

（3）不同渠道的货品应设定管理界线　为避免出现串货、市场抵触、货品无法调配等问题。

（4）折扣与回款的周期。

（5）公司人员维护的难易及成本的大小。

（6）与不同经销商合作的深入程度、合作方式及合作的实际或预期效果等。

（7）关注管理上的行为和销售目标达成。

①工作量的细化：分别按开拓、销售进行处理。

②让一线员工集思广义。

③发单任务落实，义务工的落实。

④调研任务的落实。

（8）各渠道信息的沟通和反馈效率。

（9）市场出现的例外情况的处理办法。

（六）保健品企业的人力资源管理调研案例

为配合企业营销发展，组建、管理和升级团队的工作效能，应进行营销团队的各项调整工作。

实　　例

背景

保健品生产企业，成立于2000年，距今有十多年了。产品是国家认证的“保健食字”产品，现有营销渠道为本地药店、保健品店、土特品店和外埠市场。随着广告投放的减少，企业的营销能力下滑。

目标

企业希望通过小成本的运作，包括：组织机构调整、营销人员的增加和小幅度促销活动等措施，逐步提升产品的营销能力。

实施过程

1. 机构设置

（1）在保持仓储、研发部等原班机构设置的前提下，调整细化营销部。

营销部增设经理一人，对公司产品的品牌建设、产品营销策略、营销政策的制订和实施承担全责。

营销部下设拓展部、渠道部和直销部三个子部，分别用于各个渠道拓展、销售和跟进工作。

渠道部下设药品组、招商组和第三方渠道（如商超、特色保健店等）次级子部，加强对外埠销售市场、特色店面的拓展和维护。

调后的组织机构如下：

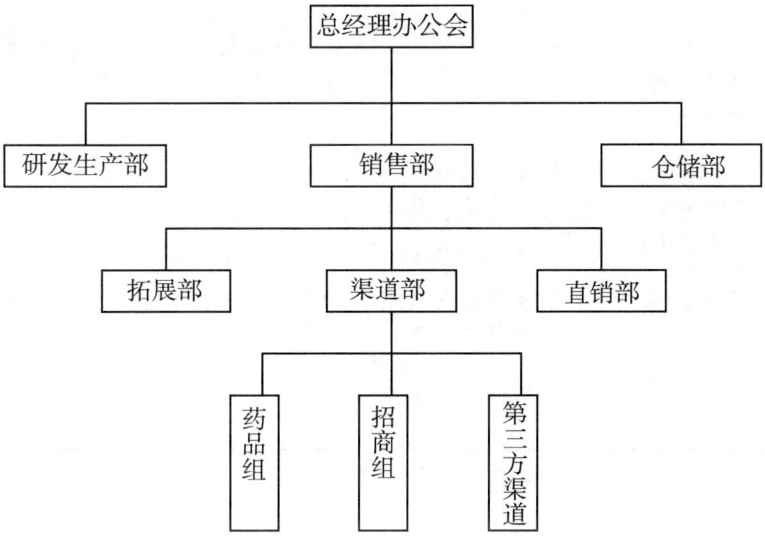

某保健品公司第一阶段组织机构示意图

(2) 总经理办公会是由总经理、企管副总和营销副总组成，以共同表决的方式领导企业的运营工作。

(3) 营销部各子部的职能。

①拓展部　主要负责企业和产品的宣传、促销活动的策划、市场营销目标的落实和其他市场信息的调研。

②渠道部　主要负责落实各期的销售目标、完成市场信息的调研、管理及团队发展建设的目标。

A. 药品组　主要完成药品类渠道的销售目标及与其他公司合作等任务。

B. 招商组　主要完成经销商等外埠市场的销售目标和其他公司合作等任务。

C. 第三方渠道　主要完成第三方渠道的拓展、销售和产品的品牌宣传及公司要求的其他任务。

③直销部　主要实现直接面向消费者、网络宣传等的销售目标等公司要求的其他任务。

销售部的人员构成及要求如下：

部门	工作内容	任职技能要求	人数
销售部	负责全面策划、销售和人员管理工作，落实销售任务	保健品类经验、策划和管理能力市场、市场调控能力	1
拓展部	产品宣传、活动策划、公司形象包装、媒介传播等	文案功底、市场理念和审美视角	1
渠道部	销售落实、人员培训、信息沟通、拟定销售目标等	市场应变、沟通反馈和协调能力	
药品组	哈市各药品企业的销售、维护、结款和促销落实等	沟通、勤奋、经验和执行力	2
招商组	本部外区域市场的营销拓展：经销商的选择、优化和维护、经销政策的拟定等	熟练的渠道运作经验、招商管理能力、谈判能力	1
第三方渠道	落实保健品第三方销售渠道，实现合作或销售意向的达成，销售任务的实现等	开拓、机敏的市场观察和执行力、沟通和合作技能	2
直销部	受理电话、网络等直接面向消费者的电话咨询、销售任务，落实公司宣传目标等	语言沟通和应变能力，积极负责的工作态度	1
合计人数			8

2. 人员组建

(1) 营销部的职位需求数量和任职要求，详见下段的“保健品公司的人力资源策略”。

(2) 销售人员设置分布

根据营销规划，暂拟定营销部的编制为8人。具体编制如下。

①高层1人　即营销副总（或营销经理），本阶段侧重于策划工作。高层管理人员占全部营销部人数的12.50%。

②中层主管2人　分别在拓展部和招商部。中层管理人员占全部营销部人数的25.00%。

③低层人员5人　其中药品组2人、第三方渠道2人、直销组1人。低层员工占全部营销部人数的62.50%。

(3) 采用丰富多样的人才录入方式

当公司有紧急用人需求时，可以采用以下用人方式。

①临时招聘专职营销人员。

②兼职营销代表。

③产品的营销代理。

④同行业或跨行业合作（合作方提供某些工作的便利，公司给予一定的回馈）。

在行业合作中，可以选择保健类行业，也可以选择广告商或其他药品渠道运营商等。

3. 人力资源管理

加强业绩考核与行为考核相结合的方式，应做到管理上细化，落实各期的考核细则。

结论

经过企业实务运作，证实该人力资源分布结构符合现该阶段企业拓展期发展的一般配置。

四、保健品企业的营销实战策略

已了解了当前市场的行情、保健品公司各阶段的目标及其公司现阶段的发展战略后，就进入了本部分“营销实战策略”中相关的管理内容了，在本段中，暂按营销实战策略和人力实战策略等两项进行阐述。

在营销策略中，一直贯彻采用“广告宣传与实体落脚支撑”两条腿走路的营销实务。本部分将分别从生活媒介、选定宣传推广方式、宣传与实物跟进和促进顾客消费观念转变等四个方面进行阐述。

（一）成本低廉，效果明显的宣传推广方式——生活媒介

在进行本部分内容阐述之前，先分别介绍一种低成本高效率的广告传输方式——生活媒介，并分析其与传统媒介方式的优势。

1. 生活媒介

(1) 生活媒介释义　“生活媒介”又称“百姓媒介”，是指在产品或企业的宣

传中，采用百姓生活中能接触到和接受的媒介推广形式，利用百姓的习惯和市场上已有的设施，使用灵活多样的内容和样式，达到在宣传的同时，使百姓受益、为公益服务的宣传推广模式。

生活媒介宣传在当前企业的市场宣传中占有越来越大的比重，也产生了良好的社会效果和市场效益，并早已引起市场上知名厂家的追捧。

例如：哈啤、青岛啤酒等大品牌产品在传统的空中媒介之外，普遍运用了给酒店做牌匾、店内公益架的“生活媒介”宣传方式；百事可乐、可口可乐等品牌也在合作客户店内的用品上大做文章；同时，在小件的生活用品上，更多的企业开始在上面“有所作为”，甚至小型的企业都在这样做，实践证实，这样做确有比传统媒介宣传更持久、成本更低廉和明显的效果。

我们对正确的事情，“要敢为天下先”（其实也不算先了，只是在保健品行业中），只有“先”才有价值，后面的就只得跟着走了。

（2）生活媒介宣传的特点

①易被大中型的公共场所接纳，公众接触面广。

②相对于传统媒介而言，宣传品在百姓或消费者手上的存留时间较长，效果更好。

③相对于传统媒介而言，能给接触者以一种关怀和亲切的感觉，也更能使产品轻松地进入消费者的视线。

④宣传成本会相对于传统媒介低许多。

综合上述，采用生活媒介宣传推广方式不失为企业迅速推广自有品牌的一个优选方案。

（3）生活媒介常用的宣传形式

①义务宣传、便民服务。

例如，保健产品讲座、健康咨询等。

②与实体店搞活动。

例如，制作超市的宣传班车表、超市的购物袋。

③掌握公司产品意向消费场所的活动时间，活动方式，或可能要做的活动，采取积极主动的方式，来做活动促销。

例如，一些保健品适合在逢年过节时使用，就可以在此段时间进行一定的促销宣传等。

④采用使百姓直接受惠的方式进行宣传，将公益服务做到百姓身边。

例如，为百姓制作日历、座垫、扇子等。

⑤其他便捷、灵活和存续时间久的方式。

例如，在公共场合，提供志愿者服务、提供产品附值赠送等。

⑥自己的店面、车辆等的移动宣传等。

（4）选择生活媒介时要把握的原则　生产媒介宣传应注意以下情况。

①人流多的场所。②有一定知名度的、公众信任的场所等。

2. 传统媒介

（1）传统媒介释义　为了区分生活媒介，也方便本部分内容的阐述，暂将使用集中的传播形式并统一付费的宣传媒介推广手段称为“传统媒介”，也可以称为“主流媒介”。

传统媒介方式，主要是指通过报纸、电视、城市空间和网络推广广告等方式进行的媒介宣传。

（2）传统媒介宣传的特点

①媒介费用高。②广告受众集中。③感慑力大。④传媒的持续性受媒介投放时间影响。

若媒介投放久，则受众的持续时间就久；否则，媒介受众效果就会消淡。

（二）选定宣传推广方式

结合保健品公司运营发展的阶段，其宣传推广的方式也应及时地调整使用。这里与企业发展的三阶段结合起来使用，暂分为“三期”方式讲述媒介宣传推广。

在宣传推广中，其构成：生活媒介①+人力资源流动宣传②+企业策划方式③+网络宣传④+传统媒介⑤。

其中，人力资源流动宣传包括：通过我公司人员的主动推介、员工日常生活中带有公司产品图案的宣传物等所进行的人力流动宣传。

企业策划方式，包括制作宣传片、彩图、光碟、POP海报等，应以“突出公司产品的闪火点，卖点”为原则。

在企业运营发展的阶段，其各部门的构成份额，会有所侧重。

（1）第一期宣传推广　考虑到成本/效益原则，可采用①+②+③+④种宣传方式，侧重于投入小，宣传效益的留存期长的推广方式。

（2）第二期宣传推广　随着企业生产经营能力的提升、产品市场份额的逐渐增加，可以适当增加传统媒介式的宣传推广的投入份额。以扩大产品的宣传范围、公众媒体传播的幅度。

（3）第三期宣传推广　随着企业经营规模的扩大，产品经济效益的提高，企业有了实力和条件增加传统媒介的份额和比例。以不断扩充市场对产品的品位、质感和环境的影响程度。

以下是2010年截止11月份某保健品生产企业花费在传统媒介上的费用统计数字。

实　　例

统计数字

截止2010年11月10日，发生的平面广告投入的市值约为20万元。最近的“××报纸”上的广告投入的费用是7.5万元，应投十六期，截止目前已刊发了十一期，仅接到三个咨询电话，意向达成客户为零。

原因分析

究其原因，可归纳为以下两点。

（1）广告制作不专业，未突出卖点，未能打动消费者的心。

（2）时下的广告，在消费者心里已产生了戒备心理，广告已不再是指导消费者选购产品的导航器了，传统广告的发布效果被读者理性地看待了。估计十六期下来，广告效果也不会太理想，也不会在消费者心里产生什么火花。

广告方式更新分析

打一个比方，假如，这7.5万元制作成生活媒介（礼品袋、台历、办公文具等）发至消费者手上，那么在老百姓手中存在时间会更长些，对该保健产品和企业应该能产生好感吧！

所以，在未来的宣传计划中，企业应转变传统的媒介宣传思维，走务实宣传的路，量力而行地选择空间媒介的宣传方式。

如果企业真有足够的条件，进行空间媒介（传统媒介）的宣传，一定要走高效、高品位的宣传之路，也不能再是不痛不痒地随便地发一个广告出去了应付我们自己的心理平衡了！本书的空间媒介、传统媒介是报纸、电视、网络、路牌等广告媒介投入方式。

（三）宣传与实物同步跟进

通过一段时间对保健品市场的调研，结合自己对当前保健品市场运作的理解，建议在产品宣传推广的同时，应跟进多种渠道的销售方式，即一定要在各个渠道上都能找到公司的产品。不然，公司已通过大量的费用建立起立起来的意向消费人群，会因找不到公司的产品，而远离你的销售目标。

实物跟进可采用“直接、快捷、多渠道、持续跟进”的原则。具体可采用如下方式。

1. 继续保持“传统药品营销渠道”

在初始阶段，侧重于对已有客户的维持。包括对药房销售渠道和招商渠道销售环境的巩固和创新。

（1）药房销售渠道　在药房销售中，主要完成企业所在地区终端药房的销售工作。企业除了应维持新老客户的药品零售渠道工作，还应不断寻找突破点，创新点，巧妙地突出“随处可见、随处宣传、宣传与销售并举”的策略，如采用：宣传彩页悬挂、相关柜台的“联合销售（相关药品同时通过口服、外用、保健等手段联合治疗)”、公司彩页的发放存留、店内包柱等方式进行促销。

（2）招商渠道　利用招商会销售时，主要完成地区外的大客户的建立、开拓和维护工作。采用“维持、回访、拓展”三结合的销售原则，争取做好指导与学习两项并举的营销工作。

2. 开拓创新“直销渠道”

建立和完善直销平台，打造直接面对第一消费者的窗口，以便建立和稳定新老用户、了解并运用第一手信息并达成持续销售的目标。

直销时应做好：受理电话咨询、售后回访（持续销售）、网络营销等直接客户端的销售，保证任何渠道的宣传都能完成终端客户需求供应的接待任务。

3. 创立和完善“第三方渠道”

本部分暂将团购、超市、保健品专卖店、土特品店、美容会馆、旅行社等方式的销售统称为第三方渠道。

经过保健品市场的膨胀和回归后，保健品市场才开始清晰地运作：潜在的客户群、健康追捧人士、时尚达人等，可能将成为保健品市场创造利润的新亮点。

营销拓展方式：直接销售、合作、联合宣传、会员卡政策、买赠等。

（四）促进消费者转变思想

转变思想，突破传统的营销框框，将“营销”理解为广义的“产品及品牌策划”、“销售产品”和“销售服务”三层意思，这与现代企业营销实务一致。

采用开放和前瞩性的思维，重新审视“营销”这个既传统又分布广泛的市场行为。让他不断创新应用，扩大其在消费者心中的感知。

本部分的观点是，“营销”是个广义的概念，涉及到以下内容。

第一，一种产品当时即完成了销售（传统观点）。

第二，销售了一种思想，一种保健的理念。

第三，销售了一种服务，一种持续和稳定的后续服务。

第四，销售了一种品味，一种形象。有时，某企业的营销宣传语“卖的可能不仅是一种产品，而是一种对健康生活的体会”。其实，宣传推广，并非一定要立即卖掉产品，更主要的是意向（甚至非意向）消费人群能对企业产生好感，能关注自己的企业和品牌，就已经很不错了。若能把自己的品牌变成行业品牌的代名词，就已经是非常成功的广告宣传了。

对营销宽泛的理解：消费认可产品，认可服务，认可企业，最后才是主动并乐意地选购自己企业的产品。

基于上述思想，在营销实务上应采取灵活的宣传和营销理念。针对不同需求的人们来说，应拿出一个全方位、多角度的营销套餐，积极地诠释企业的产品和服务，这种思维可能会成为保健品市场未来营销中的一大特色亮点吧！

五、保健品企业运营初期人力资源战略规划案例

1. 人力资源需求概括

结合保健品企业的发展阶段及其各阶段发展目标，拟定的人力发展方向为：应从“大口径粗放型”转至“小口径精细型”，市场的发展应从“小口径探索式”拓宽至“大口径开放型”。

具体人力资源战略规划如下：

时期	发展阶段	用人的取向	不同层次人员数量分布示意			
			高层	中低层	渠道分布	市场原因
初期阶段（估计2～5月）	认识市场、市场认识产品	策划为主	1～2人：策划为主	较多（据岗位需求）	拓展部(多)、直销部(多)、渠道部(适量)	扩张市场，培育市场阶段
第二阶段（持续）	有市场发展空间	销售为主	1～2人：销售为主	中层以上人员	拓展部（适量)、直销部(多)、渠道部（多）	销售拓展，稳固产品的市场占有份额
第三阶段（成熟期）	成熟的渠道、成熟的销售方式	销售为主、品牌扩张	1～2人：销售、品牌推广为主	中层以上人员，少量低层人员	拓展部（少)、直销部（多)、渠道部（多）	高起点，利润高速发展阶段，品牌拓展阶段（生产或经营系列产品等）

原因如下：

第一阶段，是一个企业被市场认可的过程，同时也是逐步认识和进入市场的过程。从公司的发展历程看，企业已能读懂市场的需求状况。这个时期，若是以空泛的宣传推广，坐在办公室里观察市场，是不能帮企业走出营销拓展的困境的。这个阶段，企业需要有大量具体的有效地联系市场的人员，使用多人力具体推动市场运作的成本是较其他方式更有效能的方式。

首先，普通的市场营销人员的成本是1500元/月左右，比起1500元/月的传统媒介费会更能直接贴近消费者。例如，直接送至顾客手中传单，一定会比远在空中的报纸更有效；走近顾客身边亲口告诉他们产品的功效，比起空洞的空中或平面广告，能让消费者更有亲切感。

其次，普通的市场营销人员，在实现销售的同时，也可以为企业带来极其珍贵的市场第一手资料，这为企业实施动态的决策提供重要的参考，这对一个拓展期的企业来说，是弥足珍贵的。

再次，拓展渠道的市场营销人员可能会为企业带来出乎意料的销售业绩，在市

场开始推广的阶段，这无疑是一份惊喜！

所以，现阶段，最好采取“大口径”的人才需求战略，是一种较其他方法更经济合理的用人思路。当未来的市场发展阶段环境转变时，这些“大口径”的人员也可为将来“小而精”稳定时期的人力需求提供备选的空间。

根据第一阶段的市场营销效果才能决定第二、三阶段的营销策略。其他阶段略。

2. 营销初始阶段的组织结构的设置和人力需求状况分布示意

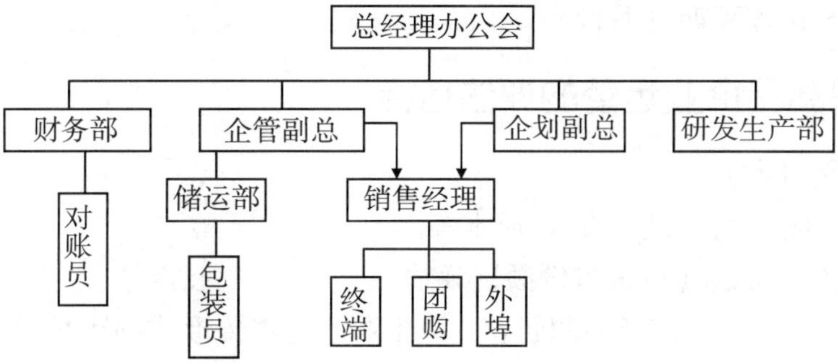

某保健品公司组织机构设置图

（1）总经理办公会　公司的决策机构是总经理办公会。

总经理办公会组成：总经理、企管副总和营销副总。负责公司重大事项的决定。

（2）总经理　负责本公司各部门工作的协调、分公司与集团事务的协调、外联事务及研发生产部任务沟通落实等。

（3）财务部　由集团派一名对账员，负责生产入库、销售出库、按期对账和销售回款等业务。

（4）企管副总　负责储运部、人力资源部、行政部和销售部考核等管理工作。

（5）营销副总　负责销售企划方案的策划、政策等市场信息的反馈、广告合作业务达成和销售工作的建议等。

（6）销售经理　落实销售目标、分析销售信息、拟定销售方案、销售员工的日常管理、审核货品的销售储备和终端及外埠的存货数量、拟定销售政策、拟定下期销售计划、完成每月销售工作总结和市场分析、负责审核和归档销售信息、配合人力资源部完成业务人员的培训和考核工作、处理并上报销售现场的重大问题、负责终端市场和外埠市场的拓展审核、督促销售人员完成配合财务部门的对账工作等销售相关工作。

（7）销售人员

①终端（药品）销售员　负责药品销售企业终端市场的信息开发、销售目标的完成、销售培训的完成、销售信息的反馈、终端信息的维护、销售回款的配合协助、根据公司的要求完成各期的考核指标等。

②团购销售员　负责土特品店、商超、本市各单位、网络客户、电话客户等的

其他药品经销企业外的本市终端的销售及回款等工作。

③外埠销售员　落实外埠意向客户的选定、外埠销售业务的跟进和维护、外埠销售目标的达成、销售回款、销售信息的反馈、公司销售政策、各项调查工作的完成及按公司要求完成各期考核指标等。

（8）仓储员　完成货品的包装、出库、货品的盘点和货品账目的管理工作、做好效期药品的报批和库存的合理储备等。

3. 成品与工作预期（月计）

六、保健品企业运营的评估指标

1. 销售量（额）

销售量（额）绝对值、收入/成本等。

2. 市场占有份额（可占有份额）评估

直销电话进线率、市场抽调问卷、海报和其他宣传形式的市场覆盖率、媒介的成本/收入等。

3. 市场认知度

与同类竞品参照时顾客问询率、销售对比量（可用价格单位计量）、销售的市场回访或口碑（包括投诉率）等。

4. 未来持续发展的基础条件建设

阶段发展评估、各渠道的营销软环境建设（人力资源、管理水平）、持续发展的条件和设施、有无待处理的市场问题等。

5. 营销队伍建设

人力资源储备、管理、培训和销售整体水平等。

成本与工作预期（月计）

新方案各项成本费用及工作预期				2010年实际做法相关数据的对比			
销售渠道	人力成本	其他支持及费用预计	效果预期	人力成本	成本费用	实际收入	收入/成本
销售部	副总1人（2500元/月）	（1）印刷品、宣传册、活动等：一般每月控制1500元内；若有合作客户可以视合作的程度增加费用 （2）选少量活动期间，配合少量的平面广告，一般每月控制在1500元内；若有合作客户可以视合作的程度增加费用	（1）使消费者、合作客户能认知产品；	—	广告（今日消费报、晨报、女人健康、妇女之友、求医问药、健身科学、老年日报、健康文摘），截止11月份年广告市值约20万，每月16667元	截止2010年11月按计提成即做销售实际确认的收入约为1万元	1/20
拓展分部	主管1人（1500元/月）		（2）收入/广告成本争取控制持平（平均持平），并实现逐步收入/成本>1				
渠道分部			（3）收入预期			平均×1.2增值	—
药品组	商务代表2人（1150×2=2300元）		期望最低销售额10000元/月/人，2人最低20000元/月	兼职维护员1人（1200元/月）		平均7674.42元/月（截止9月数据）	
招商组	主管1人（1500元/月）		期望最低销售额30000元/月	从业人员1人（1500元/月）		平均17654.62元/月（截止9月数据）	
第三方	商务代表2人（1150×2=2300元）		期望最低销售额10000元/月			9606.72元/月（截止9月数据）	
直销分部	直销员1人（1150元/月）		期望最低销售额20000元/月	兼职招商		10514.84元/月（截止9月数据）	

注：1. 本表的人工成本按基本工资计算，提成是在任务之上的附加值，故本表未计。
2. 本表的预计为最初月份的估计数，各月会有所调整。
3. 本年预期数应取平均值，可以以一个季度作为一个平均值计算。

第二章 药品批发企业的组织结构设计

第一节 药品批发企业组织结构设计的基本概念

一、企业规范化管理概述

企业管理规范化的实质就是通过规范去约束和引导员工的行为，从而组成一个包括全员的、全过程的、全方位的覆盖整个企业经营管理活动的规范网络体系，使整个商业企业处于稳定而有秩序的运行状态。

二、药品批发企业概述

药品批发企业的组织是为了实现药品生产企业对其他药品的再生产或经营企业的销售传递的过程，将开拓市场，维护市场运作的过程进行分解，建立各部门协调合作关系并承担相应权责利关系的有序组织的统称。

药品批发企业组织结构的设计是一项合理安排各种药品运营渠道、管理机构和人力资源结构，实现业务流转存储等资源调控的管理方案。

三、药品批发企业管理结构设计的要点

药品批发企业组织结构设计因其承载了更多的引入和分销功能，在组织的结构设计上更倾向于业务管理功能。

药品批发企业组织结构设计的要点如下。

（1）以吸收代理新品种，并扩大分销渠道为主要工作方式。

（2）不断调整业务人员的工作方式和分销政策是企业重要的利润源泉。

（3）工作的形式多以文件合同的订立为成交的方式。

（4）日常工作中更多强调的是药厂证照批文的核查和转批。

（5）业务员管理工作是企业基层管理的重点。

（6）采集药厂信息，分销商的信息是批发企业重要的工作。

（7）向药厂反馈市场信息，调整药品的投放方式等。

（8）由业务员根据企业的政策和要求协助渠道的分销商的销售及日常运作。

（9）对业务员的管理是行销人员的管理模式。

（10）药品批发企业根据业务量的多少和销售渠道的不同方式来决定设置仓储部门或设置仓储部门的方式。

（11）根据业务员及批发企业工作方式设置相关的组织结构。

四、药品批发企业深层挖掘不断巩固的管理模式

（1）新药代理后，经过市场开拓等运作后产生了销售渠道；以后同品种的市场运作都可以不断进行持续的市场维护。

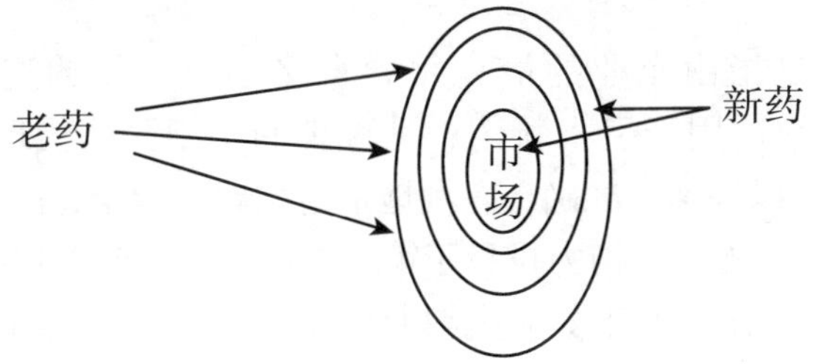

（2）药厂又生产出新药，批发企业仍可以根据药品的性质在原有的销售渠道上铺货或放货。

（3）同时又可以根据新药特点开拓新的销售渠道。

（4）批发企业不断开拓，维护的销售渠道均归该企业所拥有，原药品可以使用新开拓的销售渠道，新药品也可以使用原有的销售渠道。

综上所述，所谓的深层挖掘是指由新旧药品不断引入而不断拓展的销售渠道；不断巩固则指因为新旧药品不断销售而对原有的销售渠道不断联系、巩固和深化。

可见：医药批发企业希望并必须建立持续恒定的联谊市场，而非药品零售企业的随机稳定的市场。

注：这里的持续恒定的联谊市场指批发企业不断形成的稳定客户关系；

这里的随机稳定的市场是指零售企业在销售中形成的对某一区域居民用户等形成的在一定时期相对稳定的终端用户关系。

五、药品批发企业管理设计中应注意的问题

（1）从引入新药、开拓市场流通运转的规范化场景来布设组织机构。

（2）各部门分工明确、考核细致、工作才有效。

（3）各部门的岗位组成，职责分化在不断完善更新中发展。

（4）各部门内部，各部门间以快速准确、完整传输信息为考评的标准之一。

（5）各部门内，各部门间以自然的沟通协调为主要的调整方式。

（6）协调、牵制、沟通是各部门联系和发展的主要方式。

（7）有利于上情下达和下情上传。

（8）有利于各岗位的人员施展才华，表达思想。

第二节　药品批发企业组织结构的主要形式

一、直线型组织结构

直线型组织结构是指由企业的最高领导直接参与产品的选定和销售渠道的拓展、维护等全过程。它适用于引入新药、品种少的小型医药代理企业。

直线型组织结构可以快速、准确、有利地下达领导的指令，但由于领导直接参与了企业日常销售的过程，而无太多精力投身于策略的制定上，会影响到企业的长远发展。

因此，直线型组织结构在批发企业创业之初或规模较小时适用。

直线型组织结构图如下。

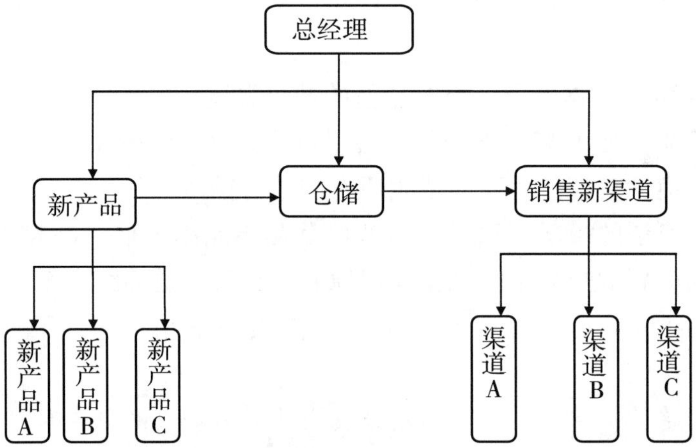

直线型组织结构图

二、直线职能型组织结构

直线职能型组织结构是直线型组织结构的延伸，虽然总经理仍直接参与公司各部门事务的管理，但总经理身边的职能部门可为总经理的决策提供参考和建议，可以提高公司决策的效率和效果。

但总经理仍是公司各部门工作的主要参与者，未真正摆脱繁重的业务工作。

直线职能型组织结构图同直线型，但总经理之下有职能部门。

三、事业部型组织结构

批发企业将各个代理品种分为若干个事业部，分别由各个事业部独立操作。领导在职能部门的参谋下分别管理，并独立运作各个事业部的工作。

事业部制适用于按药品的品种独立管理的组织结构。它可以分别体现出各种产品的盈亏、渠道运作信息的反馈等事项。

事业部型组织结构图如下。

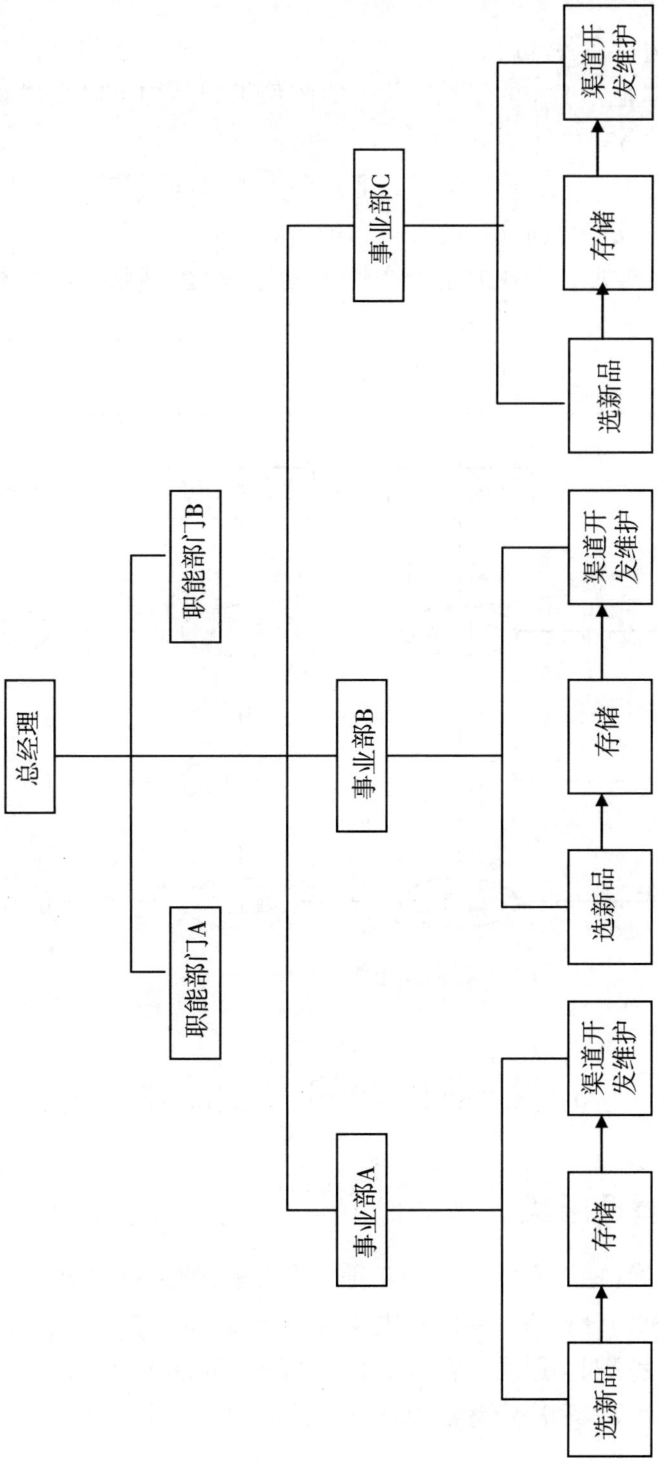
总经理
职能部门A
职能部门B
事业部A
事业部B
事业部C
选新品
存储
渠道开发维护
选新品
存储
渠道开发维护
选新品
存储
渠道开发维护

事业部型组织结构图

四、矩阵型组织结构

矩阵型组织结构指在各部门、职能部门和各项目的相互参与下，由领导组织完成各个单元系统具体业务工作的组织结构。矩阵型组织结构可以实现职能部门与业务部门之间的协同业务。

在医药批发企业中，在领导决策后，通过各个项目部门和职能部门的项目开发和维护作业，同时完成多个新项目的开拓和创新。

随着项目数量的增加，企业的组织结构会形成一个丝网状、向外不断伸展的空间链接。

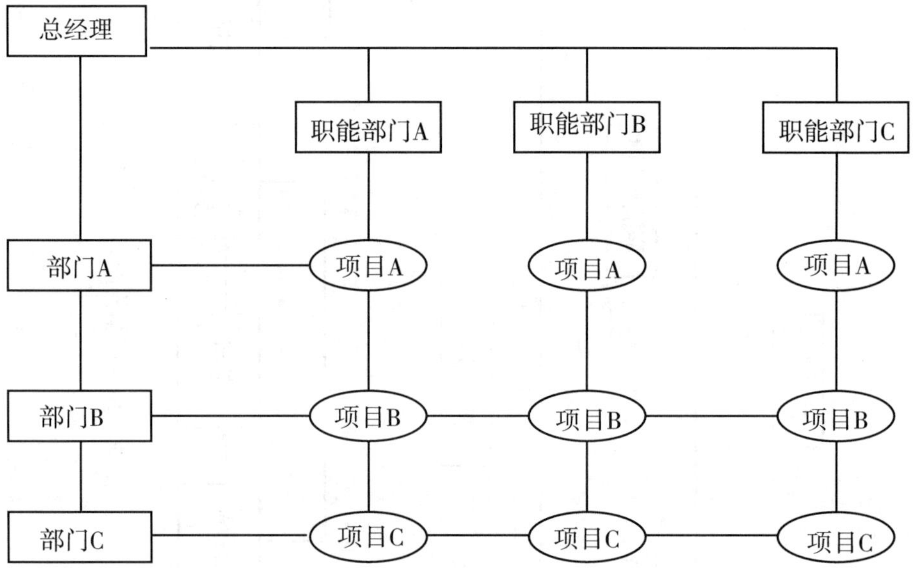

矩阵型组织结构图

第三节　药品批发企业的主要职能部门设置

一、公司的管理层次

药品批发企业的管理层次的确定，有利于从总体上把握管理的侧重点。一般的药品批发企业管理机构设置三个层次：决策层、管理层和基层。大型的医药批发企业的管理层次可以设置四个层次：在基层和管理层之间加上高管层，以全面细化地落实对公司总体方针政策和决定等。以下分别按高管层、中管人员、基层管理人员和基层四层次分别详述如下。

（一）高管层

高管层是公司决策的主要辅助部门，同时也是全面细化地落实对公司总体方针政策和决策的重要层级。高管层主要由行政总监、业务总监（采购与物流）、财务总监和营销总监等组成。

高管层的管理幅度及作用如下所示。

（1）各业务骨干组成的高管层是决策的辅助层，其负责根据其分管的业务类别，汇总上报的本职能部门的信息，并提供相应的决策拟案。

（2）高管层既能协助公司制定公司的发展规划，又能完成公司下达的深化工作监控的职能。

（二）中管人员

中管人员是指实施公司各项规划、制度和业务指标管理的人员。中管人员负责拟定、解释、指导和实施本部门或专项任务的具体落实方案，也是企业管理的上情下达、下情上传的关键部门。

中管人员由各部门经理组成。

管理幅度及作用如下。

（1）中管人员是公司战略方针的落实者，公司战略方针，只有通过中管人员的转化，才能成为可以操作的方案。

（2）中管人员是将公司及高管的意图转变为员工行为的转换器。

（3）中管是公司工作的主要执行者，公司业务能否顺利开展、业务能否扩大、效益能否提高，在很大程度上，取决于中管人员对基层人员的目标要求及其管理水平。

（三）基层管理人员

基层管理人员是指具体实施工作的单元管理指导员，包括各项目的组长、班长。

基层管理人员的管理幅度及内容如下。

（1）基层管理人员是公司所有指令的最终管束和指导者。

（2）基层管理人员直接参与具体工作，基层管理人员的工作能力及管理能力将直接影响管理的结果。

（3）基层管理人员一般为员工的直接主管，其工作的过程及其成果将对员工的行为起到指导和示范作用。

（四）基层员工

基层员工是指需要对自己担负着的具体工作实施管理的员工，包括各部门的全部员工。

基层员工的职能如下。

(1) 公司的所有指令的最终落实者。

(2) 对公司文化的认可度和其工作能力将直接影响其工作的成果。

二、与各层次相应的管理结构的设置

一般批发企业的管理结构依次如下。

第一层：决策层——总经理，包括由各部门管理最终负责人组成的管理委员会。

第二层：高管层——各业务的分管负责人，包括行政人事业务、财务资产业务和采购销售业务。

第三层：管理层——各部门的部门负责人，包括业务部（采购部、销售部、仓储部）、企划部、人力资源部和行政部。

第四层：基层工作人员，包括业务员、信息调查员、文员、保管员、保安员等。

三、各业务岗位的具体职能

按业务分项设置的管理部门分别是：企划部、采购部、库存业务部、销售部、电话销售部（话务部或信息管理部）、售后部、行政人事部。

在每个部门内部的组成及具体职能如下所述。

1. 企划部

企划部是公司重要的职能部门，它负责企业发展方向和销售渠道的整体规划、各期销售方案及营销计划的制定、总结等工作。

同时也对企业广告媒体的发布方式进行选择与管控。

2. 采购部

采购部是药品信息、市场供求信息、各类产品的功价效对比及分析的决策部门，是对采购药品的进货方式、价格、新货谈判及定价的业务部门。

3. 库存部

库存部是药品储备、配送的部门。库存部设有进货手续验收处、产品验收处、库存品类管理区，是负责产品出入库数量、存运计划、效期记录和不良信息反馈的部门，其按 GSP 质量管理的要求设置。

4. 销售部

设有招商部、销售部和清欠部（大型医药经销企业设有专职的对账清欠部门）。

(1) 招商部　招商部负责对所辖区药品的招商工作和销售渠道管理。具体包括选择意向合作代理商，确定最佳的合作方和合作条件，并通过谈判促使此条件的达成；另一面工作是通过业务员到市场开拓新客户，如与各个适宜渠道的意向销售场所负责人谈进店、进诊所、进医院、进商超（OTC、保健品）等事宜。

对于批发企业来说，此部门为最重要的工作部门。

（2）销售部　销售部负责在确定的销售渠道上，进行持续地销售开拓服务、跟进和增量销售。

（3）清欠部　主要完成与客户之间应收账款的对账、清理回收工作。

5. 电话销售部

电话销售主要是一种坐销的方式。

电话销售部与招商处的区别是：招商部以主动打电话寻找意向客户为主，电话销售部是以客户打电话来购买或对已确定销售行为进行跟进和回访。

现在许多药品经营企业运用广告媒体向社会传递着自己药品信息和电话，在自己有意向购买者或有兴趣的代理商打来电话或登门拜访时，努力促进销售合作；同时也会主动打电话寻找意向合作者。药品公司的话务员主要承担这个角色。若是前期准备工作多，则后期销售主要以维护市场的坐销方式为主。

所谓前期工作包括媒体的宣传运作和自己通过媒体的寻找合作机会两种工作信息来源渠道。

第一种媒体运作主要是通过精心策划的媒体推介手段，采用或空中或地面或平面等多种方式，将产品的功效信息传达给意向客户，当意向客户产生了积极的合作行为时，即表明前期工作是成功的。

第二种信息合作方式是通过报刊、杂志、网络等多种方式寻找意向合作者，说明合作意向并促成合作。当形成需求意向后，就会有电话进线请求购买或咨询，于是销售的中心转变为坐销。

话务坐销与柜台坐销的区别是：话务坐销是非对面的销售。

6. 售后部

不少的业绩优良的医药经销企业均设有售后部，这一方面是解决销售后出现产品不良信息的反馈问题；另一方面也可以实现对客户的持续销售，以便扩大销量，维护与客户之间的良好关系；还有，通过售后部门还可以对业务部的销售工作进行有效的监督。

7. 行政部

行政部负责管理员工的后勤、办公用品、会议档案及卫生纪律等的管理工作。人力资源部负责企业职能设置、员工素质能力培训、工作效果绩效考核与评估以及薪酬福利政策等的管理。

第四节　药品批发企业辅助职能部门的设置

一、辅助职能部门的设置

药品经销企业的对口销售渠道和地区销售方式很多。在地区营销中，既可以拓展到全国的各种销售渠道，也可以在省内细化到各市、县、镇、区。若是前者，当销售及市场售后工作量少时，可以将其售后管理设为兼职的辅助部门（由销售人员代作）来完成，若其工作量大，则必须设立售后服务部来专职负责。

可见辅助部门设置的原则和方式不是一成不变的。一个部门是否为辅助部门，关键要看其承担的工作责任和工作量的大小，同时还要考虑到企业的规模。

对于小型的药品批发企业来说，信息的采集、整理和反馈可以在业务活动中由相关的部门辅助完成；而对于大型的药品批发企业来说，信息的采集等业务就要被列为企划部门、调研部门、质管部门重要的工作内容。

一般来说，在药品批发企业中，可以根据企业的发展规模，设置相关的辅助部门，如售后部、信息收集调研部门（包括产品、企业、竞争对方的市场调整）和后勤保障部等，共同细化企业的药品经销管理。

药品经销企业的辅助部门与其他业务部门一起，共同为企业的经营管理活动服务。

二、确定部门间的协调关系

药品批发企业最主要的工作行为是将药品生产企业优秀独家的代理品种转化为多渠道、多区域和多模式的代理分销过程。

药品批发企业要完成的主要工作如下。

（1）寻找药厂优秀的代理品种。

（2）在各地寻找适宜的代理商。

（3）设置多渠道的经营模式。

药品批发企业的经营业务活动都是围绕着药品经营质量管理规范展开的，各个部门间的协调关系如下。

企划──→业务采购──→仓储──→销售业务──→售后（修正、延续销售）。

行政人资部综合调控各部门的人事行政事务。

各部门的职能图如下所示。

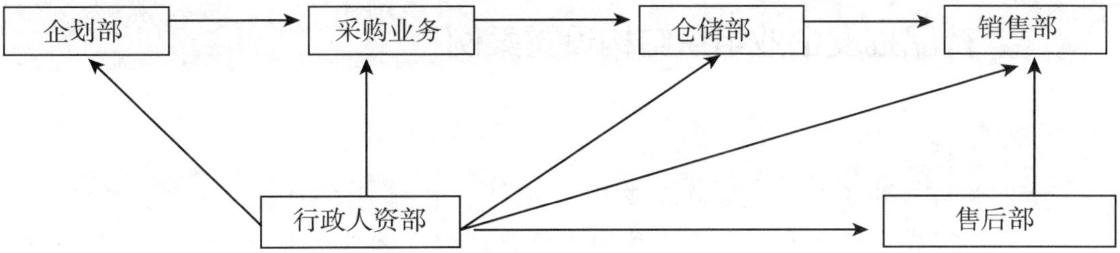

各部门职能图

各部门之间的关系是：

（1）基础和效益关系　即企划──→采购业务──→仓储──→销售业务。

（2）修正和延续关系　即售后──→销售业务

（3）调控监督关系　即行政人资部对各部门岗位设置和监督。

第五节　药品批发企业组织机构设置案例

一、药品批发企业结构设计中考虑的因素

1. 企业环境

企业面临的环境特点，对组织结构设置中的职权划分和结构稳定性有较大的影响。

如果企业面临环境是稳定的、可把握的，对经营活动的影响不太显著，那么，在组织结构的设置中，就可以把管理较多地集中在企业领导手中，设计比较稳定的组织结构，实行程序化、规模化管理。

2. 企业规模

一般而言，企业规模小、管理的工作量小，为企业管理服务的组织结构会相应地简单；反之，若企业的规模大、管理的工作量大，需要设置的管理机构多，机构间的关系就会相对复杂。

可以说，组织结构的规模和复杂性是随企业规模的扩大而相应调整的。

3. 企业战略目标

企业的战略目标与其组织结构之间的关系是作用与反作用的关系。

有什么样的战略目标，就有什么样的组织结构，同时企业的组织结构又在很大程度上，对企业的战略目标和政策产生很大的影响。

4. 信息沟通

信息沟通贯穿在企业经营管理活动的全过程中，组织结构功能发挥的效果，在很大程度上取决于它能否即时获取全面的运营信息，为其有效决策提供保障。

总之，企业组织结构的设计必须认真研究上述四个方面的影响因素，并考虑应保持各因素之间的相互衔接和相互影响，究竟主要应考虑哪个因素，应根据企业的具体情况确定。

二、药品批发企业组织结构设置案例

实　　例

背景资料

某民营药品批发企业，当前在职员工70人，已通过GSP认证五年，现已有二十多品种全国代理权，五十多个品种的省级代理权，营业面积（或办公地址面积）为700平方米，库房面积500平方米，经营渠道有两种，一是以分销代理为主的批发销售，二是由厂家配送的货品直接销售。

库房设在一楼，便于搬装货物，外围易于存放车辆且交通便利。

办公所在地入口正对着采购业务室、销售部，便于来客洽谈工作。销售管理中，采用分品种或划区域方式，更方便代理商的拜访。

企业管理部门设有总经理办公室、副总室、各部门经理办公室和业务人员工作区。

业务流程图设计方案

为了实现进货至销售的流程管理，达到获取销售回报的目的，在组织结构设计的起点，应设置招商部门或公关部门以获取代理品种。

采购部门的工作是获取有实力的代理品种，其工作的成果，转交至采购部。由采购部具体落实进货、验收和入库等细节操作。

销售部门既需拓展市场营销渠道，又需维护市场。拓展市场，应积极开发零售、医院门诊和商超等客户的代理渠道；营销维护人员，需要根据各品种商品的库存量，与客户沟通，完成销售各环节中的开票、订货和结账收款等行为。

行政部门负责公司经营手续、营业执照验证处理、员工日常生活后勤保障、办公用品领购发放和卫生纪律等的管理。

人资部门负责对各个部门进行职能规划、对员工的工作行为进行考核监督，督促各部门对员工的个人素质进行培训指导，并合理规划薪酬福利激励措施等。

财务部门主要负责各产品成本/效益分析、财务结算和收款工作的处理和应收款项的督促和规范。

各部门的《业务流程图》如下所示。

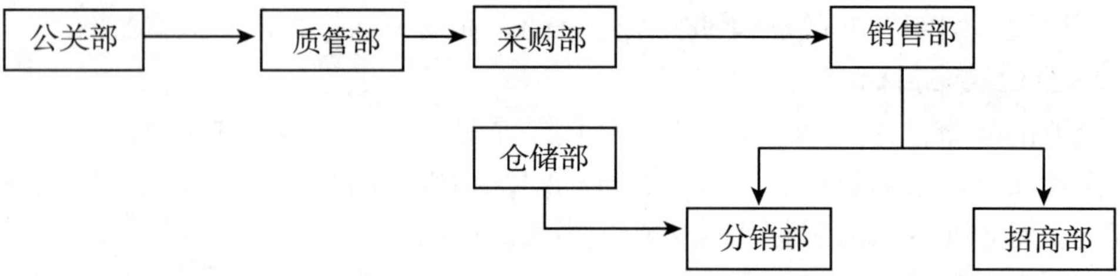

业务流程图

组织结构设置

综上分析可知，该企业应设置采购部、物流仓储部、销售部、行政部、人资部、财务部和质管部七个部门。

因企业的规模中型，设置为直线职能型组织结构。

具体设置如下图所示。

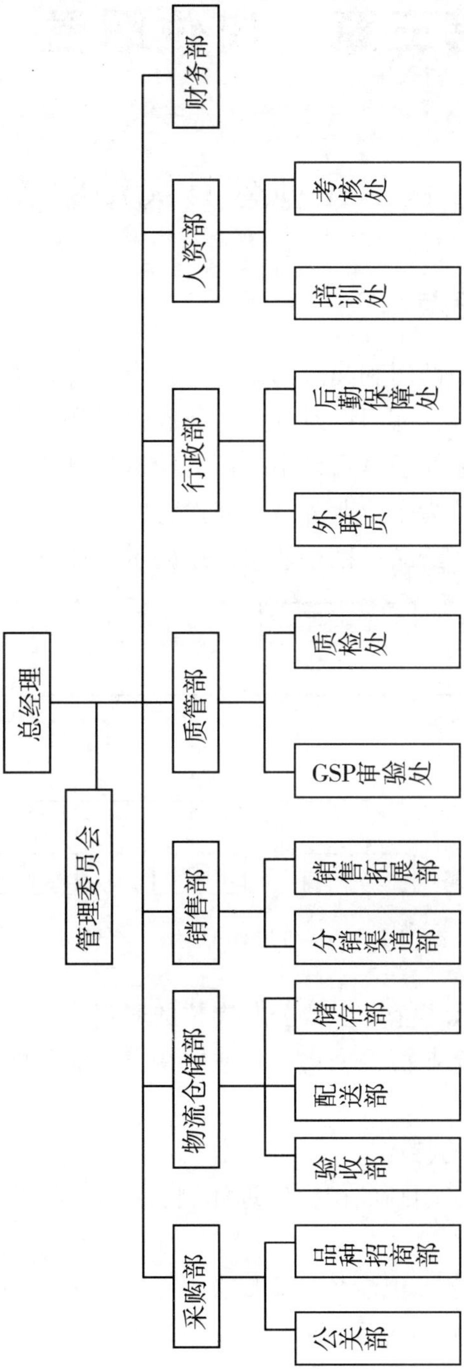

某民营药品批发企业组织结构设置

第三章　岗位职责

第一节　企业公共岗位职责

一、公共岗位的特点

企业在完成组织结构中部门和岗位的设置，就应进行各个岗位职责的设定。

以员工的岗位职责划分，部门可以分为公共职权类和业务职权类两类职能。公共职权类岗位是指各个企业在经营活动中，都需配置的基本岗位，包括人资部、行政部和财务部；业务职权类为企业业务特点而设置的岗位。

按部门业务经营模式，药品经销企业组织结构示意如下所示。

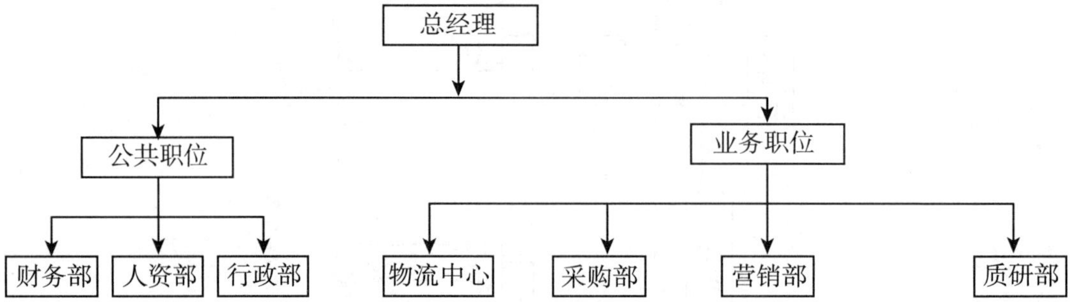

药品经销企业组织结构示意图

本节的岗位说明书列示了企业主要公共岗位的职责。

在具体应用中，各个企业可根据自己企业的特点和业务的需要增删岗位或调整岗位职责。

1. 本岗位说明书设置的特点

（1）本说明书中体现了明晰的岗位管理体制，列示的代码便于清晰地识别岗位级别和职位。

（2）上下级的职位级别标识清楚，隶属关系一目了然，体现了人力资源的职级关系，便于人员的后续管理。

（3）增加了当事人员、所在部门相关人员签字确认栏选项，使本说明书更具体实际操作性。

（4）在本岗位说明书中，对职位概要、岗位职责、任职资格、考核指标和工作条件有一个完整的记述，使当事人清楚自己的工作内容和工作要求，这是完成职位设计的基本要求。

（5）增加了“晋升方向”项目，是为了配合员工的职业规划而设计的。让员工对自己的工作走向和目标有个清晰的规划，让上级领导也清楚自己辖属内员工的培养方向。

2. 本岗位说明书注释

（1）职位名称说明本职位的名称。

（2）职位代码前四位代表职能和职级，其中前两位代表职能，01 代表管理类别，02 代表业务类别；后两位代表职级，01 为总经理，是本说明书的最高级依次类推。如 0101，表示公司总经理，即公司管理类级别的第一位。员工职位位序可以顺序填加数字位数，按顺序填加的数字位数表明本职位的人数，本说明书采用两位数字填加位数的方式，如 010202，表示总经办的第二个职位，即总经理秘书。

（3）直接上级是指对本职位有直接领导权的部门或岗位。

（4）直接下级是指本职位的下层部门及岗位，人数是指最低可控人数。

（5）职级是指本部门的级别，在这里暂分为决策级（具体分为总经理级、副总级）、管理级和职员级三类。

（6）本处的考核指标采用绩效考核中的 KPI 指标，即关键绩效指标。

（7）任职人签字、接收日期和授权人签字是本说明书下达到相关员工后，其确定后的签字栏。

（8）协作关系项，列示了该岗位可能需要联系的部门。

二、企业公共（辅助）岗位设置

本节的公共岗位分为决策部门、总经办、人资部、行政部和财务部 5 个部门，共 24 个岗位。

[公共岗位职责]

《企业公共职位名称编号一览表》如下所示。

企业公共职位名称编号一览表

部门名称	岗位编号	岗位名称	职级	编制	直接下属人数	晋升方向
决策部门	0101	总经理	决策层	1	3	–
	0102	行政总监	高管层	1	3	总经理
	0103	财务总监	高管层	1	2	总经理
	0104	营销总监	高管层	1	3	总经理
	0105	业务总监	高管层	1	3	总经理
总经办	010201	企管部经理	管理层	1	1	行政总监
	010202	总经理秘书	执行层	1	0	企管部经理

续表

部门名称	岗位编号	岗位名称	职级	编制	直接下属人数	晋升方向
人资部	010203	人资部经理	管理层	1	3	行政总监
	010204	人力绩效考核专员	执行层	1	0	人资部经理
	010205	人力资源管理员	执行层	1	0	人资部经理
	010206	人力资源部劳资员	执行层	1	0	人资部经理
行政部	010207	行政部经理	管理层	1	8	行政总监
	010208	行政管理员	执行层	1～3	0	行政经理
	010209	前台接待员	执行层	1	0	行政主管
	010210	保管员	执行层	1～3	0	行政主管
	010211	电工	执行层	1～3	0	后勤主管
	010212	炊事员	执行层	无定	0	同岗调转
	010213	汽车司机	执行层	无定	0	车队长
	010214	门卫保安人员	执行层	无定	0	保安队长
	010215	保洁员	执行层	无定	0	保洁组长
财务部	010301	财务部长	管理层	1	1	财务总监
	010302	财务主管	管理层	1	3	财务部长
	010303	会计	执行层	2	0	财务主管
	010304	出纳	执行层	1	0	会计

三、企业公共岗位的岗位说明书

1. 总经理岗位说明书

总经理岗位说明书

岗位名称	总经理	岗位代码	0101
直接上级	董事会	直接下级	副总经理
职级	总经理级	岗位定员	1人
任职人签字		接收日期	
所属部门	决策层（管理高层）	授权人签字	
职位概要： 负责公司总体战略与经营计划的制定、执行和监督工作，实现公司经营管理和发展目标，建立、健全公司的管理体系与组织结构；主持公司的日常经营管理工作；处理公司重大突发事件。			

岗位职责：

1. 企业负责人应保证执行国家法律、法规及本规范，对企业药品经营质量负领导责任；应当保证质量管理人员有效地行使职权，不得干预质量管理人员依法从事质量管理工作和药学技术服务；
2. 根据董事会提出的要求制定战略目标，提出公司的业务规划、经营方针和经营形式，经董事会确定后组织实施；
3. 结合公司经营管理的各项业务，主持公司基本团队建设、规范公司的内部管理；
4. 拟定公司内部机构设置方案和基本管理制度；
5. 审定公司规章、奖罚条例、工资奖金分配方案并组织实施；
6. 制定、督促、检查以岗位责任制为中心的各项规章制度的实施和业务工作的流程，强化公司整体协调和稳步运行，坚持员工工作质量教育，提高员工工作质量意识，严防各类工作事故发生；
7. 根据劳动法和国家人事制度，任免、奖惩、聘任、签订合同、辞退、调动及晋升公司员工，指导人事部门，做好员工管理工作；
8. 主持公司的全面经营管理工作，加强对财务、销售、采购工作的领导，组织实施董事会决议；
9. 向董事会提出企业的更新改造发展规划方案、预算外开支计划；
10. 推进公司企业文化的建设工作；
11. 处理公司重大突发事件；
12. 审核签发以公司名义发出的文件；
13. 召集、主持办公、行政例会，检查、督促和协调各部门的工作进展。

任职资格：

教育背景：具有大专以上学历或有中级以上药学专业技术职称，主管药剂师或执业药师。

培训经历：接受过领导能力开发、战略管理、组织变革管理、战略人力资源管理、经济法、财务管理等方面的培训；应当定期接受省级药品监督管理部门组织的有关法律法规及药品质量管理等内容的培训。

经　　验：10 年以上企业管理工作经验，至少 5 年以上企业全面管理工作经验。

知　　识：通晓企业管理知识；具备相应的经济学知识、药品的专业知识、市场策划学知识、财务知识、质量管理、法律等方面的知识；了解药品行业的特点和相关知识。

技　　能：熟悉企业业务和运营流程；
在团队管理方面有极强的领导技巧和才能；
掌握先进企业管理模式及精要，具有先进的管理理念；
善于制定企业发展的战略及具备把握企业发展全局的能力；
熟悉企业全面运作，企业经营管理、各部门工作流程；
具有敏锐的商业触觉、优异的工作业绩；
熟练使用办公软件，具备基本的网络知识。

个人素质：具有优秀的领导能力、出色的人际交往和社会活动能力；
善于协调、沟通，责任心、事业心强；
亲和力、判断能力、决策能力、计划能力、谈判能力强；
为人干练、踏实；
良好的敬业精神和职业道德操守，有很强的感召力和凝聚力。

考核指标： 销售收入、利润额、市场占有率、应收帐款、重要任务完成情况； 预算控制、关键人员流失率、全员劳动生产率； 领导能力、判断与决策能力、人际能力、沟通能力、影响力、计划与执行能力、客户服务能力； 落实公司内治理规范化程度。
协作关系： 内部协调关系：公司各部门； 外部协调关系：工商、职能部门、街道办、社会保障部门、人才交流中心等。
工作条件： 工作场所：办公室、需要经常出差； 环境状况：舒适，独立办公室； 工作时间：正常工作时间、无明显的节假日； 危 险 性：基本无危险，无职业病危险。

2. 行政总监（副总经理）岗位说明书

行政总监岗位说明书

岗位名称	行政总监	岗位代码	0102
直接上级	总经理	直接下级	行政部、人资部、营销策划部、物流中心
职级	副总经理级	岗位定员	1 人
任职人签字		接收日期	
所属部门	行政部（高级管理）	授权人签字	
职位概要： 协助总经理制定并实施企业战略、经营计划等政策方略，实现公司的经营管理目标及发展目标；做好财务工作的审计事项。			
岗位职责： 1. 协助总经理制定公司发展战略规划、经营计划、业务发展计划； 2. 将公司内部管理制度化、规范化； 3. 制定公司组织结构和管理体系、相关的管理、业务规范和制度； 4. 组织、监督公司各项规划和计划的实施； 5. 开展企业形象宣传活动； 6. 按时提交公司发展现状报告、发展计划报告； 7. 指导公司人才队伍的建设工作； 8. 协助总经理对公司运作与各职能部门进行管理，协助并监督各项管理制度的制定及推行； 9. 协助总经理推进公司企业文化的建设工作；			

10. 财经审计职责 （1）制定公司内部审计规章制度，参与拟定各部门重要的财经规定并监督检查实施； （2）对公司财务收支、预算、决算，会计报表及预算，计划、合同执行状况进行定期审计监督，对预算内、外资金的计划使用、执行效益进行审计监督； （3）对公司的财产、物资、购销及公司各种形式的经济承包运行效益进行审计监督； （4）有权查问被审计部门有关经济问题，有权对有关人员提出质询和对外调查； （5）在审计过程中，要对调查的真实性、准确性完全负责，并要坚持原则，反复查证核实，严守保密制度，杜绝补风捉影的工作态度； 11. 由总经理授权处理的其他事项。
任职资格： 教育背景：企业管理、工商管理、行政管理等相关专业大学本科以上学历。 培训经历：接受过领导能力开发、战略管理、组织变革管理、人力资源管理、经济法、财务管理等方面的培训。 经　　验：8 年以上工作经验，5 年以上企业全面管理工作经验。 知　　识：通晓企业管理知识； 具备相应的经济学知识、保健专业知识、市场策划学知识、财务知识、质量管理、法律等方面的知识； 了解产品行业的特点和相关知识。 技　　能：熟悉企业业务和流程，在团队管理方面有极强的领导技巧和才能； 熟悉企业全面运作，具有先进的管理理念以及很强的战略制定与实施能力，有广泛的客户资源和社会资源； 良好的写作、表达、阅读能力； 熟练使用办公软件。 个人素质：敏锐的市场洞察力、优秀的项目组织能力和市场开拓能力； 严谨的策划组织能力及人事管理和沟通能力、商务谈判能力； 良好的敬业精神和职业道德操守，有很强的感召力和凝聚力，责任心、事业心强。
考核指标： 领导能力、判断与决策能力、人际能力、沟通能力、影响力、计划与执行能力、谈判能力、专业知识及技能； 制度建设完善性、公司网站内容的更新频率、公司网络运行的稳定性、公司环境卫生状况、公司安全情况、员工满意度、资金供应及时率、预算执行效果、对外投资回报率、公司业务骨干和管理骨干培养情况、关键人才引进情况、重要任务完成情况； 下属部门预算控制情况、关键人员流失率、下属行为管理； 预算控制情况、下属行为管理、关键人员流失率； 部门合作满意度。
协作关系： 内部协调关系：公司各部门； 外部协调关系：工商、职能部门、街道办、社会保障部门、人才交流中心等。
工作条件： 工作环境：办公室； 工作时间：正常工作时间、根据工作情况加班； 危 险 性：基本无危险，无职业病危险。
晋升方向：总经理

3. 财务总监岗位说明书

财务总监岗位说明书

岗位名称	财务总监	岗位代码	0103
直接上级	总经理	直接下级	财务部
职级	副总经理	岗位定员	1 人
任职人签字		接收日期	
所属部门	决策层（高级管理）	授权人签字	

职位概要：

公司财务战略的制定、建立健全财务制度、管理财务管理及内部控制工作，筹集公司运营所需资金，完成企业财务计划、审核和检查。

岗位职责：

1. 利用财务核算与会计管理原理为公司经营决策提供依据，协助总经理制定公司战略；
2. 主持公司财务战略规划的制定；
3. 建立和完善财务部门，建立科学、系统、符合企业实际情况的财务核算体系和财务监控体系，进行有效的内部控制；
4. 制定公司资金运营计划，监督资金管理报告和预、决算；
5. 对公司投资活动所需要的资金筹措方式进行成本计算，并提供最为经济的筹资方式；
6. 筹集公司运营所需资金，保证公司战略发展的资金需求，审批公司重大资金流向；
7. 主持对重大投资项目和经营活动的风险评估、指导、跟踪和财务风险控制；
8. 协调公司同银行、工商、税务等政府部门的关系，维护公司利益；
9. 参与公司重要事项的分析和决策，为企业的生产经营、业务发展及对外投资等事项提供财务方面的分析和决策依据；
10. 审核财务报表，提交财务管理工作报告；
11. 完成总经理临时交办的其他事项。

任职资格：

教育背景：会计、财务或相关专业大学本科以上学历。

技术职称：副高级以上技术职称。

培训经历：接受过管理学、战略管理、组织变革管理、人力资源管理、经济法、公司产品的基本知识及财务管理软件等方面的培训。

经　　验：8 年以上中型企业财务管理工作经验。

知　　识：精通会计、财务管理知识，具备相应的法律知识。

技　　能：具有较全面的财会专业理论知识、现代企业管理知识，熟悉财经法律法规和制度；

熟悉财务相关法律法规、投资、进出口贸易、企业财务制度和工作流程；

参与过较大投资项目的分析、论证和决策；

熟悉税法政策、营运分析、成本控制及成本核算；

具有丰富的财务管理、资金筹划、融资及资本运作经验；

良好的写作、表达、阅读能力；

熟练使用财务和办公软件。

个人素质：工作细致、严谨，并具有战略前瞻性思维；

具有较强的判断和决策能力、人际沟通和协调能力、计划与执行能力；

具有较强的工作热情和责任感；

领导能力、判断与决策能力、人际能力、沟通能力、影响力、计划与执行能力、谈判能力、专业知识及技能。

考核指标： 新项目开发任务完成情况、新项目盈利率、财务档案完整性； 公司财务工作标准化的完善程度； 设备的合格率、产品质量投诉次数、产品成本文档的完整性； 由工程项目改进所导致的成本节约； 重大任务完成中费用的控制情况、下属行为管理、关键人员流失率、财务制度建设的完善性； 销售、管理等部门合作满意度。
协作关系： 内部协调关系：公司各部门； 外部协调关系：工商、税务局等。
工作条件： 工作环境：办公室、需要出外勤； 工作时间：正常工作时间、根据工作情况加班； 危 险 性：基本无危险，无职业病危险。
晋升方向：总经理

4. 营销总监岗位说明书

营销总监岗位说明书

岗位名称	营销总监	岗位代码	0104
直接上级	总经理	直接下级	销售经理、策划经理
职级	副经理级	岗位定员	1人
任职人签字		接收日期	
所属部门	决策层（高级管理）	授权人签字	
职位概要： 负责公司项目可行性研究、项目策划总体思路、销售策略制订和执行工作；负责优化与推进业务流程；负责策划部的日常工作管理。			
岗位职责： 1. 组织制定品牌战略规划，设计并实施品牌与市场推广方案，负责公司、项目品牌的建设、推广与维护； 2. 建立和逐步完善产品资料信息库的管理，组织完成收集行业市场、竞争者、客户等信息； 3. 负责市场研究分析工作，进行项目市场定位，确定市场目标，制定项目开发规划； 4. 负责制定公司销售价格体系； 5. 掌握和控制销售部门对公司销售政策的执行情况，对销售工作进行管理； 6. 负责有关市场策划方案和广告方案的撰写与编制，并有效地组织实施与监控； 7. 组织完成本公司的 CI、VI 策划工作，负责公司对外企业文化的研究； 8. 负责提供公司相关市场与宣传的文字材料； 9. 负责组织搜集国内外相关行业政策、竞争对手信息、客户信息等，分析市场发展趋势；			

<table>
<tr><td>
10. 营销工作管理
（1）负责营销队伍建设，提出对下属人员的调配、培训、考核意见；
（2）负责本部门的信息资料档案管理督导工作，保证重要文件、资料的保密不外泄；
（3）组织实施本部门的工作目标和经费预算的执行情况，及时给予指导；
11. 完成上级交办的其他任务。
</td></tr>
<tr><td>
任职资格：
教育背景：营销、管理专业，大学本科以上学历，执业药师或主管药师以上职称。
培训经历：市场策划培训、项目策划培训、财务培训、行业业务培训及其他。
经　　验：5 年以上相关工作经历。
知　　识：具备相应的管理知识、经济学知识、药品专业知识、市场策划学知识、财务知识；
精通市场营销管理知识，通晓品牌管理、公共关系、法律等知识。
技　　能：具有领导能力、判断与决策能力、协调能力、人际沟通能力、影响力、计划与执行能力；熟练使用电脑、网络、相关专业软件及办公软件。
个人素质：具有组织员工开展工作的领导能力、判断与决策能力、人际能力、沟通能力、影响力、计划与执行能力。
其他要求：企业负责人、质量负责人、质量管理机构负责人应当定期接受省级药品监督管理部门组织的有关法律及药品质量管理等内容的培训。
</td></tr>
<tr><td>
考核指标：
销售目标的达成率；
品牌的市场占有份额；
员工队伍建设及人员的稳定性管理；
行业内外的协调关系，或投诉情况。
</td></tr>
<tr><td>
协作关系：
内部协调关系：公司各财务、采购、仓储部等。
外部协调关系：外部客户、职能部门、代理商等。
</td></tr>
<tr><td>
工作条件：
工作环境：办公室，外勤现场；
工作时间：正常工作时间、加班不多；
危 险 性：基本无危险，无职业病危险。
</td></tr>
<tr><td>晋升方向：总经理</td></tr>
</table>

5. 业务总监岗位说明书

业务总监岗位说明书

<table>
<tr><td>岗位名称</td><td>企管部经理</td><td>岗位代码</td><td>0105</td></tr>
<tr><td>直接上级</td><td>副总经理</td><td>直接下级</td><td>采购经理、物流经理</td></tr>
<tr><td>职级</td><td>经理级</td><td>岗位定员</td><td>1 人</td></tr>
<tr><td>任职人签字</td><td></td><td>接收日期</td><td></td></tr>
<tr><td>所属部门</td><td>决策层（高级管理）</td><td>授权人签字</td><td></td></tr>
<tr><td colspan="4">职位概要：
负责药品代理品种的选择、采购政策确定、仓储备货和日常配送管理。</td></tr>
</table>

岗位职责：
1. 确定公司代理品种的选定、参会和定向产品的管理；
2. 组织与药厂签订采购协议、完成谈判、达成采购目标；
3. 建有符合 GSP 要求的采购、仓储供应系统，保证产品按期供货；
4. 采取有效措施保证采购商品按时到位，保证销售部的产品供应；
5. 根据公司销售状况，完成公司药品的返货和调批次工作；
6. 根据药品销售质量意见，及时向药厂反馈质量和投诉等建议；
7. 对药品的质量问题，负责与药厂协商和沟通，达成良好的解决方案；
8. 与药厂保持沟通，获取药厂对公司供货新政策的支持力度；
9. 与销售部保持联系，完成药厂对公司宣传和推广等的共同跟进；
10. 完成部门内业务的管理和员工业务培训工作。

任职资格：
教育背景：采购、物流专业，大学本科以上学历，执业药师、主管药师以上职称。
培训经历：市场策划培训、项目策划培训、财务培训、行业业务培训及其他。
经　　验：5 年以上相关工作经历。
知　　识：具备相应的采购知识、经济学知识、药品专业知识、谈判知识、财务知识；精通采购行业知识，通晓药品、公共关系和法律等知识；
技　　能：具有领导能力、判断与决策能力、协调能力、人际沟通能力、影响力、计划与执行能力；熟练使用电脑、网络、相关专业软件及办公软件。
个人素质：具有组织员工开展工作的领导能力、判断与决策能力、人际能力、沟通能力、影响力、计划与执行能力。
其　　他：企业负责人、质量负责人、质量管理机构负责人应当定期接受省级药品监督管理部门组织的有关法律法规及药品质量管理等内容的培训。

考核指标：
采购质量合格率；
产品供货的及时性；
采购药品的市场满意度；
员工队伍建设及人员的稳定性管理；
行业内外的协调关系，或投诉情况。

协作关系：
内部协调关系：公司各财务、销售、仓储部等；
外部协调关系：药厂、职能部门、物流中心等。

工作条件：
工作环境：办公室，外勤现场；
工作时间：正常工作时间、加班不多；
危 险 性：基本无危险，无职业病危险。

晋升方向：总经理

6. 企管部经理岗位说明书

企管部经理岗位说明书

岗位名称	企管部经理	岗位代码	010201
直接上级	副总经理	直接下级	总经理秘书
职级	经理级	岗位定员	1人
任职人签字		接收日期	
所属部门	行政部（管理层）	授权人签字	

职位概要：

负责为公司管理层提供决策支持，保证公司内部管理体系的完整和平稳运行；规划、指导、协调公司行政服务支持等各项工作，组织管理下属人员完成本职工作；负责进行公司形象推广、公关和公司企业文化建设。

岗位职责：

1. 组织制定公司管理制度和规章，并督促、检查制度的贯彻执行；
2. 组织制定行政部工作发展规划、计划与预算方案；
3. 组织好来客接待和相关的外联工作；
4. 主持部门内部文化和团队的建设工作；
5. 负责本部门的工作：
   （1）员工队伍建设，完成对下属人员调配、培训、考核工作；
   （2）负责本部门的信息资料档案管理督导工作，保证重要文件、资料的保密不外泄；
   （3）实施本部门的工作目标和经费预算的执行情况，及时给予指导；
6. 负责公司网站工作：
   （1）网站的建设、维护、更新和对外信息发布；
   （2）开展网络宣传系列工作；
   （3）公司网络信息的安全；
7. 负责业务（客户）信息的接受、整理、初步分的和传呈销售中心，建立、保管客户档案并不断维护；
8. 行政职责
   （1）负责主持公司日常行政管理工作，协助行政总监处理公司日常发生的行政工作及事物；
   （2）安排公司各类会议的召开及所有会议的议题，检查和催办会议决定的执行情况，落实总监交予处理的各项事务；
   （3）负责收集公司范围内行政管理信息和各基层反映的所有问题，整理后及时向总监汇报；
   （4）根据总经理的批示和公司工作需要，组织协调有关部门共同办理工作；
   （5）做好总值班记录的审阅及值班之人员的管理，负责对外来办事人员的接待工作；
   （6）完善建设改进公司的质量管理工作，组织编制公司各部门人员岗位职责及管理制度；
9. 行政总监交办的其他工作。

任职资格： 　　教育背景：企划、管理、药学或相关专业，大学本科以上学历，药师职称； 　　培训经历：受过企业管理技术、劳动法规和管理能力开发等方面的培训； 　　经　　验：5 年以上企业管理相关工作经验； 　　知　　识：掌握相应的行政管理、企业形象策划和企业文化建设的知识，了解公关宣传的常用做法； 　　　　　　　精通人力资源管理知识，掌握行政管理、法律等知识； 　　技　　能：熟练使用办公软件及相关的行政管理软件； 　　　　　　　有较强的沟通和协调能力； 　　　　　　　较好的形象设计能力； 　　　　　　　较好的中文表达、写作能力。 　　个人素质：对人及组织变化敏感，具有很强的推进能力； 　　　　　　　高度的敬业精神和工作激情，能接受高强度的工作，工作态度积极乐观； 　　　　　　　善于与各类性格的人交往，待人公平； 　　　　　　　做事客观、严谨负责、踏实、敬业； 　　　　　　　具有很强的人际沟通、协调、组织能力以及高度的团队精神，责任心强。
考核指标： 　　制度的设计和实施的合理性； 　　外联事务处理的适当性； 　　文档管理的合规性； 　　信息资料的建设和跟进情况； 　　部门之间的协调和沟通能力。
协作关系： 　　内部协调关系：公司行政部、人资部等； 　　外部协调关系：职能部门、网站建设公司等。
工作条件： 　　工作环境：办公室； 　　工作时间：超正常工作时间、加班较多； 　　危 险 性：基本无危险，无职业病危险。
晋升方向：副总经理、行政总监

7. 总经理秘书岗位说明书

总经理秘书岗位说明书

岗位名称	总经理秘书	岗位代码	010202
直接上级	行政经理	直接下级	行政文员
职级	主管级	岗位定员	1 人
任职人签字		接收日期	
所属部门	行政部（管理层）	授权人签字	
职位概要： 　　协助总经理完成日常事务性工作，处理公司的文件资料的管理。			

岗位职责：
1. 协助总经理的工作
（1）落实起草公司年度工作总结及总经理讲话稿；
（2）起草公司董事会的会议材料；
（3）负责公司重要会议的记录及会议纪要的整理；
（4）起草、打印、登记和存档总经理签发文件；
（5）掌握总经理的日程安排，为总经理接见访客做好预约工作；
（6）收发传真，并及时交给总经理处理；
2. 使用、涉及到文档、信息管理的部门职责
（1）落实企管部下达的信息管理要求；
（2）接受企管部各期的检查；
（3）完成信息的各期整理和归档工作；
（4）按要求完成或准备各期的信息归档工作；
3. 日常事务工作
（1）协助行政部经理做好公司来宾的接待工作；
（2）接听电话、妥当应答，如有必要，做好电话记录；
4. 总经理办公室的清洁工作；
5. 完成总经理或行政经理交办的其他工作。

任职资格：
教育背景：秘书、中文等多种专业背景大学专科以上学历。
培训经历：受过管理学、管理技能开发、公共关系、财务管理、文书写作、档案管理方面的培训。
经　　验：2 年以上高级秘书工作经验。
知　　识：档案管理知识、文秘书写知识。
技　　能：熟悉公司文档管理；
良好的中英文写作、口语、阅读能力；
熟练使用办公软件及办公自动化设备。
个人素质：良好的组织沟通协调能力；
工作细致认真，谨慎细心，条理性强；
责任心强，勇于承担挑战性的工作；
具有开拓精神和团队精神。

考核指标：
会议纪录完成质量、接听电话和电话记录完成情况、重要任务完成情况；
考勤、服从安排、遵守制度、部门合作满意度；
判断与决策能力、人际能力、沟通能力、计划与执行能力、专业知识及技能。

协作关系：
内部协调关系：公司各部门；
外部协调关系：合作企业和政府相关部门。

工作条件：
工作环境：办公室；
工作时间：正常工作时间、加班不多；
危 险 性：基本无危险，无职业病危险。

晋升方向：行政/企管部经理

8. 人资部经理岗位说明书

人力资源部经理岗位说明书

岗位名称	人力资源部经理	岗位代码	010203
直接上级	行政总监	直接下级	绩效管理员、人资管理员、劳资专员
职级	经理级	岗位定员	1人
任职人签字		接收日期	
所属部门	行政部（管理层）	授权人签字	

职位概要：

负责公司的人力资源规划、员工招聘选拔、绩效考核、薪酬福利管理、员工激励、培训、开发和沟通协调，保证公司人力资源供给和人力资源的高效率。

岗位职责：

1. 根据公司对绩效管理的要求，制定评价政策，组织实施绩效管理，并对各部门绩效评价过程进行监督控制，及时解决其中出现的问题，使绩效评价体系能够落到实处，并不断完善绩效管理体系；
2. 制定薪酬政策和晋升政策，组织提薪评审和晋升评审，制定公司福利政策，办理社会保障福利；
3. 协助行政总监做好相应的职位说明书，并根据公司职位调整需要进行相应的变更，保证职位说明书与实际相符；
4. 配合副总经理做好各种职系人员发展体系的建立，做好人员发展的日常管理工作；
5. 劳动人事职责

（1）负责管理公司员工人事档案的建立，存档工作；负责各部门需用人才的招聘，分配，考核，升级辞退及员工分类专业培训、劳动教育和调整工作；

（2）组织各部门拟定人事管理制度及监督各项管理制度的实施，做好月、季、年公司人事状况的总结报告，向总经理提供可靠的人力运行资料；

（3）积极进行公司人员人力资源及智力资源开发，运用有效激励，协助各部门充分调动员工工作积极性；

（4）负责员工劳动人事保险工作，汇总公司人员劳动出勤工资报表，制定有关人事报表及上报工作；

（5）制定总值班表及临时调配值班人员。

任职资格：

教育背景：人力资源、管理或相关专业大学本科以上学历。

培训经历：受过现代人力资源管理技术、劳动法规和管理能力开发等方面的培训。

经　　验：5年以上人力资源管理相关工作经验。

知　　识：掌握相应的行政管理、企业形象策划和企业文化建设的知识，了解公关宣传的常用做法；

精通人力资源管理知识，掌握行政管理、法律等知识。

技　　能：对现代企业人力资源管理模式有系统的了解和实践经验积累； 对人力资源战略规划、人才的发现与引进、薪酬设计、绩效考核、岗位培训、福利待遇、公司制度建设、组织与人员调整、员工职业生涯设计等具有丰富的实践经验； 对人力资源管理事务性的工作有娴熟的处理技巧，熟悉人事工作流程； 熟悉国家、地区及企业关于合同管理、薪金制度、用人机制、保险福利待遇和培训方针； 熟练使用办公软件及相关的人事管理软件； 较好的中文表达、写作能力。 个人素质：对人及组织变化敏感，具有很强的推进能力； 高度的敬业精神及高涨的工作激情，能接受高强度的工作，工作态度积极乐观； 善于与各类性格的人交往，待人公平； 做事客观、严谨负责、踏实、敬业； 具有很强的人际沟通、协调、组织能力以及高度的团队精神，责任心强。
考核指标： 人员供应及时性、招聘效果、考核、薪酬工作差错率、员工流失率、员工满意度、重要任务完成情况； 组织能力、人资事项的判断与决策能力、人际能力、沟通能力、影响力、部门工作计划与执行能力、专业知识与技能的应用能力； 部门合作满意度。
协作关系： 内部协调关系：公司各部门、行政总监； 外部协调关系：人事局、劳动局、社会保障部门、培训中心、人才交流中心。
工作条件： 工作环境：办公室，外勤； 工作时间：超正常工作时间、加班较多； 危　险　性：基本无危险，无职业病危险。
晋升方向：行政总监

9. 人力绩效考核专员岗位说明书

人力绩效考核员岗位说明书

岗位名称	人力绩效考核员	岗位代码	010204
直接上级	人资部经理	直接下级	
职级	专员级	岗位定员	1人
任职人签字		接收日期	
所属部门	执行层	授权人签字	
职位概要： 负责根据人资部经理的规划，设计执行和回馈绩效考核管理工作。			

岗位职责：
1. 完成人资部经理设定的绩效考核方案的设计、执行和评价工作；
2. 根据绩效考评的结果，落实对员工进行奖惩事项的处理；
3. 根据公司对绩效管理的要求，制定评价政策，组织实施绩效管理，并对各部门绩效评价过程进行监督控制，及时解决其中出现的问题，使绩效评价体系能够落到实处，并不断完善绩效管理体系；
4. 根据绩效考评的结果，做好绩效面谈、薪酬和晋升的相应提案；
5. 根据绩效考评结果拟定调整后的职位说明书，并根据公司职位调整需要进行相应的变更，保证职位说明书与实际相符。

任职资格：
教育背景：人力资源、管理或相关专业大学专科以上学历。
培训经历：受过现代人力资源管理技术、劳动法规、管理学、战略管理、管理技能开发、公共关系等方面的培训。
经　　验：2 年以上人力资源管理相关工作经验，或 5 年以上行政管理工作经验。
知　　识：精通人力资源管理知识，掌握行政管理、法律等知识。
技　　能：对现代企业人力资源管理模式有系统的了解和实践经验积累，对人力资源战略规划、人才的发现与引进、薪酬设计、绩效考核、岗位培训、福利待遇、公司制度建设、组织与人员调整、员工职业生涯设计等具有一定的实践经验；
熟练使用办公软件及相关的人事管理软件。
个人素质：对人及组织变化敏感，具有很强的沟通、协调和推进能力；
高度的敬业精神和工作激情，能接受高强度的工作，工作态度积极乐观；
善于与各类性格的人交往，待人公平。

考核指标：
薪酬福利工作出错次数、绩效考核的满意度、员工生产能力的提升、经营业务增长度、员工培训效果、公司人事档案的完整性、员工流失率、重要任务完成情况；
考勤、服从安排、遵守制度；
判断与决策能力、人际能力、沟通能力、计划与执行能力、专业知识技能。

协作关系：
内部协调关系：公司各部门；
外部协调关系：行业管理公司、人才交流中心。

工作条件：
工作环境：办公室；
工作时间：正常工作时间、根据工作情况加班；
危 险 性：基本无危险，无职业病危险。

晋升方向：人力资源主管、人资部经理

10. 人力资源管理员岗位说明书

人力资源管理员岗位说明书

岗位名称	人力资源管理员	岗位代码	010205
直接上级	人资部经理	直接下级	无
职级	职员级	岗位定员	1人
任职人签字		接收日期	
所属部门	执行层	授权人签字	

职位概要：

负责落实人力劳动工资制度和福利制度，负责公司劳动合同、人事档案管理和劳动纠纷的协调处理；负责员工人事调职调岗业务的办理；负责招聘、员工辞退手续的办理；执行人力资源日常性事务的工作，辅助人资部经理完成人力资源目标规划。

岗位职责：

1. 根据部门人员需求情况（包括人员内部调入和调出），经上级领导审批后实施，促进人员的岗位优化配置；
2. 与员工进行积极沟通，做好公司制度和员工情绪的安抚工作；
3. 与用人部门协调，落实招聘计划、执行招聘程序，进行初步的面试与筛选等工作；
4. 组织员工的岗前培训、办理培训进修等事务；
5. 协助上级执行公司的培训和绩效评价的组织、保障工作，完成各类表格、表单收集和整理；
6. 做好新员工入职后的跟踪和管理工作，为新员工安排或担任“入职引导人”；
7. 管理员工信息资料及各类人事资料；
8. 办理员工的各类职称评定；
9. 执行各项公司规章制度，处理员工奖惩事宜；
10. 完成行政部经理交办的其他工作。

任职资格：

教育背景：人力资源、管理或相关专业大学、专科以上学历。

培训经历：受过现代人力资源管理技术、劳动法规、管理学、战略管理、管理技能开发、公共关系等方面的培训。

经　　验：2年以上人力资源管理相关工作经验，或5年以上行政管理工作经验。

知　　识：精通人力资源管理知识，掌握行政管理、法律等知识。

技　　能：对现代企业人力资源管理模式有系统的了解和实践经验积累，对人力资源战略规划、人才的发现与引进、薪酬设计、绩效考核、岗位培训、福利待遇、公司制度建设、组织与人员调整、员工职业生涯设计等具有一定的实践经验；
对人力资源管理事务性的工作有熟练的处理技巧，熟悉人事工作流程；
熟练使用办公软件及相关的人事管理软件。

个人素质：对人及组织变化敏感，具有很强的沟通、协调和推进能力；
高度的敬业精神和工作激情，能接受高强度的工作，工作态度积极乐观；
善于与各类性格的人交往，待人公平。

考核指标：

薪酬福利工作出错次数、员工招聘的及时性、员工培训效果、公司人事档案的完整性、员工流失率、重要任务完成情况；
考勤、服从安排、遵守制度；
人际能力、沟通能力、执行能力、专业知识技能。

协作关系： 内部协调关系：公司各部门； 外部协调关系：人事局、劳动局、社会保障部门、人才交流中心。
工作条件： 工作环境：办公室； 工作时间：正常工作时间、根据工作情况加班； 危 险 性：基本无危险，无职业病危险。
晋升方向：人力资源主管、人资部经理

11. 人力资源劳资员岗位说明书

人力资源劳资员岗位说明书

岗位名称	人力资源劳资员	岗位代码	010206
直接上级	人资部经理	直接下级	无
职级	职员级	岗位定员	1 人
任职人签字		接收日期	
所属部门	执行层	授权人签字	
职位概要： 负责执行劳动工资制度和福利制度，负责公司劳动合同、人事档案管理和劳动纠纷的处理；办理职员的社会保险等事项。			
岗位职责： 1. 计算员工薪资、福利，参与薪酬与福利调查和制订； 2. 管理员工信息资料及各类人事资料； 3. 办理人事招聘、人才引进、内部调动、解聘、退休、接纳和转移保险、公积金缴纳的相关手续； 4. 办理社会保险年检； 5. 完成行政部经理交办的其他工作。			
任职资格： 教育背景：人力资源、管理或相关专业，专科以上学历。 培训经历：受过现代人力资源管理技术、劳动法规、管理学、战略管理、管理技能开发、公共关系等方面的培训。 经　　验：2 年以上人力资源管理相关工作经验，或 5 年以上行政管理工作经验。 知　　识：精通人力资源管理知识，掌握行政管理、法律等知识。 技　　能：对薪酬设计、福利待遇、公司制度建设、组织与人员调整、员工职业生涯设计等具有一定的实践经验； 对人力资源管理事务性工作有娴熟的处理技巧，熟悉人事工作流程； 熟悉国家、地区及企业关于合同管理、薪金制度、用人机制、保险福利待遇和培训方针； 熟练使用办公软件及相关的人事管理软件。 个人素质：对人及组织变化敏感，具有很强的沟通、协调和推进能力； 高度的敬业精神和工作激情，能接受高强度的工作，工作态度积极乐观； 善于与各类性格的人交往，待人公平。			

考核指标： 薪酬福利工作出错次数、公司人事档案的完整性、重要任务完成情况； 考勤纪律的落实、服从安排、遵守制度； 涉外事务的判断与处理能力、人际能力、沟通能力、计划与执行能力、专业知识技能。
协作关系： 内部协调关系：公司各部门； 外部协调关系：人事局、劳动局、社会保障部门、人才交流中心。
工作条件： 工作环境：办公室，外勤； 工作时间：正常工作时间、根据工作情况加班； 危 险 性：基本无危险，无职业病危险。
晋升方向：人力资源主管、人资部经理

12. 行政部经理岗位说明书

行政部经理岗位说明书

岗位名称	行政部经理	岗位代码	010207
直接上级	行政总监	直接下级	行政管理员、政府事务协调员、门卫、司机、炊事员
职级	经理级	岗位定员	1 人
任职人签字		接收日期	
所属部门	行政部（管理层）	授权人签字	
职位概要： 规划、指导、协调公司行政服务支持等各项工作，组织管理下属人员完成本职工作。			
岗位职责： 1. 后勤总务 （1）水、电、气和设备设施维护及费用交纳维修、改造工作； （2）卫生、保卫人员管理工作及备品采购工作； （3）对办公用品、劳保用品、公司办公固定用品保管及发放； （4）定期抽查各部门卫生、保卫状况及时作出整改计划； 2. 办公环境建设 （1）负责公司计算机硬件维护，软件的编制工作； （2）负责公司各种文件的登记、呈批、立卷、归档、保管、查阅、保密工作； （3）负责公司一般性行政文稿的抄写、打字文稿的校对及协助领导草拟文稿等工作； （4）保管使用印鉴，开具各种证明、委托书、介绍信，保管发放各部门办公用品及管理； （5）汇总公司各部门的报表及呈报上级单位公函等； （6）处理日常行政事务性工作，接收外来信函及处理工作；			

(7) 负责各部门文件、报表、资料等软件转入工作，调配好工作时间，急事急办，科学安排；
(8) 完成公司领导交代的其他工作；

3. 环境卫生
(1) 负责后勤管理工作（包括食堂、锅炉房、工厂卫生等）；
(2) 负责办公楼、厂区卫生和管理工作；
(3) 公司6S的设计、检查和指导员；

4. 公司的安全和保卫
(1) 负责公司安全保卫工作，做好防火、防盗安全工作；
(2) 指导和落实车间安全生产和文明生产工作，并做好记录；
(3) 做好安全保卫人员的管理，监督交接班工作记录处理；
(4) 公司文件、电子信息的安全；

5. 食堂管理
(1) 食堂物品的采购和使用监督；
(2) 食堂用餐环境的建设；
(3) 食堂工作人员的管理；

6. 车辆的管理
(1) 对驾驶员进行安全行驶管理；
(2) 对车辆进行维修保养；
(3) 对出车和收车的程序进行设计、实施和检查；

7. 做好行政部人员的培训和考核工作；
8. 完成上级领导交办的其他工作。

任职资格：

教育背景：行政、企业管理或相关专业，大学本科以上学历。
培训经历：受过现代企业管理技术和管理能力开发等方面的培训。
经　　验：5年以上人力资源管理相关工作经验。
知　　识：掌握相应的行政管理、企业形象策划和企业文化建设的知识，了解公关宣传的常用做法；精通行政管理、法律等知识。
技　　能：对现代企业人力资源管理模式有系统的了解和实践经验积累，公司的后勤保障工作等具有丰富的实践经验。
对行政后勤管理事务性的工作有娴熟的处理技巧，熟悉行政工作流程；
熟练使用办公软件及相关的管理软件；
较好的中文表达、写作能力。
个人素质：对人及组织变化敏感，具有很强的推进能力；
高度的敬业精神和工作激情，能接受高强度的工作，工作态度积极乐观；
善于与各类性格的人交往，待人公平；
做事客观、严谨负责、踏实、敬业；
具有很强的人际沟通、协调、组织能力以及高度的团队精神，责任心强；
领导能力、判断与决策能力、人际能力、沟通能力、影响力、计划与执行能力、专业知识与技能。

考核指标： 公司环境卫生状况、公司安全事故发生次数、员工满意度、固定资产状况、后勤支持投诉率、网络运行的稳定性、制度建设完善性、组织员工活动次数、重要任务完成情况； 部门预算控制情况； 部门合作满意度。
协作关系： 内部协调关系：公司各部门、行政副总； 外部协调关系：新闻媒体、酒楼宾馆、办公用品供应商、消防部门、卫生管理部门、公安部门、街道办事处等政府相关部门。
工作条件： 工作环境：公司工作现场、办公室； 工作时间：超正常工作时间、加班较多； 危 险 性：基本无危险，无职业病危险。
晋升方向：行政总监

13. 行政管理员岗位说明书

行政管理员岗位说明书

岗位名称	行政管理员	岗位代码	010208
直接上级	行政部经理	直接下级	前台接待员
职级	职员级	岗位定员	1－3 人
任职人签字		接收日期	
所属部门	执行层	授权人签字	
职位概要： 协助经理完成公司行政事务性工作，完成公司行政服务支持和协调等各项工作。			
岗位职责： 1. 文职类 （1）落实执行行政部各项管理制度、规章和规程； （2）负责外联工作及办理公司所需的各项证照； （3）起草及归档公司相关文件； （4）搜集、整理公司内部信息，及时组织编写公司大事记； （5）管理公司重要资质证件； （6）管理公司非技术资料、计算机磁盘、光盘等资料； （7）文件的打印、复印等事务； （8）微机室的管理； （9）办公用品的领用和发放； （10）员工劳保用品的采购、领用和发放（由不同的人员完成）； （11）管理公司办公设备的使用和发放；			

<table>
<tr><td>
2. 外联事务
（1）协助组织、协调公司年会、市场类活动、各类会议及娱乐活动；
（2）协助经理组织好来客接待和相关的外联工作；
（3）对外订票、涉外接待活动的安排；
（4）邮件、传真的收发和转达；
3. 内部沟通、督办
（1）协调公司内部行政事务；
（2）落实公司办公费用的计划、办公用品的购买、管理和发放工作；
（3）落实购买、管理和维修公司固定资产；
（4）完成日常福利、节日福利的发放；
（5）落实各项检查和督办工作；
4. 完成上司交办的其他工作。
</td></tr>
<tr><td>
任职资格：
教育背景：秘书、中文、公关、行政管理等相关专业专科以上学历。
培训经历：受过管理学、战略管理、管理技能开发、公共关系、财务知识等方面的培训。
经　　验：3 年以上行政管理工作经验。
知　　识：掌握相应的行政管理、企业形象策划和企业文化建设的知识，了解公关宣传的方法。
技　　能：熟练的中文写作、表达能力；
优秀的外联与公关能力，具备解决突发事件的能力；
较强的分析、解决问题能力，思路清晰，考虑问题细致；
熟练使用办公软件、办公自动化设备。
个人素质：做事客观、严谨负责、踏实、敬业；
具有很强的人际沟通、协调、组织能力以及高度的团队精神，责任心强。
</td></tr>
<tr><td>
考核指标：
公司文件传达的时效性、办公用品能耗损比、重要任务完成情况；
部门合作满意度；
文件流程执行性；
人际能力、沟通能力、计划与执行能力、专业知识及技能的综合评定。
</td></tr>
<tr><td>
协作关系：
内部协调关系：公司各部门；
外部协调关系：管理处、特色酒楼、大宾馆、相关维护服务公司、办公用品供应商、消防部门、卫生管理部门、公安部门、街道办事处等。
</td></tr>
<tr><td>
工作条件：
工作环境：办公室、出外勤较多；
工作时间：正常工作时间、有时加班；
危 险 性：基本无危险，无职业病危险。
</td></tr>
<tr><td>
晋升方向：行政主管
</td></tr>
</table>

14. 前台接待员岗位说明书

前台接待员岗位说明书

岗位名称	前台接待员	岗位代码	010209
直接上级	行政主管/经理	直接下级	无
职级	职员级	岗位定员	1－2人
任职人签字		接收日期	
所属部门	执行层	授权人签字	
职位概要： 来访接待，总机管理，公司资料库管理和办公用品保管；配合行政管理员做好邮件的收发等日常行政事务工作。			
岗位职责： 1. 转接总机电话，收发传真、信件和报刊； 2. 接待来访客人，并通报相关部门； 3. 协助行政管理员管理办公用品，管理维修打印机、传真机、复印机等办公器材； 4. 负责数据录入、打印、复印文件和管理各种表格文件； 5. 承办员工考勤和外出登记； 6. 协助安排约会、会议室及差旅预定； 7. 保管各种手续、手册； 8. 更新和管理员工通讯地址和电话号码等联系方式； 9. 做好办公用品保管工作，配合行政管理员做好办公用品管理工作； 10. 协助组织公司活动。			
任职资格： 教育背景：秘书、中文等相关专业职业高中以上学历。 培训经历：受过文书写作、档案管理、财会基本知识等方面的培训。 经　　验：1年以上行政人事、文秘或相关工作经验。 知　　识：有良好的文字表达能力，有一定的英语基础。 技　　能：熟练使用办公软件、办公自动化设备。 个人素质：工作细致认真，谨慎细心，热情，积极主动； 工作效率高，责任心强，具有团队精神； 保密意识强； 具有良好的个人形象和敏感的观察力。			
考核指标： 电话费用控制情况、电话接听及时准确性、资料管理质量、信件包裹收发及时性和准确性、重要任务完成情况、考勤管理情况。			
协作关系： 内部协调关系：公司各部门； 外部协调关系：管理处、办公设备维护服务公司。			

工作条件： 工作环境：公司办公区、入门接待处； 工作时间：正常工作时间、加班不多 危 险 性：基本无危险，无职业病危险。
晋升方向：行政管理员、秘书

15. 仓储保管员岗位说明书

仓储保管员岗位说明书

岗位名称	仓储保管员	岗位代码	010210
直接上级	行政管理员	直接下级	无
职级	职员级	岗位定员	1～2人
任职人签字		接收日期	
所属部门	执行层	授权人签字	
职位概要： 对公司办公设备、备品、备件、劳保用品等办公用品进行保管。			
岗位职责： 1. 在行政部的领导下，负责公司办公用品、账表资料、劳动、生活、水暖、电气、在建维修材料等物资的保管工作； 2. 对库存物资要定期盘点，做到帐物相符。入库物资要验收入帐，细心保管，防止积压浪费、霉烂、损坏、变质、被盗； 3. 做好防火、防爆工作，严禁库内吸烟； 4. 勤俭节约，修旧利废，物尽其用； 5. 各种物品存放合理，整齐美观，便于记数、发放、盘点，实行分区分类、立牌立卡、严格管理； 6. 严格管理，对入库物资的数量和质量，做好认真准确的验收和记录，对不符合质量要求的物品，提出退换意见。			
任职资格： 教育背景：财务、中文等相关专业职业高中以上学历。 培训经历：受过档案管理、财会基本知识等方面的培训。 经　　验：1年以上行政管理、账务或相关工作经验。 知　　识：有良好的账票管理能力，有一定的物品管理基础。 技　　能：熟练使用办公软件、办公自动化设备。 个人素质：工作细致认真，谨慎细心，热情，积极主动； 工作效率高，责任心强，具有团队精神； 保密意识强。			
考核指标： 资料管理质量、物品收发及时准确性、重要任务完成情况、物品损失率。			

协作关系： 内部协调关系：公司各部门； 外部协调关系：资产管理部、办公设备维护服务公司。
工作条件： 工作环境：公司仓储区； 工作时间：正常工作时间、加班不多； 危 险 性：基本无危险，无职业病危险。
晋升方向：行政管理员、秘书

16. 电工岗位说明书

电工岗位说明书

岗位名称	电工	岗位代码	010211
直接上级	行政主管/管理员	直接下级	无
职级	职员级	岗位定员	1 人
任职人签字		接收日期	
所属部门	执行层	授权人签字	
职位概要： 负责公司电器、电路安装、维修和保养等工作。			
岗位职责： 1. 在行政部的领导下，按时完成各项电器、电路维修任务； 2. 认真做好公司电器设备及线路的维修、保养工作； 3. 严格执行电工操作规程，保证安全生产和工作质量； 4. 宣传安全用电和节约用电知识，做好修旧利废，节约材料； 5. 遵守《电工工作制度》，主动到各部门巡回检查，发现问题立即解决。			
任职资格： 教育背景：电子、电气等相关专业或职业高中以上学历，持电工资格证。 培训经历：受过电气基本知识等方面的培训。 经　　验：3 年以上电气维护相关工作经验。 知　　识：有良好的电气理论基础。 技　　能：能熟练地为电气、电路安装布线。 个人素质：工作细致认真，谨慎细心，热情，积极主动； 工作效率高，责任心强，具有团队精神。			
考核指标： 电路的安全无故障运行天数；设备的异常事故次数；工作服务态度。			
协作关系： 内部协调关系：公司各部门； 外部协调关系：资产管理处、办公设备维护服务公司。			

工作条件： 工作环境：公司办公区； 工作时间：正常工作时间、加班不多； 危 险 性：有攀高作业危险，无职业病危险。
晋升方向：行政管理员

17. 炊事员岗位说明书

炊事员岗位说明书

岗位名称	炊事员	岗位代码	010212
直接上级	行政管理员	直接下级	
职级	职员级	岗位定员	1～3 人
任职人签字		接收日期	
所属部门	执行层	授权人签字	
职位概要： 负责加工职工的伙食，保障餐饮供应，完善就餐环境等。			
岗位职责： 1. 在行政部长的领导下，认真完成本职工作； 2. 刻苦学习业务，提高烹调技术，按食谱配制食品，把握色、香、味及营养，保质保量； 3. 严格执行《中华人民共和国食品卫生法》，加强个人及环境卫生，严防食物中毒； 4. 节约用粮、燃气、水、电，爱护公物，管好物资，同时做好防火、防盗、防毒、防漏工作； 5. 听取职工意见，不断改进工作，使职工满意； 6. 做好就餐环境的清理和清洁工作； 7. 维持好就餐秩序，保证用餐安全。			
任职资格： 教育背景：烹饪等相关专业职业高中以上学历。 培训经历：受过烹饪、食品安全知识等方面的培训。 经　　验：3 年以上烹饪或相关工作经验。 知　　识：有良好的烹饪基础。 技　　能：熟练使用烹饪用品、用具。 个人素质：工作细致认真，谨慎细心，热情，积极主动； 工作效率高，责任心强，具有团队精神； 安全和服务意识强。			
考核指标： 食品的安全性、食品员工满意度、异常就餐次数、就餐环境状况、就餐秩序的合规性。			
协作关系： 内部协调关系：公司各部门； 外部协调关系：食品管理部、烹饪培训公司。			

工作条件： 工作环境：食堂工作区； 工作时间：正常工作时间、加班不多； 危 险 性：基本无危险，无职业病危险。
晋升方向：行政主管

18. 汽车司机岗位说明书

汽车司机岗位说明书

岗位名称	司机	岗位代码	010213
直接上级	行政部经理	直接下级	无
职级	职员级	岗位定员	1 人以上
任职人签字		接收日期	
所属部门	执行层	授权人签字	
职位概要： 负责车辆的出行和维护，确保领导和公务用车的及时和安全。			
岗位职责： 1. 车辆出行 （1）坚守岗位，做好开车前的一切准备，任务下达后迅速出车； （2）遵守交通规则，任务完成立即返回，不私自出车； （3）按车辆派遣流程，经审核后出车； （4）遵守交通规则，文明出行； 2. 车辆的维修和维护 （1）定期做好车辆检修、保养工作，保持车况良好，节约汽油、安全行驶、详细记录车辆运行情况； （2）凡应收费用车，由按规定标准缴费后，根据收费单据方能出车。负责制订车辆维修计划，经常进行车辆保养，保持车辆的良好运行状态； （3）爱护公物，管好材料和工具，并做好防火工作； （4）按规定到指定地点维修，并提供详尽有效的支出明细； （5）自行负责公司车辆的小修； （6）负责办理车辆的年检手续及其他车务手续； （7）保持车辆内外的卫生整洁，安全行车，并做好行车记录； 3. 培训和学习 （1）负责参加交通法规学习和业务培训活动，提高安全意识和业务技能； （2）协助公安交通部门调查车辆肇事原因； 4. 负责完成上级交付的其他工作。			
任职资格： 教育背景：高中以上学历，有相应的驾驶资格证。 培训经历：经过专业驾驶培训、消防和救护培训。 经　　验：3 年以上专职司机工作经验。 知　　识：具备相应的汽车知识、交通知识、法律知识、消防安全知识。 技　　能：汽车驾驶、养护和一般维修技能 个人素质：具有一定的人际能力、沟通能力、有较强的保密观念； 判断能力、人际能力、沟通能力、计划与执行能力、专业知识技能。			

考核指标： 交通事故发生次数、车辆维护情况、车辆的整洁情况、出车的及时性和合规性； 重要任务完成情况； 考勤、服从安排、遵守制度。
协作关系： 内部协调关系：公司各部门、总经理、各部总监、经理； 外部协调关系：交通队，车管所等。
工作条件： 工作环境：办公室、汽车内； 工作时间：超正常工作时间、加班多； 危 险 性：基本无危险，无明显的职业病危险。
晋升方向：车队长

19. 门卫保安员岗位说明书

门卫保安员岗位说明书

岗位名称	门卫保安员	岗位代码	010214
直接上级	行政部经理	直接下级	无
职级	职员级	岗位定员	1 人
任职人签字		接收日期	
所属部门	执行层	授权人签字	
职位概要： 负责公司或厂区的安全、卫生工作；负责人员的安全和保卫工作。			
岗位职责： 1. 负责厂区院内治安巡逻工作，检查各部门安全防范情况，对不安全因素提出整改意见，盘查可疑分子，清理院内闲散人员； 2. 及时处理发生的治安案件，对一般违反治安管理处罚条例和院规的人员，经调查取证后，予以批评教育或送交公安部门处理； 3. 具体负责公司办公区的车辆管理，对进入公司的自行车、机动车，不符合规定的不准入内，走廊内骑车人进行劝阻和处罚； 4. 按时上岗，坚守岗位，遵守纪律，按章办事，礼貌待人，严格交接班手续，做好文字记录工作； 5. 认真学习，掌握国家法律、法规和公司的规章制度，并严格执行，发生问题及时报告； 6. 对厂外卫生进行清洁和保持工作； 7. 公司的外区形象、厂旗的升降等工作； 8. 做好防火、防盗工作，清除安全隐患； 9. 做好安全保卫公司，保障公司良好的办公秩序； 10. 公司行政部交予的其他的安全保卫工作。			

任职资格： 教育背景：高中以上学历，有保安资格证，退役军人。 培训经历：经过专业安全保卫培训，受过消防和救护培训。 经　　验：3 年以上保安工作经验。 知　　识：具备相应的安全防范知识、法律知识、消防安全知识。 技　　能：具有保卫的能力。 个人素质：具有一定的人际能力、沟通能力、有较强的保密观念； 具有工作的责任感； 有勇敢的精神和行动，敢于同坏人坏事做斗争。
考核指标： 防火安全的巡查次数、安全工作的检查次数、重大安全事项的处理情况、出入门管理流程合规性、日巡岗的次数。
协作关系： 内部协调关系：公司各部门、保卫处； 外部协调关系：社区居民委员会、街道办、派出所等。
工作条件： 工作环境：办公室、保卫处； 工作时间：超正常工作时间； 危 险 性：有安全保卫危险，无职业病危险。
晋升方向：行政主管、保卫处长

20. 保洁员岗位说明书

保洁员岗位说明书

岗位名称	保洁员	岗位代码	010215
直接上级	行政部经理	直接下级	
职级	职员级	岗位定员	1 人以上
任职人签字		接收日期	
所属部门	执行层	授权人签字	
职位概要： 负责公司公共区域的环境卫生和保洁工作。			
岗位职责： 1. 保洁员每日按日常保洁内容及标准重点打扫走廊、大厅、会议室的环境卫生，以保证办公环境整洁，舒适，做到随脏随扫，无污迹无杂物； 2. 保证洗手间内干净、整洁无异味，定期进行消毒； 3. 对所负责的区域，做到环境无死角，无沉渍； 4. 做到节约用水，用电； 5. 公共区域的玻璃、门窗的清洁和保持工作； 6. 行政部安排的其他相关的保洁工作。			

任职资格： 教育背景：高中以上学历。 培训经历：经过保洁专业培训。 经　　验：3 年以上专职保洁工作经验。 知　　识：具备相应的清洁保护知识。 技　　能：能胜任脏累的工作环能； 保证清洁工作高效、达标完成。 个人素质：具有一定的人际能力、沟通能力、有较强的保密观念； 勤劳朴实；吃苦耐劳。
考核指标： 卫生的清洁抽查合格率、清洁的效率、水、电等用品用具的节耗率； 考勤、服从安排、遵守制度；
协作关系： 内部协调关系：公司行政经理、行政管理员； 外部协调关系：无。
工作条件： 工作环境：办公楼内公共区域； 工作时间：正常工作时间； 危 险 性：基本无危险，无职业病危险。
晋升方向：保洁组长

21. 财务部长岗位说明书

财务部长岗位说明书

岗位名称	财务部长	岗位代码	010301
直接上级	财务总监	直接下级	财务主管、会计、出纳
职级	部长级	岗位定员	1 人
任职人签字		接收日期	
所属部门	管理层	授权人签字	
职位概要： 主持公司财务战略的落实、财务管理及内部控制工作，组织筹集公司运营所需资金，完成企业财务会计核算和合理纳税等财务工作。			
岗位职责： 1. 根据公司的实际情况，组织落实财务核算体系和财务监控体系，以进行有效的内部控制； 2. 资金管理 （1）制定公司资金运营计划，监督资金管理报告和预、决算； （2）对公司投资活动所需要的资金筹措方式进行成本计算，并提供最为经济的酬资建议；			

(3) 协助财务总监筹集公司运营所需资金，对公司重大资金流向提出建议；
(4) 负责编制资金使用计划，管好用好资金，促进企业增收节支；
3. 协调公司同银行、工商、税务等政府部门的关系，维护公司利益；
4. 参与公司重要事项的分析和决策，为企业的生产经营、业务发展及对外投资等事项提供财务方面的分析和决策依据；
5. 财务管理
(1) 认真执行国家的方针、政策、法律、法规和遵守“企业会计准则”，“财务通则”的规定，认真执行总经理，财务总监的各项决定，搞好财务会计工作；
(2) 负责编制年度成本计划和财务计划，并负责贯彻实施；
(3) 负责成本分析和财务分析，为领导经营决策提供原始资料，并提出改进的意见和措施，不断提高企业经济效益；
(4) 负责原始凭证、会计凭证、财务报表的审核工作，提交财务管理工作报告；
6. 资产管理
(1) 负责做好原材料、外购件、半成品、产成品、低值易耗品的核算工作；
(2) 做好部门经费、企业管理费、销售费用的核算工作；
(3) 做好固定资产的核算工作；
(4) 要做到原始凭证准确、手续完备、帐目清楚；
7. 负责做好工资核算审核；
8. 完成财务总监临时交办的其他事项。

任职资格：
教育背景：会计、财务或相关专业大学本科以上学历。
技术职称：中级以上技术职称。
培训经历：接受过管理学、战略管理、组织变革管理、财务管理、经济法、公司产品的基本知识及财务管理软件等方面的培训。
经　　验：8年以上中型企业财务管理工作经验。
知　　识：精通会计、财务管理知识，具备相应的法律知识。
技　　能：能驾驭企业的财务管理过程，保证财物管理合规、合理；
熟悉财务相关法律法规、投资及企业财务制度和流程；
参与过较大投资项目的分析、论证和决策；
熟悉税法政策、营运分析、成本控制及成本核算；
具有丰富的财务管理、资金筹划、融资及资本运作经验；
良好的写作、表达、阅读能力；
熟练使用财务和办公软件；
个人素质：工作细致、严谨，并具有战略前瞻性思维；
具有较强的判断和决策能力、人际沟通和协调能力、计划与执行能力；
具有较强的工作热情和责任感；
坚持原则、秉公办事、不以权谋私、自觉抵制不正之风。

考核指标：
财务制度建设、合理避税的落实、各部门管理费用的管理水平（有无行为和措施）；
重大任务完成情况费用控制情况；
企业节能耗费的降损率；
资产管理方案及落实跟进状况；
销售、管理等部门合作满意度；
领导能力、判断与决策能力、人际能力、沟通能力、影响力、计划与执行能力、专业知识及技能。

协作关系： 内部协调关系：公司各部门； 外部协调关系：财政局、税务局等。
工作条件： 工作环境：办公室、需要出外勤； 工作时间：正常工作时间、根据工作情况加班； 危 险 性：基本无危险，无职业病危险。
晋升方向：财务总监

22. 财务主管岗位说明书

财务主管岗位说明书

岗位名称	财务主管	岗位代码	010302
直接上级	财务部长	直接下级	会计、出纳
职级	主管级	岗位定员	1 人
任职人签字		接收日期	
所属部门	管理层	授权人签字	
职位概要： 公司财务战略，实施财务管理及内部控制工作，监督和落实企业财务会计核算和合理纳税工作。			
岗位职责： 1. 财务管理 （1）严格执行国家财经纪律、制度及法规，贯彻执行公司的财务政策； （2）在财务部长指导下负责公司财务工作，与财务核算人员共同完成公司财务工作； （3）做好原始单证、记账凭证和会计账簿的核算和审核，编制各种财务报表，呈报公司领导审查； 2. 账目的管理 （1）财务收支信息，协助决策层进行科学的财务政策，当好公司领导的理财参谋； （2）及时清理公司内外债权债务，防止拖欠，严格控制业务收入的呆帐发生，营造公司货币良性回笼； （3）负责销售部提成奖金及费用的分配审核与发放； （4）做好原材料、外购件、半成品、成品、低值易耗品的核算工作； 3. 负责全公司会计及财务人员的业务指导，提高业务工作水平，阻止财经漏洞的发生； 4. 严格掌握现金、支票、有价证券和财务单据的使用和保管及财务档案的管理； 5. 严格要求自己，遵守财经管理各项制度，做财务人员的表率； 6. 坚决落实本部门员工的工作职责及财务制度，使公司财务工作规范化、制度化。			

任职资格： 教育背景：会计、财务或相关专业大学本科以上学历。 技术职称：中级以上技术职称。 培训经历：接受过经济法、公司产品的基本知识及财务管理软件等方面的培训。 经　　验：5 年以上中型企业财务管理工作经验。 知　　识：精通会计、财务管理知识，具备相应的法律知识。 技　　能：具有较全面的财会专业理论知识、现代企业管理知识，熟悉财经法律法规和制度； 熟悉财务相关法律法规； 了解商务流程、企业财务制度和流程； 参与过较大投资项目的分析、论证和决策； 熟悉税法政策、营运分析、成本控制及成本核算； 良好的写作、表达、阅读能力； 熟练使用财务和办公软件。 个人素质：工作细致、严谨，并具有战略前瞻性思维； 具有较强的判断和决策能力、人际沟通和协调能力、计划与执行能力； 具有较强的工作热情和责任感； 处事原则性强。
考核指标： 财务处理的合规性、及时性和准确性； 会计人员满意度； 执行能力、专业知识及技能。
工作条件： 工作环境：办公室； 工作时间：正常工作时间、根据工作情况加班； 危 险 性：基本无危险，无职业病危险。
晋升方向：财务经理/财务部长

23. 会计岗位说明书

财务会计岗位说明书

岗位名称	财务会计	岗位代码	010303
直接上级	财务主管	直接下级	财务部
职级	职员级	岗位定员	1 人以上
任职人签字		接收日期	
所属部门	执行层	授权人签字	
职位概要： 负责完成财务核算工作。			

岗位职责： 1. 在财务部领导下，搞好会计核算，严格执行公司各项经费开支及控制预算定额； 2. 掌握并正确贯彻执行有关的财经方针、政策和财务会计法规、制度，坚守岗位，做好本职工作，及时完成公司各项会计财务工作处理，做到科目准确，数字真实，凭证完整，装订整齐，记载清晰，日清月结，报帐及时； 3. 及时、正确地编制会计报表，做到帐表对口，并认真分析，有情况要说明，经公司领导批审，按时上报； 4. 经常检查收支情况，分析费用升降原因及时提出改进意见，呈报上级领导； 5. 严格执行（会计职权条例）及结算纪律，及时清理债权债务，阻止呆帐发生； 6. 努力钻研专业技术，不断创新工作局面，提高敬业水平，尽职尽责完成公司会计工作； 7. 分析检查财务收支和预决算的执行情况，针对本单位经营管理中存在的问题，及时向领导提出意见和建议，维护财经纪律，抵制不正之风； 8. 根据职工实有人数、工资标准、审核工资计算表、办理代扣款项，计算实发工资。
任职资格： 教育背景：会计、财务或相关专业，专科以上学历。 技术职称：初级以上技术职称，会计从业资格证书。 培训经历：接受过经济法、公司产品的基本知识及财务管理软件等方面的培训。 经　　验：3 年以上相关企业财务管理工作经验。 知　　识：精通会计、财务管理知识，具备相应的法律知识。 技　　能：具有适合岗位需要财会专业理论知识，熟悉财经法律法规和制度； 熟悉财务相关法律法规、掌握企业财务制度和流程； 具有丰富的财务管理、资金筹划、融资及资本运作经验； 熟练使用财务和办公软件。 个人素质：工作细致、严谨，有负责的工作态度； 良好的沟通和协作能力； 具有较强的工作热情和责任感。
考核指标： 财务账表准确性、及时性； 资产管理流程管理检查次数； 同事的满意度。
协作关系： 内部协调关系：公司各部门； 外部协调关系：无。
工作条件： 工作环境：办公室； 工作时间：正常工作时间、根据工作情况加班； 危 险 性：基本无危险，无职业病危险。
晋升方向：财务主管

24. 出纳员岗位说明书

出纳员岗位说明书

岗位名称	财务出纳员	岗位代码	010304
直接上级	财务主管/部长	直接下级	无
职级	职员级	岗位定员	1人
任职人签字		接收日期	
所属部门	执行层	授权人签字	

职位概要：

负责现金和银行存款的收支和款项往来事项。

岗位职责：

1. 在财务部长的领导下，做好银行存款、库存现金的收付工作，及时记帐，并于每日终了提交银行存款及库存现金日报表，每月做出银行对帐调节表，清理未达账户款项，做到日清月结；
2. 对收入付项要逐笔核对，随时核对库存现金及银行存款余额，并随时接受检查，如发现问题，应及时查明原因，落实处理，不能办理的要及时报告；
3. 严格报销手续，原始凭证要审核签章，一切开支都要先审查其是否合理、合法、真实，再看有无经手人、验收人、审批人签字，经审查无误方可办理；
4. 在已结算完的凭证上盖“收讫”、“付讫”、“转讫”章，并粘贴整理记帐后交记帐会计；
5. 严格按现金管理制度做好现金管理，应该用转帐支票付款者，不得用现金支付，严格遵守银行的现金管理规定；
6. 注意保护国家资金的安全，妥善保管各种有价证券和支票，对支票要严格办理领用、登记手续，不得签发空头支票、空白支票；
7. 做好各种有价证券和收据的保管、使用、领用、收回登记工作，尤其做好发票及收据存根的保管工作；
8. 当日的收入，应于当日存入银行。保证库存现金不超过银行规定库存现金；
9. 接待客户收付款项时，要态度和蔼，准确无误，有特殊情况影响对方情绪时要耐心解释，杜绝争吵发生；
10. 核发工资；
11. 其他款项收付业务。

任职资格：

教育背景：会计、财务或相关专业，专科以上学历。
技术职称：初级技术职称，会计从业资格证。
培训经历：接受过公司产品的基本知识及财务管理软件等方面的培训。
经　　验：2年以上出纳工作经验。
知　　识：精通会计、财务管理知识，具备相应的法律知识。
技　　能：具有较全面的财会专业理论知识，熟悉财经法律法规和制度；
熟悉企业财务制度和流程；
熟练使用财务和办公软件。
个人素质：工作细致、严谨，责任心强；
具有较强的判断和决策能力、人际沟通和协调能力；
做事原则性强。

考核指标： 资金的运用能力、收付的准确性、财务记录及时性、报表准确性、财务合规性操作、沟通协作能力。
协作关系： 内部协调关系：公司各部门； 外部协调关系：银行。
工作条件： 工作环境：办公室、需要出外勤； 工作时间：正常工作时间，无加班； 危 险 性：基本无危险，无职业病危险。
晋升方向：会计

第二节　药品批发企业业务岗位职责

一、药品批发企业营销部主要岗位设置

（一）药品批发企业营销部主要岗位总览表

药品批发企业营销部岗位设置为：营销总监、招商经理、销售部经理、商务代表、商务专员、电话销售员、网络推广员、专营店营业员、兼职业务员、直销（团购）业务员、第三方渠道引进员和 KA 主管十二个岗位。

药品批发企业营销部岗位设置如下所示。

药品批发企业营销部职位名称编号一览表

部门名称	岗位编号	岗位名称	职级	编制	直接下属人数	晋升方向
营销部	010401	营销总监(产品或区域)	决策层	1	若干	- -
	010402	分销招商经理	管理层	1	若干	营销总监
	010403	销售部经理	管理层	1	无定	营销总监
	010404	商务代表	执行层	无定	0	销售经理
	010405	商务专员（内勤）	执行层	无定	0	营销主管
	010406	电话销售员	执行层	无定	0	销售主管
	010407	网络推广员	执行层	无定	0	销售主管
	010408	专营店营业员	执行层	无定	0	销售主管
	010409	兼职业务员	执行层	无定	0	商务代表
	010410	直销（团购）业务员	执行层	无定	0	销售主管

续表

部门名称	岗位编号	岗位名称	职级	编制	直接下属人数	晋升方向
营销部	010411	第三方渠道引进员	执行层	无定	0	销售主管
	010412	KA 主管	执行层	无定	0	销售主管

注：本职位编号是按营销部职位顺序规定的。

（二）药品批发企业营销岗位说明书

1. 营销总监（产品或区域）岗位说明书

营销总监（产品或区域）岗位说明书

岗位名称	营销总监（产品或区域）	岗位代码	010401
直接上级	总经理	直接下级	招商经理、销售经理
职级	决策层	岗位定员	1 人
任职人签字		接收日期	
所属部门	销售部	授权人签字	
职位概要： 负责企业营销决策、管理和发展规划工作，对营销工作承担市场拓展、营销效益和全部责任。			
岗位职责： 1. 根据市场预期制订或参与制订营销规划； 2. 决策企业的产品定位、营销策划方向、产品渠道开拓的模式； 3. 对企业的营销发展趋势、市场应对提出解决方案； 4. 根据企业的规划，制定和实施公司的营销目标； 5. 对企业经营活动中出现的重大问题，及时给予解决； 6. 负责企业营销工作的全面领导和落实。			
任职资格： 教育背景：药品管理、营销或管理相关专业，具有大学本科以上学历，执业药师或主管药剂师职称。 培训经历：应当定期接受省级药品监督管理部门组织的有关法律法规及药品质量管理等内容的培训，参加市场营销管理、销售管理、公共关系、药品相关知识、推销技巧的培训。 经　　验：5 年以上本行业销售管理经验，具有至少 3 年从事药品经营质量管理的实践经验；具备对质量管理进行正确判断和保障实施的能力。 知　　识：掌握公司项目的国内行业动态，掌握市场营销相关知识，具备财务管理、法律等方面的知识，掌握公司产品的业务知识。 技　　能：熟练使用 WORD、EXCEL 等办公软件，具备网络知识；具有一定的英语应用能力。 个人素质：具有敏锐的市场前瞻性，卓越的领导能力、随机的营销谈判能力、果断的决策能力、高效的人际沟通能力、协作能力、影响力、计划与执行能力、客户服务能力； 要求有决策分析经验，能带领团队协同作业； 能承受较大的工作压力。			

考核指标： 营销效益完成指标； 产品的市场铺盖率； 团队的协同作业能力； 营销业务的总体组织能力； 重大项目的决策能力； 部门间的沟通和协调能力。
协作关系： 内部协调关系：总经理、分销招商经理、销售经理、品种招商经理（采购部）； 外部协调关系：同业药品经销企业、药监局职能部门、客户中心等。
工作条件： 工作环境：办公室、销售现场； 工作时间：超正常工作时间、加班多； 危 险 性：基本无危险，无职业病危险。
晋升方向：营销总监

2. 分销招商经理岗位说明书

分销招商经理岗位说明书

岗位名称	分销招商经理	岗位代码	010402
直接上级	营销副总	直接下级	招商专员、销售专员
职级	经理层（执行层）	岗位定员	1 人
任职人签字		接收日期	
所属部门	销售部	授权人签字	
职位概要： 负责公司产品的招商工作，外埠市场渠道的开拓、销售任务的达成及外埠市场的维护开拓。			
岗位职责： 1. 落实产品外埠市场的开拓业务，完成选择代理商、维护代理商、发展代理商的终端市场任务； 2. 根据市场的状况，完成每期工作任务的设定、达成和汇报工作； 3. 落实各期各个代理商的销售任务； 4. 按公司政策的要求，及时向各个代理商传达公司的销售信息和政策信息； 5. 做好代理商的市场信息的调研和反馈工作； 6. 按公司的要求，做好其他的与外埠招商相关的信息管理工作。			
任职资格： 教育背景：药品管理、市场营销或管理专业，执业药师或药师以上技术职称。 培训经历：应当定期接受省级药品监督管理部门组织的相关法律、法规及药品质量管理等内容的培训，接受市场营销管理、销售管理、公共关系、药品相关知识、推销技巧培训。			

经　　验：5 年以上工作经历，3 年以上药品经营质量管理工作经历，能独立解决经营过程中的质量问题。 知　　识：掌握公司项目的国内行业动态，掌握市场营销相关知识，具备财务管理、法律等方面的知识，了解产品的业务知识。 技　　能：熟练使用 WORD、EXCEL 等办公软件，具备网络知识；具有一定的英语应用能力。 个人素质：具有很强的领导能力、判断与决策能力、人际能力、沟通能力、影响力、计划与执行能力、客户服务能力； 要求有相关经验，能带领团队； 能承受较大工作压力。
考核指标： 外埠市场的开拓数量、开发状态符合公司营销规划的要求； 维持和拓展外埠市场的销售额； 制定外埠市场的销售政策，并做好沟通和落实工作； 做好外埠市场货品的配送、管理和流转工作； 组织和培训好外埠市场的营销团队； 管理好与外埠相关的工作任务。
协作关系： 内部协调关系：采配经理、销售经理； 外部协调关系：同业药品经销企业、顾客、药监局职能部门、招商中心等。
工作条件： 工作环境：办公室、销售现场； 工作时间：超正常工作时间、加班多； 危 险 性：基本无危险，无职业病危险。
晋升方向：营销总监

3. 销售部经理岗位说明书

销售部经理岗位说明书

岗位名称	销售部经理	岗位代码	010403
直接上级	营销总监	直接下级	销售代表、销售内勤
职级	经理级（管理层）	岗位定员	1 人
任职人签字		接收日期	
所属部门	销售部	部门负责人签字	
职位概要： 领导公司项目的市场开发与管理工作，完成销售任务目标，深入了解市场状况，建立客户关系，树立公司品牌形象。			

岗位职责：

1. 销售及管理工作

（1）拟订阶段性销售计划和实施步骤、拟定销售政策；

（2）负责落实公司的销售政策，组织销售，完成销售任务；

（3）销售渠道的拓展，完成每日必须更新电子版的《终端进店信息表》；

（4）解决销售中的问题：进店审核、进店政策的拟定、商谈进店、信息跟踪等；

（5）定期、准确向营销总监和相关部门提供有关市场情况、促销费用控制等反映公司营销工作现状的信息，为公司重大决策提供信息支持；

（6）提供广告策划方面的报价，以及材料、市场动态的资料，并分类整理存档管理；

（7）编制市场推广费用的计划，并加以监控与及时呈报，负责拟定公司促销策略、促销政策，拟定和组织实施市场推广方案；

2. 货品的准备

（1）落实存货盘点和送货确认单移交财务的工作，与财务部对账，协助收款；

（2）负责出入库的初审；

（3）与仓储部进行良好的沟通，保证存货的合理调配，保证销售；

（4）及时反馈客户的经营状态；

3. 团队建设

（1）销售额的确认、销售信息的审核、员工业务工作的监督；

（2）配合公司做好销售人员培训和考核工作；

（3）进行员工的考核和评定工作；

4. 财务

（1）与财务部门配合，做好收款的协作工作；

（2）及时将收款信息报财务部更新；

5. 其他

（1）搜集和整理行业信息，向领导提供决策参考；

（2）制定营销执行草案，提请领导审核；

（3）根据领导的营销方案制定出可行的营销执行计划，并落实；

（4）建立客户档案，及时向领导提供，并存于信息管理部门。

任职资格：

教育背景：药品或经济、管理、市场营销相关专业，大学本科以上学历，执业药师或药师以上技术职称。

培训经历：应当定期接受药品监督管理部门组织的有关法律法规及药品质量管理等内容的培训；接受市场营销管理、销售管理、公共关系、药品相关知识、推销技巧培训。

经　　验：5年以上工作经历，3年以上本行业销售管理经验。

知　　识：掌握公司项目的国内行业动态，掌握市场营销相关知识，具备财务管理、法律等方面的知识，了解公司项目的工程技术知识。

技　　能：熟练使用WORD、EXCEL等办公软件，具备网络知识；具有一定的英语应用能力。

个人素质：具有很强的领导能力、判断与决策能力、人际能力、沟通能力、影响力、计划与执行能力、客户服务能力。

其他要求：质量管理、验收、仓储、养护、采购、销售、运输等岗位的人员，应当接受上岗培训，合格后方可上岗，应建立培训档案。

考核指标： 销售收入、利润率、市场占有率、应收帐款拖欠天数及坏帐率、客户满意度、客户需求预测准确性、促销活动的效果、信息搜集分析的有效性、文档整理规范性、被客户投诉和索赔的次数、重要任务完成情况； 预算控制情况、下属员工行为管理、关键人员流失率； 部门合作满意度； 领导能力、判断与决策能力、人际能力、沟通能力、影响力、计划与执行能力、客户服务能力、专业知识及技能。
协作关系： 内部协调关系：营销总监、分销招商经理、财务部、仓储部等； 外部协调关系：药监局等相关政府部门、广告商、媒体、客户、行业协会等。
工作条件： 工作环境：办公室、销售现场； 工作时间：超正常工作时间、无定休日； 危 险 性：基本无危险，无职业病危险。
晋升方向：营销总监

4. 商务代表岗位说明书

商务代表（终端业务员）岗位说明书

岗位名称	商务代表（终端业务员）	岗位代码	010404
直接上级	销售部经理	直接下级	无
职级	职员级（执行层）	岗位定员	根据情况设定
任职人签字		接收日期	
所属部门		授权人签字	
职位概要： 市场开发，签订销售合同；跟踪终端（或客户），对客户进行售后服务，完成送货、回款等工作。			
岗位职责： 1. 销售 （1）完成销售指标，落实各期销售任务，辅导终端营业人员完成销售； （2）落实产品的市场占有率和品牌优势； 2. 货品 （1）根据货品管理要求，实时掌握终端销售的状态包括送货、存货盘点、货品效期管理要求； （2）根据储运部、财务部的要求完成出库单、验收单等票据信息的管理工作，并及时向财务部门提供终端客户结款的信息和财务状况； （3）根据客户的要求，落实货品的配送和调配； （4）积极争取销售单，完成销售目标； （5）负责组织和参与客户商务谈判，拟订销售合同；			

3. 信息
   (1) 做好终端信息反馈，按公司要求填写《现有终端客户信息反馈表》、《意向终端信息反馈表》；
   (2) 做好开据新客户的准备工作：信息反馈、联系人和店周边环境的报告等；
   (3) 收集和分析项目销售信息，为公司决策提供参考意见；
4. 维护
   (1) 做好终端营业人员的培训、指导和考核工作，做好客户客情的维护工作；
   (2) 负责持续保持客户关系，做好客户与公司间信息沟通；
   (3) 负责向客户传达公司项目信息、企业文化与销售政策；
   (4) 负责定期收集市场信息；
   (5) 负责定期走访客户，了解政府相关政策、竞争对手等信息；
   (6) 负责寻找多种渠道，获得销售市场相关信息；
   (7) 负责参与质量问题分析，协调并解决客户提出的问题；
5. 财务
   (1) 负责核对收款信息，与财务部门共同完成收款；
   (2) 销售回款和终端财务状况的分析；
   (3) 负责协调销售合同履行，促进货款回收；
   (4) 认真记录临床营销帐目，杜绝做假帐、虚帐发生及多留少付现象发生，每月与财务核对一次，做到次清月结；
6. 管理
   (1) 根据公司的要求完成各期的考核指标；
   (2) 协助销售经理制订本部门年度销售计划，制定个人年度销售计划；
   (3) 负责根据公司销售政策提出销售政策建议；
   (4) 认真学习药品知识及药品的临床应用知识，对本公司所经销所有临床药品的特性、疗效、成分和有关宣传知识了如指掌；
   (5) 正确宣传介绍所负责药品，在政策范围内，认真做好医院各科医生的沟通工作，以诚为本，安全可靠，注重良好的公司形象，努力完成部门下达的工作指标；
   (6) 加强法律、法规、专业知识、服务意识观念，注重自身修养，杜绝在经营活动中徇私舞弊；
   (7) 不断学习新知识，提高对市场的应变能力，增进工作配合，团结协作，发扬团队精神，为完成公司年销售计划做贡献；
7. 完成销售部经理或上级交办的其他工作任务。

任职资格：

教育背景：药品专业或营销管理相关专业，中专以上学历，具有药品从业相关的资质。

培训经历：应当定期接受药品监督管理部门组织的有关法律、法规及药品质量管理等内容的培训；接受市场营销管理、销售管理、公共关系、推销技巧培训。

经　　验：2 年以上工作经验，1 年以上本行业营销或管理经历。

知　　识：掌握市场营销相关知识，具备财务管理、法律等方面的知识，了解药品加工工艺等知识。

技　　能：熟练使用 WORD、EXCEL 等办公软件，具备基本的网络知识，具备一定的英语应用能力。

个人素质：具有一定的判断与决策能力、人际能力、沟通能力、计划与执行能力、客户服务能力；能承受工作压力；有较强的适应能力；
判断与决策能力、人际能力、沟通能力、计划与执行能力、客户服务能力、专业知识及技能。

考核指标： 销售金额、利润率、市场占有率、客户满意度、应收帐款拖欠天数及坏帐率、重要任务完成情况； 客户信息收集量； 开店数量、客户维护次数及效果记录； 考勤、服从安排、遵守制度。
协作关系： 内部协调关系：财务、营销策划部； 外部协调关系：客户、销售区域内相关政府机构（药监局等）、行业协会等。
工作条件： 工作环境：销售终端； 工作时间：超正常工作时间、加班多； 危 险 性：基本无危险，无职业病危险。
晋升方向：销售部经理

5. 商务专员岗位说明书

商务专员岗位说明书

岗位名称	商务专员	岗位代码	010405
直接上级	销售部经理	直接下级	无
职级	职员级（执行层）	岗位定员	1人
任职人签字		接收日期	
所属部门	销售部	授权人签字	
职位概要： 负责公司销售信息、员工信息、考核信息的管理等工作。			
岗位职责： 1. 销售信息管理 （1）在行政总监的指挥下，负责与客户的电话、电子邮件的信息交流，负责与客户文件资料函件的撰写、整理、内部报批、外部发送； （2）负责按照各期销售政策的相关规定，指导、协助各市场机构对业务信息的收集，督促各市场机构将业务信息及时、准确呈报到集团公司，整理、分析各市场业务信息形成客户分类档案，并及时将重要的信息报告给销售中心； （3）统计汇总宣传渠道信息、相关合作客户信息、合作的职能部门等的信息； （4）每日客户进店信息的更新、每日货品出入库流向的更新； 2. 行业资源分析 （1）监察、收集、整理竞争对手情报资料；收集、整理、分析行业性文章、资料； （2）负责定期撰写公司业务市场分析报告，协助公司销售决策； （3）负责直接业务情报、业务信息的整理； （4）统计分析销售人员月、季、年度销售额度、销售报表形成考核资料上报； （5）协助销售经理制订本部门年度销售计划； （6）收集和分析销售信息，为公司决策提供参考意见，近期重点是统计分析连锁终端进、销工作；			

3. 行政管理

（1）负责行政、管理类信息的制作、收集和归档；

（2）监督商务代表销售工作的真实性；

（3）与销售部、生产部和仓储部协调供货工作；

（4）跟踪业务人员执行公司既定政策的效果；

（5）收取业务人员上报的经验总结；

（6）收取各部门的信息汇总存档，配合企管部做好业务部人员的培训、评定和考核工作；

（7）收集员工的请串假、交接、入聘和离职等人事信息等；

（8）保管好委托书、销售分析、统方及整理提成明细等资料，建立厂商药品宣传材料档案，建立办公用品及劳保用品使用帐户，协助销售部门汇总所需的资料；

4. 销售

（1）协助争取订单，完成销售目标；

（2）负责协调销售合同履行中与客户接洽，促进货款回收；

（3）负责客户现场要求及投诉登记工作，参与协调解决客户争议；

（4）参与质量问题分析，协调客户关系；

5. 其他

（1）负责收集存储公司业务工作的表格；

（2）负责整理客户信息，持续掌握客户情况，做好客户与公司间信息沟通；

（3）负责合同的审核及归档工作，参与拟订销售协议；

（4）负责整理公司相关信息、企业文化与销售政策，协助销售员与客户沟通；

（5）负责建立完善客户资料库和客户服务工作；

（6）负责整理市场资料，了解和整理国家相关政策、竞争对手等信息；

（7）参与寻找多种渠道，获得销售市场相关信息；

6. 完成公司交办的其他工作任务。

任职资格：

教育背景：药学或营销管理相关专业，大学专科以上学历，具有药品从业资格证书。

培训经历：应当定期接受药品监督管理部门组织的有关法律、法规及药品质量管理等内容的培训；接受市场营销管理、销售管理、公共关系、推销技巧、文秘培训。

经　　验：1 年以上工作经验，半年以上本行业营销、管理或文秘经历。

知　　识：掌握药品销售知识、掌握市场营销相关知识，具备财务管理、法律等方面的知识，了解公司产品技术知识。

技　　能：熟练使用 WORD、EXCEL、客户管理等办公软件，具备基本的网络知识。

个人素质：具有一定的判断与决策能力、人际能力、沟通能力、计划与执行能力、客户服务能力；

能独立处理销售人员提交的例行事项；

判断能力、人际沟通能力、计划与执行能力、客户服务能力、专业知识及技能。

其他要求：质量管理、验收、仓储、养护、采购、销售、运输等岗位的人员，应当接受上岗培训，合格后方可上岗，应建立培训档案。

考核指标：

客户满意度、市场信息收集充足性和规范性、重要任务完成情况；

考勤、服从安排、遵守制度。

协作关系： 内部协调关系：销售部员工、仓储部、财务部、行政部等； 外部协调关系：客户、药监局、行业协会等。
工作条件： 工作环境：公司销售部； 工作时间：工作时间； 危 险 性：基本无危险，无职业病危险。
晋升方向：销售主管/行政主管

6. 电话销售员岗位说明书

电话销售员岗位说明书

岗位名称	电话销售员	岗位代码	010406
直接上级	销售经理	直接下级	无
职级	职员（执行层）	岗位定员	无定人数
任职人签字		接收日期	
所属部门	销售部	授权人签字	
职位概要： 主要是通过电话销售公司产品，维护老客户，促成二次销售；进行市场宣传及信息回馈等工作等。			
岗位职责： 1. 负责药品销售企业终端市场信息的收集、终端销售信息的反馈； 2. 通过电话搜索意向客户； 3. 通过电话完成本区域的销售目标任务，做好本区域客户的跟进、维护工作； 4. 做好售后客户的跟踪回访，维护老客户，促成二次销售； 5. 配合公司各期的销售政策，做好电话寻访工作； 6. 主要职责是和客户沟通，开发新客户，维护老客户关系； 7. 通过主动打电话和接受来访者的电话问访等方式，落实销售和宣传指标； 8. 做好销售部安排的其他工作。			
任职资格： 教育背景：药品、营销和管理相关专业，专科以上学历，具有药品从业资格证书。 培训经历：应当定期接受药品监督管理部门组织的有关法律、法规及药品质量管理等内容的培训；接受市场营销管理、销售管理、公共关系、推销技巧、文秘培训。 经　　验：从事处方药招商工作3年以上，有成熟的客户网络资源。 知　　识：掌握药品销售知识、掌握市场营销相关知识，具备财务管理、法律等方面的知识，了解公司营销技术知识。 技　　能：熟练使用WORD、EXCEL、客户管理等办公软件，具备基本的网络知识，要求声音甜美，语言表达能力强、有亲和力。 个人素质：具有一定的判断与决策能力、人际能力、沟通能力、计划与执行能力、客户服务能力。能独立处理销售人员提交的例行事项。作风务实、人品好、敬业、责任心强、忠诚度高。 其他要求：质量管理、验收、仓储、养护、采购、销售、运输等岗位的人员，应当接受上岗培训，合格后方可上岗，应建立培训档案。			

考核指标： 寻找意向客户，合作率在10%左右； 完成销售任务； 向客户及时传达公司的政策信息； 按公司的要求完成市场信息收集任务； 完成公司下达的其他销售指标。
协作关系： 内部协调关系：营销营销策划部、仓储部、财务部等； 外部协调关系：客户、销售区域内代表、行业协会等。
晋升方向：渠道主管

7. 网络推广员岗位说明书

网络推广员岗位说明书

岗位名称	网络推广员	岗位代码	010407
直接上级	渠道主管	直接下级	无
职级	职员（执行层）	岗位定员	无定人数
任职人签字		接收日期	
所属部门	销售部	授权人签字	
职位概要： 负责公司产品的网络推广、网络销售、网络宣传等工作。			
岗位职责： 1. 通过互联网平台，利用多种方式进行公司产品和公司信息的销售推广工作； 2. 通过互联网的邮件、互聊等信息平台与客户即时沟通，解决客户在接受公司产品前后的问答； 3. 通过网络平台，不断开拓、维护客户的销售量； 4. 通过网络资源，利用网络平台，不断探寻公司网络营销的新渠道，开拓新的网络营销思路； 5. 通过多种网络渠道，对公司的产品进行宣传，讲解，增加客户对公司和公司产品的认可度，培养销售和合作的信心； 6. 落实公司各期的网络营销计划； 7. 搜索网络营销信息，及时向公司反馈； 8. 完成销售部下达的其他的销售任务。			
任职资格： 教育背景：计算机、营销和医药相关专业大专以上学历。 培训经历：应当定期接受药品监督管理部门组织的有关法律法规及药品质量管理等内容的培训；接受市场营销管理、销售管理、公共关系、推销技巧、文秘培训、计算机和网络知识。 经　　验：从事招商工作3年以上，有成熟的客户网络资源。 知　　识：掌握药品销售知识、掌握市场营销相关知识，具备财务管理、法律等方面的知识，了解公司营销技术知识。 技　　能：熟练使用WORD、EXCEL、IE、博客、QQ、BBS等网络营销工具，具备基本的网络知识，要求语言表达能力强，打字速度在50字/分钟以上，具有一定的营销技巧。 个人素质：要求熟悉搜索引擎优化等常用网络优化相关技术。			

考核指标： 完成网络销售的任务指标； 在不同的免费网站上发布信息的，并能最大限度地保持信息前列； 每天更新最近的发布信息； 不断搜索信息发布的关键字，不断增强信息的抢眼度； 在各大搜索引擎、各个博客、论坛、专业网站、行业网站等平台上增加公司和产品的信息量； 完成其他销售部下达的指标和任务程度。
协作关系： 内部协调关系：营销营销策划部、仓储部、财务部等； 外部协调关系：客户、行业协会等。
工作条件： 工作环境：公司销售部； 工作时间：非正常工作时间、无定休日； 危 险 性：基本无危险，无职业病危险。
晋升方向：渠道主管

8. 专营店营业员岗位说明书

专营店营业员岗位说明书

岗位名称	专营店营业员	岗位代码	010408
直接上级	销售主管或经理	直接下级	无
职级	职员（执行层）	岗位定员	无定人数
任职人签字		接收日期	
所属部门	销售部	授权人签字	
职位概要： 负责在公司直营店里公司产品宣传、产品销售和市场信息搜集和反馈等工作。			
岗位职责： 1. 落实终端产品的销售任务； 2. 完成产品销售的市场信息（包括同业信息、竞品信息、店周边的市场信息等）； 3. 管理终端的货品、做好备货、调货等货品的准备工作； 4. 按公司的要求做好产品的宣传、促销等准备工作； 5. 提出各期的宣传策划信息，并落实终端销售计划； 6. 做好其他的销售和日常管理工作。			
任职资格： 教育背景：高中以上学历，具有药品从业人员上岗证、健康证及医药商品购销员、药品调剂员资质。 培训经历：应当定期接受药品监督管理部门组织的有关法律法规及药品质量管理等内容的培训；接受市场营销管理、销售管理、公共关系、推销技巧、计算机和网络知识的培训。 经　　验：从事终端营业工作 1 年以上，有药品、保健品销售经验。			

知　　识：掌握保健品销售知识、掌握市场营销相关知识，具备财务管理、法律等方面的知识，了解公司营销技术知识。 技　　能：能与客户面对面对话、具有亲和力、随机应变能力强，能解决终端市场的客户投诉。 个人素质：具有承受压力的能力，吃苦耐劳，服务意识强。形象良好，沟通能力强，有较高的活动策划能力。 其他要求：质量管理、验收、仓储、养护、采购、销售、运输等岗位的人员，应当接受上岗培训，合格后方可上岗，应建立培训档案。
考核指标： 销售任务按要求完成； 落实存货管理、日常盘点、向公司汇报库存等指标； 在规定的时间内，提出可行的宣传策划方案，并予以落实； 按公司的要求完成信息的反馈、收集和汇报工作。
协作关系： 内部协调关系：营销部、仓储部、财务部等； 外部协调关系：客户、销售区域内代表、行业协会等。
工作条件： 工作环境：市场终端营业场所； 工作时间：非正常工作时间、无定休日； 危 险 性：基本无危险，无职业病危险。
晋升方向：营业组长（渠道主管）

9. 兼职业务员岗位说明书

兼职业务员岗位说明书

岗位名称	兼职业务员	岗位代码	010409
直接上级	销售主管（经理）	直接下级	无
职级	职员（执行层）	岗位定员	无定人数
任职人签字		接收日期	
所属部门	销售部	授权人签字	
职位概要： 利用兼职时间销售公司产品，公司提供全程支持，高提成。			
岗位职责： 1. 在指定工作区域内从事产品的市场开发、产品销售及客户维护； 2. 负责回款管理及应收帐款催收； 3. 负责达成所辖区域内的销售目标及执行市场促销计划，包括收集、反馈市场信息； 4. 与代理商合作，有计划地拜访客户，及时反馈设备使用状况，协调客户的意见与需求。			

任职资格： 教育背景：高中以上学历、在校大学生，专业不限，具有药品从业人员资格证书。 培训经历：应当定期接受药品监督管理部门组织的有关法律、法规及药品质量管理等内容的培训；接受市场营销管理、销售管理、公共关系、推销技巧、计算机和网络知识的培训。 经　　验：在校期间参加过销售类兼职者，有志在销售行业长期发展，有药品、保健品销售经验。 知　　识：掌握保健品销售知识、市场营销相关知识，了解公司营销技术知识。 技　　能：能与客户面对面对话、具有亲和力、随机应变能力强，能解决终端市场的客户投诉。 个人素质：沟通能力强，善于与不同类型的人交流； 应变能力强，善于找出解决问题的方法； 富有进取心，学习能力强；勇于挑战，不怕挫折；能吃苦耐劳； 正直、有激情，性格坚韧，处事稳重，接受新事物快； 具有团队协作能力，时间观念强，纪律性强； 诚信正直，较强的工作责任心，可承受较强的工作压力； 良好的沟通协调能力。 其他要求：质量管理、验收、仓储、养护、采购、销售、运输等岗位的人员，应当接受上岗培训，合格后方可上岗，应建立培训档案。
考核指标： 销售额； 品牌宣传单发放率； 信息反馈量。
协作关系： 内部协调关系：营销部、仓储部、财务部等； 外部协调关系：客户、销售区域内代表等。
工作条件： 工作环境：市场终端营业场所； 工作时间：非正常工作时间、自定休日； 危 险 性：基本无危险，无职业病危险。
晋升方向：专职销售员

10. 直销（团购）业务员岗位说明书

直销（团购）业务员岗位说明书

岗位名称	直销（团购）业务员	岗位代码	010410
直接上级	销售主管（经理）	直接下级	无
职级	职员（执行层）	岗位定员	无定人数
任职人签字		接收日期	
所属部门	销售部	授权人签字	
职位概要： 完成公司产品的直接面向终端人群的推广销售。			

岗位职责：

1. 直接面向终端销售人群，独立开展销售工作；
2. 在公司大规模进行广告宣传之前，能自行销售产品，或进入保健食品的营销渠道销售产品；
3. 协助公司进行招商和进入高端渠道销售产品；
4. 参与搜集市场资料，与客户保持良好关系，综合客户的意见，为公司决策提供参考；
5. 片区售后服务全面管理工作；
6. 完成产品品牌的销售和管理工作。

任职资格：

教育背景：高中以上学历，具有药品从业资格证书、医药商品购销员或药品调剂员资质。

培训经历：应当定期接受药品监督管理部门组织的有关法律、法规及药品质量管理等内容的培训；接受市场营销管理、销售管理、公共关系、推销技巧、计算机和网络知识的培训。

经　　验：从事终端营业工作 3 年以上，有药品、保健品销售经验。

知　　识：掌握保健品销售知识、市场营销相关知识，具备财务管理、法律等方面的知识，了解公司营销技术知识。

技　　能：较广泛的社会关系和人脉资源；

个人素质：具备良好的沟通协调能力和团队协作能力；
工作积极主动，具备较强的独立工作能力；
诚信敬业，能遵守国家相关法律法规及公司的规章制度；
有较强的自律能力，自觉接受公司管理。

其他要求：从事质量管理、验收、仓储、养护、采购、销售、运输等岗位的人员，应当接受上岗培训，合格后方可上岗，应建立培训档案。

考核指标：

完成销售额；
完成品牌宣传的信息发布量；
无不良销售投诉事件；
回款状况比率达标。

协作关系：

内部协调关系：营销部、仓储部、财务部等；
外部协调关系：客户、销售区域内代表等。

工作条件：

工作环境：市场终端营业场所；
工作时间：非正常工作时间、无定休日；
危 险 性：基本无危险，无职业病危险。

晋升方向：销售主管/渠道主管

11. 第三方渠道引进员岗位说明书

第三方渠道引进员岗位说明书

岗位名称	第三方渠道引进员	岗位代码	010411
直接上级	销售主管（经理）	直接下级	
职级	职员（执行层）	岗位定员	人
任职人签字		接收日期	
所属部门	销售部	授权人签字	

职位概要：

负责美容院新顾客的引进、维护和信息反馈。

岗位职责：

1. 负责搜索适宜产品销售的渠道市场信息，根据收集到的信息，向公司提供销售方案；
2. 根据公司的审批方案组织销售拓展；
3. 完成美容场馆、健身俱乐部和养生馆等货品配送准备工作；
4. 及时进行以上场馆的信息调研、分析和汇报工作；
5. 落实各期的销售计划，完成各项工作指标；
6. 针对以上场馆提出实时的销售政策；
7. 完成公司下达的各期销售任务。

任职资格：

教育背景：高中以上学历，具有药品从业资格证书。

培训经历：应当定期接受药品监督管理部门组织的有关法律、法规及药品质量管理等内容的培训；受过市场营销管理、销售管理、公共关系、推销技巧、计算机和网络知识的培训。

经　　验：从事终端营业工作 1 年以上，有药品、保健品销售经验的优先。

知　　识：掌握保健品销售知识、掌握市场营销相关知识，具备财务管理、法律等方面的知识，了解公司营销技术知识。

技　　能：能与客户面对面对话、具有亲和力、随机应变能力强，能解决终端市场的客户投诉。

个人素质：极好的沟通、表达、应变能力，责任心强、热情开朗，有较强的承压力。

其他要求：从事质量管理、验收、仓储、养护、采购、销售、运输等岗位的人员，应当接受上岗培训，合格后方可上岗，应建立培训档案。

考核指标：

市场信息渠道的收集数量；

按公司的要求落实进店或销售任务；

有针对性的营销策划活动的有效性；

完成公司规定的信息查询、反馈、分析和汇总工作；

做好培育潜在客户和市场的工作；

其他重大工作的处理情况。

协作关系： 内部协调关系：营销部、仓储部、财务部等； 外部协调关系：客户、销售区域内代表等。
工作条件： 工作环境：市场终端流动场所 工作时间：超正常工作时间、加班多 危 险 性：基本无危险，无职业病危险。
晋升方向：渠道主管

12. KA 主管岗位说明书

KA（商超）主管岗位说明书

岗位名称	KA 主管	岗位代码	010412
直接上级	销售经理	直接下级	商超销售员、二级经销商
职级	主管级（管理层）	岗位定员	无定人数
任职人签字		接收日期	
所属部门	销售部	授权人签字	
职位概要： 负责商超的销售、谈判、员工管理等工作。			
岗位职责： 1. 销售 （1）制定 KA 渠道开发策略，并负责组织实施，提供渠道服务支持； （2）制定 KA 促销计划，并负责组织实施； （3）二级经销商渠道的招商、洽谈、维护、指导、监督工作； （4）商超渠道的年度合同谈判、维护管理、应收款管理等商超管理工作； （5）负责组织做好商超客户管理、员工管理、业务管理、财务管理等各项工作； 2. 纪律 （1）严格按照营销中心相关工作流程及营销制度，组织安排 KA 系统各项工作； （2）组织市场动态信息收集工作，定期向营销总部提供区域市场动态报告； 3. 营销管理 制定 KA 发展规划和年度、月度销售计划提交营销总监； 4. 团队建设 （1）相关岗位人员的培训及绩效考核和评估； （2）经常性依据相关制度和工作流程指导、巡视、检查属下的各项工作； （3）负责对商超人员进行思想教育和业务指导，提高人员素质，建设一支过硬的营销团队； 5. 营销总监下达的其他工作任务。			

任职资格： 教育背景：高中以上学历，具有药品从业人员上岗证、健康证及医药商品购销员、药品调剂员资质。 培训经历：应当定期接受药品监督管理部门组织的有关法律、法规及药品质量管理等内容的培训；接受市场营销、销售管理、公共关系、推销技巧、计算机及网络知识等相关培训。 经　　验：从事终端营业工作1年以上，有药品、保健品销售经验。 知　　识：掌握保健品销售知识、掌握市场营销相关知识，具备财务管理、法律等方面的知识，了解产品营销技术知识。 技　　能：能与客户面对面对话、具有亲和力和随机应变的能力，能及时解决终端市场的客户投诉。 个人素质：极好的沟通能力、应变能力，责任心强、热情开朗，有较强的承压力。 其他要求：从事质量管理、验收、仓储、养护、采购、销售、运输等岗位的人员，应当接受上岗培训，合格后方可上岗，应建立培训档案。
考核指标： 销售额、成本利润率； 销售政策合理性； 员工的工作状态。
协作关系： 内部协调关系：营销部、仓储部、财务部等； 外部协调关系：商超、销售区域经销商等。
工作条件： 工作环境：市场终端流动场所； 工作时间：超正常工作时间、加班多； 危 险 性：基本无危险，无职业病危险。
晋升方向：销售经理

二、药品批发企业采购部的岗位职责

（一）药品批发企业采购部主要岗位总览表

药品批发企业采购部的主要岗位设置和职责参见药品企业采购部职位名称编号一览表。

药品企业采购部职位名称编号一览表

部门名称	职位编号	职位名称	职级	编制	直接下属人数	晋升方向
采购部	010501	采配经理	管理层	1	3	采购经理（平调）
	010502	开票/验收员	执行层	1～3	0	采配主管
	010503	调配业务员（司机）	执行层	1～3	0	采配主管
	010504	保管员	执行层	1～3	0	仓储主管

（二）药品批发企业采购部主要岗位说明书

采配经理、开票验收员、调配业务员（司机）和保管员4个岗位说明书。

1. 采配经理岗位说明书

采配经理岗位说明书

岗位名称	采购经理	岗位代码	010501
直接上级	营销副总	直接下级	计划员、验收员
职级	经理	岗位定员	1人
任职人签字		接收日期	
所属部门	管理层（销售部）	授权人签字	
职位概要： 负责药品的采购、验收和储备管理。			
岗位职责： 1. 负责公司批发、零售及门诊采购调配及储存管理工作； 2. 配合销售部制定公司月、季、年采购计划及货款预算申请，保证销售供应渠道畅通无阻； 3. 编制公司销售药品及零售药品品种目录，收集厂商有关部门药品资质证明等一切有关资料并及时分类建立档案，归档以备部门使用； 4. 按公司所规定的药品生产厂商及中标药品范围进行采购；购进药品应是货比三家，严格按《药品管理法》及有关部门条例执行，采购适销对路质优价廉产品。临床药品采购要依据医院计划、及时准确、价格空间可操作的品种； 5. 为每年省、市两级卫生部门及其他地区药品中标工作提供投标所需的一切资料，同时协调好新老供应商与公司的关系； 6. 指导监督本部门人员日常工作流程，对药品出入实施工作，定期进行审查，及时了解库存商品销售和滞销商品状况，合理调整采购计划，防止过期药品的产生从而造成公司经济损失； 7. 参与总经理与厂商商务洽谈、技术合作的谈判及协议的签署，参加全国召开的各类药品会议，及时掌握新药生产信息和药品市场动态； 8. 把好药品质量关，在采购药品时，不能以任何理由购进伪劣药品，监督本部门做好药品质量验收记录和有关药品质量信息资料的收集； 9. 调整好部门工作人员工作调配，让人尽其职，物尽其用，临床药品不许断货，普药不许积压，送货及时，使采配工作良性循环； 10. 严格要求自己，以身作则领导本部门员工与公司其他部门友好协作，工作不推诿，不扯皮，敢于承担工作责任，处理好员工工作中遇到的一切困难，完成总经理交给的一切工作； 11. 制定本部门员工的职责及管理工作的各项规章制度，使采配工作忙而不乱，督查每一位员工工作实施情况，做到每项工作落实有终，行之有效； 12. 负责批发和零售GSP管理工作，监督检查GSP工作实施情况； 13. 每月对批发及零售库存情况进行分析上报； 14. 业务经理或公司安排的其他工作。			

任职资格： 教育背景：药品或经济、管理、市场营销相关专业大学本科以上学历，执业药师或药剂师以上技术职称。 培训经历：企业质量管理、验收、养护人员，应当定期接受药品监督管理部门组织的有关法律、法规及药品质量管理等内容的培训；从事特殊管理药品、冷藏和冷冻药品、危险品的储存及运输岗位的相关人员，应当接受药品监督管理部门组织的相关专业知识和法规的专项培训。 经　　验：5 年以上工作经历，3 年以上本行业采购管理经验。 知　　识：掌握药品国内行业动态，掌握市场价格和供货相关信息； 具备财务管理、法律等方面的知识； 了解公司药品仓运和保养的专业知识。 技　　能：熟练使用 WORD、EXCEL 等办公软件，具备网络知识； 具有一定的英语应用能力。 个人素质：具有很强的领导能力、判断与决策能力、人际能力、沟通能力、计划与执行能力、谈判能力等。 其他要求：从事质量管理、验收工作的人员应在职在岗，不得兼职其他业务工作。
考核指标： 同种产品采购价格的升降比、仓储部的安全储备； 货品占用资金比率； 不合格品、效期药品的退换率； 团队的合作与沟通能力。
协作关系： 内部协调关系：总经理、销售经理、财务部、其他相关部门经理； 外部协调关系：药监局等相关政府部门、招商办、药品、药品经销商等。
工作条件： 工作环境：办公室、采购现场； 工作时间：超正常工作时间、无定休日； 危 险 性：基本无危险，无职业病危险。
晋升方向：物流经理

2. 开票/验收员岗位说明书

开票/验收员岗位说明书

岗位名称	开票/验收员	岗位代码	010502
直接上级	采配经理	直接下级	无
职级	职员层（执行层）	岗位定员	1 人以上
任职人签字		接收日期	
所属部门	采配部	授权人签字	
职位概要： 负责货品的出入库开票验收工作；库存药品的盘点核对。			

岗位职责：

1. 承担药品销售计划明细开票，对出库药品按送货明细单核查种类、批号、名称、规格、数量等信息，准确无误后，给财务提供开发票明细；
2. 采购药品入库前质量验收；
3. 财务开完票后，负责复核配送人员装车，要装一种划一种做记号，查清后，由配送业务员再复核签字后方可装车，货送到后，索回用户验收单备案；
4. 坚守工作岗位，熟知药品知识，特别有效期的记录，定期对购进入库药品进行盘点，帐、票与物应相符，对近期的药品应如实及时报告给销售部门和采购部门，由其进行调整；
5. 每个月要同记账核算员对帐一次，对财务会计开出的发票要对帐一次，日常台帐，要记清楚，准确做到日清月结，在对帐时，如果发现帐物对不上的问题，一定要当月查清解决；
6. 做好与自己有关部门工作配合、协调、衔接工作，防止工作事故的发生。

任职资格：

教育背景：中专以上学历，具有药品从业人员资格证。

培训经历：企业质量管理、验收、养护人员，应当定期接受药品监督管理部门组织的有关法律、法规及药品质量管理等内容的培训；从事特殊管理药品、冷藏和冷冻药品、危险品的储运及运输等岗位的相关人员，应当接受药品监督管理部门组织的相关专业知识和法规的专项培训。

经　　验：3 年以上工作经历，1 年以上本行业采购管理经验。

知　　识：掌握具备财务管理、法律等方面的知识；
了解公司药品流转知识。

技　　能：熟练使用 WORD、EXCEL 等办公软件，具备网络知识；

个人素质：具有很强的人际能力、沟通能力、计划与执行能力、适应能力。

其他要求：从事质量管理、验收工作的人员应在职在岗，不得兼职其他业务工作。

考核指标：

账目开票的准确性、及时性；

相关人员的满意度。

协作关系：

内部协调关系：采配经理、财务部、销售人员；

外部协调关系：药监局等相关政府部门等。

工作条件：

工作环境：办公室、仓储现场；

工作时间：正常工作时间；

危 险 性：基本无危险，无职业病危险。

晋升方向：仓储部管理员

3. 调配业务员（司机）岗位说明书

调配业务员岗位说明书

岗位名称	调配业务员	岗位代码	010503
直接上级	采配经理	直接下级	无
职级	职员级（执行层）	岗位定员	1 人以上
任职人签字		接收日期	
所属部门	采配部	授权人签字	

职位概要：

负责开车取送货品的工作。

岗位职责：

1. 负责公司取货、送货、用户计划、协助临床药品的统方，医院急需药品调配等工作；
2. 工作要尽职尽责，不许推诿、扯皮。安全、准时、无误，保质、保量完成公司取、送货工作；
3. 同公司用户联系业务时，要礼貌待人，有尊有让，诚恳可靠。票、货交接时，做到票、货相符，索回验收录入单，因个人原因造成丢货及货物破损，负责赔偿经济损失；
4. 装货、卸货一定要按有关部门交的清单进行核对，杜绝丢三落四，重复取送，浪费工作实效；
5. 同公司用户保持良好的畅通关系，计划应及时，统方要准确，杜绝以职谋私与医院、医药销售员相互串通，提供虚假统方数套取现金私分，如果发生，除开除公职外，两倍偿还所造成的损失；
6. 坚守岗位，车辆及时养护，做好车辆定期检修，详细记录车辆运行情况，保证召之即来，来之即用，安全、快速完成工作任务；
7. 收集用户销售产品信息反馈资料，及时与销售部门沟通，做好销售部门与销售员的参谋；
8. 完成本职工作外，也要完成公司领导交给的其他工作；
9. 司机在运输途中，避免违章等责任事故发生。

任职资格：

教育背景：高中以上学历，货运驾驶证，有药品从业人员资格证书。

培训经历：企业质量管理、验收、养护人员，应当定期接受药品监督管理部门组织的有关法律法规及药品质量管理等内容的培训；从事特殊管理药品、冷藏和冷冻药品、危险品的储存及运输等岗位的相关人员，应当接受药品监督管理部门组织的相关专业知识和法规的专项培训；参加驾驶员培训。

经　　验：3 年以上工作经历，1 年以上本行业采购管理经验。

知　　识：掌握具备财务管理、法律等方面的知识；
了解公司药品流转知识。

技　　能：熟练开车，了解路况；

个人素质：具有很强的人际能力、沟通能力、计划与执行能力、谈判能力；具有工作的责任心和谨慎精神。

其他要求：从事质量管理、验收工作的人员应在职在岗，不得兼职其他业务工作。

考核指标： 账目记录的准确性、及时性；相关人员的满意度。
协作关系： 内部协调关系：采配经理、财务部、销售人员； 外部协调关系：其他药品经销企业、医院等。
工作条件： 工作环境：车内、外勤现场； 工作时间：正常工作时间； 危 险 性：基本无危险，无明显的职业病危险。
晋升方向：物流主管/经理

4. 保管员岗位说明书

药品仓库保管员岗位说明书

岗位名称	药品仓库保管员	岗位代码	010504
直接上级	物流部/采配经理	直接下级	无
职级	职员（执行层）	岗位定员	1人以上
任职人签字		接收日期	
所属部门	物流/采配部	授权人签字	
职位概要： 负责药品的储运和管理。			
岗位职责： 1. 库房管理 （1）按GSP的要求，负责仓储部入库药品管理工作，要按药品种类分类管理存放，制定分区管理卡片，保证库容整洁、节约入、出库的空间； （2）做好安全、整洁工作，防止发霉、虫蛀、过期、火灾等现象发生； （3）特殊、贵重药品，要采取特殊加锁保管，出库时必须有经理批准方可出库； （4）要坚守岗位，严格执行公司规定的职责、制度，做好与有关部门的配合与协调； （5）在库房中的药品应根据各类药品的不同保存要求分别摆放，按要求的规定分别存储； （6）药品在摆放时，应写明不同柜架子上的药品属类及保存方式，并有本子记录其养护记录； （7）库房对于入库的药品，应对票收药，分别存放在不同属类的柜组里； （8）按期检查药品的质量、数量，及时汇报，防止管理中不必要的损失。这种报告的内容包括：实体丢失、质量变质、效期临近等； （9）近效期药品，应提前预警，及时报告； 2. 出入库管理 （1）做好入、出库药品记录，并规定领取人在领取清单上签字核对后，方可入、出库； （2）在搬运药品时，因个人原因造成丢货机货物破损，负责赔偿经济损失； （3）拼箱装货时，应将原标签划掉，重写药品名称，或属类名称。装箱时，对于怕压、易碎、怕湿等应标明；			

(4) 货品在装载时，不满时的运输药品，可以用软物充满，以免其在箱内摆动产生的破损；箱子装满即可，不可硬挤，以免造成不必要的损失；

(5) 对于实货药品的流转，应做好电脑的出入库记录；

3. 储备计划

(1) 随时查看药品库存情况，提供准确库存数量，协助采购部门完成采购计划；

(2) 库房人员与计划员保持沟通，对于达到低库存的药品，应提前预警，提示计划员采购。

任职资格：

教育背景：会计、财务相关专业，具有药剂师或药品从业人员证书。

培训经历：企业质量管理、验收、养护人员，应当定期接受药品监督管理部门组织的有关法律、法规及药品质量管理等内容的培训；从事特殊管理药品、冷藏和冷冻药品、危险品的储存及运输等岗位的相关人员，应当接受药品监督管理部门组织的相关专业知识和法规的专项培训。

经　　验：3 年以上工作经历，1 年以上本行业采购管理经验。

知　　识：从事中药材、中药饮片验收及养护工作的人员，应具有中药专业中专以上学历或有中药初级以上专业技术职称；直接收购中药材的，应配备执业中药师或主管中药师，负责质量验收工作；从事疫苗经营的，应配备 2 名以上专业技术人员从事疫苗的质量管理工作，应具有预防医学、药学、微生物或医学等专业本科以上学历及中级以上专业技术职称，并有 3 年以上从事疫苗管理或技术工作经历；

掌握财务管理、法律等方面的知识；了解公司药品流转知识；

技　　能：熟练使用 WORD、EXCEL 等办公软件，具备网络知识；

具有一定的英语应用能力。

个人素质：具有很强的人际能力、沟通能力、计划与执行能力。

其他要求：从事验收、养护工作的人员应具有药学或相关专业中专以上学历，或有药师以上技术职称，从事质量管理、验收工作的人员应在职在岗，不得兼职其他业务工作。

考核指标：

事故的管理发生率；

效期药品的控制率；

分类卡片的建立情况；

入录单证与实物的相符率；

相关人员的满意度。

协作关系：

内部协调关系：物流经理、财务部、销售人员；

外部协调关系：药监局等相关政府部门、外部货运公司等。

工作条件：

工作环境：仓储部；

工作时间：正常工作时间；

危 险 性：基本无危险，无职业病危险。

晋升方向：物流主管

第四章 药品经销企业的日常管理

第一节 药品经销企业的业务流程图

一、药品经销企业的业务流程图

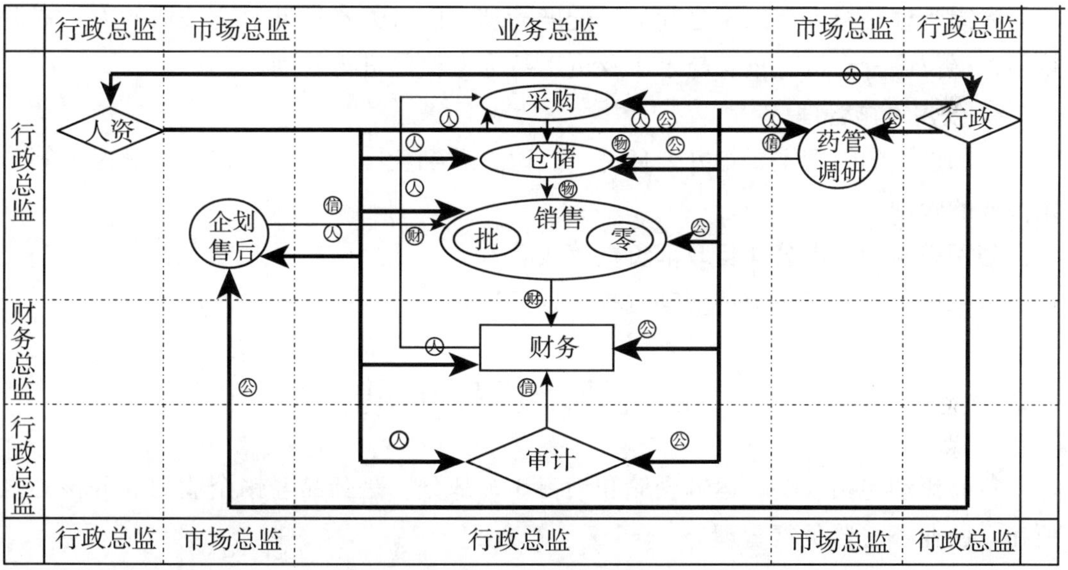

各部门业务流程图

注：1. □. 财务；◇. 行政；○. 业务；○. 市场；→. 业务市场；→财务、行政；(物). 表示货品流动；(财). 表示资金流动；(人). 表示人岗管理；(公). 表示公用设施管理；(信). 表示信息单据管理

2. 行政总监、市场总监、业务总监、财务总监，分别按第一篇，第五章《药品经销企业的职位说明书》中的人员分管情况进行的分管。

3. 在阅读时，四边人员分管情况：通常一横行或一纵行为一位负责人监管；但中间列分别由行政总监、财务总监、行政总监来分管。右侧同左侧。

4. 省略行政总经办。

二、药品经销企业各部门的流程描述

1. 货品流动

货品流动是指导货品从采购订货、物流运货、仓储存货以及销售售货的物资流动过程，是药品经销企业业务管理的核心。

2. 资金流动

资金流动是描述资金流转循环的过程。

销售收款是正收入，采购收款是负支出。

3. 信息单证管理

信息单证管理是指信息的采集、发布和内部信息单证的流转。

企划部、销售部和售后部是向外传播信息，调研部从市场向公司收集信息；审计与财务之间直接进行单证审核的信息内部核对与交流；质检部核对实物信息与单证信息的一致性。

4. 人岗管理

人岗管理是指人与岗位之间的匹配度管理，由人力资源部对全公司的人力资源规划、岗位设置、员工招聘与录用及员工行为考核等进行管理。

5. 公用设施管理

公用设施的管理主要指办公环境、纪律、后勤食宿、安全保密、车辆保卫等公用事务的管理。

公用设施管理由公司行政部负责落实管理。

本章以下各节将按上述流动过程分别论述。

第二节　货品流动

货品流动包括采购、运输仓储和销售3个部分，是药品经销企业的业务核心之所在。由业务总监负责管理。

一、采购

采购是采购部根据销售部和仓储部的货品需求而进行的货品采集行为过程，采购经理对部门工作负责。

采购经理根据销售部门申请采购的货品类别，分别决定是由立项员、谈判员、合同签订员负责，还是由零售议价员、调货员负责，或是由自己亲自议价、订货和采购。

二、运输仓储

运输仓储是对采购后货品进行审验、运输入库、储存及出库管理的行为过程，由仓储部经理对以上流程负责。

仓储部经理对采购部批准后的进货按流程规定办理，即分别做验收、运输入库、储存出库等项目的处理，完成销售中对货品储备的全程监管。

以上工作按环节的不同分为不同岗位，由具体岗位人员落实。

1. 运输配送员

按调货员和储运点的需求，在规定的时间内，完成相应数量货品的配送。

2. 入库员

入库的指令是根据采购部的批准进货单与实货核对后落实的。

3. 货品管理

货品管理人员是将仓储库存中的货品进行理货、分管、检查、分类及统计和报告工作。

4. 出库员

出库的指令是按销售部的用货需求，根据经审批核准后的出库单按量出货的。

三、销售

销售是按市场需求将公司货品转入市场并结算货款的过程，由销售经理负责对整个流程进行控制。

销售部门在企划、售后、质管、调研部的支持下进行有计划销售，完成收回货款业务流程工作。销售部工作由零售和批发组成，它们分别由各自的经理带领营业员、销售业务员完成。

第三节　资金流动

资金流动包括采购时的资金支出和销售收款时的资金收入两部分。其是药品经销企业进行货品流转并实现价值增值的重要过程。

一、采购时的资金流出

采购时的资金流出是指企业持流动资金并定期结款进货的过程，是货品流动的起点，该流程由财务部门调控和监管。

二、销售收款时的资金收入

销售部销售出货品，实现了资金的回笼，并创造了增值价值。由财务部经理负责款项的定期核对及应收款的回笼管理。财务部设有核算员、收银员、会计、出纳、税务员，他们在各自的岗位上实现企业资金及资产的流通。

三、其他资金资产的流动管理

公司内所有部门的日常开支及资产管理也统一由财务部门负责。

第四节 信息单证管理

为销售创造环境，扩大影响，规划销售渠道的工作主要由企划部落实；售后部门负责信息回馈和持续的销售，同时实现了信息与外部媒介之间的传播。

调研部通过有针对性的行业市场信息调查了解外部市场，实时地将药品外部信息传入公司。

审计部对财务的单证、合同等资料进行审查，是企业内部财务资源信息的交流。

前两项由市场总监负责，后一项由行政总监负责。

质管部核对实物信息与单证信息的一致性，由质检总监负责。

一、企划部、售后部的信息传播

（一）企划部

企划部负责企业形象设计、媒介的传播等工作，并承担着创造销售环境，争取更多顾客的责任，由企划部经理负责。工作岗位由销售企划、室内企划、媒介宣传 3 大块组成。

1. 销售企划是对销售的目标、销售的方式和方法所进行的规划。
2. 室内企划是对室内的销售形象、公司形象进行的设计及改进。
3. 媒介宣传是通过媒体对企业形象进行的推广与设计的拓展业务。

（二）售后部

售后部包括投诉处理和会员活动两大项工作，它们也直接或间接地向外界传播着公司的形象，并为公司争取更多的销售机会。

1. 投诉处理的完成

从企业持续发展的角度，维护客企关系，赢得顾客的满意与信任。

2. 会员活动

通过公益性的活动等方式，来稳定和发展公司持续销售的客源，为销售创造更多市场机会。

二、质管部、调研部信息传入

（一）质管部

质管部负责整个公司全面质量管理工作，制订公司各项质量管理制度，并负责质量管理考核。

质管部由质管经理负责，设立自设的药研员和药厂常驻的药研员 2 个岗位。

质管部人员为药品销售市场服务，不断对销售部的各类药品作深入研究，为药品的改良及人民的用药安全提供公益服务。

（二）调研部

调研部是通过对市场销售环境、采购环境、市场信息进行深入研究，为销售、采购、仓储提供更积极、更有利于市场的信息。调研部由调研部经理负责。调研分为药品信息调研、行业信息调研、政策法规信息调研 3 大块工作。

1. 药品信息调研

对药品进销信息、品类信息、新特药品信息及与药品进销存有关的信息进行调查和研究，为公司的业务发展服务。

2. 行业信息调研

通过行业信息的比对，研究优秀企业，失利企业成败原因，不断地改进公司的管理工作。

3. 政策法规

将使公司的制度实时与国家政策同步，及时了解药品市场的最近动态，以更好地为公司的药品经销活动服务。

三、审计部与财务部的内部信息流转

审计部是对财务部提供的信息进行再验证，即通过对内部单证重新复核，合同资料等的内部交叉核对，规范企业信息管理工作。审计部由审计部经理负责。

第五节　人岗管理

人力资源部负责公司各岗位的设置、人员的招录、考核、培训、工资、人事档案等事项的管理。人力资源部工作由人力资源部经理负责。上级领导为行政总监。

一、岗位设置

人力资源部根据公司的发展规划和市场内外部情况合理设置岗位及岗位的规模及职责拟用人数。

在岗位设置中遵循合理、有效、精简的原则，做到既合理有效又能专岗专职的设置岗位。

二、人员的招录

人力资源部根据拟设岗位职责等情况选择招聘渠道，进行初、复试考核等招聘选拔工作，对拟用人员办理试用和上岗手续。

三、考核

人力资源部根据公司的发展需求，对人员在不同时期落实不同的绩效考核设计方案，以有效地完成工作目标。

绩效考核的内容有岗前的试用期考核、转岗考核、绩效考核、晋级考核、培训考核等。

四、培训

培训也是人力资源部的重要工作。员工培训是一项完整全面的员工素质与业务提升工作，贯穿于公司发展的各个阶段。

培训的详细内容见“员工培训”章节，在此不赘述。

五、薪酬

薪酬管理包括薪酬调查、薪酬结构设计及调整等内容，是体现员工与企业契约合作关系的纽带，也是员工业务能力、考勤纪律、绩效考核和培训考核效果的综合体现。

六、考勤

人事管理中的考勤是指对员工上下班、请事假和休值班等的登记管理。

七、人事档案保险等

人事档案涉及员工经历、岗位的转入转出、员工各期工作成绩的鉴定评价等事项。应由人力资源部专人负责管理。

第六节　医药批发企业营销部运营管理

一、销售部决策机构框架图

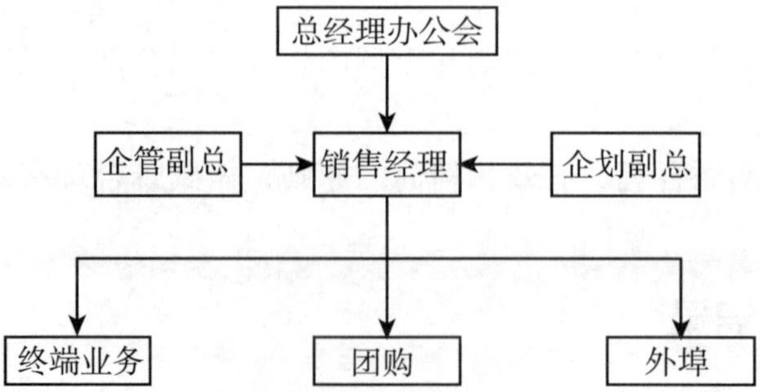

销售部组织框架图

二、销售部结款业务流程

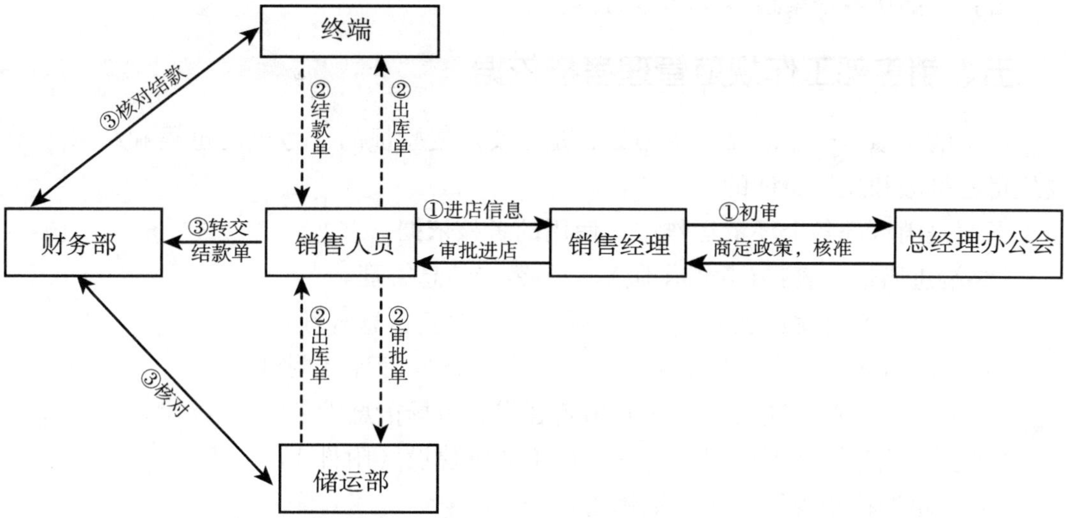

三、销售部信息管理流程

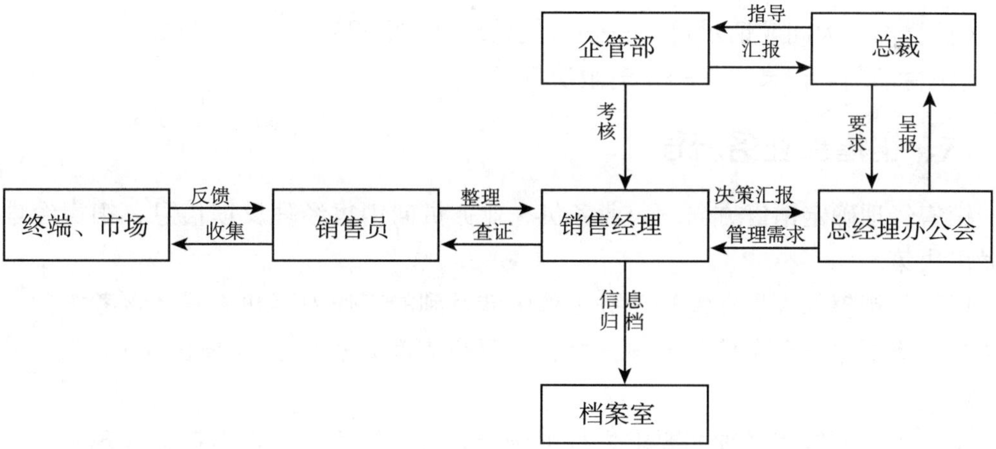

1. 企管部、销售部、总经理均应于月末，将自己在工作中形成的信息，做成档案收存入档案室。

2. 各部门的工作形成的信息均为公司的商业秘密，各部门的员工和管理者均不得向外泄露。

四、销售部管理路线

销售管理上坚持四条线走路。

1. 开拓终端，由销售经理具体落实。

2. 送货和终端维护，由销售人员负责。

3. 结款，由财务人员负责。

4. 信息，由档案室管理。

由企管部从各个渠道落实具体的检查工作。

五、销售部工作规范管理考核依据

员工的业绩考核是需要有依据的，是需要反复验证的，考核的过程和结果也需要经得起推敲和反复验证的。

下面是销售部各个环节运作中，使用的考核依据。

《终端进店信息表》（含电子版）——→客户信息管理。

《终端存货实时库存表》（含电子版）——→存货信息管理。

《现有终端客户信息反馈表》——→客户信息跟踪管理（附件3）。

《意向终端信息反馈表》——→开拓新客户、市场信息管理。

《销售部业务培训工作记录》——→员工队伍建设（附件1）。

《终端培训检查表》——→终端销售提升。

《销售人员工作日志》
《销售人员周工作总结》
《____月工作总结和下月工作计划》
——→ 员工行为管理、职业规划。

《销售部重大问题请示单》——→个例处理（附件2）。

《销售部例会记录》——→及时解决问题。

六、销售部业务流程

销售经理确定销售方向——→业务员，业务员向销售经理反馈信息，销售经理据此做出决策。

以下是销售部人员在终端业务工作中涉及到的工作内容和流程（含考核）。

注：本工作流程含绩效考核分值，以下分值以1分10元为分值。

1. 进店

销售人员按销售经理的要求进行市场调研后，将信息汇报至销售经理处，经销售经理核实后，整理报至总经理办公会，商定政策后，由销售经理落实进店。每月将本次进店的客户名单及联系信息报至总经理办公会，经总经理办公会签字审定的进店数量报至企管部作为销售经理考核的指标。经确认的进店，每个销售经理加1分，销售人员加10分。每日必须更新电子版的《终端进店信息表》（序时记录，更新后新加，不可在原表上删除），未更新扣1分/次。

2. 送货

销售人员根据销售经理批准的送货单当日去库房取货，库房管理员据单办理出库手续。送货后将终端签字的结款单（入库单）当日送至财务部，作为对账的依据。财务人员核对出库单和收货方的结款单（确认单）。销售经理应做好电子版各终端货品的文件管理工作，月末报至企管部，作为考核其不压货、终端合理调配的指标。销售人员未及时送货、送结款单，扣1分/次，销售经理扣0.5分/次。奖扣依据来源于与财务部、库房和销售经理《终端存货实时库存表》核对值。

3. 由销售人员专项维护跟踪

（1）对辖区的终端完成送货　根据盘点信息和销售经理的指示按时补货、换货；终端要货应当日完成配送。企管部根据《终端存货实时库存表》，储运部留存的销售经理批准的送货单，财务部存有终端签字的结款单，核定送货。销售经理应做好电子版各终端货品的管理工作，考核销售经理不压货、终端合理调配。按要求完成销售人员加1分/次，迟做或未做扣1分/次。

（2）对辖区的终端进行信息反馈　每周按公司的要求拜访一次老客户，并及时反馈公司实时的销售政策和销售活动反馈意见、终端市场上新动态、其他竞品的销售走势、客户的营销人员的变动、客户电话信息、采购部经理信息、采购政策、结款政策、客户的财务情况、经营情况（尤其是有无经营滑坡或其他财务压力等）信息及时反馈到公司，对于异常信息，应立即作为早会的内容进行上报，必须时书面汇报重大或例外信息，请求处理。

存有基础的信息资料，每周必须更新一次。未按时间报告信息或汇报的信息不符合要求的，销售人员扣1分/次，销售经理扣2分/次。对于填写全面准确，且能对公司各期销售政策出台有借鉴的，给销售人员加1分/次，销售经理加2分/次。考核的依据是《现有终端客户信息反馈表》、《意向终端信息反馈表》。每周各辖区的信息反馈，由销售经理审核后，将汇总数报企管部。

（3）开拓意向客户的信息　在月末将本月已进店的终端信息经销售经理、总经理核实后存档，企管部据此作为考核分值。增加一家新终端，销售经理加1分/个，销售人员加10分/个。

开发的终端指与本公司签订合作合同的，合作期在一年以上的。单次进货销售，销售经理加0.5分/个，销售人员加5分/个。具体开拓客户的定义另订（应区分盒数、折扣率和与本公司合作的期限）。

（4）培训工作的落实和终端营业人员培训　销售经理根据终端反馈到的信息，根据企管部门的要求每周必须召开一次业务培训会或行业分析会，以便实时传达公司的销售政策、产品的卖点、营销的技巧等，并形成《销售部业务培训工作记录》（由企管部根据销售阶段性工作状况制订培训的程序和培训的目标，见附表1）该分值最高分为8分，最低分为0分。企管部组织人员落实抽查终端营业人员培训（包括公司企划活动）掌握的情况，最高分为5分/次，最低分为0分。销售经理最高分为每人1分/次，最低分为0分。由企管部检查后填写《终端培训检查表》。

（5）盘点终端库存　每周一查，每月与终端盘点一次，并将终端确认的盘点单，经销售经理签字后交予财务部门。销售人员每周将盘点信息报至销售经理处，由销售经理更新《终端存货实时库存表》（该表应序时记录，不得删除以前日的信息）。销售人员未报扣 1 分/次，销售经理未更新扣 2 分/次。企管部根据财务部月报信息与《终端存货实时库存表》核对，作为检查的依据。

（6）工作日志、总结和计划的处理　每日工作日志，每周纸质工作总结报至销售经理处，每月的工作总结和下月的计划经销售经理评定审核。

销售经理对本部门员工的工作状态和工作结束复核，销售经理根据周、月总结和计划总结书写销售经理工作汇报，于本期结束后，下一工作日开始后报至总经理办公会处。销售人员电子版或纸质的《销售人员工作日志》和《销售人员周工作总结》、《____月工作总结和下月工作计划》，经销售经理、总经理办公会核查后，汇至企管部评定。销售人员未进行汇报，扣 1 分/次，销售经理未完成，扣 2 分/次。企管部负责监督落实。检查的方式是抽查（工作日志要求序时性；每周的工作总结针对具体的问题、具体的情况进行反馈；每月总结下期计划根据本月各期总结书写，重点是销售额提升的措施、开拓客户的方法、市场同业的信息反馈等）。员工工作记录每月末存档，销售经理未整理存档，扣 5 分/次。

（7）解决终端现场的问题　重点专项问题必须书面请示，填写《销售部重大问题请示单》（附件 2），销售经理应据此提出处理意见，并将处理过程和结果，以书面形成向总经理办公会呈报。书面呈报的问题处理项目优秀的，经总经理批示，企管部门酌情给予加分，一般分值在 1 ~ 10 分之间。重点专项问题指非常规问题。对于常规问题，销售人员职责内的应自行解决，销售经理职责内的应自行解决，未及时解决的，销售经理扣 1 分/次，销售人员扣 1 分/次。

（8）每日销售部早会，每月工作计划和总结。要求早会每个销售人员必须参加，必须发言，对每日的工作内容、工作难点进行汇报总结。月会议的内容必须包括市场情况举例、公司现状、本月工作的落实情况（具体到各个终端）、下月工作计划（具体说明终端的销售、信息、活动、市场动态及我们采取的具体方式）。销售经理整理《销售部例会记录》存档。

（9）销售额，超计划销售额每超额一个百分点，销售人员加 1 分，销售经理加 0.5 分。销售额的实现以财务部门核对，根据财务部实际回款的金额确定。

七、销售人员的岗位职责

1. 销售经理职责

（1）负责落实公司的销售政策。

（2）组织销售，完成销售任务。

（3）落实存货盘点和送货确认单移交财务的工作，与财务部对账，协助收款。

①负责出入库的初审。

②及时反馈客户的结款信息。

③及时反馈客户的经营状态。

（4）拟订阶段性销售计划和实施步骤，拟定销售政策。

（5）拟订营销企划草案。

（6）解决销售中的问题：进店审核、进店政策的拟定、商谈进店、信息跟踪等。

（7）销售额的确认、销售信息的审核、员工业务工作的监督。

（8）销售渠道的拓展，完成每日必须更新电子版的《终端进店信息表》。

（9）配合公司做好销售人员培训和考核工作。

①整理《销售部例会记录》。

②整理员工的《销售人员工作日志》、《销售人员周工作总结》和《____月工作总结和下月工作计划》。

③审核《现有终端客户信息反馈表》（附件3、附件4）、《意向终端信息反馈表》。

④公司企管部要求的其他信息。

（10）存货的合理调配，保证销售，完成电子版《终端存货实时库存表》。

①审核销售人员报送的存货。

②合理调配各个销售点的存货数量。

③存货终端的盘点、效期药的管理。

④与生产部沟通，保证供货。

⑤与储运部、财务部核对库存。

（11）落实集团企管部的管理工作：档案的管理、配合企管部提供考核资料。

2. 销售人员岗位职责

（1）完成销售指标，落实各期销售任务，辅导终端营业人员完成销售。

（2）落实货品管理要求，实时掌握终端销售的状态包括送货、存货盘点、货品效期管理要求。

（3）完成终端信息反馈，按公司要求填写《现有终端客户信息反馈表》、《意向终端信息反馈表》。

（4）做好终端营业人员的培训、指导和考核工作，做好售后的维护工作。

（5）按储运部、财务部的要求完成出库单、验收单等票据信息的管理工作，并及时向财务部门提供终端客户结款的信息和财务状况。

（6）做好开据新客户的准备工作：信息反馈、联系人和店周边环境的报告等。

（7）参加早会，填写《销售人员工作日志》，书写《销售人员周工作总结》和《____月工作总结和下月工作计划》。

（8）根据企管部的管理要求组织工作任务。

八、销售部员工交接管理

1. 公司员工的管理遵守统一的管理制度。

2. 员工请假、离职应在办理手续前先办理交接。

3. 员工因特殊情况，临时请假，无法办法交接的，应通过短信或邮件的方式办理交接。由销售经理或总经理办公会书面批示，方可批假。

4. 正常交接程序应该由交接人、接收人和监交人（一般为部门经理或总经理办公会）三方签字确认后，方可确认请假。未经上述程序的请假，一律视为无效请假，按旷工处理。

5. 有权拟定本公司本部门的管理制度，经总经理办公会会议评议，通过后执行。

6. 员工上下班必须打卡，有事必须递交书面的请假单和交接单（附件5）。

附件 1

销售部业务培训工作记录

培训部门		培训项目		培训时间		
主讲人		培训方式		培训地点		
培训内容			受训人员	课堂表现 3 分	笔试成绩 5 分	综合评分
1						
2						
3						
4						
5						
6						
7						
8						
9						
10						
11						
12						
13						
14						
15						
16						
17						
			销售经理签字：			
受训人员签到：						

企管部监制　　　　　　　　　　　　　　　　　　　　　　　监管人签字：

附件 2

销售部重大问题请示单

事项名称									
申请人		申请日期		职位		地点		重要程度	
类型	销售	竞品	终端运营	终端信息	市场	政策	其他		

问题陈述： 事项分析：
需请示协助的内容： 申请人签字：
销售经理意见：
总经理办公会意见：
总裁意见：
备注

企管部监制

附件 3

现有终端客户信息反馈表（正面）

<table>
<tr><td colspan="12">终端的自然情况</td></tr>
<tr><td colspan="2">终端名称</td><td colspan="5"></td><td colspan="2">地址</td><td colspan="3"></td></tr>
<tr><td colspan="2">定位类型</td><td colspan="5">A　　B　　C</td><td colspan="2">经营类型</td><td colspan="3">药店　土特产　商超　形象店　其他</td></tr>
<tr><td colspan="2">进店时间</td><td colspan="3"></td><td colspan="2">采购经理</td><td></td><td>营业员</td><td colspan="3"></td></tr>
<tr><td colspan="2">销售政策</td><td colspan="10"></td></tr>
<tr><td colspan="12">销售额</td></tr>
<tr><td>1 月</td><td>2 月</td><td>3 月</td><td>4 月</td><td>5 月</td><td>6 月</td><td>7 月</td><td>8 月</td><td>9 月</td><td>10 月</td><td>11 月</td><td>12 月</td></tr>
<tr><td></td><td></td><td></td><td></td><td></td><td></td><td></td><td></td><td></td><td></td><td></td><td></td></tr>
<tr><td colspan="2">邻近区域</td><td colspan="10">超市　商场　电影院　酒店　幼儿园　学校　医院　集市</td></tr>
<tr><td colspan="2">周边环境</td><td colspan="10">普通居民　中高收入居民　企事业单位　交通枢纽　公交站点</td></tr>
<tr><td colspan="2">营业面积</td><td>100 平米以上</td><td>50－100 平米</td><td>30－50 平米</td><td>30 平米以下</td><td colspan="3">保健品柜台节数</td><td>展柜</td><td>摆柜</td><td>专柜</td></tr>
<tr><td colspan="4">保健柜台位置</td><td colspan="8"></td></tr>
<tr><td colspan="4">主推</td><td colspan="8"></td></tr>
<tr><td colspan="4">礼盒</td><td colspan="8"></td></tr>
<tr><td colspan="4" rowspan="2">保健品种类</td><td>儿童益智</td><td>儿童发育</td><td>中年女性</td><td>中年男性</td><td>老年保健</td><td>心脑血管</td><td></td><td></td></tr>
<tr><td></td><td></td><td></td><td></td><td></td><td></td><td></td><td></td></tr>
<tr><td colspan="4">价位</td><td></td><td></td><td></td><td></td><td></td><td></td><td></td><td></td></tr>
<tr><td colspan="12">竞品信息</td></tr>
<tr><td colspan="4">竞品名称</td><td></td><td></td><td></td><td></td><td></td><td></td><td></td><td></td></tr>
<tr><td colspan="4">竞品价位</td><td></td><td></td><td></td><td></td><td></td><td></td><td></td><td></td></tr>
<tr><td colspan="4">竞品卖点</td><td></td><td></td><td></td><td></td><td></td><td></td><td></td><td></td></tr>
<tr><td colspan="4">土特保健类产品</td><td></td><td></td><td></td><td></td><td></td><td></td><td></td><td></td></tr>
<tr><td colspan="4">价位</td><td></td><td></td><td></td><td></td><td></td><td></td><td></td><td></td></tr>
<tr><td colspan="4">滋补类类产品</td><td></td><td></td><td></td><td></td><td></td><td></td><td></td><td></td></tr>
<tr><td colspan="4">价位</td><td></td><td></td><td></td><td></td><td></td><td></td><td></td><td></td></tr>
<tr><td colspan="4">其他竞品</td><td colspan="8"></td></tr>
<tr><td colspan="12">贵细专柜</td></tr>
<tr><td colspan="4">经营的种类</td><td></td><td></td><td></td><td></td><td></td><td></td><td></td><td></td></tr>
<tr><td colspan="4">价格</td><td></td><td></td><td></td><td></td><td></td><td></td><td></td><td></td></tr>
<tr><td colspan="4">其他描述</td><td colspan="8"></td></tr>
<tr><td colspan="12">进货结款信息</td></tr>
<tr><td colspan="4">采购政策</td><td colspan="3"></td><td colspan="3">对账结款政策</td><td colspan="2"></td></tr>
<tr><td colspan="4">结款联系人</td><td colspan="3"></td><td colspan="3">储运联系人</td><td colspan="2"></td></tr>
<tr><td colspan="4">客户的财务情况</td><td colspan="3"></td><td colspan="3">经营情况（尤其是有无经营滑坡或其他财务压力等）</td><td colspan="2"></td></tr>
<tr><td colspan="4">其他特征</td><td colspan="8"></td></tr>
<tr><td colspan="4">对本终端的综合评定</td><td colspan="8"></td></tr>
</table>

填表人签字：　　　　　　　　　　　　　　　　　　　　　　　　调查日期：

销售经理签字：　　　　　　　　　　　　　　　　　　　　　　　归档日期：

附件 4

现有终端客户信息反馈表（背面）

调查时间：		调查方式：	
更新信息 1	更新信息 2	更新信息 3	更新信息 4
更新信息 5	更新信息 6	更新信息 7	更新信息 8
调查人签字：	审核人意见及签字：		

调查时间：		调查方式：	
更新信息 1	更新信息 2	更新信息 3	更新信息 4
更新信息 5	更新信息 6	更新信息 7	更新信息 8
调查人签字：	审核人意见及签字：		

调查时间：		调查方式：	
更新信息 1	更新信息 2	更新信息 3	更新信息 4
更新信息 5	更新信息 6	更新信息 7	更新信息 8
调查人签字：	审核人意见及签字：		

调查时间：		调查方式：	
更新信息 1	更新信息 2	更新信息 3	更新信息 4
更新信息 5	更新信息 6	更新信息 7	更新信息 8
调查人签字：	审核人意见及签字：		

注：（1）此信息表格式在不断更新中。

（2）每月一填，经销售人员签字、销售经理签字后作为销售部资料，每月归档一次。

（3）记不全时，可以附页，附页应与原页粘贴在一起。

附件 5

员工工作交接单

<table>
<tr><td>姓名</td><td></td><td>部门</td><td></td><td>职位</td><td></td></tr>
<tr><td>请假时间</td><td colspan="2">年　月　日　至　年　月　日</td><td>交接时间</td><td>年　月　日</td><td></td></tr>
<tr><td colspan="3">交接内容</td><td colspan="2">辅助支持</td><td>备注</td></tr>
<tr><td colspan="3">1.</td><td colspan="2"></td><td></td></tr>
<tr><td colspan="3">2.</td><td colspan="2"></td><td></td></tr>
<tr><td colspan="3">3.</td><td colspan="2"></td><td></td></tr>
<tr><td colspan="3">4.</td><td colspan="2"></td><td></td></tr>
<tr><td colspan="3">5.</td><td colspan="2"></td><td></td></tr>
<tr><td colspan="3">6.</td><td colspan="2"></td><td></td></tr>
<tr><td colspan="3">7.</td><td colspan="2"></td><td></td></tr>
<tr><td colspan="3">8.</td><td colspan="2"></td><td></td></tr>
<tr><td colspan="3">9.</td><td colspan="2"></td><td></td></tr>
<tr><td colspan="3">10.</td><td colspan="2"></td><td></td></tr>
<tr><td colspan="3"></td><td colspan="2"></td><td></td></tr>
<tr><td colspan="6">在监交人在场时，交接人确认将待完成事项转交至接收人。
交接人签字：　　　　接收人签字：　　　　监交人签字：</td></tr>
</table>

企管部监制

第七节　公用事务管理规范

公用事务管理是指公司行政管理部门的公共事项的管理。包括劳动纪律（员工行为规范）、人事考勤、员工奖惩、保密、安全保卫、宿舍、车辆、劳保用品、公文档案、会议、招聘和财务等事项的管理。

公用事务管理部门为行政部、财务部和总经办，由行政总监统一领导。

本节主要列示：劳动纪律管理规定（员工行为规范）、人事考勤管理制度、员工奖惩条例、保密管理制度、安全保卫管理、宿舍管理、食堂管理、车辆管理、劳保用品管理、公文档案管理、会议管理、招聘管理规定、办公室管理和财务管理制度十四大项，供读者参考。

一、劳动纪律管理规定（员工行为规范）

包括思想行为规范、廉政行为规范、业务行为规范、职业道德行为规范、不以权谋私、保密行为规范、语言行为规范、仪表举止行为规范、交际行为规范、爱护公物行为规范和员工工作行为规范等11项。

（一）思想行为规范

1. 职业道德

（1）员工应维护公司的声誉，不做有损于公司的事情。

（2）员工不讲有损于公司形象的言论。

（3）在双向选择原则下，立志做忠于公司的人。

2. 遵守法律

在法律规定的范围，各部门的员工按公司的要求，有序地安排采购、运营和营销活动，严遵公司章程。

3. 执行政策

各部门的员工应执行公司的各项管理制度、条例、各期管理目标和员工的行为规范。

（二）廉政行为规范

1. 秉公尽责。

2. 不得利用职务之便谋取小集体和个人私利，中、高级职员不得以任何形式接受下级或员工馈赠礼物。

3. 如实反映业务经营的情况、实事求是、光明正大、尽职尽责。

4. 不准借出差、开会或以学习名义游玩。

5. 遵守国家法律、法规和政策的规定，做遵纪守法的模范，遵守公司的规章、制度及奖惩条例。

6. 自觉地接受纪检、监察、审计等部门的监督、检查。

7. 在工作中依法行使职权，不以权谋私、渎职。

8. 增加管理工作的透明度，自觉地接受员工的监督，做到工作行动行为公开化、规范化。

9. 遵守职业纪律和职业道德，全心全意为公司做好服务工作、廉洁自律。

10. 杜绝浪费。

11. 中、高级职员要廉洁奉公，密切联系集体，公司的行为都要体现节俭、民生的服务理念，代表公司的涉外员工要作风正派、生活严谨。

12. 午餐用餐期间，按量购餐，杜绝浪费。

（三）业务行为规范

1. 树立高效科学的工作思维，提高技术能力和实务操作水平。

2. 为适应现代化管理活动的需要，要学会并熟练应用电子化方式处理信息、管理市场、财务、人事档案等业务。

3. 熟练使用和操作先进的办公管理设备，高效节俭、环保地办公。

4. 专业职员要掌握政府法律、法规及国家相关的政策。

5. 工作认真负责，一丝不苟。

6. 增加团队合作意识，虚心好学，尊重他人。

7. 工作要认真踏实，不能消极、推诿或互相扯皮。

8. 工作计划要准确，讲究效率。

（1）员工要珍惜时间、快速办事、讲求时效。

（2）准确无误地实施计划行为，不出差错，保证职务的工作质量和实效，兢兢业业地履行职责、精益求精地工作。

（四）职业道德行为规范

1. 忠于职守，一心为公。

2. 严格执行本岗职务条例，敢负责任，恪守岗位职业道德。

3. 树立主人翁责任感，以公司的利益为最重，与公司荣辱与共。

4. 实事求是。

5. 公司员工遵守从实际出发，诚实守信的基本准则。

6. 客观真实地反映情况，提供准确无误的材料。

7. 说老实话、办老实事、做老实人是公司员工应有的品德。

8. 中、高级职员要坚持真理、修正错误，要勇于担负起公司管理的重任。

（五）不以权谋私

1. 要公而忘私、洁身自好，不利用岗位、职务便利条件谋私利。
2. 中、高级职员要严以律己、为人表率。
3. 遵纪守法，平等待人。
4. 树立自觉的道德风尚。
5. 平等待人，不允许有任何超越行为规范和纪律的特殊人物。

（六）保密行为规范

1. 保密守则

（1）不在私人通信中涉及公司的机密。

（2）不在公共场所和家属、子女、亲友面前谈论公司机密。

（3）不携带材料游览、探亲、访友和出入公共场所。

2. 会议保密要求

（1）会议中记录的材料不得外传。

（2）非传达的会议内容不准泄露。

3. 文书工作机密

（1）按规定进行文件传阅。

（2）文件复印须经领导批准。

4. 电子（计算机）信息保密

（1）公司信息不经批准，不允许随意拷贝或调印。

（2）统计工作信息、财务决算，未经批准不能外借或复印，需存储的数据必须采取加密措施。

5. 技术资料保密

（1）凡本公司技术含量较高、市场前沿的信息资料，员工应遵守借阅规定。

（2）经营管理信息不准向本岗以外的员工传递或介绍。

（七）语言行为规范

1. 日常用语

（1）语言表达应自然、清晰、亲切。

（2）使用礼貌“十字”用语（你好、请、谢谢、对不起、再见）。

（3）不谈及他人隐私，不说伤感情的言论。

（4）开玩笑应适度，不应叫他人绰号。

2. 电话用语

（1）语音亲切、语速适中、热情耐心。

（2）开始语：“您好，××公司”。

（3）传达电话应走近要找的人，不能高声喊人。

（4）传话时，如果对方正与第三人谈话，应先等一等再说："打扰您"。

（5）工作中，不打私人电话。

3. 汇报用语

目的明确、语言简捷。

4. 称呼语

（1）对上级称职务、职称。

（2）对同级、下级称职务、职称或先生、小姐、女士，也可称其姓名。

（3）对年长的同级、下级可称老师、师父。

（八）仪表举止行为规范

1. 仪表

（1）微笑是最基本的表情。

（2）着装应整洁、大方、得体，符合公司形象。

（3）女士化淡妆，男士发型整洁，注重整体美。

（4）坐、立、行应自然、端庄，保持个人风度。

2. 举止

（1）接待客人应有礼貌，用语："您好，欢迎您"，并予以引路。

（2）陪客人上楼，应客人在前，下楼时应客人在后（女客人则在前）。

（3）员工间礼让顺序。

客——年长——上级——女士

（4）在走廊中与客人或上级相遇，要稍站立，示意侧身让过。

带路时，客人走在前后均可。

（5）介绍时应是年轻的介绍给年长的，下级介绍给上级，男士介绍给女士，握手则相反。

（九）交际行为规范

1. 服从上级

（1）自觉服从上级领导，服从指令，处理好上级的关系以得到上级的有效支持。

（2）尊敬上级，维护上级的威信，重要问题及时请示，并主动提出自己的处理意见供领导参考。

（3）如实向领导报告与请示工作，汇报时简明扼要。

2. 关心下级

（1）尊重下级的人格、意见。

（2）尊重下级的职权及劳动成果。

（3）与下级建立友谊和信任。

（4）知人所长，容人之过。

（5）赏必信，罚必果。

3. 尊重同事

（1）以自己的情绪、语言及得体的、善意的心态向同事表示友好相处的意愿。

（2）严以律己，宽以待人，善意的批评和提醒是员工克服缺点避免工作失误的行为准则。

4. 协调友邻

（1）识大体顾大局，遇事以公司整体利益为重。

（2）有分工有合作，不越权限、分清职责、掌握分寸，在制度制约下，不断改善服务意识。

5. 公司员工不准无理取闹，更不准谩骂领导。外宾及上级领导来公司，要礼貌相待，不得围观，违者严肃处理。

（十）爱护公物行为规范

1. 公司内均不能有痰迹、烟头及其他污染物。

2. 公司办公区域清洁，要经常擦洗室内鞋的鞋底。

3. 搬动物品时，要避免碰到门框或桌椅，这些很容易碰坏，也不要用脚踩铝合金门框。

4. 要节约用水、节约用电，做到用后随手关闭开关。

5. 下班前，要检查办公设备是否关闭。

6. 严格按办公设备操作规程使用办公设备，不得损害公司的办公设施。

7. 遇到雨雪天气，要及时查看是否有需要保护的办公用品暴露在室外，并做好相应的保护工作。

8. 发现公司的办公物品出现故障，要及时采取保护措施，并报告给相应的管理部门处理。

9. 不私拿公司的办公用品做个人的事情。

10. 工作期间，不用公司电话打私人电话。

（十一）员工工作行为规范

1. 做每一件工作应有计划。每日上班后的第一个30分钟，应计划好自己一天的工作，下班前检查完成情况。

2. 认真做好每一件工作，保质保量地完成本职工作。

3. 高效工作，禁止拖延工作时间。

4. 工作中要发挥员工的创造性、积极性，体现服务意识。

5. 工作期间，不要随意到其他部门闲谈，以免影响他人的工作。

6. 工作时间不谈与工作无关的事情。

7. 向上级汇报工作，语言应简捷、明确。

8. 同事之间在室内应低声交谈，不要放声大笑，不要大声喧哗。

9. 集体办公部、室、隔断间应有一个好的环境，禁止吸烟。

10. 到其他的办公室时，应先敲门，经允许方可入门。

11. 报告行文的字迹要清晰、工整；打印的文本要内容明晰，说明主旨。

12. 开会或集体讨论问题时应积极发言，禁止出现会议上沉默不语，会下议论或批评的不良习惯。

13. 办公用品应定置管理，桌面、桌内办公用品应整齐、清洁。

14. 工作时间，除因公务外不能饮酒。

15. 办公椅应摆正位置，下班或离开公司时，座椅应推近（进）办公桌。

16. 鼓励在完成工作之余，学习外语及与本职工作相关的技术业务知识。

17. 员工在公司内一律穿工作服（试用期员工除外）。

18. 禁止上网聊天、玩游戏，严禁浏览与业务无关的书籍、杂志、报纸。

19. 保持办公环境整洁。

20. 员工每天应提前10分钟到岗，并做好清洁和整理工作。

21. 每天抽出时间整理办公桌和抽屉，保持办公环境的舒适和整洁。

22. 工作环境有序。

23. 工作期间不准化妆、吃零食，严禁随地吐痰、丢纸屑、杂物、烟头等。

24. 中午禁止饮酒。

25. 严禁员工在工作时间打私人电话或接听电话时以聊天寒暄方式影响工作及影响信息的畅通。

二、人事考勤管理制度

人事考勤管理制度包括考勤管理制度、考勤管理、请假规定、病假、加班、串休规定、满勤奖说明、节假日规定、其他规定和附则等9项。

（一）考勤管理制度

1. 总则

（1）目的　为了维持良好的生产经营秩序，提高劳动生产率，保证生产经营工作的顺利进行；同时也使员工保持良好的身体素质和旺盛的精力，努力做好本职工作，在考虑员工与家属团聚等问题情况下，在依据国家有关规定，结合公司的实际情况，特制定本规定。

（2）适用范围　本制度适用于公司在册员工。

2. 签到、外出登记

（1）作息时间　公司：每周一至周五上午09：00—11：30 下午12：30—16：00

（午餐时间，午餐应在公司食堂）。

（2）业务部　正常班次（根据不同情况可以合理调整工作串休时间）。

（3）因季节变化需调整工作时间时由行政办公室另行通知。

3. 严格遵守作息时间，公司职工实行上下班打卡登记制度。工作时间内离开工作地点办事，必须填写外出登记。

4. 本公司员工除下列人员外，均应按规定于上下班时间打卡。

（1）经总经理核准免予打卡者。

（2）因公出差填妥“出差申请单”经主管核准者。

（3）因故请假，经核准者。

（4）临时事故，事后说明事由或临行前书明外出登记，经主管核准者。

所有员工上下班均需亲自打卡，任何人不得代理他人或由他人代理打卡，违犯此条规定者，代理人和被代理人均给予记过一次的处分。

5. 员工应本人打卡，不得以任何理由替他人签到或委托他人签到。

6. 员工迟到、早退按本规定相关规定处理。

7. 员工有事、有病可以请假，书面假条要给本人签字、部门经理批准、行政办公室和总经理批准后生效，并作为计算员工薪酬的依据。员工口头请假未见假条者，按旷工处理。

8. 员工到岗必须打卡，下班离岗时也必须打签退卡，未打卡者除能提供本工作日到岗工作的证实（只限于本月三次以内）外，其余均按旷工处理。提供的未打卡的证实单，均应有本部门的同事、部门负责人或证实人签字。

9. 员工不得旷工，长期迟到（月度累计迟到、早退五次及以上），否则按公司的相应规定处理。

10. 因偶发事故迟到超过15分钟以上经主管或人事人员查明属实者可准予补办请假。

11. 未见请假条、部门经理未出具证实单或未有其他经批准的第三方证实材料的，一律按旷工处理。

12. 正常上班时间因公外出，应严格填写“外出办事登记簿”，详细填写外出的时间和办事地点，并按公司的要求签字确认。员工外出办理业务前须向本部门负责人（或其授权人）申明外出原因及返回公司时间，否则按外出办私事处理。

13. 职工因公出差，须事先填写出差申请表，副经理以下人员由部门经理批准；各部门经理出差由上级主管领导批准；高层管理人员出差须报经总经理批准，工作紧急无法向总经理请假时，须向行政办公室备案，到达出差地后应及时与公司取得联系。出差人员应于出差前先办理出差登记手续并交至行政办公室。凡过期或未填写出差登记表者不再补发全勤奖，不予报销出差费用，特殊情况须报总经理审批。

14. 常白班员工，除因工作特殊需要，经各部处主管事先安排者外，不得任意提早或退后上下班时间。

15. 员工迟到早退者，直接从员工的薪酬中扣除，所扣的金额，充为福利金。

（二）考勤管理

1. 各部门设专职考勤人员负责考勤，部门经理负责实施，由行政办公室统一监管。公司行政人事部安排人员监督员工上下班打卡，并负责将员工出勤情况报告值班领导，由值班领导报至人力资源部，人力资源部将此考核表报与部门报送的考勤表核对，据此核发全勤奖金及填报员工月度考核表。

2. 考勤人员必须据实纪录和反映员工出勤情况，不得隐瞒、漏报，否则作违纪处理。

3. 不准刁难考勤人员或私自涂改考勤纪录，如有发现视情节轻重给予记过或降职、解聘处理。

4. 考勤人员负责逐日如实记录本部门员工的出、缺勤情况，月底将考勤表（各种假条附后）交部门经理审核签字后于本月 3 日前报办公室，员工薪酬将根据实际的出勤天数发放。

5. 各部门应将上月的考勤表于本月 3 日前上报人力资源部审核，人力资源部按薪酬管理细则，核定员工的基本薪酬，转交财务部执行。

6. 考勤统计是公司对员工考核及薪酬发放的重要依据，任何人不得弄虚作假，行政办公室有权对各部门考勤情况进行检查、核对。

7. 本公司员工上、下班均应亲自打卡，如有下列情形之一者，均以旷职一天论，并按其情节酌以惩处。

（1）委托他人代打出勤卡者。

（2）有涂改考勤情况者。

（3）故意毁损出勤卡者。

（4）伪造出勤卡者。

如有第一项的情形发生，代打者亦以旷职一天论并同受惩处。

8. 考勤

（1）考勤内容

①上班时间已到而未到岗者，即为迟到。

②未到下班时间而提前离岗者，即为早退。

③工作时间未经领导批准离开工作岗位者，即为擅离职守。

④迟到、早退或擅离职守超过 30 分钟，或未经准假而不到班者，均为旷工。

（2）考勤须知

①对有迟到、早退、擅离职守现象的员工，应进行教育，属屡教不改的，给予适当的纪律处分。如有造成严重后果的，应追究其责任。

②对旷工者，应责成其作出书面检讨，并按下述情况计扣薪酬资，扣发当月各项绩效奖金。留职察看期间，只发岗位工资及各项补贴；旷工二天以上，每增加一

天，加扣年终奖 10%；连续旷工 15 天，或一年内累计旷工超过 30 天，或旷工虽未达到上述天数，但次数较多，情节严重的，均应作除名处理。

9. 考勤处理

当月累计旷工 3 天以上者，以辞退论处（不发放当月工资）。

员工应本人打卡，不得以任何理由替他人签到或委托他人签到，一经发现，按违纪处理。

（1）员工每迟到、早退 10 分钟以内者，按违纪处理。

（2）员工每迟到、早退 10 分钟以上 30 分钟以内者一次罚款 10 元，2 个小时以内未到岗，以半天旷工论处，超过 2 小时以上者以旷工一天论处。

（3）一贯迟到、早退，月累计达 3 小时者，按一天旷工论处，并扣发当月基本工资的 20%。

（4）旷工一日，当日工资不计，并扣罚该员工基本日工资的二倍。

（5）员工到岗必须打卡，下班离岗时也必须打签退卡，未打卡者除能提供本工作日到岗工作的证实（只限于本月三次以内）外，其余均视按旷工处理。提供的未打卡的证实单，均应有本部门的同事、负责人签字。

（6）员工不得旷工，长期迟到（月度累计迟到、早退五次及以上），提交人力资源部处理。

（7）员工一个月内迟到、早退累计达三次者扣发全勤奖 50%，达五次者扣发 100% 全勤奖，并给予一次警告处分。

（8）员工无故旷工半日者，扣发当月全勤奖，并给予一次警告处分，每月累计三天旷工者，扣除当月工资，并给予记过一次处分，无故旷工达一个星期以上者，给予除名处理。

（三）请假规定

1. 员工迟到、早退时间超过一小时者，立即依请假手续办理。

2. 员工因故不能按时上、下班者，必须提前向直接上级请假，必须填写请假报告单，如有急事来不急提前请假者，可电话请假（向直属领导请假），事后补办请假手续上交人力资源部。未请假，或口头请假未及时补交请假单的，或正常上班时间未上班的，按旷工处理。

3. 无正当理由无故不上班者或检查中发现的脱岗，经核实未有正当理由，第一次批评教育为主，第二次通报批评，第三次作违纪处理，并承担由此造成的损失。

4. 员工请假后由直接上级安排他人暂代其工作。

5. 准假后，请假单交人力资源部审核备案，假满后到人力资源部销假。

6. 事假。员工应尽量避免事假，如因特殊情况需经公司核准，酌情批给，但必须在不影响工作的前提下，事先作书面申请（填写请假单），事假一律无薪，并不得满勤奖。事假须填写请假单，请单位主管按权责核准签章后方能生效。

7. 员工请假核准权限。

（1）事假三日之内（含三天）需经部门负责人同意，送人力资源部核准后方可休假，如遇急事电话通知部门经理，行政办公室备案，事后补假单。

（2）事假三日（不含三天）至五日（含五天）须报所管部门的副总经理批准并送行政部经理核准。

（3）事假五日（不含五天）至七日（含七天）须报总经理批准，并送人力资源部核准。

（4）部门经理（含副经理）事假须经主管副总经理批准。

注：连续请假按照累计天数依上述规定办理。

（5）请假半天者向直属领导说明情况，不须填写请假单。请假超过一天（包括一天）者必须填写请假单。

8. 事假管理

（1）如因事必须亲自处理，应在前一日下午5时前申请，经主管查实认可，并核准后，方为有效，一次不得超过5天。

（2）全年累计事假不得超过14天，超过时为旷工。

（3）事后申请视为旷工，但遇偶发事故，应于2日内出具证明，提出申请，经主管或人事人员查明属实后准予补假。

（4）凡请事假当月累计4小时以内，计扣半天工资，超过4小时至8小时以内按一天计扣。

9. 员工请假由部门经理负责安排请假人的岗位工作。不得因此影响到工作。

10. 事假。

一月内前后事假两天，中间夹有公休例假，使连续共有或超过3天，其中间夹有的公休例假日应作事假论，如仅事假一天，连接公休日者，其公休日不计事假。

11. 事假不满一日者以钟点累计。

12. 事假必须事前请准，不得事后补请（如因特别事故须申述充足理由，呈请特准者始可补假）。

13. 日薪者事假不发薪资，月薪者当月3天内全年14天内只发半薪，逾假者扣全薪。

14. 试用人员月薪者，凡请事、病假薪资全扣。

15. 本年度到职升正的月薪人员，一月内事假累计在一天内者，扣半薪，超出部分全扣，当年累计亦照到职时间的长短比例计算，其公式如下：

14天×到职后月数/12＝只扣半薪的事假天数

16. 各单位工员于工作中，因故外出情况。

（1）公差派遣。

（2）因病或紧急事故。

以上必须外出应先请准给假，并依规定填写请假卡，由主管核准签具出公司放行条，打卡出公司（外出逾三分钟至一小时内，为一小时假，以后类推）。其上中夜班者或单位主管不在公司内时（工程部并须先经部门经理），则向值班经理，请准给假。

17. 其他零星事务，不予准假，擅自出公司者，依公司规定议处。

（四）病假

1. 请病假必须出具省市县（区）级以上医院证明，无医院证明者，各部门无权签批请假。每月允许带薪休病假一天（必须出示第一条所说的相关医院证明）。

2. 因病长期请假者，公司不支付工资。

3. 病假

（1）提出病假须出示市级医院诊断证明及医疗费用单。

（2）病假三天内（含三天）发给基本工资的80%，病假三天至七天（含七天）发给基本工资的50%，七天以上不计发工资。

（3）病假三日（含三天）之内由部门经理批准和人事主任核准，三日以上需经主管部门的副总经理批准，经人事行政部经理核准，而病假八天以上至十五天（含十五天）须经总经理特批，无工资计发。

（4）病假超出三十天需办理长期病假手续。

4. 病假

（1）因病请假一天者，最迟应于请假的翌日提出申请，经主管签核后将请假卡送交人力资源部登记（大夜班可延后一天）。

（2）请病假一天以内者免附医师证明，但当月连续请病假一天以上或累计逾一天者必须出具当日就医的证明或公立医院证明（私人医院无效）。

（3）全年病假累计不得超过30天，届满时因病情严重经公立或医保指定医院医师诊断必须继续疗养者，可酌给特别病假，但以3个月为限。现住院者，以一年为限。

（4）当月请病假符合病假条件的，基本薪酬照给（超过规定，比照前面事例相关规定办理）。

注：不按上列规定请假者，均以旷工论。

5. 病假

（1）员工因病或非因工（公）负伤，经公司指定的医疗单位证明确定不能坚持工作，可参考医生建议，根据实际情况核给病假。

（2）病假期间的待遇按国家劳动保险条例规定办理。病假三天内不扣工资，四天以上按（岗位工资+技能工资）÷30天计扣工资。

（3）长期病休人员，从病休时起，一年内的任何时间累计超过6个月（或153天个工作日），从超过之日起，停发工资，改发疾病救济费。累计办法：每月以24

为截止日期往前推 12 个月，凡在这 12 个月内病休累计达 6 个月（或 153 个工作日）时，从超过之日起停发工资，改发疾病救济费。

（4）凡领取疾病救济费者，如病愈需要复工时，经医生证明，先行试复工两个月。在试工期，又患病累计休息 15 天以上者，停止试工，停发（病假）工资，发给疾病救济费。试复工期满，连续工作两个月以上者，若再次患病，休息时间可重新累计计算。

6. 病假须填请假单，经单位主管照权责核准后生效，连续二天以上须缴验公立医院或劳保医院证明（住宿公司或厂区宿舍者须当日请假）。

外宿员工因病不能到班，可托人或电话托人代请，惟病假在二天以上须缴验公立医院或劳保医院证明（可于次日补请病假手续）。

7. 如患重大病症，按劳保规定住院外应自连续病假第二个月起予以停职（工），但病愈后，经公立医院体检证明体力正常，优先予以复职。

8. 病假期中的公休日，作病假论，不足一日者以钟点计。

9. 病假在一个月内缴验医院证明者薪资发给半薪，超过一个月者全扣。

10. 当年度到职的升正人员比照事假计算方式办理。

（五）加班、串休规定

1. 公司按国家劳保规定办理加班和串休。

2. 员工的薪酬中已包括了特殊岗位的津贴的，不再另行计算串休的补贴。

3. 由本部门经理负责请假员工岗位的安排。

4. 为顾及员工健康，凡任何一方值大夜班者，不准代（调）班。

5. 午餐时间各部门均须安排人员值班。

6. 公司内各项团体活动可由主办单位签准，在前条规定原则下酌给公假，如工会、福利会、妇互会等会务接洽，除因时限或临时需要者外，以下午三时以后联系协调为原则，并应向行政办公室报备，必要时填写书面外出单。

7. 代串班的规定

（1）代（调）班必须于前一日下午 17：00 前提出申请，已核准的代（调）班者，不得临时更换，如有任意更换或不到工者，代理人应作请假论，事后申请者不准。

（2）代（调）班员工必须填具申请卡送由当班班长转请主管核准后，方为有效。

（3）代（调）班在当月份内一人以三次为限，一次为一天以内，春节前后三个月内以五次为限。

（4）代理人必须与申请人属同一单位，且工作性质相同，经主管审核认为确实可以代理其职务方为有效，已申请特休人员，不得替人代班，如有任意替代者，申请人应作旷工论，代理人特休照算。

(5)为顾及员工健康，凡任何一方值大夜班者，不准代（调）班。

工程部门的串班表由工程部负责人审定，但每个人的工作时间、休息时间应该平均合理。

8. 本公司以下列日期为例假日（若有变更时预先公布），但因业务需要可指定照常上班需以加班计算。

（1）本公司值勤分为值日与值夜两种，值日又分为星期例假值日与午休值班，悉依照本规则办理。

（2）本公司值日每次由职员一人，轮流值勤，值勤顺序每月由总务组拟单施行，但星期例假值日及午休值班，副经理以上人员均免值勤。

（3）星期例假值日时间，自上午9时起至下午17时止，午休值班时间以其中午休息时间为限。值夜时间以当日下午下班后至隔日上午上班前以内的时间为限，但需俟接替人接值后始可离值。

（4）值勤人员不得推诿免值或擅离职守，如因公出差或因病及其他事故，确实不能到值者，应事先自行委托本公司同职的人员代值，并向总务组报备，其一切责任则由代值人员负担。

（5）午休值班职员除供给午餐费40元，服务生30元外，星期例假值日另支给职员80元，服务生60元的加班津贴。

9. 值勤人员的职责

（1）代理收受保管公私函件及电文。

（2）接待来客，收听电话及整理报纸并归放各部、组室。

（3）巡察本公司办公室、门卫值班室，注意电气安全及清洁卫生工作，并预防窃盗及其他临时发生危害本公司安全的事项。

（4）处理当日其他临时发生的事务，但事后应分别报告。必要时，亦得随时请示总经理或有关主管办理。

（5）详细记载值班日志签章后，送交总务组转呈核阅。

10. 值夜另有专人担任，支领薪津，不须轮值，但其职责除前条所列各项外，尤应注意人员的走动，灯火的管理及门户的安全等事项，值夜员一个月可休假二天，若不休一天者，应支给其一日薪酬的所得额。

11. 轮休由各单位交由部门经理视实际情形自行排定并提经领导核准后于每月20日前将下月份的轮休表送行政办公室备查，部门亦凭以制作考勤卡。

12. 轮休方式。

（1）轮班员工每月可轮休的天数即包括当月的星期例假及法定假日。

（2）轮班员工每月预定轮休的天数可自由选择，事先申请排定轮休外，但每月所排轮休不得少于2日。

13. 轮班员工每月应休未休（预先未选定轮休）的星期例假及法定假日的天数，应照常上班并加给星期例假的加班费。轮休是公司正常的工作时间调派，不按加班处理。

14. 轮班员工既经依照本轮休方式8（1）、（2）、（3）款选定轮休，不论排定轮休的天数多少，除已排定的轮休日外，其应休未休（即预先未选定轮休）的星期例假及法定假日不得再申请不加班，如因故不能到工者，应按平时请假办法事先办妥请假手续。

（1）轮班员工既经选定的轮休天数不得增加或减少，不休或与他人调换，亦不得借用或保留至下月补休，如有特殊事故须要更改，每月休二日者限更改一日，每月休两日以上者限更改两日并须于前一日下午5点钟前提出申请并经主管核准后方可。

（2）轮班人员既经排定的轮休日，如因工作需要或特殊事故仍需照常上班者，可经各部经理（主任）核准，照给星期例假的加班或当月内指定日期予以补休。

（3）本办法经总经理核准后，公告实施，未尽事宜经批准后修改。

（六）满勤奖说明

1. 满勤奖为每月50～100元，直接计入工资中。

2. 考核标准参照各月出勤率。

3. 凡有以下情况任意一项者都不能参加全年满勤奖的评选。

（1）请探亲假。

（2）婚假。

（3）丧假。

（4）产假。

（5）病假。

（6）事假。

（七）节假日

1. 年假

凡在本公司工作满一年（由结束试用期转正之日计起）的员工，按《劳动合同法》的规定享受年假。

（1）如享受探亲假，不再享受年薪假。年薪假在春节期间一次休完，不作调休。

（2）全脱产学习满一年的员工，不享受当年的年休假；累计学习满半年不满一年的员工，可享受休假，其假期减半。

（3）病事假累计超过1个月或工伤假超过2个的员工，当年不再享受年休假。

（4）旷工2天，当年不再享受年休假。

（5）受各类警告以上处分的员工，取消一年的休假，受各类察看处分的职工，察看期间不享受年休假；对个别表现不好或完不成生产任务的员工，各部门领导有权取消其年休假待遇，上报人力资源部备案。

（6）年休假时间的计算包括公休假日，不包括法定假日。

（7）凡外单位、外系统调入的人员，从报到之日起，满半年后方可享受年休假。

2. 公假

经公司批准脱产参加会议、学习、出差、从事社会活动、工会活动均属公假；经公司指定或批准休养、参观、访问的模范人物或代表，以及因工（公）负伤人员在医疗期间，根据实际情况核给公假。

（1）凡属下列情况之一者为公假。

①因公负伤不能工作者。

②经领导批准参加会议、社会活动者、出差者。

③经公司领导批准参加的各种学习，如函授、电大、培训等。

④公司规定的休息日。

（2）凡与生产经营无直接关系的公出或开会，应先经事务处签证后提经主管，在不影响工作原则下核给公假。

3. 例行假日

（1）例行假日公司另行安排串休日期。

①元旦。

②春节。

③清明节。

④妇女节（限女性）。

⑤劳动节。

⑥国庆节。

⑦中秋节。

（2）每星期两天。

（3）其他经公司决定的休假日。

（4）例假日若适逢星期日，其隔日不予补假。

4. 婚假

员工申请结婚，需在本公司办理结婚手续，并以领取结婚证为准，婚假假期 3 天，晚婚假 10 天（晚婚条件：女满 23 周岁，男满 25 周岁）。如到外地（指配偶工作所在地，不含旅行结婚）结婚的，根据在途往返时间核给路程假。

5. 丧假

（1）员工直系亲属（祖父母、父母、配偶、子女及姐妹、兄弟、岳父母）之故可给有薪丧假 3 天。

（2）员工到外地办理丧事，可根据路途远近核给路程假，但路费自理，超出期限按事假处理。

6. 探亲假

（1）公司员工在春节期间均享受7天探亲假期。凡已满试用期之员工，春节返乡探亲，车费报销50%，短途车车费一律不报销。

乘车标准如下。

①部门火车硬卧。

②主管级：火车硬卧。

③员工：一、二级火车硬座。

（2）探亲假期

①员工结婚时，分居两地，又不能在公休假日团聚的，每年可享受1次探望配偶假，假期为30天。

②未婚员工探望父母每年1次，假期为20天，如因工作需要，当年无法安排的，可以2年给假1次，假期为45天。

③已婚员工探望父母假，每4年1次，假期为20天。

④员工有生身父母，又有养父母的，只能探望一方（以供养关系为主）。

⑤大专院校分配来的毕业生，新招合同工人，在实习、试用期间不能享受探亲假，满1年后才能享受探亲假。外单位调进公司的员工要满半年，才能享受探亲假。

⑥员工配偶已离婚或死亡，尚未再婚的，按未婚员工待遇处理。员工配偶、父母均已死亡，又未重新结婚，而且身边没有子女者，如有16岁以下的未成年子女寄养在外地的，按未婚员工探亲假处理。

⑦员工探亲假期不包括路程假，但包括公休假日和法定节假日，路程假根据实际需要核给。

⑧员工探亲休假期间患病时，其病休天数仍作为享受探亲假计算，原规定的休假天数不能顺延。如果员工因患急病、重病、假期期满后不能按期返回的，其延期返回的天数可根据县级以上医疗单位的证明，按病假处理。

⑨员工因各种原因在当年与配偶团聚3个月以上的，不再享受1年1次探亲假。

⑩探亲假原则上不能分期使用，确因生产、工作需要分期使用的，经人事部批准，可分期使用，跨年度作废。路程假只给1次，往返路费只报销1次。

（3）探亲假春节期间一次性休完，不作零星调休之用。

7. 产假

符合计划生育政策并在公司工作满1年（从试用期满之日算起）的女员工，凭市级医院证明可享受下列假期待遇。

（1）小产

①女职工怀孕未满4个月流产的，享受15天产假；

②怀孕满4个月流失的，享受42天产假。

工资按照基本工资标准核发，不享有其他福利待遇。

（2）正常生产

①女职工生育享受98天产假，其中产前可休15天；

②难产的，增加产假15天；

③生育多胞胎的，每多生育1个婴儿，增加产假15天。

8. 休假

（1）员工休假必须服从组织安排，并按规定逐级审批，报人力资源部批准，室主任一级由部门经理安排休假，部门经理由总经理安排休假。

（2）员工申请休假须一个星期前填写《有薪假期申请表》或《无薪假期申请表》，送交人事部审批。未接到休假通知单，不得擅自休假，否则以旷工处理，因特殊原因本人不能亲自办理的，应事前托人或电话告假，如事前未提出请假，事后补交病假单的一律无效。

9. 请假审核

（1）员工请病假、生育假需附诊断书，所有给假标准按《员工手册》执行。

（2）此单一式两份，一份由人事行政部存档。

10. 公伤

员工在工作中意外受伤，需立即通知部门经理及人力资源部，凡因工伤者，部门经理应及时向行政办公室呈交事故报告，按相关法规办理。

11. 调遣假

（1）员工异地调动，有家属随迁的，不超过6天，调往边远地区的，不超过14天。员工单人赴调不超过3天，赴调途中所需行程时间，按其实际需要核给，不计算假期。特区内调动一般不超过一天。

（2）如有非经常性事务，需员工本人办理或参加的，如迁居、开家长会等，各单位可考虑到工作安排及员工的需要，酌情处理，不计算假期。

（3）因工作需要积累工时工休，一般应在当月补休，如确因工作一时不能安排补休的，经部门经理同意可适当推迟，可保留至当年底，员工调动工作，原则上不能将积累的工休延至新的工作岗位。

（4）因工作需要，员工加班或无法安排休息的人员，须经部门经理批准或人事部核准，以补发加班费的形式予以补偿。补偿办法：（岗位工资＋技能工资）÷25.5天×1.5×加班天数。法定假日加班费按（岗位＋技能）÷25.5×2×加班天数计算。

12. 特别休假

（1）在本公司服务1年以上满3年者每年给予特别休假7天。服务3年以上未满5年者每年给予特别休假10天。服务5年以上未满10年者给予特别休假14天，服务满10年者给予特别休假15天，满10年以上每增满1年加给1天，但至多以30天为限。

（2）特别休假按以下手续办理。

①每年初（元月）由各单位在不妨碍工作范围内，自行安排特别休假日期。特别休假日期表一式两份，一份留存原部门，一份逐级转呈各部（室）经理（主任）核阅后送人事单位备查。

②特别休假休假时，应按规定办理请假手续（填员工请假记录卡），并觅妥职务代理人，办妥职务交待后才能休假。

③基于业务上的需要不能休假时，可比照休假天数的薪津数额改为奖金，若在特别休假期间，因业务需要奉令销假，照常工作而不补休假者，亦可照其未休假天数的薪资额改发奖金。

（3）员工特别休假时间安排以不碍工作进度为原则，其作业程序，由服务单位主管于每年元月5日前，根据各员工服务年资，列具应休天数，将申请单移人事部门核对后，转送给最高主管核定，并退交人事部门保管。

（4）员工的申请作业程序：是由员工本人先提申请，经核定后，再由人力资源部将部分休假天数纳入新一年规定以外的休假日数，所余天数由各部门主管视工作需要，权责核定实施，但每月最多三天，每次不得少于一天，凡超逾或不足一天者，改以事假计算。

（5）特别休假以当年为限，不得延续至次年。

（八）其他规定

1. 为有效的保持时时联络，不影响工作，休息日手机要开机（手机费报销人员），如不接听，或关机，作违纪处理。

2. 上述休假人员，在公司应急事项紧急调遣时，应能保证即刻起程回到岗位上。

（九）附则

1. 本办法如有未尽事宜，需呈报总经理核定修订。
2. 本办法经呈准后实行，修改时亦同。
3. 本规定的解释权在公司人力资源部。

三、员工奖惩条例

（一）奖励

1. 对工作认真负责而受到顾客无理谩骂、侮辱的员工，但仍坚持文明服务的，视情况给予200元委屈奖。

2. 对提出合理化建议，完善经营管理，为公司创造较大利润价值的，按本年度创造税后利润的5%给予奖励。

3. 认真执行质量监督职能，避免财产经济损失的，按挽回财产经济损失金额的5%给予奖励。

4. 帮助收回呆死帐，经财务部与销售部共同认定，按回款额的10%进行奖励。

5. 对引进新品种，单品月销售额在10万以上的，给予单品销售税后利润的5%进行奖励。

6. 以上各项奖励由公司各部门提供有关证明及资料，行政管理部备案，主管经理审查，总经理批准，财务部执行。

7. 奖励方式。

（1）公司为员工提供丰富灵活的奖励方式：行政奖励和经济奖励。

（2）行政奖励：包括通报表扬、嘉奖、晋升、薪酬调级等。

（3）经济奖励：包括现金奖励、月季奖励。

（二）惩罚

1. 违反劳动纪律惩罚

（1）迟到、早退作违纪处理，每月累计三次，记过一次（考勤制度处理的除外）。

（2）不经请假，请假未批准，擅自休息视为旷工。

（3）工作时间不坚守岗位、聚堆聊天、看书、看报，发现一次作违纪处理。

（4）不经请假，擅自外出购物，干私活，发现一次作违纪处理。

（5）无理取闹、干扰正常的工作秩序，做违纪处理。

（6）凡在库房内吸烟，一次作违纪处理；二次罚款记过处理；三次解聘。

（7）工作时间打扑克、下象棋、打麻将，每人每次作违纪处理。若有赌博行为，解聘。

（8）保持工作环境卫生清洁，禁止随地吐痰、乱扔杂物，若有违反，作违纪处理。

2. 服务工作质量惩罚

（1）营业厅内不按规定悬挂“一证一照”、“服务公约”、“顾客意见簿”的，对主管经理，作违纪处理。

（2）直接接触药品经营的从业人员，必须持有从业人员上岗证、健康证，如有违反对主管经理作违纪处理，给予通报。

（3）不按规定配带胸卡，发现一次，作违纪处理。

（4）不使用文明用语，说文明忌语的，作违纪处理。

（5）与用户争吵，造成不良影响的，对当事人作违纪处理、主管经理记过一次。

（6）不向用户提供“药品经营目录、药品相关资料”，致使客户不满意的，对当事人作违纪处理。

（7）工作相互不配合，互相推诿，致使工作无法按时完成的，对相关人员或部门作违纪处理。

（8）以结帐、点货、制表等理由，怠慢用户的，对当事人作违纪处理。

3. 惩罚种类

（1）分为经济处罚和行政处罚。

（2）经济处罚包括罚款、取消奖金和经济罚款。

（3）行政处罚包括批评、警告、记过、降职和辞退。

根据员工违纪行为的严重性，公司将采取行政处罚和经济处罚相结合的方式。

4. 业务工作质量惩罚

（1）因工作失误，造成药品购进质次价高，积压滞销，资金大量占用，造成财产经济损失的，对当事人作违纪处理。

（2）未按《药品采购管理制度》执行，造成财产经济损失，损失额在3000元以下的，除补齐损失外对当事人作违纪处理，损失额在3000元以上的，移交司法部门处理。

（3）药品购销时，违法经营（购销假药、收授贿赂、从中谋利）造成经济损失的，对当事人作违纪处理，地主管负责人记过一次。

（4）所有药品（含进口）无相应的“药品检验报告”及法定“有效证件”，对责任人作违纪处理。

（5）将过期失效、虫蛀、霉变药品、售出或付错，对责任人作违纪处理。

（6）未经批准，擅自退货，发现一次，对当事人作违纪处理。

（7）私自动用药品，私自代卖药品，私自调换药品（以次充好），一经发现，对当事人作违纪处理，重者下岗。

（8）销售人员坐支销售款，发现一次，对当事人及主管负责人分别作违纪处理，货款限三天收回。

（9）商品在运输、储存、出库交付过程中，致使药品破损、丢失变质、过期失效，造成的财产经济损失，由责任人按损失金额赔偿。

5. 财务工作质量惩罚

（1）财务人员记帐出现差错，不按规定对帐，造成帐目混乱，作违纪处理。

（2）财务人员往来帐目混乱，不按规定对帐，造成财产经济损失的，对责任人作违纪处理。

（3）私自挪用公款，进行个人活动及其他活动的，责任人应偿还公款，记过一次，调离现职，直至开除，重者交司法机关处理。

（4）丢失现金、支票，按金额赔偿损失，作违纪处理。

6. 药品质量管理工作中的惩罚

（1）因药品质量问题，被药品监督部门、卫生部门、技术监督部门、新闻媒介曝光的及有关部门罚款的，由直接责任人和主管负责人补齐罚款，并对责任人作违纪处理，主管负责人记过一次。

（2）购进药品须按《药品验收程序》进行质检验收，漏检一批，对责任人作违纪处理。

（3）对规定报检品种，不按规定报检，漏报一批，对责任人作违纪处理。

（4）对销售退货商品，不进行复检认定，作违纪处理。

（5）对不认真做药品养护记录，不及时记录、上报《药品效期催销表》，对责任人作违纪处理。

（6）《库房温湿度记录》每日记录二次，若不按规定记录，当事人作违纪处理。

7. 行政工作质量惩罚

（1）未经领导和主管负责人同意批准使用印信，致使印信被盗用、骗用的对责任人作违纪处理。

（2）未经批准和不按计划购置办公用品、劳保用品及发放办公用品、劳保用品的，对责任人作违纪处理。

（3）不对各种管理记录进行统一计划、统一印制、统一发放，造成浪费的，对责任人作违纪处理。

（4）对有违法乱纪（含内盗）、贪污受贿行为者，给予开除处理，退赔损失；构成刑事罪的追究刑事责任。

8. 安全工作质量惩罚

（1）违反消防安全管理有关规定，出现不安全隐患，对责任人作违纪处理，造成事故的，按《中华人民共和国消防法》处罚。

（2）对被盗、被骗5000元以下的一般性案件，上报公安机关，对责任人和主管负责人处以经济处罚，对5000元以上的重大案件，上报公安机关，除对直接责任者、主管经理经济处罚外，作记过处分。

（3）值班、值宿、值勤人员违反《安全管理规定》的，对责任人作违纪处理。

（4）对在药品仓储库房内使用危险电器及家用电器（电炉子、电水壶、电饭煲等）的对责任人作违纪处理。

9. 卫生工作质量惩罚

（1）公司公共性环境，未达到《卫生管理制度》规定标准的，对直接责任人及主管负责人分别作违纪处理。

（2）各部门、各岗位人员所辖的卫生责任区，未达到《卫生管理制度》规定标准的，对责任人和部门负责人分别作违纪处理。

（3）设备未按规定时间进行检查，对责任人作违纪处理。

10. 车辆管理工作质量惩罚

（1）未经领导批准私自出车，发现一次，作违纪处理。

（2）未经领导批准私自出车，造成事故及经济损失的，除作违纪处理外，还须对所造成的经济损失进行赔偿。

（3）经鉴定为人为事故的，造成的财产经济损失金额在300元以下（不含300元）赔偿全部损失。

经鉴定为人为事故造成财产经济损失在300元以上，800元以下（不含800元）的，赔偿财产损失金额的50%；经鉴定为人为事故，造成财产经济损失金额在800以上的，赔偿财产损失金额的30%，调离现职。

（4）驾驶员将油票私自送给他人，倒卖，除按实际发生额补款外，调离现职。

（5）驾驶人员不听从相关人员工作安排，无端刁难的，作违纪处理。

11. 计算机管理工作质量惩罚

（1）未按操作规程使用口令的，作违纪处理，口令泄露被他人使用的，对责任人作违纪处理。

（2）未经领导批准，使用软驱者或玩游戏者，均作违纪处理。

（3）随意变更计算机内设置的作违纪处理。私自拆卸机器的，作违纪处理；未经领导批准允许非本机人员使用微机者，作违纪处理。

（4）未按规定时间对帐、传递报表、查询报表等，发现第一次作违纪处理。

（5）计算机程序或数据及时备份，否则影响正常工作的，作违纪处理。

（6）违反保密制度，致使程序或数据流传至公司以外的作违纪处理，调离现职。

12. 对于下达处罚时，应先从绩效工资中扣款，绩效工资不足的，可从工资中扣除，仍不足的，可以由员工交款处罚。

13. 绩效考核由人力资源部和公司领导签字后执行。对于制度违纪的、其他需要当事人当面确认的文件或单据，当事人应签字确定，拒不签字的，财务部门按所处罚金额双倍罚款。

14. 对盗窃公司财物的人员一律追究法律责任。

15. 本条例的处罚条款由行政管理部执行，重大处罚报公司总经理裁定。

16. 本条例未尽的违纪行为，可视情节轻重分别作违纪、记过及以上处分。

17. 本条例与上级有关管理文件相抵触时，按上级管理文件执行。

四、保密管理制度

保密管理制度包括总则、保密级别、资料的保密、员工的责任和附则五部分。

（一）总则

1. 原则

为维护公司的合法权益，遵循商业惯例，特制定本制度。

2. 范围

（1）本制度提及的技术秘密，包括但不限于：技术方案、工艺流程、技术指标、计算机软件、数据库、研究开发记录、技术报告、检测报告、实验数据、试验结果、图纸、样品、操作手册、技术文档、相关的函电、人事制度、公司规章及员工信息等。

（2）制度提及的其他商业秘密，包括但不限于：客户名单、行销计划、采购资料、定价政策、财务资料、进货渠道等。

3. 本制度约束的时间

本公司规定的时间包括员工在职期间、离职后直至公司信息解密为止的期间。

（二）保密级别

公司的文件、信息和资料按内容分为绝密、机密和秘密三级。

1. 绝密

（1）公司领导的电传、书信。

（2）非公开的规章制度，计划、报表及重要文件。

（3）公司领导的个人情况。

（4）正在进行的新开发项目及新项目的洽谈。

（5）公司尚未付诸实施的经营方向、经营规划、开发渠道项目及经营决策。

（6）公司合同、协议、意向书及可行性报告、主要会议记录。

（7）公司的财务预算报告及各类财务报表、统计报表。

（8）公司技术开发资料及计算机内的所有资料。

2. 机密

（1）公司制度。

（2）员工档案。

（3）组织状况、人员编制。

（4）人员调动、干部任免。

3. 秘密

有损于公司利益的其他事项。

（三）资料的保密

1. 文件拟定者应准确定出文稿的密级。

2. 文档管理由行政办公室负责，各部门在提交给档案室的文件中，应在归档时标明。

3. 绝密文件由总经理批准后，方可办理查阅手续，并于当天收回。

4. 机密等级文件不得公开传播；非经授权，不得向本部门外的人员和公司外的人员传播。

5. 没有解密的文件和资料存档时要在扉页上注明原有密级。

6. 密级文件销毁，应经行政总监、总经理批准，销毁人员和档案室工作人员和行政经理在场方可进行销毁。经批准销毁的文件，亦应列明销毁的文档目录。

（四）员工的责任

1. 严守公司资料保密制度。

2. 员工要严格保守公司的经营信息等情况，不得透露给任何人。

3. 各级员工不得向外人泄露公司的经营策略、财务收支、经营成果、个人资料、员工经济收入及其他有关商业秘密和内部情况。

4. 各部门经理要经常对员工进行职业道德教育，做到不该问的不问，不该讲的不讲。如有违者，公司有权追究责任。

5. 员工应在任职期间及离职以后保守公司的技术秘密和其他商业秘密的有关事项，并遵守职务成果或职务知识产权的有关规定，以及员工与公司签订的保密协议的规定。

6. 员工在任职期间，必须遵守公司规定的任何成文或不成文的保密规章、制度，履行与其工作岗位相应的保密职责。对于公司的保密规章、制度没有规定或者规定不明确之处，员工亦应本着谨慎、诚实的态度，采取任何必要、合理的措施，维护其于任职期间知悉或者持有的任何属于公司或者虽属于第三方但公司承诺有保密义务的技术秘密或其他商业秘密信息，以保持其机密性。

7. 未经公司同意，员工不得以泄露、告知、公布、发布、出版、传授、转让或者其他任何方式使任何第三方（包括按照保密制度的规定不得知悉该项秘密的公司其他职员）知悉属于公司或者虽属于他人，但公司承诺有保密义务的业务秘密、技术秘密或其他商业秘密信息，也不得在履行职务之外使用这些秘密信息。

8. 员工离职之后仍对其在公司任职期间接触、知悉的属于公司或者虽属于第三方，但公司承诺有保密义务的技术秘密和其他商业秘密信息，承担保密义务和不擅自使用有关秘密信息的义务，直至公司宣布解密或者秘密信息实际上已经公开。

9. 员工应严守职业道德，在为公司履行职务时，不得擅自使用任何属于他人的技术秘密或其他商业秘密信息，亦不得擅自实施可能侵犯他人知识产权的行为。若员工违反上述承诺而导致公司遭受第三方的侵权指控时，员工应当承担公司为应诉而支付的一切费用；公司因此而承担侵权赔偿责任的，有权向员工追偿。

10. 员工不得将公司的任何信息（包括文件、资料、图表、笔记、报告、信件、传真、磁带、磁盘以及其他任何形式的载体）泄露、复印、拷贝、传出。

11. 若记录着秘密信息的载体是由员工自备的，员工离职时应将上述载体中的信息进行交接（信息留予公司、自备载体清空相关信息）。

12. 员工应当于离职时，或者于公司提出请求时，返还全部属于公司的财物，包括记载着公司秘密信息的一切载体。

13. 与公司事先约定保密义务的员工，不得离职后立即从事限制领域的工作。

14. 员工不得将公司的相关信息泄露给他人或其他公司，以谋取利益。若有违反，公司保留追究责任的权利。

15. 公司机密涉及企业及员工的根本利益，全体员工都有保密义务，特别在对外交往和合作中，要注意不能泄漏。

16. 严禁将公司任何文件进行抄录、复制、传递出公司（包括利用网络传输）。

17. 因工作需要查看超出自身权限的文件或资料，必须得到行政部的批准。

18. 属于公司机密产品研制过程中的原始载体，其保存和销毁必须由公司总经理委派不同工种的两人共同执行。

19. 对外交往与合作中，需要提供公司机密事项必须获得总经理批准。

20. 公司员工发现公司的机密已泄露，应立即报告公司上层领导并及时处理。

21. 严禁和他人交往中，泄露公司机密，严禁在公共场所讨论公司机密。

22. 违反上述规定，要追究相关责任人的法律责任和经济责任。

（五）附则

1. 本制度从下发到各部门时执行。

2. 本制度在不断完善中，最终解释权在公司。

五、安全保卫管理

行政部负责指导和监管各部门的安全保卫工作。

安全保卫管理制度包括安全保卫制度、门卫管理制度、出门证使用制度、安全管理制度、安全防火管理制度、安全防火三级责任制度、电气防火制度、易燃易爆品管理规定和动火审批制度等9项。

（一）安全保卫制度

1. 重要部门及库房要按公安部门有关规定安装防护设施。

无关人员不得进入库房。库房不准吸烟，不准生火取暖。仓库要配备灭火器，消防器材应定期检查保持在效期内。危险品要妥善放置，并定期检查。做到防火防爆。

2. 财务部门现金要按规定及时存入银行，现金不得超过规定数额，现金及有价票证一律放入保险柜。

3. 财务人员去银行取送款，必须由专职保卫人员负责护送。

4. 外来人员携带非个人物品出院时，门卫要进行检查。发现可疑情况，要及时通知上级领导协同处理。

5. 值班人员对重点科室，库房要经常巡视。发现可疑人员，要盘问检查，必要时应交公安部门处理。

6. 职工自行车要按指定地点存放，加强监管、防止丢失。

7. 员工的自驾车辆应放于公司指定的地点，不得私自进入工作区。

8. 离职的员工，应在原部门主管人员和人力资源部门的陪同下，到门卫处办理出入门检查手续后，方可离开公司。

9. 下班员工，应通过公司的安全检区后，方可离开公司。

（二）门卫管理制度

1. 门卫隶属于行政办公室，门卫有制止员工违规行为、及时向上级反映问题的权力。

2. 员工及车辆出入公司大门，如携有物品，应主动出示，接受门卫检查。如不配合门卫工作者，第一次进行批评教育，第二次扣分处理，并通报批评。

3. 员工外出时应持部门领导开据的《员工出门证》，经门卫审验后，方能出公司。

4. 下班时间除因公务者外，禁止逗留或进入公司内。

5. 公司外来人员来访时，应先填写“会客证”，由门卫人员电话联系后才可允许进入办公楼，或由相关人员到门卫接待。未经同意不得擅自放外来人员入公司。

6. 公司领导或客户到公司时，门卫需到门口迎接并向领导或客户敬礼。

7. 厂商来送货车辆经门卫人员查验后，在《进厂交货登记薄》登记，注明车型、车号、装运品名，入司时间等信息备查。

8. 员工在休息时间来公司加班者，必须在收发室登记。

9. 因私事会客一律在收发室会见。公司外人员有事找厂内人员，需事先电话联系好后在相关人员带领下方可进公司。

10. 厂内住宿人员严禁带非本公司人员住宿，一经查出，作违纪处理。

11. 门卫值班人员应监督员工上下班打卡的情况。

12. 门卫值班人员应管理好报纸邮件等物品收发工作。重要邮件、特快传递等物品由本人签字或代领人签字方可交付，并做好文件的收发记录。

13. 处理废旧物资出门，必须有主管领导批准，持《出门单》方可出门，否则作违纪处理。

14. 夜班保卫人员注意防火，实行夜间巡岗制度，从晚上 19：00 时起至次日 7：00 时每隔 2 小时巡 1 次岗，详细记录巡岗情况，严格检查重点防范地区。认真填写《夜间巡岗记录》，否则做违纪处理。

15. 不得无故空岗、酒后上岗。如因空岗出现事故，将根据实际情况给予经济处罚直至除名，严重者送交公安机关追究法律责任。

16. 门卫值班人员必须按时到岗，坚守岗位，不准擅自离岗。如接班人员未到，上一班人员不得离开，否则视为脱岗；不按时接班者（查明原因，除极特殊原因外），视为违纪。

17. 夜班人员实行坐更，不许睡觉。

18. 既要严格履行门卫职责，又要礼貌对待客人，要为公司树立良好的社会形象，注意自己的一言一行。

19. 门卫负责办公楼门前日常卫生的清扫、监督与管理（特殊情况由主任协调支援）。

20. 负责门前花架鲜花的浇灌工作。

21. 在门卫值班处，贴示火警电话119、匪警电话110、市急救中心电话120和交通报警电话122。

（三）出门证使用制度

1. 请假外出

（1）工作时间（即早8：00至晚17：00时），各部门员工需持已签批的假条，经由本部门部长或主任开出门证方可持证出门，门卫人员凭证放行；部长或主任于当晚例会时，将假条交给人力资源部主任。

（2）销售部、售后服务部人员凭部门经理签批的出门证外出，并由销售部、售后服务部经理于当晚例会时将假条交给人力资源部主任。

（3）财务部假条、出门证均由人力资源部主任签批。

2. 公出

（1）销售部、售后服务部人员公出，由本部门部长开据出门证。公出携带公物必须由销售部经理或售后服务部经理在出门证上标明，并有财务人员的签字。门卫需仔细按证核对，无误后放行。

（2）售后服务人员公出携带工具的，售后服务部经理需在出门证上说明。门卫按证核实无误后放行。

3. 要求

（1）出门证必须标明“病（事）假、公出”字样，因私外出必须与假条吻合。绝对禁止随意开据出门证行为。人力资源部负责抽查，一经发现不符行为，作违纪处理，并通报批评。

（2）因公外出所携带任何物品必须标注清楚，不得出现“等”字样。否则，门卫不予放行。凡携带非标准工具（例如撬棍、绳索等）的，必须在门卫处登记，用后返回，否则，按丢失处理，由携带者负责赔偿损失。

（3）对私自改动出门证内容者，作违纪处理。

（4）所有持出门证外出人员，要主动接受门卫人员的检查。凡拒不接受检查的，除不予放行外，并作违纪处理。

（四）安全管理制度

1. 员工在公司内不准酗酒、喧哗滋事；工作时间不许闲逛、闲谈，不能影响他人工作；不得向窗外或通行道内抛物。

2. 易燃易爆物品应安放在规定地点，严禁携带易燃易爆物品进入公司内及在公司内使用。

3. 公司内吸烟要到规定地点，严禁流动吸烟。禁止用明火燃具。下班前 5 分钟，要打扫各自的工作区卫生，收好自己的物品，切断电源、关好门。

4. 未经批准外来人员不得进入公司内，来访人员需在门卫处登记并由门卫与被访人联系后方可入内，并必须有被访人的签字。

5. 员工要遵守单位作息时间，不得随意进出公司。

6. 要增强安全意识，妥善保管好个人及集体的物品或财务，防止丢失；携带物品进出公司，要主动接受门卫人员的检查。

7. 爱护公共设施，对损毁公共设施者每次除照价赔偿外，并作违纪处理。

8. 谩骂他人者，作违纪处理。

9. 殴打他人者，除赔偿医疗费、误工费等，并按公司制度处理。

（五）安全防火管理制度

1. 严格规划仓储区内的布置电线，不准私自拉线接电，不准擅自动火。

2. 在明火作业之前，要制定安全防火措施，要特别注意安全，室外风力较大不利于作业时，禁止室外明火作业。

3. 无论室外或室内作业要注意氧气瓶、乙炔瓶、氩气瓶等要与作业明火现场相隔 5～10 米的距离。在库房维护中，焊割作业时不许吸烟，附近堆有易燃物品在未彻底清除或采取有效措施前不能进行焊割。下班前要严格检查断电、断气等情况。

4. 禁止流动吸烟，吸烟者应在吸烟区内吸烟，烟头彻底熄灭后投入指定的垃圾筒；宿舍内禁止躺在床上吸烟，使用电热毯或其他允许使用的电器，必须做到人离电断。

5. 每天下班前各部门要认真检查每组分担区内的电闸是否正常关闭，各种设备和设施是否断电、断气。

6. 各种消防系统要经常维修保养，不得损坏，放置指定位置，要保证正常使用。灭火器材和消防工具要落实专人管理，保证好用。

7. 设置安全防火领导小组，做好明确的分工。

（1）总指挥：行政总监。

职责：负责公司安全防火知识和技能培训，遇有火灾发生，组织公司员工进行灭火。

（2）副总指挥：行政经理。

职责：协助总指挥负责公司安全防火知识和技能培训，遇有火灾发生，组织公司员工进行灭火。

（3）成员：各部门经理，A、B、C、D。

职责：接受指挥部的调遣，随时增援制定部位。

（4）通讯组。组长：E；成员：F、G、H、I、J。

职责：负责报警、报告、传达指挥部指示。

（5）保卫组。组长：K；成员：M、N、L。

职责：负责日常安全防火监督、检查，遇有火灾发生，负责保卫公司的财产，尤其是严防“趁火打劫”。

（6）抢救组。办公室一楼组长：Q；成员：S、Z。

职责：负责抢救供应部、技术部的各类文件、资料和各种办公设备。

（7）办公室二楼。组长：P；成员：R、S。

职责：负责抢救财物各种账簿及二楼所有的文件、资料和各类办公设备；抢救放置于三楼的各类重要物资。

（8）协调组。组长：R；成员：X、Y。

职责：根据指挥部指令和灭火实际情况进行各部位协调、沟通，主要包括人力、物力的统一调配；及时向指挥部汇报各部位灭火进展情况。

（9）运输组。组长：P；成员：V、U。

职责：负责消防器材、水、工具的运输。

（10）灭火阻。组长：T；成员：W。

职责：根据不同的火灾、火情，采取不同的灭火方式，在指挥部的统一指挥下，由组长带领及时灭火，或配合消防部门进行灭火。

（11）凡遇新员工入厂，防火编组时按部门归属设定。

（六）安全防火三级责任制度

1. 管理级领导对安全防火工作全面负责，经常组织全体员工学习消防安全方面的政策和法规，组织建立安全防火机构义务消防等组织。定期组织防火安全大检查，整改安全隐患，总结评价安全工作。

2. 各部在公司领导的指导下对本部门的安全防火工作负责，积极配合主管部门的防火宣传工作，经常进行安全防火检查，对事故隐患及时整改。

3. 各班组（室）负责人对所在班组和室的安全防火工作负责，对使用的易燃易爆品设专人分类保管，发现有安全隐患及时报告。

（七）电气防火制度

1. 电器设备必须按电器操作规程进行操作。

2. 电器线路必须完整无损，并要定期检修和进行日常维护工作。

3. 严禁用高容量保险丝，更不准用铜丝和铁丝代替。

4. 禁止未经允许乱拉电源和临时线路。

5. 工业夹层内的电源线路，特别是临时电源定期进行检查维护。

6. 各种电器设备不准超负荷使用，未经批准，不准使用电炉子。

7. 变电所内不准使用明火和堆放易燃物品，配电室要保持干燥，清洁，严禁堆放一切杂物。否则，给予责任人作违纪处罚。

8. 变电所、配电室，变压器门前消防通道保持畅通。

9. 变电所、配电室内严禁吸烟。

（八）易燃易爆品管理规定

1. 各部门领用的易燃易爆物品必须在指定地点分类保管。按量领取，谁领用谁负责。

2. 各部门领用易燃易爆物品要有领导审批。日储量不准超两天耗用量。

3. 贮存易燃易爆品密闭性要可靠，杜绝跑、冒、滴、漏现象出现。

4. 不准各人私自存放易燃易爆物品。

5. 严禁在电冰箱、电烘箱内存放易燃易爆物品。

6. 门卫人员，负责检查员工进入时是否携带易燃易爆品，门卫报警器长期打开，做日常监控。

7. 仓储部每日应检查各类药品的摆放，对室内各个角落要加强管理，防止出现或遗留易燃易爆物品。

（九）动火审批制度

1. 凡在公司院内根据工作需要设置火源，必须经主管领导审批后方可设置。

2. 凡临时性明火作业，必须经主管领导审批并对现场进行监护、采取防范措施后方可进行明火作业。

3. 对装易燃易爆的容器及管路进行明火作业时，必须进行全面细致的清洗处理，经检查确认后方可审批，隔绝易燃液体、气体来源。

4. 进行各种明火作业，周围十米内不准有易燃易爆物品，并设专人看护，作业完毕要有专人监护 2 小时以上。

5. 高空明火作业时，地面的可燃物必须清除干净，并设专人看护，采取防范措施后方可进行。

六、宿舍管理

对宿舍来往人员登记、宿舍卫生、秩序、宿舍安全由宿舍管理人员负责。有宿舍管理制度和值班值宿管理制度。

（一）宿舍管理制度

1. 每个宿舍设一名寝室长，主要负责管理本宿舍。如寝室发生不良影响，造成不良后果，作违纪处理。

2. 保护公物、爱惜水电及安全设备和各种家具。

3. 节约用水、用电。

4. 每个宿舍由寝室长编制值日轮流表并督促执行，保持宿舍的清洁、整齐。

5. 住宿人员每天21：30点前必须归寝。熄灯时间不得超过22：00，熄灯后不得有妨害他人休息的行为。

6. 宿舍内不得酗酒、赌博或有伤风化等不良行为。

7. 宿舍内一律禁止做饭烧水，不得使用电磁炉、酒精炉等，以保证宿舍安全。

8. 不准在宿舍内做剧烈活动、喧哗或播放录音机，以免噪音影响他人休息。

9. 住宿人员保管好私人物品，贵重物品妥善保管，以免丢失，如有遗失速报公司办公室。

10. 住宿人员离职时，应立即迁出宿舍，应于迁出三天前通知公司办公室。

11. 设一名总寝室长，监督检查各寝室长的工作，处理宿舍发生的各种问题，问题处理不了上报办公室。

（二）值班值宿管理制度

1. 值班值宿时间

（1）值班时间

节假日或公休日，早8：00时至晚17：00时。

（2）值宿时间

每晚17：00时至次日早8：00时。

2. 值班、值宿人员

值班、值宿人员由中层领导及男职工轮班组成。

3. 值班值宿要求

（1）值班、值宿期间应检查保安员、收发员及各部门加班人员的工作情况，有无违纪行为。检查要害部位的安全问题，发现隐患及时处理并上报公司领导，不得拖延或不报。

（2）值班期间应处理好临时发生的各项工作业务，对不能处理的工作及时上报有关领导。

（3）值班期间人员必须按时到岗，坚守岗位，认真负责，不准擅离职守，如下一班值班值宿人员未到，上一班值班值宿人员不得离岗，否则视为脱岗，如出现问题由两班人员承担责任。

（4）当班期间严禁饮酒、赌博或做其他与工作无关的事。

（5）因私事或出差不能值班、值宿的人员应提前找人替班并通知办公室，否则按无故空岗处理。

（6）值班、值宿人员不得将亲属或非本公司人员带入公司。

（7）值班、值宿期间必须严格遵守公司各项规章制度，认真填写值班、值宿记录，记录一定要真实，不准弄虚作假。

4. 责任

（1）承担当班期间公司安全保卫，安全防火的领导责任，对因违纪而引起事故除追究其责任外，严重者将追究其法律责任。

（2）对无故空岗在未发生事故的前提下，作违纪处理。若因空岗发生事故，公司将给予除名，严重者送交公安机关追究其法律责任。

（3）对未按时交接班或中途脱岗者，作违纪处理。

（4）当班期间饮酒或搞其他娱乐活动，作违纪处理。

（5）值班、值宿期间无故不填写当班记录者，作违纪处理。

5. 日常管理与检查

（1）公司由办公室不定期进行抽查值班、值宿人员的情况，发现违纪行为应及时作出处理并上报总经理，公司有关领导也将不定期进行抽查。

（2）办公室主任负责在每月底编排下一月的值班、值宿表并发放各部门。

（3）值班值宿记录的复印、使用、归档等工作由办公室主任负责。

七、食堂管理

食堂物品验收、出品打饭、食堂卫生均由食堂管理人员负责。包括《食堂管理制度》、《食堂卫生管理制度》和《食堂管理制度》3 项。

（一）食堂管理制度

1. 公司职工应持就餐证在本公司就餐。

2. 食堂就餐应健全各项规章制度，加强管理，严格成本核算，提高质量、降低成本，保证营养。

3. 经常变换饭单菜谱，进行食物品种调节，做到一周一谱，每谱每天搭配适宜。努力提高烹调质量，加强优质服务观念，做到使职工满意。

4. 食堂的费用单据应严格保管，按时结算核对，实行日清月结，账目清楚。

5. 工作人员必须注意做好个人卫生，工作期间穿工作服戴工作帽，坚持先洗手后操作，并严格遵守常规制度，定期进行健康检查。

6. 保持食堂、厨房、库房等环境卫生清洁，健全严格的清洗、消毒、隔离、卫生、清洁制度。彻底清除苍蝇、老鼠等，餐具应即时消毒，垃圾要及时处理，确保食堂卫生符合规定的标准要求。

（二）食堂卫生管理制度

1. 认真贯彻执行《食品卫生法》。

2. 不制作和提供变质、不洁的食品。

3. 生、熟食品及刀、案、容器分开，放入冰箱的熟食品要盖好，无交叉感染。

4. 公用餐具用后消毒，保持厨房、操作间、餐厅清洁卫生，地面、餐桌整洁、无油污。

5. 仓库整洁通风、无鼠，食品分类存放，离墙垫高，防止受潮霉变。

6. 炊事人员要养成良好的卫生习惯，做到“四勤”：勤洗澡、勤换衣服、勤理发、勤剪指甲。工作衣帽整洁，定期健康查体，无传染性疾病，不穿工作服上厕所。

7. 分、发、卖食品前要洗手，使用食品夹，卖饭时不吸烟，不随地吐痰，不面对食品咳嗽、打喷嚏。

8. 无食物中毒现象。

9. 经常保持室内外清洁卫生，每日一小扫，每周一大清扫。

（三）食堂管理制度

1. 严格遵守公司的一切规章制度，工作时间不得到宿舍休息。遵守劳动纪律，讲究职业道德。主动热情，态度和蔼，热爱本职工作，认真负责。接受员工监督，听取员工意见。

2. 食堂的一切设施、设备及物品均有登记，不得随意损坏，不私拿公物。

3. 必须搞好食堂环境卫生，饭厅和厨房每天彻底打扫干净。做到灶台、厨柜、地面干净。搞好个人卫生，做到勤洗手、勤剪指甲、勤换工作服（工作服干净整洁），工作时穿戴工作衣帽，不应佩带首饰，每年进行一次健康检查。

4. 食堂需根据实际需要有计划采购，杜绝浪费现象，节省开支。严禁采购腐烂、变质食物、配料等，保质保量。

5. 厨师每周制定食谱，每天按时开饭，多听取群众意见，改进烹调技术，注意饭菜质量营养，合理改善员工伙食。

6. 保证加班人员吃上热饭菜。

7. 做好食堂安全工作，严禁无关人员随意进入厨房和保管室，严格遵守操作程序，注意防火安全（煤气罐与明火），易燃物品要严格按规定放置，杜绝事故发生。

8. 饭厅与厨房禁止摆挂个人物品，厨房餐具严格消毒清洗，妥善放置避免损毁。

9. 下班前应关好门窗，检查电源、水源、炉灶火源等易燃易爆品。

10. 食堂全体人员定期开展“灭四害”工作，保持食堂无污染，并妥善保管储备食品。

11. 所有员工必须在食堂就餐，严禁将饭菜带回办公室就餐。

八、车辆管理

公司行政部车管办负责对车辆检修、保险、按要求出车和车容车况管理。在管理中，遵守《汽车司机管理制度》和《车辆管理制度》2 项规定。

（一）汽车司机管理制度

1. 司机按排班规定接送员工通勤。

2. 日常配送车辆，司机应按调配中心的要求，在库区等候派遣。

3. 坚守岗位随叫随到，接到任务后 5 分钟内出车。

4. 司机负责准备足够的燃料，认真做好交接班记录。

5. 被派遣出车后，司机应持派遣单据方能出车。

6. 司机应保管好随车工具、备件，如发生遗失，司机需按原价赔偿。

7. 司机认真执行车辆保养、检修制度、严格执行操作规程，使车辆经常保持良好状态，认真遵守交通规则，确保行车安全。

8. 各类车辆非领导批准严禁私用，严禁改变行车路线。

（二）车辆管理制度

1. 公司车辆统一由配送中心管理、行政部做车容监督检查，采购部分级调度使用。

2. 通勤车、业务采购用车、加班用车（根据生产部加班安排）由行政部下达通知，配送中心按需调度。

3. 车辆由专人分工负责管理，若工作需要临时换车使用，需与分管司机做好交接，若当时无异议，事后引发的责任由使用司机承担。

4. 司机出车前填写“出车登记表”，内容包括：出车事由、办事人、事项、出车地点、批准人、出车时间、返回时间、公里数等内容，要填写清楚，并按审批权限审批，违者，作违纪处理。

5. 门卫应检查司机的经审核后的“出车登记表”，并做好用车离司记录，月末与部门内用车单进行核对。

6. 出车前，司机需详细检查车况，坚持“三检四勤”制，即做到车灯、水箱、刹车系统、轮胎、油等检查工作，保证车辆始终处于良好状态，做好车辆的维护与保养。车辆未能处于良好状态，未做维护与保养致使工作延误者，作违纪处理。

7. 严禁出私车、办私事。违者，作违纪处理。

8. 严禁酒后驾车，每发现一次，作违纪处理。

9. 司机要严格遵守交通法律、法规，如因司机个人违章、违规所受的经济处罚，全部由司机个人承担，公司不予承担。

10. 车辆加油、修理实行登记制度，登记明确，由配送中心经理负责审批。否则，作违纪处理。

11. 车辆每周清洗一次，定期进行安全保养，并到指定保养厂保养。驾驶员每月自检二次，细致检查车辆易发生故障的部件，车辆要有保养记录。办公室每周检查一次，按章处罚。

九、公文档案管理

公司及各部门档案、图书管理、文件传达应由档案管理人员负责。包括档案管理一般规定、公司文件编号原则、公司文件的分类原则、汇编整理原则、归档时间、档案收集、档案工作预立卷制度、文书档案收发流程、立卷归档制度、档案查（借）阅制度、公司档案保密制度、文件档案管理考核和合格文档管理系统示例13项。

（一）档案管理一般规定

1. 总则

为加强公司档案的管理工作，有效地保护和利用档案，维护公司合法权益，特制订本规定。

2. 范围

本规定所称的档案是指过去和现在的公司各级部门及员工从事业务、经营、企业管理、公关宣传等活动中所直接形成的，对企业有保存价值的各种文字、图表、账册、凭证、报表、技术资料、电脑盘片、声像、胶卷、荣誉实物、证件等不同形式的历史记录。

3. 责任

公司及各部门、员工有保护档案的义务。

4. 原则

行政办公室对公司的档案工作实行统一领导、分级保管、统一归档和查阅的原则，逐步完善档案管理制度，确保档案保管的安全和方便利用，采用科学手段，实现档案的网络化管理。

5. 档案机构及其职责

（1）公司的档案设有档案室，由公司总经理统一领导，行政办公室负责档案的接收、收集、整理、立卷、保管及借阅工作（格式见本节附件6），并监督各部门及员工处理的公司的档案工作。

（2）公司各部门指定专人负责档案管理工作（即资料员），该资料员向公司档案室按期归档文档资料。

6. 整理办法

（1）方法　以问题特征为主，立小卷，一事一卷。

（2）步骤

①收集

文书档案：当年立前一年的卷，并预立当年的卷。

企业科技档案类：立竣工工程卷，未竣工工程资料整理成册。

②整理　根据分类和成立时间整理。

③分类　根据下述分类方法分类。

④立卷　区分不同价值以确定保管期限：永久、长期、短期。

7. 过程管理

（1）属于公司保管的档案　公司及各下属子公司的各部门的资料员做好平时文件的预立卷工作，并在事件结束后或在每季头一个月的10日前，将上季需归档的预立卷的文件整理成册移交行政办公室保管，任何人不得据为己有。

（2）所属部门保管的档案　在每季头一个月十日前汇编成册上报行政办公室，各分级保管者在每年的2月10日前将档案总目录、预立卷材料的目录交行政办公室。

（3）监督　办公室根据各部门上报的档案总目录、预立卷材料的目录，进行定期或不定期的检查，来监督各部门及各部门档案的管理工作。

8. 公司由综合行政办公室档案室全权管理档案工作，各部门的档案工作由档案室人员定期指导。

9. 各部门的档案工作人员应接受公司综合行政办公室档案室档案员的指导和监督。

（二）公司文件编号原则

1. 公司决策文件统一编号为00－00－××。

2. 各部门文件第二组数字为部门代号，即00－0×－××。各部门的第二组数字分别为：01行政部；02财务部；03营销部；04质检部；05售后部；06信息部；07业务部。

3. 同时间同性质的文件可以汇总编号。

4. 书写文件编号的位置统一为文件左上，若该文件不宜写字时，应在本份文件中夹住该文件编号。

5. 一式两份（或多份）的文件归于不同的部门时，分别按各自的部门内文件的性质编号，应在目录中写明另一份（或多份）的文件位置。

6. 具体区分文件的属类时依据文件的性质。如涉及金额的归财务，涉及到后续管理归行政，涉及到销售的归营销等。

7. 公司执行文件统一编号为01－00－××，第二组，第三组的编号规则同上。

8. 公司执行备查文件统一编号为02－00－××，第二组，第三组的编号规则同上。

（三）公司文件的分类原则

1. 公司决策文件

包括：公司成立批示、股东会、总经理会议决议等，包括总经理会议决议和各部门的规章制度。

2. 各部门文件

包括：本部奖惩决议、例会、规章制度的执行细则、工作计划、各部门的工作汇报等。

3. 文书材料

按照立档单位的档案分类方案，在文书部门和业务部门做好平时文书材料收集、分类工作的基础上，将属于归档范围的文书材料按以下特征逐项分开：

（1）分年度　将文书材料按其形成或对应的年度分开。

（2）分保管期限　根据国家有关规定和立档单位制定的档案保管期限表，将文书材料按不同的保管期限分开。

（3）分内容列示。

①分类别　将文件材料按立档单位档案分类方案中确定的一级类目和二级类目分开。

②分问题　将文书材料按其内容所反映的问题再详细分开。

4. 公司将文档区分为绝密、机密、秘密和一般文件类别，并分别在文档归档时标识。

（四）汇编整理原则

1. 根据各部门上交的文件，及时整理文件归档目录。

各部门上交文档的时间最迟为一个季度一次，整理目录时间最迟为一个季度一次。

2. 整理的目录的内容

应包括以下内容：时间、存放地点、负责人、文件编号、所属部门、文件性质、提纲、文件页数（包括附件）。

注：文件的性质分别指，批、计、汇、奖、例、合、规等。

3. 遵循文件材料的形成规律和特点，保持文件材料之间的有机联系；区分文件材料的价值，确定档案的保管期限；便于保管和利用。

采用“年度—问题（机构）—保管期限”分类法。

（1）分年度　将归档文件按其形成年度分开，不能将不同年度的文件材料合并一起整理。

（2）分问题　将同一年度的归档文件按问题（机构）分开。

（3）分保管期限　将同一年度、同一问题（机构）的归档文件按保管期限分开。

4. 档案整理的基本要求

（1）遵循文件材料的形成规律和特点，保持文件材料之间的有机联系。

（2）区分文件材料的价值，确定档案的保管期限。

5. 档案整理的基本方法

档案整理的基本方法有以下两种。

（1）以案卷为单位整理

①以案卷为单位整理就是立卷，即按照文件材料在形成和处理过程中的联系将其组合成案卷。

②所谓案卷，就是一组有密切联系的文件的组合体。

③立卷是一个分类、组合、编目的过程。

④分类即按照立档单位的档案分类方案，对文件材料进行实体分类；组合即将经过分类的文件材料，按一定形式组合起来；编目即将经过组合以后的文件材料，进行系统排列和编目。

⑤以案卷为单位整理的档案，其基本保管单位是案卷。

（2）以件为单位整理　以件为单位整理就是按照文件材料形成和处理的基本单位进行整理。

①一般来讲，一份文书材料、一张图纸或照片、一盘录音带或录像带、一本表册或证书、一面锦旗、一个奖杯等均为一件。

②文书材料的正本与定稿作为一件，转发件与被转发件为一件，正件与附件作为一件，原件与复制件作为一件，来文与复文作为一件。

③以件为单位整理的档案，其基本保管单位是件。

6. 文档的归档要区分重要的等级管理

（1）公司将文档区分为绝密、机密、秘密和一般文件类别。

（2）绝密是指涉及国家机密或公司商业秘密、技术秘密的文档。

（3）保密文档是指涉及公司一般商业信息和例行事项的文档。

（4）秘密文档是指公司其他的文书、文件及技术资料等。

（5）一般文件指公开的文件信息和资料等。

7. 公司的文档在归档时应按各种文件的保密等级签标注名。

8. 文档在整理时，应注明以下信息。

（1）文档名称。

（2）所属部门。

（3）归档日期。

（4）秘密等级。

（5）保存年限。

（6）部门负责人。

（7）直接责任人。

（8）归档员。

（9）备注。

（五）归档时间

1. 重要文件立即归档。

2. 例行文件按月归档。

3. 部门保管的文件应按季归档。

4. 跨月或跨年的工作，将原件归档，复印件留于部门内，全部完成后，复印件一同归档。

（六）档案收集

1. 行政部外事处在外事管理和外事活动办理完毕，应将各种纸质文件和电子文档及声像等不同载体的文件材料作为档案保存。

2. 依据原则

文件材料必须对公司当前业务和企业的长远发展具有参考价值和借鉴作用。

3. 主要归档内容

包括参与各次政府部门会议内容，公司文件、各部门文件、公司业务文件、公司技术文件、备查文件、财务文件等方面。

4. 重点内容

规章制度、重要业务文件、重要问题的请示与上级机关的批复、复函、批示，重要的报告、计划、总结、名册、报表、重要的合同协议及部门举办重大活动（如：重要公司会议、重要外事活动、行业或国际学术交流等）、重要合作项目、公司工作活动等形成的、具有保存价值的不同载体各类文件材料。要按活动、工作内容立专题卷收集归档，具体参照归档范围进行。

5. 注意事项

（1）把好文件材料的数量关。齐全完整、必要时应补充。

（2）把好文件材料的质量关。确保原件、签好字、盖好章、写上日期，各类文件用纸、书写墨迹等要规范、标准，以确保文件材料的有效性，粘贴整齐干净、无破损等。

6. 不需归档的文档

（1）上级关于外事工作普发并专指公司不办理的文件。

（2）未定稿的各种文件。

（3）未生效的合同、协议书。

（4）无考察利用价值的一般性、临时性函件。

（5）与部门内交换来的材料。

（七）档案工作预立卷制度

1. 为了及时做到归档文件收集齐全、完整，防止散失，有利于提高案卷质量和立卷效率，公司档案管理实行预立卷制度，设立预立卷夹。各部门每办完一件事后，应按文档的属类将档案放入预立卷夹中。

2. 预立卷夹中的文件完成或达到了归档要求的时间，应立即归档。

3. 预立卷夹中的文件应是近期使用的文件或一个月内的文件或上期未完成文件的复印件。

4. 预立卷夹中的文件的管理由本部门负责人具体督促检查。

（八）文书档案收发流程

1. 严格执行《公司公文档案管理制度》，公文处理必须规范化、制度化。

2. 公文必须按照公文写作的规则和要求，用 A4 纸和钢笔或碳素笔书写。合理应用文种，格式符合要求，请示应坚持“一文一事”，避免请示报告混杂。

3. 发文必须按规定审批程序，经领导签发、统一编号后行文，并做好发文登记，录入“发文登记簿”（见本节附件 7）中。

4. 收到外来文件后必须先登记，传阅文件要合理安排，严格管理，做到及时、准确、安全，并要做好催交、传阅工作，以免积压和散失。组织传阅时，应本着先急后缓、先领导后一般、先主办后协办、先办理后阅知的原则进行。

5. 凡本公司人员外出公务活动中形成、带回的文件，均应交公司综合办公室收存、登记，做好收文登记，录入“收文登记簿”中，按时整理归档。任何人不得据为已有，不能拒绝归档。

6. 公文制发程序。主办部门承办人拟稿，负责人审核，行政人事部部长核稿，董事长或总经理签发，行政办公室负责登记、编号、打印、封发。文件中涉及到多个部门时，由主办部门与有关部门协商、会签，会签稿以部门负责人签字为准（格式见本节附件 8）。

7. 行政办公室有权根据国家政策及公司规定对文稿进行修改。内容不实，格式不符的文稿可以退回拟稿部门。

8. 上级下发的文件应注明机密等级、急缓程度、发放范围。

9. 公司中的公文资料，遵守公司档案管理的相关规定。

（九）立卷归档制度

1. 本公司在工作活动中形成的各类文件材料（文书、教学、科技、声像、会计）均应及时收集、立卷归档。

2. 立卷工作要做到年年清，月清季清，不得借故拖延和积压，按时完成每一年的立卷归档任务。

3. 坚持平时立卷和专题立卷，每办一件事，每开一个重要会议或每搞一个中心工作，要及时做好文件材料的收集整理、立卷归档工作。

4. 立卷归档的基本要求

（1）卷内文件的排列，必须保持文件之间的历史联系。

（2）归档的文件必须符合要求，用A4纸、钢笔或碳素笔书写，正件、原件要齐全。

（3）卷内文件的排列应坚持先近后远、先重要后次要、先批复后请示的原则。

（4）文书档案的卷内文件应在每页的右上方编页号，科技档案的卷内文件在每页的右下方编页号。

（5）案卷标题要简单确切，符合“三要素”（作者、内容、文种）要求。

5. 归档时间

（1）每年二月底前必须完成上一年度的文书材料归档任务。

（2）科研项目文件材料必须经鉴定后即立卷归档。

（3）技术项目文件材料必须在竣工验收后即时立卷归档。

（4）设备、仪器的随机文件材料必须在设备开箱后即时立卷归档。

（5）会计档案中的报表在第二年的五月底前立卷归档，帐册和凭证必须在隔年的上半年立卷归档。

（十）档案查（借）阅制度

1. 凡查（借）阅档案者，首先由查（借）阅人认真填写《调阅档案登记簿》（格式见附件6），经同意后，方可查（借）阅。

（1）干部人事档案主要供组织人事部门在办理工作人员的考察、任免、调动、政审、案件审理、出国、工资福利待遇、治丧等情况时使用，其他情况，未经批准，一般不予提供。

（2）查阅干部人事档案，必须由两名中共正式党员干部共同进行，须填写《查（借）阅干部人事档案审批表》（不得用介绍信代替），经提供查（借）阅单位负责人批准。提供查（借）阅单位应履行登记手续。

（3）任何组织不得批准任何个人查（借）阅本人及本人公务回避对象的档案。

（4）查（借）阅科技档案，一律凭本人的工作证或部门证明；其他档案主要是为了满足营销、科研、党政管理等各项活动的需要，更好地为公司工作服务。

2. 立卷人员或立卷单位领导查本单位主管业务范围内的案卷，可直接到档案馆查（借）阅；其他人员或单位查（借）阅非主管业务范围内的档案，一律凭单位证明，经批准后，查（借）阅。

3. 查（借）阅密级档案，需经人事处负责人批准；凡查（借）阅有密级的科技档案，必须由主管部门或责任者出具证明，经批准后，方可查阅。

4. 查阅档案要在阅档室或指定地点进行。严禁查阅者在档案材料上涂改、划圈、增删或折叠、损坏档案材料。查阅档案时严禁吸烟。查（借）阅者不得泄露档案内容。未经提供查（借）阅的档案室同意，不得擅自摘抄、复制档案内容。其他类档案，如确因工作需要借出，经批准后，应严格履行登记手续，借阅者应妥善保管，确保安全，用后立即归还，不得擅自转借。

5. 干部人事档案一般不为他人提供旁证材料，确属需要提供的只能提供客观记载。

6. 借阅档案归还时，需经档案工作人员检查档案案卷是否完好、无损、无缺、无改后，注销借阅手续。

7. 如借出档案发现遗失或失泄密事故，应立即向行政档案室和公司保密委员会报告，及时处理。并由借阅人承担责任。

8. 借阅登记簿按时整理与文档一起归档，按季封存。

（十一）公司档案保密制度

1. 各级保密人员要相互协调配合，应主动为公司和公司各业务部门服务，公司各业务部门应自觉接受保密部门的指导、监督和检查。

2. 在对外交往与合作中，对方以正当理由和途径要求提供属于公司机密事项时，将由公司保密委员会立会研究决定后，方可提供。保密委员会严格执行国家的保密规定，该提供的提供，不该提供的坚决不提供。

3. 对公司下发的保密文件及重要会议材料各单进行妥善保管，并进行登记管理，不得乱扔乱放。

4. 保密文件的复制必须履行审批、登记手续。要严格按照批准的份数，不得擅自多印留存。密码电报一律不得复印。复制文件应按原文密级进行管理，复制中形成的废页应作为密件销毁。

5. 绝密级文件、资料和密码电报不得全文抄录，确因工作必须摘抄的，须经公司领导批准，并履行登记手续。未经同意，不得擅自复印、翻印、照像和摘抄。

6. 保密文件在发送装封时应按批准份数认真清点、装封，切忌将不同密级的文件混放于同一信封中。密级的信封上要以戳记标明文件的密级。封口时，不应用钉书钉封口的方式，应采用密封的方式。

7. 涉及国家机密和公司商业秘密的文件，原则上不用传真方式发送，确因紧急情况需要时，要用密码传真传送，不允许用普通传真机和电子邮件传送；绝密级公文不得利用计算机、传真机传输；不得以明码电报排发秘密文件，也不得明电密电混用。

8. 保密文件接收时应由公司保密人员拆封，其他人员一律不得拆封。保密文件的登记、编号，要与一般文件分开进行。

9. 传阅保密文件时，必须由指定的人员统一掌握。

10. 不经过领导批准，不得擅自扩大秘密文件的阅读范围。

11. 公司工作人员应在办公室阅读秘密文件，公司领导确需在家中阅读秘密文件时，应按照有关规定，做好保密工作。

12. 传阅或借阅文件，要严格坚持登记制度。

13. 保密文件必须存放在有保密设施的办公室及设备中保管，并经常检查。常用的秘密文件随手入柜加锁。

14. 建立公司保密文件清退制度，每逢重大节假日前两天各部室需将所传阅的保密文件清退给办公室。如发现遗失，要及时追查处理。

15. 如保密人员因工作调动或其他原因而长期离开岗位前，必须把自己经营的秘密文件全部移交清楚。移交时，要造册、清点、核对，并且要履行签字手续。

16. 涉及到秘密文档的部门及人员应与公司人事部门签订保密协议。

（十二）文件档案管理考核

1. 档案室人员每日填写工作日志，作为其工作自查的内容，《档案员管理工作日志》格式见本节附件9。

2. 档案目标管理的要实时地检查，填写《档案目标管理复查重点检查情况表》（附件10）。

3. 以下项目是扣分项目，每项根据责任轻重给予扣分。

（1）档案综合管理名存实亡。

（2）档案工作无规划、计划和总结。

（3）档案人员减、缺严重，不能保证正常开展档案工作的需要。

（4）库房设施残旧不足，档案工作没有和本单位的现代化建设同步发展。

（5）文件收集、归档渠道不畅，重要文件未能按时归档。

（6）档案案卷、检索目录等基础业务质量下降。

（7）出现积存文件、已过归档时间却没有立卷归档。

（8）没有续编大事记、组织机构沿革、基础数据汇编等材料，实现目标管理后没有增加三种以上编研材料。

（十三）合格文档管理系统示例

1. 文档编制辅助系统。

2. 技术文档管理。

3. 文档权限管理。

4. 文档变更管理。

5. 文档审签管理。

6. 借阅与回收。

7. 相关性管理（定义和查询某一文件的支持文件、被支持文件和相关文件情况，实现质量文件“文文相符”）。

8. 历史文件管理。

9. 综合查询（文档分类查询、文档全文检索、技术类文档持有查询）。

10. 订阅管理（根据个人权限和角色管理文档的订阅流程，解决因人为原因造成实施文档信息不全或滞后的问题，质量文件一经变更，相关人员立刻得知）。

11. 质量记录管理（测试报告、试验报告、审核报告、检验数据）。

12. 工作任务计划与管理（制定工作计划、进行任务分配、跟踪任务执行情况、查询用户需要完成的工作任务）。

附件 6

调阅档案登记簿

序号	日期	调阅人	原因	批准人	档案室意见	文档性质	调阅用途	翻印/抄录/拍照/复制	准调批件名称	调阅人签字	备注

附件 7

发文登记簿

序号	日期	文件名称	份数	接收人签字	收文时间	重要等级	回文要求	备注

发文人签字：　　　　　　　　　　　　　　　　　　　　　　　　整理日期：

附件 8

收文登记簿

序号	日期	送达部门	文件名称	份数	收件人签字	收文时间	转达时间	重要等级	备注（回文）

收文人签字：

附件 9

档案员管理工作日志

序号	事项	形式	时间	档案员	被指定单位档案员	备注

说明：本表填写档案管理员对本部门及下属单位档案工作的指导、监督、检查情况。

附件 10

档案目标管理复查重点检查情况表

序号	复查项目	自检情况及见证材料	备注

检查人：　　　　　　　　　　　　　　　　　　　　　　　　检查日期：

十、会议管理

对于公司的各部门会议由行政部会议管理人员负责。包括会议制度、会议前的准备、会议的召开和会议的落实等 4 项。

（一）会议制度

1. 总则

（1）目的

为使信息交流通畅，情况反映及时，处理问题恰当，特制定本制度。

（2）范围

适用于×××公司（以下简称“公司”）全体员工和各级会议管理。绝密的会议不适用本制度。

2. 会议的管理

（1）分类

按召开的时间分为例会（周会、月会、季会、全年工作总结会）和临时会议；按会议的级别分为总经理办公会议、部门例会、小组会；按会议的性质分为业务会议、培训会议和管理会议等。

（2）管理权责

行政办公室最终负责公司会议的统筹、协调及本制度的监督管理。会议提拟人或主办部门（含行政办公室）负责会议的组织工作，并有权对违反本制度的行为提出处罚。行政办公室负责会议管理，所有重要会议要在公司领导批准后到行政办公室登记备案。各部门向行政办公室提出协助申请的，行政办公室应予协助。

（3）管理原则

①重大会议提拟与审批。

②公司各部门例会无须提拟和审批。

③公司临时行政会议、公司年度例会由总经理直接提拟或由议题涉及业务的主办部门负责人提拟、总经理批准。

④部门会议由各部门自行安排，但会议时间、参加人等，不得与公司会议冲突。其中，部门会议属非例会性质且需另行核给专项费用的，应向上一级主管部门报批同意；属例会性质的，由本部门另行提拟方案呈报总经理批准后执行。

3. 会议计划与统筹

（1）每月 28 日前，行政办公室应与各部门协调确定下月计划召开的行政会议主题、内容及参加的人员等草案，统一报总经理审批后，汇同公司月例会编制《月度会议计划》，于月底前发放至各部门负责人处。

（2）凡总经办已列入计划的会议，如需改期或遇特殊情况需安排新的临时行政会议时，会议召集部门应提前 2 天完成会议提议和报批手续，并报请总经理办公会调整会议计划。未经总经办同意，任何人不得随意打乱正常会议计划。

（3）部门在总部召开的会议需用公共会场的，应向行政办公室书面提出，由行政办公室会议室统筹安排。

（4）会议安排的原则。

小会服从大会，局部服从整体，临时会议服从例会。各类会议的优先顺序为：公司例会、公司临时行政会议、部门会议。因处置突发事件而召集的紧急会议不受此限。

（5）会议的归口管理。

（6）业务会议，由各部门经理负责组织召开，形成的会议记录和应达成的议案应按档案管理办法报行政办公室备案。

（7）培训会议，公司统一组织的培训会议由行政办公室负责，各部门的培训会议由各部门负责管理。月末应向行政办公室汇总报告培训情况，涉及到计入绩效的培训成绩的，应提交员工考核的成绩单。

（8）管理会议，由行政办公室负责组织召开，形成的会议事项和会议由行政办公室整理。

4. 行政办公室对会议的召开进程和会议的秩序进行管理，培训会议需要由部门经理向行政办公室提交考核成绩，作为绩效考核的一部分。

5. 各级会议记录按档案管理和公文管理办法执行。

（二）会议前的准备

1. 会议的通知

（1）总经理办公会议，由总经理根据工作需要召开和主持。由行政办公室下达会议通知。

（2）部门例行会议，公司在规定的时间内召开，具体召开的时间由召开会议的主管部门提前通知。由本级会议的负责人决定召开时，下达会议通知。周会、月会、季会、年会属于此范围。

（3）涉及到其他部门的会议由召开会议的组织者根据工作需要，向公司行政办公室申请，经批准后，由行政办公室下达会议通知。

（4）已列入月度会议计划表的会议，月中无调整的，不再另行通知，由公司（部门）按计划表直接通知与会人。

（5）属下列情况之一者，按“谁提拟，谁通知”的原则进行会议通知：

①未列入月度会议计划而临时提拟的会议。

②虽然已列入月度会议计划，但需对会议议题、需准备的会议资料、会务安排等作特别说明。

③其他提拟人认为应另行通知的情况。

（6）会议通知期。

会议通知期，一般应在会议召开前通知，以给与会者留出足够的准备时间。一般情况下，例会可以按以下时间作为会议通知期：

①周会一般应提前一天以上。

②月会一般应提前三天以上。

③季会一般应提前七天以上。

④年会一般应提前二周以上。

⑤其他会议的通知期应根据实际情况把握，紧急会议的通知期不受此限。

(7) 会议通知形式一般为电子邮件通知，由部门记录员统计和传达。但需对会议议题、需准备的会议资料、会务安排等作特别说明的会议，应以会议通知单以书面形式通知；涉及多个部门和参加人数众多的大型会议，主办部门还应编制详细的会议计划单，通知相关部门。

(8) 通知对象为与会人、相关的会议协助人员、会务服务提供部门等。

(9) 会议通知的发布。

根据会前准备拟定会议通知。

会议通知包括：会议的名称、议题、时间、地点、参加人需带资料，以及通知发放方法和途径。参考格式见附件 11。

2. 文件的准备

(1) 会议需要下发文件资料的，应在会议召开前准备好文件资料和用品用具。主办部门应向公司行政办公室统报数量，并参与准备工作。

(2) 会议下发的文件要以准确，节俭为原则制作资料。

(3) 资料要预先考虑到保密工作。其他保密要求按本制度“3. 会议保密”项下的规定办理。

3. 会议保密

(1) 会议保密范围是指会议涉及公司内部机密，并规定在一定的时间内，只限于一定范围的人知悉而不能外泄的范围。

(2) 会前准备过程中的保密。

(3) 根据会议需要，严格确定出席、列席人员。会前要认真研究安全保密措施、会址的确定、对与会人员进行保密教育，严格执行保密纪律。

(4) 做好对会议文件的拟稿、复印、校对、保管与分送等环节的保密工作。

4. 会议的准备

行政办公室和各部门应提前做好会务准备工作，如落实会场，布置会场，备好座位、会议器材、茶具茶水等会议所需的各种设施、用品等。

(1) 公司有专项主题的，或需有投影设备演示说明的会议，应由行政办公室提前做好投影设备连接调试工作。

(2) 涉外会议，应于会议召开前，由行政办公室应设专人负责本次会议会标的制作和摆设，并根据会议级别或性质准备好会议饮用水或其他招待用品。

（3）根据会议规模需使用音响设备的，由行政办公室提前做好音响调试安排。

（4）涉及特别重大会议，应由行政办公室专人负责各项准备工作，具体包括以下内容：

①会议议程安排（应提前报交公司领导或主要参会者）。

②会议资料准备（如需分发应在入场前登记分发）。

③会议场所布置。

④会议服务人员的安排。

⑤会议签到。

⑥会后事项安排。

（5）会议需要留存资料的应提前通知相关部门做好拍照、摄像工作。

5. 议题准备

（1）会议召开前，会议的组织者应将议题事先告知参加会议人员，参加会议人员要通过各种形式和渠道，了解、熟悉和掌握情况，草拟会议发言纲要，以提高决策水平。

（2）对专项问题的讨论，如有必要，可请有关人员就专项问题到会回答问题，作出解释，但不能参加会议的决定。

（3）讨论的议题与参会人员有利害关系时，其本人应予以回避。

（4）会议提拟部门应提前做好会议资料（如会议议程议题、提案、汇报材料、计划草案、决议决定草案、与会人应提交资料等）准备的组织工作。

（5）专题会议应提前三天通知与会部门及相关人员。

（6）会前，由主办会议方（行政办公室或部门）负责通知与会人员，明确会议要研究的议题以便准备好相关文件材料。

6. 并会制管理

为了集中利用时间、场地，节约能耗，除总经理办公会议、全年工作总结会外，其他的会议实行并会进行制，会议的进行时间可以累加。具体如下：

（1）月度进行的会议可以集中进行，月度要进行部门会议、管理会议、培训会议，会议的时间可以累计。

（2）临时会议与部门例行会议恰巧发生在同一时间的，可以合并在一起进行。

（3）合并在一起召开的会议，行政办公室需要做好统筹安排，遵守公司的保密规定，拟定相关会议的相关人员，并以不影响主题会议的召开为原则。

（4）若两会合并，或主题会议无法合并的，则必须以正常的会议为主进行，禁止不合理的会议合并。

（5）需要合并的会议，均需要在合并之前，向行政办公室做出申请。

7. 各部门在月末均需向行政办公室汇报下月（或下期）召开会议次汇总表，其中应列明会议召开的时间、讨论的事项、参加的人员、形成的决议、执行人和执行的标准等信息。其中合并的会议应标明。格式可参考会议召开汇总表。

（三）会议的召开

1. 会议责任管理

会议的召开管理坚持分级分类管理的原则，主办部门是第一负责人，对会议召开的内容、进程和讨论的结果负责；行政办公室是协办人，负责会议的准备、会场秩序的维护和跨部门会议的协调工作；相关的部门和人员是参与人，作为会议的成员按要求参与会议议题的讨论，各方均应做好本职范围内的工作。

2. 各级会议分级管理

（1）公司级会议

主要包括总经理办公会议、公司周工作例会、公司年终总结表彰大会、全体员工大会等，应分别报请公司总经理批准后，由行政办公室负责组织召开并做好会议纪要。

（2）专题会议

即全公司性的政策、业务综合会。包括：业务部门的营销设计方案研究会；营销部门的优惠政策专题会议；企划部门营销活动推广协调会等。由相关部门提出计划报总经理批准后送行政办公室备案，由会议召集部门负责会议通知、组织和实施并对会议纪要进行整理和存档。

（3）部门工作会议

各部门召开的工作例会，由各部门负责人决定召开并负责组织。

（4）各类培训课程

由公司或相关部门组织的各类培训和学习课程。做为考核成绩的，需向行政办公室报考核成绩单。

（5）各部门例会

由本部门进行管理，需要行政办公室协助的请事先向行政办公室申报，形成的会议记录按档案办法管理。

3. 会议召开

（1）部门例会的召开，周会、月会、季会、全年工作总结会均属于例会，在规定的时间召开，具体召开时间如下：

①周会在周末最后一个工作日的下午召开。由部门经理或代理负责人主持，部门内全体员工参加。

②月会、季会在本月或本季最后三日内召开。由部门经理或代理负责人主持，本部门的全体员工、涉及到部门负责人或代理负责人应参加。分管该部门的上级领导应列席。

③全年工作总结会应在年终半月内召开。由公司总经理、高层领导、各部门负责人、全体员工参加。

④总经理办公会议，一般在每月的20日前后召开。由公司总经理、高层领导、

各部门负责人参加。

（2）管理会议每月一次，由行政办公室主持。

（3）培训会议每月一次，由行政办公室与部门负责人共同组织。

4. 会议记录

所有的会议均应形成会议记录。会议记录作为各部门的资料，遵守公司档案管理规定，需要按月归档。

5. 例会的讨论内容和议程安排

会议的安排应明确主题、突出时效、解决问题为原则。禁止出现不开无边际的会议。

（1）主题会议的议题应简单明了，提出的问题清晰、有针对性，会议的组织者应把握会议的议题方向，促成本期议题的解决和目的达成。

（2）例会应总结上期的工作情况、布置下期的工作内容、分析当前的市场行势及应对措施、处理待解决的问题等。

（3）会议实行定期汇报制度，各级领导、员工定期听取员工的工作汇报，同时向上级领导汇报自己的工作进展情况，确保工作保质保量按时完成。

（4）会议决议的形成，要在决议中明确执行人、执行时间、执行方式、执行的检查结果等内容。会议形成的决定，涉及到其他部门的应在会后四小时向行政办公室书面汇报；仅为本部门内部的决议应在有决议的执行情况记录，作为本部门历次的会议记录有月末向行政办公室汇报，此项作为部门考核一项内容。

（5）与会者的发言要言简意赅，一般发言不可过长，会议组织者或主持人在开会时应予以明示。具体涉会讨论的范围如本制度本项 6 所示。

6. 会议讨论问题的范围

会议的处理，要具体、有针对性，以达成解决问题、落实问题、检查结果为目标的会议决议。

为避免会议过多或重复，全公司正常性的会议一律纳入例会制，原则上要按例行规定的时间、地点、内容和汇报程序来组织召开。例行会议安排如下：

（1）董事会

每年一次，由总经理决定在年终适当时间召开，由行政办公室通知。主要讨论的事项如下：

①重大计划、重大措施、方针、一般技术措施、重大购置计划、重大技术引进方案。

②企业远景规划。

③财务预决算报告。

④企业的重大改革方案和重要管理制度的制定、修改。

⑤企业机构设置方案、编制定员及主要工作职责。

⑥公司组织架构、企业文化建设。

⑦薪酬体系建设、职工福利方案。

⑧经济责任制方案、考核方案。

⑨重大职位的设置和人员的选派。

⑩其他需要公司级会议讨论的事项。

（2）总经理办公会议

此会议的举行时间为每月 20 日，由公司高层管理人员参加，主要研究公司市场运作的重大事件以及重大决策的确定，以及掌控公司宏观发展目标及管理动向。由行政办公室经理列席此会议并负责会议纪要的整理和分发。

（3）全体员工大会

总结全年工作情况，布署下一年度工作任务，表彰奖励先进集体及个人。由总经理、各部门负责人、全体员工参加，行政办公室组织。

（4）各部门工作例会

总结部门工作，并对下一阶段工作进行布署。各部门可以根据实际情况自行安排开会时间。

①总结前期的工作成果，分析存在的问题，提出处理的方案。

②分析当前的形式，研究进一步工作的方案和计划。

③具体落实本期的工作计划，本期的检查标准。

④其他部门内处理的事项。

（5）业务会议、临时会议和专题会议

相关部门根据实际工作需要不定期地召开。会议的内容主要是针对运营管理、招商工作、企划工作、物业管理工作、预算管理及合约事宜等专项工作进行讨论、布署和总结。

要求针对某一业务事项和临时事件进行分析、讨论，并提出具体的处理方案，具体的落实人，检查标准。

（6）管理会议

①传达公司的管理方针和决定，公布检查工作中发现的问题。

②提出下一期工作检查的方向和重点。

③解答员工的疑问，指导员工下一步的工作。

（7）培训会议

①由行政办公室组织。

②培训方式由各部门根据需要自拟，行政办公室审核。

③每月不少于一小时的管理知识培训、不少于二小时的业务知训培训。

④培训考试在培训结束后立即进行。并将此成绩计入绩效考核成绩中。具体的培训事项详见人事部管理制度。

（8）其他会议安排

①凡涉及到多个部门参加的会议或由于阶段工作需要临时召开的会议，会议召

集部门应在召开前1～2天将总经理批准后的会议通知单（详见附件11会议通知单）报行政办公室，由行政办公室进行统一安排，方可召开。

②在《会议通知单》中，应详细列明会议名称、时点、地点、召集部门、出席人员、会议主旨和目标、会议议程、备品准备、需配合部门和事项等内容。

7. 会议的持续时间

以节约时间，高效办公为原则，按会议的内容、会议的级别合理安排时间。

（1）例会时间安排：原则上，周会不超过1小时，月会不超过2小时，季会不超过4小时，年会由公司安排，会议的组织者应事先做好计划工作。

（2）临时行政会议一般应控制在2小时以内，根据会议进行情况确需延时的，主持人须征得与会人员同意。

（3）专题会议、特殊会议时间由会议组织者灵活掌握时间。

8. 会议要求

（1）参加会议人员要准时到会，资料准备齐全，关闭通讯设备，在保证会议时间的同时，保证会议质量，力求做到，及时提出问题，高效解决问题，正确改进措施，果断实施策略。

（2）各期会议均需由会议的组织者指定相关人员做好会议记录，记录按时存档。会议记录的书写格式按本规定8款所示。

（3）参加会议的员工，应根据会议的要点做好会议记录。与会人员必须用正式的会议记录本，做详细的会议记录，以便于会后向部门员工准确传达会议精神，落实会议的各项任务，行政办公室将不定期抽查与会人员的会议记录。

9. 会议纪要

（1）应整理会议纪要情况

①公司各类临时行政会议。

②会后须对会议精神贯彻落实，或进行跟进的管理会议。

③其他主持人要求整理会议纪要的会议。

④会议纪要的发放或传阅范围由主持人确定。公司各类临时管理会议的会议纪要须报总经理办公室一份存档备查；业务类会议纪要按档案管理办法管理。

（2）会议纪要的整理人

会议记录遵照“谁组织，谁记录”的原则，一般情况下由记录人整理会议纪要。

（3）会议记录员的确定应遵守的规定

①公司各类会议原则上应确定专人负责记录。

②总经理主持的公司例会、临时行政会议原则上由总经理助理负责会议记录工作，总经理另有指定的，从总经理指定。

③如有必要，主持人可根据本原则及考虑会议议题所涉及业务的需要，指定会议记录员。

④各部门应常设一名会议记录员（一般为本部门的内务文员，名单报行政办公室备案），负责本部门会议及本部门负责组织的会议的记录工作。

（4）会议记录员应遵守的规定

①公司各类会议均应以专用记录本进行会议记录。

②会议记录应尽量采用实录风格，确保记录的原始性。

③对会议已议决事项，应在原始记录中括号注明“议决”字样。

④会议原始记录应于会议当日呈报会议主持人审核签名。

（5）会议纪要的内容

①原则上会议纪要只记决议，不记讨论过程，但重要语句和事项应记。

②会议纪要一定要有执行人和完成时间。

③会议纪要整理后要由会议主持人签发。

④如果是连续性会议（如例会），会议纪要中要总结上次会议决议的执行情况、上期执行工作的评价和下期工作计划和执行方式等内容。

⑤会议纪要还要记录会议的参加人员、缺席人员。参考格式见附件12《会议记录表》。

（6）会议纪要的整理要求

做好会议的原始记录及会议考勤记录，根据需要整理会议纪要。

（7）会议纪要的传达

①管理会议、公司会议形成的会议纪要由行政办公室或会议组织部门负责专人负责整理并由公司领导审阅签发，会议纪要应分发给与会人员，必要时，分发给相关部门。

②其他会议由召集部门责成专人负责记录整理，由主管领导审阅签发并编号存档。

10. 会议记录的归档

（1）会议结束后行政办公室或会议组织部门负责将问题进行汇总、分类，并将会议中对各部门工作的要求进行整理、分类、下发、归档。

（2）会议原始记录的备档按公司档案管理办法进行。

（3）本部门负责组织的公司各类行政会议的会议记录，暂由本部门常设会议记录员负责日常归档、保管，月末根据公司档案管理办法，及时分类转行政办公室统一归档备查。

（4）例行会议记录，经行政办公室同意的档案、部门会议记录由本部门常设会议记录员管理，按档案管理办法或年度统一归档。

（5）会议记录为公司的机要档案，保管人员不得擅自外泄。其调阅应严格按公司文档管理制度和保密制度的有关规定执行。

（6）原则上决议类的记录必须立即归档，业务类的按月归档，例行工作记录按年或季度归档。

注：参见附件13《会议召开汇总表》。

11. 会议进行过程中的保密工作

（1）严格控制与会议无关的人员进入会场。

（2）严禁乱印发会议秘密文件，会议记录本要按秘密文件管理办法指定档案管理人员保管。

（3）与会人员不得以任何形式对外泄露会议的秘密内容。

（4）重要会议决议或记录未正式公布前，与会者不得提前透露会议内容。

（5）机密性会议在开会前应采取技术性保密措施，如将通讯工具统一上交，会议记录的监管。凡涉及到机密性的重要会议，召集的部门或负责人应事先向行政办公室申请支持。

12. 会议纪律

（1）会议一经确定，与会人员应预先做好各项工作安排，原则上不可请假缺席或迟到，遇特殊情况须提前向部门经理/总经理请假，获得批准后方可指派专人代为参加，会后应主动询问会议内容及交办事项，确保会议布署的各项工作按时保质完成并对工作结果负责。

（2）主持人为会议考勤的核准人，考勤记录由会议记录员负责，转报公司行政办公室。做好会议原始记录的日常归档、保管工作，及时将经主持人核准的《会议签到表》的考勤记录报考勤人员。

（3）任何人员不得无故缺席会议，如确实有紧急情况，须提前请假（中层干部以上人员请假需总经理批准，其它人员需向会议组织部门请假），否则视为缺席。违者将按本制度处罚的规定处理。

（4）应准时到会，并在《会议签到表》（详见《记录表》）上签到。与会人员不得因任何理由迟到（提前请假获批者除外）。中层管理干部迟到将予以50元的处罚，其他人员迟到将按本制度处罚。

（5）遵守会议纪律，召开会议期间，与会人员须将手机关机或调成振动状态，原则上不允许接听电话，如有重要电话必须接听，应向会议组织者请假后离场接听，以免影响会议效果。违者将按本制度的相关规定处罚。

（6）与会人员在开会期间不得交头接耳、大声喧哗或随意进出，应按次序发言，如有急需说明事项，应向会议组织者示意获准后发言。

13. 代理会议制

（1）例会按时举行，除公司级会议和其他重要的会议外，例行会议可以实行代理参会制，主持人因事未在本地，可以将自己拟讨论的问题委托给代理人在会上讨论。员工亦可以在获得批准后，实行代理参加制，但必须向本次会议的负责人电话说明委托人或委托的代办事项，涉及到考勤管理的，应向公司的行政办公室办理考勤事项。

（2）总经理办公会由总经理召集主持，总经理因公外出，如需召开总经理办公会，授权行政办公室，并委托其预定目的主持会议。

（3）多个部门参加的临时行政会议原则上由总经理主持，总经理另有授权的，从总经理授权。

（4）部门会议可以由经理委托代理人主持会议。

14. 会议议事管理

（1）讨论决定问题时，要充分发扬民主，集思广益，形成集体意见和建议。

（2）讨论决定问题必须遵守公司的各项规章制度，按照广泛参与，积极献策的原则进行，严守保密纪律。

（3）会议发言应言简意赅，紧扣议题。遵循会议主持人对议程控制的要求。

（4）参加会议的人员要认真对待会议，事先通过多种形式和渠道，了解、熟悉和掌握情况，准备好材料以备发言。

（5）在讨论行政工作时，要充分尊重领导的意见，如果发生分歧，会议主持人可视情况建议暂缓决策，再进一步调查研究，进行方案的比较、论证，以求统一。

（6）对专项问题的讨论，如有必要，可请有关人员就专项问题到会回答问题，做出解释，但不参加会议的讨论。

（7）讨论的议题与参会人员有利害关系时，应实行回避。

（8）员工应以团结同事、增强主人翁责任感和集体意识为出发点，有针对性地解决问题，禁止员工在会议上打击报复、恶意中伤。

（9）发言时，只针对问题讨论，不能针对员工个人的行为表态。

（10）属工作部署性质的会议，原则上不在会上进行讨论性发言。

15. 会议组织遵照“谁提拟，谁组织”的原则

会议主持人须遵守以下规定：

（1）主持人应不迟于会前 5 分钟到达会场，检查会务落实情况，做好会前准备。

（2）主持人一般应于会议开始后，将会议的议题、议程、须解决问题及达成目标、议程推进中应注意的问题等，进行必要的说明。

（3）会议进行中，主持人应根据会议进行中的实际情况，对议程进行适时、必要的控制，并有权限定发言时间和中止与议题无关的发言，以确保议程顺利推进及会议效率。

（4）属讨论、决策性议题的会议，主持人应引导会议作出结论。对须集体议决的事项应加以归纳和复述，适时提交与会人表明意见；对未议决事项亦应加以归纳并引导会议就其后续安排统一意见。

（5）主持人应将会议决议事项付诸实施的程序、实施人（部门）、达成标准、会议的时间及会后跟进安排等向与会人明确。

（四）会议的落实

1. 会议结束后的保密工作

（1）会议结束后，要对会场进行保密检查，看有无遗漏的秘密文件，记录本等。

（2）会议分发的秘密文件（资料）会后要统一收回。

（3）会议记录要妥善保管，特殊情况除外，不得带出办公室。

2. 传达

（1）各部门要按时参加公司组织的各类会议并传达落实。涉及到考核指标的，应定期向行政办公室反馈会议的落实情况。

（2）除其他部门主办的会议资料各自存档外，会议资料由行政办公室整理、分发、立卷、存档。会议记录或纪要应按要求及时归档。归档的要求遵守公司档案管理办法。

（3）公司会议决定事项的督办、检查和追踪由行政办公室专人负责，根据规定的时间节点逐项跟进，并在下一次例会前将各部门完成情况报公司领导。

（4）总经理办公会议形成的决定、意见和建议，各部门应步调一致，严格执行和认真贯彻实施。

（5）各部门会议讨论决定的事项，由各部门会议负责检查、督促和落实。针对有关部门的决定，各有关部门要负责实施。

（6）对讨论决定的事项的实施检查情况，由行政办公室或有关部门负责向总经理汇报。

（7）各部门定期工作安排。按议题内容分别由行政办公室、各部门作好记录，需要传达贯彻的事项，分别由部门经理负责执行，定期向公司汇报工作进程。

（8）会议形成的决议应由牵头部门及时书面通知有关执行部门，牵头部门并负责监督落实情况，并在下期会议前报告执行结果。

3. 检查与实施

（1）会议讨论决定的事项由会议记录员整理会议纪要，总经理/部门经理签发。

（2）会议讨论决定的事项，由行政办公室负责检查、督促与落实，并向总经理汇报。

（3）对涉及有关部门决定的事项，各有关部门负责实施，并向该部门经理汇报。

4. 检查与考核

行政办公室负责对各部门执行本制度的情况进行检查。本制度计入部门工作的考核中。

5. 会议跟进

（1）会议决议、决策事项须会后跟进落实的，遵照“谁组织，谁跟进”的原则；会议主持人另有指定的，从主持人指定。

（2）总经理主持的会议的会后跟进工作原则上由总经理办公室负责落实，集团总经理另有指定的，从集团总经理指定。

（3）会议跟进的依据以会议原始记录及会议纪要为准。

6. 奖惩

（1）奖励　按《奖惩管理制度》执行。

（2）迟到、早退、缺席

①迟到　所有参加会议的人员在会议规定召开时间后5分钟内未到的，计为迟到。

②早退　凡参加会议人员，如未经主持人同意在会议召开结束前5分钟提前离开会场的，计为早退。

③缺席　凡必须参加会议人员未经请假擅自不参加会议或请假未批准而不参加会议的，计为缺席。

（3）处罚

①无正当理由迟到、早退作违次处理。

②无正当理由缺席，作违次处理。

③凡因通知原因造成应参加会议人员迟到或缺席的，以上处罚由传达人承担。

④其他违纪行为的处罚，视情况轻重给予作违次、记过等处理。

7. 公司的会议传达时间

①重要会议的传达时间在会后一小时内传达。

②例行会议在会议后24小时内要本部门的例行会议召开时传达。

③其他会议的传达时间以不影响工作的进程为准。

8. 会议的传达方式

（1）应以书面形式传达，传达时应列明发布人、主题、传达的份数、接收人等信息。

（2）对于紧急会议传达可以先以口头或电话形式通知，事后补写书面材料。

（3）与会的人员参会后，应形成书面的会议记录，并由参会者共同签字后，作为形成会议的原始记录。

（4）部门会议的形成及转发，应由部门经理签字。

（5）董事会会议、总经理会议等会议应由董事长、总经理签字转发。

9. 附则

（1）本制度由综合管理部负责解释，如有未尽事宜，将按公司相关规定执行。

（2）本制度未尽之条款，按公司制度的相关规定执行。

（3）本制度即公布之日起执行。

附件 11

会议通知单

会议名称			
会议时间	年 月 日 时 分 至 月 日 时 分		
会议地点		会议召集部门	
出席人员			
会议主旨和目标			
会议议程			
备品准备	□需要		□不需要
需配合部门	________部	具体配合事项：	
	________部	具体配合事项：	
	________部	具体配合事项：	
	________部	具体配合事项：	
经办人		部门负责人	
综合管理部		总经理	
备注			

附件 12

会议记录表

序号	部门	姓名	到达时间	联系电话	违纪否	备注

注：适用于《会议制度》员工行为的记录。

附件13

会议召开汇总表

部门：　　　　　年度：　　　　　月份：

序号	召开的时间	主题	主持人	参加的人员	协办人	形成的决议	执行人	执行标准	检查的标准	合并会议否	备注

记录人：　　　　　记录日期：

十一、招聘管理规定

招聘管理是指对新入职员工或岗位调动后新岗位上员工的管理行为规范。具体包括总则、公司人才的招聘录用、招聘录用经费预算、招聘录用程序、录用、内部选拔、入职、试用期、正式入职、员工的辞职、员工解聘和培训 12 项。

（一）总则

1. 目的

为公司不断补充人力资源，实现公司内部人力资源的合理配置，同时为公司扩大经营规模，引进各岗位合适的人才，逐渐形成合适的人才结构，不断提高员工的素质，特制定本管理规定。

2. 原则

（1）在保持合理开支的前提下，吸引并留用德才兼备，爱岗敬业，团结同事，服从工作安排的专业人才，以保证人才的合理调转与流动。

（2）遵循公平、平等、竞争、择优的原则，优先从本公司内部公开选拔，在公司内部人员无法满足需要的情况下，面向社会公开招聘，所聘员工一律实行劳动合同制。

本公司员工的聘用、解聘及调配工作的手续统一由人力资源部负责办理。

（二）公司人才的招聘录用

1. 制定招聘录用计划

（1）确定公司编制

人力资源部根据公司的发展规划及公司业务量，报总经理审批人员岗位配置规划。

（2）确定招聘录用对象

编制内人员的录用，人事行政部有权决定，编制外的人员录用，由用人部门按规定程序报总经理审批增编。

2. 人才来源

（1）公司内部选拔。

（2）利用各种职业介绍所招聘。

（3）利用各种人才市场、劳务市场等招聘。

（4）通过各级人才库、人才招聘洽谈会招聘。

（5）通过各种关系介绍招聘。

（6）利用新闻媒体刊登广告招聘。

（三）招聘录用经费预算

除参与录用活动的有关人员工资外，还需要作出以下费用的预算。

1. 广告费

包括广告制作费、广告代理费、宣传资料费、录用指南制作费等。

2. 考核费

包括考试场地费用、试题印刷费等。

3. 差旅费

车费、宿费。

4. 其他费用

电话费、通信费、文具费、杂费等。

（四）招聘录用程序

1. 公司招聘录用工作流程

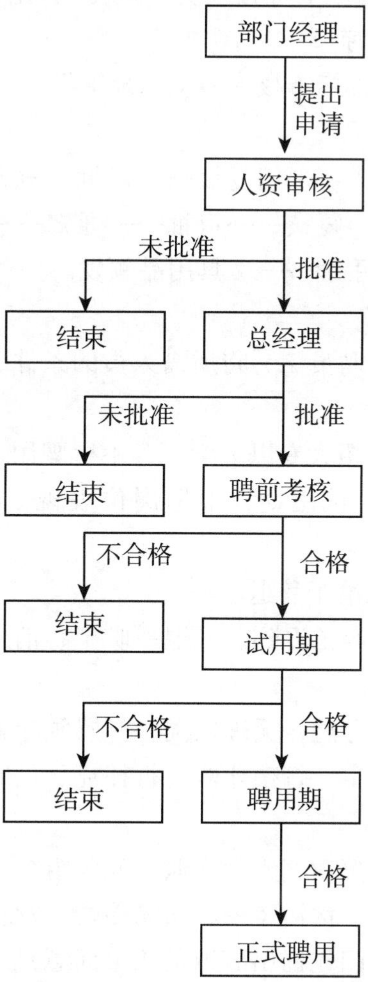

2. 招聘申请程序

主管部门向人力资源部提出招聘申请，人力资源部审核（编制、经费等），向总经理汇报，获批后执行招聘，聘前考核，合格进入试用期考核（由部门经理负责），通过试用期进入正式聘用期。

3. 审批程序

①员工的招聘须严格按照公司规定的编制、名额进行，各部门增加人员须向办公室提出用人计划，经总经理或董事会批准后实施。

②应聘人员填写《求职申请表》，并附上工作简历、职称证书和最高文凭（A4纸）复印件。

③办公室面试、审查、签署意见。

④部门经理进行面试、审查、签署意见。

⑤副总经理、总经理审核，签署意见。

4. 批准录用后，由办公室安排签订劳动合同。

部门间/部门内员工岗位调转程序按《员工调入、调出管理规定》有关条款办理。

5. 申请增编程序录用程序

申请部门初审——→人事部门审核——→总经理审批。

6. 招聘程序

主管部门提出申请——→人事部门复核——→审批——→刊登招聘——→招聘方案——→报名表——→专业筛选考核——→复核——→审批——→通知——→报到——→入职前培训——→分配办公设备——→办理入职手续——→文具用品领发。

7. 招聘、辞职管理规定

（1）公司各部门需要招聘员工，将所需人员的条件、数量报告人事部门，由人事部门统一进行招聘。

（2）新聘员工必须是统招大专以上学历，不得聘用自费、成人类学历人员。

（3）新聘人员经面试、试用期，根据岗位表现，经审核合格后，方可长期聘用。

（4）有下列情况的员工给予辞退。

①严重违反工作制度，经常迟到、早退、旷工、消极怠工，贻误工作，经三次教育不改者。

②无正当理由，不服从分配，无理取闹，打骂领导者。

③在工作岗位上酗酒闹事、打架斗殴、打扑克、打麻将或赌博活动，贪占公司财物者。

④工作作风粗野、态度蛮横，弄虚作假，欺骗组织，挑拨是非，破坏团结者。

⑤以权谋私、以职谋利、贪污盗窃、索贿受贿、营私无弊者。

⑥辞退违纪员工，各部门先提出辞退员工书面意见，经总经理批准，人事部门

办理相关辞退手续。

（五）录用

1. 录用程序

应聘者填写——→人事部资质审核——→初试——→总经理面试。

2. 招聘录用的方法

（1）笔试　有业务能力考核和行为能力通用面试题（参见附件14）。

（2）面试　仪表风度、穿着举止、精神风貌。

3. 录用前考核项目

（1）求职的动机与工作期望　判断本公司提供的职位和工作条件是否能满足应聘者要求。

（2）专业知识与特长　从专业的角度了解其特长及知识的深度与广度。

（3）工作经验　了解应聘者以往的经历及其责任感、思维能力、工作能力等。

（4）工作态度　了解应聘者过去的工作业绩，以及对所谋职业的态度。

（5）事业心、进取心　了解应聘者事业的进取精神，开拓精神。

（6）综合分析能力　分析问题的条理性，深度。

（7）自控能力　理智与耐心。

（8）人际关系　社交中的角色，为人好恶。

（9）反应能力、兴趣与爱好、语言表达能力等。

（六）内部选拔

1. 条件

思想品德良好，具备相关的专业知识，长期在公司任职，业务表现优秀，相关岗位胜任。

2. 任命程序

干部任命制，逐级提名，隔级批准。

每一级干部负责其直接下属的提名，提名要经人力资源部进行考核和背景调查，将结果和提名一起报上一级批准。批准后由人事行政部任命。

（七）入职

1. 岗前培训。
2. 人力资源部进行公司文化、管理制度和新人引荐等培训。
3. 接收人才的部门负责部门工作的培训，由部门经理负责。

（八）试用期

1. 根据各部门的实际情况，由各部门经理报请人力资源部审批。

2. 试用期内的工作，员工的考核工作由部门经理负责。

3. 试用期内的工作安排，由部门经理确定。

（九）正式入职（转正）

1. 由部门经理通知，该部门内的员工在达到试用期后的转正工作。

2. 员工自填转正申请，经部门经理签字后，报至人力资源部，逐级上报到总经理。

3. 员工转正后，享有转正后的相关待遇。

（十）员工的辞职

1. 技术人员和高级管理人员提出辞职，需提前一个月写出书面申请，所属部门领导签字报总工程师或总经理审批，以便进行工作安排，如不辞而别或未按规定时间申请，给公司造成损失和影响，按自动离职处理。

2. 一般管理人员、生产工人和辅助工人辞职，需提前两周写出书面申请，部门领导签字，报生产总监审批，以便进行工作安排。如不辞而别或未按规定时间提出辞职申请按自动离职处理。

3. 办理辞职手续。

在所属部门办理工作交接，填写交接单，交接双方签字并经其所在部门领导签字认可后，到财务部清还欠款；财务部门签字后，到库房归还所借物品；库房签字后，到办公室办理手续，归还考勤卡。否则不准离职。

（十一）员工解聘

由于其不能按时保质保量完成其额定工作量、管理任务、生产任务或严重违反公司规章制度，造成不良影响，经主管领导提出书面申请，经生产总监或总经理审批后，即可解聘。

（十二）培训

行政部为提高员工素质及工作效率，要有计划地定期或不定期举办各种专业培训，被指定参加的员工，非有特殊原因，不得拒绝参加。

员工培训由行政部统筹管理。

1. 职前培训

新进员工应实施职前培训，由行政人事部组织实施针对企业简介及人事管理制度、岗位职责、安全管理等内容的培训。

2. 在职培训

员工应不断研究学习本职技能，虚心上进；各级主管应人施教，以求精进。

3. 专业培训

根据各期的培训计划，公司应挑选优秀员工参加专业培训；或邀请专家学者来企业作专题演讲，以增进其本职知识技能。

凡由公司选派的外出培训人员，均须填写培训记录。培训回来后，须将相关的培训资料、培训证书上交行政部统一保管，留档备查。

凡外派培训人员，在回公司后要负责对公司相关人员进行内部培训。

（十三）附则

1. 本规定的最终解释权在公司。
2. 未尽事项见公司的相关规定。
3. 本规定至下达之日起执行。

附件 14

行为能力通用面试题

考核项目	评分	初试	复试	综合评分
仪容（包括礼貌态度及衣着整洁）的印象（10）	健壮充沛（10）			
	良好充足（9）			
	良好（8）			
	尚称良好神衰体弱（7）			
健康与精神（10）	极清楚（10）			
	清楚（8）			
	有欠清楚（6）			
口齿清楚程度（10）	极有条理（10）			
	有条理（9）			
	缺乏条理（8）			
表达能力程度（10）	极为机敏（10）			
	适宜（8）			
	领悟能力差（7）			
机智灵敏程度（10）	稳定坚强（10）			
	容止安祥（9）			
	稍欠稳定（7）			
情绪稳定与自信心程度（10）	稳定、自信（10）			
	一般（9）			
	不稳定、不自信（7）			

续表

考核项目	评分	初试	复试	综合评分
对本公司一般情况的了解程度（10）	充分了解（10）			
	尚称了解（8）			
	了解极微（6）			
前来本公司服务的意志（10）	谋事（10）			
	谋职（9）			
	谋收入（8）			
	喜欢尝试不同的环境（7）			
对自己的工作期望（10）	把工作做好，以公司利益为主（10）			
	不得罪人，做事一般（9）			
	混日子（7）			
与人交际	喜欢交际、友好、主动与人相处（10）			
	孤傲、有选择性地交际（8）			
	性格不合群，不易相处（7）			
对事的态度	坚持真理、主持正义（10）			
	坚持认可大多数人的意见（9）			
	只做对自己有利的事情（7）			
业务知识	精通（10）			
	熟练（9）			
	熟悉（8）			
	掌握（7）			
	了解（6）			
合计				
评分人签字				

十二、办公室管理

办公室管理指办公设备和办公资源的使用管理。包括公文打印、复印及传真管理规定和印章管理制度2项。

（一）公文打印、复印及传真管理规定

1. 公司公文的打印由行政办公室负责。

2. 各部门需打字的公文或其他材料，须经本部门负责人签字交行政部审阅并签批后方可安排打印。

3. 所有打印的公文或相关文件必须一式二份，并交档案室一份留底存档。

4. 各部门严禁私自打印、复印工作以外的任何文件。

5. 需接收传真、复印材料的部门或人员要认真填写接收传真登记，并及时将相应的资料传至相应的部门。

（二）印章管理制度

1. 印章是机关、单位和个人合法存在及其职权的标志，其种类有公章、专用章和名章。

2. 印章须经上级主管部门审核后方可制做，不得私制伪造。

3. 印章要由专人保管，专用章由主管部门领导保管。

4. 使用公章，必须建立使用签证审批制度，经总经理批准后方可使用。

5. 其他印章，使用时必须经主管部门负责人批准后方可使用。

6. 一般情况下，任何人不得将公章携带出公司以外使用。公章由专人负责妥善保管，以防丢失。发文用印章，内容必须经总经理审阅后批字签发方可盖印，印章样式、材料必须做好登记并存档。

7. 公司各种印鉴（除财务印章外）、介绍信均由行政管理部实行登记审批，专人负责保管。

8. 日常业务用印，须经行政人事部部长审批，非常务性合同、协议等有关重要文件用印需总经理签字、署名后方可盖章，并留有原件存档。如违反此规定后果由直接责任人负责。

9. 外出办事需带公章时，应由总经理签字批准，行政人事部备案后方可带出，但至少有两人携带并监督使用。并在规定期限内归还，否则，出现一切事故后果自负。

10. 公司印信应严格保管，如有失职、差错、丢失或违章使用，一经发现需追查有关人员责任。

11. 公司原则上不允许开具空白介绍信或证明，如因工作需要或其他特殊情况确需开具时，必须经主管领导签字同意后方可开出，未使用的，必须及时交回。

十三、财务管理制度

财务管理制度是指财务人员的行为及其结果的管理。具体包括财务室的工作制度、请款报销制度、财产物品管理及破损核销制度、加强财务管理执行财务手续的

规定和会计人员交接手续制度5项。

（一）财务室的工作制度

1. 正确执行财经各项政策，加强财务监督，严格遵守财经纪律。财会人员要以身作则，遵纪守法，杜绝一切贪污盗窃，违法乱纪行为。

2. 合理监控收入，严格控制支出，凡该收回的资金，应加大收款力度，会计人员及时清理债权债务，防止拖欠，杜绝呆账发生。

3. 根据公司业务计划，正确及时做出年度财务计划（预决算），办理会计业务，按照规定的格式和期限，会计季报与年报（决算）。

4. 加强公司经济管理，定期进行经济活动的分析，并配合有关部门做好经济核算的管理工作。

5. 凡对公司采购开支等一切会计事项，均应取得合法的原始凭证（如发票、帐单、收据等）。原始凭证由经手人、验收人和主管负责人签名后，方能以据报销，杜绝白条凭证，借据需主管部门领导和总经理签字后方可办理。

6. 财务部门应与有关部门配合，定期对公司固定资产、药品、器械等进行清查库存，防止浪费和积压。

7. 财务部门应与有关部门配合，每月末进行财务对帐，做到公司的财务帐日清月结。

8. 每日收入的现金按规定存入银行，出纳不得以长补短，如有差错，由经手人详细登记，每月集中讨论，找出差错后由领导指示处理。

9. 原始凭证、账本、工资册、财务预算、决算资料，以及会计人员交接，均按财政部门要求的规定办理，杜绝月份串用凭帐重复使用。

10. 出纳员丢失现金或结帐缺额由当事人全额赔偿。

11. 积极参与本企业的经营管理活动，认真编制、执行财务计划，搞好财务分析，及时总结经验教训，适时提出改进的建议和措施，管好用好资金，促进企业增收节支，提高企业的经济效益。

12. 认真审核原始凭证，做到手续完备，帐目清楚，对于商品、财产和帐目，坚持定期盘点和清理，做到帐实相符、帐帐相符。

13. 会计核算年度与公历年度相同（即1月1日～12月31日）。

14. 采用“借贷记帐法”。

15. “存货”采用进价核算，资产类遵守“历史成本”核算原则。

16. “低值易耗品”的核算，实行“一次性摊销法”。

17. 固定资产折旧采用平均年限法。

18. 坏帐核算采用“余额百分比”法，按应收账款的3%比例计提。

19. 坚持原则，公正廉洁。

（二）借款报销制度

1. 借款

（1）借款人根据用途、市场询价、采购计划、出差时间和地区，填制借据，经部门经理、总经理批准后方可借款。前次现金借据未结清前，不得发生第二次借款。若因“累计发票”未回而不能报销，必须先行将入库单返至财务，财务依此将前次借据作挂账处理（视为已报销，可二次借款）。等待“累计发票”时间应以一月为限。否则按5元×N（迟报天数）罚款。

（2）支票的领用要按计划、采购种类、采购目的地及户数，经总经理批准后方可请领支票。如果支票当天未能使用或未用完，必须于17时前返回到财务。若17时前不能返回公司，需电话向总经理、财务说明。否则，按违规处理，罚款20元，造成损失由个人承担。

2. 报销

（1）现金结算，必须于完成采购或消费计划、出差返回公司后3个工作日内到财务报销。报销的流程：有效票据──→填写报销单──→财务审核──→总经理签批──→财务报销。违者，按5元×N（迟报天数）罚款（个人垫款除外）。

（2）支票（转帐结算），完成采购计划后，凡已获取有效票据的，必须于完成采购计划后的3个工作日内到财务报销。报销流程同上。凡未获取有效票据的（支票根必须先行返回财务），经总经理批准可延长至发票索回，但不得超过一个月。否则，按5元×N（迟报天数）罚款。

（3）凡事先已知不能获取发票的采购，要先行以书面形式向财务说明。否则，造成的损失全部由责任人承担。

3. 说明

（1）采购已完成但因未获取有效票据、未报销之前，必须于完成采购计划后3个工作日内将入库单、支票根先行返给财务，财务依此登记入帐。违者，罚款20元。

（2）凡通过银行预付汇款的，在货到3日内将入库单返到财务，财务依此入帐。违者，按5元×N（迟滞天数）罚款。

（3）凡预付款的，采购人必须及时追索发票，追索期限应不超过15天（不含在途时间），超过15天，应有书面说明，并有厂长或总经理的签批。否则，按5元×N（迟滞天数）罚款。

（4）财务必须及时以书面形式向行政部提供违规依据，由行政部进行处罚。

（三）财产物品管理及破损核销制度

1. 凡属本公司财产物品必须实行分部门、分项目对口管理。

2. 凡进库物品，要指定专人保管，建立健全出、入手续制度，如有调动，必须办理交接手续完毕后方可调动。

3. 各分口管理部门在财务部门和有关职能部门的协同下，实行三级帐目进行一次对帐，做到日清月结。

4. 凡公司采购的财产物品在入库、入账前，必须由专人负责验收，验收合格后，分别填制“物品验收入库单”和“物品调配出库单”等手续后，方可入、出库，凡未经验收而发生质量经济损失的物品，由验收员负责赔偿损失。

5. 凡各库财产物品因管理不善，负责不清，所造成的损失数额除追究部门领导责任外，还要罚当事人经济赔偿，对损失隐瞒不报者，加重处罚。

6. 属于正常破损、报损处理范围的财产物品，应由主管部门鉴定后，填制“鉴定表”及“报损表”，经总经理批准签字后，方可报损。

（四）加强财务管理，执行财务手续的规定

1. 加强财务管理工作，严格各类经费报销手续制度，堵塞漏洞，节省资金，有效使用资金，以便更好的为各部门服务。

2. 加强财务计划管理，凡各项经费支出，必须先提计划，经财务部门进行核算，一经核准，要坚持按核定数进行支付，不得擅自修改计划，未经总经理批准的计划一律不予支付。

3. 凡借款部门和个人，在借用经费时，填写借款单（借据），经借款部门负责人签署意见，总经理审批，财务部核定后方可借款。

4. 为了加速资金周转，借的款，要及时报销，报销时必须凭以合法单据（商业正式发票，收款单位的正式发票）。字迹清楚，写清详细品名、单位、数量、金额、经手人签字，保管员验收签字，部门负责人签字，手续不全者不予报销，不得开虚大金额发票套现金，一经发现，双倍赔偿。

5. 公司员工工资，由财务部门按人事部门评定的工资等级按月发放，公司定于每月十五日发放工资，同时发放业务员奖金，遇节假日提前或延后开，不借支，每次领取工资必须自己领，外出、请假者上班后给予支付。

注：工资表由各部门报到人事部门汇总，财务审核后方可发放。

6. 凡采购财产物品，经验收不合格，或伪劣假冒的物品，发生的款项不予报销，并负责退回，给公司造成的经济损失由个人负责赔偿。

7. 加强现金管理，每天各个窗口单位收支的现金，出纳员必须当日存入银行，库存现金不准超出银行规定数额，不准以条子顶现金，库存现金和收款员留存的备用金，必须锁入保险柜。

8. 加强收支管理，对拖欠公司款的单位，财务部门应在每月初将欠款单位汇总成表上报总经理，并由销售人员及时催讨欠款；对有业务往来的单位的帐目，一个月清对一次，做到月清月结。

9. 凡公司各个单位的会计档案，要集中统一管理，财务部门指定人负责档案的收集、整理、鉴定及管理工作。对财务预算、决策、帐薄在年终结算完毕后，一并建档、归档，按年度、分类法进行分类排号装柜，并编写《案卷目录》以便查阅。保管会计档案人员调离前，必须办理交接手续，交接清楚后方可调离现岗。

10. 财务会计档案不许外借，特殊查阅必须经总经理批准，办理查阅登记手续后，方可借阅，借阅人要妥善保管好会计档案，不能转借和复印，不得遗失、折卷、折页，归还时经管理检查无误后方可给借阅人作归还登记。

（五）会计人员交接手续制度

1. 会计人员因故离职，必须与接替人员办理交接手续，没有办清交接手续的人员，不准离职。

2. 会计人员离职前，必须将本人所经管的会计工作，在规定的期限内，全部移交清楚，接替人员应认真接管移交的工作，并继续办理移交的未了事项，如发现原管会计业务有违反财会制度和财经纪律等一切问题，快速汇报总经理，一切责任由原经管会计负责。

3. 会计离职前，按下列规定程序移交工作。

（1）已经受理的经济业务尚未填制会计凭证的应填制完毕。

（2）尚未登记的帐目，应签证完毕，并在最后一笔金额后加盖印章。

（3）整理应作移交的各项资料，对未了事项应写出书面材料。

（4）编制移交清册，列明应作移交的凭证、帐表、公章、现金、支票薄、文件、资料和其他物品的内容。

4. 移交人员要按照移交清册逐项移交；接替人员要逐项核对清点，具体移交事项如下。

（1）现金、有价证卷要根据帐薄余额进行点交，库存现金、有价证卷必须与帐薄余额一致，不一致时，移交人要在规定期限内负责查清处理。

（2）会计凭证、帐薄、报表和其他会计资料必须完整无缺，不得遗漏。如有短缺，要查清原因，并在移交清册中注明，由移交人负责处理。银行存款帐户余额要与银行对帐核对相符。各种财产物品和债权债务的明细帐户余额，要与总帐有关帐户的余额核对相符合，必要时要核查个别帐户的余额，与实物核对是否相符及与往来单位、个人核对是否清楚，移交人经管的公章和其他实物，必须移交清楚。

（3）交接完毕后，交接双方和监交人要在移交清册上签名或盖章。并在移交清册注明单位名称、交接日期，交接双方和监交人的职务、姓名、移交清册页数，以及要说明的问题和意见等。移交的清册一般应填制一式三份，交接双方各一份，一份存档。

（4）接替的会计人员应继续使用移交的帐簿，不得自行另立新帐，以保持会计记录的连续性。

5. 会计人员办理交接手续，必须有监交人员负责监交，一般会计人员交接，由会计主管人员监交；会计主管人员交接，由单位领导人监交，必要时可借用上级主管部门负责人会同监交。

6. 会计主管人员移交时，还要将全部财务会计工作、重大的财务收支和会计人员的情况等，向接替人员详细介绍，对需要移交的遗留问题，应写出书面材料。

7. 会计人员临时离职或请事、病假不能到职工作，会计主管人员或单位领导必须指定人员接管或代理。部门撤销时，会计人员、记账人员必须先留下清算工作，编制决算，移交公司财务帐目，未清算清楚，不得离开职位。

第五章　绩效考核

一般来说，企业管理的核心是战略管理，战略管理的核心是人力资源管理，人力资源管理的核心是绩效管理。可以说，公司的一切整体管理运营是以绩效管理为保障的，绩效考核是围绕着企业的战略管理工作而展开的。

根据绩效考核实施的方式，可以将绩效考核的流程分为过程考核（规范化）和结果（效期达成率）考核。

从绩效考核指标的侧重点，可以将绩效考核分为关键指标考核和全面指标考核。

第一节　绩效考核模式的分类

一、绩效考核模式分类

（一）当前企业常用的绩效考核模式统计

经过分析和总结，作者将当前企业常用的绩效考核方案进行归纳，依其考核内容和方式的不同可归为以下二十类。

二十种绩效考核模式如下，分别适用于企业不同的发展阶段。具体类型如下所示：

1. 财务指标绩效评价模式。
2. 非财务指标绩效评价模式。
3. 综合绩效评价模式——平衡计分卡。
4. 引导型绩效考核模式。
5. 业务型绩效考核模式。
6. 以点带面循序渐进的考核模式。
7. 360度综合考核模式。
8. KPI绩效考核模式。
9. 基于BSC的绩效考核——平衡计分卡。
10. MBO目标管理法。
11. 统一的业绩考核模式。
12. 流程循环式绩效考核模式。
13. 追查式绩效考核模式。
14. 按职（薪）定能的考核模式。

15. 多种模式并行的综合考核模式。
16. 增补式绩效考核模式。
17. 分级考核模式。
18. 总额量化指标和考核量化指标相结合的考核模式。
19. 以管理制度为基础的考核模式。
20. 评定型绩效模式。

其中：引导型绩效考核模式、业务型绩效考核模式、以点带面循序渐进的考核模式、统一的业绩考核模式、流程循环式绩效考核模式、追查式绩效考核模式、按职（薪）定能的考核模式、多种模式并行的综合考核模式、增补式绩效考核模式和评定型绩效模式十种模式是本书归纳出来的新的考核方式。

（二）当前绩效考核模式的应用分类

为了便于研发和分析，从量化与质化、专项与综合、过程与结果、考核内容和实施方式等五个方面，对以上二十种绩效考核模式，进行归纳和划分，详细内容如下表所示：

划分类别	具体属类	考核模式名称	合计数量
定量与定性	定量	财务指标绩效评价模式、KPI 绩效考核模式、统一的业绩考核模式	3
	定性	非财务指标绩效评价模式、引导型绩效考核模式、360 度综合考核模式、以管理制度为基础的考核模式	3
	综合类	业务型绩效考核模式、综合绩效评价模式——平衡计分卡、基于 BSC 的绩效考核（平衡计分卡）、以点带面循序渐进的考核模式、MBO 目标管理法、流程循环式绩效考核模式、追查式绩效考核模式、按职（薪）定能的考核模式、多种模式并行的综合考核模式、增补式绩效考核模式、分级考核模式、总额量化指标和考核量化指标相结合的考核模式、评定型绩效模式	14
专项与综合	专项	引导型绩效考核模式、业务型绩效考核模式、以点带面循序渐进的考核模式、KPI 绩效考核模式、统一的业绩考核模式、追查式绩效考核模式、按职（薪）定能的考核模式、以管理制度为基础的考核模式	8
	综合	财务指标绩效评价模式、非财务指标绩效评价模式、综合绩效评价模式——平衡计分卡、360 度综合考核模式、基于 BSC 的绩效考核（平衡计分卡）、MBO 目标管理法、流程循环式绩效考核模式、多种模式并行的综合考核模式、增补式绩效考核模式、分级考核模式、总额量化指标和考核量化指标相结合的考核模式、评定型绩效模式	12

续表

划分类别	具体属类	考核模式名称	合计数量
过程与结果	过程	360 度综合考核模式、流程循环式绩效考核模式、追查式绩效考核模式、以管理制度为基础的考核模式	4
	结果	财务指标绩效评价模式、非财务指标绩效评价模式、KPI 绩效考核模式、MBO 目标管理法、统一的业绩考核模式、按职（薪）定能的考核模式、增补式绩效考核模式、分级考核模式、总额量化指标和考核量化指标相结合的考核模式、评定型绩效模式	10
	综合	综合绩效评价模式——平衡计分卡、引导型绩效考核模式、业务型绩效考核模式、以点带面循序渐进的考核模式、基于 BSC 的绩效考核（平衡计分卡）、多种模式并行的综合考核模式	6
考核内容	业务类	财务指标绩效评价模式、业务型绩效考核模式、KPI 绩效考核模式、MBO 目标管理法、统一的业绩考核模式、增补式绩效考核模式、总额量化指标和考核量化指标相结合的考核模式	7
	职能类	非财务指标绩效评价模式、综合绩效评价模式——平衡计分卡、引导型绩效考核模式、以点带面循序渐进的考核模式、360 度综合考核模式、基于 BSC 的绩效考核（平衡计分卡）、按职（薪）定能的考核模式、多种模式并行的综合考核模式、分级考核模式	9
	综合类	评定型绩效模式	1
	流程类	流程循环式绩效考核模式、追查式绩效考核模式、以管理制度为基础的考核模式	3
实施方式	强制型	财务指标绩效评价模式、综合绩效评价模式——平衡计分卡、业务型绩效考核模式、KPI 绩效考核模式、基于 BSC 的绩效考核（平衡计分卡）、MBO 目标管理法、统一的业绩考核模式、流程循环式绩效考核模式、追查式绩效考核模式、分级考核模式、总额量化指标和考核量化指标相结合的考核模式、以管理制度为基础的考核模式、评定型绩效模式	13
	非强制型	非财务指标绩效评价模式、引导型绩效考核模式、以点带面循序渐进的考核模式、360 度综合考核模式、按职（薪）定能的考核模式、多种模式并行的综合考核模式、增补式绩效考核模式	7

二、企业当前应用的二十类绩效考核模式简述

根据上文的表格序号，现将企业当前应用中的二十类绩效考核模式详述如下：

（一）财务指标绩效评价模式

将企业生产经营活动中的各个管理要素量化成具体可控的财务指标进行客观评

定的绩效评价模式。

（二）非财务指标绩效评价模式

通过对企业生产经营活动的过程的规范化操作行为的记录、评估和感受来测评绩效考核的模式。

（三）综合绩效评价模式——平衡计分卡

平衡计分卡是一种将财务指标与非财务指标结合的企业综合绩效评价体系。

（四）引导型绩效考核模式

引导型绩效考核模式是“人本管理”在企业管理的应用，侧重于对员工品质、德育的培养，利于企业文化的建设的考核。

（五）业务型绩效考核模式

我们将业务行为的跟踪和结果的评定称为业务型绩效考核模式。

（六）以点带面循序渐进的考核模式

以点带面循序渐进的考核模式是指通过对部分员工、个别部门和重点项目的考核评定，在公司逐步引入绩效考核过程的一种绩效考核模式。

（七）360度综合考核模式

360度综合考核模式也叫多视角考核或多个考核者考核，考核者可以是被考核者的上级、下属、甚至可以是同级相关部门或外部考核者，如供应商和客户等。

（八）KPI绩效考核模式

KPI（key performance indicator，KPI），是指关键绩效指标，KPI考核是指关键绩效指标对业绩产生关键影响力的那部分指标进行的考核。

那么，采用KPI绩效考核的优点是什么呢？

1. 目标明确，有利于公司战略目标的实现。

KPI是企业战略目标的层层分解，通过KPI指标的整合和控制，使员工绩效行为与企业目标要求的行为相吻合，有利地保证了公司战略目标的实现。

2. 提出了客户价值理念。

3. 有利于组织利益与个人利益达成一致。

同时KPI也有不足之处，主要是以下几点。

1. KPI指标比较难界定。

KPI更多是倾向于定量化的指标，这些定量化的指标是否真正对是对企业绩效产生关键性的影响，如果没有运用专业化的工具和手段，很难界定员工的满意度等。

2. KPI 会使考核者误入机械的考核方式。

过分地依赖考核指标，而考虑人为因素和弹性因素，产生一些考核上的争端和异议。

3. KPI 并不是所有岗位都适用。

（九）基于 BSC 的绩效考核（平衡计分卡）

BSC（balanced score card）是 USA 的卡普兰教授创立的，它主要包括 4 个考核维度，内部运营、客户、学习与成长和财务。

BSC 的实行有以下优点：

1. 战略目标分解，形成具体可测的指标。

如何把企业战略目标细化，具体化，内化，落实至具体的工作行为当中。

2. BSC 考虑了财力和非财务的考核因素，也考虑了内部和外部客户，也有短期利益和长期利益的相互结合。

同时 BSC 也有以下不足之处：

1. BSC 实施难度大，工作量大。

首先准确定位公司战略本身就对高层管理者的管理素质要求很高，同时也要求各级管理和 HR 对战略的解码能力要很强。而且 BSC 考虑的考核要素很完整，造成工作量很大，实施的专业度也很高，一般企业比较难以推广。

2. 不能有效地考核个人。

BSC 本身的目标分解很难分解至个人，是以岗位为核心的目标分解。体现个人关键素质要求方面体现不明显，会在一定程度上造成岗位职责和素质要求不明确。

3. BSC 系统庞大，短期很难体现其对战略的推动作用。

（十）MBO 目标管理法

MBO（management by objectives）考核模式主要是针对有些工作成果和工作行为难以量化的，运用此种方法比较合适，最早是管理学大师德鲁克开创其研究的，是一种常见的绩效考核方法。

实行目标管理的绩效考核模式的优点：

1. 绩效目标易于度量和分解。

从公司总体的目标分解至部门，再部门分解至个人，责任和权利明确。同时目标考核上的指标也均是容易度量的，显性绩效成分比较多。

2. 考核的公开性比较好。

因为考核是基于为部门和员工设定的目标，是公开公平的，不存在过多的人为主观成分在里面。

3. 促进了公司内的人际交往。

由于其设定、修正和考核是上、下级沟通交流达成，对于员工间的人际关系的改善是有帮助的。

当然，目标管理考核法也存在一些不足之处。

1. 指导性的行为不够充分。

有时会出现只要结果，不要过程的现象。我们说在管理当中，管理的过程和结果同样重要。

2. 目标的设定可能存在异议。

因为目标的设定是上、下级沟通确定的，目标大小可能会受到人情关系的影响。存在不确定性。

3. 设定的目标基本是短期目标，忽视了长期目标。

目标管理是针对短期的目标居多，使考核有一定的可操作性，但在长期性的目标上，却是短期内很难考核的。

（十一）统一的业绩考核模式

在企业的特定时期，由于强化业务流程，企业的全部部门，包括行政部、生产、销售、供应（采购）部都围绕着业务考核的总目标落实工作，这时，就出现了以项目为目标统一的业绩考核模式。

（十二）流程循环式绩效考核模式

流程循环式绩效考核模式的设计思想，是指将企业的考核作为一个闭环式链条连接过程，上下流程之间的工作相互衔接，因为下一个过程要接收上一个过程中的结果，因此，下一流程是上一流程的考核者，上一流程是下一流程的被考核者。这样可以实现业务流程的相互考核。

“流程循环式绩效考核流程图”如下所示：

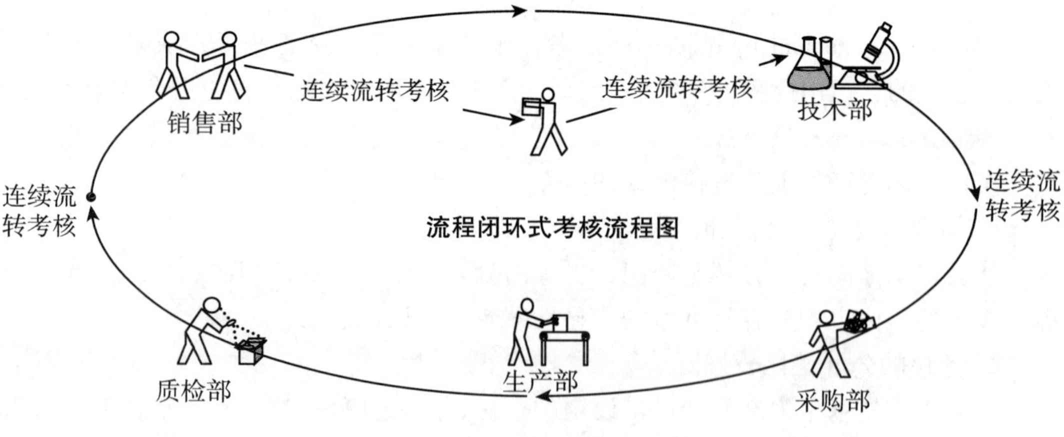

流程循环式绩效考核流程图

流程循环式绩效考核模式是一种自动的、有效的业务流程考核方式，考核的效果很突出，还能消除人为监督中的抵触心理。

流程循环式绩效考核的内容包括：

1. 在业务进程中，上下流程是服务和被服务的关系，在考核中，上下部门流程作为考核人和被考核人关系，加强了被考核人的服务意识。

2. 考核链接直接、准确，上下流程之间的信息传递能直接被反馈到相关各方，使考核结果更实用。

3. 在具体工作中，考核者与被考核者成了工作的相互合作方，共同提高了业务的合规性，并达到公司总体考核目标的要求。

这种考核模式所设定的考核目标准确可信，同时也是一种协作共进式考核，共同促进完成公司的总体目标。

但是，有时其中的一个链接断裂也会影响到整个公司的预期目标和相关业务部门之间的考核或评议。

（十三）追查式绩效考核模式

若是公司的制度和生产流程不完善，工作中发生问题的原因很多，可以采用以解决问题的方式进行绩效考核，这种方式可以针对各个问题分别设计考核问题的指标（没有责任时，不设考核指标）。

主要目的是解决某一问题或多个问题。

追查式绩效考核模式可有以下两种方式：

1. 以事件开始为起点，按业务流程的顺序追查。

2. 以结果为起点，根据业务流程逆序追查。

如生产企业的图纸经常出现问题，结果是造成生产无法按期交货。这时要进行追查，以便分清责任分别进行处理和改进。两种方式的追查图如下。

在该图中，正常工作表示按业务的流程正常开展工作。

顺序追查，是指在发生问题，按照从采购开始至销售的顺序作业路线，寻求差错发生的原因。

逆序追查，是指在发生错误时，从发现的问题的起点开始，去寻找差错的原因。

其中，带色的文字框表示追查的起点。

一般情况下，顺序追查，可以便于追根溯源；而逆序追查，可以快速地查出问题的原因所在。

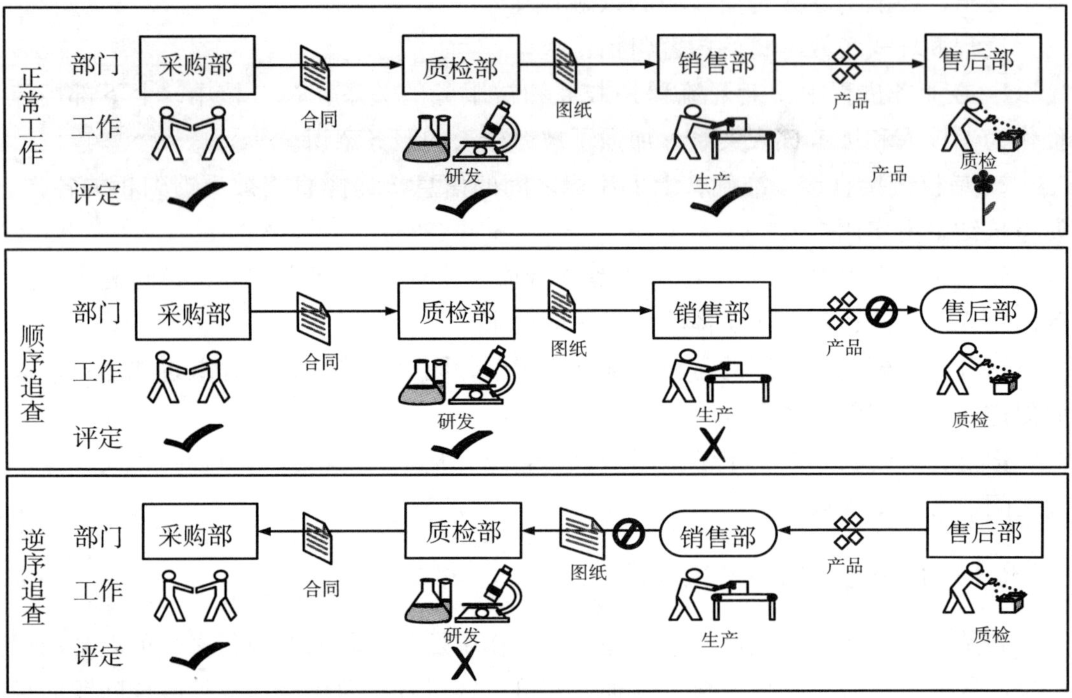

追查式绩效考核方案

（十四）按职（薪）定能的考核模式

按职（薪）定能的考核模式，即根据员工的岗位级别，分别核定其工作考核指标和考核量。

（十五）多种模式并行的综合考核模式

在企业的实际工作中，由于存在不同的业务部门，因此，绩效考核的模式也应该是多种形式并存的，如生产部门和管理部门，虽然具有相同的业务目标，但是这两种类型的运作部门却有着截然不同的工作模式，因此，在考核时也应考虑采用不同的绩效考核模式。

（十六）增补式绩效考核模式

增补式绩效考核模式主要是以员工的无限潜能为前提设定的考核模式，一般情况下，企业只设定出得分的标准，而不限定最终得分的分值。设定不同的重点考核指标和考核项目，然后按考核的指标进行考核，并分别定分。月末，公司根据员工的实际完工情况，确定其应得分值。

在对应的薪酬上，也强调上不封顶。企业为了加强工作的管理，与基本工资相对应，也可以设计出一个基本的工作量和工作标准。

这种考核模式的优点是：

（1）员工会尽其所能地创造，去得分，争取更多的绩效收益，同时企业也在员工实现绩效收益的过程中实现自身发展的目标。

（2）员工的积极性会最大限度的调动起来。

当然，增补式绩效考核模式也存在一些需要引起注意的弊端。

（1）若员工不在意工资时，那么企业的目标就很难实现，所以要注意负绩效（扣分）的设计。

（2）企业可能会注重业务工作量，而忽视流程工作量，或出现不重视质量的问题，所以，在设计增补式绩效考核模式时，要注意设定一些全面的考核指标，要注意配合一个行为考核和流程考核的指标。

（十七）分级考核模式

分级计分法是根据考核目的设定考核项目，然后对考核的各项目分别分级分等作量化处理，考核时根据待考核的项目、其达到的工作量划定级别，以确定各考核成绩的方法。其优势是在各项目的具体考核评定中，分级划等精细、考核准确、考核项目全面、涵盖的内容广、利于对人员的全面考核，使考核的公平性更高。

分级计分方法是一种用量化指标细化考核各项目的评分方法，是绩效考核各体系的考核方式中相对准确、全面的考核方法之一，其测评的项目来自于企业现阶段本部门的工作任务及本部门的工作特点。

分级评分的测评标准将更加量化地对考证项目进行评定，并使同层次的被测评的人员可以进行名次排定；使定性化的指标找到了统一的标准，更易于公平地考核与评价。

因此分级计分法是考核工作由定性考核转为定量考核的里程碑式的跨越。绩效考核工作摆脱了感觉印象时代的模糊的概念，并开始沿着标准化、统一化的方向发展，这必将推动绩效考核工作向更深层的延展。

同时分级计分法在项目与等级的区划上更明晰强化，可加强部门乃至全公司工作的统计与总结，利于部门、公司确定清晰的发展目标。

分级计分法的步骤如下。

（1）经调查确定考核项目。

（2）根据现有工作水平确定级别及工作量。

（3）划定级别。

（4）确定标准，60% 以上的员工能达到为原则。

（5）讨论评定。

（6）绩效试行。

（7）绩效反馈。

（8）绩效改进。

分级计分法是绩效考核中的以量化为主，评议为辅的考核方法，它的存在价值是能将公司的目标（现阶段公司问题的处理、规范化管理的要求，企业的战略目标等）准确、高效、充分地落实，并在此基础上有所提高。

在充分执行分级计分法的企业：企业战略管理目标与分级计分法关系是目标与行动的动态并相互作用的关系。其中的企业战略管理目标是企业规范化管理目标，它的实现是通过有效的绩效考核方法之一的分级计分法来实施，同时分级计分法又能对考核执行过程及其结果等信息进行管理，这会主动引导着企业综合目标的不断修订和完善。

这种动态的相互作用的关系，能在相互促进、相互监控的矛盾统一体中推动目标与行动的向前发展。

现代管理中的分级计分法制定的原则应当以实现与企业战略管理目标为出发点和归宿，并时刻为企业的战略管理服务。

举　　例

指标

销售（零售）

项目	销售额	销售品类	销售的服务	缺药记录	新药反馈	销售意见反馈	药品意见反馈	违纪等
权重%	80	10	6	1	1	1	0.5	0.5
级差	20	2.5	1.5	0.25	0.33	0.25	0.17	0.125
一级	1000万元	多且为首推	优秀高效，表扬多	及时补充迅速	如实详尽	及时全面且有建设性	如实符合药品质量管理	性质轻或无违纪，数量少
二级	800万元	多，部分首推	较好满意高	能记	基本能反映	较好，基本反映	基本符合质量管理	违纪少量性质无则性
三级	600万元	恰当	一般		不反映	一般反映	不符合	违纪数多
四级	500万元及以下	不好	不好			不反映		违纪严重

注：

项目1：销售额。

各级达到并超过该级别的销售额

项目2：销售品类。

一级指各个员工销售品类均月平均品类的2倍以上。

二级指各个员工销售品类均月平均品类的1.5倍以上。

三级指各个员工销售品类均月平均品类的1倍以上。

四级指各个员工销售品类均月平均品类的1倍以下（不含）。

项目3：销售的服务。

一级　抽查连续三日－七日之间服务状况，评分为超过公司服务标准（仪态、效率）受顾客默许，无因服务质量遭投诉且有表扬。

二级　抽查连续三日－七日之间服务状况，评分为基本达到公司要求的标准，较好，顾客满意度高。

三级　抽查连续三日－七日之间服务状况，评分为能按公司要求去做，有个别事项的小违纪。

四级　抽查连续三日－七日之间服务状况，评分为未能按公司的要求去做，服务水平需要改进。

项目4：缺药记录。

一级　抽查连续三－七日之间从未发生缺药未记，未反映的情况。

二级　抽查连续三－七日之间的工作表现，评分为有95%以上缺药记录并如实反馈。

三级　抽查连续三－七日之间的工作表现，评分为有80%以上缺药记录并如实反馈。

四级　抽查连续三－七日之间的工作表现，评分为从不反映或少于20%反馈。

项目5：新药反馈。

一级　抽查连续三－七日之间的工作表现，评分为从未发生新药未记、未反映情况。

二级　抽查连续三－七日之间的工作表现，评分为95%以上新药记录并如实反馈。

三级　抽查连续三－七日之间的工作表现，评分为80%以上新药记录并如实反馈。

四级　抽查连续三－七日之间的工作表现，评分为从不反映或少于20%反馈。

项目6：销售意见反馈。

一级　经常反馈有建设性意见，并能提高销售额，改善经营环境。

二级　意见反馈评分表明，能对工作管理有益。

三级　反馈一些个人想法，工作技巧。

四级　不关心公司，不反馈任何建议。

项目7：药品意见反馈。

一级　按药品部门认证要求反馈储存、保养、管理等建议且次数较多。

二级　按药品部门认证要求反馈储存、保养、管理等建议，次数一般。

三级　基本不反映。

项目8：违纪等。

一级　无违反公司规章制度，本组纪律行为。

二级　少量或小事违纪。

三级　有5次以内重大原则性违纪。

四级　多次违纪（超过5次），且性质严重。

评价

考评是为了公平、细化、分级计分法则以它的可以细化、可以量化而著称，并成为许多企业关注的考核方法。

分级考核方法可以按高低分排出名次，而使员工能对自己的工作成绩有对照和纠正的机会。

（十八）总额量化指标和考核量化指标相结合的考核模式

考核包括总额量化指标和考核量化指标两项。

1. 总额量化指标

总额量化指标的考核指标应结合财务部门提供的盈利留存水平及企业发展规划、企业的发展导向设定的总额数量。

总额量化指标的考核对企业的关键考核项目指导作用及工作方向是非常有力度并符合企业利益，使考核指标更客观、公正，但它需要企业的定量化管理工作的基础非常好，且企业的目标明确。

总额量化指标的设定方式如下（例表见零售部的总额量化表格）。

（1）各月定额模式。

（2）各月阶梯式的增长模式。

（3）按各月不同品种的权重确定的定额模式。

（4）各月不同品种的权重增长模式。

2. 考核量化

考核量化指标指根据企业对该部门其他考核项目的量化指标进行的考核。

考核表设定：先通过各项目权重设定，然后分别计算每个考核项目的量化分值。设定量化指标考核表的步骤如下。

（1）人力资源部根据企业对该部门的要求并根据各部门的实际情况设定、拟设的考核项目。

（2）将该考核项目提交“考核评审委员会”（组成为被考核部门负责人、组长或区域负责人、员工代表3人及以上、相关部门的负责人、非相关部门的人员、公司相关负责人、人力资源部部长、人力资源部绩效考核员等）决定去与留的考核项目及其所占权重，可以根据评审委员会的意见适当增减考核项目，或调整权重。

（3）由绩效考核员统计考核项目及其权重，交人力资源部长确定最后的考核指标及比重。

（4）建立考核细则，进行考核培训，包括对被考核人、绩效考核员和参与考核的人进行培训。

（5）进入考核试用阶段，绩效考核员根据工作进展情况和被考核单位的记录活动填写考核表，进行考核评分工作。

（6）根据考核效果及实施情况适时修改考核表进行绩效改进及绩效面谈。

以上考核是建立在该部门管理完善并运行有效的基础上的。记录是采取工作日志记录和工作效果评估的方式进行的。

考核时实行分等级的考核方式，部门负责人对本部门进行考核，部门负责人由总经理考核。

举　例

指标

在具体考核时采用“总额量化＋考核量化指标法”时，可设定总额量化的绩效考核工资，占整个绩效考核工资的20%，各企业可以结合本企业的具体情况设定各考核部分的比重。

评价

考核量化指标法可设定一个综合评论项目，用360度全方位考评的方式对被考核人员分别考评后再取平均分，以使考核工作更公正、公平。

（十九）以管理制度为基础的考核模式

以制度为基础的考核方法要求各部门建立较为实用的管理制度，并据此进行规范员工的行为。

考核时根据制度，可以在制度之外另行设定具体扣分项目和分数的执行标准。员工的行为将通过监控系统记录到行为日记上并按执行标准进行考核处理。

为使考核更具公正性，可以采用同事互评，组长评价，销售部经理、相关部门业务部、仓储部评议等方式测评。

考核成绩计入员工纪律的绩效成绩中，并作为员工工资的计发依据。

以上方法各部门员工的定额工资不变，或因进销额等指标基本稳定而使定额工资不变，各部门的绩效工资以行为纪律的考核成绩为依据而确定。

以上管理制度为基础的考核方法侧重于公司对员工行为的规范情况，并根据得分情况排名分别计算工资。

举　　例

指标

制作企业及各部门的管理制度，根据制度规定的条款分别对部门员工进行考核评定，在设定分值时，可以采用100分制，即达标制度，即为100分，然后，分别规定扣分的标准和员工不同得分的评定档次。

员工评定格式表样

司机出车月考核表

年　月　日

项目 姓名	管理 1、3、4、16、33、34、35	出车 2、5、6、12、13、15、17	油耗 7	修理 8、9、10、11	优服 18、19、20、21、22、25、26、27、28	违纪 29、30、31、32	加班 23、24、25	加分	综合
赵忠									
李志									
王明									

评定档次

90～100为优秀；80～90为良好；70～80为好；60分以上为合格；60分以下不合格。

附　车辆管理制度细则

车辆管理制度细则

1. 公司公务车证照的保管，车辆年审及车辆保险，养路费的购买，交纳等事务，统一由行政部、车辆管理处负责管理。公司的车辆由行政部车辆管理处指派专人驾驶、保养，并负责维修、检验、清洁等。

2. 本公司人员因公用车，必须事前向行政部车辆管理处主任申请调派，申请单书面填写，并注明用途，估计用车时间、所到地点等，不按规定申请，不得派车。

3. 车辆驾驶人必须具有所对应车辆型号的驾照及相关的资质，且未有大的开车过失记录。

4. 未经总经理批准，公司的车辆不得借本公司之外的人使用。

5. 外出车辆应在每次出车时填写“车辆工作统计表”，书明行车里程、所到地点、来返时间、油耗登记、出车目的、随行人员等事项。实际出车事项与出车申请单不一致者，不报销油耗，且作违纪处理。

6. 驾驶员每日做出车工作事项统计，耗油里程数等统计，并于月末统一上交，以便于公司的优化管理。

7. 公务用车由行政部车辆管理处统一购买油票，临时用油须经行政部车辆管理处主任批准后，专人陪同加油。紧急情况用油，电话请示，说明原因，凭发票报销。

8. 车辆维修、清洗、打蜡等应先填写“车辆维修申请单”，注明行驶里程，核准后方可送修。

9. 车辆维修应去行政部车辆管理处指定的特约维修店，否则费单不予报销。可自行维修的，报销购销材料零件费用。

10. 车辆于行驶途中发生故障或其他损耗急需修复，更换零件时，可按实际需要进行修理，但无迫切需要或修理费超过2000元时，应征得行政部车辆管理处主任批准。

11. 如果驾驶员使用不当或车管专人疏于保养，致使车辆损坏或机件故障，其所需要的维护费，应依情节轻重，由公司与驾驶员或行政部车辆管理处负担。

12. 驾驶员在出车时应选取最佳的出车路线。

13. 驾驶员在行政部车辆管理处领导下，认真做好为公司工作服务和接访客人服务工作。

14. 凭用车申请单出车，未经领导批准不得用公车办私事。

15. 行车前要坚持勤检查，做到机油、汽油、刹车油、冷却水齐全，轮胎气压、制动转向、喇叭、灯光完好，确保车辆处于安全、可靠的良好状态中。

16. 公司职工不得用公车学习汽车驾驶，否则，一切后果及损失由车辆驾驶者负责。

17. 坚持个人车辆个人负责，遇有互换车辆时应报经行政部车辆管理处主任批准，并在行车记录本上记录驾驶员姓名。

18. 不论用车者是本公司职工，司机都应热情接待，小心驾驶，遵守交通规则，确保交通安全。

19. 司机对乘车人（特别是公司客人或领导）上下车时，主动打招呼，开关车门。

20. 当乘车人上车后，司机应向其确认目的地。

21. 乘车人下车办事时，司机一般不得离开车。

22. 乘车人带大件物品时，司机应予以帮助。

23. 司机因故离开车辆时，必须锁死车门。

24. 司机原则上不应在车厢内用餐。

25. 车中放有贵重物品或文件资料，司机又必须离开时，应将其放于后行李厢中加锁。

26. 司机应保持良好的个人形象，保持服装的清洁卫生。

27. 司机的个人言行，应遵守员工手册，维护公司形象。

28. 司机在驾驶过程中，努力保持端正的姿势。

29. 在未经批准驾驶时，发生了违反交通规则或发生事故的，由驾驶人负担损失，并予以记过或免职处分。

30. 违反交通规则，其罚款由司机负责。

31. 车辆在公务途中遇不可抗拒之车祸发生时，应先急救伤患人员，向附近警察机关报案，并立即报告行政部车辆管理处主任，如属小事故，可自行处理后，向行政部车辆管理处报告。

32. 发生交通事故后，如需向受害人赔偿损失，扣除保险金额后，其差额视具体情况处理。

33. 行政部车辆管理处对车辆耗油，工作量进行评比，以促使其创优秀，争佳绩。

34. 车容、车保养、驾驶员服务仪容进行评比打分，计入绩效工资中。

35. 由行车人对驾驶员的行车技术及工作态度等进行打分。

36. 对车辆保管好、无违纪、受乘车人好评的司机给予加分。

评价

制度考核适合于企业管理规范化制度推进实施过程中。

（二十）评定型绩效考核模式

评定型绩效考核模式是指根据事前制作的评定项目和评定分值计算绩效考核成绩的考核模式。

采用评议方式进行考核时，要设定评定分值的区间、评定的档次及各档次所对应的绩效工资。

评定型绩效考核的特点：

（1）有事前的评定模式和分值区间，需要根据评定得分情况，确定最终的绩效成绩。

（2）可以设计出各类考核项目的权重，也可以不设权重。

（3）考核的档次越宽，考核的精度越小，考核也越宽松。

（4）考核有主观参与色彩，有人为可控因素影响考核成绩的客观性。

（5）可以提高被考核者和考核者的参与意识，从而强化对指标的关注和同事间的交流与合作。

二、临床业务部绩效考核案例

考核介绍

药品批发企业的临床业务部人员面向医院销售药品，其工作的自由度大（上下班时间不定）、被考核人员的纪律性差。

实例类型

属于“本章第一节”第1项“财务指标绩效评价模式”（业绩）、第2项“非财务指标绩效评价模式”（行为）和第4项“引导型绩效考核模式”。

考核目标

逐步落实企业的规范化管理工作。

考核对象

临床业务人员的考核。

考核结构

临床业务部纪律绩效考核标准、执行细则和评分表共3项。

考核结构一

临床业务部纪律绩效考核标准

项号	考核项目	具体内容	量化	描述（质化）	权重	总分
1	（一）品种	做好重点十个临床品种的管理，要求负责该品种的销售人员作出本职责范围的详细销售规划（包括开发科室、销售量、具体销售日程）	违反一项，扣 1 分/次，第二次加扣	本品种的销售人员按月完成本品种的销售情况统计分析，于本月末下月初前五日前提交给部门经理	10	31
2		老品种的销售量未达到公司规定的最低销售量的，由该名医药代表及时向公司汇报，必要时书写情况说明	违反一项，扣 1 分/次，第二次加扣	对于可能影响到销售量的因素，应在发现后立即向公司汇报。延迟汇报或在事情发生后才进行汇报的，视为违纪。重大情况应同时出具书面情况说明并请示领导审批	1	
3		新品上院或上科室，应做好市场调查，填写《新品开发调查表》、《新品申请单》	违反一项，扣 1 分/次，第二次加扣	《新品开发调查表》的调查项目不应少于历次销售情况的对比和分析、医院销售情况分析、相似品种的销售情况、提出新品种上线的药理药效的依据和销售的现实可能性（包括价格、前景分析、销售方式）、与本公司其他品种的冲突和影响、本新品的适用科室、适用医院、新品提出人提出的培训工作安排、提供的数据资料或估计数据资料、具体分析各医院的药品占有比例和妥善联系人等	1	
4		品种丢失，按公司制度处罚，并书写本品种丢失的情况说明，及时上交	除进行处罚外，扣 1 分/项，累加	阶段性地历数本品种在该名员工手中的销售情况、各次优势情况的分析（优势和劣势均应做一分析）和对比分析	6	

续表

项号	考核项目	具体内容	量化	描述（质化）	权重	总分
5	（一）品种	临床品种退货，应立即书写《商品退货处理单》，无论重点品种与否或主客观原因造成的，均应在七天内处理完毕	延期每日扣1分/次	书写详细的退货原因说明，货品、票单的处理情况；应在事件处理后两日内汇报	5	31
6		提单人，负责销售工作进程和品种管理，若自己的品种过多，无法精细操作，应提前预报，不得出现因无法管理造成临床品种滞销或销售管理不力的行为	出现滞销后，根据轻重扣1～10分	应采用周报形式汇报销售情况，出现滞销或销售不力的情况，应及时向公司提交下一步促督计划	1	
7		遵守公司新品销售政策，事先上报费用预算，对要上医保的品种应做好积极的准备	违者扣1分/次	根据自己的工作计划，预算费用，月初向部门经理提交费用预算报告	4	
8		应作好本公司药品的供求信息汇报，竞争方的信息应及早向公司反映	延时汇报1分/次	信息记录表每周汇总、上报；异常事项汇报时隔不得超过一周	3	
1	（二）进货、货品流转	订货时间提前掌握，协助销售内勤作好相关方面工作	不配合者，扣0.1分/次；二次加扣	在货品数量达到安全储备量时，就应向公司的仓储部门提交发货预订申请，严禁出现断货情况	1	4
2		订货量合理控制，做到不积压，不断货	违者扣0.1分/次	达到仓储部合理安全库存	1	
3		订货程序严格按公司的要求进行，送至采购部的订货单要有销售员、医药代表、销售经理签字方可送至采购部	违者扣0.1分/次	无违规操作行为	0.5	
4		禁止销售人员私自进药，违纪者按公司的制度进行处罚	违者扣0.5分/次	无违规操作行为	0.5	
5		急货审批可以通过电话分别向销售经理和采购部经理汇报，书面程序可于事后1天内补齐	违者扣0.1分/次	无不良后果，书面资料按要求补充完成	0.5	

续表

项号	考核项目	具体内容	量化	描述（质化）	权重	总分
6	（二）进货、货品流转	销售存量达到库存底线时，必须进货，打出进货申请单，报直接进货人确认，销售经理签字，方可向采购部门进货	违者扣 0.1 分/次	无采购延迟	0.5	4
1	（三）医院开发与管理	医院资信及时向公司书面反馈，具体内容包括：医院的资信情况、日平均患者数量、床位数量、专业状况、年药品销售额、院长、药局主任、财务科长的姓名及个人信息等	违者扣 1 分/次	公司对医院资信的电子备查信息齐全、更新及时，抽查中无例外事项	2	10
2		开发费用报销时按公司相关制度执行，按医院级别控制报销费用。所有的报销单证应在报销日前 15 日提交销售经理审核，经公司确认无误后，方可报销	违者扣 1 分/次	审核流程正常	1	
3		预借费用应填写预借资金用途及归还公司的时间，报销时应按财务部门的相关要求进行处理	违者扣 1 分/次	程序正常，无例外情况	1	
4		开发特诊等医院，应提交费用预算申请，医院资信反馈，并保持与销售经理进行沟通	违者扣 1 分/次	书面手续齐全，费用预算合理	1	
5		按公司制度执行开发科室的时间及日程	违者扣 1 分/次	达到公司的要求	1	
6		各科室的医生档案应在两个月内交销售内勤处，未按时提交或提交的资料不全者，以违纪论处	违者扣 1 分/次	信息统报及时、准确，无例外	1	
7		医药代表应联系好与销售经理拜访客户的时间，在拜访中需注意的事项，应事先向公司说明	违者扣 1 分/次	正常处理，无例外	1	

续表

项号	考核项目	具体内容	量化	描述（质化）	权重	总分
8	（三）医院开发与管理	销售人员应做好科室的开发和维护工作，以期做到开发的科室数量在增加，每个科室出库的药品在递增，并提交半年科室开发表和出库量统计表，于半年（6 月、12 月）后的十五日内报销售经理	违者扣 1 分/次	遵守公司的程序，无例外事项	1	10
9		每月销售人员应有主动开发空白科室的计划	违者扣 1 分/次	书面报告及时，全面	1	
1	（四）销售	普药：每周向医院库房查询销售数量；核对医药的核定售价、金额；每月 3 日向公司汇报销售情况	违者扣 1 分/次	销售人员查询核对正确；计算准确；详细的销售和原因分析汇报、自己的销售计划	1	32
2		临床品种：做好医院相关科室的维护；了解相关品种的医院走势	违者扣 1 分/次	每周一次亲自拜访，每周二次电话问询；通过医院、药房和同事等多种渠道了解医院发展趋势，形成书面报告	1	
3		销售统计：每周将查询情况向公司汇报；每周查询医药库房销售及库存	违者扣 1 分/次	于下周一前发至经理邮箱，特殊情况请示处理；及出库单、销售单等货品流转单核对	1	
4		调研：向临床医师问询药品使用情况；向库房了解同类品种销售情况；了解同类品种的销售政策	违者扣 1 分/次	详细记录患者的使用评价、临床疗效，当日反馈到经理处；记录销售额、原因分析和销售计划；每周必须研究市场同类临床品种发展走势、医院临床反馈和销售策略	5	

续表

项号	考核项目	具体内容	量化	描述（质化）	权重	总分
5	（四）销售	重点品种出库：遵守GSP；库房出库单与个人持单一致；单据、签核，领取走向符合规定；负责医院药品的及时出货送货；负责药品需求信息记录和反馈	违者扣1分/次	按GSP要求出入库、储存药品和流转临床药品，记录合规；核对一致，异常情况当日反馈，请求处理；与财务、库管和单据微机管理员三方核对，确定无误；从接到送货后八小时内补充货源，紧急补货4小时内完成；详细记录需求信息的时间、数量和要求，及时传送至经理处	1	32
6		统方：核实清点财务确认的销售数量；与医师科室核点分配销售数量；与库房核点本月确认销售数量	违者扣1分/次	每月月中和月末分别与财务进行集中的对账，异常问题当日追查处理；每月末（月中）与医师科室进行销售数量核点，保证货品安全库存；每月末（月中）与本公司库房进行盘点对账，确认销售出库数量与单据一致	8	
7		学术营销：学术营销的宣传内容准备齐全；学术营销活动对医院方的宣传；营销活动现场效果反馈	违者扣1分/次	学术营销前应做好充足的准备，并事先与参加人员做充分的沟通，保证营销活动有效完成；通过药品知识介绍、货品优势分析，让医院方充分了解公司品种的优势；根据营销活动现场的反馈信息，采取相应的销售策略	1	
8		销售费用：及时兑付销售费用；销售活动费用支付范围合理；销售费用和销售额配比合理	违者扣1分/次	按公司要求及时落实；申请人提交书面的申请单，经公司审核后发放，通过对比分析表格，详细列明销售费用与收益之间的对比关系，向公司提交相应的分析报表	5	

续表

项号	考核项目	具体内容	量化	描述（质化）	权重	总分
9	（四）销售	维护：销售问题及时解决；维护方式、次数1～4次/月；维护记录每日记录，每周汇报	违者扣1分/次	出现销售问题，一般问题立即解决，重大问题请示后处理；做到医院各科室无投诉，拜访频率符合规定；每周一前汇报维护的医院信息、医师及相关科室的介绍	4	32
10		对账：公司账户与医院账户核对相符；公司库存与医院库存核对相符	违者扣1分/次	每周对账二次，异常问题追查解决	5	
1	（五）存货	销售人员应掌握药品的效期和库存量，并于季度末上报自己责任区内各货品批号或效期数量，并协助库房调整（统计）所负责品种的批号和数量	违者扣1分/次	抽查中，无效期药和缺库药品，批号抽查准确	4	12
2		临近效期的药品应提前六个月上报	违者扣1分/次	书面报告应包括品种、数量、形成的原因，最迟应于效期前六个月报告给经理	3	
3		销售员应及时足额按提单要求运送货品至指定的医院，并告知医药代表等相关人员	违者扣1分/次	货品保留安全库存，临时订货四小时内补足	1	
4		送货至医院的药品应在2日内由销售员入库，未及时入库的应向公司说明原因	违者扣1分/次	书面资料应详细写出原因，于入库时提交	2	
5		每半年，即6月、12月底，由销售员实报本品种的库存量，并由医药代表签字确认	违者扣1分/次	库存量资料每期底前交到经理处	2	

续表

项号	考核项目	具体内容	量化	描述（质化）	权重	总分
1	（六）纪律	考勤时间每周一、三、六的8：00，周六例会违纪者按《业务制度处理》。当《业务制度》与公司制度的相关条款同时规定时，应择其中重者执行	违者扣1分/次	员工考勤正常，会议积极发言，及时解决异常问题	3	11
2		销售人员未听从公司的要求及时到岗的，公司召回时，销售人员未在规定时间返回的	违者扣1分/次	销售人员从接到公司召回指令后四小时回单位	3	
3		公司安排的事项，应按时完成的	违者扣1分/次	按公司要求完成	1	
4		严禁兼职，或本行业的在其他医药公司代理其他品种	违者扣1分/次	兼职做公司的违纪处理	2	
5		不得泄露公司与医院的相关合作信息，不得泄露公司品种的相关信息	违者扣1分/次	按公司制度要求严格保密，否则，公司保留追究的权利	1	
6		其他执行公司制度	违者扣1分/次	按要求落实	1	

考核结构二

临床业务部绩效考核执行细则

1. 指导原则。

以我公司××发［2009］第001号《销售管理制度》文件为基础，侧重于管理的规范化、书面化，实现工作结果有记录、工作过程有监督、工作内容有分项、月末集中管理的绩效考核思路。

2. 本考核细则不影响公司制度的执行，员工违纪行为仍可按制度进行扣罚处理。如员工出现违纪，按公司制度已进行扣罚处理后，仍可按本细则进行评定。

3. 品种。

在品种考核中：

第1项，每季度进行一次考核，考核方式实行不定期抽查。

第2项，出现例外情况时汇报。

第3项，每月报告一次。

第4项，每季度书面报告一次。

第5项，出现新品时书写。

第7项，发生时或结束后应立即汇报，至少每月报一次。

以上信息报告的时间、报告的要求均以本部门的制度为基础，若一项出现不合规定的情况均应按该项扣分。其中时间和要求按本部门分值的均分计算。

4. 货品流转。

第1项、2项，公司采取抽查和向医院方问询等方式进行调查了解，也接受同事们的反馈意见，出现一次违纪，即作违纪扣分处理。

第3项，每月报告一次。

第4项，每季度书面报告一次。

5. 医院开发与管理。

出现例外情况时汇报。

6. 销售。

第3项，每月报告一次。

7. 存货。

第1项，每月报告一次。

第3项，出现例外情况时汇报。

第4项，每半年报一次。

8. 纪律。

按实际发生的事项进行管理。

9. 评分方法。

每项违纪次数合计做权数去除该违纪人员该项目分值合计作为单位违纪分值，员工的月违纪次数乘以单位违纪分值即得该项的扣分分值。

员工月扣分分值 = 月违纪合计次数/项目分值合计 × 员工月违纪次数

10. 每项评分扣至该项为零分时止。

11. 低于60分的员工不得计入优秀员工，全体均低于60分，全部计入最差员工，由部门经理责令整改，薪酬调低一级。

12. 考核评定结果计入绩效薪酬，是评定优秀员工和最差员工的依据，作为进行员工岗位胜任能力分析的指标。

13. 一期考核：以规范纪律为主，贯彻绩效考核思想。第二期考核时，侧重于深化考核内容，加入销售和管理目标完成情况等考核。

考核结构三

临床业务部绩效考核评分表

所属部门：临床业务部　　　　　　　　　　　　所属月份：　　年　月

序号	考核项目及总分（100 分）	项号	分项总分	甲	乙	丙	备注
（一）	品种（31）	1	10				
		2	1				
		3	1				
		4	6				
		5	5				
		6	1				
		7	4				
		8	3				
（二）	货品流转（4）	1	1				
		2	1				
		3	0. 5				
		4	0. 5				
		5	0. 5				
		6	0. 5				
（三）	医院开发与管理（10）	1	2				
		2	1				
		3	1				
		4	1				
		5	1				
		6	1				
		7	1				
		8	1				
		9	1				

续表

序号	考核项目及总分（100分）	项号	分项总分	甲	乙	丙	备注
（四）	销售（32）	1	1				
		2	1				
		3	1				
		4	5				
		5	1				
		6	8				
		7	1				
		8	5				
		9	4				
		10	5				
（五）	存货（12）	1	4				
		2	3				
		3	1				
		4	2				
		5	2				
（六）	纪律（11）	1	3				
		2	3				
		3	1				
		4	2				
		5	1				
		6	1				
合计		—	100	××	××	××	
本人签字		—	—	甲签	乙签	丙签	

部门经理签字：　　　　　　　　　　人力资源部签字：

财务部门签字：　　　　　　　　　　总经理签字：

第二节　绩效考核的保障

绩效考核工作是公司管理工作的重要组成部分，为使各部门的绩效考核管理工作在公司业务活动中得以顺畅地实施，公司管理人员应做好以下几方面的工作：建立绩效考核制度、做好绩效考核宣传和辅导、签订目标明晰的岗位责任状、明确岗位职责、做好可追溯的工作记录和规范的考核流程保障、处理好绩效实施中的异常问题和以公司规划为目标建立递进的绩效考核体制等几方面。本节将以此为纲进行阐述。

一、绩效考核的基础——建立绩效考核制度

（一）建立绩效考核制度的关注点

为使绩效考核方案得以实施，必须在公司制度上确立其地位，并体现在公司的日常经营管理行为中。做好绩效考核的制度基础，至少应做好以下几点。

（1）作为公司制度的组成部分，归入公司的日常管理中，写入员工手册里。

（2）做好与薪酬体系和其他人力资源制度的配套，归入人力资源管理的一体化战略中。

（3）突出本制度的可操作性，制作出可操作性的细则以便于应用。

（4）与绩效考核落实有关的人员和条件一定要事先阐明。

（5）绩效考核制度是一个系统化的制度，应与公司的管理体制相统一，与其他制度规范保持一致。

（6）建立异常绩效事件反馈和处理体制，使绩效考核制度实现动态的智能运作。

（二）建立绩效考核制度

拟建立的绩效考核制度至少应包括以下内容。

1. 明晰绩效考核评定和各统报岗位的参与人员

考核实施：两人现场参与考核，其中一人为人力资源部人员，另一人是从各部门随机选派与被考核岗不相关人员。考核人员在考核时，应填写“现场考核确认单”（表格见附表所示）。注明参与考核的人员、考核内容和考核现场环境等因素，该单应做成详细表格，经现场被考核人员、其上级主管等人员确认后，作为绩效考核公正检查的一项指标。

2. 坚持不同岗位间独立工作与协同合作的考核体制

绩效考核涉及到的人员及职责为：绩效考核设计岗、绩效考核规则岗、绩效考

核实施岗、绩效考核统计岗、绩效考核沟通反馈岗。各岗位的职责及参与人员分别为：

（1）绩效考核设计岗　是对绩效考核整体工作进行规划和安排的岗位。

该岗位由公司人力资源绩效考核总体设计师担任。

（2）绩效考核规则岗　是制定绩效考核规则和流程的岗位。

它需要根据绩效考核实施中可能会遇到的各种流程节点中的问题，做好流程的规范和要求，是一个定制定章的岗位。该岗位一般可以由人力资源部长等担任。

（3）绩效考核实施岗　是将整体绩效考核方案下达至各个环节后，由其负责落实和执行的实务工作岗位。实施岗一般由公司各部门负责人和全部工作人员组成，他们的工作是按公司绩效考核的目标和行为的要求指导本部门员工的工作。

（4）绩效考核统计岗　是描述和记录绩效实施工作的岗位，这个岗位一般由人力资源部门绩效考核专员担任。该岗位要求，及时准确地将绩效现场落实信息反馈给公司绩效考核的设计层及公司的决策层，以便于不断地调整地绩效考核方案，使绩效考核工作达到公司的预期目标。

（5）绩效考核沟通反馈岗　是将绩效考核实施的意见不断地沟通和反馈的岗位。

之所以设置这个岗位为了依制度严格执行绩效考核的过程中，对其中的一些异常事件，及时协助各个部门完成沟通和反馈处理等工作，该岗位也对绩效考核成绩进行分析和面谈。这样，公司绩效考核工作有了回旋的余地，并因地制宜地动态更新。建议该岗位由人力资源部的高管担任。

3. 明确绩效考核记述的方式

绩效考核记述的方式可以采取：现场绩效考核记述、绩效考核量化评分（如销售业务排名计分、电脑统计等）、员工成绩综合行为评分（包括员工互评和领导的评分、部门内评定和跨部门的评定）和客观实体评定（工作进度、完工率等）。

4. 明晰绩效考核工作流程和各个环节的落实人

绩效考核的整个流程包括：公司的总体规划——→目标确定（考核指标、标准等）——→具体落实各期各项标准——→实施绩效考核（考核人、被考核人和考核记述）——→绩效考核成绩的现场确认及反馈——→绩效考核沟通与反馈。

5. 明确获取绩效考核评分依据的环节

绩效考核依据获取环节：从现场获取、从部门经理处获取、从实名员工提供、通过匿名评价获取、从电脑中获取共享数据或与国家公布的标准比较等。

重大问题的绩效考核方式应采用多样性渠道获取，如评议、投诉、互评等，避免通过单渠道自定方式评分。

实现由人力资源部门领导的各部门自律的绩效考核管理体制，更多体现出公司的制度管理，避免出现“人管理人”等随意性的行为。

6. 绩效考核处理的严肃性

在绩效考核中，处罚单上的内容不得涂改，有需要变动的事项，应重新会签，然后下单。对于任何的处罚内容都应坚持先集体讨论然后再依制度处罚的原则。

7. 绩效考核执行过程的一致性

绩效考核制度对于相同岗位的人，在相同的环境下执行同一标准。做好统一标准、统一下发、统一执行的过程管理。凡按规定流程经过讨论并批准通过的绩效考核表，必须坚决执行。对有疑问应坚持集体讨论后，再按程序修改的作业原则，以保证绩效考核执行程序的严肃性和一贯性。

8. 绩效考核对于错误纠正的程度给予不同的扣处办法

对于立即执行者与延迟执行者，应制定出不同的处罚标准，对于受罚后再次、3 次违纪者，与初次违纪者应制定出不同的处罚政策。

9. 坚持统一的绩效执行方法与灵活的执行方法并存且相一致的处理措施

如已规定绩效考核结果应作为总评分进入绩效工资中，同时又规定个别违纪的行为可以采用制度处罚时，可以根据不同的情况采取相应的处理措施。有些制度处罚可以代替绩效处罚，有些制度处罚可以加重绩效中的处罚，如平时员工必须遵守纪律等。

10. 建立并明晰各个绩效考核岗位的职责公示系统，使绩效考核工作在透明的环境下执行

做好绩效考核岗位的“细化”，使绩效考核岗位明晰，做到每名参与者都清楚：考核人、被考核人、考核内容、考核目标、考核成绩和考核的处理等。

11. 加强员工日常绩效辅导，提供必须的制度支持系统

工作绩效对于员工的稳定性也有一定的影响。工作绩效太容易完成，会被看成没有挑战性，实质上就是没有激励性。对这类员工应有意让“能者多劳”，通过多付出，体现其价值，有挑战性的目标和任务更适合他们。

工作绩效很难达成，员工压力太大，对其稳定性也没有好处。试想如果一个员工老是完不成任务，在绩效考评中老是垫底，他还有激情或斗志吗？这就需要其部门主管进行日常绩效辅导。

绩效辅导是企业、部门和员工多方共赢的做法，作为直线主管通过绩效辅导能及时发现员工行为离目标的差距，有利于整个团队绩效的提高，避免公司因员工“交学费”导致的损失，同时还能使员工有一种团队归属感，为其心理上提供必要的社会支持，消除绩效考核中因主管等的漠不关心产生的“自生自灭”的感觉。

在绩效考核辅导中，要做到及时发现问题，及时纠正，并改善相应环境的做法，不要等到员工给公司带来较大损失或纷纷递交辞职报告时才去想办法。

12. 应针对不同部门或情况分类别作适合不同部门的绩效管理模式

包括，采用规范化管理、突破性管理和排错式管理。

例如，对于行政部门、仓储部门多采用规范化管理考核，而对于销售部门、研发部门适用突破性管理及考核模式，对于业务流程运作，则可采用排错式管理，不断减少差错的发生。

注：突破性包括销售的高突破，也包括损耗的低突破。

13. 企业在绩效目标设定时应考虑的事项

（1）战略目标

要求描述企业的社会责任、企业营利目标、企业管理水平和公司治理水平、企业的行业竞争地位等。

（2）经营目标

提高企业资产运作的效果和效率。

（3）合规目标

企业应遵守相应的工商、税务、环境、价格、员工福利等相关的法律法规。

14. 明确考核中各部门的工作内容和相关人员的职责

做到使各部门清楚：本部门经理是绩效考核监督和落实工作的主要执行者，人力资源部是指导、监督、统计者和评定者。部门绩效考核方案的培训和落实将作为公司本部门经理工作考核内容的指标。

15. 绩效考核认可的考核手段

无论采用哪种绩效考核模式，公司都应在绩效考核工作前，明确考核指标、考核分值、考核标准和考核人外，还应公布本次绩效考核依据的材料。

例如，绩效考核采用部门经理日常检查、同事评议、相关部门评议、领导评议、财务指标或结果审定等公司认可的考核手段。

16. 业务承接部门有权对上一部门进行考核评定和要求

公司在绩效考核实施中，相关部门，特别是业务流程中，对相关业务的承接部门有权对上一部门进行考核评定和要求。

即下一部门有权对上一部门的工作提出建议（如生产部门可以对供应部门采购的原料提出一些建议等）。

绩效考核确认单

绩效考核员，在现场工作中，要详细记录考核实施人员地点、方式及参与人员姓名和评定意见等。绩效考核现场考核确认单的格式可以参考如下表格。

现场考核确认单

文件名称：　　　　　　　　所属月份：　　　　　　　　所属部门：

序号	考核时间	考核地点	考核描述	实施人员	统计员	所属岗位

本人签字：　　　　　　　　　　　　　　　　　　　　统计日期：

二、绩效考核普及——做好绩效考核宣传和辅导

（一）绩效考核前的普及

在绩效考核方案拟定后，实施工作之前，应做好绩效考核工作的宣传和辅导工作，使员工了解绩效考核的目的、考核的标准、考核的目标等考核理念，使绩效考核能得到员工思想上的理解，才能在行动上得以实现。

在绩效考核的普及中应做好以下几方面的工作。

（1）加强思想化建设，为员工构建落实绩效工作的思想环境。

（2）列入一项绩效目标培训和本部门绩效内容的培训，为员工的绩效指明方向。

（3）明确绩效考核的流程　让员工清楚考核人、被考核人、绩效考核的过程、发现异常问题的请求处理渠道等，让员工知道自己应该做什么，怎么做，找谁做。保障绩效考核过程顺利进行。

（4）明确绩效考核与薪酬的关系　在对各部门的员工宣讲绩效考核的重要性时，侧重于讲解与员工切身利益相关目标的分解，使绩效考核的目标深入人心。

（5）明确绩效考核的结果与工作中岗位的评定和员工职业发展的关系

强化绩效考核结果对员工个人能力的认定，对未来自己职业发展的影响，对提升个人能力的作用等。

（二）绩效考核中的指导

在绩效考核的指导中，重点应做好以下几方面的工作。

（1）做好员工工作的指导，将工作的要点与绩效考核的重点指标进行比较，做好两者的权衡与协调。

（2）提炼出每日、每个岗位的重点考核指标，落实到日常检查和指导工作中。

（3）加强对绩效考核中薄弱环节的培训和改进，以不断地提升员工的工作能力，以及本岗位员工的工作技能水平。

（4）以考核为导向，规范本环节和本岗位的工作标准，并为员工创造一个积极向上的工作氛围。

（三）绩效考核过程的统报与面谈

从某种意义上讲，绩效考核是一种刺激行为，它从几个关键的目标点上要求员工和业务流程的工作，进而不断提升企业整体的工作水平和员工的胜任能力。这样，绩效考核工作不仅可达到规范企业的目的，而且还是一种促进企业不断发展、员工技能不断提升的手段。

通过有效的绩效考核过程管理，每一次的绩效考核都能取得公司经营管理阶段

性的成绩，公司各个部门及员工都可以通过绩效考核工作统报和面谈，不断规范和提升自己。

这里所说的绩效考核统报，包括部门员工、部门负责人、人力资源部门和企业高层管理人员对本阶段绩效考核工作的统计和汇报。

统报的内容，包括部门考核指标、岗位考核指标、考核范围、检查标准、检查方法及落实绩效考核的成绩、员工整体素质和技能及表现、本次绩效执行的结果与绩效的预期目标的差异统计报告。

对于每个部门总结后的情况，人力资源部门应再进一步下基层核实员工的实际情况，进行与被考核人的绩效面谈。

在绩效面谈中，对员工反映的情况应做好跟踪和记载，持续的绩效管理应“以人为本”，了解绩效具体执行环节对于本次绩效考核成败有着至关重要的作用。

在与员工的绩效面谈中，应做好以下内容的了解和记录。

（1）了解员工对绩效考核的欢迎程度，进一步了解产生的这种情况的原因。

（2）了解员工的工作需求，了解他们关心的问题，了解他们工作中的喜好。

（3）了解员工在落实绩效考核中的阻力，认真听取员工对解决该项阻力的建议。

（4）根据员工的岗位特点和本期考核的成绩，提出管理上的问题，并在与绩效面谈中做好准备和记录工作。

在与员工的绩效面谈中，一定要以平和的心态，以学习的态度向员工，向绩效考核第一落实人了解情况，决不能以有倾向性的或是批判的心情对待员工的发言。对于员工的不同意见，都要认真听取原因，认真分析产生的原因，并对不同的意见进行分析比较，以期对下一期绩效考核设计方案提出建设性的意见。

根据绩效面谈的结果，可以做好两件事情：一是做好下一期的绩效设计工作；二是做好对员工的有针对性的培训提升工作。

三、绩效考核实施的保障——签订目标明晰的岗位责任状

制度明晰的管理体制下，应为员工设计出目标清晰的岗位责任状，使员工清楚工作内容和工作的重点、上下流程的接续与协作关系人、考核主抓的具体的考核指标等。

绩效考核实施之前，应做好岗位责任书，经考核双方签字确认后，分别留存作为目标达成后的奖惩依据。

实施绩效考核后，其考核的成绩体现在员工的工资中。因此，被考核的员工与企业在考核之前签定的《绩效考核的岗位责任状》，可以明确考核方和被考核方双方权利和职责，在考核过程中，做到有章可循。

在企业设计岗位责任状时，除了应关注本员工应做好的职责工作外，也应加入一些员工实现这些职责提供有效的保障，对一些由非本单位员工原因造成的影响该

员工工作绩效目标达成的客观因素，应进行适应的剔除和容让，以不断提升员工绩效考核工作的公正性，并保持其激励作用。

《绩效考核的岗位责任状》可以根据企业要考核的岗位不同做不同的约束。

四、绩效管理保障工作——明确岗位职责、做好可追溯的记录和规范的考核流程

绩效考核作为一个系统化的管理工作体系，应落实好绩效考核的整体布局，做好绩效管理的周边工作，系统化的绩效考核工作包括明晰参加绩效考核人员的岗位职责、做好工作规范和考核流程等工作，做好绩效考核过程的记录和统报等工作。

一般情况下，建议按以下步骤完成绩效考核方案的周边设计工作：先制定各部门的工作流程，再制定连接各部门流程的职责和工作标准，其后是明确各部门内部及部门之间传递信息的纸质和电子文书的路径。

（一）制定各部门的工作流程

通过分析企业的业务环境、生产经营目标，确定最合理的业务流转过程。流程管理的设计在企业管理章节已阐述，本节不再赘述。

为了进一步加强对企业流程的规范化管理工作，在工作流程中，应做好不相容岗位分离、管理与监督、工作指导和实务操作等岗位设置工作。

（二）明晰岗位职责和绩效考核的标准

明晰岗位职责是绩效考核的前提。

明晰岗位职责，应清楚有多少个部门，每个部门多少个职位，每个职位多少个员工，然后再为具体的岗位安排工作内容，即确定岗位职责。这是宏观确定岗位职责的步骤。

只有清晰明确了岗位职责，才能确定工作标准，才能进行工作结果的评定，即绩效考核。应准确定位一个岗位和职责，避免一人超负荷工作，或多人负责一职的职责设置情况。

我们知道，凡事在做之前，都应该有标准，并且要事前标明。做绩效考核工作也是如此。为了规范绩效考核流程和业务行为，应明确规定实施绩效考核的标准和流程，使考核者与被考核者都清楚考核标准和操作的流程。这是保证绩效考核工作顺利进行必要的条件。只有这样，才能避免出现杂乱不清、重点不明的现象。

明确绩效考核的流程和标准，应做到以下几点。

（1）根据岗位职责，进一步明确每项具体工作的达标要求，做与不做的处理区别，高于标准与低于标准的处理方式。

（2）将考核评定的作业过程清晰明确地描述出来，列明考核人、被考核人、考核时间、考核汇报确认方式等内容，使考核者与被考核者心中有数，知道自己该做

什么，不做什么，该怎么做，不该怎么做。

（3）明确考核的方式、认可的考核依据，自己的工作协调人等，使被考核人和考核人按照同一个参照标准完成企业的绩效考核工作。

（三）部门间传递信息的路径、保存记录的方式

无论是要通过绩效考核过程建立企业规范化的管理体系，还是要增加绩效考核过程的重复验证率，都需要完成可追溯记录的制定。

在部门间信息的传递中，要明确与绩效考核相关的纸质及电子文档传递和确认的方式。

落实有记录但不繁琐、有信息但不重复的信息记述思路，同时，还要注重相关部门之间信息的相互印证，以便于核对和比较。

追溯记录应做到：

（1）真实记述，及时反馈。

（2）通过各步考核，可以同步看到考核记录依据和考核成绩的评定。

（3）信息使用及时，可实现信息之间横纵向对比，员工之间信息的分析核对。

（4）描述类绩效考核信息时，应根据描述事实分析记录，切忌无因而果的信息记录行为。

五、绩效异常问题的处理

优秀的绩效考核机制应具备智能、动态和实时调整的管理特点。

建立顺畅的绩效实施问题发现、处理和反馈机制，使发生于绩效考核进程中的异常问题，能得到及时的发现、纠正和处理。

在出现异常问题时，根据出现问题的原因，分清主次责任，挽回者与造成者之间的责任，并进行分责处理。

能利用好当前已有的条件，解决绩效管理工作中可能出现的异常问题，使绩效管理在内的全部管理工作得以正常进行下去，这是绩效考核督促下的企业运营环境管理的目标。

六、绩效考核持续完善——以公司规划为目标建立递进的绩效管理体制

绩效考核工作告一段落后，应对本期的绩效考核工作进行总结，提出改进建议。做好绩效考核持续完善，应有总体规划，并从企业发展大方向上，设定不断递进的绩效考核发展目标，从企业文化建设的高度，为公司发展建构文化向上的工作环境。

（一）绩效考核的总结和改进方案

绩效考核的目的是为了改进工作，提高管理效率和效果，达到公司管理的整体目标。因此，每期绩效考核结束后，应对本期绩效考核执行情况进行总结，以提出进一步改进工作、改善绩效考核策略的方案。

绩效考核总结包括以下几方面的内容。

（1）公司管理目标的实现程度，达标与未达标的原因分析、解决思路及处理结果等的总结分析。

（2）本期员工的绩效考核成绩与上期员工绩效考核成绩之间比较，分析确定，员工业务能力提升程度、业务工作的规范化程度等。

（3）绩效流程运行中，员工的满意度、投诉状况或本期流程运作的调整方案能否满足员工工作的需要。

（4）将公司的经营目标与当前岗位的职责安排、员工的绩效表现等进行比较，总结出易于优化的工作方案。

（5）对本期绩效考核方案与历次绩效考核方案比较，分析总结出持续改进绩效的办法。

持续改进绩效方案，是动态可行的绩效管理行为。在持续改进绩效方案的行为中，我们应关注以下几个方面的工作。

（1）对员工的岗位职责进行重新设定。

（2）依公司业务流程重新设定绩效考核的优化模式，如从半件计量制绩效模式，改为个人成品全计件式绩效模式等。

（3）考核量化比例、评分机制、考核流程、记录表格确认方式等的重新评定和改善。

（4）对员工业务能力提供相关的改进培训方法，对员工职业规划进行重新评定。

（5）根据员工的反馈意见，对公司管理、业务操作流程等进行重新优化调整。

（二）下期绩效考核管理工作的持续完善

在绩效考核持续的完善工作中，应关注以下几项工作：

（1）本期工作绩效的总结、改进方案。

（2）下期工作绩效的完善和改进。

（3）绩效管理周边环境的构建。

（三）绩效管理周边环境的构建

绩效管理周边环境的构建的内容如下。

（1）公司高层领导全力主推。

（2）各部门负责人重视和过程工作指导，各部门员工共同参与。

（3）连续性的绩效更新建议。

（4）绩效面谈、绩效信息回馈。

（5）绩效培训（绩效提升），做好绩效考核后员工能力的综合提升和改进工作。

第六章　药品批发企业的销售管理

第一节　药品批发企业的销售渠道管理

一、销售管理的内容

（一）业务员工作流程

1. 销售工作

根据销售经理下达的销售指令作本区域工作细化——→向区域的代理商处或分销商处下达本期工作并协助其解决销售中的问题——→业务员不能解决的问题带回公司统一解决——→回复代理商或分销商。

2. 货品流动工作

（1）及时或按期统计代理商或分销商的存货以保证按需备货。

（2）对达到公司安全预警线的滞销存货办理退货、返货的工作。

（3）按期完成公司的存货盘点工作。

3. 信息管理工作

（1）公司的任务、政策等信息传达。

（2）将代理商、分销商的信息转达给公司。

（3）调查或记录市场供销及行业信息。

4. 财务管理工作

（1）合作前的价格及条件、结款方式等的谈判。

（2）销售中随时控制结款。

（3）对代理商或分销商出现的财务异常情况按公司的要求进行管理。

（二）销售经理工作内容

（1）落实并完成公司下达的各期销售任务。

（2）完成公司下达渠道开拓的任务。

（3）组织并落实培训，使员工能力与技能同步提高，以满足公司工作的需要。

（4）按公司要求落实对员工的各项考核工作，使员工工作得到了激励。

（5）解决员工工作中的疑难问题，为员工经常开展思想教育工作。

（6）与各部门协调工作，解决各部门间的工作。

二、药品批发企业的销售渠道

（一）代理销售渠道

1. 定义

批发企业的代理销售是通过对该品种的独家销售专卖许可行为来达到对某种药品的推广销售行为。

2. 形式

（1）全国代理，即对某种药品的全国区域的代理专卖行为。它是一级代理行为。

（2）区域代理，可以是按行政区划设定的较大范围的地域代理销售许可。它是次级代理行为。

（3）省级代理，特指某行政省份范围内代理行为。

（4）县级代理，专指某县级区划内的较低级的代理行为。

3. 代理销售的特点

（1）拥有专卖许可证，药厂或上级代理商保证对该区域的特定供货。

（2）有了上级代理，即使不售货品，也拥有对该专卖许可的下级代理收益权。

（3）对于越地区的货品流动（俗称“串货”）有追查的权利。

（4）代理是地区销售的专卖权，可以独享地区销售的收益。

（5）可以方便地实现对已售药品各种疑难问题的寻查与处理。

（6）省去了其他的经销环节，用较简单的方式实现向最终用户出售的目的，这使得它的成本低、市场竞争力更强。

（7）药厂可与销售渠道建立更直接的信息反馈。

4. 适用情形

它是上游药厂现在多用的一种形式，既节省了流转费用，又便于上下信息交流。

（二）分销商销售

1. 概述

简单讲，分销是一种快速拓展销售渠道的方式。药品生产企业或其下属的代理商可以根据自己的招商等方式，将有实力意向的药品经销公司设定为分销商，而采用直接供货或要求其向该地区的代理商取货销售的一种买断型的专业拓展型的销售模式。

通过分销经营后，药品生产企业可以专业化生产，药品经销企业根据其经营模式，专业化经营销售业务。

药品分销商销售渠道作为一种大范围多渠道销售的方式，是由药品生产企业对凡是有能力经营指定药品销售的公司进行的分销权限的设定，包括全国代理权、省级代理权等。同时，作为被授权的药品批发企业，又可以在省（市）内设立其他分销商渠道，开拓业务销售行为。

药品生产企业通过协议约定，可以采用对各分销商直接控制供货的销售方式。

2. 分销的种类

（1）药品生产企业直接向分销商供货销售。

（2）药品生产企业确认了意向销售关系后，对于该地区已设代理的要求意向合作者向该代理商供货，价格享受二级代理价格或药品生产企业另设的价格。

3. 分销销售的特点

（1）销售思路拓宽，销售局面易于打开。

（2）一级代理、分级代理及其他代理的采用方式，使销售价格难于统一。

（3）不利于地区销售的保护，难于保证地区间串货或相互越区流通。

4. 适用情形

（1）药品生产企业迅速拓展市场的情形。

（2）一级代理商或二级代理商继续销售采用的方式。

（三）药房、商超、诊所的销售渠道

1. 概述

药房、商超、诊所的销售渠道也是上游药品生产企业或代理商销售运营的一种方式。对于 OTC 类药品可以使用商超供货转销；其他的药品一律可在符合资质的次级药品经销企业的渠道市场销售。

药房、商超、诊所的走货是药品进行分销的渠道之一，通过对次级销售终端的供货或代销方式来达到扩大销售的目的，是一种批量销售的方式。

2. 分类

（1）药房。

（2）商超。

（3）诊所。

3. 药房、商超、诊所走货的特点

（1）商品市场的展示效应强，易扩大知明度。

（2）易于推广，尤其是向较知名的药房、商超、诊所的走货、铺货，可以省去一些广告费用。

（3）能接触到最终用户，可以获得用户关于药品的信息反馈。

（4）是迅速扩大销售额的一种方式。

4. 适用情况

（1）OTC 类药品次终端分销。

（2）对口药品向相应资质的次终端渠道的迅速拓展。

（3）药品生产企业及代理商、分销商均可使用（代理专限的除外）。

（四）协助药品零售店面对终端用户销售

1. 概述

对于一些特殊疗效或专利批准的药品，设立零售经营模式的药品经销企业可以采用直接向用户销售，并直接向用户传达药品的使用方法，并协助用户完成购药后服用事项的直接销售方式。

2. 方式

（1）药品生产企业可以设立电话咨询服务，协议药品经销企业完成药品的销售订货业务（如800或400免费咨询销售）。

（2）按约定协议，协助药品零售店面做好终端用户销售的催销业务。

3. 协助零售店面销售的内容

（1）对零售店面的药品经营知识培训、产品功能主治培训。

（2）向零售店面宣传公司的营销政策、促销方案。

（3）帮助零售店面做好药品进量计划、货品陈设、POP海报制作等营销策划组织工作。

（4）及时落实销售进货量、进货配送等的销售管理。

（5）落实效期药品等的返药厂的工作等。

4. 适用情形

（1）药品生产企业自设销售电话，消费者可以方便查找药品生产企业的电话或据地址拜访。

（2）药品经销企业可以通过附设的零售药店、医院、诊所等渠道，与上游生产药厂共同为药品终端销售提供辅助支持。

（五）电话销售

1. 概述

电话销售是一种通过电话中的信息交流洽谈，供需双方快速完成交易的一种销售方式。

电话销售也是一种操作成本低、广告效应较强的销售方式。具体有主动寻找和接听促成销售两种方式。

（1）主动寻找意向客户的方式　药品经销企业公布药品零售企业或代理商名目及电话信息，通过坐销沟通，逐步落实销售的过程。

（2）接听促成销售方式　接听促成销售方式是通过电话的接听来抓住机会，落实销售的方式。凡是广告能辐射的地方都有实现电话销售的潜力。

2. 电话销售方式的实施

电话销售的方式可以按公布电话的类型逐步展开销售，具体的销售类型如下。

（1）药品封包上打上药品生产企业、药品经销企业的电话，这在所有陈列该药品的地方均可以实现销售。

（2）通过平面或空中的媒体公布药品生产及经销企业的电话，使所有得知该信息的意向购买人群都有交易的可能。

（3）到社区及利用便民讲座推广信息，展示药品经销企业的联系方式，使社区居民能接触相关药品的联系信息。

（4）通过专家或诊所医师推荐使用，有针对性地落实销售人员。

（5）通过其他消费者可以接触到的正常的销售渠道。

3. 电话销售的特点

（1）节省销售费用，广告覆盖面广，是超值的推广销售方式。

（2）易于信息的反馈与传播。

（3）电话销售后通过与药品生产企业的深度接触，可传播药品使用的信息。

（4）零售用户取药方便，有些电话中心附设物流配送中心，由药品生产企业通过其零售店面按要求送药上门。

（5）电话后消费者可以通过持续的电话咨询获得保健等增值的服务。

4. 适用情况

（1）所有附设免费咨询电话或免费销售电话的药品生产及经销企业。

（2）代理商或分销商在一定区域拓展销售的方式。

（六）招商销售

1. 概述

药品生产企业设立的电话招商部，通过电话沟通，可以完成对符合经销药品资质企业，进行药品代理经销或渠道分销的推广药品的方式。

2. 分类

按招商信息的来源可以分为以下几类。

（1）网络沟通招商销售。

（2）电话黄页查询获得信息。

（3）在某区域公布药品生产企业或代理商、分销商的电话对意向代理人群实现的招商。

（4）通过参加重要的药交会等展会获得新特药品的信息。

（5）其他能接触到招商信息的方式。

3. 招商销售的特点

（1）信息来源广泛，且采集耗费的成本少、费用低。

（2）可以由一人或少数几人完成众多意向合作者的筛选，并很快确定合作者。

（3）药交会等大型招商会的可信度较高。

（4）易于招商，双方可以自由谈判，并做合作的选择，灵活度高。

4. 适用情况

（1）对于要迅速扩大销售和代理的新药品种。

（2）代理商或二级代理商的进一步开拓市场的营销模式。

（3）药交会等大型会议上的新药面市。

（4）其他适合招商的情形。

（七）争取代理品种上医保目录

在营销导向型企业，其临床产品和 OTC 广告产品是已经载入省级医保目录的产品。因此，才有实力与品牌导向型企业的 OTC 产品在市场上拼份额、拼销量。

在中国特色的医药市场上，医保 OTC 是连接 OTC 渠道和医院或医生渠道的桥梁，也是企业占领市场，并保持自己的市场地位的保障。没有医保 OTC，就无法通过规模化的手段去影响医院或医生渠道。

打开电视，做广告的 OTC 药品十之七八都是医保 OTC，而且，众多民营资本并购医药企业后，却无法成功运作并得到回报的根本原因就是没有进入 OTC，三九胃泰在被排除在医保 OTC 之外而导致销售直线下跌，哈慈并购医药运作失败也是如此，太极集团受困于“曲美“，不是医保 OTC，也是如此。

企业的成功运作，要关注医保目录，做好相关的工作。

（八）特色经营门店

保健类产品、医疗器械可以通过特色门店来拓展自己的营销渠道。我们周围的糖尿糖保健品店、三十四联和工大高科系列保健品，就是运作渠道的新思路。

三、药品批发企业的渠道销售要点

药品批发企业的渠道销售有它自身的要求和特点。

（1）对代理商、分销商的资质的审核严格，只有对符合资质的经销商才能进行药品的代理销售。

（2）代理销售对销售和货品的管理严格，应按要求进行操作。

（3）药品生产企业对每批每件出厂的药品都应该审检其药品，即进行药检。

（4）药品生产企业对流通中的药品质量负责。

（5）对出厂药品设定价位，同时药品生产企业也应为最终销售设定上限，以对市场进行有限保证。

（6）各分销商间、分销商与次级终端（药品批发企业和药品零售连销企业）间、药品生产企业与最终消费者之间销售均应出具相应药品管理手续，以便于对药品经销各环节间责任的划分和强化管理。

第二节　医药批发企业营销渠道策划案例

医药批发企业的销售渠道很多，按其经营的区域，可以划分为本地终端市场和外埠市场两大类。

在营销渠道策划中，应做好思路分析、前期预期、落实方案、宣传方式和销售策略等内容的规划工作。

一、终端零售市场的运营管理

（一）终端零售市场的运营思路

在医药批发企业的零售市场，是企业运营中的可以直接面向市场，实现双向互动沟通的窗口。因其能够面向终端，管理可控，故可为企业的营销活动提供自由运作的可能。

通过终端零售市场成功运作，就可以通过复制、推广等方式而带动外埠市场。

对终端零售市场的运营思路为：明确产品定位、做好品牌推广、拓展营销思路（定向终端、细化市场、持续跟进）和具体销售方案四项。

1. 明确产品定位

产品定位，是营销策划工作的第一步，也是未来营销工作的方向和基调。在产品的营销定位上，不仅要准确，而且还要做好细化工作。

具体工作如下。

（1）产品消费人群定位　产品的消费人群定位，是指产品的可能购买人群的市场定位，这是企业运营的重要关注点。

例如，对某种降血脂类的保健产品，就可以把目标消费人群定位为：

①与血液相关疾病的人员保健治疗，具体包括高血脂、高血压、心绞痛、脂肪肝、糖尿病、肾虚、性功能减退等。

②中高档消费人群年节、应酬送礼时的保健礼品。

（2）产品销售定位　产品销售定位是指本产品能被消费人群获知商品信息和选购可能的地点。

例如：保健类产品可以选择的销售定位地点为：药店高档保健品或礼品组、药店的贵细专柜、专业保健品店、土特品礼品店、养生保健店、医院老干部病房、旅游团、机关企事业单位员工。

2. 做好品牌推广

品牌推广是企业产品持续销售的基础，只有做好品牌的宣传和推广，才能使用户有选购的可能。

例如：保健类产品可以考虑在企业所在省市做几个形象店（终端内），既做品牌销售又为未来终端和外埠市场销售做好宣传的准备。

3. 拓展营销思路——定向终端、细化市场、持续跟进

一般的产品的营销思路，多是根据产品的特点，先主做一个市场，通过细化管理和持续跟进式的销售，完成更大区域，甚至全国或是出口等拓展营销的思路。

例如，当前保健品市场多是采用以点带面，从终端起点、分解细化市场和持续跟进的营销思路。在本地市场通过加强实体店、直销、电话、网络等营销渠道，不断向外拓展营销渠道。

在拓展营销思路的过程中，应加强扩大销售、宣传品牌的营销目的。

（1）定向终端

①保健品批发企业可以精选药店，做品牌形象店。

选择综合性的药店。

选择有消费能力的居民区。

选择旅游区、交通便利区。

选择医院附近的药店。

②直销至土特品店或将商品空盒陈列至土特品店。

③选择部分有海参等高档保健品的超市进驻。

④与养生馆合作。

⑤机场、火车站、汽车站销售或空盒宣传。

⑥个人消费者、机关企事业单位、旅行团等。

⑦电话，各种渠道受理外来电话问询，培养意向客户。

⑧走批发商代理渠道，如药厂将医药批发企业作为一级代理商，医药批发企业再向下分到支代理商。

（2）细化市场　销售中，应做到以下几点。

①对于同类竞品购买的客户，必须争取到。

②对于礼品购买客户，购买或倾向公司的保健产品，不断培训他们对公司产品的信心。

③对于指定购买同类保健品的客户，树立起向同业学习的观念。

④对于销售业绩好的其他非同类的保健品，应取优补短，学以致用。

（3）持续跟进　应做到以下几点。

①畅销的终端做好备货工作，保证不缺货。

②位置好的终端应提供合理调配产品的工作。

③销售不好的终端应做好效期药品的管理工作。

4. 具体销售方案

销售方案具体是指实时的销售政策和策划方案。

针对不同的销售渠道，要有长远的预期，合理估计销售的发展导向，并根据各自不同的销售渠道设计出不同的销售策略。

(1) 实时的销售政策

①压批结款。

②现金结款。

③奖励产品。

④互易所需。

⑤对个人消费者制定团购方案。

⑥会员卡政策。

⑦赠品落实方案。

⑧各期活动组织方案。

(2) 实时销售策划方案

①长线的销售策划：制作会员卡，开展会员活动。

②与药房等终端共同搞活动。

③与其他保健品共同搞活动。

④与养生馆搞活动，或与美容馆搞活动，互赠卡片（宣传卡或优惠卡）。

（二）终端零售市场的前景预期

在营销策划时，应为各个渠道的营销活动预测其可能达到结果及其可能面临的风险。

1. 发展预期

例如，上述的保健品营销方案在实施后，估计其可能的销售效果。

(1) 通过药店会员卡活动，留住老客户，并使其保持稳定销量，由其带去自己的周边人群宣传和使用，完成终端20%的稳定销售额。

(2) 终端铺货，重点保持和推进A类药房、地点好的药房的产品供应，提升公司产品的销售额，逐步在消费者心中树立公司的品牌形象，完成终端50%～60%的销售额。

(3) 与土特产店、团购等场所合作，直接完成销售长期供应，增加终端15%左右的销售额。

(4) 与美容院、会馆、医院等联合，落实销售额，并加强宣传，增加终端5%左右的销售额。

2. 风险预期

(1) 收款风险。

(2) 效期药风险。

(3) 财务费用增加风险。

(4) 员工胜任风险。

（三）终端零售市场的营销落实方案

根据企业和产品的特点，根据营销策划方案的总思路，设计好营销工作的具体落实方案。采用样板形象店、走渠道代理的保健品批发公司。

可以因地制宜做好保健品的宣传和展示。

（1）利用店里原来的资源，展柜、摆柜，宣传板（免费）。

（2）形象店自己派员进店：自设展柜、专柜。

（3）灵活多样地展示自己：宣传单、公益用品、空盒、外贴海报 X 展架、网络宣传、解答。

（4）客户的口碑宣传。

（5）商品空盒陈列至土特品店、商超、交通便利的终端里，免费的广告宣传。

（6）销售人员跟进销售终端，做好三勤：勤培训、勤促销、勤盘点。

（7）加强终端营销信心：对产品的营销策略做到促销、宣传、学习、了解，不放过任何一个进步的机会。

（四）终端零售市场的宣传方式

（1）租一节或几节柜台，做形象店。

（2）与客流量多的大型商超、专柜，做品牌宣传。

（3）在一些价格低、存续时间长的地点做广告，做长期广告宣传（包括网络广告）。

（4）与养生馆、美容馆搞活动。

（5）利用低廉的宣传方式

①设计印发适合人群阅读的宣传单或名片。

②给终端发放一些公益性的产品，如印有公司商品的名称、功效等的纸巾等用品。

③终端零售店的 POP 海报、包柱、展板和装饰画等。

（6）走与其他保健品类合作共赢的道路。

如与当前热门广告产品（肠清茶等）做广告联营等。

（7）通过一些活动扩大的产品的销售，节日与商场联系活动。

（8）网络媒体

①网上公布公司的主站的网址和联系电话，利用公司的网站分别列示地区销售网点的电话。

②直接在网站上进行团购销售。

③继续在免费的各大药品、保健品招商网站上宣传。

④选择有影响力的官方网站进行企业及产品形象宣传。

（五）终端零售市场的销售策略

1. 与同类比较，做到深挖细化，突出卖点

设计好营销卖点，如食用方便、产量有限、加工工序繁琐、功效、档次、动物型有机产品等优势信息。

2. 做好销售培训工作。

3. 打击竞品

（1）策略

将现有的保健品，分等划类、扬长避短、打击竞品，提高产品的销售额。

（2）现在市场上已有的竞品汇集

例如某血脂类产品的同类竞品可能有：

①最接近的产品林蛙油、蛤蟆油　有吉韩庄、富哈（北药集团）、黑亚特、黑森等；它们有固体、液体和胶囊类等；价位折后 70～1000 元不等；包装有简装、纸礼盒、木盒、铁盒等。

②女士用的竞品主要有：大豆异黄酮、胶原蛋白、羊胎素、卵磷脂等。

③保健品类其他可能的竞品还有：螺旋藻、蛋白质粉、深海鱼油、角鲨烯、阿胶、蜂王浆、系列蜂产品、胶囊钙系列、大蒜油、维生素 E、多种维生素、氨基酸等。

④礼盒保健品类：三鞭礼盒、黄金搭档、太太口服液、静心、脑白金、初元、壮骨粉等。

⑤山珍礼品：鹿茸、人参、大马哈鱼籽、燕窝、鱼翅、海参等。

⑥系列品种：身心健康、黑宝熊胆粉、千林、汤臣倍健、植物粉（葡萄籽粉、黄瓜籽粉等）、全金、世一堂、哈药系列产品（钙粉）等。

二、外埠营销策划

（一）外埠样板市场运作、全盘掌控代理商的营销方案

某保健品批发企业在拓展外埠市场时，提出的运作方案：应做专业性外埠市场，本着“精选一个，做好一个，稳固一个”的原则，做稳市场。然后在当地区域经营的基础上，向其他外埠市场进行拓展。

公司希望能直接控制所有外埠代理商的销售和管理。

这是一个理想化的状态，对于公司的运营来讲，基本不好做到，那需要太多的人员来开发市场，太多的人员来维护市场，不同的市场环境，要由总部来研究对策，那是一个无法想像的工作量和市场运营风险。

（二）外埠市场推广对分销商的管理幅度

在营销中，若是通过主要控制住当地一级代理经销商的经营活动，通过运营和管理约束，达成其对整个市场的拓展。

这样，可以减少对各个区域运营管理的成本和市场运作的风险；通过对区域一级代理商的管理，可以达成对整个分销渠道的把控和管理。

1. 具体的营销政策

（1）通过对分销商的实力、资质、影响力的严格考核，优选当地具有影响力的医药（或其他渠道）营销公司。

（2）给该公司派发销售任务的同时，给予其在分销区域经销的自主权；在经营管理上，通过主要点控制，完成公司对其管理上的监督和检查。

（3）要求分销公司完成公司产品的次级分销的任务，并向终端用户传送公司总部的联系方式等管理信息。

（4）公司在保留市场授权的基础上，通过返利、返点的方式来促进分销公司销售铺展。

（5）在首期合作期中，销售额和管理达标的企业，公司可继续委托其进行分销（或代理）合作。

（6）通过约定，控制双方的行为，若分销方违纪可以通过销售折扣来控制其进货；如果本部在销售“放货”（放货是指渠道代理商向下游分销商配货或发货）时出现跨区域供货的情况，被检举后，应增加受损失的分销商的权益。

2. 优缺点分析

（1）优点　节省了公司直销管理全部分销渠道的费用，通过细化市场，达到了扩大销售和品牌影响力的作用。

（2）缺点　应加强公司对经销商的约束和管理，做好市场信息的收集和总结，以防止区域客户信息资源丢失。

对异常的经销商中止合作时，公司能切入管理，持续加强公司和产品的市场影响力。

（三）拓宽国外渠道

对于有条件的企业，可以考虑是否可以借助外贸公司、出品公司等渠道，向国外做市场推广。

借助国外市场销售的影响力，不断深化国内市场的销售份额和影响力。内外市场响应，扩大公司的销售规模，增加公司营销的实力。

第三节　医药批发企业营销实例

案例背景

2010年7月，某医药批发公司通过招标，获得Z药品的全国代理权。公司根据产品的功能主治、批件价格，并结合公司当前的情况，进行全盘的营销策划。

医药批发公司营销的渠道有分销渠道和终端零售渠道。

经营产品

成功牌软胶囊（OTC类）和健身牌口服液（保健品字号）。

营销时期

2010年下半年，公司新接手营销产品。

营销目标：

公司2010年下半年因进行销售政策调整和新队伍组建，暂不进行销售任务目标制定。于2010年末制定《2011年度营销管理方案》时参考2010年月回款量进行任务指标制定，并按月、品规量化到个人。

2010年下半年以公司2010年任务指标作为目标，不做任务指标硬性规定。主要通过业绩增长率、数据库更新等指标来进行绩效考核。

其他说明

以下政策仅适用于黑龙江省作为试点工作，待队伍管控终端能力合格，开发新市场提上日程，再对政策进行调整。

一、某医药批发企业的销售政策

（一）某医药批发企业的产品策略

1. 产品包装、品规策略调整

（1）每种产品以合理价格上量为原则。

（2）拟定销售政策以现有品规为基准。

（3）建议：现阶段暂不进行包装、品规调整，待制度规范、队伍搭建成功后，根据实际需要考虑调整或执行现有包装、品规。

2. 产品价格体系

销售目的：增加单品种销量，塑造业务部品牌品种。

全国统一连锁终端供货价格（现有品规）

序号	品名	规格	终端现零售价格（元/盒）	包装费用（元）	成本价格	42扣供货	50扣供货	60扣供货
1	成功牌软胶囊	1×30×2	258	同等包装	25.8	108	129	154.8
2		1×40×3	580		58	244	290	348

续表

序号	品名	规格	终端现零售价格（元/盒）	包装费用（元）	成本价格	42 扣供货	50 扣供货	60 扣供货
3	健身牌口服液	0.6×80	98	纸盒	9.8	41.2	49	58.8
4		0.6×80×3	398	礼盒	39.8	167.2	199	238.8

调整后价格测算

序号	品名	规格	终端现零售价格（元/盒）	包装费用（元）	成本价格	42 扣	50 扣	60 扣
1	成功牌软胶囊	1×30×2	258	同等包装	25.8	108	129	154.8
2		1×40×3	<u>510</u>		<u>51</u>	<u>214</u>	<u>255</u>	<u>306</u>
3	健身牌口服液	0.6×80	98	纸盒	9.8	41.2	49	58.8
4		0.6×80×3	398	礼盒	398	167.16	199	238.8

（二）某医药批发企业对零售连锁终端的营销策略

1. 终端要求

要求必须是商业区主流连锁药店终端，一定区域内信誉、资信、网络覆盖能力较好的连锁终端。

按照现款发货为目标，授信发货为辅的方式进行市场开发。

考虑企业现阶段涉入市场的份额，仍以授信发货为主，待广告力度支持和销量提升，按新扣率谈判时进行附加谈判。

按照调研情况，终端分为：A 类（营业额排名较高、繁华商业区等）、B 类（营业额稳步提升、周边发展迅速）、C 类（营业额较小，周边发展缓慢）类终端。其授信额度依据网络覆盖能力、资信、销售状况等区分。

2. 终端目的

终端药店采购员、计划员、开票员客情维护，增加连锁终端销货的积极性，形成利益联动机制。

3. 渠道及促销

自主品牌推广＋小力度广告宣传＋纯销＋主抓样板市场。

通过积极贯彻产品功效性、质量过硬的形象推广，以活动等不同方式为基础，以小力度广告宣传为契机，在试点样板市场狠抓纯销上量工作，达到摸清政策、制度盲点，捋顺队伍建设。

小力度广告宣传：组合的媒体策略＋活动支持（拟定后随时上报）新政策与小力度广告同时执行。

4. 终端开发政策

目的：大力储备开发连锁终端，以进店首推为谈判目标，努力增加首推成功率、推动纯销上量，细化客情维护，数据提供决策支持。

（1）结算方式

对于现有的重点连锁终端继续实行授信交易；新开发的连锁终端原则上实行现款交易。

但是因条件、环境所限，暂采用授信方式，待媒介支持力度加大，知名度上升，终端上量时逐渐统一清零，逐步推进到现款交易。

（2）区域界定

业务部严格明确并区分商务代表所负责的区域范围，在区域范围内终端销售的所有产品的销售额归管理该区域的商务代表所有，跨区域的客户每月要打出流向，以流向来界定各商务代表回款（终端流向可用开票员开票数额计算）。

5. 维护策略

（1）客情维护

给商务代表所辖连锁终端××%的客情维护费用（如终端药店为私有单位，可以与其签订全年销售返利协议，不在享有×%［采购员、计划员］的客情维护费用），用于连锁终端采购员、计划员、开票员（下称三员）的客情维护。

上述三员根据其在连锁终端的分工不同而不同，需调研，该费用作为营销费用计算，是营销推广费用。

三员受信费用拟用表

名称与分类	现款发货	授信发货
连锁终端采购员	2%～3%	1%～2%
连锁终端计划员	2%～3%	1%～2%
连锁终端开票员		

（2）货损维护

对于销售中出现的破损总体要求在0.5%之内，由商务代表申请，阐述清楚货损原因，报销售总经理审核、报公司总经理批准后核销，破损药物由业务部根据数量多少可采取物流专员监督返回公司，单独建立货损账册，同时统计分析货损原因并持续跟踪。

6. 费用拨付程序

商务代表将连锁终端和单体店的“三员”档案资料在公司业务部、商务部、财务部备案，根据公司的统一规定，并与代销商品的连锁终端店负责人商议后，采用适当的方式支付。

本次营销方案调整，政策调整前后对比如下所示。

营销政策调整前后对比表

序号	部门	2010 年调整后政策	与以前政策差异	原因对比分析
1	业务部	采用三员客情维护费用，按折扣率不同，三员占供货价格比例为 18% ~ 23% 左右（盲点环节促销）	增加三员客情维护费用 18% ~23%	增加首推能力、首推成功率、增加渠道拦截能力，与终端营业员形成利益联动机制
2	业务部	采用业务人员提成比例 9.5% ~14%	增加业务人员提成比例	提高提成标准，增强业务人员开发、维护热情和维护能力； 对业务人员来说，开发市场才能获得高额回报，因开发经费公司不便于处理，因此应以提成来体现其未来可盼收入。形成只要努力开发、维护市场，收入越来越多的愿景
3	业务部	采用终端返利政策；按照年终销售额度排名，进行返利。返利可以返给终端，也可以返给主要领导。寻求继续对公司产品大力支持	增加返利政策	部分返利，提高连锁终端主要负责人支持力度
4	业务部	采用完成任务或超额完成任务的额外激励政策，1%左右即可	增加激励政策 0.5% ~1%	额外激励政策，提升业务人员开发活力。做到超出市场开发人员预期的效果
5	职能部门	采用内勤提成奖励制度（内勤提成奖励由业务人员提成比例中扣除，公司不另行承担）	增加内勤人员提成奖励制度	建立内勤与业务人员销售额挂钩，激励内勤为前线业务人员提供全面支持，形成联动机制；同时稳定队伍、让整个团队更有可塑性
6	财务部	采用三员费用拨付到卡制度	增加三员费用拨付到卡制度	便于公司管理；形成费用的有效利用和监控；杜绝跑冒滴漏现象
7	业务部	采用资质授信制度	增加资质授信考核	便于根据终端信誉、销售能力进行资质授信考核，同时便于业务人员根据数据分析进行重点客情维护，节约资源，做到重点客户重点维护

续表

序号	部门	2010 年调整后政策	与以前政策差异	原因对比分析
8	业务部	采用小力度广告支持以权威报纸（哈尔滨日报、黑龙江日报、生活报等）。宣传内容要在报纸权威版面，新闻性软文或科技性软文、或合作建立统一板块等方式。 同时借助兄弟公司广告资源，采用车体广告	增加小力度广告支持	建立从健康知识到产品知识、到健康理念等的宣传；以诚信为主、建立承诺制度（退换货制度、采用回馈消费者、赠送免费两次前后血脂检查等方式）；要做到实处，进行公证，让外界产生公司产品过硬、敢于承担责任的印象；甚至可以考虑成立基金会等方式，为消费者提供各种其他辅助服务支持
9	业务部	尽量采用统一折扣的供货制度。作为公司的销售政策，业务人员要充分利用折扣率不同而客情维护费用比例不同进行谈判	增加折扣率不同的客情维护费用	形成对比机制，折扣率越高，客情维护费用越高。同时在折扣率高的情况下，进行其他广告媒体等的支持，让主要经办领导有的放矢。获得其上层领导的支持认可。有理由相信，主要经办人也要找到合适理由对上级领导进行说服
10	人力资源部	采用绩效考核制度	增加绩效考核制度	采用绩效考核，结合回款指标达成率和其他指标进行考核；让绩效与公司回款挂钩，促动全员努力工作，互相支持配合； 同时绩效考核分数作为年终评比的指标、提供额外奖励措施。
11	人力资源部	采用岗位不同的工资等级制度，同岗不同酬，结合绩效考核进行调整	增加不同的工资等级制度	采用绩效考核与工资等级制度相结合。利于形成竞争。每个人都有提升的机会，不只是职位上、工资上也可以根据绩效、公司销售额等因素多方考核进行晋升
12	人力资源部 财务部	提供福利待遇措施（手机费等）	增加手机费报销制度（定额）	增加员工的认同感。增加心理平衡。同时作为福利措施，起到稳定队伍的作用
13	业务部	采用产品经理制度	增加产品经理制度	产品经理负责产品知识培训，宣传物料策划、新闻软文的撰写，企划活动组织，策划工作

（三）某医药批发企业的薪酬、激励政策

1. 人员薪金标准

工资 = 基本工资 + 绩效工资 + 提成

员工薪酬构成表

名称	基本工资	绩效工资	提成
商务代表	700 元/月	300 元/月	见提成政策
商务专员	700 元/月	300 元/月	见激励政策

新员工试用期按80%比例支付，如三个月试用期合格，转正后按正式员工工资发放。

2. 其他待遇

名称	手机补助	餐补
商务代表	50 元/月	100
内勤	无	—

3. 商务代表提成政策

（1）商务代表及三员维护费用比例另行文（暂不按区域回款额进行提成）。2010 年下半年暂不指定任务指标。实行绩效考核制度，按照绩效考核评分进行绩效工资发放。

（2）分公司无招商专员负责的空白区域，不再单独计算提成。

（3）有公司批准享受公司特殊政策客户的回款（不能扰乱公司产品市场为原则）、提成比例按以上比例执行。

（4）新产品的销售政策及公司阶段性促销政策须经集团公司领导批准后另行规定。

（5）自动离职人员可以和接任人员以合属计算提成，不足整月不计算提成，但违反销售人员管理规范被公司开除的业务人员，公司有权停发提成，并追究其造成的损失，严重的追究其法律责任。

4. 盈利奖励提成标准

现阶段无奖励标准。

二、某医药批发企业的组织架构、人员定编、薪酬方案

（一）某医药批发企业的组织架构

架构组建原则：以业务为中心、制度为支撑，职能部门提供服务为原则进行架构组建。职能部门以服务、监管、不干扰业务部门主营工作为架构组建基本原则。

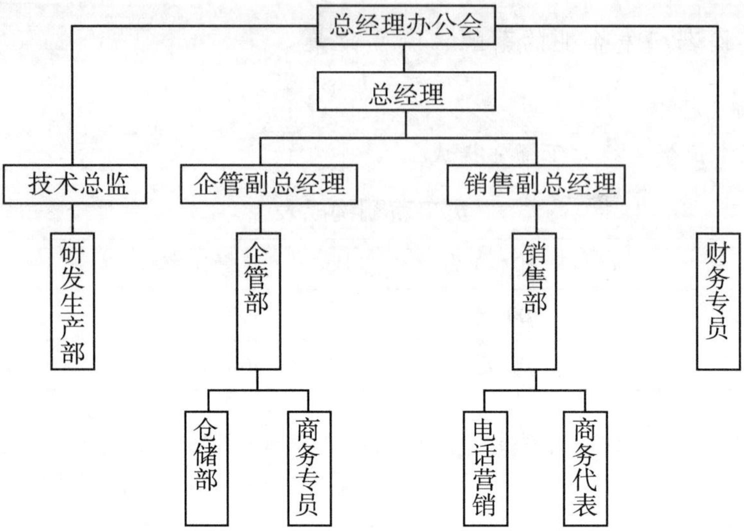

某医药批发企业组织结构图
（其中财务专员由集团委派）

（二）某医药批发企业人员定编

为完成公司管理高效率、执行力高的队伍建设，对公司人员编制将做如下重要的调整。

某医药批发公司组织机构定编明细表

部门	职务	定编	人员构成	职责
本部	总经办	3	总经理、销售副总经理、企管副总经理	负责公司营销、运营的决策
	销售部	3	商务代表 2 人、商务专员 1 人	负责本地市场开发、维护
	财务部	1	财务专员	负责对账结款
	企管部	1	行政文员	负责文件、信函、合同等的制订分发
	仓储部	2	生产储运 1 人、库管 1 人	负责仓储及货物运输管理
	电话营销	1	负责招商	负责外埠市场拓展、销售跟进
本部定编合计		11		

（三）某医药批发企业的机构职能

（1）公司的重大问题需由总经理办公会集体讨论后，形成呈报文件，报至董事会决策。

总经理办公会组成：总经理、企管副总经理、销售副总经理和技术总监。

（2）总经理负责本公司各部门工作的协调、生物公司与集团事务的协调、外联事务及研发生产部任务沟通落实等。

（3）企管副总经理负责储运部、人资行政和销售部考核等管理工作。

（4）销售副总经理负责起草阶段销售目标、分析销售信息、拟定销售方案、落实销售目标，销售员工的日常管理、审核货品的销售储备和终端及外埠的存货数量、拟定阶段销售计划、完成每月销售工作总结和市场分析、形成市场信息分析报告，负责审核和归档销售信息、配合人资部完成业务人员的培训和考核工作，处理并上报销售现场的重大问题、负责终端市场和外埠市场的拓展审核、督促销售人员完成配合财务部门的对账等销售相关工作，负责广告合作业务的沟通洽谈，制定公司运营计划等。

（5）财务部由集团委派（即为集团驻公司会计），负责生产入库、销售出库、按期对账和销售回款等财务管理工作。

（6）销售人员

①终端销售员，负责产品销售企业终端市场的信息开发、销售目标的完成、销售培训的完成、销售信息的反馈、终端信息的维护、销售回款的配合协助、根据公司的要求完成各期的考核指标等。

②团购销售员（岗位暂不设），负责土特品店、商超、哈市各企事业单位、医院老干部病房、网络客户、电话客户等的其他产品经销企业外的哈市终端的销售及回款等工作。

③外埠销售员（岗位暂不设），落实外埠意向客户的选定、外埠销售业务的跟进和维护、外埠销售目标的达成、销售回款、销售信息的反馈、公司销售政策、各项调查工作的完成及按公司要求完成各期考核指标等。

（7）仓储部负责产品的包装、出库、盘点和产品账目的管理工作，做好效期药品的报批和库存的合理储备等。

（四）某医药批发企业销售部业务人员的岗位职责

销售人员的具体工作内容如下：

1. 商务代表

职位	商务代表	定编	3 名
直接上级	销售副总	办公地点	销售部

工作简述：

加强连锁终端开发力度，检查、指导营业员货品陈列、POP 海报发布、产品知识讲解等工作，同时维护采购员、计划员客情关系；组织进行营业员产品知识培训工作、政策宣讲等；调研竞品信息并及时反馈。

主要职责：

1. 从市场开发、业务管理方面对业务部副总经理负责；
2. 进行市场开发工作；
3. 检查连锁终端营业员货品陈列、销售工作；
4. 三员客情维护工作；
5. 市场情报搜集工作：政策、新产品、监察等情报；
6. 组织进行营业员产品知识、政策宣讲等培训工作；
7. 调研竞品信息工作；
8. 成功经验组织编写工作；
9. 负责连锁终端进货申请工作；
10. 市场情报搜集工作：政策、新产品、监察等情报；
11. 按终端销售状况组织送货，负责终端货品的盘点；
12. 送货的结款单送交财务和仓储、销售经理处。

2. 商务专员

职位	商务代表	定编	1 人
直接上级	企管副总	办公地点	销售部

工作简述：

监督商务代表销售工作的真实性；统计分析连锁终端进、销工作；与商务部、财务部协调供货工作；跟踪业务人员执行公司既定政策并形成资料上报。统计分析业务人员月、季、年度销售额度形成考核资料上报；收取业务人员上报经验总结；配合行政部做好业务部人员培训、评定、考核工作。

主要职责：

1. 配合人力资源部做好本销售部人员的招聘甄选，并将筛选名单报销售经理；
2. 监督商务代表储备客户资料的真实性；
3. 配合财务认款工作；
4. 统计分析连锁终端进、销工作，进行商务代表提成汇总统计工作；
5. 与销售部、财务部协调供货工作；
6. 按业务部要求，进行工作的跟踪检查，以保障商务代表及时完成业务部下达的各项工作任务；
7. 跟踪商务代表执行公司既定政策结果并上报资料（严格监督）；
8. 统计分析月、季度、年销售额度形成资料上报（图表等形式）；
9. 收集商务代表经验总结，总结汇总后，下发；
10. 配合企管部做好商务代表绩效考核工作。

3. 财务专员

职位	财务专员	定编	1人
直接上级	总部财务主任	办公地点	财务部
工作简述： 负责销售收款、财务核对、库存盘点等工作。			
主要职责： 1. 财务处理工作； 2. 主抓客户认款工作； 3. 审核客户账面欠款、应收款工作，向销售总经理报终端账务明细； 4. 通过终端回款额对比审核商务代表提成数据； 5. 汇总各部门预算，上报总经理、集团报批； 6. 负责仓储部货品盘点； 7. 负责税务局来往报表审定。			

（五）某医药批发企业的岗位编制缺补分析表

某医药批发企业2010年7～12月岗位定编及缺编明细表

部门	职务	定编	现有	缺编	缺编明细	备注
本部	总经办	3	3	0		总经理、销售副总经理、企管副总经理
	销售部	3	0	3	商务代表3人	
	财务部	1	1		请集团派驻1人	负责对账结款
	企管部	1	0	1	商务专员1人	
	仓储部	2	2	0		生产储运1人、库管1人
	电话营销	1	1	0		负责招商
本部定编合计		11	7	4		需招聘4人

第七章　培　　训

一、培训简述

（一）员工培训的定义

员工培训是指在培训需求分析的基础上，从企业总体发展战略的角度出发，根据企业现有资源的配置情况，通过有组织的培训规划、调查、设计及培训实施、培训测评等来达到提高员工工作能力和工作效果，提高团队凝聚力和适应性的企业文化及专业技能再教育的过程。

（二）员工培训的分类

按不同的分类标准，员工的培训分为以下类型：

按培训发生的时间分为：新员工入职培训、老员工定期培训。

按培训的内容和目的分为：企业文化培训、岗位技能培训、专业知识培训、绩效培训和职业道德培训等。

按培训教师的来源分为：企业培训和对外委托培训。

按培训对象不同可分为：主层管理人员培训、中层管理人员培训、基层管理培训和员工培训。

（三）培训工作的实施

企业员工的培训工作应由人力资源部负责组织和实施。

由于培训内容的专业性和受培训人力资源部业务知识的局限，在培训的工作中，应由人力资源部对培训工作进行组织、管理和考核落实，具体的培训内容应由被培训人员的部门领导落实。

培训较多的公司还应设置专门的培训部门，针对销售的竞品市场进行卖点研究，并制定合规的竞争式的实战培训。

（四）培训流程

各种培训因其目的和侧重点不同，其执行的方式会有一定差异，但各种培训大都包括以下流程：培训规划、培训需求调查、培训设计、实施培训、培训效果测评和培训总结6项。

1. 培训规划

培训规划是培训最初的工作，它将以企业总体发展战略的全局为出发点，概括企业现有的培训资源及人员的总体状况，对拟进行培训的方案设置培训目标、对象和内容、培训的规模和时间、培训课程的设计和实施、培训效果测评，以及培训费用预算等一系列工作所作出的统一的安排。

培训规划发生在培训的最开始阶段。培训规划在上年末下年初即应完成，以期对本年工作有指导作用。

通过培训规划及其实施过程，能使公司及员工清楚本年有几次专业培训、几次企业文化培训，同时各部门经理可以据此合理安排员工的工作时间，并具体落实培训工作，通过事先告知各次培训应达到的效果，使各部门经理清楚培训工作的目标。

2. 培训需求调查

有了全年及各期的培训规划后，培训部门应组织并具体落实培训工作。在落实每项培训工作时，必须进行详细全面的培训需求调查，以使各项培训工作的目标要求与公司实际效果一致。

培训需求调查的方式有培训部调查、员工反馈及外聘专家调查等方式。

培训需求市场调查的内容为：

（1）行业情况。

（2）市场需求。

（3）公司市场定位及员工工作及能力现状。

（4）员工工作中的疑难问题及员工需求。

（5）公司产品的卖点，弱点。

在对培训需求进行调查时：

（1）、（2）、（5）项可从调研部获悉；3 项可以与销售经理进行沟通后确定；第（4）项问题建议可用调查问卷的方法来获取。

3. 培训设计

根据培训目标和培训需求，设计培训实施时，应做好以下工作。

（1）确定培训范围，即由确定人员、特定范围人员，还是全体员工参与的培训。

（2）确定培训的规模及性质，规模是小规模的知识讲解，还是大规范的模拟实战，或是本公司的大型企业文化回顾、知识问答会式培训等。

（3）确定培训的时间，即培训的时限。

（4）确定培训的地点及场所。

（5）确定培训的教师、教材及具体培训方法。

（6）拟定培训的费用。

（7）确定培训程序及此次培训的纪律考核办法。

4. 实施培训

实施培训是培训工作的中心环节，一切工作都是了培训的实施，在培训实施中应做好以下工作。

（1）培训部人员亲临培训现场，检查并维护培训设施的运行情况。

（2）培训部人员做好出勤记录，并主持培训纪律。

（3）配合培训教师、培训实施做好协助工作。

（4）记录培训过程的实施状态，包括教师和学生的培训现场情况。

5. 培训效果测评

培训效果测评是对培训部实施培训的过程、效果、费用及满意度等方面所进行的综合测验和评定。

培训评估的作用如下。

（1）保证培训活动按照计划进行。

（2）保证对培训执行的过程及效果进行产学分析，以便于培训工作提高。

（3）对培训情况进行及时反馈并对培训计划进行适当的调整。

（4）对培训者及参与者都是重要的激励。

培训评估的四个层级分别为：反应评估、学习评估、行为评估和结果评估。

（1）反应评估　反应评估是在培训完全后根据员工的主观感觉或满意程度所进行的评估，是第一级评估。它可对培训组织的程序、方式、方法、感觉效果等进行评定。

（2）学习评估　学习评估是第二级评估，是对学习的知识技能、态度及方式所进行的评估。可以考试和培训工作实施的方式现场检查来确定。

（3）行为评估　行为评估主要是测评在培训后行为方式有多大程度的改变。行为层次的评估主要通过观察和评价等方式来完成。它是第三层评估。

（4）结果评估　结果评估为第四级评估，主要对质量、数量、安全、销售额、成本、利润、投资回报率等可量变的指标进行考查并与培训前的情况进行对照来进行的评估。

反应评估和学习评估可以在培训后立即进行，行为评估可以在培训后一定时间内进行，而结果评估却需在很长内时间内或一个生产或销售周期内才能显现。

6. 培训总结

培训部人员根据培训的计划、组织、实施、效果及费用情况书写培训总结报告，作为本次工作的汇报和总结。

完整的培训总结应包括以下内容：

（1）导言，说明培训实施的背景、目的及培训人员对此次培训的评估。

（2）概述培训实施的过程。

（3）阐述培训效果及评估。

（4）阐述评估培训情况并解释受训者评估意见的原因。

（5）附录附培训计划、流程、参与人、组织人名单与实施及评估培训工作的表格及记录资料等。

（6）提交报告以方便读者阅读。

二、药品经销企业的培训

（一）企业文化培训

企业文化培训、职业道德培训，应常抓不懈，并应在企业生活的点点滴滴中不断影响和传递。加强企业文化培训、职业道德培训并使产生凝聚力和归宿感是企业文化培训的关键之所在。

1. 企业文化、职业道德的培训方式

当代优秀的企业，先进的文化教育思想不断倡导企业的文化及职业道德培训方式，应采用行为化、工作化方式，尽量摆脱空洞的课堂讲义方式。科技的发展及人员思想觉悟的提高，也使培训方式越来越多地走向易学丰富、感触力更强的培训发展模式。

（1）电子教学设施的广泛采用　更多的企业采用幻灯片、投影机、录像光盘等方式进行现场教学。声图并茂更引起受培训人员的兴趣；有的企业还设有企业历程展示厅，进行身临其境的演示和讲述，使受训人员印象更深刻。同时高层领导亲自讲述公司成长的历程，学习的震撼力更强。

（2）优秀的讲解员，宣传中的加盟　企业选择优秀的讲解员，可以摆脱刻板的教板式的讲授方式，更多地采用寓教于乐的培训方式，宣传正面的工作成绩，提升员工的进取心和落第的差距感，能在鼓励中自求进步，提升培训的质量。

（3）外聘专家或培训公司进行专业培训　专业培训公司采用场景结合的方式，增强了培训的接受效果。

（4）公司领导，老员工的以身作则　在职业道德中，公司领导、老员工带头搞卫生、带头捡地上纸片、带头按时上班，遵守纪律，无私奉献。

出现问题先自罚，以此促进职业道德、文化理念教育，这种方式比刻板的教授过程更有感染力。

（5）公司内的宣传栏内，办公室内温馨的培训宣传　经企划和培训部共同努力，打造美化轻松的培训氛围，在一点一滴的企划中均加入企业文化和职业道德宣传教育。

员工走路、抬头时或在工作中均可随时对照自己的行为，时时提醒对企业文化，职业道德学习导向，这也是很可取的培训学习方法。

2. 企业文化，职业道德培训时间

在企业年度培训计划中，规定企业文化职业道德培训时间，并公布落实。

企业文化，职业道德培训的时间可以是定期的，也可以采用不定期方式。

（1）不定期方式　是根据企业当时的具体情况、员工的情绪或公司工作的需要而随时安排。不定期方式具有灵活性和针对性的特点，是为了解决工作中的某个思想问题或某时期工作疑问而设定的。

（2）定期方式　有年度、季度、月度三种。它用于有计划有组织的企业文化和职业道德培训。也易于对培训效果进行考核。

（二）新员工入职培训

对新入职的员工在录取后至上岗前的时间段，要进行新员工入职培训。以使其了解公司企业文化，岗位知识及技能，以便于更好地上岗就职。

1. 新员工入职培训的内容

（1）企业文化职业道德的例行培训。

（2）岗位知识及工作内容培训。

（3）公司制度及考核标准培训。

（4）上岗模拟实战培训。

2. 新员工培训的方式

（1）全天的系统的培训。

（2）老员工一对一的帮扶或示范培训。

（3）实战与理论的结合侧重于实战。

（4）与药厂合作进行业务知识培训。

3. 新员工培训的特点

（1）公司的基础文化内容较多。

（2）培训教程系统，程序规范。

（3）培训纪律与培训考核可以作为正式录取员工的第一项考核内容的参考。

（4）有公司的简介及企业高层对员工感召和企业发展历程介绍。

4. 专业技能培训的内容

（1）知识理论的学习。

（2）工作技巧的研讨。

（3）工作程序、工作内容详细解答和规范。

5. 专业技能培训时间

专业技能培训的时间有定期或不定期两种。

（三）各层次人员的培训

岗位特点及公司的发展要求，决定了不同层次的人员培训的目的及侧重点，相应的其培训的方式也不同。

首先，员工与管理人员对工作的要求层面不同。

其次，不同层级管理人员对能力要求也不同。

哈佛商学院的 Katg 教授认为不同层次的管理人员所应具有的技能要求是不

同的。

他所研究出各级管理人员能力的最优化组合为：

不同层次管理人员在能力上的侧重要求

所占比例 / 层级人员	专业技能（%）	人文技能（%）	理念技能（%）	合计
高层管理人员	17.9	39.4	42.7	100%
中层管理人员	22.8	42.4	34.8	100%
基层管理人员	50.3	37.7	12.0	100%

不同层次管理人员所应具备的能力组合

能力组合	管理层次
高层管理人员	洞察能力，决策能力，创造能力，统筹能力，批判能力，个人品德，自我控制力，自我学习力，概念思维，战略眼光，团队领导，发展他人的能力等
中层管理人员	判断能力，领导能力，协调能力，沟通能力，专业能力，目标设定能力，业绩考核能力，教练与咨询能力，解决团队问题的能力，向高层经营者提供信息的能力
基层管理人员	经营管理的基本内容和沟通方式，专业能力，计划能力，指导能力，沟通能力，理解能力等

因其对能力的需求不同，则对他们的培训方式也不同。

各层次人员的培训方式及内容。

1. 高层管理人员

可选择以下方式进行培训：高校学习、企业间交流、出国考核和业务进修等培训方 。

2. 中层管理人员

可侧重于：

（1）协调团队工作能力，解决团队问题的能力的培训。

（2）培养骨干人员的培训。

（3）提高专业能力的培训等。

3. 基层管理人员

培训侧重于：

（1）工作执行能力。

（2）公司制度，规章，绩效考核的培训。
（3）换角色思维工作的能力。

4. 员工培训

侧重于：
（1）工作技能培训。
（2）工作能力心态培训。
（3）适应性，进取心等培训。

三、培训效果

为保证培训的效果应做好以下工作：
（1）建立培训制度。
（2）培训考核。
（3）绩效考核。
（4）培训组织与监督工作。

（一）建立培训制度

应建立良好的培训制度。培训制度是指导员工有序地参加培训、提高培训效率、培训效果的重要保障。

一个优秀的培训制度应包括以下内容。
（1）涉及培训的全部管理部门和参与部门。
（2）明确制度培训时间、培训性质及培训目的。
（3）事先公告培训纪律。
（4）确认参与培训人员的资质。
（5）培训考核方式及考核处理方式。
（6）培训调查、评估和类型的规定。
（7）培训流程的全部内容。

一个良好的培训制度具有以下特点：
（1）动态性，能根据环境的变化随时应变。
（2）具体全面性，对参加人员、参加人员的条件、整个培训流程全面涉及。
（3）用词准确，不能模棱两可，语言不能引起歧义。
（4）目标结果表述清楚，以使参与人员心中清楚，怎么做与不做的结果明晰。
（5）培训制度的实务操作性要强，便于员工随时掌握。
（6）实用性，切勿高谈妄论。

依照培训制度，员工应树立起业务可执行、必执行，照章办事，所有培训人员均应一视同仁的指导思想。

（二）培训考核

培训考核可对培训的效果进行验证。

培训考核方式有以下几种。

（1）对培训期间的培训学习状态进行考核。

（2）对培训知识接受情况进行考核。

（3）对培训后工作态度的反馈。

（4）对培训后工作效果的反馈。

第一项可在培训期间通过现场观察记录方式进行；第二项可在考试后确定；第三项由同事领导通过观察可取得；第四项通过各期考核成绩确定。

（三）培训考核薪酬

对各期的培训情况考核后，并直接与薪酬挂勾，可以促进培训工作的顺利有效实施，同时也体现出不同的培训考核效果。

（四）培训组织与监督工作

无论培训内容及目的是什么，也不论有多少人参加培训，都需要人力资源部门有序地组织和监督培训工作，这样才能保证培训工作的顺利实施。

在培训组织与监督工作中，要做好记录和总结，发现问题，及时解决，保证培训工作的顺利实施。

四、企业实施案例——计划、实施和总结

（一）培训计划

培训部门计划是培训工作的起点，一个良好的培训计划应包括：培训简述、培训责任管理、培训计划目的、确定培训部的主要工作内容、培训类别、业务培训前的市场调研、培训实施步骤计划、培训人员组织计划和培训要解决的问题等 9 项。

培训部门规划

1. 培训简述

培训部是企业全部培训活动的总体策划和指导的部门，是执行企业员工培训与人才开发的核心。

2. 培训责任管理

培训经理是企业培训事务的推进者，负责管理企业的培训活动，确保企业培训目标的实现。

3. 培训计划目的

企业的培训工作要做到讲求实际、突出实效、学以致用，那么就要作到对企业的实际运作要及时、实地、实际、完整的了解，因此作为培训经理在刚加入企业时首先要作到如下的调查了解：

（1）了解市场竞争状况和行业特点，确定培训的重点。

（2）了解企业中人员构成和总体特点，制定培训目标。

（3）掌握要解决的培训问题。

通过以上的了解掌握了详实的资料，作为培训部的负责人需要回答的是：

（1）在培训中各部门的主要工作职责是什么？

（2）培训部门未来的培训发展方向是什么？

（3）培训部如何组建/培训教员的选拔和筛选？

（4）培训部门如何与其他部门协作发挥合力作用？

4. 确定培训部的主要工作内容

培训部的具体工作内容：

（1）制定公司月度、季度、年度的培训计划。

（2）收集资料，结合公司实际情况，制定标准培训教材。

（3）制定培训考核标准。

（4）确定新员工入职培训的内容及程序。

（5）企业文化的培训宣传和实施。

（6）培训意见的征集与统计。

（7）企业业务培训知识竞赛活动开展方式、内容及目标。

（8）培训成绩和应用效果作为考核标准纳入员工的绩效考核的比重。

（9）制定员工转正后的培训考核计划。

（10）培训资料修订整理，设立企业培训教程资料库。

（11）与专业的培训机构建立合作，加强涉外的培训委托。

（12）培训费用的核算和预计。

（13）培训制度及相关制度的制定和修改。

（14）制定不同员工的分期培训的内容和侧重点。

（15）分公司培训体系的组建与考核。

5. 培训类别

培训时应制定员工各阶段（月度、季度、年度）的培训计划，并总结培训的工作。

制定适合公司需要的标准培训教材（手册）、管理制度和考核标准。

培训时根据各部门不同的发展要求制作适用不同部门要求的培训教材，如企业文化、经营理念、发展方面培训和员工业务、销售技能培训。

6. 业务培训前的市场调研

在业务培训前，要进行以下内容的充分调研。

（1）市场环境调研

对营销培训前，要进行行业市场调研，以了解本企业的行业情况、市场需求、公司市场定位等情况。

（2）产品调研

①公司产品卖点、弱点。

②竞品的种类特点、营销渠道、销售状况。

③用户对包括公司产品在内的产品的反馈信息等。

（3）营销人员的现状、营销人员疑难问题和其工作辅助需求。

（4）培训需求调研

①客观问题要亲自去市场。

②采用市场调查和客观问卷。

③结合市场情况，根据公司对产品营销培训目标，设定计划，并征求部门意见。

④透彻分析产品重点弱点做产品深析，并了解业务人员，对其需求量的侧重点。

⑤销售技巧培训内容的需求征求意见。

7. 培训实施步骤计划

（1）培训时间、地点和培训方式的确定。

（2）培训教员的安排，人力资源部组织下，要求各科室提供相应的培训协助人员。

（3）培训需要解决问题的，要提出问题的备选解决方案。

（4）培训费用的落实。

（5）培训程序、培训教材和培训课室（方式）的确定。

（6）培训工作的布置，培训考核时间、方式和成绩的处理形式。

（7）培训的检查和跟进回馈的落实人员和时间界定。

8. 培训人员组织计划

（1）人力资源部负责组织，公司领导各部门派员参加或必须参加，必要时药厂派员参加，要列示参加人员的名录。

（2）设立培训基金，除由公司提供考核奖励外，业务培训可以商议后，由药厂等共同出资举办。

（3）作出预期培训成本与收入分析，以不断改善培训效果。

9. 培训要解决的问题

（1）月份员工培训主要侧重于内部研讨，解决员工工作中遇到的实际问题，并布置下一步的工作内容。

（2）季度员工培训主要侧重于各柜组长远计划规划，业绩的提高和上期计划的回顾提高。

（3）年度员工培训主要侧重于年度培训工作总结和下期工作规划。

（二）培训实施

在培训实施中，要做好培训相关的组织、配合和管理工作。并按相应的培训制度，管理培训过程。

《培训期间管理制度》如下所示。

培训期间管理制度

1. 员工每天应按时签到。事假本人请假，书面写请假单。

2. 员工应遵守培训纪律，认真听讲，不得擅自离开课堂，提问时应举手。

3. 上课期间手机关机或调为振动。

4. 室内禁止吸烟，打电话时应小声或去室外。

5. 团结同事，积极总结。

6. 建议大家做笔记，培训结束后做考核，该考核成绩做为入职考评和日常考评的组成部分。

7. 员工培训实行学习与考试相结合的机制，并将考核成绩计入培训各期的工资及奖金中。以此提高培训的效果和效益。

8. 月度培训及考核计入员工月度工资中，满分为 20 分。

9. 季度培训及考核计入员工季度工资中，满分为 50 分。合格者提请计入员工的季度奖金中。

10. 年度培训及考核计入员工季度工资中，实行分部门考评结合的方式。将各月分数相加/12 以此计算员工的成绩。

11. 月度培训、季度培训、年度培训均包括基本的部分：知识掌握、营销技巧、应变能力及各阶段的重点项目成绩。

12. 同时培训设有纪律得分并分别记入各期分数中。培训纪律考核要求依《培训期间管理制度》办理。纪律占总分的 1/10。

13. 对累计三次不参加培训工作的取消各月奖金，不参加季度、年度培训成绩的考核，已发的奖金予以退回。

14. 对于各部门领导不支持本部门员工参加规定期间的培训工作的将以违纪论处，并体现在工资中。

（三）培训总结

1. 回顾成绩、展望工作

（1）由各名员工做工作汇报，包括自己的工作、遇到的问题、日后工作的展望。

（2）将各个员工的成绩予以公布，表扬优秀，鼓励努力的，并指出成绩差的原因，鞭策其改进工作，提高工作能力。

（3）总结公司发展的现阶段的成果，各柜组的工作成果，公司日后的发展规划，做到员工明确自己的工作目标，清楚自己该做什么，为什么做，怎样做？

2. 公司文化、经营理念培训总结

（1）根据市场发展形势，公司的规划目标，作公司的市场定位，激励员工努力迎接工作的胜利。

（2）历数公司历史，让员工知公司过去，懂得本公司的昨日，珍惜今天。

（3）参照知名公司的文化理念、管理方式、员工成绩，教育本公司的员工向他们学习，以取长补短、不断学习。

（4）强调公司管理制度的必然性和重要性，并做相反的对照。

（5）将公司的新政策、发展方向不断公布，必要时树立典型事例促进员工上进。

（6）进行文化道德教育，让员工从公司的点点滴滴中体现出高尚的道德风尚。可开展道德风尚评比（如“请选出谁是你的榜样”，“你最喜欢的同事”，“你最喜欢的领导风格”等评比）活动，以此来提高员工自觉工作的行为。

3. 解答工作中的问题、组织业务学习

（1）结合员工提出的问题分类列示并提出解决办法。

（2）分析市场状况，结合竞品的状况作本产品的卖点分析。

（3）作销售技巧分析，竞品特点介绍，作销售策略分析。

（4）组织员工作销售实战演练。

4. 公布员工的评比成绩。

5. 根据市场调研情况作销售及发展的年度培训分析。

6. 公布各阶段的市场发展目标、各部门的培训重点、各部门培训目标制定。

7. 拟定各期聘请专家、成功人士作企业文化、经营理念培训的次数及方法。

8. 请各药业著名公司作销售业务培训的次数及方法。

9. 在培训总结中，应附上各期培训相应的培训试题（附件1、附件2和附件3），以便对本次培训工作的总体掌握。

10. 在培训总结的最后，应附上各期的培训考核成绩汇总表（附件4和附件5）。

附件 1

试题一：月度培训考试（知识掌握）[中成药组]

1. 本月新增加的药品有哪些？分别指出其名称及功效？
2. 本柜组的治疗感冒的药品有哪些，它们的效价比如何？
3. ××药厂的同类产品有哪些？
4. 用药常识：
5. 服感冒药应注意的问题是什么？
6. ××药品的名称，在我公司的编码、功能、价位、禁忌等？（至少列出十个以上）
7. 我公司的经营理念是什么，成立日期？
8. 我公司的经营项目有哪些？
9. 新增药品应归入哪个柜组？
10. ××药品的销售政策：时间、方式、价位、赠品等是什么？
11. 我公司的邻近的几大药品经销企业的名称、经营位置及规模是什么？
12. 公司的首推品种有哪些？（分别列出其名称及价位）

附件 2

试题二：月份员工培训考核（营销技巧）（中成药组）

1. 销售的步骤分别是什么？
2. 面对一个想买感冒药的顾客，你是怎样介绍的？
3. 你在销售中常用的销售方法是什么，你与周围同事的销售方式比较过吗？是否需要修改？
4. 对于一个要求退货的顾客，你是怎样处理的？
5. 对于一个已服用过我们药品的顾客来报怨我们的药品不管用，你是怎样处理的？
6. 顾客来报怨我们的价位高，我们又不能低价销售，你认为应该怎么办？
7. 顾客想买的药品暂时没有时，你是怎样处理的？

附件 3

试题三：月度员工考核（应变能力）

说明：本考核主要侧重于实战考试，采用业务知识考核与实战评议相结合的方式进行采分。其中 3、4 项要采用至少三次实战考核的平均分。

1. 迎顾客的问候语评分？
2. 介绍药品的方式？
3. 推介的技巧？

4. 疑难问题的处理能力？
5. 付药的方式？
6. 送别顾客的礼貌用语及方式是否正确？

附件4

业务能力培训考核汇总表

序号	柜组	员工姓名	知识掌握	营销技巧	应变能力	其他	综合成绩
1							
2							
3							
4							
5							
6							
7							
8							
9							
10							

附件5

全年培训考核表

项目	出勤（20）	态度（20）	知识考核（30）	实战考核（30）	总分
企业文化培训					
业务培训					
交流培训					
合计					

注：

1. 企业文化培训是关于企业文化、经营理念的培训，由行政部和人力资源部共同组织，每月1次。
2. 业务培训是各部门业务经理、人力资源部门共同组织，必要时可聘请专家、外部优秀人员及本公司的代表参加。部门的员工均应参加，每月1~2次。
3. 交流培训是员工自助培训，具有互助性质，员工应将自己工作中的经验进行归纳总结后，引申为对部门工作有益的教材素料从而与大家分享与学习。在培训学习中，又可不断地升华自己的业务积累，丰富业务能力，最终加强团队整体的工作能力，每月4次，根据部门的工作安排落实。

第八章　某大型医药批发企业GSP质量管理体系实例

一、主要岗位人员的上岗条件

（一）总经理

1. 批发部总经理任职资格：应当具有大专以上学历或有中级以上专业技术职称，熟悉国家有关药品管理的法律、法规及本规范，具备基本的药品知识。

2. 总经理的药品质量管理职责：应保证企业执行国家法律、法规及药品企业GSP规范，对企业药品经营质量负领导责任；保证质量管理人员有效地行使职权，不得干预质量管理人员依法从事质量管理工作和药学技术服务。

3. 总经理应当具有一定的组织领导能力，在“质量第一”思想的指导下，进行经营管理。

4. 建立企业的规章制度，完善质量体系，定期召开工作会议，正确处理质量与经济效益之间的矛盾，坚持“用户至上”的原则，指导公司全面的经营活动。

（二）质量管理经理

1. 药品企业质量负责人应具有大学本科以上学历，至少具有三年以上从事药品经营质量管理的实践经验，是执业药师，具备对质量管理工作进行正确判断和保障实施的能力。

2. 企业质量管理机构负责人应是执业药师，并有三年以上药品经营质量管理工作经历，能独立解决经营过程中的质量问题。

3. 药品管理经理应熟悉、掌握国家有关质量管理工作方针、政策，研究制定并落实相关的政策。

4. 药品管理经理应能够组织制订企业有关的质量管理方面的规章制度、质量工作规划及公司GSP达标工作计划，并负责督促执行。

5. 企业负责人、质量负责人、质量管理机构负责人应当定期接受省级药品监督管理部门组织的有关法律法规及药品质量管理等内容的培训。

6. 药品管理经理应能对公司员工进行有关药品质量方面的教育培训工作。

7. 企业应有从事质量管理、处方药审核的药学专业技术人员。

（1）经营处方药、甲类非处方药的，应当按国家有关规定配备执业药师。

（2）只经营乙类非处方药品的，应当有经设区的市级药品监督管理机构或者省、自治区、直辖市人民政府药品监督管理部门直接设置的县级药品监督管理机构组织考核合格的从业人员，或符合本条第（1）款规定的人员。

（3）设在农村乡镇以下地区的零售企业，可按照本条上一款规定执行。

（三）质管、验收员、养护人员

1. 企业应配备符合相应资质要求的质量管理、验收及养护等岗位人员：

（1）从事质量管理工作的人员应具有药学中专或医学、生物、化学等相关专业（下同）大专以上学历，或有药师以上专业技术职称。

（2）从事验收、养护工作的人员应具有药学或相关专业中专以上学历，或有药师以上专业技术职称。

（3）从事中药材、中药饮片验收及养护工作的人员，应具有中药专业中专以上学历或有中药初级以上专业技术职称；直接收购中药材的应配备执业中药师或主管中药师，负责质量验收工作。

（4）从事疫苗经营应配备2名以上专业技术人员，主要从事疫苗的质量管理工作，应具有预防医学、药学、微生物或医学等专业本科以上学历及中级以上专业技术职称，并有3年以上从事疫苗管理或技术工作经历。

2. 从事质量管理、验收工作的人员应在职在岗，不得兼职其他业务工作。

3. 质量管理、验收、仓储、养护等岗位的人员，应当接受上岗培训，合格后方可上岗，培训应当制定管理制度及流程，并建立档案。

4. 企业质量管理、验收、养护人员应当定期接受药品监督管理部门组织的有关法律法规及药品质量管理等内容的培训。

5. 质管、验收员、养护人员应熟悉、掌握国家各级质量标准及所经营药品的性能知识。

6. 从业人员应能够按照“药品验收抽样程序”的要求，认真做好药品检验、验收的相关工作，有效行使否决权，以便于企业采取有效的措施，杜绝不合格药品流入市场。

7. 对不合格药品应及时按质管部确认。整理并保存好验收记录，质管部对数据的正确性负责。各月底应对验收质量报告并进行分析，并上报质量管理部。

（四）采购、销售、运输人员

1. 从事采购、销售、仓储等工作的人员，应具有高中或中专以上文化程度。认真学习和执行《药品管理法》、《产品质量法》、《商标法》、《计量法》等有关法规，并在工作中严格遵守。

2. 采购、销售、运输人员应能够正确地向用户介绍药品的用途和性能，不许片面夸大宣传优点，在产品质量上对用户负责。

3. 对效期较近，库存时间较长的合格药品，要积极推销，避免损失。

4. 定期征询和反馈用户对销出药品质量的评价意见，改进工作，提高服务质量。

5. 采购、销售、运输等岗位的人员，应当接受上岗培训，合格后方可上岗，培训应当制定管理制度及流程，并建立档案。

6. 从事特殊管理药品、冷藏和冷冻药品、危险品的储存及运输等岗位相关人员，应当接受药品监督管理部门组织的相关专业知识和法规的专项培训。

（五）财务人员

1. 财务人员应具有三年以上工作经验，并具有中级的专业技术职称。

2. 财务人员应对工作认真负责，出具精确的数据及时送交公司经理，为公司的经营状况提供可靠的依据。

（六）业务员

1. 业务员资质

业务员应具有高中以上文化程度或符合省级药品监督管理部门要求的条件。

2. 业务人员的基本素质要求

（1）具有良好的语言表达能力。

（2）具有较好的仪容、仪表、内在气质和文化修养。

（3）具有基本的商品知识和操作技巧。

（4）具有一定的体察、判断顾客心理活动的能力。

（5）具有勤奋好学、积极向上的进取精神。

（6）具有经营现代化商业企业的基本知识。

（7）具有健康良好的身体及充沛的工作能力。

3. 业务人员上岗的标准

（1）服装　着工作服、系全扣。

（2）仪表　举止文雅、端庄。不化浓妆，不染指甲。

（3）个人卫生　勤洗头，勤洗手，勤剪指甲，不吃异味食物。

（七）员工服务工作规范

1. 守时。遵守公司工作时间的规定，守时即是维护个人的信誉。

2. 守法。遵守国家法律法规，遵守公司的规章制度。

3. 守责。克尽职守，认真负责，服从领导，听从指挥。

4. 公德。遵守社会公德与规范，做文明人。

5. 礼貌。待人接物文明有礼，和颜悦色，诚恳友善。

6. 仪表。着装整洁，仪态端庄，举止文雅，大方。

7. 整洁。一丝不苟，保持工作环境的清洁，整齐。

8. 合作。相互之间精诚合作，帮人即是助己，发扬团队合作精神。

9. 高效。细致思考，预先准确行事，服务得体。

10. 技能。精通专业知识，熟练操作技巧，善于动脑，敢于创新。

二、药品购进、验收、储存、养护、出库工作的质量管理

为了保证库存商品安全、完好地流转，根据国家的有关规定，特制订如下制度。

（一）总则

1. 药品企业应当按照规定的程序和要求，对到货药品逐批进行收货验收，防止假劣药品入库。

2. 药品企业应当根据药品的质量特性对药品进行合理储存、养护与作业管理，保证药品储存质量。

3. 药品企业应对出库药品要及时进行核对与质量检查，防止错发或不合格药品出库。

4. 药品企业经营的一切商品，均属公有财产，任何个人不准侵占。

5. 药品企业应指定专人负责商品的保管工作，实行商品保管责任制。

6. 药品企业应验收收货原则。应当按规定的程序和要求对到货药品逐批进行收货验收，防止假劣药品入库。

7. 储存养护原则。药品企业应当根据药品的质量特性对药品进行合理储存、养护与作业管理，保证药品储存质量。

8. 出库复核原则。药品企业应对出库药品要进行核对与质量检查，防止错发及不合格药品出库。

（二）商品的购进

1. 药品企业必须向合法的企业进货，确认供货企业合法资格，并做好记录。

2. 药品采购程序。购进药品应当按照可以保证药品质量的进货程序进行，包括以下环节：

（1）确定供货单位的法定资格及质量信誉。

（2）审核所购入药品的合法性。

（3）与本企业进行业务联系的供货单位的销售人员，要核实其合法资格。

（4）对首营企业、首营品种，填写“首次经营企业审批表”、“首次经营药品审批表”，并经企业质量管理机构和企业主管领导的审核批准，必要时应当组织实地考察或质量管理体系审核。

（5）签订质量保证协议。

3. 质管部对下列情况，可以行使否决权：

（1）从没有法定资格的企业或个人购进的药品。

（2）从未通过首营企业审核的企业购进的药品。

（3）从药品生产企业采购时，未通过首营品种审批的药品。

（4）购进或销售没有法定质量标准，或没有法定批准文号的药品。

（5）购进没有加盖供货单位检验机构或质量管理部门原印章的《进口药品注册证》和《进品药品检验报告书》复印件的进口药品。

（6）购进或销售不合格的药品。

（7）购进或销售其他不符合《中华人民共和国药品管理法》等有关法规规定的药品。

4. 公司在制定进货和销售等经营活动的制度、规程时，必须保证质管部行使质量否决权。

5. 购进药品，需与供货单位签订有明确的质量条款的购货合同，合同内容应明确以下质量条款，购货合同如果不是以书面形式确立的，应与供货单位提前签订注明以下条款的质量保证协议书，协议书必须明确有效期。

（1）与药品生产企业签订的购货合同书应明确以下事项。

①药品质量符合质量标准和有关质量要求。

②药品的产品合格证。

③药品包装和标识应符合有关规定和货物运输的要求。

（2）与药品经营企业签订的进货合同应明确以下事项。

①药品质量符合标准和有关质量要求。

②药品附产品合格证。

③购入进口药口，供应方应提供符合规定的证书和文件。

④药品包装符合有关规定及货物运输的要求。

6. 购货合同原件存于公司办公室，副本在质量管理部、业务部和财务部备案。

7. 公司应严格按照购货合同中规定的质量条款执行，对不符合质量条款的药品，验收员有权拒绝收货。

8. 购进的药品应有合法的票据，业务部门建立《药品购进记录》，做到票、账、货三项相符。

9. 购进药品的票据。

（1）购进药品应当向供货单位索取合法票据，列明购进药品的名称、规格、单位、数量、金额等，如果不能全部列明所购进药品上述详细内容，应当附《销售货物或者提供应税劳务清单》，并加盖供货单位财务专用章或发票专用章和注明税票号码。

（2）合法票据的购、销方名称及金额应当与付款流向及金额相一致，并与财务账目内容相对应。

（3）对药品购销中发生的合法票据，应当按有关规定保存。

10. 药品购进计划的编制应以药品质量为重要依据，购进计划由业务部负责编制，质量管理部参与并签署意见，报公司主管业务的领导批准后，方可实施。

11. 购进特殊管理的药品，应按国家的有关规定和本公司制定的《特殊管理药品管理规程》执行。

12. 质管部每年对进货情况进行质量评审，写出书面评审结果，存档备查。

13. 验收药品应做好购进药品验收记录。

验收记录的内容有：通用名称、剂型、规格、批准文号、批号、生产日期、有效期、使用期限、生产厂商、供货单位、到货数量、到货日期、验收合格数量、验收日期、验收结果和验收人员。

14. 药品直调。

（1）应由委托收货单位验收。

（2）对直调药品应当建立专门的购进记录，保证有效的质量跟踪和追溯。

15. 购进药品时，应与收货单位签订委托验收协议书。

16. 建立专门的直调购进药品验收记录，并将记录及时反馈给本企业。

17. 企业购进药品，其验收、销售记录或凭证，应真实、完整并可追溯。记录或凭证应按规定保存。

18. 应当审核以下内容，并确认供货单位资质的真实性和有效性。

（1）《药品生产许可证》或者《药品经营许可证》。

（2）企业《营业执照》及年检证明。

（3）GMP 证书或者 GSP 证书。

（4）企业印章样式。

（5）供货单位开户户名、开户银行及帐号。

（6）《税务登记证》和《组织机构代码证》。

（7）在开展互联网交易时，还应当审核《互联网药品信息服务资格证书》、《互联网药品交易服务资格证书》。

19. 对首营品种，还应当对企业的合法性和质量基本情况进行审核，审核合格后方可经营。

（1）加盖供货单位原印章的《药品生产许可证》、GMP 证书或《药品经营许可证》、GSP 证书（法律规定期限内的新开办企业除外）以及《营业执照》的复印件。

（2）药品质量标准。

（3）拟采购药品的《药品检验报告书》。

（4）加盖供货单位原印章的药品批准证明文件以及生产批件复印件。

（5）进口药品应当有符合规定的证明文件。

（6）药品包装、标签、说明书。

20. 企业应当对供货单位销售人员进行审核，确认并核实相关资料的真实性、有效性，合格后方可与其开展业务活动。

（1）有本规范规定的供货单位相关证明资料。

（2）法人授权书应当载明授权销售的品种、地域、期限，注明销售人员的身份证号码，并加盖本企业原印章和企业法定代表人印章（或者签名）。

（3）加盖供货单位原印章的销售人员身份证复印件。

（4）将委托授权书与被授权人身份证原件进行核对。

21. 药品企业应当对首营企业进行包括供货资格和质量保证能力进行审核，审核由业务部门会同质量管理机构共同进行；除审核相关资料外，必要时应当实地考察或组织质量管理体系。审核经批准后，方可从首营企业进货。

22. 药品企业应当定期对供货单的进货情况进行质量评审，建立供货单位、经营品种的质量档案，建立供货单位诚信评价机制，并进行跟踪、动态管理，对不符合要求的应当停止进货。

23. 企业应当与供货单位签订质量保证协议：

（1）明确双方质量责任。

（2）供货单位提供符合规定的文件且对所提供资料的真实性负责。

（3）供货单位应当按照国家规定及时、据实开具合法票据。

（4）提供药品同批次检验报告书。

（5）药品质量符合药品标准等有关要求。

（6）药品包装、标签、说明书符合有关规定。

（7）药品运输的质量保证及责任。

24. 购进药品应当按国家有关规定建立完整的购进记录。记录应当注明药品的通用名称、规格、有效期限、生产厂商、供货单位、购进数量、购货日期等项内容，做到票、帐、货相符。

25. 药品批发企业的购进记录，应当保存至超过药品有效期1年，但不得少于3年。

（三）商品入库

1. 药品必须凭药品入库验收单和发货票据，方能办理入库手续。

2. 保管员对入库的商品，要认真核对名称、规格、型号、数量，验收包装是否完整，发现问题，应及时上报处理。如因入库时，验收不细致造成损失的，由保管员赔偿经济损失。

3. 保管员对入库的药品，必须及时填写商品保管账，做到内容准确、字迹清楚，不准涂改。

4. 质量管理部、业务部、储运部等部门均应收集企业经营过程中的药品质量管理的信息。

5. 质量管理部负责质量信息的收集、整理、存档、查询、传递和分析等工作。

6. 质量管理部要及时向有关部门和人员传达国家及药品监督管理部门颁布的有关法规、公告等文件，及时向药品生产企业反馈该企业产品的质量信息，及时向用户提供商品的质量信息。

7. 验收员应对照供货方随货单和业务部门发出的到货通知单，严格按照法定的质量标准和合同（质量保证协议）规定的质量条款，按照到货通知单所记载的内容，明确质量状况和验收结论。

8. 直调药品必须由本公司质量验收员进行质量验收，验收合格后方可进行直调发运。直调药品进行质量验收时可在发货方，也可以在收货方，但不得委托其他单位或本单位其他人员代为验收。

9. 检验外用药品，其包装的标签或说明书上要有规定的标识和警示说明；处方药和非处方药分类管理要求，标签、说明书有相应的警示或忠告语，非处方药的包装有国家规定的专用标识。

10. 药品到货时，收货人员应当按购进记录数据，对照供货单位的随货同行单（票）核实药品实物，依据运输凭证核查运输方式，做到票、账、货相符。票据内容应当包括产品名称、规格、批号、数量、收货单位和地址、联系方式、发货日期、运输方式等。运输凭证应当留存备查。

11. 冷藏药品到货时，应当对其运输方式、运输过程的温度记录、运输时间等质量控制状况进行重点检查并记录，对不符合温度要求的，运输人员应当拒收。

（1）使用冷藏车运输的药品，应当直接将药品搬运到冷藏库内待验。

（2）使用车载冷藏箱或保温箱的，应当将箱体搬运到冷藏库待验。

12. 收货人员对符合收货要求的药品，按品种的特性，要求存放于相应的待验区域中，或设置状态标志，通知验收。

13. 验收药品应当按照药品的生产批号，查验同批号的检验报告书，检验报告书应当加盖供货单位原印章，检验报告书可采用电子数据形式。

14. 应当依据验收的规定，对药品进行逐批验收，验收抽取样品应当具有代表性。

（1）每批次的药品应当至少检查一个最小的销售单元。

（2）对破损、污染、渗液或封条损坏等包装异常以及零货或拼箱的，应当逐件开箱检查至每批次的最小销售单元。

（3）外包装及封签完整的原料药品、实施批签发管理的药品、贴有中国食品药品检定研究院封签的诊断试剂等，可不开箱检查。

（4）生产商有特殊质量控制要求或打开最小销售包装可能影响药品质量的，可不开箱检查。

15. 验收人员应当对抽样检查的药品的外观和包装标签、说明书以及相关的证明文件逐一检查、核对；验收结束后，应当将抽取的样品放回原包装，并重新加封。

16. 特殊管理的药品应当在专用库房内进行验收，麻醉药品、精神药品、医疗用毒性药品、药品类易制毒化学品应当实行双人验收。

17. 验收完成后，仓储人员应根据验收结论及时办理入库；对相关证明资料及包装标识不符合规定、包装破损或污染的、标志模糊不清等情况，不得入库并报告质量管理机构。

18. 验收药品应当做好购进药品验收记录，包括通用名称、规格、批准文号、批号、生产日期、有效期、生产厂商、供货单位、到货数量、到货日期、验收合格数量、验收日期、验收结果和验收人员等内容。

19. 中药材验收记录内容应当有品名、产地、数量、供货单位等内容。中药饮片验收记录应当有品名、规格、产地、生产企业、产品批号、生产日期、数量、供货单位等内容，实施批准文号管理的中药饮片还应当记录批准文号。

20. 药品直调时，如由委托收货单位验收，应当与收货单位签订委托验收协议，由收货单位严格按照本规范的要求进行验收，建立专门的直调购进药品验收记录，并将记录及时反馈给委托方。

21. 质量管理信息系统如下图所示。

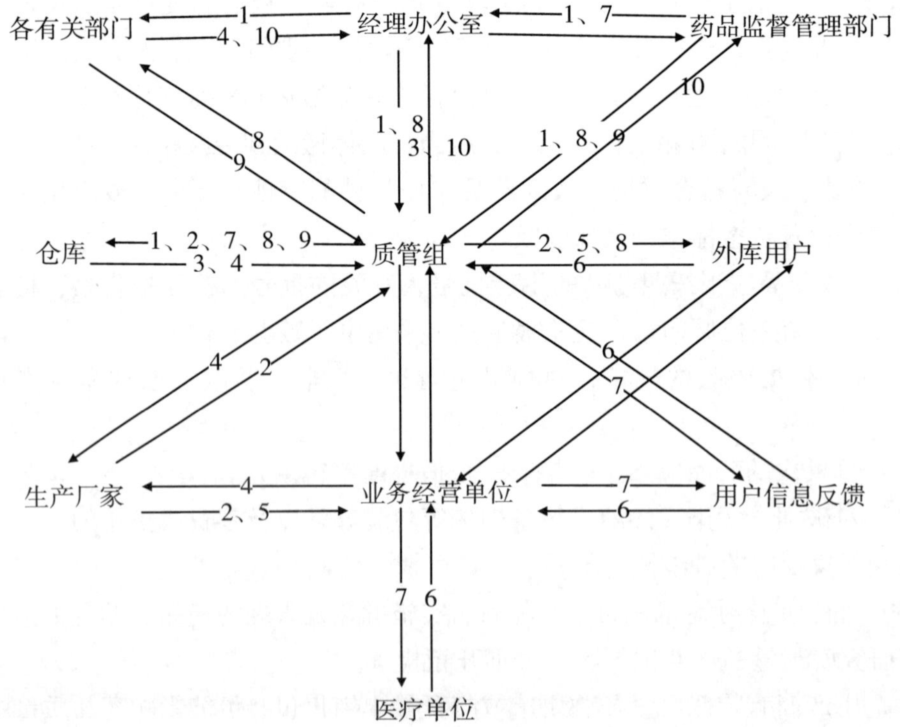

质量管理信息系统图

1. 药品监督管理；2. 质量标准；3. 效期报表；4. 药品质量反馈；5. 检验报告；6. 质量信访；7. 质量处理意见；8. 质量通报；9. 有关质量方面信息；10. 有关质量方面工作请示

（四）存储

1. 药品储存应当符合以下要求：

（1）药品应按包装标示的温湿度等条件储存，药品包装上标示具体储存条件的，按标示的要求储存；没有标示的，按常温 2～30℃、阴凉 2～20℃、冷藏 2～10℃储存；储存药品相对湿度为35%～75%。

（2）药品储存按质量状态实行色标管理，待确定药品为黄色，合格药品为绿色，不合格药品为红色。

（3）储存的药品应针对具体情况采取避光、遮光、通风、防潮、防虫、防鼠等措施，储存药品应避免阳光直射。

（4）搬运和堆码的药品严格遵守外包装标示要求的规范操作，堆码高度按照包装图示要求，避免损坏药品的包装。

（5）药品按批号堆码，不同批号的药品不得混垛；垛间距不小于 5 厘米，与仓间墙、顶、温度调控设备及管道等设施间距不小于 30 厘米，与地面的间距不小于 10 厘米。

（6）药品与非药品、外用药与其他药品应分开存放，中药材、中药饮片与其他药品分库存放。

（7）麻醉药品、第一类精神药品应专库存放，药品类易制毒化学品、毒性中药品种设置专用库（柜），均由双人双锁保管，专人管理，专账记录。

（8）第二类精神药品应专库（柜）存放，专人管理，专账记录。

（9）危险品种按国家的有关规定存放。

（10）库存拆零拣选的药品，应集中区域存放。

（11）储存药品的货架、底垫等设施设备，应保持清洁，无杂物、无破损。

2. 没有验收入库的商品，要单独保管，待有入库单时再验收入库。

3. 不准在商品库内存放个人物品。

4. 仓库保管员应凭验收员的签单办理入库，对不合格的药品，有权拒收。

5. 储存的药品，应按药品的性质、剂型等分类储存，设置分库、分区、隔垛、专库、不合格品库（区）等方式储存，并符合各类药品的储存条件。

6. 药品入库后，应放在货架上或底垫上，按品种规格及批号堆垛，堆垛应整齐，无倒置的现象，堆垛与墙、顶、地面、空调等距离应符合要求。

7. 近效期药品必须严格执行效期药品管理的规定，库内应挂有效期标示牌，并建立近效期药品一览表，有效期还有两年的品种，填写效期药品卡，监控管理，出库应按先进先出，近期（临近有效期）先出等原则放置。

8. 药品储存做到药品与非药品，内服药与外用药分垛储存。易串味的药品、中药材、中药饮片以及危险品等应与其他药品分开存放。

9. 根据商品的特点，要做到：按品种分类保管、间隔合理、便于清点。

10. 做好仓库的清洁卫生工作，配备温湿度计、调控设备及消防设施，做好防潮、防霉、防火、防污染、防盗和防鼠等安全卫生工作。

11. 仓库应建立药品管理台账，做到账、货相符。

12. 仓储、运输等设施设备应定期进行检查、保养、校准、维修、清洁并建立档案。

（1）物流设备　输送设备（输送线、电梯、叉车）、分拣系统、拣选设备、存储设备（货架、托盘、地垫）。

（2）空调系统、制冷设备（冷库、冷藏箱、压缩机）。

（3）运输车辆（冷藏车）。

（4）温湿度自动监测系统。

（五）养护

1. 储存商品要做到按商品理化性质、剂型分类、分区保管。

2. 需特殊存放的商品要达到相应的储存条件。

3. 在库房空气流通的地方放置湿、温度计，由商品养护员每日上午 9 ~ 10 时，下午 2 ~ 3 时测温湿度，如温湿度超出规定范围时，应立即采取相应的措施，并认真记录，药品温湿度监测数据记录至少保存 5 年。

4. 在药品的陈列中，其养护工作应由养护员负责。

5. 药品养护人员对陈列的药品应进行抽查和定期循检，药品每月循检一次，每月检查药品的经营品种数，均衡分配工作量，并做好养护的检查记录。

6. 对重点品种（近效期、易变质、首营品种）的养护，每月应检查一次，并建立养护档案。

7. 在日常养护中，出现质量问题（如变质、裂片、吸潮的药品），药品养护人员应及时填写《药品质量信息反馈表》，报质量管理员确认后，将该药品移至不合格品区。

8. 对距失效期尚有 8 个月的近效期药品，养护员及保管员应每月填写一次《近效期药品报表》，报部门负责人及质量管理员。

9. 应对在库药品采取有效的方法进行养护，并做好记录。医药商品不得受到日光直射，需避光保存的药品不得脱去外包装。

10. 对在库储存药品的有效期（使用期限）进行跟踪管理，采取有效的措施防止近效期药品售出后可能会发生的安全事故。

11. 应当根据仓库设施的条件、外部环境的影响、药品质量特性等，实施药品的养护管理，主要内容是：

（1）指导和督促仓储人员对药品进行合理的储存与作业。

（2）检查并改善库房的储存条件、防护措施和卫生环境。

（3）通过采用温湿度自动监测方式和温湿度调控设备等操作，对仓储温湿度条件进行有效地调控。

（4）按照计划对库存药品质量状态进行养护检查，按季度对药品进行包装或外观的检查，按月对近效期、质量不稳定、近期出现过质量问题、储存时间较长等重点养护品种进行检查。

（5）检查中发现有问题的药品应当暂停发货，在计算机管理系统中进行锁定和记录，及时报告质量管理部门处理。

（6）按特性对中药材和中药饮片采取有效的方法进行养护并记录，养护方法应当避免对药品质量造成污染。

（7）根据需要采取通风、防虫、防鼠等措施。

（8）定期汇总、分析药品养护的质量信息。

12. 养护计划。养护人员应当定期制定养护计划，或应当用计算机管理系统对库存药品自动生成养护工作计划，以有序地进行检查。

13. 有效期管理。应当对药品的有效期进行跟踪控制管理，防止过期失效药品的销售出库；采用计算机管理的，应当对库存药品的有效期进行自动跟踪和控制，对于近效期或超出有效期的药品，具有自动锁定及停售等功能。

14. 破损污染控制。药品因破损而导致液体、气体、粉末泄漏时，应迅速根据泄露物品的属性采取有效的安全处理措施，防止对仓库环境造成污染。

15. 质量问题药品控制。企业应当对存在质量问题的药品进行控制性管理。

（1）对发现质量有疑问的药品、不合格的药品及其他应当停售的药品，应及时采取停售措施，并在计算机管理系统中锁定。

（2）不合格药品应存放于有标志明显的专用场所，并进行有效地隔离。

（3）不合格药品应由质量管理机构确认，并监督报废、销毁。

（4）不合格药品的处理过程，要有完善的手续和记录。

（5）质量管理机构查明不合格原因，及时采取预防措施。

（6）对假劣药品和已经确认需要特殊管理的不合格药品，要及时报告药品监督管理部门并由其监督销毁。

（六）复核出库

1. 出库商品必须有交款的出库单，凭出库单付货。

2. 出库商品必须要认真核对品名、规格、型号、产地、数量，并与出库单相符、不准顶替、错付，付串商品造成的经济损失，由保管员负责赔偿。

3. 出库商品发现包装商品短少，内包装损环，应有两人以上证明，并写出开箱验收记录，交由主管人员处理。

4. 对库存商品要认真执行“先进先出”、效期商品“近期先出”的原则，如发现“先进后出”，致使商品过期失效，造成的经济损失，由保管员赔偿。

5. 顾客绝对不准进入库房，大件商品，一个人搬不动的，由公司其他人员协助搬运。

6. 任何人不得动用或借用库存商品，不准以白条顶替库商品。

7. 企业应当由专人负责需冷藏药品的发货、装箱和发运工作。

（1）发运前应当检查冷藏运输设备的启动、运行状态，达到规定要求后方可发运，并记录发运方式、运输工具和发运时间等内容。

（2）使用车载冷藏设备运输药品的，应当在冷藏库内完成药品的装箱、封箱工作。

（3）车载保温和冷藏设备使用前应当符合相应的温度要求。

8. 发货时，若发现上述情况，保管员应立即通知业务部门作退货处理，并填写《药品停售通知单》，报质量负责人及有关人员，将不合格药品移至不合格品区。

9. 做好出库复核记录，发货人和复核人均应签名（或在药品出库调拨单上签名），发货凭证作为复核记录保存，记录保存不少于三年，以便进行质量跟踪。

10. 出库管理。药品出库时，应当按照销售数据对实物进行复核。发现以下异常情况，不得出库，应当查明原因并做好记录，报质量管理机构处理：

（1）药品包装内有异常响动或液体渗漏。

（2）包装出现破损、污染、封口不牢、衬垫不实、封条损坏等异常情况。

（3）包装或标签模糊不清或脱落，所示内容与实物不符。

（4）药品已超过有效期。

（5）其他不得销售的药品。

11. 特殊管理药品出库复核。麻醉药品、第一类精神药品、医疗用毒性药品、药品类易制毒化学品应当实行双人复核。

12. 出库复核记录。药品出库复核时，为便于质量跟踪所做的复核记录，应当包括购货单位、通用名称、规格、批号、有效期、生产厂商、数量、出库日期、质量状况和复核人员等项目。

13. 拆零拼箱。

（1）药品拆零拼箱发货的代用包装箱应当有醒目的拼箱标志。拆最小包装发货的药品应当使用洁净、安全的代用包装，代用包装上应当标明品名、规格、批号、有效期等内容，并附说明书原件或复印件。

（2）中药饮片的零货包装上应当至少标明品名、生产批号、规格、生产企业、重量、销售单位等内容。

14. 药品出库时，应当附加盖企业药品出库专用章原印章的随货同行单（票）。

（1）直调药品出库时，由供货单位开具两份随货同行单（票），分别发往直调单位和购货单位。

（2）随货同行单（票）应当包括供货单位、生产厂商、药品的通用名称、剂型、规格、批号、数量、收货单位、收货地址、收货日期等内容，并加盖供货单位出库专用章原印章和标明直调企业名称。

15. 发运药品时，应当检查运输工具，并记录发运方式和运输工具、发运时间等；如发现运输条件不符合规定，不得发运。

16. 冷藏、冷冻药品的装箱、装车等作业，应由专人负责并符合以下要求：

（1）车载冷藏箱或保温箱在使用前应达到相应的温度要求。

（2）应当在冷藏环境下完成冷藏、冷冻药品的装箱、封箱工作。

（3）装车前应检查冷藏车辆的启动、运行状态，达到要求的温度后方可装车。

（4）启动后，应当做好运输记录，内容包括运输工具和启动时间等。

17. 对实施电子监管的药品，在出库时应进行扫码和数据上传。

（七）盘点

1. 公司应当每季度组织一次商品盘点。

2. 商品盘点，必须做到财务商品账同保管账相符，并在季月末前核对清楚，由记账员填写商品盘点表，然后实地清点库存商品。

3. 对盘亏盘盈的商品，对于原箱短少和自然破损及近期商品，应如实填报盘点表，经公司主管经理批准后，按规定手续办理，经批准后，可以以多顶少，自行串顶。

三、药品销售管理

（一）原则

1. 企业应当按照依法核准的经营方式和经营范围销售药品。

2. 除药品质量原因外，零售药品一经售出不得退换。

（二）批发销售

1. 企业应当将药品销售给合法的药品购货单位。对购货单位证明文件、购货客户的购货人员及提货人员要进行核实，确保药品销售渠道的合法性和流向的真实性。

2. 批发企业应当严格审核购货单位的生产范围、经营范围或者诊疗范围，应当按照核准的品种范围向生产、经营企业及医疗机构销售药品。

3. 企业销售药品，必须开具合法的票据，做到票、账、货和款相符。

4. 应当做好药品的销售出库记录，包括通用名称、规格、剂型、批号、有效期、生产厂商、购货单位、出库数量、销售日期、出库日期等内容。

5. 销售直调药品应当建立专门的记录。

6. 销售记录应当真实、完整，保存至超过药品有效期 1 年，但不得少于 5 年。

7. 销售特殊管理的药品、含特殊药品复方制剂时，应当严格按照国家有关规定执行。

8. 中药材、中药饮片的销售记录应当包括品名、规格、批号、产地、生产企业、购货单位、销售数量、金额、销售日期等项内容。

四、运输与配送

（一）原则

1. 运输药品选用适宜的运输工具，采取有效的措施保证运输过程中的药品质量及安全。

2. 应当明确运输过程中的质量责任管理机制，并对运输过程中的质量控制状况进行有效的记录和追溯。

（二）运输措施

1. 运载药品的车辆和运载工具应当采取密闭、落锁、防盗等安全防护措施。

2. 药品运输时，应当针对运送药品的包装、性状、车况、道路、天气等情况，采取防止药品破损、污染等质量损坏的措施。

3. 搬运、装卸药品应当轻拿轻放，严格按照外包装图示标志的要求装卸、码放并采取有效的防护措施。

4. 应当根据药品的温度控制要求，在运输过程中采取必要的保温或冷藏措施。

5. 在运输过程中，药品不得直接接触冰袋、冰排等冷媒物质，防止对药品质量造成影响。

6. 冷藏运输车辆、设备应当安装或放置温度自动监测设备，可实时监测并记录车辆或设备内的温度数据。

7. 麻醉药品、精神药品、医疗用毒性药品、药品类易制毒化学品和危险品的运输应当按国家的有关规定执行。

6. 企业应当建立冷藏药品运输应急机制，对运输途中可能发生的设备故障、异常气候影响、交通拥堵等突发事件，预先做好防范、应对预案。

（三）运输管理

1. 企业委托运输药品的，企业应当与承运方签订明确药品质量责任的运输协议，明确药品质量责任，遵守运输操作规程和在途时限等内容。

2. 企业委托运输时，应当对承运方的运输能力进行考察，索取承运工具的相关资料，具备符合本规范运输设施及运输质量保证能力的运输企业方可委托。

3. 药品运输时间。已装车的药品应当及时发运并送达。

4. 企业应当建立运输安全管理机制，防止药品在运输与配送过程中发生偷盗、侵吞、调换等事故。

5. 运输与配送环节的追踪。

（1）药品的发运应当有记录，实现运输过程的质量追溯，记录至少应当包括发运日期、收货单位的全称和地址、货单号、药品数量、车号、驾驶员姓名等内容。

（2）如为委托运输还应当记录委托经办人、承运单位的全称和地址、联系人及联系电话等。

（3）记录应当至少保存5年。

6. 特殊管理的药品的运输应符合国家有关规定。

五、售后

（一）投诉

1. 应当建立相应的药品投诉机制，包括投诉渠道的建立、人员配备、档案记录、投诉回复、处理程序和措施、结果公布、信息共享、事后跟踪等。

2. 投诉渠道。企业应当在营业场所公布药品监督管理部门的监督电话，设置顾客意见簿，对顾客的投诉应当及时解决。应当配备具有专业技术知识的人员，对接到的投诉进行登记，记录投诉人的详细信息和投诉内容，核实投诉人提供的有关凭证和相关证明材料。

3. 企业接到投诉后，经核查情况属实的应当及时进行处理。

（1）对投诉的质量问题要查明原因，分清责任，采取有效措施及时处理，并做好记录。

（2）对药品质量或其包装投诉，应当尽快通知药品生产企业；情节较严重的，必须立即停止销售、使用该药品，并上报药监部门。

4. 对可能存在药品缺陷、涉嫌假冒药品的投诉。

（1）必要时立即采取措施停止销售、使用该药品。

（2）通知药品生产企业和供货单位，协助药品生产企业履行召回义务。

（3）向所在地药品监督管理部门及时报告。

（4）对同品种的其他批号进行检查。

5. 建立信息档案。应当建立投诉信息档案，以便查询、跟踪投诉的处理结果等各方面的信息。

（二）药品追溯和召回

1. 问题药品追回。药品经营企业已售出的药品如发现质量问题，应当向所在地药品监督管理部门报告，并及时采取措施追回药品并做好记录。

2. 药品召回。药品经营企业应当按照《药品召回管理办法》有关规定，配合生产企业或政府主管部门，对存在安全隐患的药品进行召回，建立药品召回的相关记录。

3. 被召回药品的贮存、运输。在贮存和运输的过程中，应当保持被召回药品的贮存条件，直至对被召回药品做出处理决定为止。

（三）药品退回

1. 销后退回药品收货。销后退回药品应当凭销售部门的退货凭证或通知核对实物，经确认为本企业销售的药品，方可收货并放置于退货药品专用场所。

2. 销后退回药品的待验。为明确质量责任，销后退回的药品在待验期间应当保持其规定的储存条件。

3. 销后退回药品的验收。验收人员应当对销后退回药品进行逐批检查验收，并开箱抽样检查；整件包装完好的每批至少开箱抽查 2 件，无完整外包装的应当抽样检查至每一最小销售单元；如有必要，应当送药品检验机构检验。

4. 销后退回药品记录。应当建立专门的销售退回验收记录，包括退货日期、通用名称、规格、批准文号、批号、生产厂商（或产地）、有效期、数量、验收日期、退货原因、验收结果和验收人员等内容。

5. 验收后处理。销后退回药品经验收合格，方可入库销售，不合格药品按有关规定处理。

6. 冷藏药品退回。药品批发企业销后退回冷藏药品，应当由退货方提供药品售出期间的储存、运输情况说明，确认符合冷藏条件要求后，方可退货。

7. 退回药品记录。企业对供货单位购进后退回的药品，应当做好记录。

（四）药品不良反应监测与报告

1. 人员设置。企业应当建立药品不良反应报告和监测管理制度，设立或者指定机构并配备专（兼）职人员，承担药品不良反应报告和监测工作。

2. 报告。发现可能与用药有关的不良反应应当按有关规定及时报告。

3. 建立档案。应当建立并保存药品不良反应报告和监测档案。

六、调配处方的质量管理

1. 调配处方，要认真核对，正确调配，调配员和复核员均应在处方上签字，毒、麻药品处方至少应保存二年。

2. 中药饮片调配应严格执行审方制度，对有配伍、妊娠禁忌与违反国家有关要求的处方，应拒绝调配。

3. 建立饮片清洁卫生制度。饮片装斗前必须经过筛簸，要坚持定期清理药斗，防止交叉污染，贮存饮片的容器内不得有串药、生虫、霉变、走油、结串等现象。

4. 严禁该炮制而未炮制的生药、整药配方。

5. 调配用的计量器具要定期校验，并有合格标志，调配时要做到计量准确，严禁以手代秤。

6. 药师应指导顾客合理购买和使用非处方药。

7. 处方药不得采用开架自选方式销售。

8. 处方药必须凭医生处方，并由驻店药师审方后，方可销售。审方人、配方人应有处方上签名，如因特殊情况入方不能留存，应做处方登记，处方及处方登记保存期限为不得少于1年。

9. 对处方所列的药品不得擅自更改或代用，对有配伍禁忌或超剂量的处方，应当拒绝调配销售，必要时需经原处方医师更正或重新签字后，方可调配和销售。

10. 处方药品的审核，应坚持双人双签字。

11. 购进中药饮片应有包装，并有合格标志，注明品名、生产企业、生产日期，实施文号管理的中药饮片，还应有批准文号。

12. 进口的中药饮片，应加盖供货单位质量部门原印章的《进口药材批件》复印件。

13. 购时的中药饮片必须要有包装，包装上要有合格的标志；实施文号管理的中药饮片，必须标明批准文号。

14. 饮片到货后，必须对品名、生产单位、数量、规格、质量等项目逐一验收，并做好验收记录，验收记录保存期限不得少于三年。

15. 如发现包装、标识和质量不符合要求的，验收员有权拒收，并填写《药品质量信息反馈单》，报告质量管理人员。

16. 严格按配方、发药操作规程操作中药饮片调剂，坚持一审方、二核价、三开票、四配方、五核对和六发药的程序配方。

17. 应对先煎、后下、包煎、分煎、烊化、兑服等特殊用法要求的中药饮片，应单包注明。

18. 按方配配制，称准分匀，处方配完后应自行核对，无错误后签字交复核员复核，复核无误签字后，方可发给顾客。

19. 对鉴别不清，有疑问的处方不予调配，配方营业员应向顾客问清情况。

20. 药房配方使用的中药饮片，必须是经过加工炮制的中药品种。

21. 药品出库时应对实物进行复核，发现异常情况不得出库，查明原因并做好记录。

22. 从事中药材、中药饮片验收和养护工作的人员，应具有中药专业中专以上学历或有中药初级以上专业技术职称。

23. 从事疫苗经营的应配备2名以上具有预防医学、药学、微生物或医学等专业本科以上学历及中级以上专业技术职称，并有3年以上从事疫苗管理或技术工作经历的人员从事疫苗验收工作。

24. 药品储存时，外用药与其他药品分开存放；中药材和中药饮片与其他药品分库存放。

25. 企业应配备自动监测、调控和记录库房温湿度的设备。

26. 药品储存时，外用药与其他药品分开存放；中药材和中药饮片与其他药品分库存放。

27. 应有从事质量管理的药学技术人员，经营处方药的，应配备符合规定的处方审核人员。

28. 经营中药饮片配方的，应有符合省级药品监督管理部门规定要求的中药专业技术人员负责中药饮片审方、调剂和复核工作。

29. 从事特殊管理药品、需冷藏药品销售及管理的人员，应当接受药品监督管理部门组织的相关专业知识和法规的专项培训。

七、特殊药品及贵细药品的管理

1. 特殊、贵重药品要按“以销定进”的原则组织进货，没经有关部门批准绝不经营。

2. 对特殊、贵重药品应根据商品的性质，做到专库存放、专账记载、专人管理。专用章标志和双人验收、双人复核等相关文件的基本要求。

3. 对特殊、贵重药品必须按规定的手续销售，下账做到日清月结，账目清楚。出库时，付货人和复核人均应在出货凭证上签章以示负责。如发生商品残损，要按规定，经批准后汇同有关部门共同销毁。

4. 贵重药品验收时，需逐项验收，清点数量，检查包装密封情况，并应有封签。

5. 贵重药品在储存和保管过程中，每个月要清点一次，做到账物相符、账账相符。

6. 特殊、贵重药品在入库验收、出库发货时均应双人经手，并要做好验发记录。

八、首次经营品种的质量审核规定

1. 严格按照国家规定的药品质量标准和合同规定的质量条款，对药品首营品种进行检验、验收。

2. 公司对首营企业进行包括资格和质量保证能力的审核。由采购部填写《首次经营企业审核表》，并附该企业的《营业执照》和《药品生产企业许可证》或《药品经营企业许可证》复印件等文件，交质管部审核。质管部除了审核有关资料外，必要时可会同采购部进行实地考察。经质管部负责人和主管质量工作的公司领导审核批准后，方可从首营企业购时药品。

3. 签订合同时，合同中必须标注有明确的质量要求，还应有厂家提供的质量标准等资料。

4. 对首次经营品种，公司要建立药品档案，定期进行分析研究，以确定其质量的稳定性和可靠性。

5. 对首次经营的品种，试销期定为1年。试销期满后，由业务员提出试销总结报告，经主管经理批准后转为正式经营的商品。

6. 公司对首营品种进行审核，由业务部填写《首次经营药品审批表》，并附该品种的批准文号、物价批文、质量标准、说明书、质量检验报告书等有关资料，交公司质量管理部，经公司主管经理批准后方可进货。

7. 公司对首营企业和首营品种进行审核。不得从未通过首营审核的企业购时药品，不得从药品生产企业购时未通过首营品种审核的药品。

8. 首营企业审核资料在质量存档。

九、培训

（一）原则

1. 从业人员守法规定。企业从事药品经营和管理工作的人员，均应符合本规范及其他相关法律、法规、规章等规定的资质和从业经验的要求，不得有相关法律、法规禁止从业的情况。

2. 人员管理。企业应当制定制度和措施，防止未经批准的人员和单位接触或获得药品。

3. 培训。企业应当组织和开展相关岗位的培训工作，使各岗位人员符合相应职责的要求。

（二）批发企业质量关键人员

1. 上岗培训。质量管理、验收、仓储、养护、采购、销售、运输等岗位的人员，应当接受上岗培训，合格后方可上岗。培训应当制定管理制度及流程，并建立档案。

2. 药监培训。企业负责人、质量负责人、质量管理机构负责人应当定期接受省级药品监督管理部门组织的有关法律、法规及药品质量管理等内容的培训。

企业质量管理、验收、养护人员应当定期接受药品监督管理部门组织的有关法律、法规及药品质量管理等内容的培训。

3. 特殊岗位培训。从事特殊管理的药品、冷藏和冷冻的药品、危险品的储存及运输等岗位相关工作人员，应当接受药品监督管理部门组织的相关专业知识和法规等的专项培训。

（三）健康检查及人员卫生

1. 卫生制度。公司应当建立相关岗位的个人卫生制度，包括个人卫生、健康和着装等规定。

2. 卫生与防护。从事储存、运输、配送的人员应当穿着适应工作环境及劳动保护的工作服，从事零售营业、处方审核及调剂的人员应当穿着洁净、卫生的工作服。

3. 健康检查。质量管理、验收、养护、仓储以及零售处方审核、调配、营业等直接接触药品岗位的人员应当进行岗前及年度常规健康检查，建立健康档案。患有传染病或其他可能污染药品疾病的人员，不得从事直接接触药品的工作，其他不符合相应岗位身体条件的不得从事相关的工作。

4. 卫生行为。不得在药品储存、陈列等工作区域内存放与药品经营无关的物品，不得在工作区域内有任何影响药品质量或安全性的行为。

十、质量问题及质量事故报告与处理

1. 凡是被顾客因药品价格，质量而投诉，或在经营过程中发现劣、假药品，或在保管过程中造成批量药品过效期失效等均属于质量事故。

2. 对于发生的质量事故，应及时查找原因，主动吸取教训，提出防范措施，处理事故的责任者，教育广大职工。

3. 对造成质量事故的部门或人员，要根据情节给予行政和经济处罚，触犯刑法的，要提交公安机关处理。

4. 对于玩忽职守，使药品过效期变质作废的，或由于保管不善，造成批量药品变质的，业务部要组织力量，及时查清，并做出书面材料报告，给主管经理。

5. 公司内部发生质量事故，应及时上报给主管部门。

6. 质量事故的分类。

（1）重大质量事故。

①销售假、劣药品，给患者造成人身伤亡或性质恶劣、影响极坏。

②因工作失职，使药品报损金额（单个品种）在500元以上。

（2）一般质量事故。

①过期及外观质量明显不合格的药品，未及时下柜。

②因工作失职，使药品报损金额（单个品种）在500元以下或100元以上的。

7. 质量事故的报告。

（1）重大质量事故应立即报负责经理，并在12小时内报告市药品监督管理局。

（2）一般质量事故应在12小时内，报告质量负责人。

8. 质量事故的处理。

（1）经理应负责质量事故的处理，做好质量事故的处理记录，查清事故发生的时间、地点、经过、事故的相关部门及人员、事故后果等。

（2）公司应组织有关人员进行认真分析，确认事故原因，明确有关人员的责任，提出整改和预防措施。

（3）事故处理应本着“三不放过”的原则进行处理。即事入原因不查清不放过，事故的责任人和众人不教育不放过，没有预防措施不放过，并应及时、慎重、有效地处理好质量事故。

(4) 凡属于质量事故的，应填写《质量事故分析报告书》，有关资料应归档，做到有案可杲。

(5) 对事故的责任人，应根据事故的大小、损失程度、情节轻重及责任人的态度等情况，分别进行处理。

十一、质量信息的管理

（一）原则

1. 文件内容。企业应当根据有关法律、法规及本规范，制定或建立符合本企业实际情况的管理文件，并遵照执行。管理文件应包括质量管理制度、岗位职责、操作规程、记录、档案和报告等文件。

2. 文件审核。企业应当系统地设计、制订、审核和发放文件，文件的内容应当与药品经营许可的相关内容一致，文件应当经过质量管理部门的审核。

3. 文件的执行。文件的内容应当准确、清晰、易懂，便于查阅和追溯。

4. 文件责任。文件的起草、修订、审核、批准、撤销等，均应当由相关的责任人签名。

5. 文件的修订与发放。文件应当定期审核、修订，使用文件应当为批准的现行文本，已撤销和过时的文件除留档备查外，不得在工作现场出现。

6. 记录管理。质量控制的关键活动应当有记录，记录至少应当保存5年，以保证质量活动的有效追溯。

7. 文件执行。企业应当保证各项质量管理制度、岗位职责、操作规程等文件的正确执行，各岗位应当有效地获得与工作内容相对应的文件内容，并严格按照文件的规定开展有关经营、物流和质量管理等工作。

（二）批发企业管理文件

1. 质量管理制度应当包括以下内容：

(1) 质量管理体系内部评审的规定。

(2) 质量否决权的规定。

(3) 质量管理文件的管理。

(4) 质量信息的管理。

(5) 供货单位、购货单位、供货单位销售人员及购货单位采购人员的审核。

(6) 药品采购、收货、验收、储存、养护、销售、出库、配送、运输的管理。

(7) 特殊管理药品的管理。

(8) 药品有效期的管理。

(9) 不合格药品及药品销毁的管理。

(10) 退回药品的管理。

（11）药品召回的管理。

（12）质量查询的管理。

（13）质量事故、质量投诉的管理。

（14）药品不良反应报告的规定。

（15）环境卫生及人员健康的管理。

（16）质量培训及考核的规定。

（17）设施设备的管理。

（18）质量凭证和记录的管理。

（19）计算机系统的管理。

（20）其他应当制定的内容。

2. 质量职责岗位应当包括以下内容：

（1）质量管理、采购、仓储、销售、运输、财务和信息管理等部门职责。

（2）企业负责人、质量负责人及质量管理、采购、仓储、销售、运输、财务和信息管理等部门负责人的岗位职责。

（3）质量管理、采购、收货、验收、仓储、养护、销售、配送、运输、财务、信息管理等岗位职责。

3. 操作规程。企业应当制定药品采购、收货、验收、储存、养护、销售、出库、配送、运输等环节的操作规程。

（三）记录及凭证

1. 记录建立。企业应当建立药品购进、验收、销售、出库、养护检查、退回、运输配送、储运温湿度监测、不合格药品处理等相关记录，按规定保存有关凭证，做到真实、完整、准确、有效和可追溯。

2. 记录保存。药品记录及凭证应当保存至超过药品有效期 1 年，但不得少于 3 年。疫苗、特殊管理药品的记录及凭证按相关规定保存。

3. 电子数据管理。使用计算机系统记录数据的，应当制定系统操作规程，确保数据的真实、完整、准确、安全、可信。

4. 电子数据录入。相关岗位操作人员应当通过授权及密码登录计算机系统，进行数据的录入；记录数据的更改应当经质量管理部门审核后监督执行，并留有更改的记录。

5. 电子数据备份。电子记录数据应当以安全、可靠方式进行备份，确保记录数据的安全，数据资料在保存期内应当便于查阅。

6. 公司业务部负责公司经营商品的质量信息收集、分析、整理、发布等管理工作。

7. 公司业务部指定专人负责了解各环节中的商品质量、服务作风。

8. 质量信息的内容，应包括：

（1）国家及上级有关部门下发的政策、法令、法规。

（2）商品购、销、存储方面的质量信息。

（3）上级质量监督检查中与本企业质量检查中发现的商品质量信息。

（4）用户反映、投诉的有关商品质量信息和服务质量信息。

9. 业务部定期或不定期的将有关信息反馈给经营部门或主管领导。

10. 做好内流性质质量信息和外流性质的区分和管理。

（1）内流性质量信息的内容。

①药品在购、销、存各环节的质量信息。

②企业内部对质量管理制度的自查情况。

（2）外流性质量的内容。

①国家药监部门公布的政策、法规、公告及有关规定。

②中国医药报等专业报刊公布的有关信息。

③客户的质量查询、质量投诉和药品不良反应等信息情况。

④药品供货单位的质量、信誉和质量体系认证情况。

11. 通过国家有关部门下发的文件、报刊杂志、上网查询等方法，及时掌握质量动态及信息。

12. 采购人员在平时的业务活动中，应了解有关的质理信息。

13. 营业员和质量管理员，应主动征求客户意见，对用户反馈的质量问题，应妥善解决，同时要将解决的意见及整改情及时反馈给客户。

14. 质量管理员，应及时分析，总结经营的药品质量情况，不断提高药品的质量管理水平。

15. 药品经销企业类别。

（1）三级零售企业：经营类别为非处方药，处方药（禁止类药品除外），中药饮片等。

（2）二级零售企业：经营类别为非处方药，处方药（禁止类、限制类药品除外），中药饮片。

（3）一级零售企业：经营乙类非处方药。

（4）零售连锁企业：实行连锁模式经营的药品零售企业。

16. 禁止类药品是指麻醉药品、放射性药品、第一类精神药品、终止妊娠药品、蛋白同化制剂、肽类激素（胰岛素除外）、药品类易制毒化学品、疫苗等国家规定的药品零售企业不得经营的药品。

17. 限制类药品是指医疗用毒性药品、第二类精神药品、上述蛋白同化制剂和肽类激素以外其它按兴奋剂管理的药品、含麻醉药品的复方口服溶液等特殊管理的药品，以及生物制品和注射剂（胰岛素除外）等风险性较大的处方药。

十二、设施、设备及验证

（一）原则

1. 经营设施规模。

企业应当有与药品经营范围、经营规模相适应的经营及储存场所。

2. 隔离防护。

药品储存作业区、陈列区、辅助作业区、办公区、生活区应当分开一定距离或有隔离措施。

（二）库房及设备

1. 库房环境。库房的选址、设计、布局、建造、改造和维护必须符合药品储存的要求，防止污染、交叉污染、药品混淆和差错的风险。

2. 库房规模及条件应当能满足药品的合理储存以及物流作业的开展：

（1）仓库内外环境整洁，无污染源，库区地面硬化或绿化。

（2）库房内墙、顶光洁，地面平整，门窗结构严密。

（3）库房应当有可靠的安全防护措施以防止非工作人员进入或货物被盗。

（4）室外装卸、搬运、接收、发运药品时应当有防止异常天气影响的措施。

3. 仓库应当有以下设施设备：

（1）药品与地面之间，要有效隔离的地垫及货架等设施；设备的摆放应符合工艺生产条件的要求，以便于清理与维修。

（2）应当有避光、通风、防潮、防虫、防鼠等措施。

（3）要有效调控温湿度及进行室内外空气交换的设备。

（4）要有自动监测、记录库房温湿度的设备。

（5）符合储存作业要求的照明设备。

（6）用于对拆零拣选、零货拼箱进行操作及复核的作业区域和设备。

（7）包装物料的存放场所。

（8）要有验收、发货的专用场所。

（9）不合格药品、购进退出或销后退回的专用存放场所。

（10）符合国家有关规定的存放易燃、易爆等危险品种的专用场所。

4. 特殊药品仓库。储存麻醉药品、第一类精神药品等国家要求特殊管理的药品应当有专库，医疗用毒性药品应当有专库（柜），并有符合规定的安全措施；第二类精神药品应当有专库（柜）。

5. 中药材、饮片经营条件。企业经营范围有中药材、中药饮片的，应当设立专用的仓库和养护工作场所，直接收购中药材的应当设置中药样品室（柜）。

6. 企业经营范围有疫苗的，应当设置以下专门的设施设备：

（1）配备两个以上独立冷库，具有温度自动监测、显示、记录、调控、报警的功能。

（2）冷库制冷设备的备用发电机组或双回路供电。

（3）可自动调控和显示温度状况的冷藏车及车载保温或冷藏设备。

（4）经营品种中有特殊温度要求的，应当配备符合产品储存要求的设施设备。

7. 运输设备。运输药品应当使用封闭式运输设施及专用设备。

8. 冷链运输。

（1）运输冷藏药品的设施与设备应当符合药品温度控制的特性要求，能保证在运输过程中符合规定的温度。

（2）具有存储和读取温度监测数据的设备，以及外部显示、观测温度的设备。

（3）经营冷藏药品的，应有冷藏设备，并建立温度记录。

9. 设施设备检查。应由专人负责仓储、运输设施设备的定期检查、校准、清洁、管理和维护等工作，并建立相应的记录和档案。

10. 企业应有与经营规模相适应的营业场所，营业场所应符合常温条件，与室外环境有效地隔离。

11. 企业应配备货架、柜台和监测、调控温度的设备。

12. 营业场所摆放药品应避免阳光直射，外用药品与其他药品应分开摆放。

13. 不得将药品放置于仓库或货柜以外的地方。

14. 企业经营非药品的，必须设置非药品专售区域，将药品与非药品明显隔离销售，并有明显的非药品区域标志。

15. 不得将非药品与药品放在同一区域内销售。

16. 库房的选址、设计、布局、建造、改造和维护必须符合药品储存的要求，防止污染、交叉污染、药品混淆和差错的风险。

（三）计算机系统

1. 配置规定：药品批发企业及位于县级以上城市的药品零售企业，应当建立计算机系统，配备必要的计算机技术人员，能满足经营管理全过程及质量控制的有关要求，并具有接受当地药品监督管理部门监管的条件。

2. 硬件及网络：计算机系统的硬件设施和网络环境应当符合以下要求。

（1）有支持系统正常运行的服务器和终端机。

（2）有稳定、安全的网络环境，有固定接入互联网的方式和可靠的信息安全平台。

（3）有实现相关部门与岗位信息传输和数据共享的局域网。

（4）有符合企业经营管理实际需要的应用软件和相关数据库。

3. 操作管理：计算机系统中，各类数据的录入、修改、保存等操作，应当有相应的管理制度和操作程序，以保证记录的原始性、真实性、准确性。

4. 数据安全：系统各类电子记录和数据，应当采用可靠的方式储存并按日备份。备份数据应当存放在安全的场所，数据的保存时限应当符合相关的规定。

（四）校准与验证

1. 校准与验证范围。

（1）企业应当按国家有关规定组织对计量器具、温湿度监测设施等的定期进行校准或检定。

（2）对冷库、温湿度监测及冷藏运输设施设备，要进行使用前验证和使用过程中定期验证。

2. 验证管理。企业应当制定验证的相关标准及操作规程，确保验证结果的科学性和有效性。

3. 验证设备的使用。温湿度监测系统、冷库、冷藏车、车载保温箱、冷藏箱等，应当根据验证结果确定的条件正确、合理地使用。

4. 文件与记录。

（1）企业的验证应当按照预先确定和批准的方案实施。

（2）验证工作完成后，应当写出验证报告，并经审核、批准。

（3）验证结果和结论（包括评价和建议）应当有记录并存档。

5. 企业应建立与经营规模、范围相适应的药品检验部门，配置相应的检验仪器和设备，并做到：

（1）不得使用残次零配件组装和修理的计量器具，不准在工作岗位上使用无检定合格印、证或者超过检定周期以及经检定不合格的计量器具。

（2）重要的设备检测设施须由专人保存，维护并使用。

（3）使用计量器具不得破坏其准确度，损害国家和消费者的利益

（4）营业用计算工具、调剂工具、衡器、开票用具和包装用品齐全、完好、卫生。

十三、质量改进和风险管理

1. 质量管理体系内审。药品批发企业应当定期或在质量管理体系关键要素发生重大变化时，按照本规范组织开展内审工作。

2. 质量管理体系改进。药品批发企业应当依据内审结果，制定相应的质量管理体系改进措施，不断提高质量控制水平，完善质量管理体系。

3. 质量管理体系审核的适用范围。在必要时，药品批发企业应当对药品供货单位及购货单位进行质量管理体系的考察或审核，以确认其质量保证执行的能力及效果，以确保药品质量控制的延续性和有效性。

4. 质量风险管理。药品批发企业应当在药品流通的全过程中采用前瞻或回顾的方式，对药品的质量风险进行评估、控制、沟通、审核。

第九章　药品流通企业的货品管理制度

在药品流通企业中，会涉及到仓储药品等项目，以下分别就仓储部储运、货品流转和药品的管理等方面阐述，具体的制度规范为《货梯的使用和安全操作规程》、《货品流转的责任管理》、《近效期药品管理》、《药品销售管理》和《药品批号管理》共5项内容。

一、货梯的使用和安全操作规程

1. 目的。

为方便公司仓储部货物的流转运输，提升各楼层货梯运输的效率，本着严格自律、互助协作的指导思想，特制定本货梯使用注意规程。

2. 货梯行驶前的准备工作。

（1）使用人员应在每日工作之前，先检查货梯有无故障和不正常现象，只有确认无故障后方可使用。

（2）检查按钮是否正常运行，正常的操作是先通电，后按键。

（3）货梯仓内是否能平稳放置，出现偏斜、鼓翘、底盘松动时，应先修整后再使用。

3. 货梯在运行中的注意事项。

（1）使用人员在使用时间内，不得擅离岗位。

（2）使用人员放入吊厢的载重量不超过额定重量即300公斤。

（3）不允许装运易燃、易爆等危险物品。

（4）开动货梯之前必须将货梯门关闭密合，并保证货物能完全在货梯仓内，严禁在货梯门敞开情况下，开动货梯作一般行驶，或梯仓内的货物形状过大而与地面外围面相连时开运货梯。

4. 吊厢顶上，除去属于货梯的固定设备外，不得存放其他物件；除检修人员外，其他人不得进入。

5. 货梯在工作时，严禁揩拭、润滑或修理机件。

6. 电源连接后，应按住按钮开关后开动货梯，严禁瞬间内进行连续松放按钮操作，最小按键移动时间不得低于60秒。

7. 吊厢内严禁站人，搬运货物送梯前应注意人身安全。

8. 在货梯移动前，按钮操作人员应再最后确认一下，货物是否已装运完毕，有无人员正在装运而未撤离货梯周围，只有确认后，方可按开运按钮进行货梯升降操作。此项为必须严格监督的操作规程，发现有一次未确认而直接开梯的，处予重罚。

9. 货梯异常的报修。

（1）当货梯发生故障或有失正常工作时，应立即通知检修人员修理，如发现有危险性或可能造成人身、机械事故时，应立即停用，切断机房总电源，报告管理部门，待修复并进行详细检查后，才可使用。

（2）发现货梯运作异常（按钮的异常声音、转轮的不正常滑动、梯箱内的不平整或有裂缝等），发现者（包括任何一使用人）必须立即报告公司电梯维修处，公司的电梯维修处在收发室，紧急事项除向公司货梯常务维修人员报告外，应向公司经理报告。凡延迟报告和不报告者，将追究当日货梯使用或近日货梯使用人及其部门领导的相关责任，由此造成的损失，公司保留追究其赔偿责任的权利。

10. 货梯停驶后的工作。

（1）当货梯到达指定楼层后，使用人员应待电梯停稳后，且使用电梯仓底面与地面相平时方可取放货物。

（2）使用人员在离开前应检查吊厢内的情况，确认无任何货物遗留或其他不安全的事项后方可离开。

11. 货梯的维护和检修。

（1）货梯的使用人员和维护人员除每日在工作开始前对货梯作准备性的试车外，还应每日对机房内的机械和运转装备作巡视性的检查。

（2）货梯的维修人员应对货物升降机作经常性的定期保养工作。根据不同的检修范围和内容可分为每月检查、季度检查和年度检查三级。

①每月检查。

货梯维修人员每月对货梯的主要操作部件、机械、吊箱和转轮、绳索等安全装置和设备动作的可靠性和工作的正确性进行例行检查，并进行必要的修正和润滑。

②季度检查。

货梯使用三个月之后，维修人员应对重要机械和电器装置进行比较细致的检查、调整和修正，必要时通知专业人员进行现场的检修和使用指导。

③年度检查。

货梯运行一年以后，应组织有经验的检查小组，对货梯作一次性检验，对所有的机械、电器、安全设备作比较详细的检查，检查主要零件的磨损程度以及对磨损量超过允许值的零件进行修正或调换。

12. 货梯在作定期的维修检查或加油，以及在修理及试转时，不得装货，同时应挂检修停用的牌子。

13. 货梯在维修、检验、清理工作时应将机房的电源开关切断。

14. 其他货梯使用注意事项。

（1）货梯仓内严禁站人，使用人员在向货梯内放置货物时，应注意远离货梯的内仓或保持与其有一定距离，以免梯内的移动伤到人员。

（2）各部门的主管及货梯使用现场的负责人对本次货梯的使用负全责，并督促本部门的人员做好货梯的安全使用工作，并在可能的情况下，由本部门的库管人员对本次货梯使用进行全程监督，库管不在场，应指定现场操作负责人。

（3）放置在货仓内的货物应妥善包装，防止液体外泄、物品流失散落，否则，将追究该电梯使用人及该部门负责人的责任，本责任不仅包括自负由此造成的损失，还应承担对货梯损坏的赔偿责任。

（4）各部门的货梯使用人员，应遵守公司统一的货梯使用安全规定，按公司各期安全要求的内容进行规范操作。

（5）货梯按公司要求进行统一检修期间，各部门应配合工作，不得无理干扰公司货梯的正常维修。

（6）严禁向公司货梯箱内放置易燃、易爆、有毒等危险品及其他国家或公司不允许的物品。

（7）各部门的负责人应做好本部门货梯使用人员的培训上岗工作，未经培训的人员不得操作或使用电梯。

15. 违规处理。

（1）电梯使用时，应严格遵守公司货梯使用操作流程，如有违反公司的规定或故意破坏货梯使用规则的，发现一次，将停止该部门货梯的使用权，同时处予警告和罚款处罚，并承担由此造成的损失。情节严重的，由该部门承担货梯维修的全部费用。

（2）各部门在操作现场违反公司货梯载重限额要求的，致使用梯箱内超载运输的、装置货物不规范、扔掷货物、堆垛货物等其他野蛮操作行为的，将自行承担由此造成的损失。造成公司货梯受损或其他损失的，公司将根据其情节的轻重，追究相关人员的责任。

（3）使用货梯的部门在操作过程中，如不按公司货梯使用须知的要求使用货梯的，而造成货物在运输过程中的损坏及人身的伤害，本公司不负担任何责任，各货梯使用部门应内部协商解决。给公司的财产和声誉造成影响的，公司保留追究肇事者责任的权利。

二、货品流转的责任管理

1. 流转责任。在药品进入仓库装箱前，由采购后的配送中心负责；一旦仓库部验收入库后，其药品的损破等责任由仓储部负责；仓库出库时，由司机向外店运输时，其在运输途中的损耗由运输人员负责；药品到达指定地点后，收货后，药品管理的责任转至零售店或业务人员，在其销售最终实现前损失或破损的责任由其负责。

2. 实质责任。

（1）药品的外观、丢失、外损由以上接触药品的人员负责。

（2）药品的质量由采购、质检部门负责。采购部门应对拟购的药品进行质量确认，这种确认包括合格证书的确认、供货厂家资质的确认等；质检部对实质入库的药品进行资质的实质审核；并对该药品的可以检测的性状进行检测。

3. 货品在流转中坚持使用文字标示的传输责任，在传送货品中，要写明品种、收件人姓名、传递日期、传递数量等信息，必要时应写明传递时的货品的状态；对收货人要写明收货的品种、实际收货人的签名、实际收货的日期和数量，必要时应写明传递时的货品的状态，对于重要的货品时间具体到小时或分钟。

4. 存储的药品应区分其不同的保存位置，根据其性状来保存药品，区分出其轻重缓急，区分出效期和批号，区分出属类与柜组，区分出是顾客订购还是自己备用，并分别保存在不同的地方。

5. 装箱时，对于怕压、易碎、怕湿等药品应分别标明。

三、近效期药品管理

1. 对药品的效期，实行采购源头控制的方式。在销售中，销售人员应及时检查在销药品及小库存药品的效期批号等信息，按期向采购部门或销售经理汇报，以采取返货、换货、促销等方式处理相关的药品。

2. 仓储部应根据库存药品的实际检查情况，及时汇报近效期药品。

3. 采购、销售、仓储部应分别根据不同的效期药品管理要求进行汇报和控制。

（1）时间。采购部不得采购一年内效期的药品，仓储部不接收九个月以内的近效期药品，销售部不接收六个月内的药品入架。特殊情况另行批准后执行。

（2）分类管理。为了有效地管理药品的保质期限，应区分出畅销药、滞销药、正常药品分类销售。采购、销售和仓储部的待检药品，应分类管理，在保证库存量的前提下，完成药品的供应工作。

4. 采用多种方式处理效期药品。采购部门和销售部门共同确定近效期药品的处理方式。能返、能换的要及时返换，并将信息明示给销售和采购部门员工；销售部门应根据市场销售情况及时向公司汇报当前的市场销售状况，以利于采购部门、仓储部门日常药品的进购、存储及摆放管理。

5. 仓储部应及时与销售部门经理沟通，以确定其效期药品的促销方式。在处理近效期药品时，要简化处理程序，规范操作流程，并做培训宣传，以利于销售部门的员工掌握效期药品的处理方式；同时要积极探索实施效期药品的有效促销方式。

四、药品销售管理

1. 在药品销售中，要区分畅销药、滞销药、正常药品，并分别管理。

2. 首推品种、广告品种、名厂名药、一般药品的管理，分别采用适宜合理的销售措施。

3. 在药品销售的摆放中，应根据药品的不同属类，分别摆放，突出药品美观和当期促销的主题。

4. 在销售中应做到或争取做到：畅销药品不断货、一般药品不缺药、滞销药品不积压。使顾客对公司的药品经销产生货全质优的良好印象。

5. 调查药品周边的销售群体、利润点、库存药品的情况，并确定合理的销售取向，满足顾客的多方位的促销需要。

6. 进行同业调查研究，掌握同类药品的价格、种类、卖点等信息，完成规定的销售任务。

7. 在尊重顾客意愿、忠于药品功效的前提下，既保证拥有营销中的良好口碑，又要努力按计划完成销售目标。

8. 不同进货渠道的药品，一旦发现员工多次大量提货时，应向公司采购经理反映（少量进货，或正常进货时，可以直接向采购部业务人员反映进货即可），以使采购部负责人进一步与供货商洽谈采购的合作条件。

9. 公司定期搞促销活动，应在活动之前向各个供货商发出通知，并告知其应协助的方式、扣款协助的资金及数额。同时，将有关问题即时与财务沟通，以确定本期结款时的费用处理问题。

10. 公司适时制定销售中主推产品的原则，主推的品种，并根据实际销售情况适当转变药品主推的模式。

五、药品批号管理

1. 批号是每种药品在某地或某店销售的唯一标识，对批号管理应从源头抓起。即从采购、入库、出库、日常管理、销售、盘点等环节进行监管药品的批号。

2. 在货品的日常流转中，各部门实施药品按件日查，按时间集中盘点检查，发现问题及时解决，部门间相互沟通的方式，不断解决药品批号在不同环节上的流转问题。

（1）营业员与收银员及时沟通批号，以保证电脑批号与实物批号的一致性。

（2）采购人员与管理库存、入库人员要及时的沟通，保证进货批次与入库单的批次一致。

（3）销售人员与库房要及时沟通，以保证出库货品与电脑批次的一致。

（4）销售人员与采购部门及时沟通，对不一致的货品批次，及时调配处理。

3. 确定药品批号问题异常的解决方案、处理办法：要求各部门对于每盒药品做好批号核对、核查与出入库管理。

4. 批号管理。

批号管理的要点：

（1）采购要求同批号或不同批号的药品分别标示。

（2）进库房时按批号入库。

（3）调货员按批号调货。

（4）销售员按批号打印电脑票子，按批号付货。

5. 托人转货，必须书明托货人、收货人、货名和相应的批号。

6. 效期货的产生与控制。合理控制药品的销售结构，做到首推与普药的配合销售，按“批号优先”的原则，组织货品的销售。

7. 在药品的销售中，要保证不缺药，配货、顾客点购新药要及时进行采购补货处理。

8. 缺药、错付货的多与业务部门沟通，及时处理，并对用户做好说明。

9. 为加强员工的责任意识，制度中应说明，因个人过失给公司造成损失的，应承担相应的损失补偿（金额计算）。

第二篇

药品零售连锁企业规范化管理 >>>

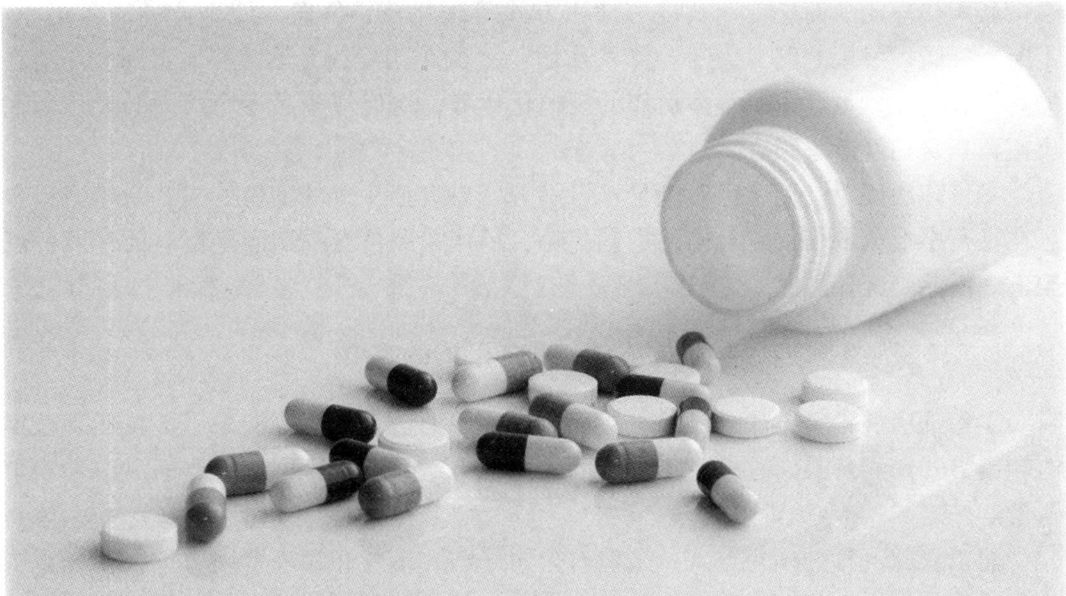

第十章　药品零售连锁企业的概念

一、药品零售连锁企业基本概念

药品零售连锁企业是在药品经营环境中，由公司总部统一调控，由物流中心统一配送，实现对各个零售店面连锁经营、连锁管理的并列组合模式。

药品零售连锁企业，通过统一的标识服务、集中的资源调控，可以在经营中实现整体运作、优化资源、扬长避短、扩大公司影响力和节约能耗的管理指标。

二、药品零售连锁企业的发展

市场环境中，药品的行业竞争日益激烈，单体店面、单体采购和单体运营会面临着人工成本、管理成本和运营成本的高涨，同时，企业资源的缺乏，企业经营发展压力增大，使得“孤木难撑，多树成林”的商业运营模式日益显现。

在经过了市场运营考验、行业规范运营操作之后，药品零售连锁企业终于从理论走到了当今的商务实践中来。现在，我们身边的药品经销连锁企业是越来越多，其发展运营实力也在日益增强。

可见药品零售连锁经营模式的出现，是市场环境和企业自身发展的必然选择。

（一）药品零售连锁企业受市场运营环境的影响

品牌代理制、商标专用及许可使用方式等现代营销体验，使企业的商务运作，走向了广阔的发展之路。曾经单体“作坊”式的小药房，突然猛醒地看到市场潜在的商机和活力，也意识到集体运作的规模化优势，这促使药品零售店面的经营者们要拓宽自身的经营思路。

零售药房经营者们，已不满足于设一分店单打独斗式的销售方式，纷纷想以自己在经营中形成的信誉、自己的进销优势，迅速拓展自己在药品零售店面经营的新渠道——品牌经营思路。

（二）药品零售连锁企业是其自身业务发展的需要

零售药房的销售方式只能是直接面对最终的消费者，而不能采用批发代理及渠道转销方式销售药品。这样，零售店面的销售渠道只有一种，就是要面对终端消费人群。

而以仅此一种的销售方式，来应对公司采购、运营和管理费用增加，就加重了企业的经营压力，而解决其压力的唯一出路，就是要不断地扩大其零售店面的覆盖比重，增加其零售店面的数量，即实施药品零售连锁经营模式。

以连锁经营方式实现资源的统一组配、一体化营销是零售店面进一步发展的市场选择和导向。

在市场与自身发展的双重趋动下，药品零售连锁经营企业应运产生，并实现了跨区、跨县、跨省的全面销售。其中比较成功的有人民同泰连锁店、宝丰医药连锁店、建国医药等药品零售连锁企业。

药品零售连锁企业凭借其品牌和运营优势，在药店云集的市场环境中，不断地强化自身的管理和服务。

三、药品零售连锁企业的组建方式

（一）直营连锁

所谓直营连锁（regular chain，RC），是指连锁公司的门店均由公司总部全资或控股开设，在总部的直接领导下统一运营。总部对各门店的人、财、物及销售流、物流、信息流等方面实施统一的管理。

因此，直营连锁本质上是指处于同一流通阶段、经营同类商品和服务，并在同一个总部集权领导下，进行共同经营活动的零售企业集团。

直营连锁的主要特点如下。

（1）所有权统一集中于总部，各直营连锁店统一归属于公司总部或同一经营资本。

（2）由总部集中领导、统一经营。

（3）实行统一的核算制度。

（4）各直营连锁店经理是雇员而不是所有者。

（5）各直营连锁店实行标准化经营管理等。

（二）特许连锁或加盟连锁

特许连锁（franchise chain，FC），也就是特许经营。特许经营中的各个加盟店（被特许人）因为有共同的总部（特许人），而使用统一的经营模式、统一的企业形象，甚至还实现统一采购、统一配送的“连锁”经营特征。

连锁经营是一个种概念，而特许经营是一个类概念，特许经营是连锁经营的模式之一。有时人们在狭义上使用连锁经营的概念，实际上仅特指直营连锁。在这种意义上，特许经营和连锁经营是并列、平行的概念。

特许连锁经营模式中，被特许的连锁经营者，因“复制”共同总部的经营模式，而要承担使用费用，同时该特许经营店又具有经济运营独立体的特征。

（三）店员承包制连锁或股份制连锁

店员承包制连锁（internal chain，IC）又称为股份制连锁（stock chain，SC），

它是利用员工的资金、公司的品牌、员工的劳动付出等组成的一种参与式连锁经营方式。

当公司总部需要在少投入或不投入更多资金的情况下，扩大自身连锁的规模，同时又要达到调动员工工作积极性和主动性的管理目标时，店员承包制连锁经营方式，是最经济合理的选择。

总部通过店员承包制连锁，不仅可以扩大品牌的市场占有量，又可节约资金，同时又能达到调动员工工作积极性的目标。

第十一章　药品零售连锁企业的组织机构

第一节　药品零售连锁企业的组织结构

一、药品零售连锁企业组织结构的变革

连锁的药品零售企业为了拓展自己的发展渠道，在企业的整体规划下，积极开拓多元化经营渠道。

例如，大型的零售连锁药店——人民同泰药店开拓了其他业务：彩扩业务、干洗业务和生活用品。再如有的药品连锁企业是将自身的经营品类扩大，加入经营保健品、化妆品等经营范围，宝丰医药连锁店就属于这种经营模式。

还有一些药品零售连锁企业做自己的特色经营。

例如，有些药品零售连锁企业集中销售广告品，集中销售某类专利产品。还有一些药品零售连锁企业主要销售保健品，如天一药店等。它们将药品零售连锁经营模式做得更专业，更能体现出品牌效应。

在当今的市场经济环境中，他们的存在很大的方便了消费者选购，同时也将自己的事业做得更好、更深、更细和更专业，丰富了药品零售连锁经营的内容，而且搞活了经济，促进了市场的繁荣。

由于以上连锁方式的存在，使药品零售连锁企业的组织结构设计，呈现出多元化交叉的态势，即相互配合的矩阵式组织结构。

二、药品零售连锁企业的组织结构设计、概念

组织结构设计目的是为了实现企业管理的最终目的而将不同业务内容的单元进行的有序组合。

组织结构设计不是一成不变的，它是随着市场环境的变化、企业规模的发展壮大而不断变动的。

企业基本的组织结构有直线型组织结构、直线职能制组织结构和事业部制组织结构。

直线型组织结构是指公司的各部门分别独立设置，并最终归属于总经理管理组织结构，下属的业务部门、配送中心、零售门店直接归总经理领导。

直线职能制组织结构类似于传统的总经理负责制的直线型组织结构，区别是它将总部的配送中心（物流机构）、行政、财务及人资等结合起来一并归入公司的统

一经营规划，公司的销售部门则分立出来作为零售连锁门店的经营管理方式。

事业部制组织结构是指各零售门店的组建体制是独立的，各事业部直接对总部领导或与总部合作，配送中心（物流机构）是进、存周转的物流部门。所谓各零售门店的组建体制是独立的，指的是各零售门店的连锁方式多为特许连锁或加盟连锁，是具有独立法人资质的单位。

三、药品零售连锁企业各部门间的关系

药品零售连锁企业各部门的设置，是为了实现零售连锁企业各店面的整体市场运营为目的。

药品零售连锁企业各部门间关系如下：

1. 各部门是为实现企业的共同运营目标而设置的。因此，各部门的实际管理目标一致，即为了实现增值创收利润。

2. 连锁企业的核心业务部门是“进、销、存”部门。

3. 辅助部门是必不可少的支持和保障部门，无辅助部门企业的主业无法正常运行。

4. 各部门间是相互联系，必不可少的裙带关系。

5. 各部门是沟通协作的统一整体。

6. 各部门的关系最后处理及协调中心：总经理或由总经理领导的决策中心。

四、药品零售连锁企业组织结构设计中应注意的问题

药品零售连锁企业，因其形成的源由不同，其在管理中的独立性和自主权也不同。现综合直营连锁店、加盟连锁店和店员投股运营连锁店三种构成方式，阐述其组织结构设计中应注意的问题。

1. 明确各连锁店或加盟店是由总部统一规划管理的，它们执行统一的政策，统一的经营模式。

2. 各连锁店和加盟店是同等并列的关系。

3. 加盟店内实行政策统一、管理统一，但是，财务收支按其投资主体规定进行核算。

4. 直营连锁店内的店长，由公司总部统一指派、统一管理，只有经营实施权，无财产支配权。

5. 店员承包方式连锁运营，其店长、店员按其投入的资金比例，享有一定的经营自主权和适当的管理权。

6. 连锁加盟店，在其运营中，在与总部连锁协议的范围内，享有充分的运营自主权和管理权。

7. 各个药品零售连锁店面，仍以终端销售为主，体现药品零售店的特征。

8. 各种方式的连锁可以共享有广告效应、信息资源、品牌影响、会员连锁购物的诸多运营优势。

第二节　药品零售连锁企业组织结构的形式

一、直线型组织结构

零售连锁企业组织结构设置，由总经理负责公司职能部门的管理，各个连锁店作为销售的组成部分，由总部统一领导。

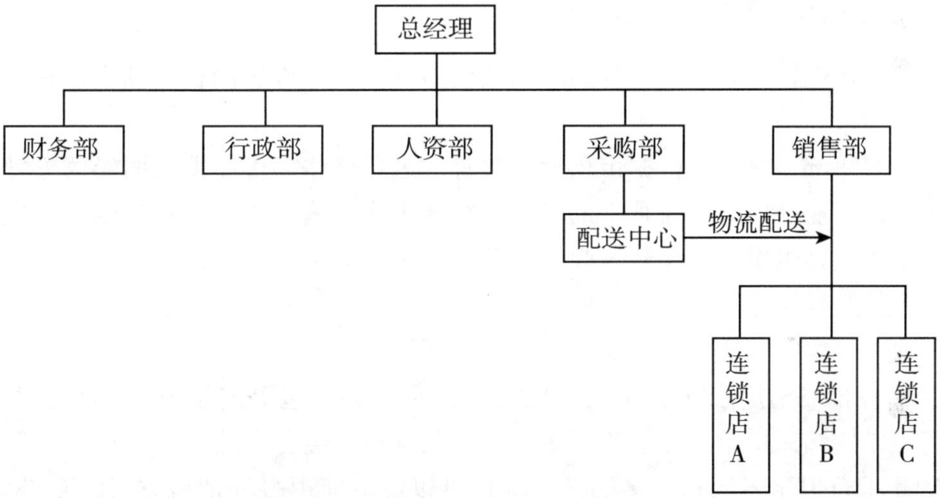

药品零售连锁企业直线型组织结构示意图

二、直线职能型组织结构

直线职能型组织结构是在直线型组织结构的基础上发展起来的，它解决了总经理一人决策时面临的分析和思路有限的问题而设置的。

在最后决策时虽然也是总经理亲定，但是增加一个职能机构，可以为总经理的决策提供参考依据。同时，该职能部门也可以代表总经理处理一些日常例行事务。例如，参与对各连锁店的巡店视查等工作，以对现场的工作进行指导和监督。

可以说，直线职能制的组织结构改进了决策的效果，同时在管理上又加强了监控和督导，提高了各连锁店的工作成效。

但在在公司运营中，总经理仍然应承担着最重要决策工作。

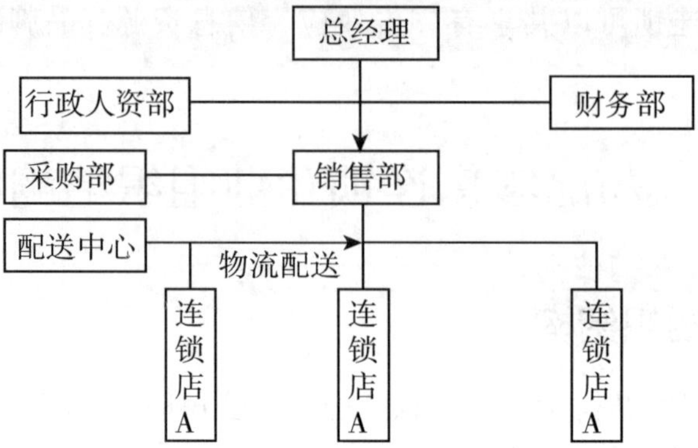

药品零售连锁企业直线职能型组织结构示意图

三、事业部制组织结构

药品零售连锁企业事业部制的组织结构，其各个零售店面相互独立，有独立进存销管理体系。

在公司总部，决策层根据市场营销趋势，进行整体零售连锁店面经营方针的总体决策。各事业部作为相对独立的经济组织或工作机构，可以自主经营，职能部门的巡查督导只是侧重于公司整体政策的落实和市场规划情况的调研，独立店面是由各店自主控制操作的。

事业部制组织结构与直线制组织结构的区别：

1. 事业部制适用于加盟连锁、自营连锁和店员承包等连锁方式；而前两种直线型组织结构多适用于自营连锁或少量的店员承包的经营方式。

2. 事业部制下各店有较多的自主权，可以灵活使用多种销售方式，互补优势、扬长避短；前两种直线型组织结构，因其统一集权式管理，故难以发挥各连锁店面的自主经营权。

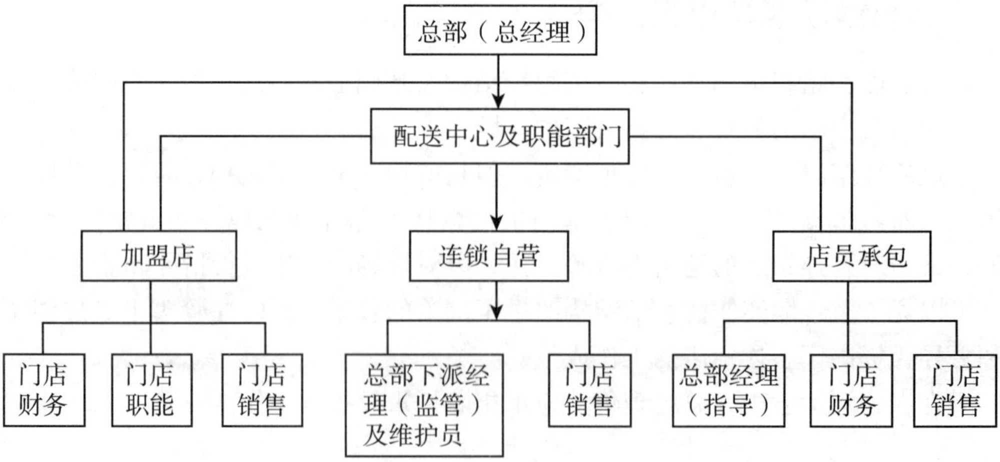

药品零售连锁经营企业事业部制组织结构示意图

3. 事业部制组织结构，除了公司的统一规定性要求外，有自主经营的决策权，能最大限度地调动零售经营单元的积极性；而以上两种组织结构方式，因其经营方式，需与总部保持一致，对于偏远的零售店面，其经营的创新性和适应性较差，员工工作被动。

四、矩阵型组织结构

药品零售连锁企业的矩阵型的组织结构，是自主经营和统一管理相结合的组织模式。

在各个零售店面间插入各个职能部门，在店面自主经营的方式下，可以加强总部对各个零售店面的积极指导作用。

互助互补型的市场环境的销售模式，可以做到将企业最优势的资源集中使用，并弥补各个店面独立性过多的缺陷。组织结构图如下所示。

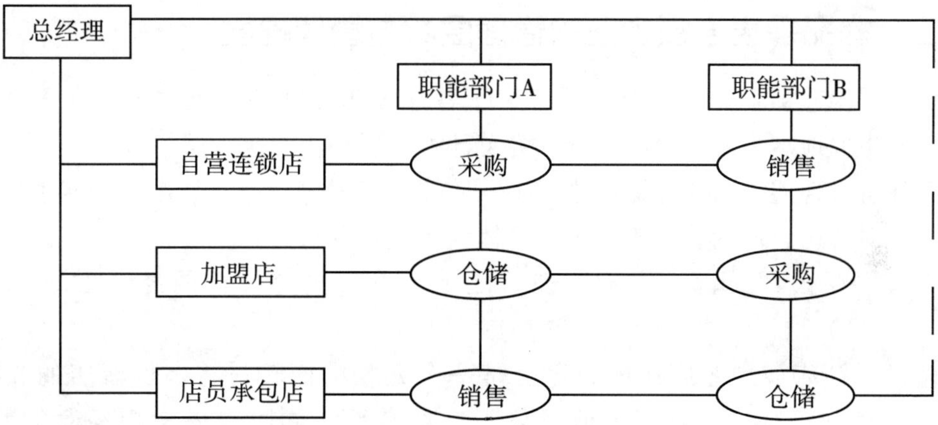

药品零售连锁企业矩阵型组织结构示意图

第十二章　药品零售连锁企业岗位设置及职责

第一节　药品零售连锁企业的主要职能部门

一、药品零售连锁企业的主要职能部门设置

药品零售连锁企业，有三个管理层次，其中总部有两个层次，即决策层和总部管理层，第三个层次在连锁、加盟店里，即店铺执行层。

总部的管理职能部门：企划（市场调研、广告）部、督导反馈部、质管部、销售部、采购部、仓储部、财务部；其下一层次是连锁店和加盟店。

二、药品零售连锁企业的管理层次与管理幅度

药品零售连锁企业由于其特质决定了各连锁店面间的并列关系，在管理层次上，可以粗框地定为两个层次，分别为总部管理层和店铺执行层。

管理层对各连锁店或加盟店进行统一监控；店铺执行层，是指各个连锁店面或加盟店面对公司总部的统一规划进行具体执行或自营行为。

决策层在公司总部，位于管理层之上，由其决定公司的经营方针和运营策略。

直营连锁店或加盟店从进销存上是一个完整的流转过程。加盟店的收支完全由自己控制，直营连锁店的收支要上交给总部，同时也要承担经营的费用。公司总部对各店铺单位进行市场督导，以维护整个连锁体系与总部步调的一致性。

管理幅度指总部对下面各连锁或加盟店管理所能达到的范围，总部对下属各店面的管理幅度是可以自控的。

总部通过督导人员完成对店铺执行层的指导、监督和管理。根据实际工作经验，一名市场督导人员能承担4~5个连锁店面的管理，优秀的市场督导的监管幅度应该在8~10个店面。

随着店面的增加或跨地区经营走势的变化，应通过不断增加人员来实现对其下属企业的控制。

从理论上讲，总部对其各个零售连锁店面的管理幅度是可以无限延展的，但从各市场督导的角度，每个人的管理幅度却是有限的。

第二节　药品零售连锁企业的辅助职能部门

一、药品零售连锁企业辅助职能部门简述

如果，药品零售连锁企业的主业是“进、销、存”的话，那么辅助支撑“进、销、存”完成的部门即为药品零售连锁企业的辅助职能部门。

在本书中，将凡是与主业有关，非直接参与企业“进、销、存”业务的部门均称为辅助部门的工作。例如企划部、质管部、信息部、行政部、人力资源部和财务部等。

从企业管理的角度来说，如果企业没有辅助部门，那么主业就没办法进行或无法持续进行下去。

二、药品零售连锁企业辅助职能部门的作用

1. 主业在工作之前，必须要有辅助部门的规划、预算和支撑管理。

例如，作为主业辅助部门的企划部通过室内布置完成药品零售店面的布置和促销过程；质管部、信息部能有效地支持销售部门业务的拓展。

2. 在主业进行中，需要时刻有信息、人员、财务、行政管理保障和支持。

3. 在主业完成一个段落，为了持续经营，仍需要进行售后处理、药品信息管理等综合信息分析操作。

第三节　药品零售连锁企业组织结构及岗位设置案例

案例背景资料

××公司是药品零售连锁企业，其经营管理状况如下：

1. 经营八年之久，有良好的品牌效应，另有强势广告媒体支持。

2. 在省内连锁店、加盟店有二百多家。

3. 在经营管理上，企业是总部集权管理，总部设有各个职能机构，对下属零售店面统一管理。

4. 该药品零售连锁企业的经营品种全、销售能力强，在该市区域销售额位于前列。

5. 由于具有整体销售的实力，其与各大药厂建立长线的合作关系，保证其合作的进货价格低，信誉好。

组织结构设计方案

1. 该零售连锁企业由连锁自营、加盟店及店员承包方式组成。

2. 公司总部对连锁自营、店员承包采取公司完全控制方式管理。

3. 直营零售店由总部全包式管理。各个直营零售连锁店面采购、储存是由总部集中办理的，销售额如数上交；人员由总部的人力资源部直接派员入驻、财务由公司总部统一核算、总部派员进行全面的市场督导；其日常开支费用由总部负责。

4. 加盟店在管理上有更多的自主权。加盟店的收支自定；在经营上，有更多的采购品种选择权；人员由加盟店自定；但需接受公司总部的市场督导、统一的管理规划，并向总部交纳一定的加盟连锁费用。

组织结构图

药品零售连锁企业组织结构图如下所示。

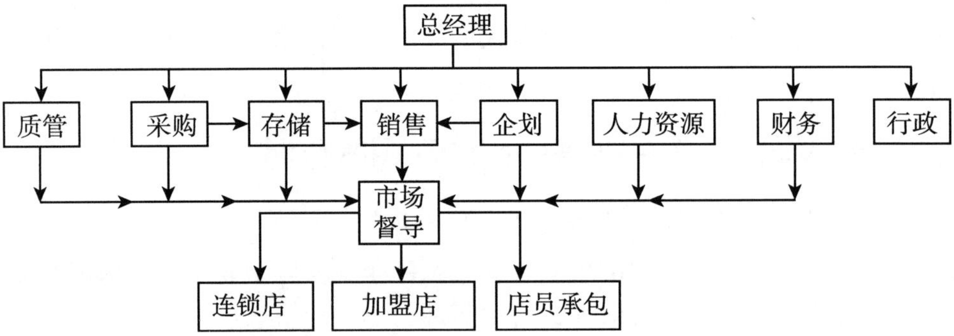

药品零售连锁企业的组织结构图（直线型）
→表示有管理关系的部门。图中仅列示业务关系和管理关系。

第四节　药品零售连锁企业特定业务岗位职责

一、药品零售连锁企业特定业务岗位总览表

药品零售连锁企业是由总部统一配送药品、统一管理和协同管理的一体化运营机构。在业务岗位设置上，除了拥有批发企业的进、销、存的管理体制和零售药品的店面管理的特点，还具有其物流配送和协同管理的监督管理模式。

现将药品零售连锁企业中与批发企业和零售企业不同的岗位进行列示。以下是药品零售连锁企业特定业务岗位。

药品零售连锁企业特定业务职位名称编号一览表

部门名称	岗位编号	职位名称	职级	编制	直接下属人数	晋升方向
采购部	010505	采配中心经理	管理层	1	2 人以上	业务总监
	010506	计划员	执行层	1 人以上	0	采购主管
	010507	调货员	执行层	1 人以上	0	采购主管
销售管理部	010413	市场督导员	执行层	1 人以上	0	企管员、销售主管

二、药品零售连锁企业特定业务岗位说明书

1. 采配中心经理岗位说明书

采配中心经理岗位说明书

岗位名称	采配中心经理	岗位代码	010505
直接上级	业务总监	直接下级	仓储管理员、物流员
职级	经理级	岗位定员	1
任职人签字		接收日期	
所属部门	采购业务部	部门负责人签字	

职位概要：

负责受理采购药品的入库、储存和销售需求发送；完成各门店间的返货验收、统一调配工作。

岗位职责：

1. 根据业务经理的要求，做好到货验收、储备和养护工作；
2. 根据销售指令，向各个门店配送药品；
3. 根据门店的需求分配情况，按 GSP 的要求对各个门店进行调配；
4. 及时盘点仓储库存，根据药品存量的安全警戒点，向采购部提出采购计划；
5. 配合计划员进行仓储库存检查，及时完成调货员的配送任务单；
6. 对物流员配送车辆、委派的运输工具是否符合 GSP 配送要求进行检查和管理，保证药品的配送安全；
7. 做好仓储药品的存放要求，对药品的养护环境，按 GSP 认证规范进行监督；
8. 按 GSP 要求完成其他公司安排的仓储和配送工作。

任职资格：

教育背景：本科以上学历，主管药师或有药学相关专业工程师以上技术职称。

培训经历：质量管理、处方审核及配方、购进、验收和营业等岗位的人员，应当接受上岗培训，合格后方可上岗，建立档案；参加市场采购管理、公共关系、药品相关知识培训。

经　　验：5 年以上工作经历，3 年以上本行业采购管理经验。

知　　识：掌握公司项目的国内行业动态，掌握市场采购相关知识，具备财务管理、法律等方面的知识，了解药品知识。

技　　能：熟练使用 WORD、EXCEL 等办公软件，具备网络知识；具有一定的英语应用能力。

个人素质：具有很强的领导能力、判断与决策能力、人际能力、沟通能力、影响力、计划与执行能力、综合服务能力。

考核指标： 药品验收入库合格率； 药品出库的及时率、缺药比率； 仓储安全储备量的量化数； GSP 异常报告率。
协作关系： 内部协调关系：业务总监、计划员、调配员、仓储管理员、物流员、销售部； 外部协调关系：药监局等相关政府部门、物流公司等。
工作条件： 工作环境：办公室、仓储现场； 工作时间：超正常工作时间、无定休日； 危 险 性：基本无危险，无职业病危险。
晋升方向：业务总监

2. 计划员岗位说明书

计划员岗位说明书

岗位名称	计划员	岗位代码	010506
直接上级	采购主管	直接下级	无
职级	职员级	岗位定员	1 人以上
任职人签字		接收日期	
所属部门	采购业务部	部门负责人签字	
职位概要： 根据各连锁店订货计划向物流配送中心传送供货需求量；调控各连锁店间的货品供需量；与物流配送中心共同下达采购计划。			
岗位职责： 1. 接受各连锁店的订货需求计划，向配送中心下达货品供求总量； 2. 受理各连锁店的返货信息，及时向配送中心传送； 3. 根据物流配送中心的现有库存和安全储备量下达采购计划； 4. 根据各连锁店的销售状况，审核其采购配送计划的合理性，并下达终审的采购计划； 5. 对库存量过多的货品，下达配送分配计划； 6. 根据公司的要求，和各连锁店货品的库存情况，合理调剂货品的供需平衡； 7. 监督货品的配送情况，保证各连锁店按时供货； 8. 按 GSP 要求落实连锁店和总部的配送工作。			

任职资格： 教育背景：专科以上学历，药师或有药学相关专业职称。 培训经历：质量管理、处方审核及配方、购进、验收和营业等岗位的人员，应当接受上岗培训，合格后方可上岗，建立档案；参加计划管理、药品相关知识培训。 经　　验：3年以上工作经历，1年以上本行业计划管理经验。 知　　识：掌握公司项目的国内行业动态，掌握市场计划相关知识，具备财务管理、法律等方面的知识，了解药品知识。 技　　能：熟练使用WORD、EXCEL等办公软件，具备网络知识；具有一定的计划管理能力。 个人素质：具有很强的执行能力、判断与人际沟通能力、配合服务能力。
考核指标： 计划下达的及时性； 各连锁店订货计划的分配比率； 配送中心货品供应分配合理率； 返货处理的及时性。
协作关系： 内部协调关系：采购主管、调配员、仓储管理员、物流员、销售部； 外部协调关系：连锁店、物流公司等。
工作条件： 工作环境：办公室、仓储现场、连锁店； 工作时间：超正常工作时间、无定休日； 危 险 性：基本无危险，无职业病危险。
晋升方向：采购主管

3. 调货员岗位说明书

调货员岗位说明书

岗位名称	调货员	岗位代码	010507
直接上级	采购主管	直接下级	无
职级	职员级	岗位定员	1人以上
任职人签字		接收日期	
所属部门	采购业务部	部门负责人签字	
职位概要： 根据采购计划、物流中心的备货申请按时完成日常货品的采购、补送和验收手续等审核。			

岗位职责： 1. 根据需货计划和库存情况，落实日常采购计划； 2. 协助仓储部，完成对采购的货品完成验收、手续审核和批次检查工作； 3. 对新药的采购计划，进行询价，并报请采购经理审核确定采购供货商，完成采购； 4. 协助财务完成采购货品的对账、结算等工作； 5. 及时向公司报送采购任务完成情况，调货有困难的向采购经理及时汇报，以备足安全库存，或采取直接向厂家订货等措施，保证货品的及时供应； 6. 完成连锁店临时订货的调配工作； 7. 对异常的货品，联系调货供应商及时完成批次和货品的退货； 8. 完成公司安排的其他货品供应的相关工作。
任职资格： 教育背景：专科以上学历，药师或有药学相关技术职称。 培训经历：质量管理、处方审核及配方、购进、验收和营业等岗位的人员，应当接受上岗培训，合格后方可上岗，建立档案；参加采购管理、药品相关知识培训。 经　　验：3 年以上工作经历，1 年以上本行业采购经验。 知　　识：掌握公司项目的国内行业动态，掌握市场采购相关知识，具备财务管理、法律等方面的知识，了解药品知识。 技　　能：熟练使用 WORD、EXCEL 等办公软件，具备网络知识；具有一定的谈议价能力。 个人素质：具有很强的执行能力、分析与判断能力、人际沟通能力和业务服务能力。
考核指标： 药品验收入库合格率； 药品供应的及时率、缺药比率； 不良货品的返货数； GSP 遵守比率。
协作关系： 内部协调关系：采购主管、计划员、仓储管理员、物流员、销售部； 外部协调关系：药监局等相关政府部门、供货商、物流公司等。
工作条件： 工作环境：办公室、供货现场； 工作时间：超正常工作时间、无定休日； 危 险 性：基本无危险，无职业病危险。
晋升方向：采购主管

4. 市场督导员岗位说明书

市场督导员岗位说明书

岗位名称	市场督导员	岗位代码	010413
直接上级	销售经理	直接下级	企管员、销售主管
职级	职员级	岗位定员	1 人以上
任职人签字		接收日期	
所属部门	销售部	部门负责人签字	
职位概要： 负责连锁门店的巡查、公司政策的统一下发；连锁门店销售、服务和纪律的检查、指导和考核评定等管理工作。			

岗位职责：

1. 根据销售经理的要求，完成连锁店销售纪律、服务、产品的摆放、业务宣传能务等的检查和考核；
2. 向各连锁店传送公司的统一的销售政策、指导和提升连锁店的销售、服务等管理水平；
3. 及时根据连锁店的销售状况，向公司反馈其销售的状况；
4. 根据公司的统一要求，及时解决连锁店销售中的问题，以不断提升其销售能力；
5. 根据各连锁店的特点，向公司反馈其货品摆放、店面设置、POP 展示等相关的意见；
6. 培训门店销售人员做好销售相关的业务、技能和服务等相关的知识；
7. 记录并及时向公司反馈连锁店销售中的问题，以便于销售经理与各部门沟通解决；
8. 按 GSP 要求完成连锁店的销售工作。

任职资格：

教育背景：专科以上学历，药师或有药学相关专业技术职称。

培训经历：质量管理、处方审核及配方、购进、验收和营业等岗位的人员，应当接受上岗培训，合格后方可上岗，建立档案；参加市场销售管理、公共关系、药品相关知识培训。

经　　验：3 年以上工作经历，1 年以上本行业销售管理经验。

知　　识：掌握公司项目的国内行业动态，掌握市场营销相关知识，具备财务管理、法律等方面的知识，了解药品知识。

技　　能：熟练使用 WORD、EXCEL 等办公软件，具备网络知识；具有一定的销售管理能力。

个人素质：具有很强的培训能力、指导和工作检查能力、人际沟通能力和管理能力。

考核指标：

连锁店销售达标率；

连锁店服务、纪律、店员业务培训水平的达标率；

公司政策的传送效率；

解决销售问题的恰当性。

协作关系：

内部协调关系：销售经理、连锁店人员、仓储管理员、物流员；

外部协调关系：药监局等相关政府部门、连锁店社区等。

工作条件：

工作环境：办公室、连锁店面；

工作时间：超正常工作时间、无定休日；

危 险 性：基本无危险，无职业病危险。

晋升方向：销售经理

第十三章　药品零售连锁企业的销售管理

一、药品零售连锁企业的组建方式

1. 药品零售连锁企业总部出资经销设立的零售连锁店，管理及收支由公司本部负责。

2. 药品零售连锁企业批准有实力的单位或个人投资方，以其经营的资质运营的零售加盟店面，总部负责统一供货和统一营销指导，但各个加盟店面的收入归投资者所有，但要给总部交纳一定的品牌使用费。

3. 药品零售连锁企业允许有实力的投资方，以连锁名义开发药品特色零售终端店面，通过总部协助完成货品自主采购，但要向总部交纳连锁品牌使用费。

4. 药品零售连锁店的店长，也可以申请承包零售连锁药店店面，店长以自己的责任为担保，以完成一定工作成果为承诺，落实参股式零售连锁店面的开拓。参股式零售店面的收支及费用，按合同约定的比例分配。

5. 药品零售连锁店店面也是实行全店人员承包方式。店面承诺上缴××元利润，自负盈亏式运营。

6. 公司本部中投入资金，设立考核指标，店长参与效益分成式的管理方式。该方式下，各零售店面仍采取统一采购、分别销售，收入及费用按合同约定的比例享有的利润分配方式。

二、药品零售连锁企业的销售流程

药品零售连锁企业的各个店面的销售方式同药品零售企业的直接对终端的销售方式。零售连锁企业的销售管理是对连锁门店的管理，其销售额是各门店销售的总量。

药品零售连锁企业门店的销售流程为：顾客进店时店员推介——→销售达成后店员开票——→顾客收银处付款——→顾客凭单取药。其具体销售流程及门店岗位参见第三篇药品零售企业的相关章节。

（一）药品零售连锁企业店面销售的要点

1. 做好售前准备

货品陈列清晰，摆放整齐，站姿标准，笑迎顾客。

2. 适时推广药品

（1）详细介绍相关药品的功效、用法和服用量。

（2）站在顾客的角度，帮顾客介绍药品。

（3）及时按销售目标完成开票。

3. 收银员收款

收银员服务要点：

（1）唱收唱付。

（2）“款、票、微机”三项核对准确。

4. 营业员付药服务要点

收款后要准确付药：

（1）准确核对药品与小票。

（2）道谢，并致语：健康或礼貌语。

（二）药品零售连锁企业店面销售管理中的优质服务

1. 药品管理

根据市场调研员的销售信息反馈，及时做好缺货、补货登记，并及时补足货品，保证销售过程持续和畅通。

2. 顾客满意服务

提高销售中的顾客满意度的应对方法：

（1）若被投诉“营业员少”，则应看该柜台的销售走势，补充人员。

（2）若被投诉“营业员药品的导引不清”，可制作各类药品索引或分类表，或设咨询服务台，专职查药。

（3）若被投诉“店内硬件设施不全”，可向公司反映，适情况及时补充顾客应急用饮用水、休息桌椅等设施。

（4）若被投诉“交款等候时间长”，可以采用培训收银员提高效率、多开设收银窗品，或增加坐椅以备顾客休息等候等措施。

3. 销售人员技能培训

销售人员培训的管理：

（1）业务知识，是销售中培训常抓不懈的基本功。

（2）技巧知识，是业务交流和日常培训的主要内容。

（3）做好礼貌用语，销售礼仪的培训，创造优质服务的形象。

三、药品零售连锁企业销售中各岗位的职能要求

药品零售连锁企业销售的岗位有销售经理、销售业务员、营业员和收款员四种岗位，各岗位的主要职能要求如下所示。

药品零售连锁企业各个店面销售岗位职能要求：

（1）销售经理负责店面全面销售控制，包括：销售纪律、店面环境、营业员培训、销售技巧指导和销售额目标指标等。

（2）销售业务员（辅助销售业务员）与营业员都是完成销售任务的最终人员，主要负责业务行销、网络销售、物流配送销售等方式的销售；也负责对销售额、回

款额进行控制。

（3）营业员是店面坐销人员，营业员对销售完成负全面落实的责任。

（4）收款员负责各种顾客销售收款结算事项。要求现金、医保卡划卡、银联卡等工作技能均强，其结算准确、工作认真负责、服务高效，收取款项后及时将票据交顾客取药；每日、每月做好款项的核对工作。

第十四章　药品零售连锁企业的绩效考核

第一节　药品零售连锁企业采配中心的考核

1. 考核介绍

药品零售连锁企业采购中心主要的员工组成：销售内勤、采配部计划员、采配部调拨员和仓储管理员。主要岗位职责是做好货品的采购、储存和配运货品。

2. 实例类型

属于第一篇“绩效考核章节20项”中的第2项“非财务指标企业绩效评价模式”、若是企业之前没有做过考核，也可侧重于第4项“引导型绩效考核模式”。

3. 考核目标

逐步落实企业规范化管理工作。

4. 考核对象

销售内勤、采配部计划员、采配部调拨员和仓储管理员。

5. 考核结构

采配中心相关岗位工作职责及考核内容、考核办式和考核表4项。

考核结构一

采配中心相关岗位工作职责及考核内容

序号	职位	工作内容	考核标准			相关部门及相关人员	备注	在职员工
			差	标准	好			
1	销售内勤	（1）销售计划	未按要求完成	基本完成	及时准确处理	销售部、本部门、司机	从接到计划至配送车辆不过三天	甲
		（2）入库验收	未按要求完成	基本完成	及时准确处理	各部门、司机	保证药品的数量与订货单相符	
		（3）期末对账（销售人员、库存盘点）	未按要求完成	基本完成	及时准确处理	本部门、司机	每月末 3 日内	
		（4）车辆调配	未按要求完成	基本完成	及时准确处理	本部门、司机	调配合理，使采配工作良性循环	
		（5）中标价查询	未按要求完成	基本完成	及时准确处理	销售部、司机	及时按要求查询	
		（6）销售内勤工作（包括核对库存、往来业务）	未按要求完成	基本完成	及时准确处理	销售部、本部门、司机	按需要处理	
		（7）其他相关的销售辅助工作	未按要求完成	基本完成	及时准确处理	本部门、销售部、司机	配合部门及公司，按要求完成	
2	采购员	（1）接收、核实并核定订货申请单	未及时、准确完成	基本完成	及时准确处理	客户、零售部、仓储部	坚持根据订货申请单与同事先沟通的原则，必要的进货向上请示	
		（2）向各厂家要货	未及时、准确完成	基本完成	及时准确、保质、保量处理	外部客户	坚持事先向同类厂家或经销商询价，并在市场信息反馈、核实的情况下进货	
		（3）进货时询价	未及时、准确完成	基本完成	及时准确处理	外部客户、零售部、仓储部	与零售部、其他供货商做好沟通，每 × 询价一次	

续表

序号	职位	工作内容	考核标准			相关部门及相关人员	备注	在职员工
			差	标准	好			
2	采购员	（4）返货	未及时、准确完成	基本完成	及时准确处理	外部客户、仓储部、销售部	随时	乙
		（5）对账、结算	未及时、准确完成	基本完成	及时准确处理	外部客户、财务部	单月15、16上午对账，每周五结算	
		（6）对添加的新品调货	未及时、准确完成	基本完成	及时准确处理	外部客户、零售部	按需调货，不缺不余	
		（7）各店间的调剂	未及时、准确完成	基本完成	及时准确处理	零售部、仓储部	按计划完成	
		（8）查询近效期的药品等	未及时、准确完成	基本完成	及时准确处理	外部客户、销售部、仓储部	每周查询一次	
		（9）核实日清数据，同财务对账，确定应付款等	未及时、准确完成	基本完成	及时准确处理	外部客户、销售部、仓储部	及时对账，保证准确无误	
		（10）确定销售指导价（按自己的应了解处理的情况）	未及时、准确完成	基本完成	及时准确处理	外部客户、销售部、仓储部	与零售部沟通，及时确定有优势或合理的价位	
		（11）完成其他与销售有关的工作	未及时、准确完成	基本完成	及时准确处理	外部客户、销售部、仓储部	从接到指令后，在规定时间完成	

续表

序号	职位	工作内容	考核标准			相关部门及相关人员	备注	在职员工
			差	标准	好			
3	库房主管	（1）批发到达货物的装卸（负责管理和指导）	未及时、准确完成	基本完成	及时准确处理	外部客户、销售部、仓储部	及时落地、入库，并做好记录，分批号管理	丙
		（2）零售部到达的货物及时核对、分拣、整理和装箱	未及时、准确完成	基本完成	及时准确处理	外部客户、销售部、仓储部	对各门店货物的分拣，装箱的差错率按每批次送货不超过4件（两店错计一次）	
		（3）租赁库房的出入库管理	未及时、准确完成	基本完成	及时准确处理	外部客户、销售部、仓储部	严格按公司的政策完成对租赁货品的日常管理	
		（4）做好整个保管员及库管的管理，完成日常库房安全、卫生的管理和检查工作	未及时、准确完成	基本完成	及时准确处理	外部客户、销售部、仓储部	按库房管理的实际环境做到符合GSP认证要求	
		（5）配合计划员进行货物的配送	未及时、准确完成	基本完成	及时准确处理	外部客户、销售部、仓储部	及时准确地组箱下传	
		（6）协助公司采购和销售部门，做好盘点、批号、品种等的检查和记录工作	未及时、准确完成	基本完成	及时准确处理	外部客户、销售部、仓储部	准确及时上报盘点的货品信息	
		（7）落实公司的政策，协助质管部做好本部门的培训和管理工作	未及时、准确完成	基本完成	及时准确处理	外部客户、销售部、仓储部	按公司要求及时完成	

续表

序号	职位	工作内容	考核标准			相关部门及相关人员	备注	在职员工
			差	标准	好			
4	仓库管理员	（1）完成零售到达药品的分拣、装箱	未及时、准确完成	基本完成	及时准确处理	外部客户、销售部、仓储部	对各门店货物的分拣，装箱的差错率按每批次送货不超过4件（两店同错计一次）	丁
		（2）租赁库的管理、入库、出货	未及时、准确完成	基本完成	及时准确处理	外部客户、销售部、仓储部	严格按公司的政策完成对租赁货品的日常管理，保证不串客户取货，保证药品的质量安全	
		（3）合作客户的盘点和对账工作（督促对方单证齐全）	未及时、准确完成	基本完成	及时准确处理	外部客户、销售部、仓储部	清晰对账，准确及时办理，特别情况按公司的要求处理	
		（4）大批量来货的搬运工作	未及时、准确完成	基本完成	及时准确处理	外部客户、销售部、仓储部	按要求，安全无损伤地进行各种货物的搬运，人为损耗降至零（或接近零）	
		（5）库房安全、卫生、温湿度记录	未及时、准确完成	基本完成	及时准确处理	外部客户、销售部、仓储部	按GSP认证的要求、按公司的实际情况对货品进行存储的管理，完善公司的库房管理环境	
		（6）认真核对出入库单据并整理保存	未及时、准确完成	基本完成	及时准确处理	外部客户、销售部、仓储部	准确出库，并留底备查	
		（7）做好库房其他工作	未及时、准确完成	基本完成	及时准确处理	外部客户、销售部、仓储部	按公司的要求办理	

续表

序号	职位	工作内容	考核标准			相关部门及相关人员	备注	在职员工
			差	标准	好			
5	仓库管理员	（1）批发库到达的药品及时装卸	未及时、准确完成	基本完成	及时准确处理	外部客户、销售部、仓储部	当日事，当日毕	戊
		（1）库房卫生的清扫	未及时、准确完成	基本完成	及时准确处理	仓储部	每月大清扫一次，平时随时清理，保证室内清洁，货品存储环境安全	
		（2）冷藏设备的检查、防火、防盗、防水等的安全检查	未及时、准确完成	基本完成	及时准确处理	外部客户、仓储部	每日必查一次，重要的时间段（雨雪天等）加大检查的频率	
		（3）认真地做好入库药品的接收	未及时、准确完成	基本完成	及时准确处理	销售部、仓储部	及时、准确地接收，分类存储	
		（4）快捷、准确地对药品出库付货	未及时、准确完成	基本完成	及时准确处理	销售部、仓储部	以付货单为依据进行严格的分箱，分客户、分类出库	
		（5）随时对库房药品进行摆放、整理	未及时、准确完成	基本完成	及时准确处理	外部客户、销售部、仓储部	按GSP存储要求，按有利于搬运和分类管理的原则，结合公司实际情况管理货品	
		（6）每月对库存的药品进行清点、核对	未及时、准确完成	基本完成	及时准确处理	外部客户、销售部、仓储部	落实公司的盘点工作	
		（7）对近效期药品及时上报、催销	未及时、准确完成	基本完成	及时准确处理	销售部、仓储部	按公司的要求落实近效期药的统报、催销工作	
		（8）温湿度记录	未及时、准确完成	基本完成	及时准确处理	销售部、仓储部	按GSP认证的要求进行登记，根据实际情况处理	

续表

序号	职位	工作内容	考核标准			相关部门及相关人员	备注	在职员工
			差	标准	好			
5	仓库管理员	(9) 及时对当月的借条进行保存、核对、促清	未及时、准确完成	基本完成	及时准确处理	销售部、仓储部	做到不出现跨月借条现象，特殊事项附说明，保证账实相符	戊
		(10) 大批量货物的搬运工作	未及时、准确完成	基本完成	及时准确处理	销售部、仓储部	按要求安全搬运货物至指定地点	
		(11) 其他公司库房的工作	未及时、准确完成	基本完成	及时准确处理	外部客户、销售部、仓储部	按公司要求及时、准确地完成	
6	库房管理员	(1) 库房卫生清洁	未及时、准确完成	基本完成	及时准确处理	仓储部、质管部	每月大清扫一次，平时随时清理，保证室内清洁，货品存储环境安全	己
		(2) 设备检查	未及时、准确完成	基本完成	及时准确处理	仓储部、质管部	定期检查，重点设备或仪器坚持逐日检查	
		(3) 做好入库药品的接收	未及时、准确完成	基本完成	及时准确处理	外部客户、销售部、仓储部	及时、准确地接收，分类存储	
		(4) 快捷、准确地对药品出库付货	未及时、准确完成	基本完成	及时准确处理	销售部、仓储部	以付货单为依据进行严格的分箱，分客户出库	
		(5) 对库房药品进行摆放、整理	未及时、准确完成	基本完成	及时准确处理	仓储部	遵守 GSP 存储要求，按有利于搬运和分类的原则管理货品	
		(6) 每月对库房药品进行摆放、核对	未及时、准确完成	基本完成	及时准确处理	外部客户、销售部、仓储部	按有利于搬运和分类管理，并在 GSP 存储要求的前提下，管理货品	

续表

序号	职位	工作内容	考核标准			相关部门及相关人员	备注	在职员工
			差	标准	好			
6	库房管理员	(7) 效期药品及时上报	未及时、准确完成	基本完成	及时准确处理	销售部、仓储部	按公司的要求落实近效期药的统报、催销工作	己
		(8) 辅助司机配送药品和大批量货物的搬运工作	未及时、准确完成	基本完成	及时准确处理	外部客户、销售部、仓储部	与司机等相关部门做好配合和管理工作	
		(9) 公司安排的其他工作	未及时、准确完成	基本完成	及时准确处理	外部客户、销售部、仓储部	按公司要求及时、达标完成	

考核结构二

采配中心相关岗位考核办法

1. 规定时间

（1）领导规定的时间。

（2）不耽误工作的时间。

（3）跟对方约定的时间。

（4）不超过 3 天。

（5）国家相关部门要求的时间。

（6）其他合理的时间。

2. 费用标准

（1）涉外工作正常合理的费用。

（2）同等服务下的费用标准。

（3）公司预算的标准。

3. 效果达标

（1）预期的效果标准。

（2）正常情况下应达到一般标准。

（3）其他计划中的效果。

（4）公司自身情况、意外情况除外。

4. 在考核时，工作标准达标准或绩效成绩好，绩效薪酬正常发放，出现差时，将区分：一般工作事故、责任事故和重大违纪分别进行处理。

5. 差错。

由于个人原因疏忽、故意、纵容等造成的损失。

6. 执行方法

（1）综合业务部的考核，采用直接在考核中扣分的方式进行扣罚处理，以该项目扣至零分为止。

（2）出现投诉项目中的一项即取消了其他项目的评分，而将本月的绩效评分扣至零分。

（3）各项违纪行为发生时，相关部门在处理后，应形成记录传至人力资源部，作为绩效评分的依据。

7. 按工作内容划定工作标准，工作标准出现了“标准”和“好”等情况，做合格绩效处理，当出现“差”的情况后，区分为一般工作事故、责任事故和重大违纪三种情况，具体的标准以金额为准：

（1）一般工作事故是指事故涉及金额在 500 元以下，本月只发生一次。

（2）责任事故指违纪涉及金额在500～5000元之间，本月只发生一次。

（3）重大违纪指违纪涉及金额大于5000元的，本月只发生一次。

（4）违纪两次及以上的，可以累计处罚。

8. 对于违纪处分严重者，或本月违纪次数超过一次的，除进行绩效考核处理外，还需按公司的制度进行处罚。

9. 本绩效考核依据及方法在不断完善中，以最后公布的为准。

10. 本绩效考核处罚方式的最终解释权在公司。

考核结构三

采配中心相关岗位通用纪律考核表

月份：　　　　　　　　　　　　　　　　　　　　统计人：

项目	出勤			计算机系统管理纪律								工作			投诉					本人确认
	迟到、早退	请假程序	空岗等	工作违纪	微机口令遗失	微机软驱、光驱、游戏	私动微机设置等	微机未按规定时间管理	微机数据备份	微机保密	其他微机操作	一般工作事故	责任事故	重大违纪	侮辱公司集体	抵毁同事	吵架	打架	客户投诉	
姓名	依《考勤管理制度》处理			3 分/次	依《关于规范微机操作及网络使用的暂行规定》处理							5 分/次	10 分/次	20～50 分/次	200 分/次	5 分/次	5 分/次	10 分/次	10 分/次	
甲																				
乙																				
丙																				
丁																				
戊																				

财务经理签字：　　　　　　　　　　　　　　　　人力资源部签字：

副总经理签字：　　　　　　　　　　　　　　　　总经理签字：

第二节　药品零售连锁企业零售部店长的考核

1. 考核介绍

药品零售连锁企业店长的工作职责是做好日常销售、业务、服务纪律和GSP质量等相关的管理工作。

2. 实例类型

属于“第一编绩效考核20项”中的第14项“按职（薪）定能的考核模式”、第18项中的“总额量化指标和考核量化指标相结合的考核模式”和第6项“以点带面循序渐进的考核模式”。

3. 考核目标

侧重于考勤、培训和会员活动促销活动的工作。

4. 考核对象

零售连锁店各店长。

5. 考核结构

药品经销企业零售部考核表、考核标准、考核成绩汇总表和计分依据等4项。

考核结构一

药品经销企业零售部考核表（一期）

被考核人：店长　　　　考核类型：第一期

考核项目	项号	具体内容	评分	总分
管理工作	1	店长对本店的工作负全责，这种责任包括店长在岗与店长不在岗时的工作安排；若店长休息或外出时，必须指定其他专门负责人	3	24
	2	做好会员日工作的安排：做好会员活动计划（会员日前）、会员活动的总结（会员日后）、会员日过程的监督（会员日时）（注：本店会员活动日为每月18日），执行公司会员日活动规则	1	
	3	员工信息管理，更新信息及时发布变更通知	1	
	4	热爱公司、保守公司秘密；合理安排工作、忠于职责、公平待人、平等处事	1	
	5	统一营业员（来店有迎声，离店有送声）、收银员的服务用语（做到唱收唱付）；遵守公司下发《药品零售药店日常管理规范》，并由店长做每周的员工行为培训	1	
	6	药店每日安排一次早会，总结前一日工作，布置本日的工作重点，做到信息沟通及时、顺畅	1	
	7	业务学习（培训）与考核工作同步进行，考核成绩，应经员工确认，在下月前三日前将上月考核成绩传达人力资源部；各名员工的考核表，要求有员工的确认及店长的签字；店长应督促员工在下月前二日前完成考核表向人力资源部上传的工作	1	
	8	各店自带赠品的，请店长登记一下所带赠品的名称类别及赠品提供人等信息	1	

续表

考核项目	项号	具体内容	评分	总分
管理工作	9	落实岗位责任制，8：00~17：00应保证两名营业员在岗，一名收银员在岗（A店、B店除外，中午换餐时及每周排班指定串休日除外）	1	
	10	每月前5日报传下月的排班表，排班表应包括：会员日的安排、员工培训日程的安排、公司会议按公司统一要求传至人力资源部信箱；本月有串休班的情况应在一天内向人力资源部传送电子版的串休班表。月末将统一签字纸质的串休班表格提交至人力资源部	1	
	11	检查会员卡的登记落实情况：月落实数量，每店每人每月至少两张，一个店不少于10张	1	
	12	检查各营业员或柜组的交替班记录的填写，并督促完成交接班工作，以做到当日事当日毕，结转事项不延至3天，特别情况最迟1周内办完，提高工作效率	1	
	13	店长分析本店业绩的优劣势、周围药店和本区居民的销售情况，按要求向部门经理提交销售分析报告，在月末后5日内提交部门经理（两月报1次，分别为2月末、4月末、6月末、8月末、10月末和12月末）	1	
	14	做好员工的动员和鼓励工作，使员工热情、尽职尽责工作，不得做与工作无关的事情	1	
	15	店长应根据销售情况统计出畅销药与滞销药的信息，并与部门经理、公司库房等沟通备药事项，以保证不断药，不积压	1	
	16	保证整个店面的清洁、卫生，柜台无手痕，无灰渍；货品摆放整齐有序，价标、药盒正面朝向顾客；首推放在显要位置；所有药品的摆放达到视觉上的美观、助销；药品的归类清晰	1	
	17	检查本店防火防盗防匪工作；周围社区或相邻管理部门的电话号码应放在本店的醒目位置，以加强防火防盗防匪工作的落实	1	
	18	及时落实公司会议精神及公司各期的政策，按公司的要求及时落实	1	
	19	做好本店的服务便民设施的配备，椅子、体重计、测血压仪器等的配备齐全且正常使用	1	
	20	加强与公司人力资源部门的协作与配合，缺失人员应提前向人力资源部报备，按要求提前30日书写用人申请，按要求的时间及时做好人力资源部安排的销售培训与考核工作	1	
	21	做好营业员与收银员的岗位分离与协作的管理，避免营业员进入款台；营业人员不得串柜台销售其他组内的药品	1	
	22	做好本店设备定期检修，保证设备正常运行	1	

续表

考核项目	项号	具体内容	评分	总分
业务要求	1	做好员工的业务检查工作，使员工达到熟记畅销药编码、属类、药名、功效、禁忌、服用方法和价位等业务	2	20
	2	员工必须知本柜台内的药品货位、知其他柜台内的药品的属类，能为用户提供正确的引导；营业人员应熟练掌握本店所有常卖药品的货品信息	2	
	3	检查销售小票的书写，应达到药名清晰、编码正确、价款准确、开票人标识清楚	2	
	4	加强付货时的核对与检查工作，保证不出现付药差错；付货坚持“批号优先”原则，先付旧批号的药品；收银处加批号等信息	2	
	5	每月检查各柜台二十个以上的药品摆放批号，效期药在到期前优先出售	2	
	6	随时组织员工调研和掌握临近药品企业销售的同类品种的药品的价位情况，并能根据反馈信息及时做好调整，不能调整的是否做好了向公司反馈的记录；每月完成 50 个及以上药品在周围药房的巡价；巡价单及时交给公司业务部门以调整药品价格	2	
	7	对于滞销药品是否能向公司及时反馈（一个月以上未有人问及或销售的可以列为滞销关注药，六个月内无人问津的滞销药），视情况向公司汇报并做好返厂等处理	2	
	8	是否出现缺药情况，畅销药品是否出现缺药	1	
	9	每店每月上交 10 个临近药房或顾客点购的新药，提交至公司采购部门，月末采购部将完成情况汇表给人力资源部作为考核记录的依据使用	1	
	10	盘点工作的组织与处理	1	
	11	小票的书写、督促与检查，退货必须报店长签字	1	
	12	对收银人员工作的监管与检查，收银处录入销售批号时，按批号优先的原则先录入旧批号的药品作销售操作；店长抽查收银处每月不少于 20 个品种的批号	1	
	13	负责新员工工作内容的安排、培训与考核	1	
服务纪律	1	出现员工与顾客、员工间的投诉，均作为重大违纪处理，除按公司制度处分外，仍进行扣分处理；对于造成重大影响的，应追究相关人员的法律责任	5	16
	2	统一培训营业员和收银员的服务用语，并做好检查工作	3	
	3	监督各岗位员工的服务用语，暂依公司下发《药品零售药店日常管理规范》执行	2	
	4	营业人员的立岗行为是否达到公司要求，立姿岗位、服务热情等方面，有无员工个人怠慢行为［谈话（谈论药品知识的除外）、说笑、趴柜台现象］	2	
	5	统一着装、佩戴胸卡（名字及编号应清晰）	2	
	6	保守公司秘密，维护员工团结，与公司保持密切沟通，加强信息的反馈和传输工作	2	

续表

考核项目	项号	具体内容	评分	总分
GSP	1	温湿度记录（每天记录两次）	5	40
	2	处方药记录（随时记录）	5	
	3	拆零记录（随批记录，来货记录）	5	
	4	效期药记录（按月登记，月底登记）	5	
	5	养护记录（按月登记，每季度内登记一遍药房药品）	5	
	6	中药饮片养护记录（按月登记，每季度内登记一遍药房药品）	5	
	7	中药饮片上斗记录（来货时登录）	5	
	8	各项质量管理制度等体系文件	3	
	9	中药饮片验收记录（来货时登记）	2	

注：A、B 店指店员构成较少的店，或其他有特殊要求的店

增加十项单项否决考核内容。若员工一个月内出现五项单否决考核项目，即取消其本月全部的绩效考核。单项否决十项内容如下所示。

零售部店长“单项否决”十项考核

序号	内容
1	做好会员日工作的安排：做好会员活动计划（会员日前）、会员活动的总结（会员日后）、会员日过程的监督（会员日时）、执行公司会员日活动规则
2	店长对本店的工作负全责，落实岗位责任制，这种责任包括店长在岗与店长不在岗时的工作安排。若店长不在时（休息或外出），必须指定其他专门负责人
3	业务学习（培训）与考核工作同步进行，考核成绩，应经员工确认，在下月前三日前将上月考核成绩上传人力资源部。各名员工的考核表，要求有员工的确认及店长的签字。店长应督促员工在下月前二日前完成考核，并向人力资源部上传工作反馈记录
4	检查各营业员或柜组的交替班记录的填写，并督促完成交接班工作，以做到当日事当日毕，结转事项不延至三天，特别情况最迟一周内办完，提高工作效率
5	店长分析本店业绩的优劣势、周围药店和本区居民的销售情况，按要求向部门经理提交销售分析报告，在月末后五日内提交部门经理（两月报一次，分别为 2 月末、4 月末、6 月末、8 月末、10 月末和 12 月末）
6	盘点工作的组织与处理
7	店长根据销售情况统计出畅销药与滞销药的信息，与部门经理、公司库房等沟通备药安排，以保证不断药，不积压
8	检查本店防火防盗防匪工作；周围社区或相邻管理部门的电话号码应放在本店醒目位置，以加强防火防盗防匪工作的落实工作
9	按公司的统一要求及时落实公司会议精神及公司各期的政策
10	做好药品质量 GSP 管理工作

考核结构二

关于药品经销企业零售部考核执行标准

1. 药品的机加编码、功能主治、规格等知识每名员工每月至少熟记二十个，各月考核的内容不同。

2. 同事之间团结互助，禁止争吵。禁止与顾客或同事争吵，违者一次100分，第二次开除。

3. 促销活动定于每月18日，应提前二周将促销活动的准备和总结情况抄报至人力资源部管理邮箱。

4. 各店店长应于每天或至少两天内（串班情况）打开一次个人的电子邮箱，以查看公司下达的通知，例行通知不再另行电话通知。

5. 员工应服从店长的工作安排，对店长安排有异议的可以向公司反映。

6. 除周六周日外，每日例会在下班前召开。会议时间一般在十分钟之内。每次会议结束后，应做成会议记要，下周一前将上周的会议召开情况报至部门经理和人力资源部邮箱里。

7. 考核项目中的《管理工作》第十三项，本店业绩分析表书写的内容至少包括：两个月业绩的情况、变化趋势、周围药店的业绩比对、消费人群分析等。每两个月报一次，一般为双月末报上一单月和本月的，如2月末报1月份和2月份的《业绩分析表》。

8. 考核项目中的《管理工作》第十五项检查内容主要为：断货与积压是否事先与相关的部门进行沟通；《业务要求》第八条，侧重于工作结果的检查。

9. 考核项目中的《业务要求》第五条，要求店长上报抽查记录。

10. 考核项目中的《业务要求》第六条，要求店长统报药名及价位送至采购部，人力资源部在考核时检查。

11. 考核项目中的《业务要求》第八条，每缺药一次记扣1分，扣至本分为零为止。

12. 考核项目中的《业务要求》第九条，要求店长将统报汇总，人力资源部按月检查。要求各店准备一个《新药缺药登记本》，登记顾客点购的药品或邻近药房独有的药品。在记录中，标注顾客点购的时间、次数、何时告知公司采购部门等信息。对于新药品种，应详细记录顾客对药品的描述信息，包括药品的通用名、商品名、规则、产地、电话等，必要时留下顾客姓名及电话号码等信息。

13. 考核项目中的《业务要求》第十二项，店长每月抽查本店药品20个品种的批号流转工作，记录本期电脑销售批号与货品流转批号的一致情况，每月一报。人力资源部随时抽查。

14. 店长的休息时间如有变动，应由店长指定在其休息或请假期间的临时负责人，以保证各店任何时间段均有负责人员。

15. 节假日的休息安排必须做到：防火、防盗和安全预防工作。有事先报，不得有隐患，落实安全专人负责制。紧急事项必须设立应急事项联系电话及可采取的应变措施。

16. 考勤扣分，以一分起，对于扣完分数后，仍然有再次违纪的，直接扣其下月分值。本考核表为违纪一次的扣分项目，若第二次发生，加扣本项目的双倍分数，第三次，加扣本项的三倍分数。本考勤表的违纪处罚，不影响公司《药品零售药店日常管理制度》执行。

17. 人力资源部汇总考核信息的方式：邮箱信息、现场检查、销售部门、采购部门等相关部门的信息回馈。

18. 根据不同的检查方式，有以下几种计分方式。

（1）错误权数法　全部过错人总分值 A/全部过错人的过错次数总数 B 为权数，乘以本月某过错人的过错次数 C，计算某过错人本月违纪应扣的分值 D。

适用于能准确知道本月员工过失总次数和员工该考核项目总分值的项目，如月份考勤的违纪处理，将考勤违纪人员的总分值/全部考勤者违纪的次数，得出的平均值权数，然后再根据各个考核人的本月的违纪次数来计算其本月应扣的分值，该人的该项总分值减去扣除的分值即为其本月该项的得分。

这种方法可以根据错误违纪的人员次数进行扣分，体现了平衡扣分的原则。

（2）检查次数法　对于一个考核项目中，只有一项考核内容的，按本月检查的次数作为加权平均数扣分。

如果本月检查一次，在检查中发现有一次过错，就全额扣除该项目的分值；如果本月检查两次，仅在一次检查中发现了问题，就扣除该项目的 1/2 分值；如果本月对该项目的检查次数为三次，若仅有一次发现错误，就应扣除该项目的 1/3 分值，若在二次检查中发现错误，就扣除该项目的 2/3 分值。

本法适用于独立的检查项目，第一次就可以直观检查到的项目。如“不准营业员进入款台”，如果在你检查中，发现有一次，计一次，本月根据自己检查次数，就可以清楚地计算员工应扣除该项目的分值。

这种扣分方法，受检查人员的检查次数的影响。

（3）违纪轻重酌情法　对于某项考核项目，若是仅有部分违纪情况，就应分别按其违纪情况造成的结果、规定的数量、主客观（可控与否）原因等进行处理。

适用于对于一项违纪行为可以酌情处理的情况。如员工应穿工作服，十个员工中或被检查的人员为十个时，仅有二名员工违纪，其他的员工没有违纪，那么只能扣除这两名员工的违纪分值。若本月只检查一次，那么扣除其中的 2/10 的分值；若本月检查两次，每一次检查中发现十名员工中有两名员工违纪，第二次检查中发现八名员工中有一名员工违纪，那么计算的扣分分值为 $2/10\times50\%+1/8\times50\%$。

这种计分方法，可以减少同组错误造成的影响程度。

（4）同项加权平均处理法　在同一个项目中，有几个同类的考核点时，一般情况下，这几个项目是同类的项目，可以规定其各自的考核的分值比率，若未规定的，可以将几个考核点取平均的分值比率进行处理。

如本项目有编码、功能主治、价位、规格四项考核，那么在考核中发现一项违纪，那么应扣除其中的1/4分值，有两项违纪就扣除其中的2/4分值，若本月检查次数为两次，第一次检查中发现一名员工有二项违纪扣分为2/4×50%，第二次检查中发现员工有一项违纪，那么扣分分值为1/4×50%，两次合计扣分为2/4×50%+1/4×50%；公司共有四名员工，若本月检查了三次，第一次检查了二名员工，发现一名员工的一项违纪，第二次检查了三名员工，发现其中的一名员工一项违纪，另一名员工两项违纪，第三名员工无违纪，第三次检查了四名员工，只有一名违纪，其余全部正确，那么本月四名应扣分总数值为（1/2×1/4+1/2×0）×1/3+（1/3×1/4+1/3×2/4+1/3×0）×1/3+（1/4×1/4+1/4×0+1/4×0+1/4×0）×1/3。相应员工的扣分值，可以通过各人的对应关系计算得出。

本考核方法适用于被考核项目为同等重要的几个方面的项目，可以细化考核的差错。

（5）一次全额扣除法　对于一些重点考核项目或是作为其他工作基础的项目，发现一次错误，就应全额扣除本项全部的得分。

（6）一次否定法　对于员工品德违纪、打架斗殴、违法行为、基本业绩不达标、员工基本行为规范未达到等不良表现的行为，可一次将本考核项目各分值均扣计为零分。

（7）加扣法　对于上月已有警告在先的项目，本次再次发现同样的错误，可采用加计扣分的方法进行扣分处理。

19. 评分计分法

（1）考核工作第7项，业务学习的考核成绩，要求列明七月份本店所有营业员至少五个药品的编码、属类（剂型等或功效等）、药名、功效、禁忌、服用方法、价位等的考核成绩或考核记录。人力资源部每月抽查考核记录。

（2）考核项目《管理工作》中的第13项，店长分析本店业绩的优劣势、周围药店和本区居民的销售情况，按月向部门经理提交销售分析报告，在月末后五日内提交部门经理。人力资源部下月初三日前抽查报告汇总情况。

（3）考核项目中《业务要求》中的第6项、第7项、第8项和第9项，请各店长做好记录，人力资源部随时进行检查。检查工作可能会采取现场检查或从相关的部门进行问询等的检查方式，请各店做好相关工作。

（4）考核中发现的过错，应记录扣分，并责令改正，在下次检查中发现相同的问题加倍处理。

（5）加分项目：每月会员卡办卡超过50张的给加分。每十张加一分，不足张数的按实际张数/10取整加分。

（6）各项评分项目应按人力资源部绩效考核的要求准备材料，上报至人力资源部。

20. 店长的服务纪律考核与GSP认证考核合并进行，以合计分数作为本月的考核成绩，同时合并计入绩效薪酬总额。

考核结构三

各店考核成绩汇总表

考核项目	项目号	A店	B店	C店	D店	E店	项目总分值
管理工作（24分）	1						3
	2						1
	3						1
	4						1
	5						1
	6						1
	7						1
	8						1
	9						1
	10						1
	11						1
	12						1
	13						1
	14						1
	15						1
	16						1
	17						1
	18						1
	19						1

续表

考核项目	项目号	A 店	B 店	C 店	D 店	E 店	项目总分值
管理工作（24 分）	20						1
	21						1
	22						1
业务要求（20 分）	1						2
	2						2
	3						2
	4						2
	5						2
	6						2
	7						2
	8						1
	9						1
	10						1
	11						1
	12						1
	13						1
服务纪律（16 分）	1						5
	2						3
	3						2
	4						2
	5						2
	6						2
GSP 质量（40 分）	1						5
	2						5
	3						5
	4						5
	5						5
	6						5
	7						5
	8						3
	9						2
合计							
绩效工资							

考核结构四

零售部店长考核表（计分依据）（正面）

所属月份：　年　月份　　　　　　　　　　店名：　　　　　　　　　　统计人：

考核项目	项目号	检查时间	情况描述	评分	被考核人签字	现场考核人签字
管理工作（24分）	1					
	2					
	3					
	4					
	5					
	6					
	7					
	8					
	9					
	10					
	11					
	12					
	13					
	14					
	15					
	16					
	17					
	18					
	19					
	20					
	21					
	22					
业务要求（20分）	1					
	2					
	3					
	4					
	5					

续表

考核项目	项目号	检查时间	情况描述	评分	被考核人签字	现场考核人签字
业务要求（20分）	6					
	7					
	8					
	9					
	10					
	11					
	12					
	13					
服务纪律（16分）	1					
	2					
	3					
	4					
	5					
	6					
GSP质量（40分）	1					
	2					
	3					
	4					
	5					
	6					
	7					
	8					
	9					
合计						
绩效工资						

零售部店长考核表（计分依据）（背面）

所属月份：　年　月份　　　　店名：　　　　统计人：

事项	实时情况描述	涉及人	被考核人签字	现场考核人签字

第十五章　某医药零售连锁企业营销组建案例

案例背景

某医药连锁公司是一家区域性公司。当时的市场环境是，同行业中具有相同规模的竞争对手不是很多，有一家国营医药连锁公司、一家民营医药连锁公司及二至三家全国性医药连锁公司在当地的分店。

公司的优势

公司的运营时间长，有十多年时间，建立起医药网络，终端已达200多家分店（含加盟店）。

公司的劣势

公司对市场新环境运营能力有限，品牌扩展程度不是很高。

公司面临的机遇

随着百姓生活水平的提高，大家越来越重视自身的保健，社区零售药店恰好具有价格低、购买方便的特点，正好满足了百姓医药保健的需求。

公司的中、长期战略

成为全国性医药连锁公司的知名企业，两年内的营销战略是分店数目达到300家，实现平稳运作。

针对上述战略框架，在对运营战略中的四个关键因素——成本、质量、时间、实时性进行分析后，公司的核心竞争优势定位于：在保证经营质量的前提下，立足于成本领先战略，快速反应，加强市场的信息化，不断增强竞争优势。通过核心优势的建立扩大公司品牌效应。

一、确定其核心竞争能力——成本领先战略

医药连锁企业属于被动式的销售，即坐销。同行竞争差异性较小：品种几乎家家都有，价格家家如是。客流量基本决定了日销量，主动出击的空间较小，管理成本与利润成大反比。目前公司已经具有了一定的规模效益，但在快速成长的过程中，还有成本的压缩空间。

医药连锁企业的成本涉及多个方面，如管理运营成本、采购成本、营销费用、配送费用等。随着市场的逐步完善，企业间采购成本的差距越来越小。如何控制营销费用、如何降低配送费用、如何利用信息技术降低管理费用是企业面临的主要挑战。

制订的成本领先战略将从如下方面考虑：

1. 降低采购成本

合理设置采购周期，根据销量编制采购预算，降低采购人员的费用，充分利用

信息技术与销售部门建立横向联系。

2. 降低库存成本

优化库存结构，增加适销对路的药品，减少滞销的药品，设立库存报警系统，避免药品流转不畅；设立效期管理系统，确保不让过期的药品流入消费者手中，加快库存周期的利用率。同时合理设置门店商品的陈列量，使门店的库存值趋近于零。

3. 降低配送成本

连锁企业的物流流程是连锁行为中最重要的环节，重视物流的企业往往处于市场主导地位。而降低企业的经营成本的核心也就是物流成本。使企业间在获得相同的销售额的前提下，净利润提高，为企业的规模化发展奠定了良好的基础。

在药品质量管理体系下，利用信息技术加强货位管理、出入库管理，加快药品的配送速度，采用多种配送方式如直接配送、分级配送等，改造配送车辆，使之一次配送为多个门店服务。

对配送成本进行跟踪，与物流外包成本相比较，若高于外包成本，则在合适的时间下按质量管理标准采用第三方物流。

4. 降低管理费用

进行企业的规范化管理，规范企业日常工作的各种流程、员工的行为，做到流程的规范化、技术准备的规范化、计划管理的规范化、资金周转的规范化、职工生活的规范化等。

二、针对“质量”和“快速反应”而制定的服务策略

（一）实现营销和服务运营的集成，以获得竞争优势

顾客有很多种，顾客的流动就如繁星，稍纵即逝，它的流动是受市场上各种动力因素的驱使和吸引。如何把握顾客、吸引住顾客，服务是很重要的。而服务又是最好的营销，因此，将服务营销与服务过程有机地结合起来，从而达到甚至超过顾客的期望，才能实现有效的销售行为。

具体的措施为：建立门店各岗位作业流程标准及质量管理实施细则，将员工对作业流程的掌握及对质量管理各项指标的完成情况与员工的绩效考核和薪资挂钩，并通过各项岗位胜任能力培训强化员工的服务意识，增强服务水平及快速响应顾客需求反应速度。

加强营销的业绩管理和服务水平的双重管理，通过定量的绩效考核和定性的行为考核，全面落实公司的运营目标。

（二）采取目标管理模式，实行“A”级店管理体系

面对日益激烈的市场竞争，面对咄咄逼人的竞争对手，如何有效地影响及控制

所属门店的活动，对公司的利润及发展极为重要。根据20:80定律，20%的门店能创造80%的收益。以此为出发点，强化建立“A级店”标准，倡导各门店争创A级店，同时指导、帮助、督促各分店提升其竞争力，利用考核评比的方式加强各店的服务管理。

同时，将评选出来的“A级店”作为样板店，向公众展示，作为社会了解企业的窗口，并且以样板店为核心，占领所在商圈及市场。实施的步骤为：

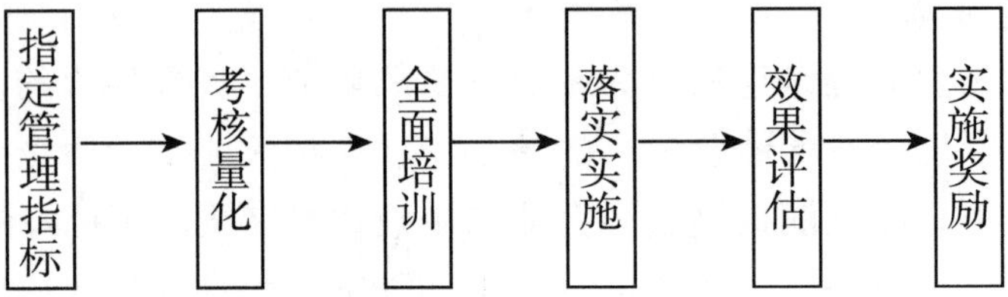

三、以信息化提升核心竞争力

企业管理信息化是现代信息技术发展的产物，它涉及到企业产、供、销的各个环节和人、才、物资源配置的过程。

通过对电脑网络采集上来的数据与资料经过加工与汇总，使企业内部的资源充分整合利用，最大化的提高企业的经营效率，降低企业的运营成本，实现企业利益最大化的综合管理系统。

现围绕成本领先战略采用如下措施加强信息技术的应用：

1. 用信息技术优化库存结构，降低企业的库存成本。

企业的库存占据企业运营资金很大比例，库存大了影响企业的资金周转，库存小了又影响门店的销售，因此库存的设计必须在一个合理的范围内。按照“20:80”法则，20%的商品能带来80%的利润，而80%的商品仅能带来20%的利润。因此，公司将把有限的流动资金放在20%的商品上，对这些商品进行有效的跟踪、监控，以确保不会出现采购部为采购最低价的同类商品、计划部为保证货物周转流畅、销售部为热销商品造成的交货期过长、库存居高不下、仓储成本上升的现象。

2. 建立CRM客户关系系统，加强客户关系，提升客户满意度，同时也加强了企业对市场的反应速度。

综上所述，根据企业的内外部环境挖掘出企业的核心竞争优势是制定企业运营战略的基础，而建立相应的管理体系，并辅之以现代的信息化管理手段是战略得以执行的关键。

第十六章　国外连锁药店运营

一、美国连锁药店的发展

美国是一个药品生产、销售和使用大国，其用药品量占全球用药总量的1/4。美国药品零售业，尤其是药品连锁经营企业在规模化、规范化、集约化方面都具有相当高的水平。美国连锁药店的经营特点，可为我国药品流通体制改革，发展药品连锁经营，提供实务的借鉴经验。

美国连锁药店的发展历程是由北美独特的历史、文化和传统所决定的。追溯到18世纪，美国的药店与欧洲的药房相似，也只是销售药品。然而到18世纪末19世纪初，随着人口向西部迁移，处在美国西部地区的药店逐渐发展成为人们进行货物交易的场所。顾客在药店里用食品、动物毛皮、自制布匹以至于任何有用的商品来交换所需的药品，药剂师再将交换来的商品重新在药房销售。随着这种商品交换方式的发展和繁荣，药店老板发现他们可以从这种在药店的一部分台面售药和配药，通过商品交换，再在药店里销售其他普通商品的经营方式中获利。由于药店中商品琳琅满目，人们渐渐变得十分乐于光顾这里，女士到药店购买化妆品和香水，男士到药店购买香烟和洗涤用品，儿童到药店购买糖果和玩具，甚至冰淇淋。19世纪初，药店已逐渐发展成为美国小城镇的重要社交场所和社区健康中心。

1933年，美国的6家连锁药店联合发起成立了美国连锁药店协会（NACDS）。NACDS的成立旨在代表连锁药店与政府对话，敦促政府立法，促进医药连锁业的发展和繁荣。

美国连锁药店公司（被NACDS定义为拥有4间以上药店的企业）出现在20世纪初。相对于独立药店而言，连锁药店的好处很快就体现出来了。连锁药店由于购买更多的商品而可以从供应商那里得到更优惠的价格，同时可以以较低的价格向顾客销售，从而能够比单个药店招揽到更多的生意。另外，连锁经营可以使经营费用降低，因为一个拥有20间药店的连锁公司往往只需要一个总裁和一个化妆品采购员。

随着消费者购买习惯的变化，美国医药零售业出现了新型商店的概念。20世纪50年代，美国西海岸的连锁店开始创办有25000平方英尺面积的超级店；在底特律由4家店组成的REGALDHUG连锁店开始进行每天打折的试点。后来REGALDHUG连锁店改名为REVCO，REVCO成为在25年间开办了1500家药店的美国医药零售业的领导企业。

随着美国医药零售业和医疗保险业的发展，在美国政府的积极参与下，美国药品零售业竞争日益激烈，并且超市和量贩店（便利超市的一种）也开始销售药品和相关产品，这对传统零售药店形成了很大威胁，药品零售业开始了兼并和收购的浪潮。

1995 年，全美最大的三家连锁药店共有 5600 家药店，到了 1999 年，他们已总共拥有近 11000 家药店。同时，独立药店的数量下降很快，从 1990 年的 32000 家减少到 1998 年的 21000 家，减少了 30% 左右。而食品超市中的药房则从 1990 年的 1300 家增长到了 1999 年的 7000 家。销售药品的量贩店的数量由 1990 年的 2500 家增加到了 1999 年的 5000 家。

近年来，美国药品零售企业与生产商、批发商和物流配送公司逐渐形成了战略联盟，共同分享各种信息，他们以顾客为导向，寻求共同发展。

二、美国连锁药店的特点

（一）医药分开，成熟经营

美国是医药分开的国家，医院一般只设住院药房而不设门诊药房，门诊患者在取得医生处方后，便到药店取药。参加各种医疗保险的患者，在社会药店可以获得保险公司对处方的支付。这种制度的优越性十分突出。一方面使患者安全用药获得了双重保险：其一，避免因医生与药品处方存在利益关系而衍生的大处方问题，造成用药本身的不科学、不安全；其二，患者拿处方到药店购药时，药剂师会对处方先进行评价，一旦发现处方存在用药不合理或安全隐患时，药剂师会致电开处方的医生，要求其对处方进行修改，形成对处方的监督机制。另一方面，它使得医药消费市场更有秩序。

在美国，药剂师具有很高的地位，他们甚至有权调查患者的诊断资料。美国的药剂师跟我国的药师有较大差别，美国的药剂师是一种职业，一般要具备较高的专业修养，如取得博士学位，并熟悉美国法律，通过认证方能上岗。从这一点来看，我国的执业药师制度与之有些相似。美国的药剂师极受尊崇，据介绍，在近些年的有关调查中，美国的药剂师社会地位保持在前两位，比医生还要高。

由于医药的分开和药剂师的重要作用，药品的使用存在着相互的监督制衡关系，促使药品经营者把更多的精力放在如何加强管理，改进服务，降低成本，提高市场占有率上。

美国的连锁药店规模都很大，分店繁多，据 NACDS 提供的资料，美国最大的 10 家连锁药店的分店均超过千家，最大的 CVS 分店多达 3954 家，第十家 Ssfeway 也达到 1037 家。美国连锁药店充分运用先进的现代信息技术，辅以卫星通讯，实现了商品流、信息流、资金流的动态高效管理。各家药店均有先进的计算机系统的终端，并实施了流程程序化、管理标准化，分店的经营与保险公司和总部保持联网，数据快速汇总到总部、联系到有关保险公司，总部借助计算机自动分析系统，掌握各分店、各品种的经营动态，信息沟通畅通无阻，既提高管理水平又降低成本。

（二）注重经营美丽健康产品和自有品牌

美国药店的一大特色是其商品极其丰富。从20世纪80年代开始，药店即尝试向健康、美容、家庭护理、体育用品、服装和食品方向发展。其中有的变革失败了，有的则获成功。美国药店以“健康美丽产品专卖店”的概念为主旨。其核心商品分三大类：处方药、非处方药、美容护理及保健用品。从而体现了其经营理念：凡是与健康、美丽相关的产品都属于可经营范围，包括婴儿尿布、健康洗液等用品，各类护肤品，以及为特定人群如婴幼儿、妇女、老年人、残疾人等准备的一系列适应其特定要求的生活用具，另外还包括日用品，如贺卡等。其商品种类多而全，也是受美国人口郊区化、零售业集中、大而全趋势的影响，满足了人们“一站购足”的观念。

美国连锁药店另一特色是销售“自有品牌产品”。由于受到价格竞争的压力，美国连锁药店普遍定位为低价位的健康产品连锁店，因而商品毛利率并不高，20%～30%，近几年来更有不断下降的趋势。但几乎所有的连锁药店都有“自有品牌产品”，有的大型药店所售商品的30%都归于此类。这也是美国零售业中一种很流行的方式，即由一些生产规模很大的厂家进行生产，厂商不用做营销工作，只须按照各零售商的要求进行定牌生产。这样由于生产厂只需考虑扩大规模，提高生产率，其产品自然成本较低。而药店拿到这类价格低于同类品牌商品20%左右、其质量又可控制的产品，冠以自己的品牌，其毛利率就有很大的上行空间，一般达40%～50%。美国大型连锁药店如RiteAid、Bartell等的自有品牌都有广泛的知名度，药店利用这类产品的厚利可使其他产品保持较低的价格水平。

（三）运用现代信息技术进行规模经营

美国连锁药店大都规模很大、分店多、分布广、发展快，仅加州就有1800多家。连锁药店在药品市场的份额逐年扩大，1997年已达到约40%，一般可分为地区性和全国性两种。区域性的药店如Bartell在西雅图地区就有40家分店。而全国最大的连锁药店RiteAid共有4000多家分店。加上近年愈演愈烈的重组、合并趋势，规模更加庞大。据估计，现阶段中国的连锁药店大约只相当于美国20世纪四五十年代的水平。规模大是指其各分店多为2000平方米以上，经营四五万个品种，这样的药店如网络般分布于美国的大街小巷、各个社区，提供了优良便利的服务。

但是，按照经济学理论分析，规模越大，管理成本越高，对于地点分散的连锁店更是如此。美国连锁药店充分运用现代信息技术（IT），实现了高效率的管理，从而节省了费用，保证了经济效益。各家药店均有先进的计算机系统的终端遍布各分店，从而实现流程化、标准化管理，包括电子数据管理、卫星通讯、配送盘货控制，销售分析，以至于员工的绩效考核、分店每日营业数据，都以最快的速度汇总至总部，由总部在充分掌握具体情况的条件下决定下一步的对策；总部的任何指令几乎同时到达数百家或上千家分店。另外，很多药店都不自设配送中心，而由批发商来担任这个角色，依靠电子订货系统，与批发商或供应商在网上联络，随着传递需求，由此实现了沟通的流畅无阻。POS 扫描系统、EDI 及计算机网络的运用给连锁药店带来了不可估量的价值。

（四）美国连锁药店处处体现人文关怀

美国大部分药店里均设有顾客等候室，安置有书报、防病用药介绍等宣传资料，还有电话、自动测压计等设备。有的药房设有门诊，患者可以就近就医、抓药。执业药师挂牌服务，在他们的照片下面，详细介绍了这位药师的学历、主要从药经历及服务承诺，以示他们对顾客的一片诚心。在 Eckerd 药店，有专门为开车顾客设置的窗口，汽车开到窗口，递上药方，医师配好药后，用小扩音器告诉对方价钱，顾客交钱取药，非常方便。一般药店都挂有 24 小时营业的大字，体现了人文关怀。

随着我国药品分类管理、社会医疗保险制度以及医药分业等一系列政策的制订与实施，国内医药零售业的发展势头将会令人始料不及。“他山之石，可以攻玉”，了解了美国连锁医药的发展历史以及特点之后，或许能为我们提供一些有意义的启示与经验。

三、我国药品零售连锁企业发展现状

经过三十年的发展，中国的医药经销企业已经取得了一定的进展，逐步建立了下列管理体系，实现规范化运营。

1. 信息技术。我国药房在采购、存储和销售中已实现电子计算机信息化。系统的电子信息管理药品出入库。通过药品进销存软件已在我国医药企业广泛应用，通过软件可以实时地查询到各种药品的入库信息、上游厂家的供货信息和下游售货渠道信息等。

2. 便民服务设施。免费测血压、免费公益板、便民服务设施等正在我国药房中使用。

3. 售后服务健康卡。

4. 公益健康宣传。

5. 药房的特色经营和自有品牌建设。

6. 做好处方药品药房销售的体制建设。

当前的中国医药企业是分开经营的，但是医院的临床和门诊把握着处方，而且医院的处方药品，在药店是不易买到的，这是当前中国药品零售处方药品管理体制中的问题。按照 GSP 管理的要求，处方药必须要凭处方到药店购药，但是，有处方的药品在药店是买不到的，想买到处方药的人也无法在医院门诊开到相应的处方。

第三篇

药品零售企业的规范化管理 >>>

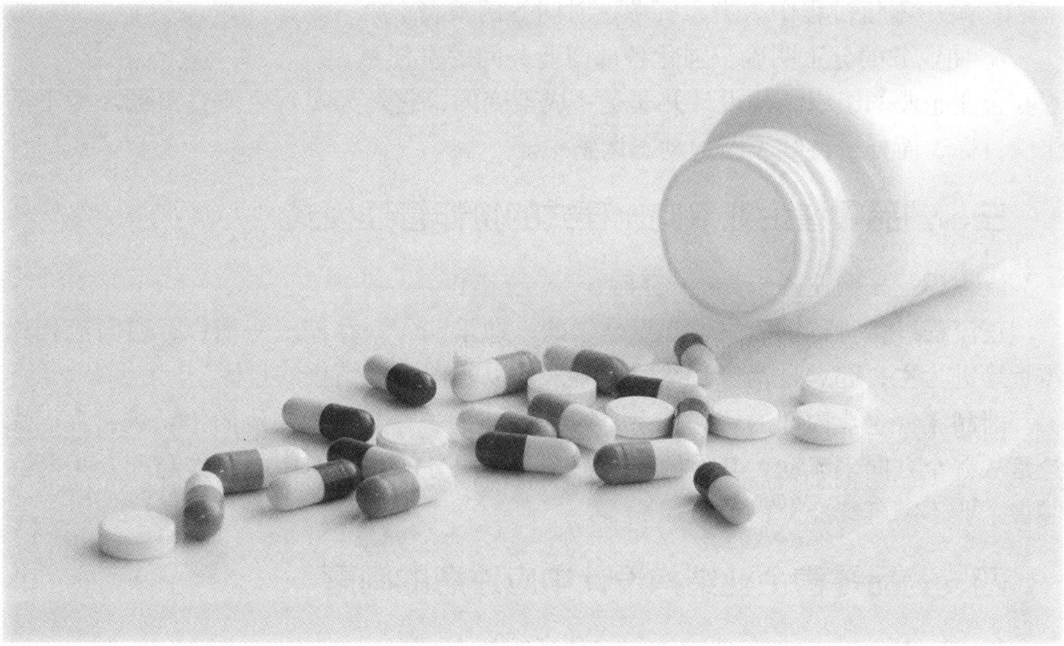

第十七章　药品零售企业概述

一、药品零售企业组织结构的定义

药品零售企业组织结构是指为了实现药品最终销售的目的，将采购、存放、销售的过程进行分解，并层层落实，以达成柜台对顾客的最终销售，而建立的以协作为纽带的各部门间责权利一体的有序的合作关系。

药品零售企业的组织结构设计是一项将采购业务、存储业务、销售成果的链条进行规范处理，最终实现销售利润最大化的目标的操作流程及管理工作。

二、药品零售企业管理结构设计的要点

组织结构是指为完成某个特定的任务，采用合理的方法，将各个有关联的部分采用合理的方式组合在一起的有序整体的总称。

药品零售组织结构设计应达到的最低目标有：

1. 符合本阶段营业利润最大化的目标。
2. 能在本时期内实现资源、人力、流程管理条件的有效组合。
3. 有利于各个部门间的信息交流。
4. 可以简化进、销、存环节的工作流程。
5. 有利于培养零售营业人才。
6. 减少零售过程中人力、资源、时间等的浪费。
7. 使业务的分工明确、强化各部门业务间的责任意识。

企业企业的组织结构设计并非是一成不变的，它是为实现企业在市场环境下的组织目标，而处于持续不断地动态调整中。

三、药品零售企业双向流程式的协作管理模式

流程为：采购业务←——→存储←——→销售。

正流程以备货待销为主，起点是采购，即采购——→存储——→销售；逆向流程以需货等进为主，起点是销售，然后按需采购以实现零售销售的目标。

药品零售企业内部的协作关系是：正流向进、存、销；逆流向销、进、存。无论是从哪个方向来流动，其他的环节都是为其服务的。流通中的协作与配合是药品零售企业不断延续经营的关键。

四、药品零售企业结构设计中应注意的问题

1. 以目标为中心，实现销售创收利润的核心目标。

2. 以各环节良性运动为经营模式。当销售需货时，采购存储的模式保证不断货；当已有存货在手时，管理的良性运动是保证不压货。

3. 各部门管理费用不浪费，成本最小化是必要的目标。

4. 提高各部门的工作效率，实现流转速度及工作质量最优。

5. 管理控制更有效，更直接。

6. 有利于部门间的沟通和衔接。

7. 有利于各部门内及整个公司人才培养。

8. 企业的信息更快速、更准确地传递。

9. 企业组织设计能适应环境及工作要求，并能实现动态调整。

10. 营业员队伍的建设是企业基层管理的核心点。

11. 对营业员工作的管理模式属于对坐销人员的管理模式。

第十八章　药品零售企业组织结构和岗位职责

第一节　药品零售企业组织结构的主要形式

一、直线型组织结构

直线型组织结构是一种原始的组织结构，由企业的领导直接对员工实施控制的组织结构。有的小型药品零售企业（即药房）采用总经理直接参与采购进货、存储管理、销售经营等方面的运营。

直线型组织结构的特点：

管理权集中、领导审批耗时较长、领导不能细化管理，束缚了领导对公司总体决策的步伐。

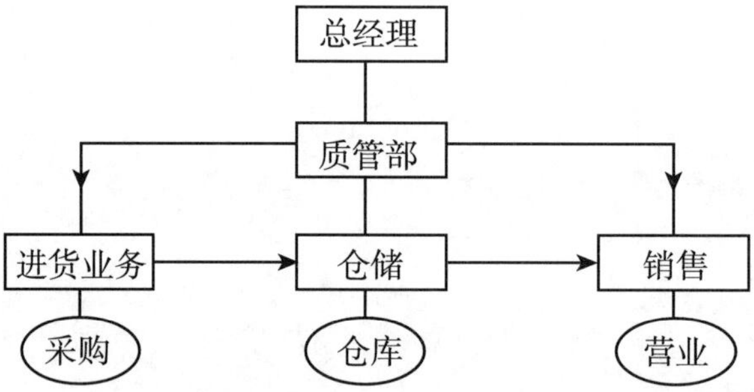

药品零售企业直线型组织结构图

二、直线职能型组织结构

直线职能型组织结构是直线型组织结构的拓展。在这种组织结构中，企业领导者也直接参与企业的各项管理，所不同的是，设置企业领导者的参谋部门，参谋人员为企业领导者服务，减少决策中领导者一人决断的主观偏向，但最后的决策仍来自于领导者（总经理）。

直线职能型组织结构较直线型已有改进，且运作起来也更有效，并能减少决策的失误率。其他方面的特点同直线型。

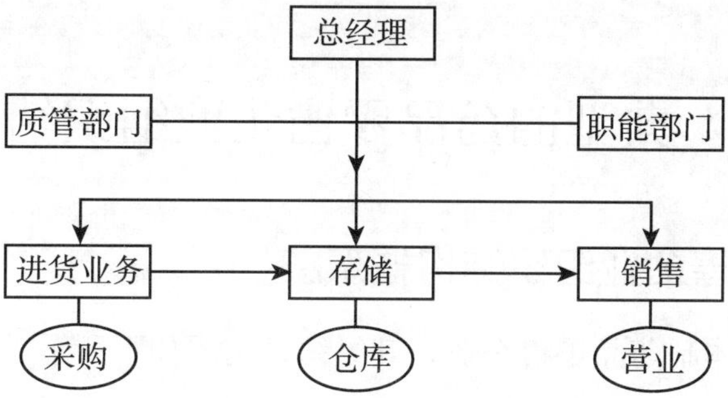

药品零售企业直线职能型组织结构图

三、矩阵型组织结构

矩阵型组织结构是由职能部门和各项目共同组成的。它的设计思路是：各个部门、各个项目的工作内部独立完成，各部门间通过协作完成其相关的工作内容。它是一种突出复杂工作的协作机制的组织模式。矩阵型组织结构是一种可将项目分工明细，又能突出协作的一种新型的组织结构框架。

矩阵型组织结构的特点：

1. 可以完成跨部门或多项目作业的连贯性工作，显示出团队协作的力量。

2. 在公司不增加新的人员或部门的前提下即可以完成复杂的工作，节约了管理成本。

3. 可以在部门间的协同作业下，增强部门间的联系，强化部门间的了解和配合。

4. 要求部门内的员工必须在有富余的前提下才能实施。它适合于有一定规模的大型零售企业。

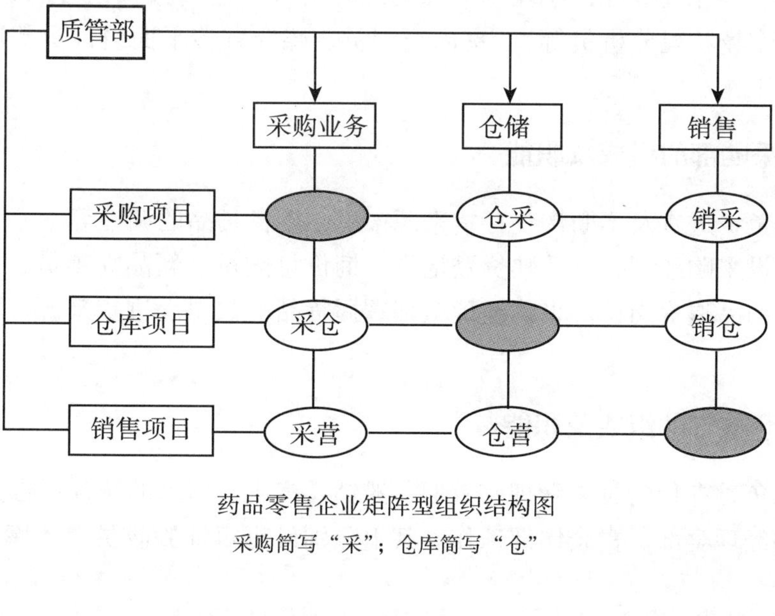

药品零售企业矩阵型组织结构图

采购简写“采”；仓库简写“仓”

第二节　典型的药品零售企业组织结构设置

一、药品零售企业组织结构框架图

一个三级管理体制药品零售企业，其组织结构图如下所示。

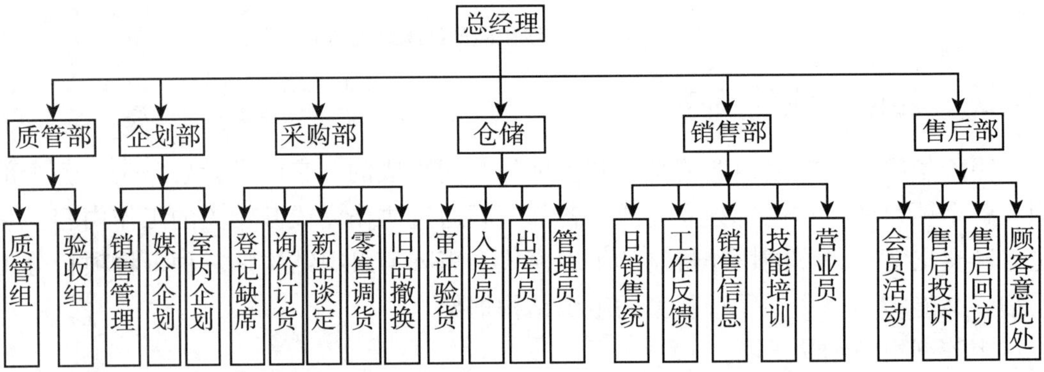

某药品零售企业直线型组织结构框架图

二、各部门的组成及职能

（一）企划部的组成及职能

企划部分别负责总体规划和监督执行销售实施工作。

企划部经理总体规划市场的发展方向，具体产品在药房陈列的位置、POP海报的设计展示、媒介宣传等；经理以下分别设有销售管理（分包销售的趋向分析员、本药房产品市场状况分析员等）、室内企划员、媒介宣传平面设计员等职，具体落实企划部的工作。

（二）采购部的组成及职能

采购部负责进货及不断调整存货来源渠道，不良货品的调控等。

采购部设采购经理一人及缺货登记员、询价订购员、新品立项员、谈判员、合同签订员及旧品退货岗位。采购经理全部掌握货品的数量、进货来源、不良品种调整等渠道。

（三）仓储部的组成及职能

仓储部负责存货的日常管理、效期、滞销、广告、新品的统计报告。

仓储部经理全部负责仓储部工作。其下分别设有审证验收员、入库员、出库员及存货管理员（负责效期药报告、广告药报告、新品报告等品类报告和畅销药品、滞销药品、量大量小的数量报告等工作）等职。

（四）销售部的组成及职能

销售部负责处理销售及与销售管理相关的事宜。

销售部经理全面负责销售部工作，下设销售营业员、销售督导员、销售信息反馈员、销售技巧及产品知识培训员、销售流程管理及避免断货的药品管理员、柜台投诉问题快速协调员（处理五分钟内的售后投诉问题）、售后连带销售管理员等。销售部下设各类经营人员各司其职，共同完成销售部工作。

（五）售后部的组成及职能

售后部负责处理顾客服务问题、持续销售跟进、药品不良信息监管和顾客意见分析等事项。

售后负责人总体管理售后工作，并提出避免同类问题再次发生的方略。售后部长下设售后回访员、售后投诉员、售后顾客联谊员、顾客意见反馈员等职位，分别完成售后的具体工作。

以上各部门协作配合才是共同完成企业销售目标的前提条件。

三、药品零售企业主要岗位设置及其职能

序号	部门	职位	职能
1	销售部	经理	销售渠道、销售策略、销售额、培训员工、员工工作交接、部门间工作协调
		营业员	完成销售任务、遵守工作纪律、完成其他促销任务、提需货计划
2	仓储部	经理	出入库、存储工作的保证、货品质量及安全的其他的保证
		出、入库员	按要求审单验收、记录电脑单及手工账
		仓库管理员	分类管理各类货品、实现快速出入库、各种货品的报告事项
		搬运人员	在出入库中负责移动货品
3	采购业务部	经理	新品入柜、旧品撤柜、日常存货供应保证、重大采购项目的出面采购
		采购员	电话或亲自订货、取货、返货
		订单收出	根据对市场环境及公司的要求，对各期拟用药品进行立项、确定和谈价

续表

序号	部门	职位	职能
4	行政部	经理	行政部全面行政管理工作的制定和协调、后勤保障工作
		涉外	公司证照及涉外事务的参与或接待
		文档	公司内的文件管理、图书及办公用品等管理
		后勤	食堂、宿舍、车队、环境纪律等的保障
5	企划部	经理	销售策略的规划、广告的策划、发布及其费用的控制
		广告	媒体推介及公司内的室内装饰
		策划	公司销售方式、渠道的规划的拟定
6	人资部	经理	人事部全面管理，招应聘、考核、薪酬、人事档案
		招聘	岗位人员的设定及选拔过程
		考勤	日常考勤、请串假管理

四、药品零售企业各部门管理的要点

（一）销售部

通过销售回报额、市场占有率来控制销售情况。检查回款单证，各岗位抽查督导，完成销售管理。

（二）仓储部

1. 存货流转速度：仓储部是否根据其销售状况储备足够数量的存货。
2. 存货的状况符合国家质量标准。
3. 出库入库准确，入库手续齐备。

检查方式：销售保证不断货，大量抽查30%，代表性货品安全存货量，手续抽查，现场观察货品出库，保证货源不断。

（三）采购部

1. 进货渠道符合全、快、价低质优的原则。

检查：采购选择品类方向准，进货无重复，适销对路。

2. 检查无积压，无断货。

检查：选某时间段内工作测量抽查，从销售部反映，从仓库反馈。

（四）行政部

1. 对公司的办公环境及工作纪律检查：可采取定期全面检查和不定期抽查的

方式进行。

2. 涉外事务办理检查：公司的外事来往及时，合作融洽，为公司创造了良好的办公环境。

3. 公司文书传递检查：文件传达高效、准备齐全，满足工作所需。

（五）企划部

1. 销售渠道建设检查：销售额稳步或高速增长。

2. 广告媒介的投放检查：公司的广告对于公司销售有大幅帮助。

3. 室内企划检查：室内药品 POP 海报及药品摆放格局的设计，使其能满足顾客选购时的美感及醒目需求，以促进销售。

（六）人力资源部

1. 招应聘工作为公司择选优秀人员。

2. 薪酬使公司的成本得到控制并使员工满意而安心工作。

3. 人事档案、考勤、日常管理规范。

五、药品零售企业管理中应注意的问题

1. 管理标准制订涵盖的内容全面。

2. 管理标准可以达到统一规定。

3. 管理标准维持一定时期的稳定性。

4. 管理标准明确并可检验、检查。

5. 对个人按管理指标进行考查，体现出考检的各异性。

6. 管理标准与岗位职责对照考核。

7. 例外变化提前通知。

8. 考核时坚持定性与定量结合、以量为主。

9. 考核方式量化指标、部门评定、相关部门评定相结合。

10. 采用业绩考核方式的，月初有计划，月末有完成指标目标清单，月初与月末核对。

11. 业绩成果与工资挂钩。

第三节　药品零售企业岗位说明书

一、药品零售企业直销部岗位总览表

药品零售企业营销部职位名称编号一览表

部门名称	岗位编号	职位名称	职级	编制	直接下属人数	晋升方向
销售部	010414	零售部	管理层	1	无定	营销总监
	010415	大药房柜台组长	管理层	按组别	无定	销售经理
	010416	大药房营业员	执行层	无定	0	柜台组长
	010417	物价员	执行层	1～3	0	信息主管
财务部	010305	大药房收银员	执行层	1～3	0	会计/出纳
	010306	记账核算员	执行层	1～3	0	会计

注：本岗位编号是依据第一篇药品批发企业顺序编排的。

二、药品零售企业营销部岗位说明书

1. 零售部经理岗位说明书

零售部经理岗位说明书

岗位名称	销售部经理	岗位代码	010414
直接上级	销售总监	直接下级	营业员、销售内勤
职级	经理级	岗位定员	人
任职人签字		接收日期	
所属部门	销售部	部门负责人签字	

职位概要：

领导货品的市场销售与管理工作，完成销售目标，深入了解市场状况，建立客户关系，树立公司品牌形象。

岗位职责：

1. 组织优秀素质的人员建立销售队伍，制定销售人员的目标、战略、结构、规模、报酬，拟好销售人员销售理念、业务知识的培训，任命不同人员负责不同市场，掌握销售人员工作实效，及时调整销售工作重心和内容；
2. 负责制定销售部整体的销售目标，并为此目标组织一个切实可行，足以激发组织成员奋发向上的发展方案；
3. 负责制定销售计划，并保证其顺利实施，如遇突发情况，要根据实际情况调整计划，保证计划的可行性和科学性；
4. 做好销售市场与前期调查和预测，为总经理提供决策公司销售理念第一手资料；
5. 做好公司销售指挥者，使整个销售部门管理过程能根据实际情况下达指示，制定措施，合理地分配销售人员工作任务，激发销售人员工作激情，完成公司销售任务；
6. 对销售人员的工作进行规划及时进行指导建议，对其工作进行审核、评估、试行、指导、培训、激励、奖励，督导销售人员不断提高销售业务水平和业绩；
7. 保证公司销售计划的实现，并且要协调好销售各个环节，各个市场面，各个有关部门的关系，使其相互帮衬，相互配合，紧密衔接，以防产生矛盾，阻碍销售流程的进行；
8. 根据公司长、短期药品销售战略计划，制定年度、季度、月度等各阶段的销售工作计划书，包括各阶段拟达成目标可执行策略规划分析，具体实施方案和工作进度，按系统的方式或计划销售，以减少或避免低效率销售工作的出现；

9. 认真负责药品销售流程管理，特别是销售人员的管理，市场的管理，销售计划的管理。成功地销售管理模式是内外环境可利用资源分配上的优良组合，促使销售目标战略实施，使公司整体销售能力提高，从而达到公司既定方针策略；
10. 以身做则，严格要求自己，关心销售人员的生活和工作，切合实际解决销售人员一切困难，同本部门员工打成一片，团结互助，高质量的完成公司交给的销售任务，使公司与员工利益双赢；
11. 制定本部门管理规章制度，使销售工作规范化、制度化；
12. 每月对销售部的整体销售情况进行汇总，对销售员反馈信息进行整理存档；
13. 负责店面 POP 策划，货品归类摆放管理；
14. 参加药企及其他代理商主办的有关药品营销会议，以增强公司经营品种市场状况的了解；
15. 营销总监安排的其他工作。

任职资格：

教育背景：本科以上学历、主管药师或药学相关专业工程师以上技术职称。

培训经历：质量管理、处方审核及配方、购进、验收和营业等岗位的人员，应当接受上岗培训，合格后方可上岗，建立档案；参加市场营销管理、销售管理、公共关系、药品相关知识、推销技巧培训。

经　　验：5 年以上工作经历，3 年以上本行业销售管理经验。

知　　识：掌握公司项目的国内行业动态，掌握市场营销相关知识，具备财务管理、法律等方面的知识，了解药品相关知识。

技　　能：熟练使用 WORD、EXCEL 等办公软件，具备网络知识；具有一定的英语应用能力。

个人素质：具有很强的领导能力、判断与决策能力、人际能力、沟通能力、影响力、计划与执行能力、客户服务能力。

考核指标：

销售收入、利润率、市场占有率、应收帐款拖欠天数及坏帐率、客户满意度、客户需求预测准确性、促销活动的效果、信息搜集分析的有效性、文档整理规范性、被客户投诉和索赔的次数、重要任务完成情况；

预算控制情况、下属员工行为管理、关键人员流失率；

部门合作满意度；

领导能力、判断与决策能力、人际能力、沟通能力、影响力、计划与执行能力、客户服务能力、专业知识及技能。

协作关系：

内部协调关系：总经理、营销总监、财务部、各部门经理。

外部协调关系：药监局等相关政府部门、广告商、媒体、银行、行业协会等。

工作条件：

工作环境：办公室、销售现场；

工作时间：超正常工作时间，无定休日；

危 险 性：基本无危险，无职业病危险。

晋升方向：营销总监

2. 大药房柜台组长岗位说明书

大药房柜台组长岗位说明书

<table>
<tr><td>岗位名称</td><td>大药房柜台组长</td><td>岗位代码</td><td>010415</td></tr>
<tr><td>直接上级</td><td>销售经理</td><td>直接下级</td><td>营业员</td></tr>
<tr><td>职级</td><td>职员（执行层）</td><td>岗位定员</td><td>1 人以上</td></tr>
<tr><td>任职人签字</td><td></td><td>接收日期</td><td></td></tr>
<tr><td>所属部门</td><td>零售部</td><td>授权人签字</td><td></td></tr>
<tr><td colspan="4">职位概要：
负责药品的储备、销售和组内人员管理。</td></tr>
<tr><td colspan="4">岗位职责：
1. 在销售经理指导下负责柜台分组管理工作，对本组柜台药品上货、摆设负责设计；
2. 建立详细、真实的销售记录，考核营业员的销售业绩和服务质量情况，提供每日每月销售报表；
3. 建立本组柜台入、销药品明细台账，每月盘点时做到月月清楚无误；
4. 收集本柜台药品优良销售信息反馈及不良反应等药品的登记，快速给采购部门提供调整柜台品种的采购计划；
5. 严格要求自己，举止端庄大方，说话和蔼可亲，能最大限度调动本组营业员工作积极性，做营业员的表帅；
6. 做好考勤工作，安排好轮班交接班工作，盘点时要动员一切人员参加盘点，盘点时出现的问题，及时处理解决；
7. 发扬大药房团队精神，协调好相邻柜台工作关系，注重大药房整体形象；
8. 严以律己，带头遵守公司和大药房制定的规章制度，完成本职工作外，也要完成领导交给的其他工作。</td></tr>
<tr><td colspan="4">任职资格：
教育背景：药品、销售等相关专业，药品从业人员证书、药剂师或其他药学专业职称。
培训经历：质量管理、处方审核及配方、购进、验收和营业等岗位的人员，应当接受上岗培训，合格后方可上岗，建立档案；参加市场营销管理、销售管理、药品相关知识和推销方面的培训。
经　　验：3 年以上工作经历，1 年以上本行业销售管理经验。
知　　识：掌握具备销售管理、药品等方面的知识；
了解公司药品流转过程。
技　　能：熟练使用 WORD、EXCEL 等办公软件，具备网络知识。
个人素质：具有很强的人际能力、沟通能力、计划与执行能力、谈判能力；
较强的适应能力和责任心。</td></tr>
<tr><td colspan="4">考核指标：
顾客的满意度、销售完成率、不良品的控制率、货品的管理合规性。</td></tr>
<tr><td colspan="4">协作关系：
内部协调关系：销售经理、财务部、销售人员、物流部。
外部协调关系：药监局等相关政府部门、外部货运公司等。</td></tr>
<tr><td colspan="4">工作条件：
工作环境：营业现场；
工作时间：正常工作时间；
危 险 性：基本无危险，无明显的职业病危险。</td></tr>
<tr><td colspan="4">晋升方向：销售主管</td></tr>
</table>

3. 大药房营业员岗位说明书

大药房营业员岗位说明书

岗位名称	大药房营业员	岗位代码	010416
直接上级	柜台组长	直接下级	无
职级	职员级	岗位定员	无定
任职人签字		接收日期	
所属部门	零售部	部门负责人签字	

职位概要：

负责大药房药品的零售业务；落实柜台内药品数量、质量和信息的收集；对所负责品种的药品进行管理。

岗位职责：

1. 销售工作

（1）积极销售，完成销售额计划和公司下达的销售额指标；

（2）根据公司各期的销售政策，按要求落实药品销售，完成促销计划；

（3）遵守药品销售的服务纪律，按药品功效如实介绍，尊重顾客购药意愿，不强硬推销，不虚假宣传；

（4）按公司要求进行售后回访，书写完整的售后回访单；

（5）熟记药品的通用名及商品名、规格、含量、计量单位、生产企业、包装规格、功能主治、用法用量、柜存数量及货位等药品的知识，并根据客户的需要详细介绍；

（6）认真做好营业前的准备工作，正确宣传、介绍药品，准确填写销售票据，发扬满意服务精神，超额完成大药房交给的销售任务；

（7）付药时，要认真对药品质量、数量及票据明细核对后进行付药、记账，杜绝付错现象发生；

2. 货品流转

（1）按 GSP 认证要求，虚心做好缺药登记，来药通知工作；

（2）严格按药房管理制度的规定书写小票，需货计划、付药等存货流转环节符合规定；

（3）按公司要求及时填报常卖药、滞销药、效期药等分类上报单，并对有关问题提出个人建议；

（4）根据各药品的销售额、销售量等情况及时提进货计划单，以便于业务采购部组织进货；

3. 药品管理流程的执行

（1）贯彻收货管理要求，坚持先审后收，保证销售部待售的全部药品质量合格；

（2）在销售中，发现药品质量问题，药品不良反应要及时反映给有关部门，退货药品要挂免帐处理，近期药品要协助药房及时销售及处理。对柜台缺货、规格不全品种要及时申请补上，灵活掌握零售药品走势，保证所负责品种销售畅通；

4. 服务纪律

（1）按公司要求着装，佩带胸卡，良好站姿，文明服务，注重药房整体形象；

（2）参加定期培训与不定期培训、专业知识培训、服务技能、销售培训；

（3）销售中忠于职业道德，如实宣传药品功效、禁忌；

（4）接受并按绩效考核要求工作来规范行为，提高能力；

（5）发扬药房团队精神，与相邻柜台人员工作要衔接、协调、配合好，防止出现工作事故；

（6）要注重自身修养，严格执行公司和药房规定的各项规章制度，在营业活动中严禁徇私舞弊，按章办事，自觉抵制不正风气； 5. 其他工作 （1）按时向公司提交销售中问题和意见的反馈表单； （2）加强与仓储、采购业务部门的沟通，使货品流动更顺畅；与企划药管等部门沟通把握药品销售方向； （3）按公司要求提交信息调查表，促销反馈表等资料，参与公司的优化建设； 6. 完成领导交办的其他工作。
任职资格： 教育背景：营业员应有高中以上文化程度或符合省级药品监督管理部门规定的条件；上岗人员应持有《药品从业人员上岗证》、《健康证》及医药商品购销员、中药调剂员资格证书。 培训经历：从事特殊管理药品、需冷藏药品及管理的人员，应当接受药品监督管理部门组织的相关专业知识和法规的专项培训；参加药品经销专业培训、GSP 培训。 经　　验：两年以上药品行业或营业员从业经历，或初中文化人员从业须具有五年以上药品从业经验。 知　　识：熟悉《麻醉药和管理办法》、《医疗用毒性药品管理办法》、《精神药品管理办法》等特殊药品管理及销售方法，熟悉《药品管理法》、《产品质量法》、《商标法》、《计量法》等相关知识，熟练掌握《营业员守则》，掌握服务纪律等。 技　　能：熟练掌握药品购进、验收、储存、出库质量要求；具有销售的技能和技巧。 个人素质：良好的语言表达能力； 基本的商品销售知识和操作技巧； 勤奋好学，积极进取的工作态度； 经营现代化商业企业的基本知识； 良好的身体和充沛工作能力； 体察判断客观事务的能力。
考核指标： 完成零售部直接面向终端客户的零售业务； 顾客的评比满意度； 完成销售中的信息反馈工作。
协作关系： 内部协调关系：销售经理、收银员、物流部。 外部协调关系：顾客、药监局职能部门等。
工作条件： 工作环境：销售现场； 工作时间：正常工作时间； 危 险 性：基本无危险，无明显职业病危险。
晋升方向：销售主管（柜组长）

4. 物价员岗位说明书

物价员岗位说明书

岗位名称	物价员	岗位代码	010417
直接上级	零售经理	直接下级	无
职级	职员级（执行层）	岗位定员	1 人以上
任职人签字		接收日期	
所属部门	零售部	授权人签字	
职位概要： 审核公司药品的物价，并及时向采购经理和销售经理报告。			
岗位职责： 1. 按公司要求负责对本药房周边的药房进行药品价格调查； 2. 要做到所调查的药品价格真实可靠，不虚假； 3. 及时根据所调查的药品价格及药房的实际情况，向采配经理和销售经理报告，以便对本药房的药品价格进行更新，或做合理的调整； 4. 物价员要做到每周进行一次网上物价调查，以作为本药房药价调整的依据。			
任职资格： 教育背景：中专及以上学历，有物价员从业资格培训经历。 培训经历：药品相关知识、财务知识培训。 经　　验：1 年以上工作经历。 知　　识：了解药品相关的知识、GSP 常识。 技　　能：熟练使用 WORD、EXCEL 等办公软件，具备网络知识。 个人素质：有敏锐的观察力、积极的沟通能力； 工作认真、耐心； 忠于职守，勇于奉献。			
考核指标： 调研药品价格的数量； 调研价格的全面性、真实性； 信息反馈的及时性。			
协作关系： 内部协调关系：采配经理、销售经理、营业员。 外部协调关系：同业药品经销企业、顾客、药监局职能部门、医保局等。			
工作条件： 工作环境：外勤药品经销企业、网络平台； 工作时间：正常工作时间； 危 险 性：基本无危险，无明显的职业病危险。			
晋升方向：销售员/仓储部管理员/信息员			

5. 大药房收款员岗位说明书

大药房收银员岗位说明书

岗位名称	大药房收银员	岗位代码	010305
直接上级	财务主管/经理	直接下级	无
职级	职员（执行层）	岗位定员	1 人以上
任职人签字		接收日期	
所属部门	财务部	部门负责人签字	
职位概要： 负责大药房前台收款工作，对收款台现金保管，保险柜等设施负管理责任。			
岗位职责： 1. 纪律 （1）严格要求自己，举止端庄大方，对交款顾客要热情接待，耐心解答顾客提出的问题，发扬满意服务精神，树立大药房整体形象，体现收银员良好的服务风貌； （2）遵守财务纪律，严禁开具空头收据，杜绝利用职权之便从中获利； 2. 业务 （1）认真负责地审核小票，打印电话票单，准确查收款项，做到唱收唱付； （2）能及时发现存货管理中的未入库的货品，实现对货品最终销售前的最后监管； （3）协助实存货品辅助盘点，帮助营业员做好实存货数量的盘点和管理工作； （4）在工作中，认真核对票据单价、数量，做到准确收款找零，并要加盖印鉴，杜绝因精力不集中收款时出现差错； （5）负责大药房前台收款工作，对收款台现金保管、保险柜等设施负管理责任； （6）认真做好营业前收款准备工作，查实印鉴、印台、备用金额是否齐备，保证营业正常进行； （7）收款台每日收的现金，要做到日清日结，现金当日收的，交于公司出纳。当日不清的款项，应查明原因，因个人原因造成的少收，应由个人赔偿。 3. 其他 （1）办理销售中的医疗刷卡操作业务； （2）进行公司会员卡操作业务； 4. 完成财务部门和零售部门交予的其他工作。			
任职资格： 教育背景：中专及以上学历，会计电算化或微机专业，无违纪行为记录。 培训经历：药品相关知识、财务知识培训、医保收款结算培训。 经　　验：3 年以上工作经历，1 年以上本行业收银工作经验。 知　　识：熟练电脑收银技能，掌握服务收银的要领，能识解简单的电脑故障，了解药房电脑进销、库存系统的操作流程，两年以上药房或商场超市收银工作经验。 技　　能：熟练使用 WORD、EXCEL 等办公软件，具备网络知识。 个人素质：有顾客至上的服务意识，严格要求自己，遵守公司纪律； 工作认真、耐心； 忠于职守，勇于奉献。			

考核指标： 完成零售部销售日常的现金的收取，操作存货的流转应与电脑一致，无顾客大量滞留； 对各类医疗卡进行往来结算，无差错，无滞留人员； 及时通过电脑监督销售的存货存量及控制，能及时发现未入库的柜台交易； 与仓储部共同进行存货的月末盘点，保证无大额盘点差异。
协作关系： 内部协调关系：销售经理、营业员、物流部。 外部协调关系：顾客、药监局职能部门、医保局等。
工作条件： 工作环境：收银台； 工作时间：正常工作时间； 危 险 性：基本无危险，无明显的职业病危险。
晋升方向：收银组长

6. 记账核算员岗位说明书

记账核算员岗位说明书

岗位名称	记账核算员	岗位代码	010306
直接上级	财务主管	直接下级	无
职级	职员（执行层）	岗位定员	1 人
任职人签字		接收日期	
所属部门	财务部	授权人签字	
职位概要： 货品往来记账、销售费用的核算。			
岗位职责： 1. 承担药品销售台帐的记录工作，记账要清楚，做到月清月结，报账及时，对帐准确； 2. 负责临床销售人员提取费用的核算工作，建立按人、按区域、按品种等帐户，严格按公司规定的提取标准金额进行核算，核算时要结合医院药品进货数量进行加减参考，认真审查销售人员及业务员提供的付款表及统方表是否准确，无误后方可进行核算； 3. 负责药品、付出发票复核工作，并根据明细做好记账工作； 4. 做好各业务人员销售行为的分析和总结，形成报总资料，及时上报； 5. 每月要同财务对帐一次，每月给业务员提供一份各用户欠款催款单，对物帐不符的现象，要当月查清原因，不准滚入下月帐目再算； 6. 严格要求自己，作好相关部门工作协调与衔接配合工作，防止工作事故的发生。			

任职资格： 教育背景：会计、财务相关专业，专科学历，中级以上会计资格证书。 培训经历：药品相关知识、GSP 认证培训。 经　　验：3 年以上工作经历，1 年以上本行业采购管理经验。 知　　识：掌握财务管理、法律等方面的知识； 了解公司药品流转知识。 技　　能：熟练使用 WORD、EXCEL 等办公软件，具备网络知识； 具有一定的英语应用能力。 个人素质：具有很强的人际能力、沟通能力、计划与执行能力。
考核指标： 账目记录的准确性、及时性；相关人员的满意度。
协作关系： 内部协调关系：销售经理、财务部、销售人员。 外部协调关系：药监局等相关政府部门等。
工作条件： 工作环境：办公室、销售现场； 工作时间：正常工作时间； 危 险 性：基本无危险，无职业病危险。
晋升方向：财务会计

第十九章　药品零售企业零售部管理制度

第一节　柜台营业员管理制度案例

包括营业员纪律、开票付药、销售、工作原则、摆放、货品流转、售后、公司管理规定和员工工作等9项。

一、营业员纪律（考勤、衣着、请串假、立岗、服务）

1. 员工必须遵守本店的规章制度，不迟到、不早退，本人签到。

2. 统一着装，佩戴胸卡上岗。立岗时衣着整洁，帽子戴正，身体站直，不靠背架，站姿要美观，手可轻放于柜台上或行走，不可抱肩站，或手拿着纸笔玩等。

3. 不能在柜台里吃东西，谈笑，大声喧哗。不得在店里接私人电话，不得带小孩进柜台里，不得穿拖鞋上岗。不得做与销售无关的事。

4. 员工（包括收银员）应坚守岗位，不得擅离职守，无故串岗，请串假一律写书面请假单。请假单应提前写出，紧急情况必须由当事人作情况证明，事后补假条。

5. 除正常休息外，员工请假不得超过两天，超过者每次扣20分。

6. 员工在店内争吵或与顾客争吵，第一次扣200分，第二次加重，以至开除。

7. 迟到早退半小时以内者每次扣10分，半小时至一小时每次扣20分。旷工半天扣20分（不足半天按半天计算），旷工一天扣50分，连续旷工三日者开除。

8. 员工服务

（1）员工要热情应对顾客，接受顾客监督。接到顾客的投诉，第一次罚200分，第二次加重以至开除。

（2）设置回访的药品要按规定的时间适时回访，记录回访的信息。

（3）公示牌上的电话更改时要及时告之公司，以使公示牌及时展示员工的联系方式，便于顾客联系。

（4）员工义务接打顾客电话，为顾客解答问题并为公司创造利润时应奖励。因此产生的话费可考虑报销。员工不得拒绝接听顾客的电话，接听电话时应使用礼貌用语，并报出药房名、自己姓名、编号。

9. 对任何一位进店的顾客，包括问路的人员，要礼貌接待，正确地指路，并可适当为顾客介绍药品。

10. 售药推介。

向顾客售药时，以先出示药品的营业员为先，后出示的若与之争抢，将对后者处以每次100分以上的罚款。

11. 员工应在柜台组处放一个记事本，记录顾客点药、回访情况、重要顾客、重要业务事项等情况，以便于员工间的交接或对个别事项的回访等记录。

12. 纪律。要体现：服务规范、礼貌待客；善待同事的高素质、有纪律、团结奋进的员工队伍。

13. 达到目标。微笑温暖留于顾客心中；责任纪律展于服务行动中；业务素质体现于员工的仪容仪态上。

14. 纪律管理的三个关键点：微笑温暖；责任纪律；自我约束。

二、开票付药（程序、用语、方式）

1. 付药流程

（1）营业员对于交予顾客的药品，应先核对后交付。

（2）核对编号、药品单票、数量、批号，包装是否完好、有无灰尘。

（3）营业员付药时要按公司的要求礼貌付药。按药盒大小、数量，提供适宜的包装袋，并将信誉卡、赠品一并递予顾客。嘱咐顾客服时的禁忌等。并主动道别："您拿好，请慢走！"。

（4）营业员在服务中应做到来时有迎声，走时有送语。

（5）员工开票时，必须在该票上清楚地签上自己的编号，否则收银处拒收且处罚。电脑付货票上必须签上付货人的编号。

2. 员工在开票付药时，一定要核准编码、药品规格

若因个人过错开错或付错时，按其差价补款。恶意者加倍处罚。

3. 收银处负责监查营业员所开小票是否符合公司要求

（1）发现问题及时报告。若有不举报者，一张小票扣10分，以后再发现加重处罚。

（2）营业员开小票不符合规定，给公司造成较大不利影响，对该名营业员处以200分以下罚款，收银处未发现的，处以同样的处罚。造成较大影响的，应赔偿损失。

（3）开票原则

①书写清楚，开票人、付药人签名齐备。

②坚持两人以上小票书写、付药活动的监督检查工作。

（4）达到目标

①小票单管理清楚、规范。

②付药准确。

③流程顺畅。

三、销售（销售先后、顾客意愿、批号优先、打折、退药、药盒灰尘、缺药跟踪、业务、赠品、新药、投诉）

1. 微笑服务，见顾客先问："您好，需要什么药?"声音不可太大，不可争抢着说，不得怠慢顾客。

2. 在顾客来店时，未与顾客打招呼者，或在顾客不买药时，不理顾客的其他询问，或在无顾客所买药时，又不问顾客是否买同类的其他药品的，视为违纪（特殊情况除外）。

3. 服务中，要遵守本店已有的"服务敬语"，坚决杜绝出现"服务忌语"中的言辞。

4. 服务中，各名营业员一定要尊重顾客的意愿，不准强硬推销。对药品的宣传不得夸大其辞，不作虚假宣传，药品的禁忌一定要说明。同时不得诋毁同事、同行。各名营业员间不得争抢着销售本柜台的药品，同事间要互让互谅。

5. 业务能力

（1）业务熟练，熟知本柜台内所售药品（包括其编码、价位、功能、疗效、禁忌等）。非本柜台的药品要知其属类（中成药、西药、注射剂、保健类等），并能给顾客提供正确的索引。

（2）本柜台的药品不熟的，视为重大违纪；不知其他柜组的药品的视为违纪。

（3）在工作中销售经理每周必须考一次业务知识（包括知识、技能和实战考试）。

（4）凡来新药时，业务经理应及时转达给销售经理相关资料，由销售经理在每日早会上宣布其药名、功效、所属柜组，交予员工周知。当新品达到二十个时，应书面印制新品单册以方便员工学习，并将其作为业务考试内容。

（5）新药销售及时宣传，赠品齐全。

6. 缺药时顾客提出后，索取该顾客的电话，待来药时及时通知顾客。

7. 前台药品售出后发生退货，必须去业务经理处签字，按规定程序验收入库。

8. 打折的药品，必须先写明编号、销售价再去业务经理处签折扣价。

9. 柜台的药品必须在有效期内销售出，否则由该柜台的营业员赔偿。

10. 在各期的促销活动中，员工应按规定积极响应，完成任务。并在促销结束日分别递交促销动态反馈表、总结及建议。未宣传或未按要求宣传、推介产品的作违纪处理。

11. 在销售过程中，员工应遵守商品、药品销售的规定。忠于药盒，重于事实，不得作夸大宣传，不得擅自拆套销售。

12. 员工间向顾客售药时，以先出示的药品为先，后出示的若与之争抢，将对其处以每次100分以上的罚款。

13. 员工售药时应遵守公司的要求，按顾客的意愿售药。否则视为重大违纪。

售药的推介顺序为：顾客意愿——→公司推介适应症状的药品——→自己推介适应症状的药品。

14. 优秀的营业员应知本柜台药品优劣势、竞品动态，本药品的功效、价位、卖点、厂家，以便于销售，为顾客分析作为选择（但营业员应遵守职业道德，不得恶意诋毁同行）。

15. 员工记下顾客流失的原因：自己的原因、公司的原因、药品的要求、希望的目标等，并及时上报。

16. 营业员在工作中应达到公司《优质服务》中的要求。做到：首问负责制、工作限时制、承诺必行制、接受监督制及顾客至上制。

17. 营业员应掌握本柜台药品现有盒数，以利于应答顾客的选购。

18. 鼓励员工建立起重要顾客的联系记录［并纳入考核成绩中（无此项无此分）。按此加分加薪］，以此建立起顾客的联系录，树立药房在顾客心中的威信，以增加销售额，扩大公司的服务影响。

19. 销售人员应建立起药厂的联系，根据需要提供药品终端市场的反馈信息。以此为药品经营企业、药房甚至医药市场的供求发展做出贡献（纳入考核成绩中，靠鼓励加分加薪）。

四、工作原则

1. 促销活动

公司的促销活动，各岗位营销人员要记录公司顾客、活动开展的相关信息，将其作为药品的市场反馈信息的重要考核项目，加分加奖金以提高其执行力。

2. 药品薪酬

公司采用的薪酬结构为基本薪酬 + 业绩薪酬 + 加分奖金。此加分奖金又设各个级别，使竞争进步意识无处不在。也促使员工自觉参与公司的日常管理，促使来自基层第一线的优秀建议、服务思想不断提上来。

3. 药房与顾客

建立与顾客的长线联系，信誉联盟，这不仅售药，还作口碑宣传，实现药房的长期而稳定的利润来源（缺药跟踪、售后联系的贴心服务随处可见）。

4. 药品信息

建起顾客与厂家业务人员联系的桥梁，及时反馈顾客的要求，准确传达药品的信息。鼓励一些大品牌药品做市场、有竞争意识的药品作为考核奖励基金项目，从营业员处采集到一线的市场资料（为使信息及时沟通，可建立优秀的营业员与顾客和药厂的直接沟通和对话渠道）。

5. 优质服务

销售服务优质要使药品介绍、付药、服务态度、礼貌待客等方面达到药房的要求；业务知识（功效、现有盒数）熟练是整个药房营销管理工作的关键。

6. 合规作业

（1）销售中营业员间、药企供应商间应遵守职业道德。

（2）宣传时应依据药盒、不做虚假宣传、遵守消费者公约。

（3）遵守药品管理规范性文件 GSP 认证的要求。

7. 新到药品的宣传、公告规范、及时详细，并将销售政策、赠品情况及时告知。

8. 遵守顾客意愿，不得强硬推销。

9. 退药审批规范

（1）遵守药品流转管理制度，药品经业务经理审核，方能办理退药。

（2）凡退回的药品，一律入库，非经检验，不得入架销售。

10. 达到目标

（1）服务优质。

（2）售药、退药审批处理、职业道德应做到管理规范。

（3）做好销售情况反馈、药品信息反馈、顾客连线等的增值服务。

（4）员工自觉主动工作，发挥群众的群策群力的群众路线。即以群众之力来赢得市场的主动并取得成绩。

11. 当药品存量不足时，必须在少于五盒时提出进货计划（常卖药不少于 10 盒，滞销售不少于 2 盒）。

12. 药品少于规定盒数，经收银员提出后仍不纠正的，按规定作重大违纪处理。

五、药品陈列（柜台摆放、POP 摆放）

1. 柜台环境

柜台玻璃透明无手印，药品陈列整齐，柜台明面处不得摆放与所卖药品无关的他物如饮品、水杯、麻布等。

（1）柜台玻璃透明指柜台清洁无尘。售药后应及时检查柜台，有尘渍的马上清理，在顾客离开 10 分钟后仍未清理者视为违纪。

（2）药品的摆放

①药品摆放整齐，应按药盒的大小规格分组顺序陈列药品，横纵对齐。将药品的价格标签放在药盒上或垂直于药架子上。若药盒大小不等时应调整摆列，使其在玻璃板上，达到横竖对齐，视觉美观。

②高瓶药盒，纵列分组摆于柜架上。药价标签在药盒同一高度处或垂直于展示的玻璃板上，形成整齐美观、醒目的视觉印象。

③对于开架售药的架柜，要平均每小时作一次整理；对于柜台销售则在取药后或空闲时必须检查药品的摆放是否整齐。若在售药后 10 分钟后仍未恢复整理药盒摆放的，则视为违纪。

2. 所摆药品的正面标签要面朝顾客，便于顾客辨别，药品台面的柜台上不能有空位。每位营业员在该药品还剩五盒时，根据其预计销售量向仓库提货，填写提货计划申请单，及时交予销售经理，由销售经理交予业务部。在新货未到之前，暂用其他的药品补上，以达到视觉上的美观。

3. 店内 POP 摆放、传媒电视、广告品的陈列，应体现整齐美观、醒目的原则，同一展品等至多一个月调整一下摆法，以体现清新动态的摆放原则。

六、货品流转

1. 每天必须按时交“出库计划单”（见附表 1）和“外出采购计划”（见附表 2）。计划在每天下午四点前交上，新品提单要保证每三天每个柜组必须提交 2 个（要详细列明药品的品种、产地、功效、功效调查、厂家联系电话、顾客电话等）。

2. 营业员必须每天根据顾客的点购情况，填写“需进（新）药品建议单”（附表 3），无论以前是否建议过、也不论是否为本柜台的药品，并交予销售经理审核，报业务经理落实。

3. 新品来时，由该柜台的营业员在报经业务经理审核后，凭审批单去销售经理处领取价格标签。

4. 营业员不能进入收银处、后库机房查看药品库存，否则处以 200 分以上的罚款直至开除。

5. 仓储部货物出库。仓储部的货品出库分两种情况处理：

（1）集中到货的营业员定时提货上柜。

（2）陆续到货的，根据后库的到库通知，营业员及时来提货上柜。

6. 营业员平时应随时统计上报近十个月的近效期药。不超过一个月应报一次（暂定超过十个月的为近效期药）。

7. 营业员应随时检查药品的批号，在销售中，遵循批号优先的原则。平时近效期的药品，摆于最先列以利于最先出售。销售经理在批号抽查中，发现问题要处以纠正。

8. 对于广告药品、有赠品的药品、赠品的盒数、馈赠期间由后库管理人员在出库时告之营业人员，并通知企划部作成 POP 张贴于店内醒目处。

营业员在作销售时应先向顾客介绍赠品，并于顾客购药后及时如数相赠，并请顾客签字确认。

9. 出库的程序。缺货时营业员柜组当时登记──→晚上四点前汇总填写“出库计划单”──→后库查询电脑上的库存量──→确认后库分别做药品出库单或外出采购计划单。该外出采购计划单交业务部采购，出库单交后库仓储部办理出货。

附表 1

出库计划单

柜组：　　　　　　　　　　　　　　　　　　　　　　　　　日期：

编号	药名	前台现有盒数	需进盒数	畅销种类	备注（欠顾客的、急要的）

提单人：

附表 2

外出采购计划单

柜组：　　　　　　　　　　　　　　　　　　　　　　　　　日期：

品名	产地	价位	产地	销售价位	竞品性价	厂家电话	经销商电话	顾客电话	备注	功效

提单人：

附表 3

需进（新）药品建议单

柜组：　　　　　　　　　　　　　　　　　　　　　　　　　日期：

序号	品名	产地	价位	功效	顾客评价	同类调查	厂家电话	顾客电话	提单人

提单人：

其中：

1. 附表 2、附表 3 要一式两份，一份交营业员，另一份交业务经理。

2. 附表 3 项目经批准进货后，第一、二、三个月按利润的 50% 给该提单人提成，若第一、二、三个月不走货，损失的 50% 应由该提单人负责。

损失指正常无法销售，无法退货，以至打折或其他方式仍不能处理的情况。

3. 对于附件 3，一般情况下，对于提单超过五次的新品，必须进；超过三次的考虑进；三次以内的，应根据公司备货情况考虑进货。

4. “需进（新）药品建议单”一周或三天必须提交一次；“出货计划单”、“外出采购计划单”应一天一交。

对于紧急备药或顾客强烈要求见业务经理或已频繁提名的药品，应上报业务经理或引见业务经理。

七、售后

1. 出现顾客提出异议销售部应马上解决。

2. 售后处理。

（1）药品出现质量问题，马上留下顾客联系方式，立即联系药厂，及时解决，让顾客满意。

（2）做好顾客的日后回访，特定顾客的回访不得中断。

3. 发生售药退回，要分清原因，若符合药店规定程序应按 GSP 认证的要求，办理退库手续。

营业员应做好退货票：或引领顾客去规定部门进行审批工作。

4. 对售后问题依售后部投诉问题处理组，按规定程序解决和处理问题。

5. 对售后问题处理方法遵循说服、解释为主、调换退货兼用，必要时作适当让步，以维护顾客的利益。

6. 对于新品或重要品种的药品应做好售后跟踪工作（“售后跟踪表”见附表4）。

7. 售后回访。做好售后回访，填写相关的缺货跟踪表格（“缺药跟踪表”见附表5、“缺药登记簿”见附表6）。

附表 4

售后跟踪表

柜组： 负责人： 日期：

序号	日期	顾客姓名	电话	地址	选购药名（详细）	关注事项	回访事项	回访结果	下次作业	备注
1										
2										
3										
4										
5										
6										
7										
8										
9										
10										

填制人：

填制要求：

1. 重大事项立即上报或每周汇报一次。
2. 每月必须分类（或按药品的品种或按药厂的要求或根据公司的市场调查侧重点）上报一次。

填制目的：

1. 为顾客提供更好的咨询服务，改进自己的服务工作。
2. 关注顾客用药的情况，促进本零售店或药品配合治疗药品的销售。
3. 真切地与顾客沟通，了解顾客真正需要，为药品及药房管理提供第一手资料。

附表 5

缺药跟踪表

柜组： 负责人： 日期：

序号	顾客姓名	地址	电话	需用药品（详细）	顾客首次提出时间	提单时间	顾客收药时间	顾客态度	转入新药跟踪单号	备注
1										
2										
3										
4										
5										
6										
7										
8										
9										
10										

填制人：

注：主要用于对顾客提出缺药情况或根据市场反馈确定我店未有的药品而进行信息跟踪反馈，为进一步采购提供依据。

附表 6

缺药登记簿

时间：	柜组：	接待人员：
药品信息：		
商品名：	化学名：	功能主治：
产地：	规格：	剂型：
疗效：	何种方式了解/购买：	价位：
订购否：	订购数量：	预取时间：
顾客信息：	姓名________	电　　话________
	地址________	工作单位________
药房回音： 营业员意见：（考虑、可进、必须） ______________________________ 业务经理意见：______________________________ 总经理意见：______________________________ 日期：		
处理结果：		
进货日期：	商品名、化学名：	功能：
产地：	规格：	剂型：
通知顾客时间：	顾客反馈：	市场反馈：
* * *药房地址：	销售部电话：123456	业务部电话：654321
我药房非常感谢您的光顾，为您服务是我们的荣幸，如果您有购药需求，请您按以上格式书写，来药后我们将尽快通知您！ 您的需求就是我们的要求！		

注：缺药登记簿一式三份，顾客、销售、业务各持一份。凡填缺药登记薄的顾客视为订药，我们将按时进货，电话通知您取药，请在正常工作时间内保证手机或电话开机，以使我们能随时联系您。

谢谢配合！

八、公司管理其他规定

1. 例行工作。

（1）员工每周一下午四点开周例会，每周一至周五早八点开早会。要求除值班员工外都要参加。

（2）早会内容：宣布今天的重要事项、协调问题。

（3）周末交本周工作总结下周工作计划。顾客现状分析、顾客流失原因分析。

（4）周会由大堂经理汇总落实周计划、总结经验、同业市场调查汇总、顾客流失原因讨论及改进工作，并讨论通过一些新建议。

2. 各组组长负责各组内部的协调工作。

3. 各种药的赠品、附带品，营业员应先跟顾客介绍，不得扣留。否则作违纪处理。

4. 不能拿公司的包装袋包裹员工的私人物品。建议公司员工使用为员工统一印制的员工包装袋上下班携带物品使用。

5. 货品展架柜台、摆放架若有问题时，应及时向公司报告，平时营业员及公司应多检修，以防患于未然。

6. 对公司的公告、宣传品、小票不得乱涂乱画。否则对当事人处罚；未找到当事人的，由当日值班人员共同承担处罚责任。

7. 纠正、检举同事违纪行为的，应加分或奖励，但无证据地诬告、诋毁同事者应严惩相关人员。

8. 员工私自变价卖药、私收顾客现金，除没收所收的全部价款外，加罚一倍。

9. 员工私自变价卖药，与顾客发生正常销售以外的购销行为的，除没收所收的全部价款外，加罚一倍。情节严重，给公司造成不利影响的，可作开除处分。

10. 员工在公司卖私人药品，扣留所得价款并加倍罚。给公司造成重大损失的，将追究相关责任人员的责任。紧急情况各级领导可直接追究相关人员的责任。

11. 员工偷窃公司财物，依情节轻重分别作纪律处分、处罚、以至移交司法机关处理。

12. 营业员及收银员在看到其他柜组忙时，一定要安抚顾客，采用适当的语言和方式，缓解顾客的情绪，维护公司的形象。若因维护不当，造成投诉，对该名营业员作与投诉相当的处罚。

13. 员工在工作中要主动维护公司的形象。若因个人行为不当或主动实施了有损于公司形象的事情或自贬公司形象，一次扣20分以上处罚直至开除。

14. 泄露公司秘密者，依秘密的重要程度分别处理。

15. 培训管理。培训必须参加，未出席的，在考试成绩中要体现，最后计入工资中。已计入考核成绩的，不单独作考核项目处理。

16. 员工应服从公司的统一安排，完成领导安排的工作，维护公司的利益。

17. 对于顾客打电话，接听的营业员应耐心、认真、负责地回答顾客提出的问题，并时刻为公司争取信誉。

18. 员工每日做工作笔记，反省自己每日的收获、每日的失误、明日的目标、自己的差距，对于优秀的工作笔记、进步员工、不断修正自己错误的员工要表扬奖励。

19. 对顾客资料保密，对药业资料保密。

20. 员工不得诋毁同行、同业，不得侵害他人的利益。

21. 日库存盘点。日盘点工作对每天销售留存量进行核对，每天在结束工作时或结束工作前一小时内打报表，由组长与组员共同盘点，发现问题及时处理，做到问题不拖至第二天。

22. 员工当日事，当日毕，需交接的事项，必须写于组内记事本上，以便于组内员工周知和工作的交接。

23. 售后意见指定处理部门为售后部，销售部五分钟内不能处理的问题必须转售后部处理。禁止在前厅销售现场与顾客发生口角。

24. “顾客售后意见单”归公司所有。柜台营业员必须将信息及时如实转交售后部。任何人不得隐匿、私藏、涂划顾客意见单上的任何内容。

25. 促销活动信息要记得准、记得全。

26. 公司经营的一切商品，均属公有财产，任何人不准侵占。

27. 公司货品的验收、储存、出库、销售均遵守药品质量管理制度。

28. 服务纪律作为员工的行为规范，员工必须遵守。

29. 营业人员的服务行为应分别计入考核表或按规定处分。

30. 服务目标。

（1）公司会议、公司活动、员工培训工作、各柜组应协调工作。

（2）赠品、附加销售、接打电话的按工作处理。

（3）遵守药品销售中的礼貌、职业道德、公司规定的标准。

（4）维护公司形象。

（5）严格保守公司商业机密。

（6）服从公司的整体利益、做好员工日常服务、上下班宣传及仪容仪态的管理。

九、员工工作

1. 计划

（1）领导者公司总体发展规划⟶企划部制定各级计划⟶管理者制订执行细则⟶各组各人按期制定落实计划。

（2）计划体现的原则。细化具体、可操作性原则、适时性原则、目的性明确原则、计划跟踪落实不断完善原则。

2. 完善工作

（1）目标清楚。

（2）提前安排。

（3）按步骤安排。

（4）各项工作有条理性。

（5）安排工作抓结果以促使工作达到预期目标。

（6）同一工作目标多角度安排，换角度安排，从各个角度加强工作完成的实效，教导员工自主创新，找到优化工作的方法，例如，营业员销售，可以要求营业员进行市场调查，发传单等，让营业员不断换工种工作，并从不同工种中找出更好的工作方法和工作思路。

3. 从工资、奖励、晋级等实效或实例方法上鼓励员工，使其能力水平提高。

4. 处罚批评的适当采用。好的表扬，错误的要批评，严重问题一定要处罚，以示警戒，谨防效尤。

5. 员工间应多做沟通，信息互相转达。有问题互相告知，共同研究解决办法；工作中互相帮助，发挥群策群力的工作效应。

第二节　药品零售企业收银员的管理制度

一、收银员用语

1. 收银员的业务，应做到唱收唱付。

2. 对实行会员卡的单位，应先提醒顾客出具会员卡，或提示顾客可以办理会员卡（无会员卡的）。

3. 在付款时，与顾客见面时，先问顾客："您好，收您××元"打完票子后付单时说："收您××元，实收××元，找您××元，请点收，谢谢，请慢走！"

4. 公司有其他会员卡活动、促销让利活动，一定要透明介绍，让顾客心里清楚，并盖章注明，或打单子给顾客。

5. 顾客查询会员卡信息、医保卡等信息，按规定的要求予以告知。

二、收银员业务

1. 收银员的业务必须熟练，不能让顾客久等。正常处理时间为1分钟/人。

2. 平时收银员应备好电脑、打印纸、打印机、印章、印台等。在平时工作抽查中发现未做好的，视为违纪。

3. 收银员应做好款项、报表单的财务对账工作，月末账表的盘点工作。

4. 收银员发现电脑中的药品出现负库存时，应先通知各柜组出库或提计划，经劝导仍不改正的，将直接汇报给前台销售经理。

5. 钱、单价、盒数一定要与顾客当面核对清楚。

6. 在上班前或工作余暇时一定要先换好零钞以备使用。

7. 收银员自用电脑，禁止营业员私自查询。

三、收银员纪律

1. 收银员不得擅离职守。外出时必须安排人员值班。

2. 收银员负责监督营业员开小票及销售中涉及货品流转的工作。

3. 收银处负责监查药品的库存数，若出现存量少时或异常情况应及时通知相关的营业员或向相关部门反映。

4. 收银员不应允许营业员进入收银区域。

5. 不允许收银员为前厅零售部随时查库存，营业员的库存量只有在日盘点时才告知。

6. 收银员一定审核销售小票的书写，凡内容不全、开票人姓名、编码不清的，一律不得收款。

第三节　医药零售药店的营销误区

有志于探求中国式处方药学术推广之路的医药营销人，对定位在处方药领域的局限性、积极探索战略管理等方面深有感触，在产品竞争体验下的思考总结——追求不同、追求差异。

一、能卖东西的不是产品——而是人

能够卖东西的不是产品，而是人，是人对产品特性和顾客利益的把握。这个道理看似浅显，实则被多数人在多数情况下忽视。

以医药行业为例，当某些药房追求卖给客户独一无二的东西，处心积虑地宣扬我们的产品如何独特、如何优越时，可曾更多地想过顾客希望的是什么?

任何企业、任何产品，其存在的价值就是解决一定的顾客难题。离开这个基本点，企业和产品就没有任何生存的价值。其实更多时候，顾客仅仅希望自己未被满足的需求得到满足，而不在于你的产品是否独一无二，而且顾客往往希望得到别人拥有的东西。所以要用你的产品属性和利益框出一个顾客群，让你的顾客成为共享你的成就的一批人。

二、永远不要做第一个进入市场的——而要力求做得更好

永远不要做第一个进入市场的?我们接受的教育不全是“敢为天下先”，媒体每天对药品的宣传多是创新意识、填补国内国际空白之类的言辞！中国目前的创新能力还非常有限，增强创新能力固然是国家和民族复兴必须的步骤，但承担的主体

应该是国家和大学、科研院所，并不是企业。

尝试做市场先驱，却往往成为先烈。其实，创新能力要赶超欧美固然难，我们在工业设计和营销管理方面的差距更是不可忽视。看看全世界最成功的企业，包括苹果公司在内，也不全是真正靠创新独步江湖的。很多真正在行业抢占先机的，并不是第一个吃螃蟹的企业，而是那些把握准了吃螃蟹机会的企业。在中国市场，百度对谷歌、QQ 对 MSN 的市场优势即是非常好的例证。

看准机会，努力做得更好，不失为一种更睿智的选择。在医药行业，巨无霸的跨国公司往往通过并购有潜力创新成果的企业获取增长，如辉瑞并购沃纳－兰伯特获得立普妥，带来一个重量级的“重磅炸弹”产品以及连续 10 年的高增长。苹果的几项核心技术，都来源于对创新中小企业的并购。中小企业很难靠技术创新迅速发展壮大，一定程度上只能通过大公司的并购来实现自己的价值。

对我国多数医药企业而言，先踏踏实实做一点力所能及的事情可能更为现实，即使是“拿来主义”也未尝不可。

三、支持早期采用者——让你的顾客帮助你

考虑到医药行业的特点，其市场营销与医药行业导入一个与之前主流产品有较大差异的新药颇有类似之处。处方医生和患者都需要一个被重新教育的过程，而这种过程特别需要早期采用者的鼓励和呼应。医药行业比较成功的产品，其品牌传播和成长无不得益于早期采用者的口碑相传。

更好的支持和协助早期采用者，无疑可以助推品牌成长过程。因此，对早期顾客要给予适当的响应和回报，加快其产品的市场化过程。

对医药行业尤其是处方药而言，品牌传播与个人消费品虽有显著差异，但道理是相通的。

四、创造令人记忆深刻的信息——提炼故事精华

一个产品会有各方面的特点，我们往往希望一股脑儿表达太多的东西。但在这个时代，注意力的持续时间越来越短，我们往往难以获得更多的关注时间来向客户灌输你想表达的所有东西。即使给你 30 分钟的讲课时间，比如一场科室推广会或学术年会的讲课机会，你似乎可以有时间讲很多东西，但有研究表明，这 30 分钟下来，所有信息的被遗忘率超过 90%。

在此种情况下，产品品牌信息如何提炼浓缩，如何讲好产品故事，就成为制药企业营销部门尤其是市场部非常重要的课题。定位理论告诉我们，客户喜欢简单、讨厌复杂、只能接收有限的信息。所以，把你要表达的核心信息删减再删减，把你的核心推广用语简化再简化，面对自己提炼并得意的利益点下刀砍的时候狠心一点儿。

市场营销不是关于如何接触到第一个顾客，而是如何帮助第一个顾客将信息传

递给其他的潜在顾客，因此简洁的信息是必需的。你说什么不重要，重要的是你的客户如何说。

因此，笔者主张，营销人尤其是产品管理者一定要把思考的责任留给自己，充分简化产品信息，充分降低顾客的理解、认知和传播难度。

五、更进一步——给顾客以惊喜

很多时候，我们已经很努力了，我们也已经很优秀了。但这个世界已经不是100分的天下了，我们只有做到100+1分甚至120分，才能够从优秀到卓越、从领先到领袖。优秀的企业往往优秀在小的细节上，细节的完美会给企业更多的回报，给顾客超乎想象的惊喜。

以医药行业而言，在产品、剂型、包装和营销手段等上，目前往往都高度趋同，要想在其中任何领域有实质性的创新都很难。在此情况下，往往是把某一件事做到极致的企业会得到更加快速和良性的发展。比如广告轰炸、物流、感情营销、学术营销、区域承包、军事化管理等各种方式方法或商业模式，我们都能列举出一两个把一点做透甚至做到最优的企业，他们往往比面面俱到的企业发展得更好、更快。

（1）在“排出毒素，一身轻松”盘龙云海的广告轰炸，十年长盛不衰。

（2）中美史克将假牙清洁产品引入中国时的感情营销，不仅关注“空巢”老人，更倾注心血地引领“空巢”老人的子女参加了三个网上活动“亲情距离测试”、“亲情视频”和“微家书”。逐步拉近子女与父母的距离，拉近了产品与购买者和使用者之间的距离。

（3）1989年吗丁啉作为止吐药在国内上市时，就引入了“胃动力”的概念，多层面地讲解运动障碍引起的消化不良。吗丁啉成为增强胃动力的知名品牌。

综上所述，做一项伟大的事业，必须要有信念的支撑。我们的企业大多没有自己真正的理念，有的往往只是挂在墙上的所谓企业文化，而不是在员工心里并且身体力行的追求。医药行业的特殊性，决定了它是一个必须带着理想去做的事业。在信仰缺失的社会里，一批信念缺失的企业如何营造真正的辉煌？这是最值得我们思考的问题。

第四节　处方药与非处方药销售

一、处方药与非处方药概述

所谓处方药，是指有处方权的医生所开具出来的处方，并可从医院或药房购买的药物。这种药通常都具有一定的毒性及其他潜在的影响，用药方法和时间都有特殊要求，必须在医生指导下使用。

所谓非处方药，是指患者自己根据药品说明书，自选、自购、自用的药物。这类药毒副作用较少，而且也容易察觉，不会引起耐药性、成瘾性，与其他药物相互作用小，在临床上使用多年，疗效肯定。非处方药主要用于病情较轻、稳定、诊断明确的疾病。一句话，非处方药属于可以在药店随意购买的药品。但非处方药是随着社会发展，人民文化水平的提高而诞生，所以要遵循见病吃药、对症吃药、明白吃药、依法（用法、用量）吃药。

西方发达国家对药物实行处方药和非处方药已经20多年，且制度已经非常完善。仅美国非处方药就高达3.5万余种，出现疾病用非处方药治疗的人数比找医生治疗者多4倍，而且高达92%的患者对非处方药疗效满意。大病到医院找医生，小病到药店购药治疗，体现出极大的优越性。但是由于目前国内处方药实施的难度，加之大众对这方面知识的了解不够，抗生素、安眠药等许多绝对属于处方限制类药物，在药店可随意买到，使群众在用药安全方面存在极大的缺陷。

我国对药品实行处方药和非处方药分类管理，不但能保证用药安全、有效，而且还有利于节约卫生资源，提高大众自我保健意识，现阶段推行医疗体制改革大有益处。

二、处方药与非处方药区别

处方药是为了保证用药安全，由国家卫生行政部门规定或审定的，需凭医师或其他有处方权的医疗专业人员开写处方出售，并在医师、药师或其它医疗专业人员监督或指导下方可使用的药品。处方药大多属于以下几种情况：

（1）上市的新药，对其活性或副作用还要进一步观察。

（2）可产生依赖性的某些药物，例如吗啡类镇痛药及某些催眠安定药物等。

（3）药物本身毒性较大，例如抗癌药物等。

（4）用于治疗某些疾病所需的特殊药品，如心脑血管疾病的药物。

此外，处方药只准在专业性医药报刊上进行广告宣传，不准在大众传播媒介上进行广告宣传。处方药只准凭医师处方购药，且不允许在药房开架销售。

非处方药是指为方便公众用药，在保证用药安全的前提下，经国家卫生行政部门规定或审定后，不需要医师或其他医疗专业人员开写处方即可购买的药品，一般公众凭自我判断，按照药品标签及使用说明就可自行使用。非处方药在美国又称为柜台发售药品，简称OTC药。这些药物大都用于多发病、常见病的自行诊治，病症轻微的用药等。为了保证人民用药安全，我国非处方药目录中明确规定药物的使用时间、疗程，并强调指出“如症状未缓解或消失应向医师咨询”。

目前，在实行处方药和非处方药分类管理的国家，公开发售的非处方药绝大多数是从原有的处方药转变而来的。从严格意义上讲，某种药物被批准为非处方药，只是获得了非处方药的身份，经法规许可放宽其出售和使用的自由度，并不是说这种药品只能作为非处方药使用，也不代表这种药物在任何情况下都无需医师处方便可自由使用。事实上，许多药物既有处方药身份，又有非处方药身份。例如，氢化可的松作为非处方药时只用于治疗皮肤过敏的外用软膏剂，而用于急性炎症、风湿性心肌炎、类风湿关节炎以及支气管哮喘等其他疾病的氢化可的松制剂（如片剂和注射剂）则必须凭医师处方才能出售和使用，而且使用过程需要医药专业人员进行监护。

中国第六批非处方药目录，共计有245个非处方药品制剂。其中：化学药品制剂84个，中成药制剂161个。

三、处方药和非处方药辨别

（一）品牌、标识物、标签及含有OTC指导的用语

在国际上，非处方药在品牌和标识物上有着自己独特的标志，如品牌应尽力统一，同时重视不断创新的提高知名度，以便在药店销售，同时也以品牌作为保护自己产品的措施。标识物应能明显区分该药是作为处方药还是非处方药使用，如美国的处方药均要注明“联邦法规定无医生处方禁止调配”（Federal Law Prohibits Dispensing Without Prescription），而非处方药标签上应有“适应的用药指导”（Adequate Directionforuse），英国、德国、日本等国也有类似的字样或标识。检签应以正常人能理解的文字表述，甚至加以图解，以便消费者凭标签便能正确使用非处方药。

美国食品与药物管理局提出非处方药标签的7项内容有：

（1）产品名称。

（2）生产商、包装商或分发商的名称、地址。

（3）包装内容物。

（4）所有有效成分的INN（国际非专利药品名称）。

（5）某些其他组分如乙醇、生物碱等的含量。

（6）保护消费者的注意事项及忠告性内容。

（7）安全、正确使用该药品适当的用药指导。

我国的非处方药标识为OTC，是英文Over the Counter（可在柜台上买到的药物）的缩写。

因此，人们在识别非处方药时一般可从其品牌、标识物、标签及含有OTC指导的用语中得以辨认。

（二）广告宣传

世界上的所有实行处方药和非处方药分类管理的国家均严格规定处方药不得对公众做广告宣传，但允许其产品信息在医学学术杂志上宣传。我国规定：“处方药只准在专业性医药报刊进行广告宣传，非处方药经审批可以在大众传播媒介进行广

告宣传。”而其他国家对非处方药面向公众做广告的限制也各有不同，如美国、英国、德国、新西兰等国允许非处方药广告，而意大利、西班牙、法国等国对可报销的非处方药及使用处方药品牌的非处方药不允许做广告，除此以外的非处方药则需有认可证书方可做广告。近年来，美国食品与药物管理局允许处方药做电视广告，但必须有“该药在医生或药师指导下”的用语。

要关注非处方药目录的变化。非处方药制定实施后并非一成不变的，每隔3~5年还要进行一次再评价，推陈出新，优胜劣汰，确保OTC的有效性和安全性。随着医药科技的发展，新药大量上市，对每一种OTC的认识也在不断深入，有的处方药不太可能成为非处方药，但经过改变剂型或减小规格剂量后也可能变成OTC，也就是说把那些性能更优良、更安全、有效的非处方药增补进去，淘汰一部分过时的非处方药，如目前世界OTC的主要类别有以下6种：解热镇痛药、镇咳抗感冒药、消化系统药、皮肤病用药、滋补药、维生素、微量元素及添加剂。而下列几类药物可能经转换后上市成为OTC：止喘药，口服避孕药，肌肉松弛药，心血管药（不包括钙通道阻滞剂）和抗感染药。

（三）《处方药与非处方药管理办法》（选录）

《处方药与非处方药分类管理办法》（试行）于1999年6月11日经国家药品监督管理局局务会审议通过，于2000年1月1日起施行。

第一条　为保障人民用药安全有效、使用方便，根据《中共中央、国务院关于卫生改革与发展的决定》，制定处方药与非处方药分类管理方法。

第二条　根据药品品种、规格、适应症、剂量及给药途径不同，对药品分别按处方药与非处方药进行管理。处方药必须凭执业医师或执业助理医师处方才可调配、购买和使用；非处方药不需要凭执业医师或执业助理医师处方即可自行判断、购买和使用。

第三条　国家药品监督管理局负责处方药与非处方药分类管理办法的制定。各级药品监督管理部门负责辖区内处方药与非处方药分类管理的组织实施和监督管理。

第四条　国家药品监督管理局负责处方药与非处方药目录的遴选、审批、发布和调整工作。

第五条　处方药、非处方药生产企业必须具有《药品生产企业许可证》，其生产品种必须取得药品批准批号。

第六条　非处方药标签和说明书除符合规定外，用语应当科学、易懂，便于消费者自行判断、选择和使用。非处方药的标签和说明书必须经国家药品监督管理局批准。

第七条　非处方药的包装必须印有国家指定的非处方药专有标志，必须符合质量要求，方便存储、运输和使用。每个销售基本单元包装必须附有标签和说明书。

第八条　根据药品的安全性，非处方药分为甲、乙两类。经营处方药、非处方药的批发企业和经营处方药、甲类非处方药的零售企业必须具有《药品经营企业许可证》。经省级药品监督管理部门或其授权的药品监督管理部门批准的其他商业企业可以零售乙类非处方药。

第九条　零售乙类非处方药的商业企业必须配备专职的具有高中以上文化程度，经专业培训后，由省级药品监督管理部门或其授权的药品监督管理部门考核合格并取得上岗证的人员。

第十条　医疗机构根据医疗需要可以决定或推荐使用非处方药。

第十一条　消费者有权自主选购非处方药，并须按非处方药标签和说明书所示内容使用。

第十二条　处方药只准在专业性医药报刊进行广告宣传，非处方药经审批可以在大众传播媒介进行广告宣传。

第十三条　处方药与非处方药分类管理有关审批、流通、广告等具体方法另行制定。

第十四条　本办法由国家药品监督管理局负责解释。

第十五条　本办法自 2000 年 1 月 1 日起施行。

四、处方药的不良反应远远高于非处方药

目前我国正在逐步推广“必须凭处方购买处方药的规定”，在还未强制执行这一法规之前，专家建议，患者在进药店购买处方药时，应事先咨询医生，或向药店的药师进行用药咨询，尽量避免擅自用药引发的重大不良事件。

“小病进药店，大病进医院”，在日常生活中许多市民都奉行这样的治病原则。有个头疼、嗓子疼的，懒得进医院排队看医生，喜欢就近到药店买包止痛片（非处方类的）、红霉素（非处方类的）、咳嗽糖浆之类的药对付对付。但他们也许没有注意到，这些药品都属于处方药，如果没有医生、药师的指点擅自服用，很容易对肝、肾等器官造成损害。据我国药品不良反应监测中心统计，处方药的不良反应远远高于非处方药。买药本为了治病，但千万要谨慎，可别把危险买回了家。

自选处方药危害非常大。我国药品不良反应监测中心曾统计了 26 家医院 717 份药品不良反应报告，结果表明：抗感染类（以抗生素为主）的药品不良反应构成比例最高，占发病总数 41. 28%；在引起不良反应的全部 47 种药品中，以目前已公布的《国家非处方药目录》划分，处方药为 42 种，占 89. 4%，非处方药为 5 种，占 10. 6%，处方药的不良反应远远高于非处方药。这些统计报告是医院用药中发现的不良反应，而且是在医药专业人员指导下使用的。可以设想，在没有医药专业人员监督指导下，消费者自行使用这些药品后果的严重性。

第五节　中国医药企业的国际化战略分析

加入 WTO 后，中国医药企业要成功走向国际市场，首先需要进行战略思维的转变。对企业来说，现在重要的不在于做什么，而是如何做以及做得最好。今后将不存在行业的好坏，只有企业的优劣。这种战略思维的转变十分重要，直接关系到中国企业能否成功走向国际化。

1. 竞争优势是国际化战略的基点

企业的核心竞争力，是现代企业竞争的关键。核心竞争力建立在企业资源有效整合的基础之上，这些有形、无形的资源要变成企业的核心竞争力，必须具有以下五个特点：

（1）“偷不去”，即不可模仿性。

（2）“买不来”，即不可交易性。

（3）“拆不开”，即资源的互补性。

（4）“带不走”，即资源的稳定性。

（5）“溜不掉”，即资源的延续性。

中国企业应从这五个方面衡量自身的资源构成，进而探讨企业的国际化战略，并不断创新。

这应是我们考虑国际化战略的基本点。

企业一定要明白：加入 WTO 以后，中国原有的竞争优势不再是中国企业的竞争优势。国家的竞争力是我们吸引资源的能力，而企业的竞争力是企业赚钱的能力。

2. 实现国际化战略企业的三种竞争优势

在国际市场上，一个企业的竞争优势表现在三个方面：

（1）成本优势，即生产同样产品的成本比别人更低。

（2）产品优势，即产品的差异化优势，产品的与众不同。

（3）品牌优势，在技术性能完全相同的情况下，消费者愿意为品牌多付钱。

成本、产品和品牌这三种优势在不同行业的表现是不一样的，如果一个行业产品的品牌价值很小，其成本优势就最重要，但随着品牌价值的增加，成本优势就越来越不重要。

产品优势在开始阶段是逐步增加的，到顶点时就不再重要了。而品牌优势却不同，它随着信息不对称，品牌价值逐步上升而显得越来越重要。

企业的品牌战略，是一个持续的战略，其成功与否是衡量企业能否持续发展的一个尺度。

3. 中国企业的国际化战略

在前面所说的三种优势中，中国企业能尽快获得的最大优势还在于成本优势，尽管成本也在不断提高，但与外国企业相比仍有一定优势。

最大的劣势就是品牌劣势，这是先天不足所致。

在中国企业的国际化进程中，如果目前优势只能在成本范围内，就应把我们的成本优势与外国企业的品牌优势结合起来。

中国企业要做成世界品牌，有以下两条道路可以走。

（1）先为人家加工，让人家利用品牌优势赚钱，自己则慢慢积累资金，当企业规模足够大并且有足够的讨价还价能力的时候，再把价格提高，最终把好品牌买过来。

（2）类似英特尔公司的道路，英特尔公司原来是生产芯片的，产品装在计算机里没人看见，于是公司提出一个战略，所有的计算机必须贴英特尔商标，因为它控制着芯片，客户不贴不行。

联想为什么成功呢？与宏基相比，联想的成功就在于利用了20世纪80年代后期、90年代初期中国人买电脑时注意成本与价格的特点。而宏基电脑出口已经20年了，至今仍在亏损，它是靠OEM来补贴的，可见做成一个品牌有多难！海尔的国际化战略是走一条“先难后易”的道路，首先从最难进入的市场——美国、德国做起，在美国制造电冰箱，然后再向落后地区发展。但海尔在美国不具品牌优势，主要是靠经销商的品牌，因为经销商都是经过几十年锻炼出来的，消费者信得过。

看来企业必须靠自身力量来打造自身品牌。

第二十章　零售药店柜台销售流程管理

第一节　零售药店柜台销售的流程

以药品零售销售为中心，将柜台销售分为售前、售中、售后三个组成部分。

一、售前

简单讲，售前指营业员从上班立岗至顾客光顾前的阶段。售前过程里，营业员应做的是各项检查和准备工作。

首先，提前十分钟入岗。进岗后检查，设备是否正常运转，电源开关是否开启，电灯是否全亮。并查看上下班的值班日志。

其次，整洁卫生，整理药品，突出卖点。做到柜台上无杂物，柜内透明，柜体无损。药品齐全，数量流足，盒体清洁，摆齐美观。

再次，自我调整站姿标准，达到身体端正，肩膀平直，不耸肩歪脑，身体不东倒西歪，或先后架站，站立时应注意四周。调整心态达到心情愉悦，表情自信，面带微笑，和颜悦色。回顾业务要领，准确迎接顾客。

二、售中

售中是指从顾客进入店里至顾客购药中的一系列迎接、交流、答谢的过程，在这里是指接待顾客并处理销售及与此相关事宜的过程。具体又细分为迎接、推介、付药三步。

（一）迎接

在顾客进门后，柜台上的营业员应主动热情地向顾客微笑致意。并表明欢迎其光临的意思。现在比较通用，且顾客也易接受的欢迎用语有“您好，欢迎光临!”“您好，您买什么药?”

（二）推介

推介，是当顾客表明自己的来意后，营业员应按顾客的意愿拿出相关的药品，以自己专业的知识和技能开始销售服务。

推介是营业员素质中最基本最重要的业务素质之一，它集中体现营业员的业务知识和销售技能。

推介是推销和介绍的简称，即是指营业员运用自己的专业技能将药品的药理药效进行综合讲述和展现，并实现其销售的过程。它是营业服务的目的，也是营业员的价值所在。推介方法在本章第二节专门介绍。

在推介过程中应注意以下几点。

1. 忠于职业道德，尊重顾客意愿。
2. 尊重科学，尊重事实。
3. 以药盒为依据，不夸大，不虚造。
4. 不做药品保证性承诺。
5. 以服务为宗旨，一定要言明服用方法，服用禁忌。
6. 给顾客相关的健康建议。

推介成功的标志为开出小票，准备交款。

当然，推介只是药房中柜台服务的一部分，柜台服务还有其他项目，它们分别为：

1. 为顾客提供对药品知识的咨询服务。
2. 应答顾客问药询价服务。
3. 药品的售后的答疑服务。
4. 义诊、测血压等便民服务等。

以上四项无销售成果，但它也是柜台服务的一部分，影响着销售的近期或远期效果，也是药房职能之一，各位柜台营业员及管理人员也应重视。

（三）付药

按收银单和开票单核单并付药是销售的最终阶段。在这一阶段将实现顾客购药的目的，完成了销售意愿。同时也是药房营业员代表药房对顾客答谢的阶段。

优质的柜台服务倡守如下服务标准。

1. 礼貌地接过顾客的取药单，向顾客示意“请稍等，我帮您核对一下”。
2. 按信誉卡或取药单，按付药单上的药名、编码、数量取付药品。

在服务中，坚持“三查”制度。

（1）一查：信誉卡与付药单一致，即对收银工作进行再检查。

（2）二查：查药名、编码的一致并与药盒上规格产地相对应。

（3）三查：药品封装、效期，可开盒的应查药品性能是否与药品质量规定一致。

在处方药的销售服务中检查工作贯穿于其始终。本节（四）将进一步阐述 GSP 对调剂药品的相关规定。

3. 重述药品服用方法和禁忌，请顾客按说明书用药。
4. 将相应零售电话、售后电话、查药电话、经理电话等准备好（也可以将药房电话印在公司统一印制的包装袋上）。

5. 将以上药品及信息跟顾客确认后，装入公司统一印制的包装袋中，双手递给顾客。

6. 按顾客意愿，留下顾客意见，顾客电话等顾客信息及其他顾客需求。

7. 在顾客临走时，致谢。如“谢谢光临，请慢走！”“祝您健康！”

（四）处方药销售

处方药是凭医师处方才可以销售的药。处方药销售应严格执行国家 GSP 的要求，应在执业药师的指导下凭处方售药。

调剂指配方、发药，又称为调配处方。调剂量是将专业性、技术性，管测量、法律性、疗效性和经济性综合成一体的活动过程。

调剂的步骤如下。

1. 受理处方

从患者处接受处方，处方必须由执业医师、执业助理医师开据。

2. 审查处方

重点审查药品名称、用药剂量、用药方法、药物配伍和合理用药等内容。

3. 配方

调配药剂或取出药品。

4. 核对

核对处方、药名、含量、用法、用量、患者姓名和年龄等。

5. 发药

发药并详细交待服药方法，注意事项和答复询问等。

（1）调剂过程应严格执行“三查七对”。

查处方，对科别，对患者姓名，对年龄；查药品，对含量，对用法，对瓶签；查禁忌，对用量。协作配方时，调配人（收方、审方、配方）、发药人（再审方、复核、发药）双签字或独立配方时做到单人双签字。

（2）中药饮片外观、性状应符合要求。中药包装无灰尘，无污染，方能装药。中药饮片在管理上应注意养护处理，贵重、毒性药品应单独加工。

三、售后持续销售

售后是指完成迎接至再销售过程中，对顾客的持续及跟踪服务。专业的售后工作由售后部主持，柜台营业员参与完成。

在售后工作中，常用的是电话回访。

1. 电话回访既是一种礼仪性的行为，同时也是一种持续销售的邀请。

（1）通过电话回访可以向顾客致问候并了解药品的服用情况。

（2）询问中还可以了解到顾客现状，并可以伺机介绍辅助药品，而增加销售，对已购的药品可以劝他继续购买。

（3）在电话沟通中，要给顾客留下良好的印象，传递药品销售人员对他的关心和关爱，增进顾客与药房及药品销售人员感情，表达更多的直接销售或潜在销售信息。

2. 回访礼仪——问候及谈话的内容均以关心者的角度，切忌生硬促销。

（1）对有礼貌的顾客，应虚心学习。

（2）对于性格刚硬的顾客，应以温和的口吻体恤顾客的心境。

（3）药房服务的对象是患者，要以爱心和耐心换得患者的安心。

3. 维护公司的形象——电话回访更是展现公司良好精神风貌的机会。

（1）对于顾客的问询必答，答不上的与顾客再约时间后来解答。

（2）对于销售之外的药品知识，应尽量多介绍，无法介绍的，应推荐相关人员来解答。

（3）对于顾客的现状及情绪应多关怀、认真倾听，以减少其抱怨。

第二节　柜台推介

对每位顾客按其要求售药，完成顾客的愿望，实现销售的目的是对柜台营业员的工作基本要求之一，也是柜台推介的重要目的。

一、销售实例

以下将从心理判断的角度，援引销售中的实例进行讲授。

根据消费购买过程中的几个心理阶段，商品销售可以分为以下几个步骤完成。

（一）店面售前准备

即指等待消费者进店的时间段。在这段时间里，为了让消费者在最初的观察中得到一个满意的印象，店员必须遵循以下几个原则。

1. 员工准备迎接

（1）店员应站在规定的位置上。

（2）驻店药师的位置，应该是无论顾客多么拥挤也能看到整个药店的情况以及药品的陈列情况，且要在显眼易为顾客发现的地方，以便随时准备向顾客提供帮助。

2. 要以良好的态度迎接顾客

严禁看报、聊天、吃零食或无精打采低头沉思等给顾客带来不愉快感觉的行为。

3. 在天气不好或其他原因导致顾客稀少的时候，不应因无所事事而影响情绪，而应安排其他工作。

例如：检查商品，整理与补充货架或清洁货架及柜台，一方面可以保持员工工作情绪，另一方面藉以吸引顾客的注意。

4. 店员应该时时把顾客放在第一位

无论正在做什么，只要顾客一进门，就应放下手头的工作，注意顾客的一言一行，随时为顾客提供服务。

（二）接近顾客，准备销售

1. 观察顾客

所谓观察顾客，即是判断顾客所属类型，以采取相应的接待方法。

（1）全确定型顾客

对于全确定型顾客，应熟知同类药品的价格及摆放位置，对于顾客提出的购买要求，可以迅速而准确地完成取货、报价、包装、付药等操作。

（2）半确定型顾客

对于主动开口询问的半确定型顾客应熟练地介绍相关药品的功效、适用人群及价格。热情介绍对答如流，必要时转给驻店药师进行处理。

（3）难为情的顾客

对于难为情的顾客，应细心观察顾客，主要留意他在意的是哪一方面的药品，不怕尴尬，大方主动地进行询问及推介，应注意控制音量，以免引起顾客尴尬。

（4）随意浏览的顾客

对于随意浏览的顾客，应顺其自然，不主动向顾客询问或推介。应让顾客自然，舒适地在店内浏览，一旦顾客发现兴趣商品，有所示意则应立即上前服务。

2. 伺机接近

所谓伺机接近，即是指选择适当的时机、阶段去接近顾客。

（1）当顾客的视线与店员相遇时，要主动点头微笑，或说“早上好”、“欢迎光临”等问候语。

（2）当顾客花较长时间去观察特定的商品，就是他对此商品产生兴趣的证明，可能很快将心理过程转移到联想过程，此时是招呼顾客的好时机。

（3）当顾客用手触摸商品时，说明顾客对此商品有兴趣，但并不确定。此时不能贸然上去询问，以免吓走顾客。

（4）当顾客观察商品一段时间后抬起头来有两种可能：一是寻找店员进行询问，此时店员应把握住这个机会进行初步的接触；二是顾客决定不买了，想要离去，此时如果店员接近顾客，还有挽回顾客的机会。

（5）当顾客表现出寻找商品的状态时，店员应该快步走向顾客，进行接触，最好问："您需要什么"、"欢迎光临"等。

（6）当顾客顺路经过，看到货架、柜台或橱窗里的商品停下来时，是接近顾客的机会。这时一定是某种商品吸引了顾客，如果没有人招呼，顾客极可能继续往前走，因此店员千万别放弃这个接近顾客的机会，应毫不犹豫地招呼顾客，但此时必须注意到顾客观察到的商品，以便作出相应的介绍。

3. 与顾客保持适当距离

店员在接近顾客的同时，应注意保持与顾客间的距离。

太远会使顾客产生逃离的想法，而太近产生威胁感，也会使顾客不安。一般来讲，保持两人双手平举的距离是初次接触时安全和最易令人接受的距离。

4. 促进购买决心

对于犹豫中的顾客，店员应采取措施促使其尽快下决心，其方法如下：

（1）使用选一法。

应当问顾客，"你需要这件或是那件?"而不应该问，"您要这件吗?"应问："您买一个疗程的还是三个疗程的"？而不应该问"拿几盒"？

（2）使用动作述法。

如拿起发票准备填写，或拿塑料袋准确包装。

（3）使用感情述法。

为促使顾客下定决心，以真诚恳切的态度与顾客对话，从而打动顾客的心，让顾客觉得你确实是在为他着想而下定购买决定。

例如：这药效果真不错，您可以买小包装的试用?

5. 完成交易

当顾客作出购买决定后，就将付诸实施，形成购买行动，此时店员应作好以下几项工作。顾客作出购买决定后，店员应对其明智行为作出恰当的赞许夸奖并表示谢意。

打包装前应先检查药品包装有无破损，及时调换。并应尽量满足顾客的包装要求。

收银处收款时应说出金额，唱收唱付。同时将钱款、医保卡、会员卡交递给顾客。

付药时一定要核准药盒的药品是否为小票、付款单上的药品。

（三）推介、展示和说明商品

店员在适当时机同顾客初步接触成功之后，接下来要做的即是商品的推介及展示。

为了适应顾客自尊心的要求，应对同类药品从低价至高价进行推介，同时应该熟悉各种药品的功效及适用人群，以便向顾客进行介绍。在介绍商品时，还必须注意说话的语调和口气，应态度诚挚，介绍恰如其分，简明扼要，速度平稳，语气应坚定，不容置疑，以坚定顾客的信心。

应注意的是对于药品的功效介绍应实事求是，绝对不能信口开河，夸大其词，以免破坏药店的信誉及失去顾客信任。

（四）把握交易时机，促进成交

1. 最结成交时机

在与顾客接触的过程当中，要密切注意掌握最佳成交时机。所谓最佳成交时机，就是指顾客购买欲望最强，最渴望占有商品的时机，也就是各方面条件都成熟的时候。

当这个时机来临的时候，顾客的言行表情会发出相应的信号。

当店员找到成交的机会，而顾客又犹豫不决时，店员一定要坚守立场，努力说服顾客。

2. 促使成交的方法

以下是三种促使顾客购买的方法。

（1）将介绍的药品逐渐集中在两三个品种上，而把其他的都收回去，这样不但可以防止顾客犹豫不决，而且可掌握顾客的偏好。

（2）要注意观察，确定顾客所喜欢的品种，假如店员能推荐顾客所喜欢的商品给顾客则不但可以加速成交，还会让顾客对你产生好感。

（3）顾客对于喜欢的品种常有如下几种动作：视线焦点会集中在所喜欢的商品上，而对其他品种一带而过，触摸次数最多；通常摆放在手边的位置，以便随时触摸或者作为与其他品种进行比较的中心。

（五）欢送顾客，持续跟进

成交后应欢送顾客，可致“谢谢光临”、“祝您健康”等语言表达谢意。或留下顾客联系方式，以便于再次联络。

二、柜台推介的方法——二推、三推法

柜台推介法也是销售的方式之一，它遵守商品销售中的推介规则。

药品在销售过程中，又独特地引入二推、三推方法。举例来说，店员欲卖 A 产品，却先拿出同类的 B 产品，说明它的功效、价位、禁忌等看顾客的反应，见顾客对此有异议马上转入对 A 产品的介绍，指出 A 产品优于 B 产品之处。这需要柜员具有观察能力和较强的应变能力。这就是 AB 选 A 的二推法。

三推法也类似，但难度加大，它需要准确判定顾客的喜爱，并确定能弃 B、C 而选 A。

二推、三推法在实际应用中会减少购买压力，能在“自由选择”中做出判断，售后反悔的几率较小，同时尊重了顾客的“广泛”选择、“自由”决定的心理需求，购买后的满意度较高。

第三节 药品零售企业的药房企划

一、室内设施

室内的设施设计贯穿着“方便于民、服务为众”的思想。从顾客入门进店到顾客离开时的点滴文化均传递着药房工作的“顾客至上”的人本思想。

（一）入门扶梯

入门扶梯供老人或行动不便的患者上下台阶，或行人在雨雪天使用。

（二）门口放置购药索引及药品目录

1. 购药索引可以使顾客入门后即可根据自己的购药需求，选择合适的购药路线，既为购药指明了方向，也节约了顾客的时间。

2. 药品目录将按药品的属类或柜组进行详细登记。顾客通过电脑的查询系统，即可知道该药品的现库存情况，为顾客选药提供方便。

（三）柜台设置

1. 自选的 OTC 柜台：顾客可以自选药品后付款。

2. 雷锋台：经理亲自或指定人员常驻为特困人员免费或成本付药。

3. 家庭小药选购区：顾客可通过本店“绿卡”、“优惠卡”刷卡取药，不必经开票交款，付款即可取得“去痛片”、“银翘片”、“外用眼水”、“纱布”等常备药品。

（四）饮水机设施

储足水源，及时更换新杯，可应患急病患者服药时使用。

（五）药房公益设施的建设

1. 药房桌子既能方便顾客书写文字，又能暂时存放储备顾客个人物品。

2. 椅子上的垫套四季更换，为休息群众提供更贴心的关怀。

3. 设立义诊、义务咨询、健康问答，为顾客提供多方位的服务。

4. 平日举行药房座谈会，使百姓对药房、药品销售畅所欲言。

5. 开展免费测血压、测血脂等活动。

（六）书报架

1. 书架上摆放可供顾客随时阅览的药学理论及研究成果方面的书籍、报纸，丰富购药人的药品知识。

2. 书报架上的书报应及时更新，增强服务意识。

（七）药房公示阅览板

药房的公示阅览板，不仅公示最近期间的药房便民活动、促销举措，还展示着企业文化、员工成绩、用药常识、药业新闻，丰富了顾客的药品知识，了解药房文化及服务内容。

（八）药房员工联络板

药房员工联络板，不仅要公布员工的姓名、组别、职务、照片、最新电话，而且还有销售经理、售后部和总经理的电话，以拉近了顾客和药房的距离，便于对我公司服务人员的考核和监督。

（九）驻店药师的常设位置

驻店药师应在药房的明显处，方便顾客选购药品时的咨询。

（十）常设的体检处

有常设的免费测血压，测血脂等体验处，方便药店周围的群众。

（十一）常设的药品咨询台

设立来电咨询、网络咨询、服务咨询等公益服务坐台，可实现远程咨询服务或面对面解答顾客关于药品咨询的问题。

（十二）设置医院索引

为方便顾客择医问病，药房可以提供了附近医院或重大病症的治疗医院地址索引。

（十三）设置意见簿、意见箱，公布电子邮箱和售后服务电话

采用多种顾客与药房互动的方式，如设置意见簿、意见箱，公布电子邮箱、售后服务电话等多种意见反馈方式供顾客自由选择，使顾客更方便地与公司联系，使顾客也参与到公司的服务改进中来。

二、药品零售企业的企业文化

（一）宣传环境

1. 店外名称、企业文化和服务理念涉外的刊登和宣传。应体现我药房“便民、为民”的服务思想。

2. 店内指定宣传板。应宣传本店各期的活动，或在促销期的药品。

3. 室内堆头的完美设置，提供店面的美感，增加顾客购买信心。

4. 药房灯笼、花饰等室内装饰用品的优化设置，既达到药房美化，又促成了药品的宣传。

5. 平面、媒体电视宣传推广。可以通过媒体公告宣传本店的药品特价信息、公司最近的活动等，加强本店的对外宣传。

6. 柜架、走廊的宣传要清新明朗。

7. 柜台底柜的宣传彩单，既可补正药品空缺，更要体现宣传效益。

（二）企业文化宣传原则

对于药房的企业文化宣传，应注意以下原则。

1. 以凭方销药为中心，切忌夸大宣传。

2. 以药房正常经营为主，切忌杂乱宣传。

3. 促销活动应在指定宣传栏内进行。

4. 正常柜台，应做药品的品类标识、“收银处”等的显著标识，公益板报栏目区不允许药品推介的宣传。

5. 按药品广告法的规定进行宣传展示，宣传的内容应是药名、药厂，不应对药品做夸大药效的宣传。

（三）药品摆放

分为自选区药品摆放和柜架式药品摆放两种。无论哪种均应体现“方便查找，促进销售”的原则。

第一种，自选区药品摆放

自选药品区多为 OTC 区，常备药的药品的摆放。摆放时应：

1. 自选区最高柜架不应超过二米，多以一米八为宜。

2. 柜体上的药品可根据情况放实物，通过电脑扫描系统管理。

（1）药品的批号应遵循批号优先（即老批号放于前边）的摆放方式。

（2）在顾客走后应注意重新整理货品的摆放。

（3）应在自选柜台处设置录像头，监督不法人员进店私换药品等行为，保证药品的质量安全。

3. 柜体顶部的药品摆放可实行设空盒摆放的方式，避免实货与顾客的直接接触；顾客自选后自看说明，觉得合宜的去柜台开票购买。

第二种：柜架式药品摆放。

柜架式药品摆放是现今药房普遍采用的营销方式。

因为药品为特殊商品，其各地批次进货均需检验，开柜式自选方式因为顾客自选频率多，难以保证药品的质量，加之，处方药品的销售需凭药方付药，自选后无法对销售质量进行严格控制，不符合 GSP 认证的要求。

柜架式销售中，柜台摆放应注意以下几点：

1. 药品按属类分柜组摆放，以便于顾客选购。

2. 在每柜组中按药盒的形状，区分立式和平式两种，立式的多放柜体后架上，平式的放于营业员前边的低的玻璃展示柜中。

3. 在展示时应按药盒的高低长短分别摆放，并体现整体美观的原则。

4. 每种药品的摆放应体现盒正面对着顾客，方便顾客观看的原则。

5. 面对顾客的柜台的正面首层多摆放促销的单品，后架子平视第一层，放置促销的单品。

6. 当货位充足时，可以将一种药品摆几盒增加推销的效果。

7. 广告药品可以设置广告药品专柜，以作专柜销售。

三、药品零售企业的促销企划

促销企划分为短期企划和药房形象策划两种。

（一）短期企划

短期企划是指企业为了某时或某种促销活动而进行的某段时间的销售策划。短期企划分为节假日促销策划、公司促销策划、药品促销策划三种。

1. 节假日促销策划

主要是在节假日期间进行的特定日期的促销。它抓住节日的特点和人群的不同需要而展开。

2. 公司促销策划

这是公司从自身的角度出发，为扩大宣传，提高知名度，而实施的促销活动。例如：公司周年店庆、折价让利、每月指定日期为商品特价日、会员日活动、公益的社区宣传等。

3. 药品促销策划

药品促销策划指公司为增加某种药品的销售量而进行的促销活动。这种销售举办的方式有两种：一是药房举办；二是药厂赞助。

（二）药房形象企划

药房形象企划包括媒介宣传和公司宣传两项。

1. 媒介宣传

媒介宣传指药房采用国家允许的方式进行的宣传。

可采用广播、电视、报纸、社区宣传等方式进行。

在宣传形式上多样，药房排名竞赛、公益捐赠、名人效应或药品宣传时连带药房广告等。

媒介宣传的成本较高，宣传时间较集中，但覆盖面广、接受的人群多。

2. 公司宣传

企业宣传相对媒介宣传来说，成本低，持续时间更久，但覆盖面小。

药房常采用这种低成本的方式进行宣传。宣传方式常有：

（1）员工携带公司统一的宣传袋上下班。

（2）在促销日穿公司指定的或统一的服装。

（3）顾客购药时，赠送公司统一制作的包装袋装药等。

对以上促销企划一定要坚持以下原则。

（1）坚持遵守国家药品法、广告法的相关规定。

（2）促销单的宣传和发放应提前进行，以便于群众周知。

（3）促销单的宣传与实际活动的开展内容应一致。

（4）促销药品一定要保证质量，保证其与正常的药品具有相同的品质。

（5）严禁将劣质、效期药作为促销药品。

（6）个别药品因包装不好搞促销应履行事先告知顾客的义务。

（7）不允许变向提价促销。

只有作好对促销活动的规范约束，才能使促销起到扩大药品销售，增加药房知名度的目的。

四、药品零售企业柜台服务企划

（一）柜台服务企划的体现

药品零售企业柜台企划应体现“温馨服务、情暖八方”的原则。

1. 统一着装

不断体现新意与统一的完美结合，春、夏、秋、冬四季应为员工设计不同款式的合体的服装。

2. 统一站姿、统一表情

统一标准站姿，无东歪西倒行为；统一自信，微笑，将给顾客以人文服务的吸引力。

3. 统一用语

统一迎声、统一送语，且语言的语音、语速控制得体，给顾客倍受尊重的感觉。

4. 统一服务意识

（1）无论何时为顾客服务，也不论服务内容是什么（即不管自己的岗位），均双手接还物品，使用对方尊称。

（2）无论顾客购药或咨询，具有凡来店光顾者均热情接待，具有耐心回答顾客疑问的服务意识。

（二）服务原则

坚持以下优质服务原则。

1. 首问负责制

营业员在接待顾客时，应由首位接待的人员负责开票、付药、缺药跟踪、答疑回访等。并对重要的顾客做好记录。

以后帮忙的其他营业员只对其提供的服务部分负责。

2. 工作限时制

顾客问询应立即回答，不能立即回答的在八小时内给顾客回音，缺药最长在承诺期内送到，最长的承诺期不超过二小时。

凡是无法立即为顾客提供服务的或服务时间在十分钟以上的应请顾客入座，并提示其可进入便民设施中等候，并据实告知大约需等待的时间。

3. 承诺必行制

诚信介绍。

承诺的药品应按时付给顾客；承诺的赠品必须按规定兑现；答应顾客的事必须按承诺履行。

4. 顾客至上制

顾客到来，应停止手中的工作，一切为顾客服务，顾客不走，不允做其他工作。

5. 服务中心制

顾客的意见永远是对的，服务应按顾客的要求去规范自己。

6. 规范运作，和谐发展

严守企业规章，与服务群众和谐共处。

7. 换角度服务

想顾客所想、虑顾客听虑，时刻站在顾客的需求的角度想问题、处理问题。

8. 超前思维

你的想法永远比顾客早一步。

9. 爱岗敬业，无私奉献

顾客不走，药房不关，不催促顾客。

10. 售后回访制

对重要顾客，重要事项，一定要列为回访计划中，并将售后回访形成制度，以在工作中主动执行。

11. 顾客的评分最客观

对营业员的考核，顾客有权一票否决。

12. 集体利益高于个人利益

个人的行为服从公司集体的形象。

13. 为顾客保密制

做到不打探顾客隐私，不传播顾客信息。

14. 坚持制度为先，人本建设

柜台服务企划应与公司管理相结合，共同发展、相互促进。

15. 各部门坚持执行“投诉与建议”制度

形成批评与自我批评的文化氛围，养成虚心好学的工作习惯，向同事学习、向同行学习、向顾客学习、向一切有益于我们进步的文化及思想学习。

第四节　药品零售企业柜台销售管理

一、销售管理的关键点

1. 员工岗前准备

涉及员工培训推介药品，促成销售；服务态度，服务礼仪教授及准备；售后回访及其他促进服务政策的要求及准备。

2. 销售流程

介绍药品——→促进成交——→开票——→交款——→凭票付药。

3. 销售管理流程

销售流程、盘点过程、柜台与收银数量核对，外联营业人员与财务的账目往来核对等。

4. 销售的重点及标准

（1）介绍药品时有药品专业知识。

（2）销售技能。

（3）开票时编码金额数量药名书写准确。

（4）收银、钱票核对清楚，实时高效。

（5）付票时准确核对药盒、数量、批号。

5. 核对工作

（1）日常货品与电脑库存系统盘点核对。

（2）货品销售金额与收款的金额核对相符。

（3）月货品与仓储部门的账目数核对相符。

6. 做好销售纪律管理

按照公司的管理制度，加强对业务流程的管理。

7. 做好员工的岗位考核

建立员工的岗位绩效薪酬，按岗定薪，加强考核。

二、医保卡的定点药房的管理

（一）医保卡的简述

1. 国家出台医疗卡政策，是对相关参保人员提供治疗用药的保障。

2. 医保卡落实到定点医院、定点药房购药，是为了方便参保人员购药而设定的。

（二）医保卡使用的前提条件

医保卡使用的前提条件如下。

1. 持卡人需输入正确的密码。
2. 卡里有足够的资金。
3. 医保卡已启动。
4. 购买医保指定药品。

（三）医保卡销售时的特点

1. 不用支付现金，持卡刷卡售药。
2. 医保卡购药是国家的福利保障政策。
3. 凭卡购药是医保卡使用的主要方式。

（四）医保卡销售的步骤

1. 查找或顾客认可的医保卡内的药品，开小票后引导顾客去收银处刷卡。

2. 收银处核对药品是否在医保范围，然后按小票上的药品编码输入编码，确认后再与顾客核对金额，出具取药票、医保结算单和顾客信誉卡。

3. 顾客去柜台取药。

（五）医保卡使用中的注意事项

1. 凭卡按密码售药划卡。
2. 按医保类药品售药，禁止超范围。
3. 准确划卡，金额核对，票子留底。
4. 卡仅可购药使用，不作其他用途。
5. 随时学习各类医保部门的相关政策。

第二十一章　药品零售企业营业员的绩效考核

对药品零售企业营业员的绩效考核即是对营业员的个人素质进行的综合认定。

在第二篇的绩效考核一章中，已对药品零售部的考核方法进行过介绍，本章主要讲述对营业员工作内容所进行的行为及成果考核。

按本章营业员工作的相关内容，进行的营业员考核分五部分，它们分别为：

1. 销售。
2. 药品统计分类报表。
3. 调查分析。
4. 培训。
5. 其他。

绩效考核方法在前面已经介绍，本节主要根据各个考核点进行实际应用：

1. 若侧重于销售量，同时又兼顾纪律指标则采用“总额量化 + 考核量化”方式进行。
2. 若侧重于优劣排名，可采用分级考核，区分等级方式进行。
3. 也可以选择几项内容进行目标考核，其他的采用 OEC 考核。

具体操作时建议执行方法可以区分为工作内容考核、培训及员工能力考核方面。

一、营业员工作行为考核

对营业员的行为绩效考核按销售、药品统计分类报表、调查分析、培训和其他实施。

1. 销售考核采用量化指标，其他考核可采用多部门参与的定性考核方式进行。
2. 在以上考核过程中均有人力资源部参加。
3. 关于药品进、存、销各环节的质量考核要在质管部的参与下进行。

二、营业员销售效果考核

对营业员的销售业绩进行考核主要使用财务指标。

通过设定的计划指标、实际达成率、超额奖励分值等方式落实对营业员的销售效果的考核。

三、培训及员工能力考核

1. 培训考核根据各次培训的现场成绩及实践考核而定。

2. 员工能力考核可以采取以下方式进行考核。

（1）柜台的货品实战中的货位价位考核。

（2）销售技巧的现场模拟比赛。

（3）营业员互相进行能力评定。

第二十二章　某药品零售企业 GSP 质量管理体系实例

一、药品零售陈列与检查

1. 应当对店堂温度、卫生等环境条件进行检查，并根据需要采取防虫、防鼠等措施。

2. 存放、陈列药品的设备应当保持清洁卫生，不得有与销售药品无关的物品，防止人为污染药品。

3. 店堂内陈列药品的质量和包装应当符合规定：

（1）营业场所应当分设处方药、非处方药专售区，外用药与其他药品应当分开摆放。

（2）不得将药品放置于仓库或货架（柜）以外的地方。

（3）企业经营非药品的，营业场所必须设置非药品区域，与药品区域明显隔离，并有醒目的非药品区域标志，不得将非药品与药品陈列于同一区域内。

（4）各销售柜组应当设置醒目标志，类别标签应当放置准确、字迹清晰；药品陈列应当整齐有序，拆零药品应当集中存放于拆零专柜或专区。

（5）第二类精神药品、医疗用毒性药品和罂粟壳、危险品不得陈列。

（6）冷藏药品应当放置在冷藏设备中，并保证存放温度符合要求。

（7）中药饮片装斗应当复核，不得错斗、串斗，防止混药；不同批号的饮片装斗前应当清斗并记录；饮片斗前应当写正名正字。

（8）陈列的药品应当避免阳光直射。

4. 应当按月对存放、陈列的药品进行检查，重点检查拆零药品、易变质、近效期、摆放时间较长的药品以及中药饮片。对有质量疑问的药品应当及时撤柜，停止销售，由质量管理人员确认、处理和记录。

5. 对药品的有效期进行跟踪管理，采取有效措施防止近效期药品售出后可能发生的使用安全事故的预防措施。

二、药品零售销售

1. 药学技术人员在营业时间内应当在职在岗，并佩戴贴有照片、标明姓名、技术职称或执业资格等内容的工作牌。

2. 零售企业销售的药品，应当开具标明药品名称、生产厂商、数量、价格、批号、有效期限等内容的凭证，并按规定保存销售记录。

3. 零售药品应当严格按照国家药品管理的有关规定销售药品：

（1）正确介绍药品的性能、用途、禁忌及注意事项，不得夸大药品疗效，不得将非药品以药品名义向顾客介绍。

（2）严格按照国家处方药和非处方药分类管理的有关规定销售药品。

（3）处方需经符合资质的药学技术人员进行调配后方可销售。

（4）企业在店堂内应当悬挂或者张贴处方药、非处方药标识，并在明显位置悬挂或者张贴“处方药必须凭医师处方销售”的提示语。

（5）处方审核人员暂时离岗时应当暂停销售处方药，并在店堂内明显标示暂停销售处方药和甲类非处方药。

（6）对处方所列药品不得擅自更改或代用；对有配伍禁忌或超剂量的处方，应当拒绝调配，但经原处方医师更正或重新签字的，可以调配和销售。

（7）处方调配及销售人员应当在处方上签字或盖章，处方保存1年。

（8）处方药不得采用开架自选的方式销售。

（9）药学技术人员应当能指导非处方药的购买和使用。

（10）销售中药饮片应当做到计量准确。

4. 药品拆零销售应当符合以下规定：

（1）拆零销售应当有专人负责。

（2）使用的拆零调配工具应当清洁和卫生，防止交叉污染。

（3）使用安全、洁净的包装用品，包装上应当注明药品的品名、规格、数量、用法、用量、批号、有效期以及门店名称等内容。

（4）销售期间，应当保留原包装和说明书。

（5）药品拆零销售应当做好记录，内容应包括拆零起始日期、通用名称、规格、批号、生产厂商、有效期、剩余数量、销售日期、销售人员等。

5. 销售特殊管理的药品，应当严格按照国家有关规定，凭盖有医疗单位公章的医师处方进行调配和销售，调配和销售人员应当在处方上签字或盖章。

6. 销售特殊管理药品应当分别建立登记台账，及时记录并按规定将处方留存备查。第二类精神药品、医疗用毒性药品处方保存2年，麻醉药品（罂粟壳）处方保存3年。

7. 销售含特殊药品复方制剂时，应当按照国家有关规定执行。

8. 药品销售宣传应当严格执行国家有关广告管理的法律、法规。药品广告应当经药品监督管理部门批准，并有批准证明文件，宣传内容应当与批准的内容一致。

9. 零售门店内工作人员应当为本企业员工，不得有药品生产或批发企业派驻的药品促销员。

10. 不得以搭售、赠送等方式向公众提供处方药或者甲类非处方药。

11. 销售药品必须准确无误，对要货单位和使用者应正确地介绍商品的性能、用途、用法、用量、禁忌和注意事项等内容。

12. 销售国家特殊管理的药品，应执行国务院《麻醉药品管理办法》、《医疗用毒性药品管理办法》和《精神药品管理办法》的规定。

13. 销售药品，应按药品的品种规格、剂型或用途分类陈列于橱窗与货柜。

14. 建立卫生制度，保证药品不受污染。

15. 坚持问病卖药，防止事故发生。

16. 过期变质、潮解霉变、虫蛀、鼠咬等不合格品，严禁上柜销售。

17. 因滞销等非质量原因，需要将已入库的药品退回供货方的，业务部负责人应与供货方联系退货，执行公司制度的《购进药品退出处理程序》。

18. 销后退回药品的管理。

(1) 凡无正当理由或责任不应由本公司承担的退、换货药品，原则上不予受理。特殊情况，由总经理批准后执行。

(2) 业务部根据销售记录确认申请退回的药品确为本公司销售的，方可出具销售退回通知单。

(3) 所有销售退回的药品，均应由验收员凭业务部开具的销后退回通知单收货并审核退货手续是否齐全。并将退货药品存放于退货药品区，挂黄牌标识。

(4) 验收员应严格按购进药品验收程序逐批验收销后退回的药品。

(5) 加强销后退回药品的质量验收控制，必要时扩大验收抽样的比例，对外包装有疑问退回的药品，应逐件开箱检查。

19. 所有退、换的药品，应按采购药品的进货验收标准，重新进行验收，并做出合格与不合格的判定。

20. 企业应将购进的药品销售给合法的药品生产企业、药品经营企业、使用单位。

21. 企业应做好药品销售出库记录。记录应包括通用名称、剂型、规格、批号、有效期（使用期限）、生产厂商、购货单位、出库数量、销售日期、出库日期等内容。

22. 代用包装上应标明品名、规格、批号、有效期（使用期限）等内容，并附说明书原件或复印件。

23. 企业应在营业店堂显著位置悬挂《药品经营许可证》、营业执照以及与执业人员资格相符的执业证明。

24. 企业应根据有关法律、法规及本规范，制定符合经营实际的质量管理制度、职责，并遵照执行。

25. 销售药品应当开具标明药品名称、生产厂商、数量、价格、批号等内容的销售发票或凭证，并按规定保存。

26. 企业应在营业场所公布药品监督管理部门的监督电话，设置顾客意见簿，对顾客的投诉，应及时予以解决。

27. 拆零药品是指零售企业所销售药品的最小包装单元上未能明确注明药品的

名称、规格、用法、用量、有效期等内容的药品。

三、零售质量关键人员

1. 培训教育。质量管理、处方审核及配方、购进、验收和营业等岗位的人员，应当接受上岗培训，合格后方可上岗。培训应当制定管理制度及流程，并建立档案。

2. 药监培训上岗。企业负责人、质量负责人应当接受药品监督管理部门组织的有关法律、法规及药品质量管理等内容的培训。

3. 从事特殊管理的药品、需冷藏药品的销售及管理人员，应当接受药品监督管理部门组织的相关专业知识和法规的专项培训。

四、零售营业场所及设备

1. 企业应当有与经营规模相适应的营业场所，符合卫生、整洁、宽敞、明亮的要求。

2. 应当有以下营业设备：

（1）货架和柜台。

（2）监测、调控温度的设备。

（3）经营冷藏药品的，应当有冷藏设备。

（4）经营第二类精神药品、医疗用毒性药品和麻醉药品（仅限罂粟壳）的，应当有符合安全规定的专用存放设备。

（5）经营中药饮片的，应当有陈列饮片和处方调配的设备。

（6）药品拆零销售所需的调配工具、包装用品。

五、药品零售管理文件

1. 药品零售质量管理制度应当包括下列内容：

（1）药品购进、验收、储存、养护、陈列、销售等环节的管理。

（2）供货单位和购进品种的审核。

（3）处方药销售的管理。

（4）药品拆零的管理。

（5）特殊管理药品的管理。

（6）凭证和记录的管理。

（7）质量信息、查询、投诉及质量事故的管理。

（8）中药饮片处方调配的管理。

（9）药品有效期的管理。

（10）不合格药品的管理。

（11）环境卫生、人员卫生和健康的管理。

（12）服务质量的管理。

（13）质量培训及考核的规定。

（14）药品不良反应报告的规定。

（15）其他应当制定的内容。

2. 应制定企业负责人、质量负责人、药学技术人员、营业员等岗位职责。

3. 药品零售应当制定的操作规程内容有：

（1）药品采购、验收、销售。

（2）处方药调剂及销售。

（3）药品拆零销售。

（4）中药饮片配方、调剂。

（5）陈列药品检查。

（6）特殊管理药品销售。

4. 零售连锁企业的配送中心管理。

（1）零售连锁企业的配送中心，应符合本规范药品批发企业相关规定；连锁门店应符合本规范药品零售企业的相关规定。

（2）零售连锁企业配送中心不得向本企业连锁门店以外的单位配送药品，但国家食品药品监督管理部门另有规定的除外。

（3）零售连锁企业配送中心应对所属门店实行计算机联网，对门店购进、销售及药品质量进行统一管理。

（4）零售门店验收药品中发现问题，应拒收并向配送中心报告。

六、服务质量管理

1. 营业员着装应统一整洁，佩戴服务卡，做到站立服务，主动热情，用语文明，讲普通话，不得使用该服务忌语。

2. 细致思考、预先准备行事，服务得体。

3. 具有基本的医药商品知识和营销技巧。

4. 具有一定的体察、判断顾客心理活动的能力。

5. 主动迎接顾客，面带微笑，亲切自然，注意力集中，做到接一待二顾三。

6. 在店堂设置顾客意见薄，对顾客反映的药品质量问题，要认真对待、详细记录、及时处理。重大药物反应要及时汇报。

7. 当顾客对药品或服务提出批评意见时，店员应虚心接受，听取意见，尽快纠正。

8. 遇有顾客对销售人员有失礼行为时，要沉着冷静，耐心疏导，不能激化矛盾，并及时报告给领导。

9. 销售药品要遵守有关法律、法规和制度的规定，销售人员应正确介绍药品的性能、用途、禁忌及注意事项，不得虚假夸大和误导用户，不得采用有奖销售、附赠药品和礼品等方式进行销售。

10. 药品应按"先产先出"、"近期先出"和按批号发货的原则进行销售流转。

11. 销售药品应当开具合法的票据，做到票、账、货相符。销售票据应按规定保存。

12. 建立《药品销售纪录》，记载药品的通用名称、剂型、规格、批号、有效期、生产商、购货单位、销售数量、销售价格、销售日期等内容。销售记录保存至超过药品有效期 1 年，但不得少于 3 年。

13. 因特殊需要，从其他商业企业直调的药品，按照《直调药品管理规程》的规定执行，并做好记录。

14. 药品营销宣传应严格执行国家有关广告管理的规定，宣传的内容必须以国家药品监督管理部门批准的药品使用说明书为准。

15. 对质量查询、投诉、抽查和销售过程中，发现的质量问题要查明原因，分清责任，采取有效的处理措施，并做好记录。

16. 公司已售出的药品，如发现有质量问题的，应向有关管理部门报告，并及时追回并做好记录。

17. 按照国家有关药品不良反应报告制度的规定和公司《药品不良反应报告管理规程》的规定，注意收集本公司售后药品的不良反应情况。发现不良反应时，质管部应按规定报有关政府部门。

18. 药学技术人员在营业时间内应在职在岗，并佩戴贴有照片和标明姓名、技术职称和执业药师资格等内容的胸卡。

19. 营业员应具有高中以上文化程度，从事药品经营工作的经历。

20. 质量管理、处方审核、购进、验收和营业等岗位的人员，应接受上岗培训，考试合格后方可上岗。以上人员应该定期接受有关药品质量、法律法规、药品知识、药学服务等内容的培训。

21. 应建立培训和考试的档案和健康档案。

第四篇

医疗机构的设置与管理 >>>

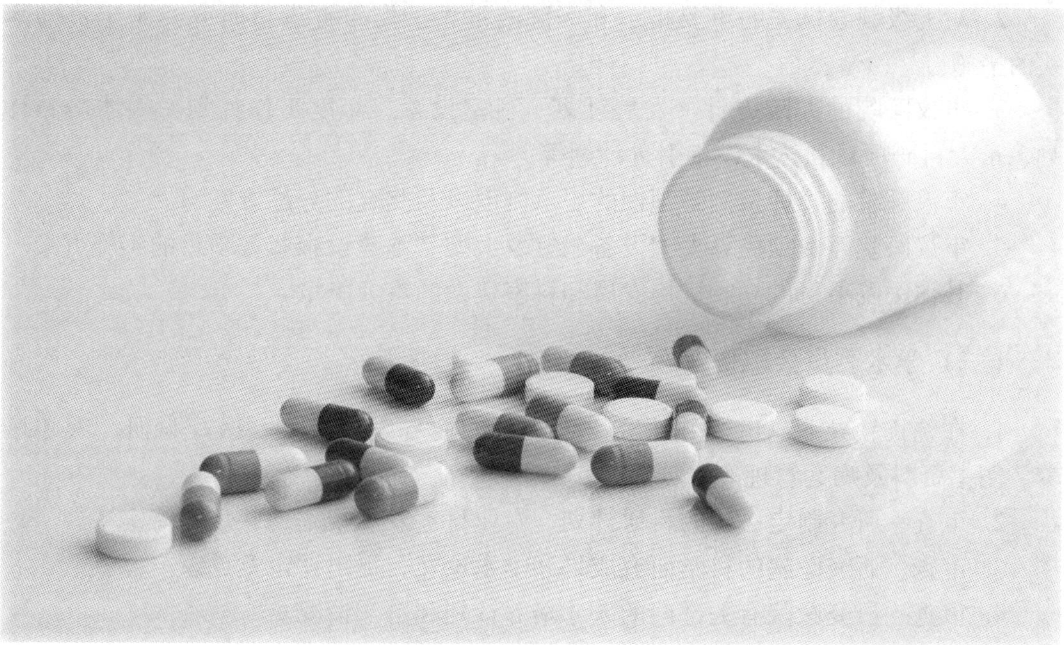

第二十三章　医疗机构组织机构、岗位设置及职责

第一节　医疗机构组织机构设置

通用的医院组织机构设置图如下页图所示。

第二节　医疗机构岗位设置与职责

一、委员会职权

委员会的职权包括：院级委员会职责、学术委员会职责、医院感染管理委员会职责、药品管理委员会职责、爱国卫生运动委员会职责和安全质量管理委员会职责。

（一）院级委员会职责

1. 在院长领导下进行工作，负责讨论研究医院发展建设中的重大问题，对重大决策提出建议。

2. 对上级领导机关的重要指示和医院的重大工作布置进行研究并制定贯彻落实的措施。

3. 审议医院的办院方针、发展计划、科室设置、年度工作计划、人才培养计划、重大科研项目和技术设备引进计划等。

4. 审议医院的管理条例管理性的规章制度以及奖金的分配方案。

5. 审议医院经费预决算大型设备购置及大型基本建设维修等项目的实施方案。

6. 其他医院项目设立、机构发展和科室建设的重大决策。

（二）学术委员会职责

1. 在院长领导下，讨论并研究决定医院的业务发展规划、医疗科研、人才培养、图书资料及病案管理等事项。

2. 审查、研究制定医院的科研计划、专业科室发展规划，并督促落实。

3. 审查、研究医院的科学研究成果和学术论文，提出评定意见。

4. 审查、研究医院有关部门的人才培养计划和落实情况。

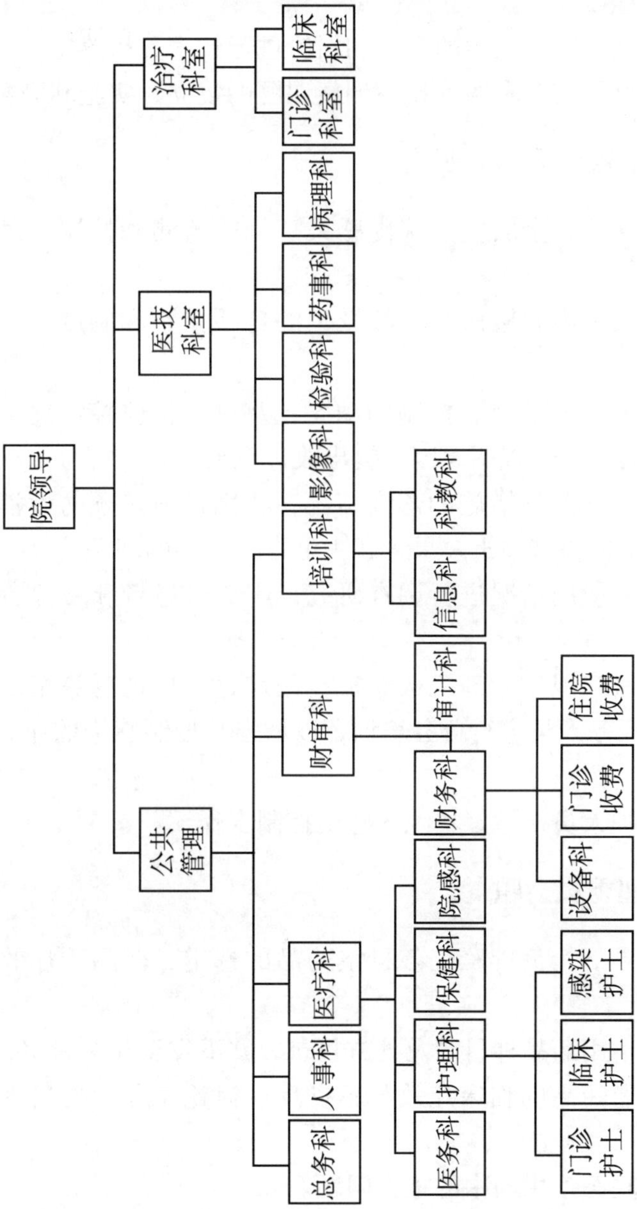
院领导
治疗科室
临床科室
门诊科室
医技科室
病理科
药事科
检验科
影像科
公共管理
培训科
科教科
信息科
财审科
审计科
财务科
住院收费
门诊收费
设备科
医疗科
院感科
保健科
护理科
感染护士
临床护士
门诊护士
医务科
人事科
总务科

通用的医院组织机构图

5. 为分配、使用医疗、教学、科研用房和购置大型医疗器械提供咨询意见和论证意见。

6. 对医疗、护理、医技发生的事故和纠纷进行技术分析鉴定。

7. 其他学术、科研攻关和医疗技术创新课题的设立、实施和完善。

（三）医院感染管理委员会职责

1. 在院长的领导下，全面负责院内感染病例的监测和控制，以提高感染疾病的医疗质量。

2. 负责制定降低院内感染医疗事故发生的各项措施和制度，并检查督促其贯彻落实。

3. 掌握院内感染疾病监测、控制的动态，及时分析监控情况，有计划地开展院内感染流行病学的研究，查明原因，提出改进意见。

4. 负责检查各科室消毒措施的落实情况，特别是抓好预防性消毒、经常性消毒和治疗终末的消毒，检查消毒效果，解决消毒过程中的问题。

5. 对全院抗生素使用情况进行调查研究，避免对患者和带菌者使用不敏感的药物。

6. 经常向当地医疗卫生管理机构通报在医疗过程中的感染情况，宣传防治感染的知识，定期对医务人员进行业务培训，以增强其控制感染的业务能力，提高医疗质量。

7. 积极培训医护人员，做好本院的感染控制工作。

（四）药品管理委员会职责

1. 在院长的领导下，负责医院各科室药品的选定，药品治疗效果的分析评定工作。

2. 制订医院基本用药品种目录及处方目录，并下发至相关科室，监督其落实。

3. 组织评价新老药品的临床疗效与不良反应讨论工作，提出淘汰个别不良药品的意见。

4. 研究解决医院医疗用药中的重大问题。

5. 督促和检查医院贯彻执行药政法规及有关规章制度的情况，发现问题，及时改进。

（五）爱国卫生运动委员会职责

1. 在院长的领导下，认真贯彻各级政府关于加强医院爱国卫生工作的指导方针、实施政策，组织开展爱国卫生运动。

2. 领导和布置、检查全院的卫生工作，制定搞好卫生工作的制度和措施，并组织实施。

3. 组织本院除害灭鼠活动，制定以灭鼠为中心的除害灭鼠规划，有计划有步骤地付诸实施。

4. 根据政府对爱国卫生运动的统一要求，增添必要的卫生设施，划分卫生区域，定期进行卫生工作，逐步治理好医院内的环境，进一步改善医院的卫生面貌。

5. 组织全院卫生环境的检查工作，对医院环境卫生坚持每月小检查，每季度大检查，并评出表彰和批评的部门和个人，以提升全院卫生环境的提升。

（六）安全质量管理委员会职责

1. 在院长领导下，负责对医院医疗质量进行研究，并制定全院性的质量管理规划。

2. 组织和领导全院性医疗质量检查和评比活动，通过有效的管理措施，提升全院医疗质量管理工作。

3. 负责调查分析医院发生医疗事故的原因，确定医疗缺陷和护理缺陷及责任人，并有权判定医疗缺陷的性质。

4. 监督各科室的质量管理情况，及时发现医疗质量缺陷，对相关科室及人员提出整改意见。

5. 组织制定、督促和检查医院的安全保卫制度和各项技术防范措施，发现问题及时处理。

6. 做好医疗质量及医疗安全方面的培训教育工作，以不断提高各科室的质量和安全意识，保证医疗质量，提高医疗安全度。

二、医院领导及医院管理岗位职责

医院领导及医院管理岗位主要有院长、副院长、院办公室主任、总务科科长、人事科长、财务科长、住院收费人员、门诊挂号工作人员、门诊收款人员、医务科科长、护理部主任、门诊护士长、门诊护师（士）、导诊人员工作、医院感染监控护士、临床护士长、临床护师（士）、手术室护士长、手术室护师（士）、供应室护士长和供应室护士共21个岗位，其岗位职责如下所示：

医院管理服务职位名称编号一览表

部门名称	岗位编号	岗位名称	职级	编制	直接下属人数	晋升方向
院长室	0101	院长	决策层	1	7	—
	0102	副院长	高管层	1－3	无定	院长
总务科	010301	院办公室主任	管理层	1	无定	副院长
	010302	总务科科长	管理层	1	无定	院办公室主任
人事科	010401	人事科长	管理层	1	无定	副院长

续表

部门名称	岗位编号	岗位名称	职级	编制	直接下属人数	晋升方向
财务科	010501	财务科长	管理层	1	无定	副院长
	010502	住院收费人员	执行层	无定	0	会计/出纳
	010503	门诊挂号工作人员	执行层	无定	0	会计/出纳
	010504	门诊收款人员	执行层	无定	0	会计/出纳
医务科	010601	医务科科长	管理层	1	无定	副院长
护理科	010701	护理部主任	管理层	1	4	副院长
	010702	门诊护士长	管理层	1	无定	护理部主任
	010703	门诊护师（士）	执行层	无定	0	护士长
	010704	导诊人员工作	执行层	无定	0	会计/出纳
	010705	医院感染监控护士	执行层	无定	无定	护士长
	010706	临床护士长	管理层	1	无定	护理部主任
	010707	临床护师（士）	执行层	无定	0	护士长
	010708	手术室护士长	管理层	1	无定	护理部主任
	010709	手术室护师（士）	执行层	无定	0	护士长
	010710	供应室护士长	管理层	1	1～3	护理部主任
	010711	供应室护士	执行层	1	0	护士长

（一）院领导岗位职责

1. 院长岗位说明书

院长岗位说明书

岗位名称	院长	岗位代码	0101
直接上级	专业委员会	直接下级	副院长、各科室主任
职级	院长级（决策层）	岗位定员	1人
任职人签字		接收日期	
所属部门	院领导	授权人签字	
职位概要： 主抓全院的医疗、教学、科研、人事行政工作。			
岗位职责： 1. 在上级卫生行政主管部门领导下，根据国家有关政策要求，全面领导医院工作，包括医疗、教学、科研、预防、人事、财务和总务等全面事务； 2. 领导制定医院发展规划、改革方案和工作计划，按期布置、检查和总结，对医院的全面发展负责； 3. 负责组织和检查医疗、护理工作，定期深入门诊、病房，并采取积极有效措施，不断提高医疗护理质量； 4. 负责领导、检查医院重要科研计划的拟定和开展情况，积极支持新技术、新业务的开展和引进，以不断提升科室的医疗水平； 5. 经常督促检查以岗位责任制为中心的规章制度和技术操作规程的执行，严防差错事故的发生；			

6. 加强对后勤工作的领导、检查和督促，审核财务收入，控制财务开支、审查预决算，对开支较大的物资采购计划，要严格把关。 7. 关心职工生活，创造条件，改善员工的生活和福利设施； 8. 及时研究和处理职工及人民群众对医院工作的意见和建议，以全面提升医院的整体发展水平。
任职资格： 教育背景：医学专业背景大学本科以上学历，高级医师职称。 培训经历：哲学、政治经济学、心理学、法学、伦理学、数学、统计学、计算机知识。 经　　验：10 年以上医院管理工作经验。 知　　识：有医疗、管理方面的业务知识，并能运用现代管理工具不断提高医院的管理水平和层次。 技　　能：精通管理理论，既要具有一般管理理论的宽度，又要具备医院管理专业的深度，精通管理技术，了解、掌握和利用现代管理的手段和方法，尤其是管理数学和计算机在管理上的应用； 懂得医疗业务，要了解医学专业知识和熟悉医疗管理业务，对诊断、检查、治疗、护理、药械、仪器等有一定程度的掌握； 熟悉医疗活动中的政策、制度、法规、要求等并能熟练应用；有能力，有水平，善开拓，会开拓。 个人素质：拥护中国共产党和社会主义制度，热爱祖国，安心本职，遵守党和国家的方针政策和法律法令，有为卫生事业勇于献身的敬业精神； 对管理技术精益求精，刻苦钻研专业技术和进行医学科研，了解和掌握学科动态和新进展，积极开展和引进新业务、新技术，不断提高诊疗水平； 遵守职业道德，坚决执行国家的医疗法规，全心全意地为伤员、患者服务，严守医疗工作制度，行医文明廉洁，同行间团结友爱。
考核指标： 科研成绩、医疗效益完成指标； 疾病控制方案及落实评级； 财务管理合规，无违纪； 后勤保障有效，无投诉； 院内医疗手段评比先进。
协作关系： 内部协调关系：各委员会、副院长、科室主任等。 外部协调关系：卫生防役部门、医疗协会等。
工作条件： 工作环境：医院办公室、治疗现场； 工作时间：超正常工作时间、加班多； 危 险 性：有病房感染危险，无职业病危险。
晋升方向：无

2. 副院长岗位说明书

副院长岗位说明书

岗位名称	副院长	岗位代码	0102
直接上级	院长	直接下级	各科室主任
职级	副院长级（高级管理）	岗位定员	1～3 人
任职人签字		接收日期	
所属部门	院领导	授权人签字	

职位概要：

分管全院的医疗、护理、医技等科室工作。

岗位职责：

1. 在院长的领导下，分管全院的医疗、护理、医技等科室工作；
2. 督促和检查医院的医疗制度、医护设施和技术操作规程的执行情况，发现问题，及时处理；
3. 深入科室，了解和检查诊断、治疗和护理情况，必要时领导危重患者的会诊、抢救工作，定期分析医疗指标，采取措施，不断提高医疗护理质量；
4. 负责医疗业务信息及病例的统计工作，做好医院医疗事务的发展预期；
5. 负责领导全院的医疗科学研究工作，组织全院医务人员学习、不断提高医护人员的医疗技术水平；
6. 负责本院门诊和住院患者的转诊、会诊、疫情报告及医疗预防和卫生宣传教育工作。

任职资格：

教育背景：医学专业背景大学本科以上学历，高级医师职称。

培训经历：哲学、政治经济学、心理学、法学、伦理学、数学、统计学、计算机知识。

经　　验：10 年以上医院管理工作经验。

知　　识：有医疗、管理方面的业务知识，并能运用现代管理工具不断提高医院的管理水平和层次。

技　　能：精通管理理论，既要具有一般管理理论的宽度，又要具备医院管理专业的深度，精通管理技术，了解、掌握和利用现代管理的手段和方法，尤其是数学和计算机在管理上的应用；

懂得医疗业务，要了解医学专业知识和熟悉医疗管理业务，对诊断、检查治疗、护理、药械、仪器等有一定程度的掌握；熟悉医疗活动中的政策、制度、法规、要求等并能熟练应用；

有能力，有水平，善开拓，会开拓。

个人素质：拥护中国共产党和社会主义制度，热爱祖国，安心本职，遵守党和国家的方针政策和法律法令，有为卫生事业勇于献身的敬业精神；

对管理技术精益求精，刻苦钻研专业技术和进行医学科研，了解和掌握学科动态和新进展，积极开展和引进新业务、新技术，不断提高诊疗水平；

遵守职业道德，坚决执行国家的医疗法规，全心全意地为伤员、患者服务，严守医疗工作制度，行医文明廉洁，同行间团结友爱。

考核指标：

根据所主抓的医疗（医技、治疗）分别落实考核责任；

行政管理工作达标率、评比等级、员工满意度；

医疗设施的先进程度；

医疗效益的发展变化；

护理水平的投诉率；

科技培训和信息管理工作的落实评级等。

协作关系： 内部协调关系：院长、科室主任等。 外部协调关系：患者、医疗卫生的外事处理机构等。
工作条件： 工作环境：办公室及医院科室； 工作时间：超正常工作时间、加班多； 危 险 性：有感染危险，无职业病危险
晋升方向：院长

（二）医院管理岗位职责

1. 院办公室主任岗位说明书

院办公室主任岗位说明书

岗位名称	院办公室主任	岗位代码	010301
直接上级	副院长	直接下级	办公文秘
职级	主任级（管理层）	岗位定员	1 人
任职人签字		接收日期	
所属部门	院办公室	授权人签字	
职位概要： 院内文件、档案的组建和保管。			
岗位职责： 1. 在院长、副院长的领导下，负责秘书、行政管理工作； 2. 安排会议，做好记录，负责医院的工作计划、总结或草拟有关文件，并负责督促其贯彻执行； 3. 负责文件的收发登记，转递传阅、立卷归档、保管、利用等工作； 4. 负责领导有关人员作好印鉴、打字、外勤、通讯联络、人民群众来访处理、参观及来宾的接待等工作。			
任职资格： 教育背景：医学专业、文秘、行政管理专业背景大学本科以上学历。 培训经历：档案学、管理学、法学、计算机知识。 经　　验：5 年以上医院管理工作经验。 知　　识：有行政、管理方面的业务知识，并能运用现代管理工具不断提高医院的管理水平和层次。 技　　能：精通管理理论，并能不断吸收学习行业管理、文档管理的先进经验；懂得利用现在的管理手段提高管理的现代化；熟悉医疗活动中的政策、制度、法规、要求等并能熟练应用； 有能力，有水平，落实工作细致全面。 个人素质：拥护中国共产党和社会主义制度，热爱祖国，安心本职，遵守党和国家的方针政策和法律法令，有为卫生事业勇于献身的敬业精神；良好的组织沟通协调能力； 工作细致认真，谨慎细心，条理性强； 责任心强，勇于承担挑战性的工作； 具有开拓精神和团队精神； 同行间团结友爱。			

考核指标： 院内公开文件的书写质量（效果）； 收发文件及时性及无差率； 群众来访的接待效率和无差率； 院内文秘的管理、复印等工作的评比等。
协作关系： 内部协调关系：副院长、各科室等。 外部协调关系：报刊、杂志社、专业网站、医疗卫生行业协会等。
工作条件： 工作环境：办公室； 工作时间：正常工作时间，加班不多； 危 险 性：基本无危险，无职业病危险。
晋升方向：行政副院长

2. 总务科科长

总务科科长岗位说明书

岗位名称	总务科科长	岗位代码	010302
直接上级	副院长	直接下级	后勤部相关人员
职级	科长级（管理层）	岗位定员	1 人
任职人签字		接收日期	
所属部门	总务科	授权人签字	
职位概要： 做好医院人电、食堂、安全保卫和院容院貌等后勤工作。			
岗位职责： 1. 在院长领导下，负责全院的后勤工作，教育职工树立后勤工作为医疗第一线服务的思想，坚持下送、下收、下修，不断改善服务态度，提高服务质量； 2. 负责组织领导物资供应、后勤设备维修、水电、暖供应、房屋修缮、院容整顿等工作，保证医疗、教育、预防工作的顺利进行； 3. 经常深入科室了解医疗及有关部门的需要，根据人力、物力和财力的可能，制定工作计划，检查督促执行情况，研究工作中存在的问题，改进工作，总结经验； 4. 定期组织后勤人员学习专业知识，提高业务水平； 5. 定期检查后勤人员的工作情况。			
任职资格： 教育背景：行政管理、设备维护等专业背景，大学本科以上学历。 培训经历：设备维修维护知识、团队建设培训。 经　　验：8 年以上管理工作经验，或医院工作 5 年以上同岗工作经验。 知　　识：有后勤保障系统的管理知识，专项维护专业知识。 技　　能：有解决突发事件的能力，安全管理技能，具有后勤人力、物力协调和应用的能力； 懂得后勤业务流程，专业于后勤保障工作。			

个人素质：拥护中国共产党和社会主义制度，热爱祖国，安心本职，遵守党和国家的方针政策和法律法令，有为卫生事业勇于献身的敬业精神； 时刻清楚自己岗位在医院建设中的地位，有一个明确的服务方向； 有信心，也有能力鼓动全院人员支持后勤工作，提高后勤工作的自觉性；具有实务工作能力，要到现场安排、指导、检查； 要亲临实地，解决问题； 对于比较敏感的问题，要亲手抓，一抓到底，见成效。
考核指标： 无水、电、暖投诉的人为差错； 食堂供应齐备，符合规定，无投诉； 办公用品损耗率合理下降； 各科室定期安检，科室满意度高； 后勤人员培训工作有针对性，见成效。
协作关系： 内部协调关系：副院长、各科室等。 外部协调关系：报刊、杂志社、专业网站、医疗卫生行业协会等。
工作条件： 工作环境：院内各科室，无定工作区； 工作时间：正常工作时间，有加班； 危 险 性：个别工作有危险，但无明显的职业病危险。
晋升方向：行政副院长

3. 人事科长岗位说明书

人事科长岗位说明书

岗位名称	人事科长	岗位代码	010401
直接上级	副院长	直接下级	劳资员
职级	科长级（管理层）	岗位定员	1 人
任职人签字		接收日期	
所属部门	人事部	授权人签字	
职位概要： 负责医院职工的人事管理、社保、奖惩事宜。			
岗位职责： 1. 在院长领导下，根据有关人事工作政策规定，负责人员的聘用和奖惩； 2. 掌握和了解各类人员的业务水平、组织能力和政治思想情况，提出聘用意见； 3. 主动和有关科室研究，提出全院各级人员的考核奖惩和工资调整意见； 4. 负责管理工作人员档案、收集、整理档案材料及全院的人事档案管理； 5. 熟悉国家有关人事及社会保险、失业保险等有关政策，根据要求办理各种有关人事手续； 6. 规范医务人员和患者的行为，保障医疗活动秩序。			

任职资格：

教育背景：医学、行政管理、人力资源专业背景，大学本科以上学历，高级专业职称。
培训经历：企业管理学、哲学、政治经济学、心理学、法学、伦理学、计算机知识。
经　　验：5 年以上医院人事管理工作经验。
知　　识：有管理方面的业务知识，并能灵活运用，以不断提高医院的管理水平和层次。
技　　能：精通管理技术，了解、掌握和利用现代管理的手段和方法，做好员工和医院的团队建设；
不断根据当前的医院发展状况，有针对性地解决发展中的问题，并能有效地解决落实；
在人力管理上有能力，有水平，善开拓，会开拓。
个人素质：拥护中国共产党和社会主义制度，热爱祖国，安心本职，遵守党和国家的方针政策和法律法令，有为卫生事业勇于献身的敬业精神；
对管理技术精益求精，刻苦学习行业的优秀经验，不断引进，发展创新；遵守职业道德，坚决执行国家的医疗法规，全心全意地为伤员、患者服务，严守医疗工作制度，行医文明廉洁，同行间团结友爱；
组织医院员工的培训、考核和人事档案管理工作；熟悉医院行政管理的各项规章制度，能熟练地运用行政管理规章制度；
在行政规范管理过程中，对于违反规章制度的人和事敢管、敢罚；
在行政管理过程中需要讲求一定的方式、方法。

考核指标：

医院职工劳动纪律的遵守情况：宣传、指导、检查和处理，效果达标；
维持医院的医疗秩序无投诉；
招录职工符合国家法律规定；
按要求落实劳动用工纪律，无违纪行为。

协作关系：

内部协调关系：副院长、各科室人员等。
外部协调关系：社会保障局、就业中心、医疗卫生行业协会等。

工作条件：

工作环境：人事办公区；
工作时间：正常工作时间，加班不多；
危 险 性：有感染危险，无职业病危险。

晋升方向：行政副院长

4. 财务科长岗位说明书

财务科长岗位说明书

岗位名称	财务科长	岗位代码	010501
直接上级	副院长	直接下级	门诊收款员、住院收费员、挂号员
职级	科长级（管理层）	岗位定员	1 人
任职人签字		接收日期	
所属部门	财务部	授权人签字	

职位概要：

负责医院财务核算和报税工作。

岗位职责：

1. 在院长领导下，做好医院的财务管理工作；
2. 努力使财务工作逐步走上规范化、标准化、科学化管理的轨道；
3. 根据医院发展规划，会同有关部门编制年度和季度的业务收支预算，并认真组织实施；
4. 根据医疗收费标准，积极合理地组织业务收入，做到不漏收、不多收，对收费工作中出现的问题，及时研究解决；
5. 按照《会计法》的有关规定，认真贯彻有关财经政策、法规、制度，维护财经纪律，组织财会人员的业务学习，不断提高业务素质。认真贯彻新的财务管理和会计核算制度；
6. 督促按时清理债权债务，防止拖欠，严格控制呆账，加强对财务报表的审查，做到及时、准确、全面，并按时报送有关部门；
7. 协助本院财物管理，建立健全各项管理核算制度，对医院财产物资管理经常进行监督、检查和指导，防止浪费和积压；
8. 经常向财会人员进行安全教育，并定期或不定期地对库存现金等进行检查，防止意外情况发生。

任职资格：

教育背景：会计、财务或相关专业，大学本科以上学历，会计中级以上职称。

培训经历：接受过管理学、战略管理、组织变革管理、人力资源管理、经济法、公司产品的基本知识及财务管理软件等方面的培训。

经　　验：8 年以上中型企业财务管理工作经验。

知　　识：精通会计、财务管理知识，具备相应的法律知识。

技　　能：具有较全面的财会专业理论知识、现代企业管理知识，熟悉财务法律法规和制度；
熟悉投资、进出口贸易、企业财务制度和流程；
参与过较大资金使用项目的分析、论证和决策；
熟悉税法政策、营运分析、成本控制及成本核算；
具有丰富的财务管理、资金筹划、融资及资本运作经验；
良好的写作、表达、阅读能力；
熟练使用财务和办公软件。

个人素质：拥护中国共产党和社会主义制度，热爱祖国，安心本职，遵守党和国家的方针政策和法律法令，有为卫生事业勇于献身的敬业精神；
工作细致、严谨，并具有战略前瞻性思维；
具有较强的判断和决策能力、人际沟通能力和协调能力、计划与执行能力；
坚持原则性，立场明确，具有较强的工作热情和责任感。

考核指标： 财务计划的计划执行达标率； 成本效益比率合理降低； 无不良资产； 往来款项管理良性，无呆滞死账等。
协作关系： 内部协调关系：副院长、收款人员等。 外部协调关系：税务局、医保局、供货方核查等。
工作条件： 工作环境：财务办公室； 工作时间：正常工作时间，加班不多； 危 险 性：无职业病危险。
晋升方向：行政副院长

（三）医院服务岗位职责

1. 住院收费人员岗位说明书

住院收费员岗位说明书

岗位名称	住院收费员	岗位代码	010502
直接上级	财务科长	直接下级	无
职级	职员级（执行层）	岗位定员	不定人数
任职人签字		接收日期	
所属部门	财务部	授权人签字	
职位概要： 负责住院处的收款、报表工作。			
岗位职责： 1. 在财务科长领导下，应用微机做好出入院患者费用登记、结算及报表工作； 2. 对住院患者要先收预交押金或记账，并做到根据病情妥善安排； 3. 凡收费，应及时输入微机记帐，不得错分或丢失； 4. 实行住院患者费用通知单制度，其住院费用每日结算并向患者公布，及时打印催款通知单，通知病区负责人及患者家属交款，认真解答患者及其家属的咨询； 5. 对住院患者费用要严格按收费标准结算，不得随意提高收费标准，严禁多收、少收或漏收； 6. 及时对出院患者费用进行结算，做到费用结算准确，单据清晰； 7. 按时做出日报、旬报、月报表，并分别经制表人、复核人、负责人签章后，报送财务科； 8. 及时记好各种记帐薄，每日与财务科核对发生款、余款，做到帐目相符。			

任职资格： 教育背景：医学、微机、财务专业背景，中专以上学历。 培训经历：财务、计算机知识培训。 经　　验：2 年以上医院管理工作经验。 知　　识：有财务、计算机操作方面的业务知识。 技　　能：掌握财务报表汇总方法，运用微机各个功能模块完成报表的填入和输出工作。 个人素质：拥护中国共产党和社会主义制度，热爱祖国，安心本职，遵守党和国家的方针政策和法律法令，有为卫生事业勇于献身的敬业精神； 遵守医院的规章制度，完成本职工作； 做事严谨，细致，工作认真负责； 善于沟通，同事间有较强的团队合作意识。
考核指标： 收款效率高，无患者滞留； 服务态度好，无患者投诉； 款项、账表无差错； 报表、款项入库及时。
协作关系： 内部协调关系：财务科长、临床和手术科室等。 外部协调关系：患者、医保局等。
工作条件： 工作环境：手述办公区； 工作时间：非正常工作时间，加班较多； 危 险 性：有患者感染危险，无职业病危险。
晋升方向：护士长

2. 门诊挂号工作人员（挂号员）岗位说明书

门诊挂号工作人员（挂号员）岗位说明书

岗位名称	挂号员	岗位代码	010503
直接上级	财务科长	直接下级	无
职级	职员级（执行层）	岗位定员	1 人
任职人签字		接收日期	
所属部门	财务部	授权人签字	
职位概要： 负责患者往来的挂号、选诊，与科室核对往来诊号。			
岗位职责： 1. 挂号 （1）在门诊主任领导下，负责挂号室的管理工作； （2）指导患者选择就诊科室，协助初诊患者填写门诊病案首页的项目； （3）协调好挂号后患者与诊室合作关系；			

（4）做好初诊和复诊患者的诊号、持证工作，认真解答患者及其家属的咨询； （5）对患者宣讲挂号的程序和步骤。 2. 款项 （1）负责门诊病案的发放，并做好挂号现金和票据的兑换及保管工作； （2）负责每日就诊工作量的统计和上报； （3）执行挂号、导诊、首页填写制度，做好门诊病案管理工作； （4）准确无误分开自费，医保患者的存档工作； （5）当日的款项要记录准确，并及时报送至财务科； 3. 纪律 （1）开诊前 10 分钟到岗，准时进行挂号，工作时间内要坚守岗位； （2）热情为患者提供咨询服务，提高服务质量； 4. 完成领导安排的相关工作。
任职资格： 教育背景：医学、财务、文秘、行政等专业背景，中专以上学历。 培训经历：财务和微机知识。 经　　验：2 年以上微机或统计工作经验。 知　　识：有医疗、药品方面的业务知识，懂得医保、现金微机系统的操作知识。 技　　能：具有很强的学习能力、能不断学习和运用于实际工作中；具有很强的适应能力，在工作现场能高效地完成本职工作。 个人素质：拥护中国共产党和社会主义制度，热爱祖国，安心本职，遵守党和国家的方针政策和法律法令； 遵守医院的规章制度，医风医德； 具有较强的工作意识，服务意识； 具有严谨认真的工作作风； 工作中积极主动，工作务实负责。
考核指标： 挂号分诊适当，无滞留患者； 医师无积压投诉； 款项收据齐备，及时交至财务； 各种类型的款项结款处理适当，无差错。
协作关系： 内部协调关系：财务科长、医院各科室等。 外部协调关系：医保局、银行、会计培训机构等。
工作条件： 工作环境：挂号办公区； 工作时间：非正常工作时间，有加班； 危 险 性：有患者感染危险，无职业病危险。
晋升方向：会计

3. 门诊收费员（收款员）岗位说明书

门诊收费员岗位说明书

岗位名称	门诊收费员	岗位代码	010504
直接上级	财务科长	直接下级	无

职级	职员级（执行层）	岗位定员	无定人数
任职人签字		接收日期	
所属部门	财务部	授权人签字	

职位概要：
负责门诊科室的收款工作。

岗位职责：
1. 款项
（1）在财务科长的领导下，遵守财经纪律、财会有关制度，应用微机做好门诊收费、结算及报表工作；
（2）按规定价格和收费标准进行收费；
（3）做好财物的防盗工作，除留存少量零款项，每日按规定时间将现金送交。
（4）收据和收费专章，不得转借他人和非收费业务使用；
（5）如发现长款短款现象，不得自行以长补短，应将长短款情况分别登记，报领导批准处理；
（6）严格按医院规定的价格划价收费，不准擅自提高或降低正常收费标准；
（7）每日结帐，应做到帐款相符，现金应及时上交；
（8）每日上报门诊医疗收入报表，每月上报月度汇总表，每季度上报季报表，年终制定年报表，做到数额准确；
2. 纪律
（1）文明服务，收付现金时做到唱收唱对，当面点清，留有存根，做到日清日结，及时将日报表和款项交汇会计登记，使用收据要按顺号领用；
（2）加强收款室管理，严禁非工作人员逗留，也不准收款人员擅自到其他科室闲谈；
3. 财务部安排其他款项收付工作。

任职资格：
教育背景：医学、财务等专业背景，中专以上学历。
培训经历：财务和微机知识。
经　　验：3 年以上医院管理工作经验。
知　　识：有财务方面的知识，具有医药知识。
技　　能：具有熟练的微机操作技能，具有财务的报表录入能力，会使用微机系统。
个人素质：拥护中国共产党和社会主义制度，热爱祖国，安心本职，遵守党和国家的方针政策和法律法令，遵守医院的规章制度，具有完成本职工作的责任意识；
能承受较大的工作压力，能解决工作中的临时问题；
具有稳健、认真的作风，具有工作的责任意识。

考核指标：
按时准确报送现金和报表；
无违纪现象或不良行为；
无违价的收款项目；
服务态度好，无患者投诉等。

协作关系：
内部协调关系：财务科长、各科室等。
外部协调关系：医保局、银行等。

工作条件：
工作环境：门诊收款办公区；
工作时间：非正常工作时间，加班较多；
危 险 性：有患者感染危险，无职业病危险

晋升方向：会计

4. 医务科科长岗位说明书

医务科科长岗位说明书

岗位名称	医务科科长	岗位代码	010601
直接上级	副院长	直接下级	医务科员、护士、保健科员
职级	科长级（管理层）	岗位定员	1 人
任职人签字		接收日期	
所属部门	医务科	授权人签字	

职位概要：

负责全院的医疗卫生事业的检查、处理和督办工作。

岗位职责：

1. 在院长领导下，具体组织实施全院的医疗和疾病预防工作；
2. 实施有关业务工作计划，经常督促检查，按时总结汇报；
3. 深入各科室，了解和掌握情况，组织重大抢救和院外会诊，督促各种制度和常规的执行；
4. 定期检查，采取有效措施，不断提高医疗服务质量，严防医疗差错事故的发生；
5. 对重大医疗差错或事故进行调查，必要时提交技术委员会讨论；
6. 负责全院医疗技术人员的业务训练和技术考核工作，以不断提高医疗的业务技术水平；
7. 协助做好卫生人员的调配奖惩工作；
8. 协调医院各科室的工作，以不断提升医疗技术水平和患者的满意度；
9. 负责拟定药品、医疗器械和其他医疗设施的供应管理制度。

任职资格：

教育背景：医学专业、药学、管理学背景，大学本科以上学历，中级以上医师职称。
培训经历：管理学、心理学、法学、计算机知识。
经　　验：5 年以上医院行政管理工作经验。
知　　识：具有管理、医疗方面的业务知识，并能根据实际情况灵活解决现场问题，具有突出事件的处理能力。
技　　能：精通管理理论，具有良好的亲和力和沟通能力；具有总结和汇报的能力，做好工作的预防和跟进工作；具有强烈的执行力，创造条件完成工作任务。
个人素质：政治思想明确，遵守法律法规，有为卫生事业勇于献身的敬业精神；
对管理技术精益求精，刻苦钻研专业技术和进行医学科研，了解和掌握学科动态和新进展，积极开展和引进新业务、新技术，不断提高诊疗水平；
遵守职业道德，坚决执行国家的医疗法规，全心全意地为伤员、患者服务，严守医疗工作制度，保证行医文明廉洁，同行间团结友爱；
具有制度的归纳和总结能力；
关键问题上坚持立场，主持局面。

考核指标：

医疗事件的处理的评定；
职工医疗培训和考核工作的恰当性（程序、效果）；
各部门之间的满意度。

协作关系：

内部协调关系：副院长、各科室等。
外部协调关系：患者、报社媒介、医疗卫生行业协会等。

工作条件： 工作环境：办公室、医院科室等； 工作时间：正常工作时间，加班不多； 危 险 性：基本无危险，无职业病危险。
晋升方向：行政副院长

5. 护理部主任岗位说明书

护理部主任岗位说明书

岗位名称	护理部主任	岗位代码	010701
直接上级	副院长	直接下级	护士长、护士
职级	主任级（管理层）	岗位定员	1 人
任职人签字		接收日期	
所属部门	护理部	授权人签字	
职位概要： 负责全院的护理领导工作。			
岗位职责： 1. 在院长领导下负责医院的全面护理工作，拟定全院护理工作计划； 2. 定期检查护理工作质量，按期总结汇报； 3. 严格督促检查指导各科室做好基础护理和执行分级护理工作，发现问题及时解决或上报； 4. 深入科室，检查和指导危重患者的抢救护理工作，指导护士做好护理跟踪记录工作； 5. 掌握全院护理人员工作、思想和学习情况，对护理人员提出奖惩意见； 6. 负责护士培训计划及落实，组织全院护理人员的业务技术训练，定期对护理人员进行业务技术考核； 7. 负责院内护理人员的调配工作； 8. 检查、指导门诊、病房、手术室和供应室的护理管理工作，推进护理工作的制度化、科学化、规范化； 9. 督促和检查护理人员规章制度，提出具体监控办法； 10. 定期召开全院护理会议，组织护士长互相检查、学习和交流经验，不断提高护理质量。			
任职资格： 教育背景：医学、护理专业背景，大学本科以上学历，高级护师职称。 培训经历：培训管理、政治经济学、心理学、法学、统计学、计算机知识。 经　　验：5 年以上医院管理工作经验。 知　　识：有医疗、管理方面的业务知识，具有系统的员工培训知识； 技　　能：熟悉管理理论，并能了解、运用现代管理的手段和方法，提升管理水平；懂得医疗业务，对护理工作有全面的把控；熟悉医疗活动中的政策、制度、法规、要求等并能熟练应用；有培训能力、管理能力和业务能力。 个人素质：拥护中国共产党和社会主义制度，热爱祖国，安心本职，遵守党和国家的方针政策和法律法令，有为卫生事业勇于献身的敬业精神； 对管理技术精益求精，刻苦钻研专业技术和进行医学科研，了解和掌握学科动态和新进展，积极提高诊疗水平； 遵守职业道德，全心全意地为伤员、患者服务，严守医疗工作制度，医德廉洁； 具有良好的沟通协调能力，同行间团结友爱。			

考核指标： 对护理工作的计划、规范和指导的次数和效果； 护理工作的投诉次数； 护理人员的业务评定水平提升程度； 护理工作的评定满意度。
协作关系： 内部协调关系：副院长、各科室等。 外部协调关系：报刊、杂志社、专业网站、医疗卫生行业协会等。
工作条件： 工作环境：办公室、各科室； 工作时间：非工作时间，不定期加班； 危 险 性：有患者感染的危险，无职业病危险。
晋升方向：医疗副院长

6. 门诊护士长

门诊护士长岗位说明书

岗位名称	门诊护士长	岗位代码	010702
直接上级	护理科主任	直接下级	护士
职级	主管级（管理层）	岗位定员	1 人根据科室设置
任职人签字		接收日期	
所属部门	护理科	授权人签字	
职位概要： 负责诊室器材、保洁和护理工作。			
岗位职责： 1. 在护理部主任的指导下，负责本科室的护理和护士的管理工作； 2. 负责本科室护理工作年度计划和护理质量监测控制方案的制定、实施、检查和总结； 3. 负责本科室护理人员的日常工作安排； 4. 负责检查本诊室开诊前的准备工作，深入各诊室检查护理重点，进行业务指导，解决护理技术操作难题； 5. 负责本诊室的管理，督促本科室的清扫和清理工作，保持诊室的清洁、整齐，及时负责医院的检查消毒、隔离工作，预防院内感染； 6. 负责组织护理中的药品器材的请领、保管和各种登记和统计工作； 7. 负责组织本科室的护理技术训练和考核，不断总结经验，撰写学术论文； 8. 督促检查护理人员认真执行各项规章制度和技术操作常规，进行安全教育、预防事故和差错的发生。			
任职资格： 教育背景：医学、护理专业背景，大学本科以上学历，高级护师职称。 培训经历：医学、护理学、药学、培训和微机知识。 经　　验：10 年以上医院护理工作经验。 知　　识：有医疗、培训方面的业务知识。 技　　能：精通护理理论和技术，并应用于临床实践中； 懂得医疗业务，要了解医学专业知识和熟悉医疗管理业务，对诊断、检查、治疗、护理、药械、仪器等有一定程度的掌握； 熟悉医疗活动中的政策、制度、法规、要求等并能熟练应用；在护理岗位上有创新的意识。			

个人素质：拥护中国共产党和社会主义制度，热爱祖国，安心本职，遵守党和国家的方针政策和法律法令，有为卫生事业勇于献身的敬业精神； 对护理工作精益求精，不断了解和掌握学科动态和新进展，积极开展和引进新业务、新技术，不断提高护理水平； 遵守职业道德，坚决执行国家的医疗法规，全心全意地为伤员患者，严守医疗工作制度，廉洁奉公，同行间团结协作；具有团队建设意识，做好员工的辅导和培训工作； 有工作的责任心和安全防患意识。
考核指标： 卫生清洁工作的评定； 护理工作的合规性； 护理工作的无差率； 本部门员工的业务提升比。
协作关系： 内部协调关系：护理科长、门诊科室等。 外部协调关系：报刊、杂志社、专业网站、医疗卫生行业协会等。
工作条件： 工作环境：门诊科室、办公室等； 工作时间：正常工作时间，加班不多； 危 险 性：有患者感染危险，无职业病危险。
晋升方向：护理科长

7. 门诊护师（士）

门诊护师（士）岗位说明书

岗位名称	门诊部护师（士）	岗位代码	010703
直接上级	门诊护士长	直接下级	无
职级	职员（执行层）	岗位定员	无定人数
任职人签字		接收日期	
所属部门	护理部	授权人签字	
职位概要： 做好门诊科室的安全卫生和护理工作。			
岗位职责： 1. 在护士长领导下进行护理工作； 2. 完成护士长安排的各班、各项护理工作，协助医师进行检诊，正确执行医嘱； 3. 负责器械的消毒和开诊前的准备工作，按照分工，负责药品器材和卫生被服的请领、保管和各种登记、统计工作； 4. 认真执行各项规章制度，严格执行无菌技术操作规程和三查七对制度，严防差错事故的发生； 5. 定时更换无菌器械和敷料，保持室内整齐、清洁，定期对治疗室、换药室进行消毒和空气细菌培养。			

任职资格： 教育背景：医学、护理专业背景，大学专科以上学历，初级以上护师职称； 培训经历：哲学、政治经济学、心理学、法律学、伦理学、数学、统计学、计算机知识； 经　　验：5年以上医院护理或实践工作经验； 知　　识：有医疗、护理方面的业务知识； 技　　能：掌握护理理论，并能独立应用于实践工作中，具有按规程独立工作的能力； 个人素质：拥护中国共产党和社会主义制度，热爱祖国，安心本职，遵守党和国家的方针政策和法律法令，有为卫生事业勇于献身的敬业精神； 对护理工作具有研习和探讨的精神，以便能应对复杂的护理环境； 具有学习和创新能力，具有适应能力，具有沟通和协作能力。
考核指标： 护理规程的抽查记录； 对治疗室、换药室的清洁和消毒工作完成率； 医疗用品、用具的清洁抽查记录； 门诊医生的满意度。
协作关系： 内部协调关系：护士长、门诊科室等。 外部协调关系：报刊、杂志社、专业网站、医疗卫生行业协会等。
工作条件： 工作环境：门诊室、护理办公室； 工作时间：非正常工作时间，有加班； 危 险 性：有护理感染危险，无职业病危险
晋升方向：门诊护士长

8. 导诊人员工作岗位说明书

导诊人员岗位说明书

岗位名称	导诊人员	岗位代码	010704
直接上级	门诊护士长	直接下级	无
职级	职员级（执行层）	岗位定员	无定人数
任职人签字		接收日期	
所属部门	护理部	授权人签字	
职位概要： 负责门诊往来患者的导诊分流工作。			
岗位职责： 1. 在门诊部主任和护士长的领导下，负责导诊、分诊工作、指导患者就诊； 2. 对患者态度和蔼、热情耐心解答患者提出的问题； 3. 维持门诊大厅秩序，保持候诊秩序良好，劝阻患者不要随地吐痰，不要乱扔果皮纸屑，不在门诊内吸烟； 4. 扶患携幼，帮助行动不便的患员挂号看病，如遇到危重患者，应与有关科室联系，给予及时诊治和抢救； 5. 对传染病，不漏检，要及时报告，以便于隔离；			

6. 随时为患者提供便民服务，接受患者的咨询； 7. 宣传普及卫生保健知识，介绍院内各专科业务技术情况，督促保洁人员搞好室内外卫生。
任职资格： 教育背景：医学、药学、护理专业背景，大学专科以上学历，初级医师职称。 培训经历：医学、护理业务知识培训。 经　　验：2 年以上医院工作经验。 知　　识：有医疗、护理方面的业务知识，具有心理学的知识。 技　　能：具有医院科室分类和病种区分，能根据患者的状况选择出最优的科室就诊； 配合医院科室人员做好入院患者的引导和安抚工作； 能解决现场的临时问题。 个人素质：拥护中国共产党和社会主义制度，热爱祖国，安心本职，遵守党和国家的方针政策和法律法令，有为卫生事业勇于献身的敬业精神； 遵守医院的规章制度，具有承受工作压力的能力； 具有良好的沟通和协作能力，完成本职工作。
考核指标： 患者分流适当，无滞留患者； 门诊就医有序，无挤拥堵塞现象； 医生接诊适当，分配合理； 重病患者处理适当，无分诊不当事故； 无患者和科室医师投诉。
协作关系： 内部协调关系：门诊护士长、各科室等。 外部协调关系：医疗卫生行业协会等。
工作条件： 工作环境：门诊办公区； 工作时间：正常工作时间，无加班； 危 险 性：有患者感染危险，无职业病危险
晋升方向：护士长

9. 医院感染监控护士岗位说明书

医院感染监控护士岗位说明书

岗位名称	医院感染监控护士	岗位代码	010705
直接上级	护理主任	直接下级	无
职级	职员级（执行层）	岗位定员	无定人数
任职人签字		接收日期	
所属部门	护理部	授权人签字	
职位概要： 对感染监控室和易感人群的护士和清洁工作。			

岗位职责：

1. 在护理部的领导下，在医院感染管理科的指导下，做好本科室院内感染管理制度的落实工作；
2. 负责医院内感染的日常监测，消毒灭菌方法的改进，对医务人员进行有关控制感染的消毒、灭菌、隔离、无菌技术操作等教育工作；
3. 对患者中发生的医院感染及医院工作人员中发生的感染和传染病，及时向医院内感染管理科报告，并协助他们进行调查，留取标本，采取控制措施等；
4. 积极向护理部、医院感染管理科提出关于消毒、灭菌、控制院内感染的合理化建议，并进行有关方面的科研工作；
5. 督促检查本科室工作人员认真执行消毒、灭菌、无菌操作和隔离技术等规章制度的落实；
6. 每周测试一次本科室所使用的各种消毒液配制浓度（酒精、含氯制剂）；每月对治疗室、抢救室进行空气培养；每季对带菌情况采样检查一次；按 10% 抽样对病室物体表面进行一次细菌培养；每季对科内紫外线灯进行一次强度测定，做好登记记录。

任职资格：

教育背景：医学、护理专业背景，大学专科以上学历，护师或初级以上职称。

培训经历：心理学、计算机知识。

经　　验：3 年以上医院工作经验。

知　　识：有医疗业务知识，能根据护理要求处理护理中的问题。

技　　能：掌握医疗业务，要了解医学专业知识和熟悉医疗管理业务，对护理等有一定程度的掌握；熟悉医疗活动中安全卫生、医疗养护的政策、制度、法规、要求等并能熟练应用；有较强的执行工作的能力。

个人素质：拥护中国共产党和社会主义制度，热爱祖国，安心本职，遵守党和国家的方针政策和法律法令，有为卫生事业勇于献身的敬业精神；

对护理技术精益求精，刻苦钻研专业技术和进行医学科研，不断提高护理水平；

遵守职业道德，坚决执行国家的医疗法规，全心全意地为伤员、患者服务，严守医疗工作制度，文明廉洁，同行间团结友爱；

能不断学习，具有创新意识。

考核指标：

做好感染的隔离工作，无差错；

感染的报告及时全面，无延时；

感染的用品用具的处理及时，合规；

感染的记录规范，操作程序正确；

清洁处理达标，无不良投诉等。

协作关系：

内部协调关系：护理主任、感染科室等。

外部协调关系：专业网站、医疗卫生行业协会等。

工作条件：

工作环境：感染办公区；

工作时间：非正常工作时间，加班较多；

危 险 性：有患者感染危险，无职业病危险。

晋升方向：护理主任

10. 临床护士长

临床护士长岗位说明书

岗位名称	临床护士长	岗位代码	010706
直接上级	护理主任	直接下级	护士（师）
职级	主管级（管理层）	岗位定员	1 人
任职人签字		接收日期	
所属部门	护理科	授权人签字	

职位概要：

负责临床医疗中的护理工作。

岗位职责：

1. 在科主任领导和护理部主任指导下，负责本科护理、护理教学及护理管理工作；
2. 根据护理部对全院护理工作质量的要求和工作计划，结合本科情况制定护理工作计划、护理质量监控方案并组织实施；
3. 督促检查本科室的护理人员认真执行医嘱和各项规章制度，遵守护理技术操作常规，预防事故、差错和医院感染；
4. 随同科主任查房，以便了解护理工作中存在的问题，及时解决问题，并加强医护联系；
5. 负责或指定专人负责各类仪器、设备和药品、器材的管理，以及卫生被服的请领、保管和各种登记、统计工作；
6. 组织本科护理人员认真学习护理业务技术，注意护士的素质培养，了解本科护理人员的思想、业务能力和工作表现，进行定期考核，提出奖惩意见；
7. 了解本科患者的病情、思想和生活情况，开展心理护理、宣传卫生知识和住院规则，征求患者意见、改进护理工作；
8. 负责本科护士的排班、轮换和临时调配。

任职资格：

教育背景：医学、护理专业背景，大学本科以上学历，副高级护师职称。
培训经历：行政管理、医学、护理学和计算机知识。
经　　验：10 年以上医院护理管理工作经验。
知　　识：有护理、医疗、行政管理方面的业务知识。
技　　能：具有较强的现场应对能力，能根据现场的情况，提出解决问题的方案；能与医师做好工作的配合和协同工作；
个人素质：拥护中国共产党和社会主义制度，热爱祖国，安心本职，遵守党和国家的方针政策和法律法令，有为卫生事业勇于献身的敬业精神；
对护理业务精益求精，刻苦钻研专业技术，及时了解和掌握学科动态和新进展，积极开展和引进新业务、新技术，不断提高诊疗水平；
遵守职业道德，坚决执行国家的医疗法规，全心全意地为伤员、患者服务，严守医疗工作制度，行医文明廉洁，同行间团结友爱；
能组织好团队建设，具有协调和组织能力。

考核指标：

完成科室主任的护理作业；
科室主任和护理主任满意度；
护理规程抽查规范；
护理效果达标。

协作关系： 内部协调关系：护理主任、临床主任等。 外部协调关系：报刊、杂志社、专业网站、医疗卫生行业协会等。
工作条件： 工作环境：临床办公区； 工作时间：非正常工作时间，有加班； 危 险 性：有患者感染危险，无职业病危险
晋升方向：护理主任

11. 临床护师（士）

临床护师（士）岗位说明书

岗位名称	临床护师（士）	岗位代码	010707
直接上级	临床护士长	直接下级	无
职级	职员级（执行层）	岗位定员	无定人数
任职人签字		接收日期	
所属部门	护理部	授权人签字	
职位概要： 落实临床护理工作。			
岗位职责： 1. 在本科主任、护士长领导下进行护理工作； 2. 负责完成各班、各项护理工作，正确执行医嘱和技术操作规程，严格查对制度和消毒、隔离制度，预防事故、差错和院内感染； 3. 严密观察患者的病情变化，做好重危伤患者的护理，协助医师进行各种诊疗工作，负责采集各种标本； 4. 参加护理查房，在上级护师的指导下，制定护理计划，书写护理病历； 5. 做好病房管理，办理伤员、患者出院、入院、转科、转院手续，按照分工，负责药品器材、卫生被服、办公用品等的请领、保管和各种登记统计工作； 6. 宣传卫生知识，介绍住院规则，了解伤员、患者的心态，开展心理护理。			
任职资格： 教育背景：医学、护理专业背景，中专以上学历，初级护师职称。 培训经历：护理学、医学、药学和计算机知识。 经　　验：3 年以上医院护理实践工作经验。 知　　识：有医疗、护理方面的业务知识。 技　　能：具有实践护理工作能力；能解决现场的护理问题。 个人素质：拥护中国共产党和社会主义制度，热爱祖国，安心本职，遵守党和国家的方针政策和法律法令，有为卫生事业勇于献身的敬业精神； 具有学习和实践能力，以不断提升个人的护理水平； 遵守职业道德，坚决执行国家的医疗法规，全心全意地为伤员、患者服务，严守医疗工作制度，文明廉洁，同行间团结友爱； 具有极强的服务意识和亲和力。			

考核指标： 抽查操作规程的执行情况； 患者的投诉率； 科室主任的满意度评定； 差错率的控制。
协作关系： 内部协调关系：副院长、各科室等。 外部协调关系：报刊、杂志社、专业网站、医疗卫生行业协会等。
工作条件： 工作环境：临床科室； 工作时间：非正常工作时间，加班较多； 危 险 性：有患者感染危险，无职业病危险
晋升方向：临床护士长

12. 手术室护士长

手术室护士长岗位说明书

岗位名称	手术室护士长	岗位代码	010708
直接上级	护理主任	直接下级	护士（师）
职级	主管级（管理层）	岗位定员	1 人
任职人		签字接收日期	
所属部门	护理部	授权人签字	
职位概要： 负责手术室的护理工作。			
岗位职责： 1. 在科主任领导和护理部主任的指导下，负责手术室业务、教学、科研和管理工作，并负责手术安排； 2. 根据手术室任务和护理人员情况，进行科学分工，密切配合医生完成手术，必要时亲自参加； 3. 督促、检查进入手术室人员认真执行各项规章制度和技术操作常规，严格无菌技术和查对制度，预防事故、差错； 4. 督促所属人员做好消毒工作，按规定进行空气和手的细菌培养、鉴定消毒效果； 5. 负责手术室的药品、器材、敷料、卫生设备等物品的请领、报销工作，并随时检查急诊手术用品的准备情况，检查毒、麻、限剧药及贵重器械的管理情况，帐物相符； 6. 认真执行查对和交接班制度，督促手术标本的保留和及时送检； 7. 组织业务学习和技术考核，掌握本科护理人员的思想、业务能力和工作表现，提出奖惩意见。			
任职资格： 教育背景：医学、护理专业背景，大学本科以上学历，副高级护师职称。 培训经历：护理、医学、药学和计算机知识。 经　　验：10 年以上医院护理工作经验。 知　　识：有医疗、护理和行政管理方面的业务知识。 技　　能：能组织本科室的护理工作，落实医师的诊治方案。			

个人素质：拥护中国共产党和社会主义制度，热爱祖国，安心本职，遵守党和国家的方针政策和法律法令，有为卫生事业勇于献身的敬业精神； 对专业技术精益求精，刻苦钻研专业技术和进行医学科研，了解和掌握学科动态和新进展，积极开展和引进新业务、新技术，不断提高护理水平； 遵守职业道德，坚决执行国家的医疗法规，全心全意地为伤员、患者服务，严守医疗工作制度，文明廉洁，同行间团结友爱； 能胜任较大的工作压力，并能解决现场复杂的护理问题。
考核指标： 科室主任满意度； 护理的无差率； 卫生保障的准备完备情况； 抽查护理流程的合规性。
协作关系： 内部协调关系：护理主任、手术主任； 外部协调关系：报刊、杂志社、专业网站、医疗卫生行业协会等。
工作条件： 工作环境：手术室工作区； 工作时间：非正常工作时间，加班较多； 危 险 性：有患者感染危险，无职业病危险
晋升方向：护理主任

13. 手术室护师（士）

手术室护师（士）岗位说明书

岗位名称	手术室护师（士）	岗位代码	010709
直接上级	手术室护师长	直接下级	无
职级	职员（执行层）	岗位定员	无定人数
任职人签字		接收日期	
所属部门	护理部	授权人签字	
职位概要： 落实手术室的护理工作。			
岗位职责： 1. 在护士长领导下，担任器械、巡回护士等工作，并负责手术前的准备和手术后的整理工作； 2. 负责手术后伤员、患者的包扎、保暖、护送和手术标本的保管和送检； 3. 认真执行各项规章制度和技术操作规程，督促检查参加手术人员的无菌操作，注意患者安全，严防差错、事故； 4. 按分工负责器械、敷料的打包消毒，药品、器材、被服的请领、保管和报销，以及各种登记、统计工作； 5. 参加卫生清扫，保持手术室清洁、肃静，调节和保持室内适宜的温度。			

任职资格： 教育背景：医学、护理专业背景，中专以上学历，初级护师职称。 培训经历：护理学、医学、药学和计算机知识。 经　　验：3 年以上医院护理实践工作经验。 知　　识：有医疗、护理方面的业务知识。 技　　能：具有实践护理工作能力； 能解决现场的实务问题。 个人素质：拥护中国共产党和社会主义制度，热爱祖国，安心本职，遵守党和国家的方针政策和法律法令，有为卫生事业勇于献身的敬业精神； 具有学习和实践能力，以不断提升个人的护理水平； 遵守职业道德，坚决执行国家的医疗法规，全心全意地为伤员、患者服务，严守医疗工作制度，文明廉洁，同行间团结友爱； 具有极强的服务意识和亲和力。
考核指标： 手术医师的满意度； 护理工作的合规性抽查； 手术室的卫生、清洁工作； 手术用品、用具准备齐备率； 意外事项的防范率； 护士长对其工作的评定。
协作关系： 内部协调关系：护士长、手术科室等。 外部协调关系：报刊、杂志社、专业网站、医疗卫生行业协会等。
工作条件： 工作环境：手术办公区； 工作时间：非正常工作时间，加班较多； 危 险 性：有患者感染危险，无职业病危险
晋升方向：护士长

14. 供应室护士长职责

供应室护士长岗位说明书

岗位名称	供应室护士长	岗位代码	010710
直接上级	护理主任	直接下级	护士（师）
职级	主管级（管理层）	岗位定员	1 人
任职人		签字接收日期	
所属部门	护理部	授权人签字	
职位概要： 负责供应室的护理和清洁工作。			

岗位职责： 1. 在护理部主任的指导下，负责消毒供应业务、教学和管理工作； 2. 负责本室年度工作计划和质量监测控制方案的制定、实施、检查和总结工作，负责本室护理人员的排班； 3. 负责组织医疗器材的再生和敷料的制备、消毒、灭菌、供应及保管工作，定期检查高压灭菌器的效能和各种消毒液的浓度，并检查消毒、灭菌效果，发现异常，及时处理； 4. 负责医疗器材、敷料、洗涤消毒药品的请领； 5. 负责一次性医疗器具的验收、发放、回收和销毁，确保使用安全和处理无害化； 6. 组织本室人员深入临床科室，实行下收下送、检查新供应器材、敷料的使用情况，征求意见，改进工作； 7. 督促检查本室人员认真执行消毒、灭菌制度和技术操作常规，严防医院感染和事故差错； 8. 负责组织业务学习和技术考核，掌握本室人员思想、业务能力和工作表现，提出奖惩意见。
任职资格： 教育背景：医学、护理专业背景，大学本科以上学历，副高级护师职称。 培训经历：护理、医学、药学和计算机知识。 经　　验：10 年以上医院护理工作经验。 知　　识：有医疗、护理和行政管理方面的业务知识。 技　　能：能组织本科室的护理工作，落实医师的诊治方案。 个人素质：拥护中国共产党和社会主义制度，热爱祖国，安心本职，遵守党和国家的方针政策和法律法令，有为卫生事业勇于献身的敬业精神； 对专业技术精益求精，刻苦钻研专业技术和进行医学科研，了解和掌握学科动态和新进展，积极开展和引进新业务、新技术，不断提高护理水平； 遵守职业道德，坚决执行国家的医疗法规，全心全意地为伤员、患者服务，严守医疗工作制度，文明廉洁，同行间团结友爱； 能胜任较大的工作压力，并能解决现场复杂的护理问题。
考核指标： 医疗器材的保管完备率； 备用器材的清洁合规性，有无不合规现象； 供应部检查的满意度等。
协作关系： 内部协调关系：护理主任、供应科室等； 外部协调关系：医疗卫生行业协会等。
工作条件： 工作环境：供应办公区； 工作时间：非正常工作时间，加班较多； 危 险 性：有患者感染危险，无职业病危险。
晋升方向：护理主任

15. 供应室护士职责

供应室护士岗位说明书

岗位名称	供应室护士	岗位代码	010711
直接上级	供应室护士长	直接下级	无
职级	职员级（执行层）	岗位定员	无定人数
任职人		签字接收日期	
所属部门	护理部	授权人签字	
职位概要： 落实供应室医疗设备、用品的准备和清洁工作。			
岗位职责： 1. 在消毒供应室护士长领导下进行工作； 2. 负责医疗器材、敷料的清洗、包装、消毒、保管、登记以及发放工作； 3. 经常检查医疗器材，遇有损坏，应及时补充，并向护士长报告； 4. 按照分工负责敷料、药品、器材、卫生被服的请领、保管工作； 5. 认真执行各项规章制度和技术操作规程，积极开展技术革新，不断提高消毒工作质量，严防差错、事故的发生。			
任职资格： 教育背景：医学、护理专业背景，中专以上学历，初级护师职称。 培训经历：护理学、医学、药学和计算机知识。 经　　验：3 年以上医院护理实践工作经验。 知　　识：有医疗、护理方面的业务知识。 技　　能：具有实践护理工作能力；能解决现场的实务问题。 个人素质：拥护中国共产党和社会主义制度，热爱祖国，安心本职，遵守党和国家的方针政策和法律法令，有为卫生事业勇于献身的敬业精神； 具有学习和实践能力，以不断提升个人的护理水平； 遵守职业道德，坚决执行国家的医疗法规，全心全意地为伤员、患者服务，严守医疗工作制度，文明廉洁，同行间团结友爱； 具有极强的服务意识和亲和力。			
考核指标： 供应室器材、敷料的准备合格性，有无差错； 护理操作规程的抽查合格率； 供应室的满意度等。			
协作关系： 内部协调关系：护士长、供应科室等。 外部协调关系：医疗卫生行业协会等。			
工作条件： 工作环境：供应室办公区； 工作时间：非正常工作时间，加班较多； 危 险 性：有患者感染危险，无职业病危险。			
晋升方向：护士长			

三、医技科岗位职责

医技科主要岗位有检验科主任、检验科技师（士）、放射科医师、特检科技师（医师）、药剂科主任、药剂师（中西药）、主管药师、药库保管员共8个岗位，其岗位职责如下所示：

医院技能职位名称编号一览表

部门名称	职位编号	职位名称	职级	编制	直接下属人数	晋升方向
医技科	020101	检验科主任	管理层	1	无定	副院长
	020102	检验科技师（士）	执行层	无定	0	检验科主任
	020201	放射科医师	执行层	无定	0	科室主管
	020301	特检科技师（医师）	执行层	无定	0	科室主管
药剂科	020401	药剂科主任	管理层	1	无定	副院长
	020402	药剂师（中西药）	执行层	无定	0	科室主管
	020403	主管药师	执行层	无定	0	科室主管
	020404	药库保管员	执行层	无定	0	科室主管

1. 检验科主任岗位说明书

检验科主任岗位说明书

岗位名称	检验科主任	岗位代码	020101
直接上级	副院长（医技主任）	直接下级	检验科护士（师）
职级	主任级（管理层）	岗位定员	1人
任职人签字		接收日期	
所属部门	医技科	授权人签字	
职位概要： 负责检验器材、教学用品和药品的申购、使用和领取工作。			
岗位职责： 1. 在院长或分管院长的领导下，负责本科的检验、教学和行政管理工作； 2. 负责制订本科业务技术建设规划、年度工作计划和检验质量监测控制方案，并组织实施和督促检查、总结； 3. 督促本科各级人员认真执行各项规章制度和技术操作规程，做好登记、统计和消毒隔离工作，正确使用菌种毒株、毒剧药品和器材； 4. 审签药品器材的请领、报销、经常检查安全措施，严防差错事故发生； 5. 参加部分检验工作，解决本科复杂疑难的检查，必要时参加临床会诊、抢救和疑难病例的诊断、审签重要的诊断报告； 6. 确定本科人员的值班和轮换，负责本科人员的业务训练和技术考核，提出奖惩意见。			

任职资格： 教育背景：医学专业，大学本科以上学历，副高级医师职称。 培训经历：医学、医学技术和计算机知识。 经　　验：10年以上医院实践或管理工作经验。 知　　识：有医疗、行政管理方面的业务知识。 技　　能：具有临床组织和实践工作能力，能拟定本科室员工的培训和考核计划。 个人素质：拥护中国共产党和社会主义制度，热爱祖国，安心本职，遵守党和国家的方针政策和法律法令，有为卫生事业勇于献身的敬业精神； 对管理和技术精益求精，刻苦钻研专业技术和进行医学科研，了解和掌握学科动态和新进展，积极开展和引进新业务、新技术，不断提高诊疗水平； 遵守职业道德，坚决执行国家的医疗法规，全心全意地为伤员、患者服务，严守医疗工作制度，文明廉洁，同行间团结友爱； 具有较强的沟通和协调能力。
考核指标： 检查用品的申购的齐备性，有无不合理的缺件； 菌种、毒剧药品和器材的管理合规性，有无不合规定的现象； 检验科室的制度建立和遵守情况，有无不合规定的现象； 解决疑难医疗诊断器材问题（加分项）； 科室的满意度； 部门内人员的培训情况，技术提高情况。
协作关系： 内部协调关系：财务科长、各科室等。 外部协调关系：医药公司、医疗学术会等。
工作条件： 工作环境：医院检验科室； 工作时间：正常工作时间； 危 险 性：有患者感染危险，无职业病危险。
晋升方向：副院长（医技）

2. 检验科技师（士）岗位说明书

检验科技师（士）岗位说明书

岗位名称	检验科技师（士）	岗位代码	020102
直接上级	检验科主任	直接下级	无
职级	职员级（执行层）	岗位定员	无定人数
任职人		签字接收日期	
所属部门	检验科	授权人签字	
职位概要： 完成检验科医疗设备、器材的准备、使用和保管工作。			

岗位职责： 1. 在科主任领导下进行工作；
2. 按照科主任的安排，参加检验工作，检查检验质量，核对检验结果，负责特殊检验的技术操作和特殊试剂的配制、鉴定、检查，定期校正检验试剂、仪器，防止差错事故的发生； 3. 负责菌种毒株、剧毒药品、贵重仪器的管理和检验器材的请领和报销等工作； 4. 注意检查室的安全、卫生清洁工作及各种器材物品的保管和使用； 5. 加强业务学习，改进操作方法，提高检验质量，密切配合临床工作，提高医疗技术水平。
任职资格： 教育背景：医学专业背景，大学专科以上学历，中级医师职称或其他专业资格证书。 培训经历：医学、药学或相关专业和计算机知识。 经　　验：5 年以上医院相关工作经验。 知　　识：有医疗、药学方面的业务知识。 技　　能：能独立落实医疗器械的检验和校验工作； 具有配合临床工作的能力。 个人素质：拥护中国共产党和社会主义制度，热爱祖国，安心本职，遵守党和国家的方针政策和法律法令，有为卫生事业勇于献身的敬业精神； 遵守职业道德，坚决执行国家的医疗法规，全心全意地为伤员、患者服务，严守医疗工作制度，文明廉洁，同行间团结友爱； 不断强化学习能力，加强与科室间的沟通和协作。
考核指标： 检验器材准备的时效性，有无延后的工作； 特殊的药品和器材的管理是否符合要求； 检验的方法有无违规现象； 有无投诉现象。
协作关系： 内部协调关系：检验主任、各科室等。 外部协调关系：医疗公司等
工作条件： 工作环境：检验科室； 工作时间：正常工作时间； 危 险 性：有患者感染危险，无职业病危险。
晋升方向：检验科长/主任

3. 放射科医师岗位说明书

放射科医师岗位说明书

岗位名称	放射科医师	岗位代码	020201
直接上级	副院长（医疗）/科主任	直接下级	无
职级	职员级（执行层）	岗位定员	1－3 人
任职人		签字接收日期	
所属部门	放射科	授权人签字	

职位概要：

负责 X 线的使用和保养工作。

岗位职责：

1. 在科主任的领导下进行工作；
2. 负责 X 线诊断和投照工作，按时完成诊断报告，遇有疑难问题，及时请示上级；
3. 负责本科机器的维护、保养和管理，遵守技术操作规程和安全规则，严防差错、事故的发生；
4. 负责本科医疗器材、物品的请领、保管和登记；
5. 加强与临床科室的联系，参加临床危重患者的会诊，不断提高诊断的符合率；
6. 保持室内卫生，注意用电管理，保证用电安全。

任职资格：

教育背景：医学、药学或相关专业背景，大学专科以上学历，初级医师职称。
培训经历：医学、药学或相关专业和计算机知识。
经　　验：3 年以上医院管理工作经验。
知　　识：有医疗、药品或相关方面的业务知识。
技　　能：独立掌握设备、器材的操作技能，能做好分析记录。
个人素质：拥护中国共产党和社会主义制度，热爱祖国，安心本职，遵守党和国家的方针政策和法律法令，有为卫生事业勇于献身的敬业精神；
遵守职业道德，坚决执行国家的医疗法规，全心全意地为伤员、患者服务，严守医疗工作制度，文明廉洁；
认真负责，协调合作。

考核指标：

检验设备的使用和保养情况，有无违纪现象；
诊断和检验工作的正常性，有无患者投诉；
重大疑难问题的处理恰当性；
用品用具的节耗率。

协作关系：

内部协调关系：检验科主任、设备科。
外部协调关系：患者等。

工作条件：

工作环境：放射科办公室；
工作时间：正常工作时间；
危 险 性：有患者感染危险，无职业病危险。

晋升方向：医技主任

4. 特检科技师（医师）岗位说明书

特检科技师（医师）岗位说明书

岗位名称	特检科技师（医师）	岗位代码	020301
直接上级	医技科主任	直接下级	无
职级	职员级（执行层）	岗位定员	1~3人
任职人		签字接收日期	
所属部门	特检科	授权人签字	
职位概要： 负责特检科的检验和报告工作。			
岗位职责： 1. 在科主任的领导下，严格执行操作规程，努力完成本室的工作任务； 2. 认真施行各项业务诊断技术，书写诊断报告； 3. 做好各类资料的积累、登记、统计和保管； 4. 与临床科室保持密切联系，配合会诊和危重患者的抢救工作； 5. 定期保养维护检查设备，保证仪器设备的正常运行。			
任职资格： 教育背景：医学、药学或相关专业背景，大学专科以上学历，初级医师职称。 培训经历：医学、药学或相关专业和计算机知识。 经　　验：3年以上医院管理工作经验。 知　　识：有医学、药学或相关专业方面的业务知识。 技　　能：能独立开展工作，做好分析和总结。 个人素质：拥护中国共产党和社会主义制度，热爱祖国，安心本职，遵守党和国家的方针政策和法律法令，有为卫生事业勇于献身的敬业精神； 遵守职业道德，坚决执行国家的医疗法规，全心全意地为伤患者服务，严守医疗工作制度，文明廉洁，同行间团结友爱； 工作认真，能承受较大的工作压力。			
考核指标： 特检工作的完成效率，有无延期报告； 临床科室的满意度； 工作记录的合规性等。			
协作关系： 内部协调关系：检验科主任、临床科室等。 外部协调关系：医疗行业协会等。			
工作条件： 工作环境：特检科室； 工作时间：正常工作时间，视情况加班； 危 险 性：有患者感染危险，无职业病危险。			
晋升方向：检验科主任			

5. 药剂科主任岗位说明书

药剂科主任岗位说明书

岗位名称	药剂科主任	岗位代码	020401
直接上级	副院长（医疗）	直接下级	药剂师
职级	主任级（管理层）	岗位定员	1人
任职人		签字接收日期	
所属部门	药剂科	授权人签字	

职位概要：

根据药品管理规程负责本院药品的管理工作。

岗位职责：

1. 在院长或分管副院长领导下，负责药剂科的业务、教学、科研和行政管理工作；
2. 负责制定本科业务建设规划、年度工作计划和质量管理方案，并认真组织实施、检查和总结；
3. 组织贯彻执行《中华人民共和国药品管理法》及其他药政管理法规，依法管药。拟定本院《基本用药目录》和药品请领、采购计划，由院领导批准实施；
4. 组织领导药品调配与制剂工作，指导或亲自参加复杂的药剂调配和制剂，保证配发的药品质量合格；
5. 督促和检查毒、麻、限剧、贵重药品的使用、管理以及药品检验鉴定工作，领导所属人员认真执行各项规章制度和技术操作规程，确保安全，严防差错事故的发生；
6. 经常深入科室，了解需要、征求意见、主动供应药剂。

任职资格：

教育背景：药学或相关专业背景，大学本科以上学历，中级医师职称，或具有执业药师证书。

培训经历：药学、医学或相关专业和计算机知识。

经　　验：8年以上药品管理工作经验。

知　　识：有药学、医疗和行政管理方面的业务知识。

技　　能：熟练掌握药品法规管理的规定，熟练掌握药品的药理药效，具有组织科室人员的能力。

个人素质：拥护中国共产党和社会主义制度，热爱祖国，安心本职，遵守党和国家的方针政策和法律法令，有为卫生事业勇于献身的敬业精神；

遵守职业道德，坚决执行国家的医疗法规，全心全意地为伤员、患者服务，严守医疗工作制度，同行间团结友爱；

能带领团队培训，不断提升本科室的业务技能。

考核指标：

药品领用、保养和配发的合规性；

制剂达标，保时保量；

科室满意度；

特殊药品领用，无违纪。

协作关系：

内部协调关系：医疗副院长、各科室、财务科等。

外部协调关系：药品公司、银行等。

工作条件： 工作环境：药剂科办公室； 工作时间：正常工作时间，有加班； 危 险 性：无职业病危险。
晋升方向：医技科副院长

6. 药剂师（中西药）岗位说明书

药剂师（中西药）岗位说明书

岗位名称	药剂师（中西药）	岗位代码	020402
直接上级	药剂科主任	直接下级	无
职级	职员级（执行层）	岗位定员	1～3人
任职人签字		接收日期	
所属部门	药剂科	授权人签字	
职位概要： 落实药品的采购、供应、统报和使用工作。			
岗位职责： 1. 在科主任领导下进行工作； 2. 参加药品调剂、制剂，负责药品的请领、采购、保管供应、报销及登记、统计工作，严格执行各项规章制度及技术操作常规，预防事故差错发生； 3. 负责药品制剂的检验和药检器材的调试、保养； 4. 负责药品的使用、管理，严格执行各项规定，做到帐物相符； 5. 深入科室，征求意见，介绍新药，改进药品供应工作，检查科室的药品使用和管理情况，发现问题，及时解决，必要时向上级报告，协助临床搞好合理用药； 6. 参加药学科研和开展新业务、新技术、总结经验、撰写学术论文。			
任职资格： 教育背景：药学专业背景，大学专科以上学历，中级药师职称。 培训经历：药学或医学专业和计算机知识。 经　　验：5年以上药品工作经验。 知　　识：有药学、医疗、医药卫生方面的业务知识。 技　　能：熟悉药品的储运方法，掌握各类药品的管理流程；熟悉并能执行药品管理规定。 个人素质：拥护中国共产党和社会主义制度，热爱祖国，安心本职，遵守党和国家的方针政策和法律法令，有为卫生事业勇于献身的敬业精神； 遵守职业道德，坚决执行国家的医疗法规，全心全意地为伤员、患者服务，严守医疗工作制度，同行间团结友爱； 服从工作安排，能认真完工本职工作。			
考核指标： 采购的及时、充量； 财务资金占用率合理； 新药的培训宣讲清晰，易懂； 药品无违规进入现象； 按要求完成学术论文。			

协作关系： 内部协调关系：财务科长、药剂科主任等。 外部协调关系：医保局、银行、药品采购公司等。
工作条件： 工作环境：药剂科办公室； 工作时间：正常工作时间； 危 险 性：无职业病危险。
晋升方向：药剂科主任

7. 主管药师岗位说明书

主管药师岗位说明书

岗位名称	主管药师	岗位代码	020403
直接上级	药剂科主任	直接下级	无
职级	职员级（执行层）	岗位定员	1～3人
任职人签字		接收日期	
所属部门	药剂科	授权人签字	
职位概要： 负责药方的检验，做好特殊药品的使用。			
岗位职责： 1. 审计医生处方配伍是否妥当，按医生所开处方准确签付药，付药过程中，一定查看药品剂型、含量、性能等与处方复核方能付药； 2. 负责药品进库前质量检验，鉴定工作，对毒、麻、精神、贵重药品使用管理进行随时检查，发现问题及时处理、汇报； 3. 根据门诊患者使用实际情况，向采购部门提供准确药品申请计划及患者使用后信息反馈； 4. 严格执行药品管理及临床使用有关规章制度，研究药品疗效调查，给医生提供疗效好的、毒性小的药品，促使药品销售及患者治疗双赢； 5. 完成领导交给的其他工作。			
任职资格： 教育背景：药学专业背景，大学专科以上学历，中级药师职称，或具有执业药师证书。 培训经历：药学或相关专业和计算机知识。 经　　验：5年以上医院管理工作经验。 知　　识：有药品或相关方面的业务知识。 技　　能：按独立完成各类药品的审核、抓方和管理工作。 个人素质：拥护中国共产党和社会主义制度，热爱祖国，安心本职，遵守党和国家的方针政策和法律法令，有为卫生事业勇于献身的敬业精神； 遵守职业道德，坚决执行国家的医疗法规，全心全意地为伤患者服务，严守医疗工作制度，文明廉洁，同行间团结友爱； 能认真落实医院安排的各项工作； 具有责任意识。			
考核指标： 审方及时、正确，无遗漏； 特殊药品审核合规性； 审核的程序正确，记录齐备； 科室主任满意度。			

协作关系： 内部协调关系：药剂主任、各科室等。 外部协调关系：医药公司、医疗行业协会等。
工作条件： 工作环境：药剂科办公室； 工作时间：正常工作时间； 危 险 性：无患者感染危险，无职业病危险。
晋升方向：药剂科主任

8. 药库保管员岗位说明书

药库保管员岗位说明书

岗位名称	药库保管员	岗位代码	020404
直接上级	药剂科主任	直接下级	无
职级	职员级（执行层）	岗位定员	1－3 人
任职人签字		接收日期	
所属部门	药剂科	授权人签字	
职位概要： 负责药品的验收、保管和发放工作。			
岗位职责： 1. 承担门诊药品验收、保管和发放工作； 2. 负责入库药品的质量检查，核对数量，发现问题及时上报； 3. 负责药品存放管理，品种分类摆放，严防药品霉烂、损坏、过期、变质，做到帐、卡、物三符合； 4. 做好毒、麻、贵重、易爆药品保管工作，严防以外发生； 5. 承担药库帐目及有关资料的记载和保管工作，做到日清月结； 6. 根据药局实际出卖量及库存、提供准确用药计划； 7. 在搬运药品时，因个人原因造成丢货及货物破损，负责赔偿经济损失。			
任职资格： 教育背景：药学或医学专业背景，中专以上学历，初级药师职称。 培训经历：药学或医学和计算机知识。 经　　验：3 年以上药品管理工作经验。 知　　识：有药学、医疗方面的业务知识。 技　　能：掌握并能落实药品法规流转管理规定，熟悉药品储运知识。 个人素质：拥护中国共产党和社会主义制度，热爱祖国，安心本职，遵守党和国家的方针政策和法律法令，有为卫生事业勇于献身的敬业精神； 遵守职业道德，坚决执行国家的医疗法规，全心全意地为伤员、患者服务，严守医疗工作制度，同行间团结友爱； 执行力强，能完成医院交办的各项工作。			

考核指标： 药品的收领手续齐备； 药品的存放符合要求； 特殊药品按要求存放； 报表时时上报，无违规现象； 无人为损坏。
协作关系： 内部协调关系：药剂科长、各科室等。 外部协调关系：医药公司、搬运公司等。
工作条件： 工作环境：药剂室办公室； 工作时间：正常工作时间； 危 险 性：无患者感染危险，无职业病危险。
晋升方向：药剂师

四、治疗科岗位职责

医院治疗科主要有门诊部主任、门诊主任医师（副主任医师）、门诊主治医师、门诊医师、临床科主任、临床主任医师（副主任医师）、临床主治医师、临床住院医师和麻醉科医师共9个岗位，其岗位职责如下所示：

医院治疗科职位名称编号一览表

部门名称	职位编号	职位名称	职级	编制	直接下属人数	晋升方向
治疗科（门诊）	020501	门诊部主任	管理层	1	无定	副院长
	020502	门诊主任医师（副主任医师）	管理层	无定	无定	门诊主任
	020503	门诊主治医师	执行层	无定	0	门诊副主任
	020504	门诊医师	执行层	无定	0	门诊主治医师
治疗科（临床）	020601	临床科主任	管理层	1	3	副院长
	020602	临床主任医师（副主任医师）	管理层	1～3	无定	临床主任
	020603	临床主治医师	执行层	无定	0	临床副主任
	020604	临床住院医师	执行层	无定	0	临床主治医师
	020605	麻醉科医师	执行层	1～3	0	麻醉主管

1. 门诊部主任岗位说明书

门诊部主任岗位说明书

岗位名称	门诊部主任	岗位代码	020501
直接上级	副院长（治疗）	直接下级	门诊医师、主治医师
职级	主任级（管理层）	岗位定员	1 人
任职人签字		接收日期	
所属部门	门诊部	授权人签字	

职位概要：

负责门诊科室的治疗和管理工作。

岗位职责：

1. 治疗

（1）参与门诊疑难病例的会诊、转诊住院、重危患者的抢救；

（2）接收大批创伤、中毒和传染患者时应按规定及时上报，并采取相应措施；

2. 管理

（1）在院长领导下，负责门诊部的医疗、护理、预防教学及行政管理工作；

（2）负责工作计划的实施、检查和总结；

（3）督促科室人员履行职责，认真执行各项规章制度和技术操作常规，经常进行安全教育，严防事故、差错，定期检查医疗文书、资料的保管和登记、统计工作；

（4）负责门诊工作人员做好卫生教育工作，清洁卫生、消毒隔离、疫情报告工作，保持门诊清洁卫生，传染病除及时上报外，要及时消毒，防止院内感染；

（5）慎重接待好各级政府卫生行政人员的检查，遇事要冷静，在解释问过程中要态度诚恳，妥善处理问题，防止激化事态；

（6）充分调动门诊每一个人的工作积极性，让凡来门诊就医的大人、小孩都感到门诊医护人员治疗准确、疗效快，服务态度上乘，回头就医患者多，从而提高工作效率；

（7）以身作则，秉公办事，树立团结协作奋发进取的好作风，领导门诊医护人员完善各级岗位责任制；

3. 医疗科研

（1）掌握全院患者流动情况和各科床位使用情况，对需住院的患者，督促办理入院手续；

（2）做好患者医疗档案登记、回访工作，将附近患者用一切可用的办法拉网，建立患者基地。拓展门诊医疗工作面，提高门诊经济收入。

任职资格：

教育背景：医学专业背景，大学本科以上学历，高级医师职称。

培训经历：管理学、心理学、法律学、计算机知识。

经　　验：8 年以上医院管理工作经验。

知　　识：有医疗、管理方面的业务知识。

技　　能：精通管理理论，掌握和利用现代管理的手段和方法，管理本科室的工作；

懂得医疗业务，能解决本科室中出现的医疗问题；

熟悉医疗活动中的政策、制度、法规、要求等并能熟练应用；具有统筹规划的能力，能利用现有的条件将医院工作落到实处；

个人素质：拥护中国共产党和社会主义制度，热爱祖国，安心本职，遵守党和国家的方针政策和法律法令，有为卫生事业勇于献身的敬业精神； 对医疗技术精益求精，刻苦钻研专业技术和进行医学科研，了解和掌握学科动态和新进展，积极开展和引进新业务、新技术，不断提高诊疗水平； 遵守职业道德，坚决执行国家的医疗法规，全心全意地为伤员、患者服务，严守医疗工作制度，行医文明廉洁，同行间团结友爱； 加强科室间的沟通和协作，具有服务和责任意识。
考核指标： 门诊处置和治疗及时，无延后或不当事件； 组织培训得力，员工工作积极，无违纪； 门诊效益提升。
协作关系： 内部协调关系：财务科长、各科室等。 外部协调关系：医保局、银行、医疗行业协会等。
工作条件： 工作环境：门诊处置区、门诊主任办公室； 工作时间：非正常工作时间，加班较多； 危 险 性：有患者感染危险，无职业病危险。
晋升方向：副院长（治疗）

2. 门诊主任医师（副主任医师）岗位说明书

门诊主任医师（副主任医师）岗位说明书

岗位名称	门诊主任医师（副主任医师）	岗位代码	020502
直接上级	门诊主任	直接下级	主治医师、门诊医师
职级	副主任级（管理层）	岗位定员	1～3人
任职人签字		接收日期	
所属部门	门诊部	授权人签字	
职位概要： 在主任的领导下，负责门诊科室的治疗、管理和教学工作。			
岗位职责： 1. 在主任领导下，负责指导并参加医疗、预防、教学和科研工作； 2. 帮助下级医师提高专业理论、技术操作水平和解决复杂、疑难技术问题的能力； 3. 参加重危、疑难伤员、患者的门诊、会诊和抢救，解决本专业疑难技术问题； 4. 掌握国内外本专业技术发展动态，开展新业务、新技术，开展中西医结合，总结经验、撰写学术论文。			
任职资格： 教育背景：医学专业背景，大学本科以上学历，高级医师职称。 培训经历：心理学、法学、计算机知识。 经　　验：10年以上医院管理工作经验。 知　　识：有医疗、管理方面的专业知识。			

技　　能：具有极强的业务实践能力，能随时解决现场的疑难技术问题；具有教与学结合的业务技能，不断地引进、消化和传播行业内的新知识。 个人素质：拥护中国共产党和社会主义制度，热爱祖国，安心本职，遵守党和国家的方针政策和法律法令，有为卫生事业勇于献身的敬业精神； 对医学技术精益求精，刻苦钻研专业技术和进行医学科研，了解和掌握学科动态和新进展，积极开展和引进新业务、新技术，不断提高诊疗水平； 遵守职业道德，坚决执行国家的医疗法规；全心全意地为伤员、患者服务，严守医疗工作制度，行医文明廉洁； 较强的学习能力，以开放的思维接受新技术； 能做好同事之间的沟通和协作工作。
考核指标： 治疗次数； 重大疑难事件的处理； 论文的发表量； 科室医师对培训和指导工作的满意度等。
协作关系： 内部协调关系：门诊主任、门诊医师、临床科室等。 外部协调关系：医疗学术协会、职管部门等。
工作条件： 工作环境：门诊科室及办公室； 工作时间：非正常工作时间，加班较多； 危 险 性：有患者感染危险，无职业病危险。
晋升方向：门诊主任

3. 门诊主治医师岗位说明书

门诊主治医师岗位说明书

<table>
<tr><td>岗位名称</td><td>门诊主治医师</td><td>岗位代码</td><td>020503</td></tr>
<tr><td>直接上级</td><td>门诊主任医师</td><td>直接下级</td><td>门诊医师</td></tr>
<tr><td>职级</td><td>职员级（执行层）</td><td>岗位定员</td><td>无定人数</td></tr>
<tr><td>任职人签字</td><td></td><td>接收日期</td><td></td></tr>
<tr><td>所属部门</td><td>门诊部</td><td>授权人签字</td><td></td></tr>
<tr><td colspan="4">职位概要：
在主任的指导下，开展治疗、会诊和科研工作。</td></tr>
<tr><td colspan="4">岗位职责：
1. 在主任领导和正（副）主任医师指导下，分担医疗、预防、教学等工作；
2. 负责门诊、会诊、出诊和重危伤患者抢救、解决较复杂疑难诊疗技术问题，执行首诊负责制，确定患者门诊或住院治疗，发现传染病，按规定报告，并采取相应措施；
3. 指导住院医师解决较复杂、疑难的技术问题，并负责技术考核；
4. 学习和运用国内外先进诊疗技术，开展新业务、新技术，做好资料积累、总结经验、撰写学术论文。</td></tr>
</table>

任职资格： 教育背景：医学专业背景，大学本科以上学历，中级医师职称。 培训经历：医学、护理学和计算机知识。 经　　验：8 年以上医院实践工作经验。 知　　识：有医疗、药学方面的业务知识，掌握临时事件的处理能力。 技　　能：掌握扎实的医学、药学理论知识，并能具体应用于实践会诊工作中；有较强学习和应用的能力，能不断将新的医疗知识吸收、消化并应用于医疗实践中； 个人素质：拥护中国共产党和社会主义制度，热爱祖国，安心本职，遵守党和国家的方针政策和法律法令，有为卫生事业勇于献身的敬业精神； 对医药知识善用、敢用、会用；具有良好的协调能力，能配合领导和同事的作业进程； 具有较强的责任心和服务意识。
考核指标： 按要求完成医疗工作； 有发表的论文； 医技提升，考核达标。
协作关系： 内部协调关系：门诊主任、各科室等； 外部协调关系：医疗学术协会、医疗院校等。
工作条件： 工作环境：门诊科室及办公室； 工作时间：非正常工作时间，加班较多； 危 险 性：有患者感染危险，无职业病危险。
晋升方向：门诊副主任医师

4. 门诊医师岗位说明书

门诊医师岗位说明书

岗位名称	门诊医师	岗位代码	020504
直接上级	门诊主任医师	直接下级	无
职级	职员级（执行层）	岗位定员	无定人数
任职人签字		接收日期	
所属部门	门诊部	授权人签字	
职位概要： 负责门诊接待确诊工作。			
岗位职责： 1. 在主任领导下和上级医师的指导下严格遵循诊疗常规进行工作； 2. 参加门诊、会诊、出诊和重危伤员、患者的抢救工作，执行首诊负责制，确定患者门诊治疗或住院治疗，认真书写门诊病历和各种检查单、治疗单，及时做好医疗、预防等各种登记； 3. 对需入院的患者及时收治，发现传染病，按规定报告，并采取相应的措施； 4. 学习和运用国内外先进诊疗技术，开展新业务、新技术，总结经验，撰写学术论文。			

任职资格： 教育背景：医学专业背景，大学本科以上学历，初级以上医师职称。 培训经历：医学、药学等专业知识。 经　　验：5 年以上医院实践工作经验。 知　　识：有医疗、药品、护理方面的业务知识。 技　　能：具有扎实的理论知识，能根据患者的病情准确确定处理方案； 掌握医院接诊的业务流程，并做好相应的协调和配合工作； 具有分析和总结能力，独立撰写学术论文。 个人素质：拥护中国共产党和社会主义制度，热爱祖国，安心本职，遵守党和国家的方针政策和法律法令，有为卫生事业勇于献身的敬业精神； 对医学技术精益求精，刻苦钻研专业技术和进行医学科研，了解和掌握学科动态和新进展，积极开展和引进新业务、新技术，来提升个人的业务能力； 能适应较大的工作压力； 能解决临时出现的现场问题，并及时总结和汇报； 具有良好的适应性和沟通合作意识。
考核指标： 负责门诊患者的首次确诊分流； 导诊正确及时； 记录翔实，报告及时； 创新的学术论文等。
协作关系： 内部协调关系：门诊主任、各科室等。 外部协调关系：医疗行业协会、医疗院校等。
工作条件： 工作环境：门诊科室及办公区； 工作时间：非正常工作时间，加班较多； 危 险 性：有患者感染危险，无职业病危险。
晋升方向：主治医师

5. 临床科主任岗位说明书

临床科主任岗位说明书

岗位名称	临床科主任	岗位代码	020601
直接上级	副院长（治疗）	直接下级	临床副主任、临床主治医师、临床医师
职级	主任级（管理层）	岗位定员	1 人
任职人		签字接收日期	
所属部门	临床科	授权人签字	
职位概要： 完成临床工作的治疗、教学及管理工作。			

岗位职责： 1. 在院长及分管院长领导下，负责本科医疗、护理、预防、教学和行政管理工作； 2. 负责组织本科业务技术建设规划、年度工作计划和医疗护理质量监测控制方案的制定、实施、检查和总结； 3. 领导本科人员开展医疗护理工作，完成医疗护理任务； 4. 按时查房，对新入院伤员、患者应重点检查，随时巡视，重危疑难和大手术前后的患者，把好诊断、治疗关，审查大手术、审签特殊检查，麻醉药品和出（转）院病历等医疗文书，安排医师值班、门诊、会诊、轮换和出诊； 5. 参加门诊、会诊、抢救和手术，解决复杂、疑难技术问题； 6. 组织本科业务训练和技术考核，组织学习和运用国内外先进医学科学技术，开展新业务、新技术，总结经验，撰写学术论文； 7. 督促检查本科人员履行职责，认真执行各项规章制度和技术操作常规，进行安全教育，预防事故、差错和院内感染。
任职资格： 教育背景：医学专业背景，大学本科以上学历，副高级医师职称。 培训经历：医学、药学、行政管理和计算机知识。 经　　验：8 年以上医院管理工作经验。 知　　识：有医疗、药学、管理方面的业务知识。 技　　能：有扎实的理论功底，并具有实践操作专业技能；能完成医疗诊治工作。 个人素质：拥护中国共产党和社会主义制度，热爱祖国，安心本职，遵守党和国家的方针政策和法律法令，有为卫生事业勇于献身的敬业精神； 对医疗技术精益求精，刻苦钻研专业技术和进行医学科研，了解和掌握学科动态和新进展，积极开展和引进新业务、新技术，不断提高诊疗水平； 遵守职业道德，坚决执行国家的医疗法规，全心全意地为伤患者服务，严守医疗工作制度，行医文明廉洁； 团结同事，善于沟通。
考核指标： 治疗次数； 有无治疗事故； 管理和协调工作，流程顺畅； 科技论文的评定等。
协作关系： 内部协调关系：副院长（治疗）、临床科室等； 外部协调关系：医疗协会、科研院校等。
工作条件： 工作环境：临床科室和办公室； 工作时间：非正常工作时间，加班较多； 危 险 性：有患者感染危险，无职业病危险。
晋升方向：副院长（治疗）

6. 临床主任医师（副主任医师）岗位说明书

临床主任（副主任）医师岗位说明书

岗位名称	临床主任（副主任）医师	岗位代码	020602
直接上级	临床主任	直接下级	临床主治医师、住院医师
职级	副主任级（管理层）	岗位定员	1 – 3 人
任职人签字		接收日期	
所属部门	临床科	授权人签字	

职位概要：

负责临床患者治疗，做好学术论文书写工作。

岗位职责：

1. 在科主任领导下，指导并参与全科医疗、预防、教学和科研工作；
2. 负责相应的临床工作，定期查房、参加门诊、会诊、出诊、检诊和手术，参加并指导重危、疑难病例的抢救和治疗，解决本科复杂、疑难技术问题，审签特殊检查及麻醉药品处方；
3. 指导下级医师的业务技术工作，帮助下级医师提高专业理论和技术操作水平；督促下级医师认真执行各项医疗规章制度和医疗技术操作规程；
4. 定期参加门诊工作，运用国内外先进的医学科学理论和诊疗技术，掌握本专业动态，开展并指导下级医师开展新业务、新技术，总结经验，撰写学术论文。

任职资格：

教育背景：医学专业背景，大学本科以上学历，中级医师职称。

培训经历：医学、药学和微机专业知识。

经　　验：10 年以上医院实践工作经验。

知　　识：有医疗、科研方面的业务知识。

技　　能：能将医学理论应用于临床实践，具有科研能力。

个人素质：拥护中国共产党和社会主义制度，热爱祖国，安心本职，遵守党和国家的方针政策和法律法令，有为卫生事业勇于献身的敬业精神；

对医学技术精益求精，刻苦钻研专业技术和进行医学科研，了解和掌握学科动态和新进展，积极开展和引进新业务、新技术，不断提高诊疗水平；

遵守职业道德，坚决执行国家的医疗法规，全心全意地为伤员、患者服务，严守医疗工作制度，行医文明廉洁，同行间团结友爱；

有较强学习和沟通能力，具有开放的接纳思维，能发现和解决问题。

考核指标：

病患治疗次数；

重难病患的处理次数；

药方的审核次数或合规性；

指导医师工作，论文评定；

医院的评定态度等。

协作关系：

内部协调关系：临床主任、临床科室等。

外部协调关系：医疗协会、科研院校等。

工作条件： 工作环境：临床科室和办公室； 工作时间：非正常工作时间，加班较多； 危 险 性：无职业病危险。
晋升方向：临床科主任

7. 临床主治医师岗位说明书

临床主治医师岗位说明书

岗位名称	临床主治医师	岗位代码	020603
直接上级	临床（副）主任	直接下级	住院医师
职级	职员级（执行层）	岗位定员	无定人数
任职人		签字接收日期	
所属部门	临床科	授权人签字	
职位概要： 负责临床的治疗、记录和报告工作。			
岗位职责： 1. 在科主任的领导下和正（副）主任医师指导下，负责一定范围的医疗、预防、教学和科研工作； 2. 按时查房，指导住院医师进行诊疗和技术操作，经常检查本组（病区）的医疗护理质量； 3. 掌握本组（病区）患者的病情变化，对重危、急症和疑难伤员、患者，及时检诊和处理，并报告科主任和上级医师； 4. 修改住院医师书写的医嘱，安排并审签手术和特殊检查，审签麻醉药品处方和出（转）院小结； 5. 参加门诊、会诊、出诊、手术和本科值班。			
任职资格： 教育背景：医学专业背景，大学本科以上学历，中级医师职称。 培训经历：医学、药学和微机知识。 经　　验：5 年以上医院实践工作经验。 知　　识：有医疗、药学方面的业务知识。 技　　能：具有实务分析和解决问题能力；能针对性地钻研业务知识。 个人素质：拥护中国共产党和社会主义制度，热爱祖国，安心本职，遵守党和国家的方针政策和法律法令，有为卫生事业勇于献身的敬业精神； 对医学技术精益求精，刻苦钻研专业技术和进行医学科研，了解和掌握学科动态和新进展，积极开展和引进新业务、新技术，不断提高诊疗水平； 遵守职业道德，坚决执行国家的医疗法规，全心全意地为伤员、患者服务，严守医疗工作制度，行医文明廉洁，同行间团结友爱； 谦虚谨慎，敏而好学的上进思想。			

考核指标： 审核处理患者次数； 医疗文书的书写记录； 审核麻醉药品等药品的合规性； 患者出（转）站意见； 科研论文的评定。
协作关系： 内部协调关系：临床副主任、临床主任、相关科室等。 外部协调关系：医疗协会、科研院校等。
工作条件： 工作环境：临床科室和办公室； 工作时间：非正常工作时间，加班较多； 危 险 性：无职业病危险。
晋升方向：临床副主任

8. 临床住院医师岗位说明书

临床住院医师岗位说明书

岗位名称	临床住院医师	岗位代码	020604
直接上级	临床医师	直接下级	无
职级	职员级（执行层）	岗位定员	无定人数
任职人		签字接收日期	
所属部门	临床科	授权人签字	
职位概要： 在临床医师、主任的指导下开展医疗、护救工作。			
岗位职责： 1. 在科主任领导和上级医师的指导下，分管病床，具体负责患者的诊断、治疗和抢救工作，执行24小时负责制； 2. 及时完成检诊、查房、抢救、手术、病历书写和出院准备工作，参加值班、门诊、会诊和出诊工作； 3. 遇重危、疑难伤员、患者及时向上级医师报告，下班前向值班医师交班； 4. 上级医师查房时，报告患者的病情和诊断、治疗情况，及时准确记录上级医师对患者的病情分析和诊断意见； 5. 参加科研工作，开展新业务、新技术工作，总结经验，撰写学术论文。			
任职资格： 教育背景：医学专业背景，专科以上学历，初级医师职称。 培训经历：医学、护理学、药学和计算机知识。 经　　验：3年以上医院实践工作经验。 知　　识：有医疗、药学方面的业务知识。 技　　能：能学有所用，根据现场情况准确判断患者的疾病状况；能做医疗准备服务工作。			

个人素质：拥护中国共产党和社会主义制度，热爱祖国，安心本职，遵守党和国家的方针政策和法律法令，有为卫生事业勇于献身的敬业精神； 对医学技术精益求精，刻苦钻研专业技术和进行医学科研，不断吸纳和运用；遵守职业道德，坚决执行国家的医疗法规，全心全意地为伤员、患者服务，严守医疗工作制度，行医文明廉洁，同行间团结友爱； 认真落实医院的工作； 具有积极思考，敏锐观察的能力； 能承受较大的工作压力。
考核指标： 治疗和护理次数； 出勤状况； 护救准备、过程参与和记录总结情况； 学术论文的评定等。
协作关系： 内部协调关系：临床（副）主任、临床医师等。 外部协调关系：医疗协会、科研院校等。
工作条件： 工作环境：临床科室和办公室； 工作时间：非正常工作时间，加班较多； 危 险 性：无职业病危险。
晋升方向：临床主治医师

9. 麻醉科医师岗位说明书

麻醉科医师岗位说明书

岗位名称	麻醉科医师	岗位代码	020605
直接上级	临床主任（副院长）	直接下级	无
职级	职员级（执行层）	岗位定员	1～3 人
任职人签字		接收日期	
所属部门	麻醉科	授权人签字	
职位概要： 负责手术患者的麻醉和护送工作。			
岗位职责： 1. 在科主任领导下，负责日常麻醉、教学、科研的具体工作； 2. 麻醉前到临床科室检查手术患者，做好思想工作，必要时参与手术前讨论，与手术医师共同研究确定麻醉方法和麻醉前用药，做好麻醉前的药品、器材准备； 3. 麻醉中经常检查输血、输液及用药情况，密切观察病情，认真填写麻醉记录单，遇复杂、异常情况及时告知手术医师，共同研究，妥善处理； 4. 手术后，护送患者回病房，并向临床科值班医护人员交代病情及注意事项； 5. 进行术后随访，将有关情况记入麻醉记录单，如有并发症发生，协助临床医师处理； 6. 严格执行各项规章制度和技术操作规程，严防差错事故，一旦发生差错事故，立即采取补救措施，并应及时上报。			

任职资格： 教育背景：医学专业背景，专科以上学历，中级医师职称。 培训经历：医学、药学和计算机知识。 经　　验：5 年以上医院管理工作经验。 知　　识：有医疗、药学方面的业务知识。 技　　能：具有熟练的实践工作经验，能解决现场的突发事件。 个人素质：拥护中国共产党和社会主义制度，热爱祖国，安心本职，遵守党和国家的方针政策和法律法令，有为卫生事业勇于献身的敬业精神； 对专业技术精益求精，刻苦钻研专业技术和进行医学科研，了解和掌握学科动态和新进展，积极开展和引进新业务、新技术，不断提高诊疗水平； 遵守职业道德，坚决执行国家的医疗法规，全心全意地为伤员、患者服务，严守医疗工作制度，行医文明廉洁，同行间团结友爱； 具有慎密的工作能力。
考核指标： 患者麻醉数量； 无异常报告事件； 患者护理无投诉事件； 临床医师的满意度等。
协作关系： 内部协调关系：副院长（治疗）、临床科室等。 外部协调关系：医疗协会、科研院校等。
工作条件： 工作环境：临床科室和麻醉办公室； 工作时间：非正常工作时间，加班较多； 危 险 性：无职业病危险。
晋升方向：麻醉科主任

第二十四章　医院常用的管理制度

一、医院管理制度

医院管理制度包括医院奖惩规定、医疗质量管理制度、医疗管理制度、医生工作守则、护士工作守则、患者就诊须知和医护人员名章使用制度共7项。

（一）医院奖惩规定

1. 总则

为了确保医院工作质量和正常秩序，强化医院管理，健全内部监督约束机制，在职工中牢固树立“以患者为中心，以医疗质量为核心”的服务宗旨，强化以经济杠杆为手段，从严治院，充分调动全院职工的积极性和创造性，依据卫生部《医院工作制度和医院工作人员职责》，结合本院的实际情况，特制定本制度。

2. 适用

本制度适用于医院医疗、护理、医技、行政、后勤各科室及个人。

3. 奖励

（1）奖厉方式

①精神奖励。通报表扬；授予先进工作者；文明科室称号等。

②晋职。按医师、护理和药师管理规定，同级职位优秀晋升。

③物质奖金。一等奖200元/次；二等奖300元/次；三等奖500元/次；特等奖1000元/次。

（2）奖励条件

①服务态度好，患者满意，收到患者的感谢信或锦旗等。

②引进新技术，开展新业务，创造经济效益超过10万元以上。

③撰写医学论文，在全国医疗杂志上发表。

④工作认真负责，及时发现事故差错隐患，避免医院不必要损失，或及时纠正他人工作失误，避免医疗纠纷。

⑤参加各种比赛获得前三名。

⑥全年无病假、事假。

⑦被省市医疗行政机关通报表扬或获奖。

⑧获得医学科技奖。

⑨工作成绩突出，为医院创造的社会效益和经济效益在同行中处于领先地位。

⑩对医院建设和发展有重大贡献。

4. 处罚

（1）处罚方式

①轻微记过/次。

②一般记大过/次。

③严重降级。

④重大解聘。

（2）处罚条件

①上班经常迟到、早退，擅自离岗者。

②上班时间玩电脑、打电话聊天者。

③服务态度及工作质量差，患者不满意并向医院投诉。

④擅自带人员上班或过夜者。

⑤接受患者吃请、红包、礼物、馈赠者。

⑥因采购影响患者治疗，或造成器材药品积压过期失效者。

⑦私收、私吞、私分各种回扣者。

⑧冒名顶替或搭车开药，采取不正当手段索取药品和其他材料者。

⑨私自给患者做检查、治疗收费者。

⑩工作责任心不强，给患者发错药、打错针、开错处方、做错检查的。

⑪由于工作失误，发生严重差错事故，造成医疗纠纷者。

⑫违反技术操作规程，损坏医疗设备，价值在500元以上。

⑬服务态度差，影响医院形象，给医院造成经济损失和负面影响的。

⑭私拿私分公家财物、药品、设备，造成不良影响的。

⑮受到公安机关传讯、拘留，或受到医疗行政部门通报批评的。

5. 实施办法

（1）医务科负责考评医师类、药师类、技术类业务技术人员。

（2）护理部负责考评护士类技术人员。

（3）办公室负责考评后勤部门及职能科室的人员。

（4）有专项考核细则（规定）的，遵守相关的规定。

6. 实施原则

（1）采取定期与不定期检查考评相结合。

（2）每月将考评结果汇总医院办公会。

（3）由领导集体研究实施奖惩。

7. 本制度的最终发布权和实施权在本院管理委员会。

（二）医疗质量管理制度

1. 机构建设

建立院、科二级质量管理体系，配备专（兼）职人员，负责质量管理工作。

2. 质量管理原则

对全体人员进行质量管理教育，提高质量意识，树立“质量第一”观念，积极参加质量管理活动。

3. 质量管理内容

制定医疗质量监控方案，主要内容包括根据各诊疗常规（指南）的要求和本医院的具体情况制定各专业的医疗质量控制标准、医疗质量管理目标、计划措施、效果评价及信息反馈等。

4. 加强全面质量管理，定期检查，分析各项医疗质量指标，针对问题，提出对策，改进工作。

5. 建立、健全登记、统计制度，定期以讲评会的形式通报质量管理情况。

6. 医疗质量的检查结果应与科室评优、个人评奖相结合。

7. 医疗经费管理

（1）医院医疗经费在院长领导下，由财务部门统一管理，并实施审计、监督。日常经费开支，由院长审批，对年度计划和重大开支须经院长办公会讨论决定。

（2）实行医疗成本核算，准确计算，合理分配，有效使用各种经费。

（3）认真执行国家物价政策和规章制度，一切医疗收费均按当地规定的收费标准执行。

8. 医疗审核。

（1）审核病案（住院病历、门诊病历），制定各种医疗文件管理制度、借阅制度及病案管理的有关规定。

（2）监督检查病案、处方及各种申请单、报告单书写规范的执行情况。

9. 质量管理

（1）教育医护人员充分认识病案工作对医疗质量、医疗费用统筹及法规效能的重要性，力求病案的真实和准确。

（2）研究病案中出现的问题，提出解决办法。

（3）根据业务的需要，制定病案质量监督条例。

（三）医疗管理制度

1. 目的

为了加强门诊管理，维护医疗秩序，使医疗工作制度化、规范化、程序化，更好的为患者服务，依据国家相关制度，结合本院的实际情况，特做以下规定。

2. 持证上岗

（1）专病专药科室，日常诊治工作人员，必须具备执业医师资格，无资质人员，不得从事医疗诊治工作，否则发生一切医疗事故，后果自负。

（2）医师必须持有执业医师证方可上岗，医生印章由门诊统一备案刻制，现各科印章（医院名称＋医师姓名）需注册备案后，启用新印章。

3. 查房制度

（1）院领导（行政各科室负责人）查房，每周1次，按院领导分工深入科室，检查工作，听取意见，发现问题，及时解决。

（2）院长和业务副院长主要检查科室业务建设和医疗质量情况，并对科主任查房质量作出讲评，医务科科长每周业务查房一次。

（3）住院医师每天上下午各查房1次，观察病情变化，进行诊断、治疗，了解伤员、患者的思想、生活情况：上级医师查房时，经治医师要做好准备，报告病情。

（4）总住院医师要带领住院、进修、实习医师进行晚间查房，若无总住院医师，由值班医师重点巡视患者。

（5）主治医师每周要对本组（病区）患者进行普遍查房和每天重点查房各1次。检查医疗护理工作，重点解决疑难病例的诊治和进行临床教学。

（6）科主任、正（副）主任医师每周对本科患者查房1次或副主任医师每周查房2次，检查医疗护理质量，解决疑难问题，有计划地组织临床教学。主治医师、总住院医师、护士长及有关人员应随同查房。

（7）各级医师对危重及大手术前后及特殊检查、治疗后的患者，应加强巡视，掌握病情变化，遇有情况及时处理；疑难问题，及时报告上级医师或申请会诊。

（8）护士长组织护理人员每周进行1次护理查房，必要时请科主任、正（副）主任医师或主治医师指导，检查护理质量，研究解决疑难问题，结合实际进行临床教学。

（9）护理部主任组织各科护士长每月查房1次，重点检查护理质量，推广新技术、新业务，研究解决疑难病例护理和护理管理中的问题。

4. 药品管理

（1）各科室严禁私设小药库，国药准字号药品一律进药局统一发放，为使患者用药安全，杜绝在科室内现金买卖药品，一经发现，除中断在我院门诊医疗工作外，作违纪处罚。

（2）各科室用的普药品不予提成，特殊药品应按规定办理。

5. 注射

（1）各科室需肌内注射、静脉滴注的患者，一律到门诊注射室由注射室护士核对后进行肌内注射、静脉滴注。

（2）为保患者肌内注射、静脉滴注安全，杜绝在科室私自肌内注射、静脉滴注，一经发现，每次要对医生，作违纪处罚。

（3）凡患者自带药来门诊肌内注射、静脉滴注，患者必须先挂号，然后由医生开处置方，再经护士登记查收后方可进行肌内注射、静脉滴注，为确保患者用药安全，自带青霉素类药品一律不予静脉滴注。

6. 首诊负责制

（1）首诊负责制是指第一位接诊医师（首诊医师）对其所接诊患者，特别是对急、危重患者的检查、诊断、治疗、会诊、转科、转院等工作负责到底的制度。

（2）医师按要求进行病历采集，身体检查，化验的详细记录外，对诊断已明确的患者应及时治疗或收住入院；对诊断尚未明确的患者应边对症治疗，边及时请上级医师会诊或邀请有关科室医师会诊，诊断明确后即转有关科室治疗。

（3）如遇危重患者需抢救时，首诊医师应首先抢救并及时报告相关诊疗小组，上级医师，科主任应主持抢救工作，不得以任何理由拖延和推诿抢救。

（4）对诊断明确须住院治疗的急、危、重患者，必须收入住院，如因本院条件所限确需转院者，按转院制度执行。

（5）对已接诊的患者，需要会诊及转诊的，首诊医师应写好病历，检查后再转到有关科室会诊及治疗。

（6）对不执行首诊负责制发生医疗差错、事故、医疗纠纷的，对当事医师按医院有关规定处理。

7. 专病专药科室发生的医疗纠纷及责任事故由科室自行解决、处理与赔偿，院方可协助调解，不负后果责任。

8. 医疗环境管理

（1）各科室设处置治疗项目的要严格遵守××省卫生厅关于《无菌操作规程条例》进行操作，违反操作条例而造成的感染医疗事故，后果自负。

（2）若省市政府机构来抽查后提出的整改措施，要立即依照要求完善，发生的罚款及没收设备、器械事件自行承担后果。

（3）搞好室内卫生，各科室内产生旧物垃圾，本科室自行清理后送到垃圾站，严禁堆放在门口及走廊，作违纪处罚。

9. 医务费用管理

（1）挂号费收取标准，副主任医师以上为 7 元，主治医师 5 元，复诊及开药 5 元。

（2）心电、B 超，无论哪个科室作，按患者做的项目的划价金额的 15% 提成给医生，一周一次兑现，由收款员负责兑现。

（3）每月底，由收款员核对各科挂号费数量金额，由会计 50% 返给医生本人。

10. 各科室工作人员要认真履行医疗工作者职责，遵守各项国家医疗法规，遵守门诊各项规章制度，提高医患之间诚信度、透明度，真正达到一切为患者着想，一切为患者服务。

11. 以上所制定的规章制度从发布之日起执行，在执行过程中若与以前制度抵触的，以本制度为准。

12. 严格会诊制度、交接班制度、分级护理制度等医疗安全核心制度执行。

（四）医生工作守则

1. 指导思想。

为加强我院医德医风建设，进一步强化医德医风监督力度，有效规范医疗服务行为，增强医务人员廉洁自律、依法行医的意识，自觉抵制医疗活动中的不正之风，我院医务工作严格根据国家卫生部“八不准”的要求和医院关于纠正诊疗活动中的“两私一收”不正之风的讲话精神，特制定本守则。

2. 严守国家法律、法令，遵守社会公德，秉公办事，不以职得私，不收礼受贿，自觉抵制不正之风。

3. 发扬救死扶伤和全心全意为人民服务的精神，关心患者疾苦，遵守职业道德，加强医德医风修养，不得接受患者财物，吃请，不得委托患者办私事。

4. 严禁医务人员利用职务之便，接受药品、试剂、医疗设备等生产、销售企业或个人以各种名义的回扣、提成和其他不当利益。

5. 工作时间不得接待医药代表，不得收受医院诊疗外的额外收入。

6. 严禁医务人员通过介绍患者到其他单位检查、治疗或购买药品、医疗器械等收取回扣和提成的行为。

7. 严禁在国家规定的收费标准和项目之外巧立名目乱收费，科室或个人不得私自收费。

8. 根据患者的病情规范开方、合理检查，不开大处方，不作不必要的检查。医生用药时应考虑患者的经济承受能力，能用低价药的不用高价药，能用国产药的不用进口药，尽量减少辅助用药，严格执行抗生素临床分线用药标准。

9. 严禁医务人员利用工作之便搭车开方、作检查和做其他满足其个人需求的行为。

10. 严禁科室或个人私自为医药代表统计用药处方或提供药品使用数据和医务人员名单。

11. 认真履行医生岗位职责，礼貌接诊，文明待人，态度和蔼，服务热情，给患者留下良好印象，传递优质服务的风尚。

12. 工作认真负责，随时掌握患者的病情变化和诊治情况，准确、及时、保质、保量诊治好每个患者的疾苦，努力提高医疗服务质量。

13. 遵守医师道德，要实事求是，不准对患者病情夸大其词，树立为患者优质诊治的理念，安抚患者的疾苦。

14. 不得以任何方式在诊室内私卖没有批号的私制的药品，一经发现按卖假药处理，并给予辞退处理。

15. 工作时间不准串诊室闲谈，也不准在大厅内聚集，要严守各自岗位，不准穿工作服上街。

16. 爱护公物，维护医院声誉，爱院如家，做好患者辅助科室治疗输导工作。

17. 各诊室之间要团结互助，本诊室确诊不了的患者可请其他诊室医生会诊，不要推诿患者，要一心一意为患者着想，精心诊治对待每一个患者。

18. 要服从医院统一领导，严格执行院里一切规章制度。

19. 监督措施

(1) 医务科定期召开患者座谈会，采用患者专访或调查问卷等形成，对本院的医务工作进行了解掌握，并实时采取适当的纠正措施。

(2) 设立患者举报箱，广泛听取群众的意见，接受社会监督。

(3) 在签订药品、器械材料等购销合同时，必须在合同上明确注明医药、器械的生产、经营企业及营销人员，禁止出现以回扣、提成等方式的合同购销行为，违反约定者将采取终止合同或扣压货款等措施。

(4) 院领导定期检查药品的销售情况，对销售增长过快、销售量过大的高价药品，分析原因，必要时采取阶段性限制或停售等办法。

(5) 充分尊重患者的知情和同意权，做贵重仪器检查、高价药品特别是高档抗菌药物使用时，必须征得患者或陪同人的同意。

(6) 医务科将组织人员定期对医生处方、检查单的合规性进行审查，发现问题及时纠正。

(7) 在门诊和每个病区的醒目处公布医疗服务收费项目和收费标准，继续完善住院患者费用一日清单和为出院患者打印详细费用清单的服务行为。

(8) 在门诊和住院大楼入口处安装自动查费触摸屏，设立费用咨询窗口，增加收费的透明度。

(9) 继续深入开展优质服务活动，坚持以人为本，进一步完善各项规章制度，规范文明用语，提高医务人员语言交流技巧水平，在制度上实行配套管理。

20. 处罚规定

(1) 对医务人员利用职务之便索要或收受红包、回扣的，一经查实按以下规定处理。

①索要红包、礼品的除将钱物退还给患者外，对当事人处以红包（礼品折价数）数额10倍罚款，并通报批评，医护质量考核扣科室30分。

②收受红包、回扣2000元以下的，除退还患者和没收非法所得外，对当事人处以5倍罚款，通报批评，医护质量考核扣科室20分。

③收受红包、回扣2000元以上的或虽然数额不足2000元，但属于第二次违纪者，除按上述两款规定处罚外，医护质量考核扣科室30分，合同制人员扣发半年奖金，进修、实习人员终止进修和实习。

(2) 科室或个人私自收费经查属实，除将私收款上交院财务外，还要处以私收费数额10倍罚款，全院通报批评，医护质量考核扣科室20分。

(3) 医务人员违反上述守则规定的其他项目，除对当事人进行没收非法所得的处罚外，医护质量考核对科室扣20分。

(4) 对违反医德医风的个人或科室，年终不得参加先进科室或个人的评选。

21. 附则

(1) 本守则从颁布之日起执行。

（2）本守则的最终解释权在医务科。

（五）护士工作守则

1. 护理工作者应自觉履行《护士条例》赋予的义务，以《护士守则》为准则，恪尽职守，诚信服务，为人民群众的健康努力工作。

2. 严守国家法律、法令，遵守社会公德，不以职干私活。

3. 护士应当对患者一视同仁，尊重患者，维护患者的健康权益。

4. 护士应当为患者提供医学照顾，协助完成诊疗计划，开展健康教育，提供心理支持。

5. 护理工作者应发扬救死扶伤和全心全意为患者服务的精神，精心关心每个患者；完善护理工作服务质量，提升护理人员的服务素质。

6. 护士应当关心、爱护患者，保护患者的隐私。

7. 着装一致，整洁利索、不准穿高跟鞋、在给患者输液完，进行观察时间，不准集聚闲谈、说笑、精力涣散，要举止端庄，有礼貌，语言要文明，自始至终眼睛不要离开正输液的患者，患者有什么反应，应做到及时处理。

8. 积极执行自己的职责，坚守岗位，遵守医疗、护理的各项规章制度，医护人员不准在工作中留披肩法，长发应束起来或用头网罩起，禁止画浓妆，禁止医护人员上班时佩戴戒指、耳环、头饰。

9. 严格遵守各项无菌操作规程，处理患者时应戴口罩，特殊患者应戴无菌手套，药品要分类管理存放。

10. 管理好输液室患者，安排室内要每日做好消毒工作，有权禁止患者的贴护人员在室内吸烟、戏闹，大声喧哗，管理好输液室的秩序。

11. 做好患者注射、输液统计、记录、名片制作工作，严格执行查对制度，按技术操作规程进行注射、输液，做好交接班，交待工作，严防差错事故，发扬敬业精神。

12. 严禁在工作室倒卖药品，一经发现，视偷盗行为处理，更不准克扣患者药的剂量，一经发现，给予开除公职处理。

13. 护士发现患者的生命安全受到威胁时，应当积极采取保护措施。

14. 护士应当积极参与公共卫生和健康促进活动，参与突发事件时的医疗救护。

15. 护士应当与其他医务工作者建立良好关系，密切配合，团结协作。

（六）患者就诊须知

1. 为了加强门诊管理，维护医疗秩序，实行制度化、规范化、程序化管理，提高医患间诚信度、透明度，更好地为患者服务，到门诊就医的患者，须按下列程序就诊。

2. 凡来门诊就医的患者，须先挂号，方可就诊。

3. 患者持医生开出的处方（加盖医生名章）方可划价、交款、取药、处置，并要索取收据。

4. 严禁私自在诊室内现金就医、买药和处置，出现问题，后果自负。

5. 凡不是从门诊药房付给的药（包括外带药、输液用药）出现问题，后果自负。

6. 看专病专药的患者，除挂号外，在就诊过程中，有权要求医生在病历本上写好诊治、用药等记录，并要加盖医生名章，及时复诊。

7. 就诊时间为：早 8：00 至晚 5：00 点，本门诊无定休日。

（七）医护人员名章使用制度

1. 医（药）师个人处方签名章及财务人员的个人名章分别由医务科、财务科负责管理，使用权属个人。

2. 医生、护士严格按级别刻制个人工作（处方权）名章，由院里统一刻制，备案，由个人妥善保管。

3. 医生的工作名章只限于病案，处方，诊断书及辅助检查申请单，报告单等盖章使用。

4. 医生工作名章如有遗失，必须立即上报院长并以书面形式通知药局、划价、收款处，以防他人非法使用，如不及时上报，后果由当事人负责，造成的经济损失由当事人本人负担。

5. 院长办公室、各部门负责人应对个人名章进行日常管理和检查。

二、医院公共管理制度

包括药局管理制度、注射室工作制度、请示报告制度、医师值班交接班制度、院总值班制度、消毒隔离制度、处方制度、查对制度、财产物资管理制度、总务科工作制度、各种耗材审批请领制度、新型农村合作医疗工作管理暂行办法、社会基本医疗保险工作管理规定共 13 项。

（一）药局管理制度

1. 药品储存

药房应设有空调、冰柜及密集药柜，药品要分类保存，创造良好的通风和适宜的温度环境，保证药品的质量。

2. 人员管理

（1）药品调剂人员应由中、西药士或通过系统训练的具有一定的医药知识的人员担任。

（2）在调配处方时要认真负责，精神集中，根据医师签署的正式处方进行调配付药。

（3）调剂人员收到处方后严格执行“四查十对”。

①查处方，对科别、姓名、年龄；查药品，对药名、规格、数量、标签；查配伍禁忌，对药品性状、用法用量；查合理用药，对临床诊断。

②详细检查处方的各项内容是否完整，检查药物的剂型、规格、剂量是否正确、有无超量及配伍禁忌。如有不符合规定的与医师联系更正。

③在调配时认真仔细、反复核对，实行双人复核制，复核正确后方可发给患者，发药时要细心交待用法用量，同时要根据药物的特性对患者要特别交待，从而使药物发挥最大疗效。

（4）调剂人员应严格遵守处方调剂操作规程，按处方的顺序依次分别排列，剂量准确，将处方所记载的药品先都放在药品付台上，一一标对后付给患者，严禁一边从柜台上取药，一边付给患者的做法。

3. 药品采购供应管理

（1）保证全部药品的优质和安全有效。

（2）要根据医院的性质任务和规模大小，保持一定数量的药品品种供医生选用，《基本药品目录》中的常用和主要品种保证不断货。

4. 药品管理

（1）入库药品要认真验收，应注意品种、规格、数量、有效期、真伪等，发现问题及时解决。

（2）依据《药品管理法》，加强效期药品的检查和使用。

（3）做好处方上特殊药品的处理，提醒患者注意事项及有关事项。

（4）对毒、麻、精神药品及危险药品。

①应按规定分别设库存放，库房的条件应与药品储藏要求相符，如冷藏、避光、防潮、通风、防鼠等条件。

②含有毒药、限量及麻醉药的处方调配按“毒”、限量药管理制度，及国家有关管理麻醉药品的规定办理，处方调配完毕后，必须经复核人员严格核对后方可发出，处方调配人、复核员在处方共同签字。

（5）库房药品的摆放可按药理、剂型、给药途径、字母顺序等分类存放，同时要建立货位卡，便于盘点和发药。

（6）加强有效期药品的管理，将所有库存的有效期药品公布于醒目处，定期检查；中、西药品一般应遵循先进先出的原则，以保证药品质量。

（7）中药饮片要特别注意虫蛀、霉变，应经常检查晾晒。

（8）库管人员调动工作时，必须在第三者监督下办理交接手续，并要三方签字，以示负责。

5. 调剂业务管理

（1）中、西药调剂室的主要任务是密切配合临床科室做好门诊和病房处方以及领药单的调配发放工作；药库要增强质量意识，加强质量管理，严格执行操作规程，提高调剂工作质量，防止差错、事故、医疗纠纷的发生。

（2）调剂业务管理可概括为两方面内容，即运转管理和技术管理。

①运转管理涉及维持调剂工作各个方面，包括调剂工作流程的合理化、候药室管理、药品分装、账卡登记、药品中间库管理、药品消耗登记统计、人员调配和调剂环境等。

②技术管理主要指从接受处方到向患者交待用药注意事项全过程技术方面的管理。包括药品分装质量、调剂技术和调剂设备、处方、用药指导等方面内容。

（3）药品调剂管理时，应随时为患者提供药品咨询，信息反馈，为患者和医生提供所需信息，调剂业务计算机化等。

（4）收集、整理药物不良反应的资料，并及时上报。

（5）根据有关规定严格管理麻醉药、毒药、精神药和有效期药品。每月盘点，做好药品统计工作。

6. 处方管理

（1）处方是调配、发药的书面依据，也是统计工作量、药品消耗量和金额的原始资料，具有法律、技术和经济等多方面的责任。

（2）处方规则。

①医生的处方权可由科主任提出，经院长或医务处批准有效，其本人签字式样或印章卡送药剂科备查，并且不得更改签字式样，如需更改，应重新办理手续后方有效。药剂科凭此式样接受处方，配发药品。医生调离医院时应通知药剂科撤销签字卡。

②新分配入院的医生在未转正前无处方权，实习医生、已改行搞行政工作者、不搞临床的科研人员、护士和药学人员等均无处方权。放射科、放射治疗科、核医学科、超声科、物理康复科等只准开与本科有关的药品。

③医生开具处方必须本人亲自签字。有处方权的医生，不准事先在空白处方上签字后交无处方权者代开处方。

④麻醉药、毒药、精神药处方，要严格按有关管理办法的规定执行。

⑤处方当日有效，超过期限须经医生更改日期，重新签字方可配发。

⑥医生开出处方后，各项目均不得涂改，如需修改，修改处须重新签字，否则药剂科可拒绝调配。

⑦药学技术人员不得擅自修改处方。

⑧医生不得为本人或亲属开写处方。

⑨药学人员配发处方，应双签字以示负责。

⑩一般处方保存一年，毒药、精神药处方保存两年，麻醉药处方保存三年备查。到期后经药事管理委员会批准后销毁。

7. 病区小药柜管理

（1）为了方便临床科室治疗和抢救，在病区可设立小药柜，由护士长或指定一名业务熟练的护士保管。

（2）小药柜的药品配备应以抢救药为主，其品种数量不宜过多，用后及时补充。

（3）小药柜的药品应定期清点，检查药品质量，防止霉变、过期失效。

（4）麻、毒、精神药的处方调配发放，要严格按此类药品管理的有关规定执行。

（5）药剂科应定期检查，随时抽验各病区小药柜药品管理情况。

8. 药检工作管理

（1）药品检验室负责全院药品质量的监督、检查和制剂室制剂的检验工作。药检室应与制剂室分设，直属药剂科主任领导。

（2）建立健全药品检验操作规程、质量标准并严格执行，结合实际经常研究检验方法，提高制剂质量。

（3）检验报告应及时、准确，对不合格药品应深入了解其原因，提出意见，报科主任批准处理。

（4）药品、制剂分析检验的原始记录应清楚完整，不得任意涂改，妥善保存三年以上备查。

（5）执行留样观察制度，普通制剂留样至该批制剂用完后一个月。灭菌制剂留样一年，定期对留样进行质量考查，并作质量分析。

（6）药品检验使用的衡器应按《中华人民共和国计量法》规定定期进行校验，确保衡器准确可靠。

（7）化学危险品、毒害品应严格按有关规定管理使用。

9. 监督管理

（1）定期参考查房、病历处方分析，写出详细的书面报告，交由医院药事管理委员会讨论，及时发现用药问题。

（2）严格执行药物浓度监测的各项操作规程。

（3）保持实验室仪器设备处于良好状态，加强试剂管理，保证测定结果准确无误。

（4）了解国内外药学进展动态，负责收集药学情报资料，做好资料的分类、保管、借阅工作，并定期出刊“药讯”。

（5）做好“药品不良反应报告表”的发放、收集、登记整理以及上报工作。

（6）定期提供医院抗生素使用动态，并写出分析报告。

（二）注射室工作制度

1. 各种注射均需按处方医嘱进行处理注射，对需做过敏试验的药物，必须严格按规定做过敏试验，严密观察，确定阳性后方可注射，如发生反应或意外应及时报告医生处理。

2. 注射过敏药物的患者须观察 15 分钟后方可离开。

3. 严格执行查对制度，注射前必须核对药物和注射器、药名、剂量、浓度、时间、用法及患者的姓名无误方能进行操作，失效和批号不符的药品，混浊变质的药品均不得使用。

4. 随时巡视病区输液患者，观察病情变化和输液情况，密切观察患者注射后的反应，并采取相应的处置措施。

5. 嘱付患者保管好治疗单。

6. 严格执行无菌操作规程，操作时要带好口罩、帽子、双手消毒工作，注射应做到一人一针一管，用过的滴管、注射器都要销毁。

7. 保持室内清洁卫生，空气流通，每日湿式清扫地面，治疗台面每日用消毒液擦拭，室内每日用三氧消毒机消毒一次，并做好登记。

8. 准备好抢救药品、器械，放于固定位置；定期检查及时补充更换。

9. 药品的存放种类不许混放，应分类存放，对检测呈阳性患者（有传染病的患者）用过的器材单独处理，防止交叉感染，严格执行消毒隔离制度。毒、麻药品要加锁保管。

10. 各种物品、药品分类放置、位置固定、标签完整、字迹清楚、专人保管，定期检查及时补充更换，保持整洁有序，用后放回原处。严格交接班制度，损坏物品要及时报告护士长登记，按规定赔偿或报损。

11. 各种浸泡物品的消毒液按规定时间更换，并做好登记。各种无菌物品必须注名灭菌日期，超过一周者，重新灭菌。

12. 初次注射药物的患者，护士人员需特别观察 10 分钟，调好滴注速度，以防药物反应。做到应急及时处理。

13. 输液观察室及注射室，每天用紫外线消毒一次。

14. 注射器、输液器等一次性物品使用后须毁形、浸泡消毒后再集中处理，医用垃圾不要放入生活垃圾中，要按医疗废弃物管理制度统一处理。

（三）请示报告制度

凡遇到下列情况，必须及时逐级向有关部门及领导请示报告。

1. 重危病情报告。住院患者病情危重随时有生命危险时，主管床位医师（或值班医师）应立即填写病危通知书，告知家属并让其家属签字，同时立即报告医务部或总值班室。

2. 死亡报告。急诊或住院人死亡，应填写《死亡医学证明书》，其存根与《死亡患者通知书》一起交医务部上报，由科主任组织讨论，并将讨论记录在一周内上报医务科。

3. 大批患者入住。遇有严重工伤、重大交通事故（死亡 3 人或伤亡超过 6 人）、意外灾害急救，接收大批创伤、中毒或传染病患者及必须动员全院力量抢救危重伤患者等。

4. 重大临床手术和创新科研项目。凡为伤员、患者施行重大手术、重要脏器切除、截肢，首次开展重要的新业务、新技术和自制药品首次临床应用时，应立即报告医务科，报告单上必须有科主任签字。

5. 危重患者手术。危重患者需急诊手术，而患者的单位领导和家属不能到场时。

6. 门诊部或病房发现国家规定管理的传染病。

7. 发生医疗事故、医疗纠纷或严重医疗、护理差错，贵重医疗器材损坏或被盗，贵重或剧、毒、麻药品丢失、成批药品变质、失效等。

8. 收治公安部门正在审查的患者。

9. 收治有自杀倾向的伤员、患者、发生患者私自离院时。

10. 与社会上发生冲突时。

11. 需要重大的经济开支（大于2000元）时。

12. 新的学术课题研发时。

13. 科主任离院时应报告执行院长，并保证通讯工具畅通。

14. 增减、修改规章制度、技术操作规程时。

15. 省、市、镇、村、管理区领导，知名人士、外宾、劳模住院或病危时，应报告医务科或院领导。

16. 第一次手术不顺利，三天内需再次手术时，应报告医务科或分管院长。

17. 工作人员因公去外省市开会、学习、院外会诊，或是接受院外任务时。

18. 有重要机密文件丢失时。

（四）医师值班交接班制度

1. 各科室应设昼夜值班人员。临床一线值班人员由具有医师资质的住院医师或具有独立工作能力的进修医师担任。

2. 值班人员必须坚守岗位履行职责，保证诊疗工作正常地进行。一线值班医师必须在科室留宿，不得擅自离岗。

3. 每日下班前，值班医师接受各级医师交班的医疗工作，交接班时应巡视病室，了解新收、手术及危重患者情况，做好床前交接班。

4. 各科室医师在下班前应将危重患者的病情和处理事项记入交班簿后交班。值班医生对危重患者所采取的检查、治疗措施，应做好详细的病程记录，要求交待清楚，接得明白。

5. 接班人员应严格执行交接班检查制度，检查各项护理记录和医师交班记录书写情况。

6. 值班人员应做好病区的管理工作。值班医师负责各项临时性医疗工作和患者病情变化时的临时处理，对急诊入院患者及时进行检查、填写病历并给予必要的医疗处置。

7. 值班医生遇有疑难问题应逐级请示上级医师处理。

8. 值班医师不得擅自离岗，护理人员要求诊视患者时，必须立即前往。

9. 值班医生在晨会上报告患者情况，新收、手术及危重患者须在床旁交班。

（五）院总值班制度

1. 院总值班由院领导和职能科室相关人员参加，负责处理非办公时间内的医疗、行政和临时事宜。及时传达上级指示、处理紧急事宜。

2. 负责检查科室值班人员在岗情况，对重要部门、科室要到场检查，了解情况，做到心中有数。

3. 值班人员遇有不能解决的重大问题，应及时向院领导请示报告，根据领导意见负责组织处理。

4. 总值班人员，按时认真做好交接班工作。坚守岗位、尽职尽责、认真做好值班记录。

5. 值班人员根据需要有权组织人员，集中力量解决临时发生问题，有权调动医院机动车辆。

6. 值班时间。每天正常上班时间以外的时间，均由总值班负责。

7. 每天交班前，清扫值班室内卫生，认真做好室内物品交接。

（六）消毒隔离制度

1. 总则。医务人员必须遵守消毒灭菌原则，进入人体组织或无菌器官的医疗用品必须灭菌；接触皮肤黏膜的器具和用品必须消毒。

2. 医护人员以及其他工作人员必须高度重视消毒隔离制度，严格执行无菌操作规程，以防止院内交叉感染。

3. 各科室均要有严格的消毒隔离制度，并应遵照执行，科主任与护士长做好检查、监督工作。

4. 供应室必须将无菌与清洁、污染物品分开存放。严格按照消毒方法进行消毒，并定期开展消毒与灭菌效果检测工作。

5. 消毒方法。根据物品的性能选用物理或化学方法进行消毒灭菌。

（1）耐热、耐湿物品灭菌首选物理灭菌法；手术器具及物品、各种穿刺针、注射器等首选压力蒸汽灭菌；油、粉、膏等首选干热灭菌。

（2）不耐热物品可选用化学灭菌法。消毒首选物理方法，不能用物理方法消毒的选用化学方法。

6. 医务纪律

（1）医护人员上班时要衣帽整洁，不得穿工作服进食堂，上厕所和离院外出。

（2）接触患者前后及进行无菌技术操作前后应洗手，必要时进行手部消毒。

（3）严格遵守无菌技术操作规程。

（4）使用合格的消毒剂、消毒器械、卫生用品和一次性使用医疗用品。

（5）一次性使用医疗用品后应当及时进行无害化处理。

（6）医务人员进行各种操作、诊疗、处置前后均应流水洗手，各部门必要时备有0.2%的84消毒液浸泡手，每天由护士负责更换消毒液。

（7）全院医务人员上班时应必须穿戴工作衣、帽，着装整洁，无菌操作时应戴口罩并严格遵守无菌操作规程。

7. 消毒处理

（1）无菌物品必须一人一用一灭菌，注射做到一人一针一管，换药做到一人一份，体温计一用一消毒。

（2）各种医疗用品定期消毒，消毒液更换。

①已用过和未用过的物品分开放置，有明确标记。

②定期检查无菌物品是否过期，过期重新灭菌，不得使用过期物品。

③无菌器械容器、敷料缸、持物钳等，要定期消毒、灭菌，消毒液定期更换。用过的物品与未用过的物品严格分开，并有明显标志。

（3）抽出的药液、开启的静脉输入用无菌液体须注明时间，超过2小时不得使用。

（4）启封抽吸的各种溶剂超过24小时不得使用。

（5）使用中消毒剂应密闭保存，每周更换2次，容器每周灭菌2次。

（6）置于无菌储槽中的灭菌物品，一经打开，使用时间最长不得超过24小时。

（7）治疗车上物品应排放有序，上层为清洁区，下层为污染区，进入病室的治疗车、换药车应配有快速手消毒剂。

（8）进入人体组织或器官的无菌医疗用品必须达到灭菌要求。凡接触皮肤、黏膜的器械和用品必须达到消毒要求。各种注射、穿刺、采血器具应当一人一用一消毒。

门诊或普通病房发现法定传染病患者或可疑患者应立即上报，并要采取积极有效措施，妥善处理。

8. 隔离规定

（1）传染患者应进行预检分诊，按常规隔离。

（2）疑似传染患者应在观察室隔离，排泄物、呕吐物必须经过净化消毒，传染患者用过的衣物、被服应消毒后再清洗，医院污水须经过消毒处理后才能排放。

（3）传染病患者用过的敷料、器械均应按规定处理。

（4）传染病患者要按病种分区隔离，工作人员进入污染区要穿隔离衣，接触不同病种时应更换隔离衣、洗手，离开污染区时脱去隔离衣。

9. 病房应定时通风换气，每日空气消毒，物品定期消毒。传染病患者出院、转院、转科、死亡后应对患者的单元进行终末消毒。

10. 全院各科室污物、废物要用容器袋装好，分类进行统一处理，不准乱堆乱放。

11. 医院感染专职人员应定期组织检查消毒隔离工作，深入科室进行监控监测，做好检查记录。

（七）处方制度

1. 目的

为加强处方开具、调剂、使用、保存的规范化管理，提高处方质量，促进合理用药，保障患者用药安全，根据中华人民共和国卫生部《处方管理办法》，结合我院的实际情况，特制定本规定。

2. 处方规定

（1）本规定所称处方，是指由注册的执业医师和执业助理医师（以下简称医师）在诊疗活动中为患者开具的、由取得药学专业技术职务的任职资格的药学专业技术人员（以下简称药师）审核、调配、核对，并作为患者用药凭证的医疗文书。

（2）本院有处方权的医生所开的处方必须盖有本院统一刻制的医生名章方为有效，进修医生没有处方权。

3. 处方原则

医师开具处方和药师调剂处方应当遵循安全、有效和经济的原则。

4. 处方管理

（1）处方应使用钢笔或圆珠笔书写，可有拉丁文和中文，但药名不得中外文混写，处方内容应有项必填，药品名称、剂型、用法应以《中华人民共和国药典》及卫生部颁发的药品标准为准，处方涂改时要在涂改处盖章，每张处方涂改不应超过两处。

（2）处方上药品数量一律用阿拉伯字码书写，药品用量单位以克（g）、毫克（mg）、毫升（ml）等国际单位（IU）计量，符合片剂、丸剂、胶囊剂以片、丸、粒等单位，注射剂以瓶为单位并必须注明含量。

（3）西药处方当时有效。

中药处方一周内有效，超时取药必须医生重新开方才能有效。

5. 药房调剂人员不得擅自修改处方，如处方剂量、用法有误应通知医生修改处方，修改后的处方调剂人员，药剂人员要在处方上签字盖章，以涂改而无医生盖章的处方视为作废处方，药局不予付药。

6. 口服药一经开出一律不退药，针剂原则上不予退药，特殊情况（过敏等）需在原投药日两日内由门诊院长签字盖章后方可退药。

7. 处方权限

（1）在职各级医师的处方权，需经各科主任提出，医务科对其资格确认后登记、备案，通知药剂科进行有处方权医师本人签字留样。

（2）处方必须由医师本人书写，严禁先签好空白处方由他人临时填写药名、数量等，任何人不得摹仿医师在处方上签字。

（3）麻醉药品处方由主治医师以上并经批准授于麻醉药品处方权的医师签署方为有效，急救时值班医师可按病情需要使用麻醉药品注射剂，用后由具有麻醉药品处方权的医师补签处方。

（4）药剂师有权监督医师合理用药，对不合格的处方、乱开方、滥用药者，药房有权拒绝发药，药剂师不得擅自修改处方内容。

8. 处方书写

（1）处方原则上用中文书写，要求字迹清楚、项目书写完整，药名、剂型、剂量、单位、用法书写正确，不得涂改，如有修改时，医师应在处方修改处签字，处方年龄项应按实足“岁”或“月”填写。

（2）药品名称、剂量、单位以《中华人民共和国药典》为准，如因医疗需要，剂量超过药典规定时，医师须在剂量旁签字，方可调配。

（3）药品用法应写明冲服、含化、口服或皮下、肌内、静脉注射，以及每次剂量和每日用药次数，外用药品应写明用法及用药部位。

（4）每张处方仅限1人，严禁以甲患者名字给乙患者开方取药。

（5）西药处方每一药品须另起一行，麻醉药品、精神药品、医疗用毒性药品与普通药品，内服药与外用药不得同开一张处方。

9. 处方限量

（1）急症以3日量为限，一般疾病7日量为限，某些慢性特殊疾病15日为限。

（2）医疗用毒性药品，每次处方总量不得超过1日极量。第一类精神药品每次处方不超过3日常用量；第二类精神药品处方每次不超过7日常用量；麻醉药品每次处方注射剂不得超过2日常用量。片剂、酊剂、糖浆剂等不得超过3日常用量，连续使用不得超过7天。下次再用至少须间隔10天。

10. 处方保管

（1）每日处方按普通药品、麻醉药品、精神药品、医疗用毒性药品分别装订，并加封面，集中分类保存。

（2）普通药处方保存1年，精神药品处方和医疗用毒性药品处方保存2年，麻醉药品处方保存3年，到期由药剂科报分管院领导批准后销毁。

11. 处方调剂

（1）取得药学专业技术任职资格的人员方可从事处方调剂工作。

（2）在我院工作的药师可取得处方调剂权。药师签名或者专用章式样应当在医教部留样备查。

（3）具有药师以上专业技术职务的人员负责处方审核、评估、核对、发药以及安全用药指导；药士从事处方调剂工作。

（4）药师应当凭医师处方调剂药品，否则不得调剂。

（5）药师应当按照操作规程调剂处方药品：认真审核处方，准确调配药品，正确书写药袋或粘贴标签，注明患者姓名和药品名称、用法、用量、包装；向患者交付药品时，按照药品说明书或者处方用法，进行用药交待与指导，包括每种药品的用法、用量、注意事项等。

（6）药师调剂处方时必须做到“四查十对”：查处方，对科别、姓名、年龄；查药品，对药名、剂型、规格、数量；查配伍禁忌，对药品性状、用法用量；查用药合理性，对临床诊断。

（7）药师在完成处方调剂后，应当在处方上签名或者加盖专用签章。

12. 监督管理

医院建立处方点评制度，填写处方评价表，对处方实施动态监测及超常预警，登记并通报不合理的处方，并将结果上报医教部，对不合理用药及时予以干预。

13. 对出现超常处方 3 次以上且无正当理由的医师由医务科提出警告，限制其处方权；限制处方权后，仍连续 2 次以上出现超常处方且无正当理由的，取消其处方权。

14. 医师出现下列情况之一的，处方权将被暂停或取消。

（1）被责令暂停执业。

（2）考核不合格、离岗培训期间。

（3）被注销、吊销执业证书。

（4）不按照规定开具处方，造成严重后果的。

（5）不按照规定使用药品，造成严重后果的。

（6）因开具处方牟取私利的。

15. 麻醉药品和第一类精神药品处方资格

（1）未取得麻醉药品和第一类精神药品处方资格的医师不得开具麻醉药品和第一类精神药品处方。

（2）除治疗需要外，医师不得开具麻醉药品、精神药品、医疗用毒性药品和放射性药品处方。

16. 处方的保管

（1）处方应当妥善保存。普通处方、急诊处方、儿科处方保存期限为 1 年，医疗用毒性药品、第二类精神药品处方保存期限为 2 年，麻醉药品和第一类精神药品处方保存期限为 3 年。

（2）处方保存期满后，经医院批准、登记备案，方可销毁。

（3）药剂科应当根据麻醉药品和第一类精神药品处方开具情况，按照麻醉药品和第一类精神药品品种、规格对其消耗量进行专册登记，登记内容包括发药日期、患者姓名、用药数量。专册保存期限为 3 年。

（八）查对制度

1. 临床科室

（1）医生在开处方、下医嘱进行诊疗时，必须仔细查对患者姓名、性别、年龄、床号、住院号（门诊号）。

（2）执行医嘱时，要进行“三查七对”。

摆药后查；服药、注射、处置前查；服药、注射、处置后查。对床号、姓名、药名、剂量、浓度、时间、用法。观察病情变化和处置后反应。

（3）清点药品时和使用药品前，必须要检查质量、标签、失效期和批号，如不符合要求，不得使用。

（4）给药前，注意询问有无过敏史，使用毒、麻、限剧药品或精神药品要经过反复核对，静脉给药要检查有无变质，瓶口有无松动、裂缝，有无配伍禁忌。

（5）输血前，须经两人查对，无误后方可输入；输血时须注意观察，保证安全。输血完毕，瓶内余血保留 24 小时后方可处理。

（6）值班护士查对医嘱时不准聊天、不准打电话，整理医嘱时，必须认真核对，做到准确无误。

（7）除紧急情况外不得使用口头医嘱，执行口头医嘱时，护士必须复诵一遍，双方确认无误后，方可执行，并保留安瓿以便再次确认。执行后必须及时补记医嘱。

2. 手术室

（1）接患者时要查对科别、床号、姓名、性别、诊断、手术名称、术前用药。

（2）手术前，必须查对姓名、诊断、手术部位、麻醉方法及麻醉用药。

（3）凡进行体腔或深部组织手术，要在术前与缝合前清点所有敷料和器械数，手术结束时，再清点复核 1 次。

3. 药房

（1）配方时，查对处方的内容、药品剂量、配伍禁忌。

（2）发药时，查对药名、规格、剂量、用法与处方内容是否相符；查对标签（药袋）与处方内容是否相符；查对药品有无变质、是否超过有效期；查对姓名、年龄；交代用法及注意事项。

4. 检验科

（1）采取标本时，查对科别、床号、姓名、性别、检验目的。

（2）收集标本时，查对科别、姓名、性别、床号、标本数量和质量。

（3）检验时，查对试剂、检验等项目。

（4）检验后，查对目的、结果。

（5）发报告时，查对科别、姓名、检查项目及结果。

5. 放射科

（1）检查时，查对科别、病案号、姓名、性别、年龄、片号、部位、目的。

（2）诊疗时，查对科别、病床、姓名、部位、时间、角度、剂量。

（3）发报告时，查对科别、病案号、姓名、检查项目、临床诊断。

6. 理疗针灸室

（1）各种治疗时，查对科别、姓名、部位、种类、剂量、时间、皮肤。

（2）低频治疗时，查对极性、电流量、次数。

（3）高频治疗时，检查体表、体内有无金属异物。

（4）针灸治疗前，检查针的数量和质量，取针时，检查针数和有无断针。

7. 供应室

（1）准备器械包时，查对品名、数量、质量、清洁度。

（2）发器械包时，查对名称、消毒日期、消毒指示条变色是否达标、是否湿包。

（3）收器械包时，查对数量、质量、清洁处理情况。

8. 心电、脑电、超声检查室

（1）检查时，查对科别、床号、姓名、性别、检查目的及部位。

（2）诊断时，查对姓名、编号、临床诊断、检查结果。

（3）发报告时，查对科别、病房、姓名、编号。

9. 其他科

应根据上述要求，制定本科室工作的查对制度。

（九）财产物资管理制度

1. 凡医院所需要的各种财产物资（除药品器材和图书外），均由总务科负责统一采购、调入、供应、管理、维修。要尽可能的修旧利废，做到物尽其用，节约使用。

2. 负责管理的财产、物资，应建立健全帐目，指定专人采购、领发、保管，加强管理，定期或不定期清点实物，做到帐物符合。

3. 各科室所需物资，应按计划供应，实行送货上门。

4. 属交旧领新的物资，交回物品要登记上帐。

5. 各种物品、被褥的报废，要办理报废手续，总务科对报废物资要妥善处理。医院的财产物资，任何人不得私自取用。

6. 重大财产物资的报损、报废，及财产物资变价，转让或免费调拨，由总务科审校转院领导并报主管部门批准处理，不得擅自处理。

7. 各科室应由护士长负责物品清领、保管及注销工作。

（十）总务科工作制度

1. 在院长及分管院长的领导下，为了保证全院后勤工作切实为医、教、研和职工生活服务，特制定本制度。

2. 总务科白班安排人员值班，处理当日总务科日常事务工作，作好记录，重要事情及时向科长汇报。

3. 电工房、修配组、氧气锅炉组等，安排人员24小时值班，为医疗工作和职工生活服务提供保障。

4. 总务科要牢固树立为第一线服务的思想，做好水、电、气维修、房屋修建、院容卫生等后勤维修和保障。

5. 接到科室水电等项目维修电话，及时前往处理，需多工种配合的，报告科长协调处理。

6. 对科室要求的较大的装修项目，钢铁、木制品的设计、制作、安装、维修项目，由科室提出申请，总务科拿出 预算，报分管院长审核同意后尽快实施。

7. 在巡视中经常向各科室工作人员宣传加强各类设 施的管理，做好节水、节电、爱护公物的宣传教育工作。

8. 职工办公用物品的采购、保管、供应、发放，做到规范化、条理化管理。

9. 科长每月抽查科内人员的劳动纪律，对违反劳动纪律的人员按制度进行处理。

10. 各种被服、劳保用品管理按有关规定办理，超出范围不予发放。

（十一）各种耗材审批请领制度

1. 总务科负责药品医疗器材以外的物资管理和供应工作，保证医护工作正常顺利进行。

2. 各科室所需物资，按月、季、年编制计划，送总务科经院领导审批后列入财务计划进行购买，总务科按计划供应，各科室凭计划领取物资。

3. 各种物品、被服的报废，要办理报废手续。

（1）总务科对报废物资要妥善处理。

（2）医院的财产物资，任何人不得私自取用。

（3）重大财产物资的报损、报废及财产物资变价、转让或免费调拨，须根据具体情况，经科室评议，由总务科审校转院领导并报主管部门批准处理，不得擅自处理。

（4）属于交旧领新的物资，交回物品要登记上帐。

4. 到库房领取各种物资一律凭《医院物品申请单》请领。

（1）各科室必须制定各种物品的请领计划，详细填写领取物品的名称（必要时写清供货厂名及品牌）、规格、数量、用途，经科室领导或护士长审签后于每周一上午报院领导或有关部门审批，并于当天 17：00 以前送交总务科或药械部。

（2）周二由上述部门配送物资到申请科室。

5. 临时耗材需求

（1）临时的药品需求、临时的医疗用品，需由需求科室提前一周向总务科报计划，该计划经科室审核、分管院长审批后，交至总务科采购。

（2）总务科收到计划后，一周内安排采购，采购后，通知需求部门领取。

（3）紧急物资申请单下达后，总务科立即安排采购，并及时送至相关的需求部门。

6. 经审批的科室物资需求计划，一般不能增加，因报损减少的，需经领导批准后方可补发。

7. 器具、器皿按标准配备后，各科室应爱护，实行以旧换新方式领取新的需求计划。

8. 科室在验收物品时需详细检查，认真核对品名、规格、数量等。

9. 医护人员的工作用品、劳保用品，应按计划领取，禁止超额领用。

（十二）新型农村合作医疗工作管理暂行办法

1. 为了加强和规范我院新型农村合作医疗工作，根据《关于加强新型农村合作医疗运行管理的原则意见》的文件精神和省新型农村合作医疗协调小组办公室《关于印发××省新型农村合作医疗省级定点机构管理办法》的通知精神，结合我院实际，制定本暂行办法。

2. 本办法适用于在我院就医的参加新型农村合作医疗的患者（简称参合患者）及提供医疗服务的各科室。

3. 新型农村合作医疗管理工作，由医务科医疗保险办公室（医保办）具体负责。

4. 参合患者凭合疗证到挂号室挂号，持挂号单、门诊病历到门诊各科室就诊，医生复核后，根据病情诊治，并真实记载于门诊病历上。

5. 需住院的参合患者，持住院证、合疗证、身份证或户口本到医保办办理审核登记手续，并在住院证上加盖“合疗专用章”。

6. 节假日期间，参合患者需要急诊住院者，可凭合疗证直接入院登记手续，正常上班后，患者或家属应及时持住院证、合疗证、身份证或户口本到医保办办理审核手续，所在科室应予以指导和督促。

7. 药品使用

（1）参合患者在住院期间，必须使用《省基本医疗保险和工伤保险药品目录》范围内的药品，因病情确需要使用目录以外的药品时，应向参合患者或其家属说明原因，在征得同意，并签订《医患协议收》后，方可使用。目录外用药不得超过本次住院总药费的 10%。

（2）因病施治，合理用药，同类疗效相近的药物应首先选用最基本的品种，控制贵重药品的使用。

（3）严格控制参合患者住院的药品费用，药品费用不得超过住药总费用的38%。

（4）患者出院带药，一般病种限7天药量，慢性病不超过15天，患多种疾病或肿瘤患者不超过30天。

8. 检查治疗

（1）医生对患者应进行针对性检查，不做与本次疾病不相关的检查，不做不必要的重复检查。

（2）治疗方案要科学、经济，尽量减少使用不必要的特殊耗材及贵重医疗器械，提供质优、价廉、便捷、规范的医疗服务。

（3）CT、MRI、彩超等特殊检查阳性率不得低于75%。

9. 住院管理

（1）加强参合患者的住院管理，保证参合患者转诊得到及时治疗，不诱导参合患者延长住院时间，或分解住院，也不得强行让未治愈的参合患者出院。

（2）参合患者门诊及住院所有费用，需个人自费，回当地合疗办报销。

（3）实施报销直销直通车的合疗患者，出院后在我院直接报销。

（4）科室优先安排合疗患者住普通病床。

（5）住扶贫病房的合疗患者，检查、手术费用的优惠是减免10%。

（6）免费为合疗患者提供住院费用每日清单（必要时提供合并单），以及住院病历的复印件。

10. 创优报务

（1）做好新型农村合作医疗政策的宣传，对全院医护人员进行专题培训。

（2）制作新型农村合作医疗政策宣传栏、临床操作细则，为参合人员发放就医须知等。

（3）科室医护人员应热情接待参合患者，主动解决他们在就医过程中遇到的问题，处处体现医院对参合患者的关怀。

（4）建立参合患者意见投诉箱，并作患者满意度调查，了解参合患者就医情况，并利用院周会及时进行讲评。

（5）医务科医保办随时并指导科室的合疗工作，每周检查一次。重点检查患者合疗身份、患者的意见和医务人员的诊疗信息等，确保合疗工作正常运行。

（6）参合患者出院，确保当天复印病历等有关资料，其住院资料由医保办审核盖章并装封，交患者带回报销。

11. 督促管理

（1）出现参合患者住院使用《医疗保险药品目录》以外的药品，不打招呼、不签协议，由此造成医患矛盾者；自费药超标；出院带药超量；无适应证用药；做与本次疾病不相关的检查及重复检查；随意给患者办理出入院等现象，按照医护质量考核标准中的有关规定执行。

（2）帮助患者冒名顶替住院，套取合疗基金者，按患者住院费用的100%作为罚金，在当月的收入中予以扣除。

（3）押金不足，造成患者欠费逃逸者，其欠费部分由科室承担。

（4）违反患者有关规定，造成患者投诉或反映到省合疗办，医院造成不良影响者，视情节给予科室及个相应的处罚。

（十三）社会基本医疗保险工作管理规定

1. 目的

为了加强和规范我院社会基本医疗保险工作，根据国务院《关于建立城镇职工基本医疗保险制度的决定》和《××市城镇职工基本医疗保险定点医疗机构管理暂行规定》，结合我院实施，制定本规定。

2. 范围

本规定适用于在我院就医的省、市等参加城镇职工基本医疗保险的患者及提供医疗服务的各科室。

3. 管辖

社会医疗保险的管理工作，由医务科医保办具体负责。

4. 就医管理

（1）医保患者持《专用病历》、挂号单到科室就医，医生复核后，根据病情诊治，开具处方或检查单，并真实记载于《专用病历》。

（2）做特殊检查、治疗应告知患者到医保办办理有关手续。

（3）主管医师必须严格执行疾病诊断标准，住院病种应符合《医疗保险住院病种目录》，可以在门诊治疗的患者，不得收治住院。同一种疾病住院，一般需间隔15天。

（4）医保患者住院期间，医生不得开具与病情无关的药品，必须使用《××省基本医疗保险药品目录》范围内的药品。因病情确需使用其他药品时，应向参保患者或其家属说明原因，在征得同意，并签订《医患协议书》后方可使用。目录外用药，不得超过省级医保患者本次住院总药费的10%、市医保患者住院总费用的4%。

（5）医生对患者应进行针对性检查，不做与本次疾病不相关的检查，不做不必要的重复检查。

（6）严格掌握特殊检查指征，一般应先进行普通检查，普通检查已明确诊断的不再做特殊检查。

（7）医保患者住院需做特殊检查的，应先做检查后住院，若在住院期间需做多个部位的CT或MRI，以及增强CT或MRI时，应在医保办办理相关手续。

5. 医保用药

（1）军卫Ⅰ号药品信息中医保用药带有符号 Y，其中 Y0 是限于门诊使用的药品；Y 是甲类药品；Y1、Y2、Y3 乙类药品，表示不同的支付比例。

（2）特殊药品如白蛋白、全血、成份血以及乙类目录中部分限制病种的药品应严格按规定的临床适应证使用。

（3）住院患者医保用药每次开药量为三天。

（4）患者出院带药，一般病种 7 天药量，慢性病不超过 15 天，带药品种在五种以内，金额不超过 100 元，患多种疾病或肿瘤患者，不超过 30 天，带药品种在六种以内，同类药品限三种，金额不得超过 300 元。

（5）医保患者用药，严格控制药品总量，药占比不得超过住院费用的 45%。

（6）门诊特殊慢性病患者就医时，处方开药量依据省医保中心制定的限额标准，用药限于患者所患慢性疾病种，并且在《医疗保险药品目录》内，做到“证与人、人与病、病与病、药与量”四相符。

（7）区医保、外地医保、商业保险患者住院，原则上不使用医保范围外药品，病情确需使用时，需告知患者并签订医患协议。

6. 特殊审批

（1）医保患者门诊做特殊检查和治疗的，由接诊医师开具特殊检查治疗申请单，患者持申请单到医保办审核，领取特检特治审批表，由接诊医师填写，科主任（或高级职称）签字，医保办盖章，患者支付 30% 费用。

（2）特殊病种的门诊治疗，由接诊医师开具特殊治疗申请单，患者持申请单到医保办审核，领取特检特治审批表，接诊医师填写，科主任（或高级职称）签字，院医保办盖章后，到市医保中心审批。患者支付 30%；肾透析和抗排斥药患者支付 10% 费用。

7. 医保监督管理

（1）科室应坚持“因病施治、合理检查、科学用药、有效治疗、合理收费”，为医保患者提供基本医疗保险服务。

（2）医保患者住院首次押金 1500 元，科室应督促患者续交押金，并按照总费的 50% 续交，自费药品及超标准床位费除外。

（3）科室应认真核对医保患者身份及相关情况，发现冒名顶替等问题，需及时报告医保办。

（4）科室认为医保患者经治疗，可以出院时，应立即通知其出院，对拒不出院的患者，应通知患者，从通知出院之日起，所发生的一切费用，由患者负担。

（5）科室对急诊收住院的医保患者，应督促患者或家属持医保《专用病历》、住院证到医保办补办医保手续，超过三天未登记者，其费用自理。

（6）参保患者连续住院三个月作为一次住院，需办理一次出院结帐手续。超过三个月的每三个月作为一次住院。

8. 费用管理

（1）我院医疗保险实行院、科两级核算，医院与科室结算采取“总量控制、定额管理、超支分担”的结算政策。

（2）控制指标依据各科室前两年医保患者平均费用，及医保中心的定额标准确定。

（3）各科室的总费用应控制在指标上、下10%的范围内，在此范围内按照实际发生费用每月按时兑付给科室。

（4）科室医保患者的每月平均费用超出定额标准10%～20%的，医院与科室各承担50%，超过20%的，全部由科室承担。

（5）年终平均费用低于定额标准，医院按节余费用的50%给科室奖励。

9. 医保处罚

（1）门诊特殊检查阳性率未达标者，将按照科室门诊收入的5%扣除。

（2）参保患者住院使用《医疗保险药品目录》以外的药品，没有填写《医患协议书》；自费药超标；出院带药超量；无适应证用药；做与本次疾病不相关的检查及重复检查等，按照医护质量考核标准中的有关规定执行。

（3）使用《医疗保险药品目录》以外的药品，不签协议由此造成医患矛盾者，其费用由责任医师承担。

（4）医保患者每月超支的费用，根据“费用管理”中的相关规定，在科室当月的收入中予以扣除。

（5）随意给医保患者办理出入院，造成医患矛盾及投诉等问题，费用按照一次住院定额标准与科室结算。

（6）帮助患者冒名顶替住院者，其患者住院费用的100%作为罚金，在当月的收入中予以扣除。

（7）押金不足，造成患者欠费逃逸者，其欠费部分由科室承担。

（8）违反医保有关规定，造成医保中心拒付款时，由科室或责任医师承担。

10. 附则

（1）本制度自颁布之日起执行。

（2）医务部享有最终解释权。

三、门诊管理制度

门诊管理制度有门诊工作制度、挂号室工作制度、住院处工作制度、观察室工作制度、门诊收费处工作制度和门诊患者退费规定共6项。

（一）门诊工作制度

1. 门诊工作组织

（1）医院应有一名副院长分工负责门诊工作。

（2）各科主任、副主任应加强对本科门诊的业务技术领导。

（3）各科（特别是内、外、妇科等科）应确定一位主治医师或高年资住院医师协助科主任领导本科的门诊工作。

（4）门诊医护人员应派有一定经验的医师、护士担任，实行医师兼管门诊和病房的科室，必须安排好人力。

2. 门诊工作流程

（1）各科室参加门诊工作的医务人员，在医务科或门诊部统一领导下进行工作。

（2）科学组织和指导分诊，以缩短候诊时间，对高热患者、危重患者及 70 岁以上老人应当优先安排门诊。

3. 门诊的处置

（1）门诊医师要采用疗效好，经济便宜的治疗原则，科学用药、合理用药，尽可能减轻患者的负担。

（2）实行首诊医师负责制，医师对首次来诊的患者应详细询问病史，仔细体检和进行必要的影像、实验等检查，作出诊断和处置。

（3）遇有疑难、重危伤患者或 3 次以上来诊尚不能确诊者，应及时上报医院领导。

（4）对某些慢性病患者和专科患者，应根据医院具体情况设立专科门诊。

（5）门诊检验、放射等各种检查结果，必须做到准确及时。

（6）门诊手术应根据条件规定一定手术范围。

（7）门诊各科与住院处及病房应加强联系，以便根据病床使用及患者情况，有计划地收纳患者住院治疗。

（8）对基层或外地转诊患者，要认真诊治；在转回基层或原地时要提出诊治意见。

4. 门诊的管理

（1）分管门诊的主治医师应定期检查总结门诊医疗质量。

（2）加强检诊，做好分诊工作，严格执行消毒、隔离制度，防止交叉感染。

（3）内科应建立传染病诊室，做好疫情、职业病报告。

（4）门诊工作人员要做到关心体贴患者，态度和蔼，有礼貌，耐心地解答问题。

（5）积极实施便民、惠民措施；尽量简化手续，有计划地安排患者就诊。

（6）医师要加强对换药室、治疗室的检查指导，必要时，要亲自操作。

（7）门诊应保持清洁整齐，对候诊人员宣传卫生防病和计划生育、优生优育知识。

（8）承办患者入院、出院、转院手续，掌握各科患者流动和床位使用情况，每日向统计室报告。

5. 资深专家、专科挂牌门诊管理制度

（1）资深专家门诊（名医馆）应符合医院规定的要求，实行预约挂号及窗口挂号，如遇停诊必须提前一个工作日通知门诊办公室，以便及时通知患者。

（2）门诊专家应是临床科室的正、副主任医师。

晋升高级职称一年后的医师可提出申请，经科主任同意，由门诊办公室上报主管院领导批准后，确定开诊时间；外院调入本院工作的符合条件的医师需熟悉三个月后，方可提出申请，科主任及主管院领导批准后开设专家门诊；专科门诊限于临床科室年满3年以上高年资主治医师。

（3）各科出诊人员根据医院安排的固定时间定期出诊，准时开诊，做到优质服务，限额挂号，保证医疗质量，如临时不能出诊者，必须提前1个工作日通知门诊办公室经同意后停诊。

（4）尊重患者意愿，切实做到由患者自行选择普通号、资深专家（专家）、专科门诊号，各级人员不得诱导，不得重复挂号。各科不得以任何理由不看普通门诊。

（5）门诊办公室负责专家专科门诊工作管理。

（6）绿色通道由急诊科组织实施，相关科室必须主动配合。

（7）急诊室各类抢救药品及器材要准备完善，保证随时可用；由专人管理，放置固定位置，便于使用，经常检查，及时补充、更新、修理和消毒。

6. 急诊重大病例

（1）遇有涉及多科的多发伤患者由急诊科主持抢救，其他各科积极配合抢救，患者经首诊科室诊治后若需请他科会诊，须经本科上级医师会诊后方能提出（紧急情况例外），各会诊科室必须严格执行会诊制度，由本院高年资主治医师以上级别人员医师参加会诊（紧急情况例外），会诊意见需详细记录。

（2）急诊科亦承担重危抢救的组织与协调职能，在紧急情况下，根据病情需要，急诊科有权越级呼叫各科当日值班医师参加会诊与抢救，各科值班医师不得无故推诿，否则追究当事者医疗责任。

（3）急诊患者是否留观，由各科急诊值班医师决定，任何人不得借故推诿。

对急诊留观患者，首诊科室必须严格查房制，所涉及各科均应主动巡视患者，及时与首诊科室联系，并作好记录及交接班工作。

（4）对疑难、危重的急诊患者，急诊值班医师必须及时呼叫当天值班医师来现场指导，协助抢救。

对在抢救过程中擅做主张、不请示、不执行上级医师医嘱或上级医师对下级医师请示漠不关心，草率从事，造成不良后果者，要追究当事人责任。

（5）凡遇有涉及多科的急诊收治，原则上由对其生命威胁最大疾病的主管科室收治，若有急诊，由急诊科（必要时医务科）统一协商解决。

（6）各科室收治患者必须严格掌握急诊患者优先收治原则，绝不允许片面强调专业对口，变相推诿患者。

（7）各临床科室应积极做好急诊抢救室、观察室内急诊患者的疏散工作，急诊暂留观患者超过24小时，须书写留观病历；值班医师必须在交班前完成留观病历。各科记录必须详细、完整。

（8）对昏迷、复合外伤等危重患者在必须作特殊检查时（拍片、CT、MRI、B超等）一定要有医护人员陪送，要言明可能出现危险或意外。

（二）挂号室工作制度

1. 门诊患者应先挂号后诊病（急重危患者例外）。
2. 挂号室应分科挂号，已有门诊病历办理复诊挂号即可。
3. 转科患者不再重新挂号，复诊时应重新挂号。
4. 挂号诊病当次当日有效。
5. 挂号室工作人员要坚守工作岗位，态度和蔼，解答耐心，初诊病历要填齐首页各栏。
6. 初诊、复诊病历，均应直接送到就诊科室，不能由患者携带。
7. 下班前取回当日就诊的病历，依次上架管理。
8. 按病历号将各种检查报告贴到病历页上。
9. 预约挂号

（1）工作由主管门诊工作的业务副院长负责，门诊办公室负责落实管理。

（2）预约挂号措施由医院办公室和宣传科负责通过网站、显示屏、公示栏等对外宣传。

（3）预约挂号的方式有：电话预约、现场预约和网络预约等。

（4）“门诊一站式服务台”为预约挂号的负责部门，由专职护士承担日常预约工作，以保证各项预约措施顺畅，患者按预约时间完成就诊。

（5）预约挂号应提供专科、专家和社区转诊等号源，社区预约信息应在24小时内给予答复。

（6）预约挂号采用实名制，患者预约和就诊时，应提供真实、有效的实名身份信息和有效证件。

（7）预约专家必须按既定的时间出诊，特殊情况下，需要变更时，需提前二天向医务科报批，并通知门诊一站式服务台，告知患者；在征得患者意见后，为患者重新安排医师出诊，或更改预约挂号的时间。

（三）住院处工作制度

1. 出院、入院患者均由本院各科医师开具出入院证、门急诊病历、公费医疗证和医疗保险证等手续，然后到医院的住院处统一由办理出入院手续。
2. 当医院没有空床位时，不得预办住院手续。

3. 患者办理出院手续，由病区护士长到住院处进行核算，开具帐单。

4. 住院患者，应详细填写住院卡患者的详细信息，包括联系人的姓名、住址、电话号码、身份证号等病历首页，按规定预交押金，方可入院。

5. 住院处设置住院患者一览表，并每日与病区联系，及时掌握和了解病床使用和周转情况。

6. 住院处工作必须细心负责，态度和蔼，准确掌握各种收费标准，交付现金时应当面点清，开具收据，并保留存根备查。

7. 患者办理出院手续，一般于出院前一日由病区将住院医嘱全部送至住院处进行核算，开具结账单及明细清单；患者或其家属来住院处结清费用后，将结账单交回病区办理出院手续。

8. 公示住院收费标准，应采用多种形式主动征求出院患者对医院服务的意见及改进意见。

（四）观察室工作制度

1. 对于不符合住院条件，但根据病情尚须急诊观察的患者，可留观察室进行观察。

2. 观察室留观患者由急诊医师、护士负责，轮流值班认真观察病情变化，及时处理，需要住院治疗者及时办理入院手续。

3. 观察室护理

（1）各科急诊值班医师和护士，根据病情严密注意观察、治疗。

（2）凡收入观察室的患者，必须开好医嘱，按格式规定及时填写病历，随时记录病情及处理经过。

（3）主治医师每日查床一次，及时修订诊疗计划，指出重点医疗工作。

（4）急诊室值班护士，随时主动巡视患者，按时进行诊疗护理并及时记录、反映情况。

（5）值班医护人员要观察患者诊治情况的临时变化，要随找随到床边观察，以免贻误病情。

（6）急诊值班医护人员对观察床患者，要按时详细认真地进行交接班工作，必要情况书面记录。

4. 观察室管理。

（1）患者的床位应按床编号，挂床头牌，并按时进行消毒。

（2）建立观察记录，及时记录病情变化、检查、治疗、护理情况，留观患者入院后，其观察记录随住院病案保管，未入院的观察记录在科室保管，时间一年。

5. 留观患者的管理，应留陪护。

（五）门诊收费处工作制度

1. 门诊收费处负责办理门诊患者的收费和住院患者预交押金的收取工作。

2. 收费处是医院重要文明窗口之一，对患者要态度和蔼，坚持文明用语，解释问题要耐心，对患者不顶、不气、不刁难。

3. 收费人员必须工作认真、仔细，努力提高工作效率，减少患者排队等候时间。

4. 收据要项目齐全，字迹清晰，准确无误，接收现金要唱收唱付，当面点清。

5. 周转现金不得超过规定限额，不准挪用公款，做到日清、日结，填制日报表，核对无误后，将款、表存根交汇财务科。

6. 妥善处理患者退款，退款者须持有关凭证，符合退款手续的方可退款。当日发生者可由原收费员退款，其余时间只要手续完备，任何收费窗口都应给予办理，不得推诿。

7. 工作时间不得擅离岗位，不准由外人代替收费员开据收费，否则追查处理。

8. 提高警惕，加强防范，做到人离加锁，出入带锁，注意安全。非本室人员，未经许可不得入内，严禁室内会客。

9. 汇总会计必须认真负责，每天下午必须将当日所收现金送存银行，加强各项工作中的复核工作，所管空白收据以及挂号票据，要做到“顺号发放、销号收回”。如遇问题，要随时查清做出登记，报请领导处理。

10. 收费人员应使用文明礼貌用语，规范业务行为，给患者留下良好形象。

11. 门诊收费员要做好患者收费、记账、结算、辅助行政班划价收费、刷银联卡和医保卡的工作。

12. 中午值班应做好工作环境、设备的保洁工作，下午 18 点前结清移动 POS 账，月末最后一天移动 POS 结账后须在 20 点后再刷卡使用。

13. 收费处员工应提前 5 分钟到岗，做好口头、书面的交接工作，单、票、据核对一致。

14. 患者交款后，同时告知患者其相应的科室所在的位置，减少患者寻找的困扰。

15. 当患者的款项不够时，应主动与医师联络，问询医师的意见，然后再向患者问询，是否要重新划价收费。

16. 遇到患者要求改动治疗单、处方等问题时，应做耐心的解释，然后交由导医带患者与医生处协商，避免患者直接找寻医师。

17. 患者要求退款时，应先检查票据是否齐全，退款手续是否符合要求，再经过领导签字后，方可办理。

18. 门诊收款处的员工，应做到微笑服务、礼貌待人、耐心解释，遇到疑难问题，应向上级领导汇报。

19. 收款处员工在业务中，应做到填写报表及时、核算无误、内容齐全、书写规范，财务信息绝对保密。

（六）门诊患者退费规定

1. 门诊患者因故当月内退费，须持有门诊收据、检查或治疗申请单或门诊处方笺，经医师或药师、门诊部、收费处负责人在退款发票上签字（章），并注明退款原因。当日当次退费由原收费窗口办理。

2. 收费员对手续完备、姓名、项目、金额相符的退费，通过冲账进行退费。对不符合退款手续者，收费员要向其说明白。

3. 收费员在划价收费时，必须向患者唱明姓名、项目、金额，以免打印出收据后，患者款数不足而作废。

4. 收费员要将当天的退款单证及作废收据核对后单独装订，随收费明细账上报，做到日清日结。

5. 收费处汇总，财务科稽核会计要逐日、逐笔复核，对违反制度、私留患者收据、不符合退款手续、舞弊行为的视为贪污，应及时向领导报告。

四、临床部管理制度

临床部的管理制度有临床检诊制度、病历书写制度、医嘱制度、查房制度、会诊制度、病例讨论制度、中医工作制度、麻醉工作制度、手术室工作制度、护理工作制度、护理值班制度、差错事故登记报告处理制度、护理文件书写制度、分级护理制度、责任制护理制度、病房管理制度、探视陪伴制度、患者转院转科制度、患者出入院制度、治疗室工作制度、换药室工作制度、检验科工作制度、放射科工作制度、超声检查工作制度和心电图检查工作制度共25项。

（一）临床检诊制度

1. 目的。检诊是指医护人员对新入院患者进行的检查和诊断，以了解病情，明确诊断，提出最佳的治疗方案。

2. 对所有新入院患者，医师都应在2小时内进行检诊，详细询问病史，认真进行检诊检查和辅助检查，做出初步诊断，给予适当的处置，并书写“首次病程记录”。

3. 主治医师、副主任医师和主任医师在查房制度规定的时间内对上述处置作必要的审查、补充和修改。

4. 疑难、急危重症患者应立即检诊，并报告上级医师，实行经住院医师、主治医师、正（副）主任医师和科主任分级检诊。

5. 经治医师应当详细采集病史，认真进行体格检查和必要的影像、实验室检查，及时做出初步诊断，下达医嘱。

6. 重要脏器的穿刺或活检、手术探查、复杂的内窥镜检查和X线造影等特殊检查，应严格掌握指征，经上级医师或科主任同意，并征得患者本人及家属同意并签同意书，做好充分准备后，按技术操作常规进行。

7. 男医师检查女性患者敏感部位时，应有第三者在场。

（二）病历书写制度

1. 病历内容

病历是指医务人员在医疗过程中形成的文字、符号、图表、影像、切片等资料的总和，包括门（急）诊病历和住院病历。

2. 病历书写

病历书写是指医务人员通过问诊、查体、辅助检查、诊断、治疗、护理等医疗活动获得有关资料，并进行归纳、分析、整理后形成医疗活动过程及结论的行为。

3. 病历书写原则

病历书写应当客观、真实、准确、及时、完整。病历书写的语句应通顺、表述准确、字迹清晰、标点正确。

4. 病历书写基本要求

（1）病历记录应用钢笔蓝黑墨水书写，力求通顺、完整、简练、字迹清楚、整洁、不得删改、倒填、挖补剪贴，医生应签署全名，并按规定顺序排列整齐。

（2）病历一律用中文书写，诊断、手术应按照疾病和《手术分类名称》填写。

5. 门诊病历书写要求

（1）简明扼要。患者的姓名、性别、年龄、职业、籍贯、工作单位或住所。主诉、现病史、既往史、各种阳性体征和必要的阴性体征，诊断或印象诊断及治疗、处理意见等均需记载于病历上，由医师（士）写并签全名。

（2）间隔时间过久或与前次不同病种的复诊患者，一般都应与初诊患者同样写上检查所见和诊断。

（3）每次诊治均应填写日期，急诊应加填时间。

（4）请求他科会诊，应将请求会诊目的及本科初步意见在病历上填写清楚。

（5）被邀请会诊医师应在请求会诊的病历上填写检查所见、诊断和处理意见并签字。

（6）门诊患者需要住院检查和治疗时，由医师签写住院证，并在病历上写明住院的原因和初步印象诊断。

（7）门诊医师对转诊患者应负责填写转诊病历摘要。

6. 住院病历书写要求

（1）新入院患者必须填写完整病历，内容包括姓名、性别、年龄、职业、籍贯、工作单位或住所，主诉、现病史、既往史、家族史、个人生活史（女患者月经史、婚姻史、生育史）、体格检查、化验检查、特殊检查、小结，初步诊断，治疗处理意见，由医师书写签名。

（2）入院记录应在24小时内完成，急诊患者应即刻检查填写。入院记录要求书写详细、准确、表达清楚，内容应包括诊断依据、鉴别诊断和治疗计划。

（3）再次入院者（同病或原病密切相关的疾病）应写再次入院病历。

（4）病程记录（病程日志）包括病情变化、检查，鉴别诊断，上级医师对病情的分析及诊疗意见、治疗过程和效果。凡施行特殊处理要记明施行方法和时间，一般病程记录应每3天记录一次，危重患者和骤然恶化患者应随时记录。病程记录由经治医师负责记载，主治医师应有计划地进行检查，提出同意或修改意见并签字。

（5）手术患者的术前准备、术前讨论、手术记录、麻醉记录、手术后返回病房的当日病情，均应详细记入病程记录内或另附手术记录单。

（6）更换经治医师时由交班医师在病程记录中书写交班小结。阶段小结每月一次，由经治医师负责填入病程记录内。

（7）凡决定转诊、转科或转院的患者，经治医师必须书写较为详细的转诊、转科或转院记录，主治医师审查签字。转院记录最后由科主任审查签字。

（8）各种检查报告单应按顺序粘贴，各种病情介绍单或诊断证明书亦应附于病历上。

（9）出院总结和死亡记录应在当日完成。出院总结内容包括病历摘要及各项检查要点、住院期间病情转变及治疗过程、效果、出院时情况、出院后处理方针和随诊计划，由经治医师书写、主治医师审查签全名。死亡记录除病历摘要、治疗经过外应记载抢救措施、死亡时间、死亡原因，由经治医师书写、主治医师签全名。凡做病理解剖的患者应有详细的病理解剖记录及病理诊断，死亡病历讨论也应做详细记录。

7. 病历修正要求

（1）书写时，应使用中文和医学术语，不能用“眼黄”、“咽红”等非医学术语。通用的外文缩写和无正式的中文译名的症状、体征、疾病名称等可以使用外文。患者转述的诊断名称和药名应加引号。

（2）书写过程中，如出现错字或上级医师审查修改下级医师书写的病历时，应保持原记录清楚可辨。用双线划在错误处，不得涂抹掩盖或去除原来的字迹，医师必须在修改处签名，并注明修改日期。

8. 医务人员应亲笔签署可辨认的全名，住院医师不得摹仿代替上级医师签名。

9. 对有创检查和治疗须征得患者书面同意并由患者本人签署同意书后可进行病历确认。

（1）因实施保护性医疗措施，不宜向患者说明情况的，应将有关情况通知患者近亲属，由患者近亲属签署同意书，及时记录。

（2）患者无近亲属或者患者近亲属无法签署同意书的，由患者的法定代理人或者关系人签署同意书。

10. 电子病历写满一页后，必须及时打印出来归入病历夹内，便于上级医师审阅。

11. 医师书写的电子病历，可有限度地拷贝专科模板病历或同种病历需要的部分，绝不允许对病历模板不进行任何修改全盘拷贝。对不需要的部分必须及时删除，同时补充新的临床资料，避免出现无关的内容。

12. 对已完成的电子病历不得随意涂改、刀刮或剪贴。病历须在患者出院后三天之内提交病案室归档。

（三）医嘱制度

1. 应用范围

凡用于患者的各类药品和各项检查、操作项目均应下达医嘱，并记入“医嘱记录单”。

2. 医嘱规范

（1）医嘱一般在上午 10 点前下达完毕，要求字迹工整、层次分明、内容清楚。

（2）转抄和整理必须准确，不得涂改。

（3）每项医嘱一般只能包括一个内容，如须更改或撤消时，应用红笔填“取消”字样并签名。医嘱要按时执行。

（4）开写、执行和取消医嘱必须签全名并注明时间。

（5）医师开出医嘱后，应当复查一遍。

（6）特殊医嘱应向护士交待清楚；护士不能确认的医嘱必须查清后执行。

（7）除急救外不得下达口头医嘱，下达口头医嘱时，护士须复述一遍，并经医师核对无误后执行，事后医师应及时补记医嘱。

（8）严禁不看患者就开医嘱的草率不负责的行为。

3. 医嘱护理

（1）护士每班要查对医嘱，夜班查对当日医嘱，每周由护士长组织总查对一次。

（2）转抄、整理医嘱后，需经另一人查对。

（3）每班、每次查对后应签全名。

（4）医嘱要按时执行，内服药按时按次送给，视患者服下后再离去。

（5）凡需下一班护士执行的临时医嘱，要交接清楚。

（6）医师因故暂时不在时，如遇紧急或特殊情况，护士可临时对症处理，做好记录，并及时向医师报告，并补记医嘱。

4. 手术后或分娩后要停止术前或产前医嘱、重开医嘱，并分别转抄于医嘱记录单和各项执行单上。

5. 对长期住院的患者，一般应每月整理 1 次医嘱。

（四）查房制度

1. 院领导查房

按照领导分工，每周一次，职能部门根据情况要求参加。

2. 科主任查房

一般每周保证一次，查房时各级医师、护士长和有关人员参加。解决疑难病例；审查对新入院、危重患者的诊断、治疗计划；决定重大手术及特殊检查治疗；检查医嘱、病历、护理质量；听取医师、护士对诊疗护理意见，进行必要的临床教学工作。

3. 主治医师查房

一般两日一次，查房时应有住院医师及有关护理人员参加，要求对所管患者分组进行系统查房。尤其对新入院、危重、诊断不明、治疗效果不好的患者进行重点检查与讨论，并向科主任汇报，检查病历并纠正其中的错误，了解患者病情变化，征求患者意见，检查医嘱执行情况及治疗效果，决定出、转院问题。

4. 住院医师查房

一般每日至少二次查房。对所管辖患者要逐个检查。重点巡视重危疑难、待诊断、新入院、手术后患者；根据病情变化，更改医嘱，对诊断不明、疗效不佳患者要重点研究，提请上级医师诊查或会诊，对检验、X 线报告和其他检查结果要仔细分析，提出进一步检查与治疗意见、检查当天医嘱执行情况，给予必要的临时医嘱，开具次日特殊检查医嘱，认真做好病程记录。

5. 值班医生查房

要详细听取交班医生和护理情况的报告，接班后对重点患者（危重、新入院、手术患者等）及时巡查（夜间巡查须有护士随同），发现问题及时处理，必要时请会诊。下班前做好交班记录。

6. 护理查房

护士长组织护理人员每周进行一次护理查房，检查护理质量；研究解决疑难问题，倾听患者对护理工作的反映，按计划结合临床实际进行教学。

（五）会诊制度

1. 会诊意义

会诊是解决医疗疑难问题的重要措施，也是培养下级医护人员的重要手段。医务人员要以高度负责的精神对疑难病例组织会诊，使患者得到及时、正确的诊断和治疗。

2. 会诊申请

凡遇到疑难病例，应及时申请会诊。

3. 会诊准备

会诊前，申请会诊医生做好准备，备齐会诊所需资料，详细介绍病情、说明会诊目的，做好会诊记录。

4. 科内会诊

本科内疑难病例或住院三日未能确诊的病例，由经治医师提出，科主任召集有关医务人员参加。

5. 科间会诊

由经治医师提出，上级医师同意后填写会诊单。应邀医师一般 2 天内完成，并书写会诊记录。

6. 院内会诊

疑难病例需要多科会诊时，由科主任提出，经医务科批准，由科室主任主持，必要时，医务科将安排相关院部领导或管理人员参加。

7. 院外会诊

本院不能解决的危重、疑难病例，由科主任提出，经医务科批准后，与有关单位联系，确定会诊人员和时间，进行会诊。

8. 急诊会诊

遇到紧急处理的病例，由急诊医师提出。被邀请会诊的医师，必须随请随到。

9. 会诊要求

（1）会诊中，应详细检查，发扬技术民主，充分讨论，明确提出会诊意见。主持人要进行小结，认真组织实施。

（2）急诊会诊由值班医生负责；科间会诊主要由住院总医师负责；其他会诊根据要求由主治医师以上人员参加。

（3）参加会诊的人员，应详细检查患者，深入分析病情，明确提出诊断治疗意见。

（六）病例讨论制度

1. 讨论范围

医院应选择适当的在院或已出院（或死亡）的病例举行定期或不定期的临床病例（临床病理）讨论会。

2. 讨论管理

（1）临床病例（临床病理）讨论会，可以一科举行，也可以几科联合举行。有条件的医院与病理科联合举行时，称“临床病理讨论会”。

（2）每次医院临床病例（临床病理）讨论会时，必须事先做好准备，负责主治的科应将有关材料加以整理，尽可能做出书面摘要，事先发给参加讨论的人员，预作发言准备。

（3）开会时由主治科的主任或主治医师主持，负责介绍及解答有关病情、诊断、治疗等方面的问题并提出分析意见（病历由住院医师报告）；会议结束时由主持人作总结。

（4）临床病例（临床病理）讨论会应有记录，可以全部或摘要归入病历内。

3. 疑难病例讨论

（1）凡遇疑难病例由科主任主持，组织科内有关人员参加，与他科有关时，报请分管院长，组织他科人员参加。

（2）讨论时由经治医师将有关材料整理齐全，并报告病情，几科联合讨论时由经治科主任负责提出分析意见。

（3）参加人员应认真讨论，由主持人负责总结，尽早明确诊断，提出检查治疗方案，讨论情况应专页记录。

4. 术前病例讨论会

（1）对重大、疑难及新开展的手术，必须进行术前讨论。

（2）由科主任或主治医师主持，手术医师、麻醉医师、护士长、护士及有关人员参加。

（3）订出手术方案，术前准备，术中可能出现的问题与处理方法，术后观察事项及护理要求等。

（4）讨论情况必须记录。

（5）一般手术也应进行相应讨论。

5. 死亡病例讨论会

（1）凡死亡病例，一般应在死亡后 3 日内进行讨论，特殊情况应及时讨论。

（2）尸检病例，待病理报告后进行，但不迟于两周。

（3）必要时，请医务科派人参加。

（4）认真总结经验教训，讨论情况，载入病历。

6. 出院病例讨论

（1）医院将定期（每月 1～2 次）举行出院病例讨论会，作为出院病历归档的最后审查。

（2）出院病例讨论会可以分科举行（由主任主持）或分病室（组）举行（由主治医师主持），经管的住院医师和实习医师参加。

（3）出院病例讨论会对该期间出院的病历依次进行审查。

①记录内容有无错误或遗漏。

②是否按规律顺序排列。

③确定出院诊断和治疗结果。

④是否存在问题，取得哪些经验教训。

（4）一般死亡病例可与其他出院病例一起讨论，但意外死亡的病例不论有无医疗事故，均应单独讨论。

（七）中医工作制度

1. 目的

（1）医院设中医门诊，开设中医病房或中西医结合病房，加强中医科室的建设，对祖国医药学遗产继承、发掘、整理、提高。

2. 管理

（1）医院中医科的病房，由中医负责管理。

（2）中医科患者的入院、出院、饮食、护理均由中医决定，诊断、治疗以中医方法为主，必要时可请西医协助。

3. 诊治

（1）中医科患者的诊断、治疗应当突出中医特色，按中医理论辨证论治，应用传统方药和适宜技术。

（2）中医可按患者病情签署诊断、病假、死亡等有关医疗证明书。

（3）根据理、法、方、药的原则，认真及时书写中医或中西结合病历（包括门诊病历）。

（4）病历记载要完整、准确、整洁，要签全名。

（5）中医门诊应根据不同病种，积极应用中医中药，取中西医之长，采取辨证与辨病相结合、中医和西医相结合，不断提高治疗效果。

4. 中医教学

（1）对于年老经验丰富的中医，应配备水平较高的青壮年中医或西学中医师，作为助手，重视中医理论的研究，继承、整理中医前辈的学术经验。

（2）中医师应承担中医和西医学习中医的教学工作，认真带好进修、实习人员，定期开展中医学术活动，积极开展中医的科研工作。

（3）中医科积极采集民间土、单、验方，进行整理、筛选、验证，对确有疗效的要推广应用。

5. 有条件的中医科要开展针灸、推拿、正骨等疗法。

（八）麻醉工作制度

1. 目的

为了科学化、制度化、规范化的管理麻醉工作程序，提高麻醉医疗质量，确保患者安全，麻醉医生必须一丝不苟、精益求精地执行工作程序，与手术医师既有明确的职责分工，又有密切的互相协作，以使手术顺利进行。

2. 麻醉通知。

（1）麻醉科接到手术通知单后，由总住院医师根据手术种类、患者情况和麻醉医师技术水平、业务素质妥善安排手术的麻醉。

（2）必要时向科主任报告麻醉安排情况。

3. 麻醉程序。

（1）麻醉前访视。

掌握病情和体征、化验等结果，进行 ASA 分级，对病情进行评估，预测麻醉和手术的危险程度。

（2）麻醉前的谈话和签字。为了完善管理措施，必须实行麻醉前的谈话，将麻醉的过程及可能发生的意外和并发症向患者及其家属交代清楚，并办理麻醉协议书签字手续，谈话由责任麻醉施行，并签字确认，作为病案必备项目。

（3）麻醉前患者的准备。

4. 麻醉前准备。

（1）麻醉医师应于手术前到科室检查患者，熟悉手术患者的病历、各项检查结果，了解术前准备情况，确定麻醉方式，重大手术需与术者一起参加术前讨论，共同制订麻醉方案，凡施行麻醉，必须书写麻醉记录。

（2）麻醉前，应认真检查和准备麻醉药品、器械及急救设备，严格执行技术操作常规和查对制度，保证安全。

5. 麻醉医师在麻醉期间要坚守岗位，密切观察，认真记录。如有异常情况及时与术者联系，共同研究，妥善处理。

6. 手术完毕，麻醉终止，麻醉者要把麻醉记录单各项内容填写清楚。危重和全麻的患者，麻醉者应亲自护送，并向值班人员交待手术麻醉的经过及注意事项。

7. 麻醉者应进行术后随访，对全麻及其他危重患者、新开展的麻醉技术，应于 24 小时内随访，将有关情况记入麻醉记录单。遇有并发症，应协助处理，严重并发症应向上级汇报。

8. 术后应及时清理麻醉器械，妥善保管，定期检修，麻醉药品应及时补充。

9. 麻醉医师应随时参加抢救呼吸、心跳突然停止等危重患者，应在技术操作、急救器械等方面做好准备，必要时应昼夜值班。

（九）手术室工作制度

1. 一般准则

（1）手术前必须在病程记录内写明术前诊断和拟施行的手术。

（2）未记录病史和体检结果前不得施行手术。如经治医师认为手术必须马上进行，否则会对患者造成危险，则需在病案中书面写明原因及病史和体检结果后方可施行。

（3）如患者已在医院中住院时间较长，术前应重新检查患者，并进行一些必要的实验室检查。

（4）实行手术前必须由患者或亲属（必要时可由患者工作单位负责人）签字同意接受手术。

紧急手术前无法征得患者或亲属同意时，必须在病案中写明手术的必要性，由本院的两名医师签名，必要时报请医务科、医疗总值班乃至医疗副院长批准，术后再请患者或亲属补签名。

（5）所有手术进行时经治医师都必须在场主持。

小手术实习医师担任术者时必须在经治医师或高年资住院医师的带领和指导下进行。

（6）麻醉开始前参加手术人员必须进入手术室。

（7）手术结束后必须在术后24小时内完成手术记录。

2. 手术前讨论制度

（1）术前讨论的目的。旨在明确术前诊断、手术适应证（或禁忌证）、手术方案设想；术前评估准备情况；术中或术后可能发生的意外情况及对策；防止医疗差错、事故，提高医疗安全性。

（2）重大手术、疑难重危手术、毁损性手术及新开展的手术必须常规执行术前讨论制度，必要时由科主任上报医务科或医疗副院长组织院内、外有关科室进行大会诊讨论决定。

（3）上述范围的手术必须讨论，同时执行手术审批制度。

（4）术前讨论应在手术前一周内完成。

3. 手术审批制度

（1）审批范围。

①重大、疑难手术。

②部分风险极大的手术、严重破坏手术（如毁容、截肢、重要器官摘除等）、绝育手术（包括去势手术），均需完整填写"重大、疑难手术审批单"。

③新开展的手术项目，包括新开展的诊疗手段均应详细填写"新项目审批单"，由科主任同意后报请医疗副院长批准方可施行。

（2）审批流程

①手术审批单报批前，经治或手术医师必须与患者本人或直系亲属谈话。实事求是地全面介绍手术适应证、手术方案、手术及麻醉的意外及风险、术后并发症及可能发生的后果；征得家属同意并签字备案，必要时要与患者单位领导谈话并签字。

②审批单必须填写齐全，字迹清楚，手续完备。单中严禁涂改、擦拭。上述情况如有违反一律退回，以免导致意外情况。

③经术前讨论，科主任签字同意后，上报医务科审查批准，必要时报请医疗副院长批准，方可施行。

④术中发现患者病情与术前估计不一致或出现意外情况，除及时要求会诊外，应及时向患者直系家属说明，并上报科主任及医务科。

4. 术前准备

（1）科室应于手术前一天填好手术通知单，送交手术室，并注明特殊用品，有经血液或体液传播可能的患者应注明，急诊手术可先电话通知，以后再填手术通知单，手术室随时做好急诊手术的准备工作。

（2）各科应做好各项术前准备，手术人员应按时到达手术室，手术室护士应按时接患者，并认真查对。

5. 手术处理

（1）进入手术室的人员，必须更换手术室专用的衣、裤、帽、鞋、口罩，严格遵守手术室规则，院内参观须经手术室护士长同意。

（2）手术人员在手术前认真查对，术中精力集中，密切配合，以确保手术顺利进行，不得大声谈论病情或与手术无关的事，保持室内肃静。

（3）手术人员应遵守无菌技术操作规则，无菌手术和有菌手术分室进行，如须在同一手术间进行，先做无菌手术，后做有菌手术。

6. 污染的器械和敷料，及时进行清洗、消毒处理。有经血液或体液传播可能的患者，用过的手术器械须用高效消毒液浸泡，其它物品用高效消毒液擦拭，特殊感染须进行特殊处理，彻底消毒。

7. 做好手术室的卫生整顿，定期检查无菌消毒剂的浓度、数量和质量，及时补充、更换。定期做空气消毒，空气指数培养，检测资料应逐日归档保存，无菌手术切口发生感染时，应与临床科室共同讨论，找出原因并提出改进措施，按月做好手术登记，统计工作。

8. 新闻媒介部门需了解患者情况时，必须通过医院负责公共关系的部门，征得患者或亲属同意后予以安排。任何人不得擅自将患者的情况通报给新闻部门。

9. 建立常规手术器械卡片，准备器械时按卡片进行查对，同时检查器械性能，保证适用，特殊重大手术，术者应亲自检查，手术包必须标明名称、失效期和责任者编号。手术室物品一般不允许外借。

10. 各种药品、器材均应定位放置，用后放回原处，手术器械应有专人保管，定期清点、擦拭和维修，麻醉药品、精神药品和医疗用毒性药品应有明显标志，不同种类气体的瓶罐或管道开关，应用不同颜色分类标志，醒目可辨，并按规定存放。

11. 术后处理

（1）手术中切除的所有组织标本，术毕由手术医师填写病理检查申请单，并及时送本院病理科，由本院病理医师根据诊断需要进行检查。

（2）如标本需送院外进行特殊检查，必须由本院病理科联系。

（3）病理诊断报告应及时归入病案。

（4）手术人员必须对病理报告及时追踪了解，如被施术者已出院，必须及时将病理诊断结果通知其本人或家属，同时记录于病案中。

12. 患者对自己的病情享有知情权和隐私权。

（十）护理工作制度

1. 从事临床护理工作的人员，必须遵守《中华人民共和国护士管理办法》及相关法律法规，落实护理技术操作规程和无菌技术，提升全院护理质量管理水平。

2. 医院的护理人员由护理科统一调配，并报分管护理的副院长审核。

3. 护理人员应在院长的领导下，建立健全护理质量管理体系，负责全院护理工作的组织和管理。

4. 督促科室护士长，搞好病房管理，达到环境整洁、安静、舒适安全、工作有序的要求，对患者进行住院指导和生活管理，搞好基础护理，合理控制陪护，积极创造条件，使病房设置规范化。

5. 为提高护理人员的业务水平，护理部应根据各科计划安排，选送德才兼备的护士外出进修学习。

6. 遇到护理业务或护理疑难问题，本科室不能解决时，可申请会诊。

7. 护理科护理人员的统一调配，负责组织护理人员的业务技术培训，定期进行考核，加强护理技术管理，开展护理工作的科研和技术革新，不断提高护理技术水平。

8. 加强对护士执业资格和新技术、新业务准入管理，为患者安全护理服务提供保障。

9. 工作时间严格遵守劳动纪律，坚守岗位，不随意脱岗。节假日期间，护士长应定期巡查病房。护士长排班应合理，各班次护理人员应做好老、中、青的合理搭配。

10. 认真执行各项规章制度和技术规程，保障患者的治疗护理安全。

11. 遵守医嘱执行的各项护理操作，对特殊治疗、检查均需履行告知程序。

12. 观察患者病情的变化，按要求及时书写护理记录。

13. 对科室开展的新项目或新技术，要及时制定护理规范，以使护理人员有章可循。

14. 各类药品，要放置有序，注意药物配伍禁忌，密切观察药物不良反应、确保患者用药安全。

15. 定期对各科常备药品、器械物品的领取及无菌消毒隔离等情况进行检查。

16. 如出现护理差错或护理投诉事件，应按规定保存好病历，及时上报至科室领导及护理科，不得隐瞒。

17. 护理用具、抢救仪器要定期检查，保证处于备用状态，护理人员要熟悉放置位置，熟练各种仪器的使用办法。

18. 按规定认真交接班，危重患者、年老体弱、手术、特殊检查及突然发生病情变化的患者要做好床头交接班。

19. 做好病历管理。病历柜应上锁，各科室的病历应准备齐全，每班进行交接班并清点记录并签名。

20. 按规定处理医用垃圾，防止再次污染及交叉感染，带来伤害和污染环境。

21. 住院期间要保证患者安全，病室通道要通畅，病房环境布置、设置摆放和设施建设应考虑患者的安全。

22. 做好病房无烟巡查，做好防火安全管理，禁止使用电炉和蜡烛，防止意外事件的发生。

23. 做好护理差错和事故的防范工作，对护理差错或事故按照《护理差错报告处理制度》处理，保证护理工作的安全。

（十一）护理值班制度

1. 医院临床各科及急诊科护理均实行 24 小时值班制。

2. 门诊及医技科室的护理人员可根据实际工作需要合理排班。

3. 护理科应按照周排班表安排进行值班。

4. 值班人员应服从护士长安排，不得随意调班，如遇特殊情况应征得护士长同意后方可调班。

5. 值班护士必须按照医院统一要求着装上岗，坚守护理岗位，认真履行岗位职责，遵守劳动纪律，不擅自脱岗、离岗。

6. 值班护士按照分级护理要求做好病情巡视和临床护理工作，认真执行查对制度，按时、准确完成各项治疗措施和基础护理，密切观察、记录危重患者病情变化，做好抢救准备和抢救配合，如实记录抢救过程。

7. 值班护士应认真履行病区管理制度，做好患者和陪伴人员管理，维持好病房秩序，保证病区安全，创造有利于患者治疗和休养的良好环境。

8. 值班护理人员应严格遵照医嘱对患者进行护理。

9. 值班护理人员应将本班内患者的重要情况记入护理记录，班班交接；遇有特殊情况逐级上报。

10. 值班者应于交班前十分钟进病房，清点好物品后交班。交班中如发现病情、治疗、器械物品交待不清，应立即查明；接班时如发现问题，应由交班者负责，接班后如因交班不清，发生差错、事故或物品丢失，应由接班者负责。

11. 值班期间应完成本班的各项护理工作方可进行交班，如遇有特殊情况须做详细交班，与接班者共同做好工作方可离开。

12. 交班护士应准确及时填写交班报告，字迹清楚，内容简明扼要，应用医学术语，有连贯性。

13. 晨间交班时，由夜班护士重点报告危重患者或新患者病情诊断以及护理有关事项。

14. 早晚交班时，日夜班护士应详细阅读交班簿，了解患者动态，然后由护士长或主管护师陪同，日夜班重点巡视需作床前交班的患者。

15. 交班者应给下一班做好必须用品的准备。

（十二）差错事故登记报告处理制度

1. 医务科、护理科、临床各科、医技科、药剂科必须建立医疗差错、事故登记和讨论报告制度。

2. 各科主任、护士长或指派专人及时准确地登记发生的差错、事故的经过、原因及后果，并及时组织讨论和总结。

3. 各科室均应建立差错事故登记本，及时登记所发生的差错事故的经过、原因、后果。

4. 各科室负责人应经常检查，定期组织讨论，总结经验，吸取教训。

5. 凡发生医疗差错、事故或可能是医疗差错、事故的事件时，应立即采取补救措施，尽可能减轻患者痛苦或不良后果，并应立即向科主任、上级医师或护士长报告。

6. 发生严重差错或事故后同时应报告护理部、医务科、院领导，并做好善后工作，当事人及其所在的科室应主动填写差错登记表或医疗事故登记表。

7. 发生严重的医疗差错或医疗事故后，科室应立即组织抢救，并报告医务科；医务科及其有关部门，要认真调查事件发生的详细经过，并于调查结束后，尽快做出准确的科学结论；由医院依照有关规定进行处理，并上报上级卫生行政部门。

8. 发生差错事故的有关各种记录、化验及造成事故的药品、器械均应妥善保管，不得擅自涂改、销毁，并保留患者的标本，以备鉴定、研究之用。

9. 发生差错事故，科内应及时组织讨论、分析原因，分清性质，明确责任，及时报告医务科或护理部，24 小时内交书面报告。

11. 对已发生的差错事故应根据情况，给予相应的处罚。

12. 对发生差错事故的部门或个人，如不按规定报告，有意隐瞒，事后经领导或其他人发现时，须按情节从重给予处罚。

13. 各科室应定期本科室讨论，分析事故差错发生的原因，并提出防范措施。

（十三）护理文件书写制度

1. 护理文件是护士工作行为记录的文字材料，也是各项护理活动及病情观察的客观记录。

2. 护理文件主要内容包括：体温单、医嘱单、护理记录单（一般患者记录单、危重患者记录单和手术护理记录单）。

3. 依照国家相关规定，我院护理记录单分为一般、危重、一级和手术护理四级类别。

4. 护理文件书写

（1）护理文件要严格按规定填写，要用钢笔书写、文字简练、应用医学术语记录病情，记录整洁无涂改，外文或药名要写全名或按规定缩写。

（2）书写护理文件应客观、真实、准确、及时、完整，眉栏不得有漏项、空项。

（3）书写中出现错字，应用双线划在“错字”上，再进行更正。不得采用刮、粘、涂等方法，每项记录字、行之间不得留有空格。

（4）护理文件应由注册护士书写后签全名。

（5）实习、试用人员书写的护理文件，应由本院执业护士审阅、修改并签名。

（6）因抢救急危患者，未能及时书写时，应在抢救结束后 6 小时内据实补记，并加以注明。

（7）护理体温单填写要做到详细完整。

①眉栏填写完整。

②顶栏填写完整。

③ 40～42℃之间的体温单应书写详细。

④底栏应按医嘱和病情的需要做好患者体征的填写。

⑤绘制体温、脉搏、呼吸曲线。

（8）做好医嘱单的执行护理。

①执行输血医嘱必须 2 人核对签名。

②护士不执行口头医嘱，在抢救患者需执行口头医嘱时，护士应复诵无误后方可执行，抢救结束后要求医师据实补记，执行护士签名。

③处理同一时间段内多项医嘱，必须上下签名，中间拉一垂直箭头。

④药物过敏试验结果必须二人共同查看签名，2 种药物过敏试验不能在同一时间进行，不能在同一时间内记录 2 种过敏试验结果。

（8）做好医嘱的查对工作，医嘱查对的内容包括一览表、病历、各项治疗、护理处置等。

6. 患者住院期间，护理文件要定点存放，病历中的各种表格要排列整齐，不得撕毁、拆散、涂改或丢失。

7. 患者出院或死亡，应记录出院或死亡时间，按规定整理好病历由病案室保管。

8. 病房交班报告本，须保存一年以上以备查阅。

（十四）分级护理制度

1. 伤员、患者入院后，由医师根据患者病情、身体状况和生活自理能力为依据确定护理等级（特别护理及一、二、三级护理），下达医嘱，并根据患者的情况变化进行动态调整，及时更改级别。护士按照医院规定的统一标记分别设卡，在患者一览表和床头牌上显示；护士在工作中要举止端庄，语言文明，态度和蔼，礼貌待人，同情、关心和体贴患者，发现患者病情变化、出现问题，应当及时与医师沟通。

2. 特级护理（特护）

（1）护理范围

①病情危重，随时发生病情变化需要进行抢救的患者。

②重症监护患者。

③各种复杂或者大手术后的患者。

④严重外伤和大面积烧伤的患者。

⑤使用呼吸机辅助呼吸，需要严密监护病情的患者。

⑥实施连续性肾脏替代治疗，需要严密监护生命体征的的患者。

⑦其他有生命危险，需要严密监护生命体的患者。

（2）护理要点

①严密观察病情变化和生命体征，监测患者的体温、脉搏、呼吸、血压。

②根据医嘱，正确实施治疗、用药。

③准确测量 24 小时出入量。

④积极预防并发症，正确实施口腔护理、压疮预防和护理、管路护理等护理措施，实施安全措施。

⑤保持患者的舒适和功能体位。

⑥备齐各种急救药品、器材，熟练掌握各种抢救技术及抢救仪器的调试应用。

⑦实施床旁交接班。

3. 一级护理

（1）护理范围

①病情趋向稳定的重症患者。

②手术后或者治疗期间需要严格卧床的患者。

③生活完全不能自理的患者。

④生活部分自理，病情随时可能发生变化的患者。

（2）护理要点

①严密观察病情，观察患者病情变化。

②根据患者病情，每日测量患者体温、脉搏、呼吸等生命体征。

③根据医嘱，正确实施治疗、用药。

④加强基础护理，协助翻身，加强口腔、皮肤的护理，防止发生合并症。

⑤对患者提供适宜的照顾和康复、健康指导。

⑥及时准确进行各项治疗，注意特殊药物治疗效果及反应。

⑦尽量减少会客及谈话。

⑧加强管理，床头牌上显示一级护理标志。

4. 二级护理

（1）护理范围

①病情稳定，仍需卧床的患者。

②生活部分自理的患者。

③行动不便的老年患者。

④一般手术后或轻型先兆子痫的患者等。

（2）护理要点

①每2～3小时巡视患者，观察患者病情变化。

②根据患者病情，测量患者体温、脉搏、呼吸等生命体征。

③根据医嘱，正确实施治疗、用药。

④根据患者身体状况，实施护理措施和安全措施。

⑤对患者提供适宜的照顾和康复、健康指导。

⑥加强管理，床头牌上显示二级护理标志。

5. 三级护理

（1）护理范围

①生活完全自理，病情稳定的患者。

②生活完全自理，处于康复期的患者。

③可以下床活动，生活可以自理的患者。

④各种疾病术后恢复或即将出院的患者。

（2）护理要点。

①每3～4小时巡视患者，观察患者病情变化。

②根据患者病情，测量患者体温、脉搏、呼吸等生命体征。

③根据医嘱，正确实施治疗、用药。

④对患者提供适宜的照顾和康复、健康指导。

⑤加强管理，床头牌上显示三级护理标志。

（十五）责任制护理制度

1. 为了充分体现按劳分配，多劳多得，优劳优得的原则，大大提高了护士的积极性，在本院实行责任制护理制度。

2. 责任护士由护理专业水平较高的护理人员担任，并带领一组辅助护士共同组成责任护理小组，对指定床位的患者负责全面护理。

3. 护士长是实施责任制护理的具体领导者与组织者。其职能是抓好行政、技术和各级护理人员的管理工作。

4. 责任护士职责

（1）责任护士在护士长领导下，对所管床位的患者实行八小时在班，二十四小时负责。

（2）做好入院介绍，阐明自己的职责。

（3）对所负责床位患者病情（生理和心理）、饮食、生活、社会需要等作全面了解，制定护理计划，参与医师查房，了解对护理的要求，有效地预防各种并发症。

（4）做好恢复期患者的功能护理及饮食护理，进行健康宣教，办理患者出院、转科、转院。及时写好护理小结。

5. 在护理科的带领下，做好护理各项指标的考核

（1）责任制护理计划完成率 = 已开展责任制护理患者数/应开展责任制护理患者 ×100%。

（2）护理计划合格率 = 护理计划合格分数/护理计划抽查总分数 ×100%。

（3）责任制护理开展率 = 已开展责任制护理病房数/全院病房总数 ×100%。

（4）责任制护理计划实施合格率 = 护理计划实施合格数/抽查患者总数 ×100%。

（5）特护、一级护理合格率 = 特护、一级护理合格人数/特护、一级护理患者数 ×100%。

（6）急救物品完好率 = 急救物品完好数/检查急救物品总数 ×100%。

（7）基础护理合格率 = 基础护理合格人数/抽查基础护理人数 ×100%。

（8）褥疮发生率 = 发生褥疮的人数/卧床生活不能自理的患者总数 ×100%。

（9）无菌物品灭菌合格率 = 合格物品件数/被抽查的总件数 ×100%。

（10）护理差错发生率 = 护理差错次数/治疗、处置总次数 ×100%。

（11）陪住率 = 陪住总人数/住院总人数 ×100%。

（12）输液反应率 = 输液反应次数/输液总次数 ×100%。

（13）输血反应率 = 输血反应次数/输血总次数 ×100%。

6. 各科室的护理人员应在责任护士的带领下，完成日常的治疗、护理工作和必要的护理记录，严格交接班制度。

7. 责任护士不在班时，辅助护士应对分管的床位患者全面负责，执行护理计划。

（十六）病房管理制度

1. 目的

加强病房管理工作的目的，主要在于使病房保持一个有利于医疗、护理、科研、教学工作的正常秩序和良好的环境。

2. 内容

病房管理的内容主要包括：患者的住院管理、探视与陪护管理、膳食调配管理、卫生隔离管理、病房物资装备管理、医疗护理技术管理、医务人员的工作组织管理、病房环境管理等。

3. 组织管理

（1）应对病房医、护、工各类人员进行合理的非分工和排班，使各项工作紧密

配合，有分工、有合作。

（2）对护理人员要加强业务学习和培训。

（3）做好病房管理的定期检查、考核和评价工作。

4. 医务人员

（1）病房护士应主动热情接待患者，向患者介绍住院规则和有关病房住院，协助患者熟悉环境，做好患者心理护理。

（2）定期向患者宣讲卫生知识，协助患者做好生活护理。

（3）护士应主动了解病情和患者的心理状态，密切护患关系，鼓励患者建立与疾病做斗争的信心。

（4）保持病房整洁、舒适，肃静、安全，避免噪音，做到走路轻、操作轻、说话轻。

（5）病区床单位的陈设、室内物品和床位摆放整齐并固定位置，未经同意不得任意搬动。

（6）保持病房清洁卫生、注意通风，每日至少清扫一次，每周大清扫一次。

（7）医务人员必须穿戴工作服、工作帽、着装整洁，必要时带口罩，病房内不准吸烟。

（8）为了保证医疗、护理工作的正常进行，并使患者能得到充分休息与及时治疗，严格执行陪护制度，教育家属和亲友遵守探视时间和要求。

（9）患者被服、用具，按基数配给患者，出院时清点收回。

（10）护士长全面负责，保管病房财产、设备，并分别指派专人管理。

①建立帐目，定期清点，如有遗失，及时查明原因，按规定处理。

②护士人员调动时，要办好交接手续。

③护士长负责征求患者或家属对医疗、护理、饮食、服务态度的意见。

（11）定期召开患者座谈会，征求意见，改进病房工作。

（12）病房内不得接待非住院患者，不会客。

（13）临床医生在查房时不得接私人电话，不得离开病房。

5. 住院患者

（1）住院患者应遵守住院规则，听从医护人员指导和管理，与医护人员密切合作，配合检查、治疗和护理，安心休养。

（2）住院患者应遵守医院作息时间，在查房、诊疗时间内不得擅自离开病房。

（3）住院患者饮食要严格遵守医嘱，院外送进的食物，须经医生或护士同意方可交给患者。

（4）住院患者及其家属应积极配合医生诊治，未经病房医护人员同意，不要擅自用药或请会诊。

（5）住院患者不得在医护办公室逗留、闲谈，不得翻阅病历及其他有关医疗记录，未经医护人员许可不得进入诊疗场所。

（6）住院患者不得随意外出或在院外住宿，否则按自动出院处理。查房和治疗时不得离开床位。

（7）住院患者应注意个人卫生，经常保持病房内外整齐清洁和安静。

（8）住院患者除携带少量必须生活用品外，不得带入其他物品，贵重物品应自行妥善保管。

（9）住院患者不得乱串病房或自行换床位。非探视时间，不准会客。

（10）住院患者可随时对医院工作提出意见，帮助医院改进工作。

（11）患者如不遵守以上规定，院方应予以劝阻教育，必要时通知其家属或工作单位协助处理。

6. 物品、器材、药品管理

（1）为了适应医疗、护理业务的管理，病房内要经常保持一定数量的物品，如精密仪器、器械、药品、家具、被褥、餐具、医疗表格以及一般生活用品等，应保证供应及时、方便医疗抢救，减少忙乱和浪费，并建立健全管理制度。

（2）物品管理。物品要有计划领取，既保证需要，又做到不积压、不浪费、不丢失、不损坏，保管人员要掌握物品管理方法，加强库房管理，建立进出登记本，物品摆放整齐，防止虫鼠咬坏。

（3）医疗器械管理。仪器设备要由专人保管，因防止在固定位置，定期检修，并设有仪器档案，要经常保持性能完好，以适应紧急需要。

（4）药品管理。病房内常备药与剧毒药要分开管理，专人保管，固定数量和位置，有标记、有账目，发放药品要建立查对制度，准确无误。

7. 护理技术管理

（1）护理技术管理是衡量医院管理水平的重要标志，其核心是护理业务质量，护理业务质量直接影响医疗效果。

（2）护理技术管理内容包括：制定护理标准、技术操作规程，疾病护理常规，各项规章制度，新业务、新技术的管理方法和防止交叉感染的措施，以及护理资料档案的管理等。

8. 做好病房的全面管理

（1）各科室设计统一标准和规格。医生办公室、护士站、处置室、换药室、专科仪器检查室、隔离室、实验室、配膳食、浴室、洗漱室、物品库、厕所等应统一规格。

（2）病房设备统一标准和样式。病房所需器械柜、药品柜、处置台、换药车、服药车、治疗车、病例车、办公桌、椅等设备的数量、样式、规格要统一，位置要固定。

（3）病房物品统一标准和规格。病房内的床铺、床头柜、小凳、窗帘、呼唤灯、水壶、饮水杯、脸盆、拖鞋、痰盂等物品的装备数量、式样、规格要统一，陈设摆放位置要统一，床头牌及编号要统一。

9. 医疗技术工作程序化管理

（1）医疗技术方法标准多为原则性规定，如各种疾病的诊断标准、治疗原则、医疗技术操作标准，是实际技术操作的程序要求和质量要求，如各科通用的技术操作常规，各专科诊疗技术操作常规等。

（2）医疗技术规范应结合本院实际及操作中关键环节做出明确清楚的程序规定。

10. 病房标准化管理

医疗、护理工作要有科学的标准，按照标准工作就能减少随机性，保证医疗、护理质量，提高工作效率。如制定各种疾病的诊断、治疗、护理标准，出院标准、转归标准、手术分级标准，护理级别标准等。

11. 病房制度化管理

（1）病房管理制度是对医护人员的医疗护理行为的规定。

（2）对患者及其家属的要求。

（3）诊疗全过程中可能出现医疗事件的防范，以及明确各级各类人员岗位责任等，对关键性制度如病历书写、急症抢救、手术前讨论、查房、会诊、查对、交接班、疑难病例讨论、死亡病例讨论、消毒、隔离制度等严格执行并应经常检查实施情况，应使管理制度起到维持医疗工作正常运行，规范人员行为的作用。

（十七）探视陪伴制度

1. 患者入院时应详细介绍探视制度及安全制度，病情不允许探视者，医护人员应做好解释工作。

2. 陪护管理

（1）患者病情需要陪床时，由医师决定，护士长发给陪床证，并登记。

（2）陪床人员要与医护人员密切配合，在医护人员指导下照顾患者。

（3）陪护的人员自觉遵守医院各项规章制度，不随地吐痰，不在院内吸烟，不串病房。

（4）不得随意在病房里洗澡、洗头、洗衣服和蒸煮自带的食物。

（5）保持病房的安静和清洁。

（6）不准随意触摸治疗、护理仪器。

（7）节约水电，爱护国家财产，损坏公物须照价赔偿。

（8）因故离开患者，必须通知值班医护人员。

3. 如果病情需要，医生与患者家属约谈病情，经协管人员与病房联系后，可在探视时间外进入病房。探视患者应严格遵守探视时间。每次探视不得超过两人。

4. 探视管理

（1）学龄前儿童不得带入病房。

（2）传染患者一般不得探视和陪伴。

（3）抢救患者的探视应服从治疗需要，危重患者禁止探视。

5. 医诊管理

（1）探视和陪护人员必须遵守院规，听从医护人员指导，不得擅自翻阅病历和其他医疗记录。

（2）遇查房或进行诊疗工作时，陪护应退出病房，不得谈论有碍患者健康事宜。

（3）不得私自将患者带出院外。

6. 探陪人员要爱护医院公物，节约水电。凡损坏医院设施、物品者应照章赔偿。

7. 探视和陪护人员，患者出现问题及时呼叫值班医护人员。

8. 陪伴人员如违反院规或影响医院治安，经说服教育无效者，可停止其陪伴，并与有关部门联系处理。

（十八）患者转院转科制度

1. 因当前医疗诊断或本院医疗条件的限制，不能在本院继续诊断的患者，可申请转科或转院。

2. 转科管理

（1）凡因病情需要转科的住院患者须经转入科室会诊同意。

（2）转入科室对转科患者应优先安排床位，及时转科。

（3）如转科过程中有导致生命危险者，应待患者病情稳定后，由转出科室医护人员护送至转入科室，并与值班（或经管医师）做好床边交接工作。

（4）转入科室应及时诊治或抢救，并按时完成接班记录。

（5）患者转科前转出科室经管医师应下达转科医嘱，完成转科记录。

（6）护士将本科室相关账目结算完毕后向电脑发送，同时电话通知转入科室准备接收，可行走的患者由工人携带全部病历资料护送患者到转入科室。

（7）须用轮椅或平车的转科患者须派医师或护士随同前往，并做好交接工作。

3. 转院管理

（1）医院限于技术和设备条件，对诊断或治疗有困难的患者，由科内讨论或科主任提出，经业务院长同意，医务科批准，方可转院。

（2）患者病情较重，如估计途中可能加重病情或死亡者，应待病情稳定后再行转院。较重患者转院或途中需治疗时应派医护人员护送。

（3）患者转院时可按照有关规定复印并带走部分病历资料，如检查化验单、病情摘要、出院小结以及转院介绍信等。

（4）转院手续由其本人、家属或单位自行联系解决，按自动出院处理。

（5）转院必须严格掌握指征，生命体征不稳定的患者不予转院，应暂留院处理，待病情稳定后再转院。

（6）患者转院时由原经管科室酌情派医护人员随救护车护送。

（7）因各种原因主动要求转院的患者，应由患者本人和家属在病程记录中写明“要求自动出院”字样并签名及按手印。

4. 转入院管理

外院要求转入本院的患者，须经本院会诊同意，由会诊医师开具《住院通知单》，并与转入科室联系好床位后方可办理转入手续。

（十九）患者出入院制度

1. 入院管理

（1）患者住院，须持本院门诊或急诊医师签发的住院证办理入院手续，一般患者应在住院处接诊室进行卫生处置，由接诊室护士送入病房，并向病房护士做好交班工作。

（2）危重患者可直接送入病房手术室。

（3）通知负责医师检查患者，及时执行医嘱。

（4）患者住院后，病房护士应准备床位及用物，对急诊手术或危重患者，须立即做好抢救的一切准备工作。

（5）患者进入病房，医护人员应主动热情接待患者，向患者介绍住院规则和有关事项，协助患者熟悉环境，主动了解病情和患者的心理状态、生活习惯等，及时测体温、脉搏、呼吸、血压、体重。

（6）危重患者入院时应有医护人员护送，并保证安全、注意保暖，输液患者或用氧者要防止途中中断，对外伤骨折患者注意保持体位，尽量减少患者的痛苦。

（7）患者入院后应及时通知负责医师检查患者，及时执行医嘱，制定护理计划。

（8）入院手续。

①由门诊医师根据患者的病情开具住院证，并要详细填写患者的姓名、性别、年龄、籍贯、身份证号码和联系方式。

②为便于住院医师了解病情应尽可能了解患者情况，须由门诊助理医师带领患者到临床。

2. 出院管理

（1）患者出院，须由经治医师提出，经上级医师或科主任同意，方可办理。

（2）患者出院，经治医师应于出院前一日下医嘱，填写“出院通知单”，护士长办理出院手续，提交住院处。

（3）接到住院处出院凭证后，护理人员应协助患者整理物品，清点医院用具，办理出院手续。

（4）对病情不宜出院而患者本人或家属要求出院者，医师应加以劝阻，如说服无效应由患者或其家属签署有关手续后，方能办理出院。

（5）对诊断明确而又无须在本院继续治疗的一般慢性病患者，应遵医嘱办理出院手续。

（6）护理人员根据医嘱整理出院患者的病历、药品，消销各种卡片，通知患者家属办理出院手续。

（二十）治疗室工作制度

1. 工作纪律

（1）树立患者第一的思想，根据患者需要调整上下班时间，并做好业务量的登记和统计工作。

（2）私人不得进入室内，不在室内会客、聊天。

（3）治疗护士必须穿工作服，戴工作帽及口罩，操作前应洗手，严格执行无菌操作规程，做到一人一针一管。

2. 操作规程

（1）若有疑似传染病患者来作治疗，必须严格执行传染病隔离制度，使用物品须按传染病要求消毒处理，严防院内感染，确保患者安全。

（2）器械、药品应分类定位放置，标签明显，字迹清楚，麻醉药品、医疗用毒性药品及贵重药品应加锁保管，交接班时要认真核对。

（3）限制及毒麻药品专人专柜管理，定期清点。

（4）所有药品带包装保存，以防差错。

3. 环境管理

（1）布局合理，严格区分无菌和有菌区，清洁区与污染区有明显标志，无菌物品专柜放置，室内用具清洁，摆放有序，有清洁消毒制度。

（2）药物管理有序，清洁整齐，内用药与外用药分开放置，标签清楚，有定期清点交班制度，帐物相符，并有记录。

4. 治疗准备工作

布局合理，各种治疗操作保证质量，符合无菌操作原则。

（1）各种治疗严格执行三查七对制度。

（2）无菌钳、无菌溶液、无菌容器、安瓿及溶解粉剂的使用操作方法正确。

（3）无菌盘铺法及使用正确。

（4）各种治疗、注射均带治疗盘，三针以上要铺无菌盘。

（5）治疗准备抽出的药液放置时间不宜超过 2 小时并放入无菌盘内。

（6）集中配药时溶解药物的注射器应及时更换。

（7）药液溶解充分，抽吸药物后安瓿内无残余药液及药粉存在，保证计量准确。

（8）输液特殊加药应现用现配，输液通顺后再加药。

（9）打开的无菌液体与无菌包需继续使用时，无菌保存 24 小时，并有标记。

（10）凡无抗菌能力的无菌物品（棉球罐、纱布罐、棉签）应24小时更换消毒。

（11）应使用输液卡，规格整齐，防止差错。

（12）治疗车物品摆放有序，上层为清洁区，下层为污染区。

5. 定期检查各种治疗包及无菌物品的失效期，超过失效期应重新消毒、灭菌，无菌持物钳（镊）及其浸泡液和容器、敷料罐、碘酒和酒精瓶等每周高压消毒和更换2次，器械消毒液应每周更换一次，确保有效浓度；用酒精作浸泡液时，应保持75%的浓度。

6. 合理使用冰箱，物品放置有序，药品标签清楚，有定期清洁制度，无私人物品。

7. 室内保持整洁，每天两次湿式清扫及通风，物体表面每天消毒两次，空气每天消毒一次，每月进行空气细菌培养，报告单留存备查。

（二十一）换药室工作制度

1. 换药室须有专人负责，严格执行无菌操作，非换药人员不得入内。

2. 工作人员要衣帽整洁、语言文明、礼貌待患。无菌操作前洗手、戴口罩，严格无菌操作。

3. 严格执行消毒隔离制度和无菌技术操作规范，换药时做到一人一碗（盘）、二钳、一份无菌物品，先换清洁伤口，后换感染伤口，特殊感染伤口不得在换药室换药。

4. 换药处置。

（1）每次换药完毕，敷料分类倒入专用的医疗废弃物桶，用过的器械和换药碗分别泡入消毒液中，换药用具泡入0.1%有效氯消毒液中1小时。

（2）地面污染后以0.1%有效氯消毒液拖擦。

（3）换药用具用0.3%有效氯消毒液或0.2%过氧乙酸泡30分钟后洗净，送高压蒸气灭菌。

5. 室内无菌物品与有菌物品分别放在固定位置，无菌物品应标明失效期，过期或潮湿时应重新消毒。

6. 开包后未用完的换药碗、盘、钳、镊、敷料等每日消毒一次，放持物钳（镊）的无菌瓶、敷料罐、浸泡剪刀的盘以及浸泡液每周消毒灭菌、更换2次，启封的外用无菌溶液（生理盐水、呋喃西林溶液）仅限当日使用。

7. 室内保持清洁整齐，每天两次湿式清扫及通风，地面、物体表面及空气每天消毒一次，每月进行空气细菌培养，报告单留存备查。

8. 每日以0.1%有效氯消毒液擦拭换药室、车、托盘、托盘架、桌、柜、门窗及换药床，地面以0.1%有效氯消毒液拖擦。每日用紫外线照射一次，每次60分钟。

（二十二）检验科工作制度

1. 检验科应积极配合医疗、科研，开展新检验项目和技术革新，为临床服务。

2. 检验单由医生逐项填写，要求字迹清楚，目的明确。

3. 急诊检验单上注明“急”。

4. 收集标本严格执行查对制度。标本不符合要求应重新采集。对不能立即检验的标本，要妥善保管。

5. 普通检验，一般应于当天下班前发出报告。急诊检验标本随时做完随时发出报告。

6. 要认真核对检验结果，填写检验报告单，做好登记，签名后发出报告。检验结果与临床不符合或可疑时，主动联系临床科室，重新检查。

7. 发现检验目的以外的阳性结果应主动报告。

8. 特殊标本发出报告后保留 24 小时，一般标本和用过的检验器具应立即清洗消毒。被污染的器皿应高压灭菌后方可洗涤，对可疑病原微生物的标本应于指定地点焚烧，防止交叉感染。

9. 保证检验质量，定期检查试剂和校对仪器的灵敏度，确保无误方可使用。定期抽查检验质量。

10. 严格技术操作规程，建立室内质量控制制度，保证检验质量。

11. 菌毒种、剧毒试剂、易燃、易爆、强酸及贵重仪器应指定专人特殊保管，定期检查。

（二十三）放射科工作制度

1. 资格管理

（1）宣传贯彻《放射防护条例》严格执行许可证登记制度，杜绝无证从事放射工作。

（2）认真做好 X 线防护，严格遵守操作规程。

（3）工作人员要定期进行健康检查。

2. 放射检查

（1）各项 X 线检查，须由临床医生详细填写申请单。

（2）急诊者应在申请单上注明“急”字样，并随到随查。

（3）各种特殊造影检查，应事先预约。

3. 摄片管理

（1）重要摄片，由医师和技术员共同确定投影技术。

（2）特殊摄片和重要摄片，待观察 X 片合格后方嘱患者离开。

（3）如认为有必要加摄某种姿势和部位片才能帮助 X 线诊断时，放射医师可以决定摄片。

4. 重危或做特殊造影的患者，必要时应由医师携带急救药品陪同检查。

5. 档案使用

（1）借阅照片要严格手续，由借片医师签名负责。

（2）院外借片应由医务科批准，并履行手续，以保证归还。

6. 严格查对制度，认真核对申请单，防止差错事故的发生。

7. 每天集体阅片，研究诊断和投照技术，解决疑难问题，分析技术缺陷，不断提高工作质量。

8. X 线诊断报告一般当日尽快发出，X 线报告力求文字简练、通顺、准确。

9. 档案管理

（1）X 线诊断要密切结合临床。

（2）X 线是医疗工作的原始记录，对医疗、教学、科研都有重要作用。

（3）全部 X 线照片都应由放射科登记、归档、统一保管。

10. 注意用电安全，X 线机应专人管理、保养，定期进行检修并做好记录。

（二十四）超声检查工作制度

1. 原则。在院长领导下，健全科室管理，加强科室的辅助建设，本着一切为患者服务的宗旨，建立超声检查工作制度。

2. 科室纪律。工作室内保持清洁、整齐和安静，严禁在诊室内吸烟谈笑和会客，各级医护人员应爱护仪器，工作时应穿工服，佩戴工作牌。

3. 各项超声检查必须由临床医师填写申请单，包括病史体征及有关检查资料，并预约登记，办理缴费手续后，方可检查。

4. 对急诊患者应由临床医师在申请单上注明“急”字后随到随做，以免延误病情，危重患者检查，应有医护人员陪同或到床旁检查，出现阳性结果应当反复核查，病变图像应拍照记录，疑难病例应会同有关医师检诊。

5. 报告管理

（1）超声报告书写，应包括患者的姓名、性别、年龄、住院号及诊断结论等内容。

（2）检查所见的信息，应提取对诊断有价值的部分，用超声术语，作简明扼要的描述。包括脏器（或病灶）的外形、大小、部位、回声等，表面是否光滑，境界是否清楚，毗邻关系，也应进行必要的描写。

（3）诊断报告应及时发出，疑难病例应不超过 1 天，书写报告要求医学术语规范、字迹清楚、叙述详细并提出诊断意见，供临床医师参考。

（4）超声波室诊断报告由医师书写并签名（如技师书写必须由医师签名），必要时须经上级医师审签。

（5）报告要亲手交到患者及家属手中，必要时由患者及家属签名方可发出。

（6）各种检查记录应由超声诊室统一保管，建立档案，经过医务科批准或办理登记手续后才能借出。

6. 危机值管理

（1）“危机值”是指超声及相关医技检查结果的极度异常，如不及时处理，随时可有会危及患者生命的结果。

（2）诊断人员发现“危机值”时，在排除伪差的情况下，第一时间将“危机值”通知相关临床科室及本科室负责人，发出临时诊断报告，必要时重新检查，以确保结果的可靠性。

（3）送检临床科室在确定患者及心电图识别无误后，立即对患者进行处置，必要时应复查心电图确认。

7. 超声科与临床科室管理

（1）各科室指定一人负责与医技科联系工作。

（2）每月25～30日，下科室收集临床意见。

8. 住院患者超声检查出现阳性结果或可疑的阳性所见时，应与临床科室取得联系，坚持追踪随访，对误诊、漏诊的病例应组织全科讨论，总结经验教训，提高诊断质量。

9. 对各种仪器、设备指定专人管理，操作人员应遵守操作规程，定期维护和保养，并做好使用、维修记录，注意用电安全。

10. 各检查每周至少用紫外线灯照射2～3次，消毒时间≥30分钟。

11. 超声感染患者检查。

（1）传染患者在相对固定的诊断室检查，其用过的床单，检查完后应及时更换。

（2）严格按照传染控制的要求，将其用过的物品装入塑料袋内，进行专门处置并登记。

（3）引导介入诊断及治疗的器具应严格执行无菌操作规程，使用2%戊二醛消毒液浸泡60分钟后方能使用，使用的耦全剂应保持密闭，开启后使用时间不得超过24小时。

（4）发现有医院感染危险因素或环境有病原污染时，应及时上报医院感染科。

12. 仪器管理

（1）实行仪器管理责任制度，每次使用时应查看仪器的情况及使用登记本，仪器使用登记本必须如实登记，如发现弄虚作假，后果自负。

（2）所有设备未经科主任同意，一律禁止外借，特殊情况，报医院批准后，送还前后要检查仪器的使用情况，要做到登记清楚、分清责任。

（3）不准随意挪动机器，通电运行过程中，操作人员不得擅自离开，发现异常后，切断电源并报科主任和维修科室，严禁带故障超负荷运行。

（4）仪器设备主机及附件探头、说明书等应保管完备，不得丢失。

13. 道德守则

（1）以患者为中心，对患者一视同仁，认真周到，尊重患者。

（2）努力提高工作效率，缩短患者等候报告的时间。

（3）遵纪守法，廉洁奉公，不以医谋私。

（4）严格遵守操作规程和工作制度，加强质量控制。

（5）不隐瞒工作中的问题和差错，及时纠正和完善工作质量。

（6）尊重同行、团结协作、互助互爱、共同进步。

（二十五）心电图检查工作制度

1. 需做检查的患者，由医师填写检查申请单，须做床旁检查者应注明，申请做急诊心电图者，应及时安排检查。

2. 常规心电图报告于检查当日发出，急诊心电图检查完毕发初步报告，当天发正式报告，遇有疑难病例，应组织集体讨论或与临床医师共同研究及书写报告，必要时随时复查，书写报告时，应做到对图形分析认真，剪贴规范。

3. 对申请做运动试验的患者，应当严格掌握适应证，检查时须有医师在场，密切观察病情，并做好应急处置准备。

4. 遵守操作规程，要求图像基线稳定，图形完整，遇有特殊病例须增加导联检查。

5. 各种检查资料须归档统一保管，室内仪器、设备指定专人管理，每月对心电图进行一次检查调试，并做好使用、维修记录。

6. 心电图室应保持整洁，定期清扫、消毒和更换被服，室内禁止吸烟，传染患者应专人负责检查，并做好消毒隔离工作。

7. 应严格遵守药品器材供应管理工作制度。

五、医疗辅助管理制度

医疗辅助管理制度包括：药剂科工作、供应保管制度、中药房工作制度、医疗器械设备管理制度、麻醉药品、毒性药品与精神药品管理制度、供应室工作制度、院办公室工作制度、医务科工作制度、信访接待制度、医德医风制度、监督制度、医疗统计制度、病案管理制度、图书管理制度和微机工作制度共15项。

（一）药剂科工作

1. 收到处方后应对处方内容、患者姓名、年龄、药品名称、剂量、剂型、服用方法、禁忌等详加审查后方能调配。

2. 配方时有关处方事项，应遵照“处方制度”的规定执行。

3. 遇有药品用量用法不妥或有禁忌处方等错误时，由配方人员与医师联系更正后再行调配。

4. 配方时应细心谨慎，遵守调配技术常规和药剂科所规定的操作规程，称量准确，不得估计取药，调配西药处方时，禁止用手直接接触药物。

5. 含有毒药、限剧药及麻醉药的处方调配按“毒、限剧药管理制度”及国家有关麻醉药品的管理规定办理。

6. 配方时必须使用符合药用规定的原料及辅料，遇有发生变质现象或标签模糊的药品，需询问清楚或鉴定合格后方可调配。

7. 处方调剂应严格核对后方可发出。处方调配人及核对检查人均须在处方上签字。

8. 发出的方剂，应将服用方法详细写在瓶签或药袋上。凡乳剂、混悬剂及产生沉淀的液体制剂，必须注明“服前摇匀”。外用药注明“用前摇匀”及“不可内服”等字样。

9. 发药前耐心向患者说明服用方法及注意事项，防止发生意外。

10. 急诊处方必须随到随配，其余按先后顺序配发。

11. 调剂室应保持整洁、肃静，禁止吸烟，工作时衣帽整齐，其他人员非公不得进入调剂室。

12. 凡发生差错事故，应立即登记，不得遗漏，重大差错事故应立即上报，并做好事后补救工作。

（二）供应保管制度

1. 药品采购

（1）药品的供应计划，应根据医院基本用药目录、季节发病情况、储备定额为基础，由药剂科编定初步计划，经药剂科主任报分管院长批准后执行。

（2）计划应为三份，一份送医药公司，一份存药库，一份采购留存备查。

（3）购入、调进的药品，应由采购经手人，根据原始单据填入库单，则由库房保管人员负责验收入库。

（4）验收时如发现实物与原始单据所记载数量、规格、质量等不同，应根据情况查明更正或退换。

（5）验收人对药品规格及质量性能负责检查，必要时，进行分析化验或检验。

（6）购回之药品应及时（最多不超过 3 日）办理验收入库手续。

2. 药品保管

（1）药库应按照药品性质分类保管，注意温度、湿度、通风、光线等条件，防止药品过期失效、虫蚀、霉坏、变质。

（2）按性质分类的药品应分别保管，编号管理，并设立账卡，随时登记，保证帐物相符。

（3）各种收支凭证，应分类按月保存备查。

（4）药库门窗应注意关锁，设消防设施，严禁吸烟，防止火灾。

（5）有关毒、限剧药的保管，按“毒、限剧药管理制度”执行。

（6）建立有效期药品一年有效期表。重点药品逐日销帐，药房药品每月盘点一次。

3. 药品领发

（1）科室向药库领取药品，除特殊情况外，一律应定期领取。

（2）应填写正式领物单，方可领取。

（3）领物单应填一式二份，一份作药库登记凭单，一份由领用单位存查，发出药品应及时登录帐卡。

（4）有关毒、限剧药的领发，应按“毒，限剧药管理制度”的规定执行。

4. 药品统计

（1）药品统计报销表应做到正确、及时、按期报送规定的部门和领导。

（2）药品统计，以实际消耗为准，进行日清、月结、季盘。毒药、限剧药的统计报销，按“毒、限剧药管理制度”的有关规定执行。

（3）有关麻醉药品的统计报销，应按国家有关管理麻醉药品的规定执行。

（4）负责采购、保管的人员，在调整工作时，必须办理交接手续。

（三）中药房工作制度

1. 中药房收到处方后，对处方中各项内容审查无误后方可调配，调配后经过复核方可发出。

2. 调配中药处方必须准确称量，不得估计抓药，方中药物如有缺少或代用，应在征得处方医师同意并签名后方可配方。

3. 方剂中如有需先煎、后下、另煎、熔化、冲服等药材，必须单包并注明，需临时炮制的药材，应按处方要求进行加工，煎药时切实按要求煎煮，以保证药效。

4. 中药处方的限量一般不超过 1 周，毒性中药每次处方剂量不得超过 2 日极量。

5. 加工炮制毒性中药，必须按照《中华人民共和国药典》或有关中药炮制的规定进行，药材符合要求后方可供配方或配制制剂，处方中凡未注明“生用”的毒性中药，应给炮制品。

6. 配制中药制剂，应按《中华人民共和国药典》的要求执行。

7. 中药库应建立帐、卡，毒性中药和贵重中药材应设专柜、专帐，由专人保管，对库存药材应定期检查，及时做好出、入帐，有计划地补充。

8. 对库存药材应当按不同性质和功能分别妥善保管，除需要密闭保存的品种外，应定期通风晾晒，库内应有防潮、防虫、防鼠等措施，变质霉坏药材不得供药用。

（四）医疗器械设备管理制度

1. 大额、大型设备仪器，由医院统一进行采购、调配、供应、管理。

2. 根据各科请购计划进行采购。

3. 凡购入物品，必须履行出入库手续，按规定进行验收，上帐立卡，建立仪器设备档案，有关使用科室应制定使用和管理制度。

4. 器械库要按器械的性质分类保管，要求帐物相符。要注意通风防潮，保持整洁，防止损坏丢失。

5. 各种医疗器械的请领和保管，须由专人负责，贵重仪器应指定专人使用，定期维护保养。

6. 失去效能的各种器械，要按规定办理报废手续。贵重仪器报废、报损、变价、调拨由科室填写申请，经院领导批准方可执行。

7. 医疗设备定期保养

（1）日常保养。由仪器设备使用人负责，主要有：表面清洁。

（2）一级保养。由仪器使用人按计划进行，主要为检查有无异常情况，局部检查调整。

（3）二级保养。是一种预防性修理，由仪器设备维修专职人员进行，检查设备主体部件及其运转情况，发现问题及时解决。

8. 贵重精密仪器设备的维修保养应请示领导，专门进行，同时要填写维修登记表。

（五）麻醉药品、毒性药品与精神药品管理制度

1. 范围

（1）麻醉药品的品种，系指《中华人民共和国麻醉药品管理条例》所规定的品种，如鸦片类、吗啡类、可卡因类等和卫生部所核定的其他易成瘾癖的毒性药品及其制剂。

（2）毒性药品与精神药品的品种，系指《中华人民共和国药典》附录及卫生部和其他有关规定的品种，均应列入。

2. 麻醉药品、毒性药品与精神药品，必须遵照国家公布的《麻醉药品管理办法》及其施行细则和《医疗用毒性药品管理办法》、《精神药品管理办法》的规定进行管理。

3. 药剂科必须严格监督各科室合理使用麻醉药品，如发现滥用情况有权拒发，并应直接向院长和医务科报告，以便及时检查、处理。

4. 药剂科和各科室，均必须建立健全麻醉药品、医疗用毒性药品及精神药品的管理制度，设置加锁专柜、具有明显标志的专用瓶签，指定专人负责管理。

5. 核查管理

（1）药剂科对麻醉药品、医疗用毒性药品和精神药品，应定期清查。

（2）取用麻醉药品后应按处方随时登记注销（按专用帐卡）。

（3）每日对用量与存量核对一次，统计人员应定期查核。

6. 调剂处方

（1）处方中的麻醉药品、医疗用毒性药品和精神药品名称不得简化。

（2）调配人员接方后须严格认真审查，配方后须经另一人核对方准发出。

（3）只有取得麻醉药品处方权的执业医师，方可进行麻醉药品开方。

7. 麻醉药品、医疗用毒性药品与精神药品处方，一次剂量一般不超过常用量，麻醉药品、医疗用毒性药品一次处方总量不得超过一日极量，毒性中药不得超过二日极量。

8. 麻醉药品注射剂，只限一次用量。

9. 医院临床确诊的晚期癌症患者，确需连续使用麻醉药品时，可去定点医疗机构办理麻醉药品相关手续。

10. 哮喘、神经官能症、精神病及其他慢性病等特殊需要的患者，需连续使用或超量使用医疗用毒性药品、精神药品时，必须由科主任在处方上签署意见，方可处理。

11. 调剂室的麻醉药品、医疗用毒性药品、精神药品实行定额管理。在交接班时，应严格履行交接手续。保管人员工作调出时，要履行交接手续。

12. 对少数破损、短少等麻醉药品的处理，可按规定进行处理。

13. 药剂科应定期检查麻醉药品、医疗用毒性药品与精神药品的使用和保管情况，并将检查结果报告主管院长。

14. 药剂人员应保证麻醉药品合理使用，杜绝流弊。

15. 麻醉药品的处方应单独装订成册，保管三年备查。

16. 医疗性毒性药品和精神药品的处方应保存两年备查。

（六）供应室工作制度

1. 及时供应各科医疗器材、敷料，并保证绝对无菌。

2. 在供应器材类别内的物品，由供应室按月向医疗器械科或有关科室请领。

3. 供应手续

（1）在供应器材范围以内的用品，除不便携带者以外，一律由各科室每日进行领用，采取收旧补新的方法供应。

（2）凡临时或急诊用物，则由科室自借和归还。

（3）各科室如需特殊器材，应预先通知供应室以便准备。

（4）供应物品如有错误或损坏，应通知供应室，进行及时补换。

（5）传染患者用过的物品，由各科室先行消毒后方可退还。

（6）凡过期无菌或封口已拆开的，一律不得再用。

4. 对准备器材敷料要求

（1）所有包布、治疗巾及孔巾必须清洁无损，做到每次用后一律换洗。

（2）金属器械，每次清洗后擦油，以免生锈损坏。

（3）各种针头应做到清洁、通畅、锐利，斜面的大小、针梗长度要符合要求。

（4）玻璃器皿应按规定冲洗清洁，严格灭菌。

（5）刀剪等锐利器械应与一般器械分开，单独保管。

（6）橡皮用品应保存于阴凉地方，冬天避免受冻，防止变形折叠。手套应定期检查上粉，凡质量变软或有粘连时，一律不得再用。

（7）所有物品，必须挂牌标明品名、数量、成人或小儿使用，并注明灭菌日期、编号，以便检查。

（8）敷料需轻松、柔软、平滑而易于吸水。所有毛边应折在里面，无异物，大小适宜，使用前必须严格灭菌。

5. 消毒灭菌工作

（1）根据物品性质采用适当的灭菌方法，严格掌握无菌程序和时间。

（2）采用高压蒸气灭菌方法时，灭菌前需检查包布是否双层并无破损，物品是否清洁，包扎是否严密。放置玻璃器材时不得挤压。消毒员不得擅自离开，应严格掌握压力和时间，以保证灭菌效果。灭菌完毕后，必须等气压表的指针下降至“0”处，方可打开锅门，以免发生危险。定期鉴定高压锅的灭菌效能，注意高压灭菌器的保养工作，每次（日）使用前要刷洗一次。

（3）取无菌物品前，必须洗净双手，戴口罩、帽子、穿工作服。

（4）已灭菌物品和未灭菌的物品，应严格放置以免混淆。

（5）凡不能用高压灭菌的物品，则用煮沸法，如玻璃、搪瓷类，应先放入水中，待水煮沸后煮10分钟，橡胶类则须待水温热后放入煮10分钟。

（6）不适用以上方法者可用化学药品消毒，如刀、剪、膀胱镜、肠线等，浸泡前必须洗刷清洁，所用消毒溶液应定期更换（容器消毒）。

（七）院办公室工作制度

1. 在院长领导下，医院办公室负责全院的行政管理和综合协调工作。

2. 负责起草全院的行政工作计划、总结和报告。

3. 负责文秘工作。负责各种文件的收发、登记、传递、传阅、立卷、归档、保管、利用和文件保密等工作。

4. 负责医院行政文件的草拟、审核和印发工作。负责对各职能部门及业务科、所、室，进行具体审核、所有院发文必须经院办核稿后，由院长签发。

5. 负责院内综合情况管理工作。经常深入各个科室，了解各项工作的情况，加以综合分析，向院长汇报，并提出意见和建议，供领导决策参考。

6. 具体安排和监督各项行政会议，做好会议记录。及时传达院长及各种行政会议做出的决定，并对具体执行情况进行督促检查，做好院与科室的沟通和联络。

7. 院长办公会议。

（1）由院长主持，医院相关领导参加。

（2）会议内容

①分析医院建设和发展的形势，讨论医疗、科研、行政、后勤工作中的重要问题，总结前一阶段工作情况。

②研讨医院发展的长远计划和医院医疗工作的改革措施。

③讨论和研究机构改革及人员配备及对员工的奖惩及奖金分配。

④讲评职能科室的工作情况。

⑤研究医院经费的预算和开支计划。

⑥其他需要解决的重大问题。

（3）议事原则

①贯彻民主集中制原则，充分发扬民主，重要问题需经到会人员充分发表意见，在充分听取各方面意见的基础上，集中多数人意见，重要决策必须要经过调查研究后决策。

②提交办公会讨论的问题，重点是要提出解决问题的措施和办法。

③参加会议人员要按时到会，要严格执行保密纪律，不得随意泄露会议讨论内容或会议决定的需要保密的事项。

④院办主任认真做好会议记录，对一些重大决定必要时形成会议纪要。协助院长了解决议执行情况和催办有关事项，并将执行情况及时向院长汇报。

8. 院周会

（1）院周会由院长或副院长主持，各职能科室负责人、临床（医技）科室负责人，护士长参加。院办负责记录并做好会前各项准备工作，每周召开一次。

（2）会议内容

①传达上级指示和文件精神，通报院办公会会议决定，布置工作、协调关系。

②总结上周工作，包括医疗质量，重危患者抢救治疗情况，管理制度落实情况，服务态度等情况。

③听取科负责人的汇报，研究解决医疗、服务等有关问题，布置下周任务。

9. 科早会

（1）会议主持

由科主任主持，全科医护人员参加。每早上班后即召开，一般不超过十五分钟。

（2）会议议程

①听取值班人员汇报，进行交接班。

②传达上级指示和有关文件精神。

③对本科工作质量和服务态度进行分析评价，并落实整改措施。

④安排当日本科室的工作。

10. 安排各种行政会议，负责会议记录及文件、报告、计划、总结等文字的起草，负责会议纪要、决议的印发，并督促、检查执行情况，及时向院长汇报，协助院长处理日常行政事务工作。

11. 做好来访、参观人员的接待工作，做到安排周密、妥当、热情。

12. 做好行政文件的收发、登记、编号、传阅、收回及保管工作，根据文件内容，提出贯彻意见。

13. 做好全院文书档案的收集、整理、立卷、存档工作，执行保密制度。

14. 及时处理信访工作，做到有登记、有结果、不积压、不拖延、重大问题及时向有关领导报告。

15. 适时安排医院的总值班工作。

16. 负责院内印鉴及介绍性的保管、审核和使用监督。

17. 完成院领导交办的临时性工作，并随时汇报。

（八）医务科工作制度

1. 在院长的领导下，制定各类医疗工作制度和预案，根据医院的医疗工作计划，具体组织实施，定期分析和研究工作中的问题和对策，为医院领导决策提供可靠的依据。

2. 定期检查医疗工作制度，医疗技术操作常规和医疗、医技人员工作职责的贯彻执行情况，做好临床（医技）科室间的协调工作，保证医疗工作良性运转。

3. 制定本院的医疗质量管理方案，建立目标体系、评价标准和实施办法，经院办公会研究批准后，组织实施。

4. 保证医疗安全，做好医疗事故和差错的防范工作，及时对医疗事故和医疗纠纷进行调查，组织讨论提出处理意见及负责对每个事件的接待处理和善后事宜。

5. 帮助科室开展新业务及各类临床适宜技术，严格对临床技术应用的管理，做好需要开展的二类以上临床技术和卫生行政部门规定的专项技术的申报工作，组织协调危重患者的抢救、疑难病例的讨论、重大手术的审批和院内外会诊工作。

6. 负责对全院卫生技术人员执业资格的管理，组织对全院卫生技术人员的业务培训和考核工作。

（九）信访接待制度

1. 收到群众来信，由院办公室根据信件内容，进行编号登记填写来信处理单。

2. 根据来信内容，按“分级管理、归口办理”的原则，处理或批转，一般1周内答复。

3. 接待来访者要热情耐心、解答问题时要留有余地，按政策规定不能解决的问题要耐心向来访者解释。

4. 有关医疗纠纷、批评、表扬等应保留原件或复印件备查。

5. 对上级部门交办的信件，应将处理结果送分管领导审阅后，再回复上级有关部门。

（十）医德医风制度

1. 措施

为加强医院的科学管理，增强医务人员的服务理念和职业道德，提高服务质量，树立患者第一的思想，特制定医德医风建设措施如下。

（1）制定医德医风建设计划，并将其纳入单位和个人考核的一项重要内容，与绩效工资挂钩。

（2）定期组织全院职工认真学习医德规范，进行医德医风教育，并注意抓典型，以点带面。

（3）大力提倡四种精神，即主人翁精神、奉献精神、艰苦奋斗及团结协作精神，积极开展全程优质服务活动和“三学三创”活动，努力培养“有理想、有道德、有文化、有纪律”的新一代医务工作者。

（4）抓典型树新风，及时总结经验，树立典型，弘扬正气，激励全院职工争创合格的医务工作者。

2. 考核办法

为贯彻执行医德医风规范及实施计划，搞好医德医风评价和监督，特制定医德医风考评办法。

（1）实行院、科两级考核，医院的考核由院办公室、医务科、护理部组成考核组，每季度对全院临床和医技科室考核一次。

（2）坚持定期考核与平时考核相结合，做好日常考核工作，坚持平时检查考核，并做好记录。

（3）采取多方位、多渠道考核与评价。

①定期召开座谈会，院每季一次，临床科室每月一次，及时听取患者、陪伴人员意见，并做好记录，定出改进措施。

②聘请社会监督员，每年召开一次社会监督员座谈会，由院领导和有关人员参加座谈，听取意见和建议。

③每月由住院处向各科出院患者发放《征求意见卡》，由办公室归纳汇总，并及时反馈到有关科室和领导，突出的问题要及时研究处理。

④医院建立院长接待日制度，设置院长信箱和监督举报电话。

（4）院办公室每月将各渠道反映的情况汇总，进行综合分析，向院办公会汇报。

（5）将医德医风考核结果与绩效工资挂钩，并按照医院职工管理制度进行奖励和处罚。

（十一）监督制度

1. 上岗人员佩戴附有本人照片、姓名和编号、科室、职称或职务等内容（是党员的有党员标志）的胸卡。

2. 公开张贴卫生部制定的《医务人员医德规范》，作为医务人员公开行为管理规范。

3. 向社会公开检查项目、治疗、手术、住院的收费项目及标准，公开常用药品价格和自费药品品种，接受社会的监督。

4. 对住院患者和出院患者出具其住院费用“一日清单”和费用结算凭证，对患者提出的问询要耐心解答。

5. 公开专家和专科医生姓名、职称、专科、出门诊时间等，便于患者的选诊和核对。

6. 建立医院领导与所在社区联系制度，听取和了解所在地区群众的反映和意见。

7. 聘请院外监督员，定期召开会议，通报医院工作和建设发展情况，征求对医院工作的意见和建议。

8. 不定期向门诊、住院患者发放“征求意见卡”进行满意度调查。

9. 医院实施必要的公开制度，医院在全院各楼层、门诊大厅各处设置意见箱、举报箱、意见本，向社会公布监督投诉电话，设专人负责管理，并做好每周开箱记录，接受群众的监督。

10. 公开张贴致患者及家属的公开信，阐明医院服务宗旨，明确优质服务的有关规定。

（十二）医疗统计制度

1. 目的

医疗登记、统计资料是改进医院工作，加强医疗质量管理的科学依据，各科室及有关人员应认真负责汇总和收集报表资料，按期分析、统计、上报是医院业务开展的基础资料。

2. 统计分类

医院统计工作包括人事统计、医疗统计、教学统计、科研统计、设备与物资统计、基本建设统计和财务统计等。

（1）人事统计。全院职工总数、医院在职职工数、离退休人数、每季度人员变化情况；各单位人员的分类情况，职称等级分类、党团员增减变动情况，民主党派、少数民族、归侨、台胞、台属情况，享受政府津贴人员情况和劳动工资情况。

（2）医疗统计。全院医疗统计报表，开展重大手术、新手术情况，医疗事故、医疗纠纷情况，死亡、疑难病历讨论情况，担任各种学术团体、各种学术杂志委员、编委人员情况，进修人员数，外出会诊情况，重大社会抢救情况，外出医疗队情况。

（3）教学统计。各类实习生、学生成绩，实习情况，教学大纲、实习教材编写情况，教研室利用率情况，各专业教学人员情况。

（4）科研统计。承担科研课题的来源，计划执行情况，课题鉴定水平，申请专利项目，科技成果获奖情况，论文、专著出版情况，成果转让，科技成果推广情况。

（5）设备与物资统计。设备统计包括：教学设备、科研设备、医疗设备、一般设备及图书资料增减变动情况、使用情况、利用率及效益分析等；物资统计包括：主要原料、低值易耗品、劳保用品的采购、消耗和库存情况。

（6）基本建设统计。房产总面积及增减变动使用情况，新开工项目投资计划、计划执行进度、竣工交付时间、基建财务决算情况。

（7）财务统计。医院资金投资情况、年度预决算、月报表、各项经费实际支出情况，预算外资金来源、使用情况，固定资产增减变动情况。

3. 门诊统报

门诊部应当做好门诊登记和住院登记，填写住院卡片和传染病报告卡，并汇总各科患者流动情况，每日报医务科和医疗信息统计室。

4. 临床统报

各临床科室对出入院的患者应详细填写病案首页、出入院登记和患者流动日报，对抢救重危患者，开展新技术、新业务，发生医院感染、医疗差错和事故，以及输血、输液反应等均应详细登记，并按规定上报。

5. 医技科统报

医技科室应做好各项工作的质量登记、统计，并按时上报。

6. 医疗信息统报

医疗信息统计室负责全院医疗信息的收集、整理、分析和报告，实施统计服务和统计监督，做好卫生统计报表工作，按时上报。

7. 医保信息保存

各种医疗登记、统计资料，应当填写完整、准确、字迹清楚、妥善保管，卫生统计报表应永久保存。

8. 各种报表报出的时间

（1）日报。次日上午九点报出（节假日等特殊情况例外）。

（2）月报。于下月 6 日前报出。

（3）季报。于下季度第一个月 10 日前报出。

（4）年报。于下年度 1 月 20 日前报出。

（5）半年报。于 7 月 15 日前报出。

（6）全年统计汇总。于下年度第一季度内报出。

（7）住院患者疾病分类年报。于下年度 1 月 15 日前报出。

（十三）病案管理制度

1. 医院病案室负责全院病案的收集、整理和保管工作。

2. 要按疾病分类建卡编号，统一集中管理。

3. 不得擅自翻阅、转抄、复制病案。本院医务人员因科研教育需要查阅相关病历的，被查阅的病例不得带出病案室。

4. 复制病案，必须根据《医疗事故处理条例》和《医疗机构病历管理规定》的有关条款规定，以合法的途径，经医务科批准后，由专人负责方可进行。

5. 涉及医疗纠纷或事故的病案，在未作出鉴定处理之前，应由医务科妥善保管，任何个人未经医院领导批准，不得借阅、转抄或复制。

6. 病案室要按时进行出院病案归档，有权向临床科室查询未归病案的下落，按时向院领导书面报告病案归档及管理情况。

7. 住院病案应永久保存，并遵守病案资料的保密制度。

8. 保持病案室清洁整齐，做好防火、防潮、防盗、防丢失，室内必须禁止吸烟。

（十四）图书管理制度

1. 组织和管理

（1）本馆在医教管理处领导下进行工作。

（2）本院职工、进修实习人员、本院职工家属可进入本室阅览。

2. 分类

图书室应按《中国图书分类方法》对书刊进行登记、分类、编目、排架，健全室藏图书目录，方便读者查询。

3. 开放时间

周一至周五全工作日开放及双休日开放。

4. 凡本院工作人员借书，必须办理 IC 卡，凭卡借阅，书证请妥善保管，严禁转借他人使用，严禁一人持多证。

5. 离院时要办理还书退“IC 卡”手续，每次借阅书刊不得超过二册，借阅时间不得超过一个月，逾期不还时，图书室有权催还，超过三个月不还者，按丢失图书进行扣款赔偿（原书价 3 ~ 5 倍）。

6. 自觉遵守各项规章制度，服从工作人员管理。

7. 遵守公共道德和秩序，禁止吵闹、喧哗，严禁吸烟、吃零食、随地吐痰、乱丢果壳、纸屑，保证图书馆安全、卫生和安静。

8. 借阅者应爱护书刊资料，借阅的图书必须妥善保管，不得在书刊上批画、涂写、撕剪、损坏和丢失，违者按规定赔偿，凡损失或丢失图书室的孤本或价值较高的书刊要加 5 ~ 10 倍赔偿。

9. 图书室工作人员应密切配合医疗、预防、教学、科研等各项任务，主动提供有关资料，定期介绍新书刊杂志内容。

10. 近期杂志、工具书及图书室仅存孤本，只准在室内阅读，不得拿出室外。

11. 电子阅览室管理

（1）本阅览室仅供检索医学文献及阅读电子读物用。

（2）严禁进行与本院业务无关的计算机活动，如上网聊天、打游戏、收看影视节目等娱乐性活动，由管理人员实施管理，一经发现按规定处以罚款。

（3）不得更改破坏计算机的设置；不得进行一切与机房功能无关的计算机活动。

（4）上机前请检查计算机是否正常，如不正常，及时向机房管理人员说明。下机前由管理人员检查、确认正常才能离开。

（5）做到一人一机，服从管理人员调配，不得串机。

（十五）微机工作制度

1. 工作归属

总务室信息科负责医院电脑维护，硬件修护和软件例行升级工作。

2. 工作内容

信息科承担全院微机使用的技术指导，电脑科室协助检测和医院信息的存储和保管工作。

3. 监督管理

（1）工作人员使用计算机，必须爱护计算机和机房其他辅助设备，各种设备的使用严格遵守操作规程。

（2）对应用软件应当定期进行检毒处理，外单位软件未经检毒处理，不得使用和复制。

（3）机房要保持整洁，严禁吸烟、会客、喧哗、玩游戏及其他一切与工作无关的活动，禁止闲杂人员进入机房。

（4）工作完毕应关好机器、切断电源、关好门窗，保证安全。

（5）认真完成每日正常工作，做好数据信息的备份工作，以防数据丢失，并认真填写机器的运转记录，严守机密。

（6）在机房内不许使用其他的电子设备，如收音机、电视机及任何类型的电器马达等。

（7）严格遵守微机系统的操作步骤，每台机器做到专人保管，专人使用，不得在工作时间从事与本职工作无关的事情，非本机操作人员未经允许不得操作计算机。

4. 保密规定

（1）严格执行保密制度，做好各种资料的保管工作。在使用中，一律按有关保密制度办理，不得外传、遗失、泄密。

（2）信息资料应有专人负责管理，凡需要调用、复制，应经领导审批。

（3）从事微机信息系统安全有关工作时，必须有二人以上在场，并填写工作情况记录。

5. 微机操作规定

（1）认真完成每日正常的工作，做好当日数据的备份，以防数据丢失，并认真填好机器的运转记录，严守机密。

（2）如因工作需要，更换计算机系统，安装新软件或使用外来储存设备时，必须先经过病毒检测，否则不得使用。

（3）当有员工调出时，为保证系统运行的安全性，必须做到：

①严格控制将调出人员的权限，并首先调离重要岗位。

②人员调离前必须将所有系统权限、重要资料及数据交回。

③与调离人员有关的系统密码必须及时更改，防止泄密。

6. 培训

坚持业务学习，不断提高专业技能，更新微机使用知识。

四、护理管理制度

护理管理制度包括：医院感染管理工作制度、医院传染源管理制度、环境卫生管理制度、医院感染防范制度、抗生素使用制度、职业暴露报告制度、医院院内感染暴发制度、免疫规划管理制度、传染病管理制度、儿童保健工作制度、妇女保健工作制度、计划生育技术指导工作制度、健康档案管理制度、健康教育管理制度、老年保健工作制度、慢性非传染性疾病管理制度、社区康复工作制度、突发公共卫生事件应急处理制度、孕产妇保健工作制度和职业病管理制度共20项。

（一）医院感染管理工作制度

1. 意义

医院感染管理是医疗安全管理的重要组成部分，纳入医护质量考核标准。

2. 构成

建立医院感染管理委员会、科室医院感染管理小组及医院感染专职（兼职）管理人员三级监控组织，开展医院感染监测工作。

3. 组织形式

医院感染管理委员会应当每半年召开一次会议，听取医院感染专职管理人员的工作汇报，协调和解决有关感染管理方面的重大问题，探讨改进工作的意见。

4. 感染工作管理

（1）医院感染科负责组织、落实国家医疗卫生制度的相关技术规定，医院感染控制制准则和指南，制定医院感染规划和管理制度，并将督导实施的工作定期向医务科及感染管理委员会报告。

（2）医院感染管理专职（兼职）人员应根据医院感染监控制定方案，每半年1次对全院环境卫生、微生物污染、消毒与灭菌、污水处理等进行抽样调查和检测，每月进行1次医院感染发病调查，定期对医务人员的消毒隔离技术进行考核。

（3）科室感染管理小组督导本科室感染管理各项措施的落实，发现问题，及时向科室主任汇报，提出改进措施，并将情况及时向感染管理办公室反馈。

（4）医院感染管理办公室应及时向全院通报感染管理相关的政策、规定和技术信息的进展。

5. 感染病例报告制度

（1）住院患者发生感染时，主管医师及时向本科感染管理小组负责人报告，并如实记录在病历中，24小时内填写“感染病例报告卡”送感染管理办公室。特殊病原体的感染及发生感染流行趋势时，应立即通知感染管理办公室。

（2）医院感染上报内容包括：感染流行及暴发流行、高度传染性病原体感染、多重耐药菌株感染、特殊病原体感染、无菌操作和介入性操作所致感染、怀疑因输血、输液感染者等。

（3）患者出现输液反应或其他异常情况时，应留取问题样本送检，并及时报告药剂科、感染科。

（4）确诊为传染病的感染病例，按《中华人民共和国传染病防治法》有关规定报告和处理。

6. 感染流行、暴发流行报告制度

（1）短期内同一科室出现2～3例感染病例，有不能控制的流行趋势；突发3例以上的感染病例并有暴发流行；检验科发现同一科室送检标本的病原体有聚集现象时应立即报告感染科。

（2）医院感染科接到科室报告后，立即进行现场流行病学调查，如有医院感染流行趋势时，应立即报告医教部，组织专家协助对感染患者的诊断与治疗。

（3）医院感染科与科室感染管理小组一起，及时认真查找医院感染的危险因素，并积极采取有效控制方案，包括医护人员的防护、消毒灭菌处理、患者的隔离等措施，防止医院感染流行蔓延。

（4）一周内未控制医院感染流行，且出现死亡病例，医教部应报告医院主管领导。发生医院感染流行的科室应暂停收治患者，实施医院感染控制干预措施，并按要求24小时内报上级卫生部门。

（5）医院感染事件处理后，医院感染科应写出调查报告，报医院感染委员会及上级卫生部门。

（6）确定为传染病的医院感染流行，按《中华人民共和国传染病防治法》有关规定报告和处理。

7. 加强院内感染管理的宣传教育，了解院内感染监测工作的意义，掌握监测知识，提高医护人员的监控水平。

（二）医院传染源管理制度

1. 医院传染病患者，应根据传播途径分别进行严密隔离，以及呼吸道、消化道、接触、昆虫和血液隔离。

2. 严格执行消毒常规，传染病患者出院、转科、死亡等离开隔离区时，所有物品必须进行终末消毒。

3. 检验有传染性的标本时，应当防止污染工作台、地面、衣物等。检验完毕的标本应先消毒后处理，检验单发出前应消毒，菌种应由专人保管，专册登记。

4. 对已被感染的传染病患者应尽快治疗，医务人员接触传染病患者应当严格执行消毒、隔离制度。

5. 高危区工作人员应当定期进行带菌检查，根据检查结果采取相应的措施。

（三）环境卫生管理制度

1. 病室内禁止吸烟，做到空气清新、无蚊、无蝇、无鼠害、无蟑螂，定时清扫，并做到卫生用具专室专用。

2. 禁止随地吐痰，乱扔乱倒污物、污水。

3. 医院内的污水排放应符合国家规定的医院污水排放标准。

4. 各种医疗器械、室内桌、椅、操作台、地面和空气等消毒应当按《医疗护理技术操作常规》和卫生部令第 48 号《医院感染管理办法》中的有关要求执行，并定期对消毒剂的浓度、效果及空气含菌量进行监测。

5. 医务人员在进行各项操作前后，必须按照要求洗手，感染高发区医务人员在操作前后应当进行手的消毒，各种注射、穿刺、采血器具必须一人一用一灭菌，一次性使用的医疗卫生用品，用后必须及时回收，集中销毁。

6. 共用重点监测科室（消毒供应室、手术室、治疗室、注射室）均应严格执行消毒常规，已消毒、灭菌的物品应当注明失效日期，并定期对灭菌物品和空气进行细菌学监测。

（四）医院感染防范制度

1. 医护人员进入室内，应衣帽整洁，严格无菌操作，戴口罩、帽子。

2. 做到无菌物品与非无菌物品分开放置，治疗车上层为清洁区，下层为污染区。

3. 冲洗、雾化、激光、微波等治疗做到一人一用一物品一消毒（灭菌）一擦拭（消毒液擦拭，含氯消毒剂），冲洗用药液一人一用，不能久露在空气中，患者治疗完毕及时整理。

4. 开启的无菌溶液需在 4 小时内使用，各种溶液不得超过 24 小时，开启时需注明开启时间。

5. 置于容器内的无菌物品一经打开，保存时间不超过 24 小时，并注明开启时间。

6. 使用后的一次性物品应及时毁形，放在指定的容器内集中浸泡处理后，装黄色垃圾袋送指定地点。

7. 地面、桌面每天 2 次用含氯消毒剂湿式打扫。

8. 持物钳干燥存放，打开后写明打开时间，使用时间不超过 4 小时，写明消毒日期、失效日期、开启时间；碘酒、酒精应密闭保存，每周更换 2 次，容器每周灭菌 2 次。常用无菌敷料罐应每天更换并灭菌；置于无菌储槽中的灭菌物品（棉球、纱布等）一经打开，使用时间最长不得超过 24 小时，提倡使用小包装。抽出的药液、开启的静脉输入用无菌液体须注明时间，超过 2 小时后不得使用；启封抽吸的各种溶剂超过 24 小时不得使用，最好采用小包装。

9. 治疗车上物品应排放有序，上层为清洁区，下层为污染区；进入病室的治疗车、换药车应配有快速手消毒剂。

10. 紫外线照射每天 30 ~ 60 分钟，并有记录，紫外线强度每半年监测一次。紫外线灯管每周一次用 95% 的乙醇纱布擦拭，每月空气培养一次。

11. 每周大扫除一次，彻底打扫门窗、墙面、地面及物体表面。

12. 每天检查有无过期物品，一般灭菌物品不得超过一周。

13. 非治疗物品不得进入治疗室。

（五）抗生素使用制度

1. 医院定期调查分析全院抗生素使用情况，针对存在问题提出改进措施，制定合理使用抗生素的管理办法。

2. 确定为病毒性疾病或疑为病毒性疾病的患者，不使用抗生素。

3. 患者的发热原因不明，或在未弄清病原诊断前，不宜使用抗生素，以免影响临床症状。

4. 各级医师应当严格掌握抗生素的适应证和给药途径，避免滥用而造成耐药菌株增加和正常菌群失调，联合应用抗生素应有明确指征，并应考虑药物的相互作用，防止不良反应，外用抗生素应从严掌握。

5. 抗生素的使用应注意配伍禁忌及合理用药。

6. 病情特别严重的细菌感染患者，在做血液或体液细菌培养前可初步选用抗生素，待细菌培养结果出来后，再按细菌药敏试验结果指导用药。

7. 急性细菌感染使用抗生素 3 ~ 5 日，而临床效果不明显者，应当考虑调整剂量和给药途径，或根据细菌培养及药敏试验结果调整抗生素。

8. 细菌感染得到有效控制后，应及时停用抗生素。

9. 一般情况下，抗生素不作为预防用药，特殊情况可作为短期预防用药或一次性预防用药。

10. 使用抗生素应当本着有效、足量原则，制定个体化给药方案，确定给药剂量和疗程，掌握配药禁忌、浓度、滴注速度及过敏反应的预防和抢救。

11. 药剂科应建立各类抗生素的出入库及消耗登记制度，对价格昂贵和毒副作用较大的抗生素实行限制性应用，并定期上报临床使用抗生素的情况及存在问题。

（六）职业暴露报告制度

1. 总则

严格掌握消毒隔离操作技术。医务人员在从事诊疗、护理过程中意外被 HIV、HBV、HCV 病毒感染者的血液、体液污染皮肤、黏膜或者被含有 HIV、HBV、HCV 污染了的针头及其他锐器刺破皮肤，在可能感染的情况下事先做好预防、处理、报告、登记。

2. 预防措施

（1）医务人员应当按照标准预防原则，在接触血液、体液时必须采取预防保护措施：洗手——戴手套；在诊疗、护理操作过程有可能发生血液、体液飞溅到面部的情况，故应戴手套、口罩（有防渗透性能）、防护镜、穿隔离衣（有防渗透性能）。

（2）医务人员在侵袭性诊疗、护理操作过程中，防止被针头、缝合针、刀片等锐器刺伤。

（3）使用后的锐器应当直接放入耐刺、防渗漏的利器盒，或者利用针头处理设备进行安全处置，也可以使用具有安全性能的注射器、输液器等医用锐器，以防刺伤。禁止将使用后的一次性针头重新套上针头套，禁止用手直接接触使用后的针头、刀片等锐器。

3. 登记报告制度。

发生职业暴露后，立即局部处理，并通知院感染科填写《工作人员职业暴露事故汇总表》，做好登记，定期随访跟踪检测，跟踪报告。

（七）医院院内感染暴发制度

1. 定义

医院院内感染暴发是指在某医院、某科室的住院患者中，短时间、突然发生许多（3 例以上）医院感染病例的现象。

2. 医院感染暴发的报告制度

（1）确诊为传染病的医院感染，按《中华人民共和国传染病防治法》有关规定进行报告和控制。

（2）出现医院感染流行趋势时，主管医师应立即向本院感染科报告。

（3）医院感染管理科应于 24 小时内报告主管院长，并通报相关部门。

（4）经调查证实出现医院感染流行时，医院应于24小时内报告当地卫生行政部门。

（5）当地卫生行政部门确定为医院感染流行、暴发时应于24小时内逐级上报至省卫生行政部门。

（6）省卫生行政部门接到医院感染流行暴发的报告，应于24小时内上报国务院卫生行政部门。

（7）全国医院感染监控网单位应同时报“全国医院感染监控管理培训基地”。

3. 医院感染暴发、流行的控制措施

（1）临床科室必须及时查找原因，协助调查和执行控制措施。

（2）医院感染管理科必须及时进行流行病学调查处理。

（3）主管院长接到报告，应及时组织相关部门协助医院感染管理科开展流行病学调查与控制工作，并从人力、物力和财力方面予以保证。

（4）当其他医院发生医院感染流行或暴发时，应对本地区或本院同类潜在危险因素进行调查，并采取相关控制措施。

（5）确诊为传染病的医院感染，按《中华人民共和国传染病防治法》的有关规定进行管理。

4. 预防措施

（1）严格无菌技术操作，防止医源性感染。

（2）加强诊疗器械的消毒、灭菌和监测，确保医疗技术安全操作。

（3）严格卫生学标准的监测，加强空气、物表、手的消毒。

（4）严格陪护和探视制度，防止外源性感染。

（5）控制某些抗生素的应用，防止药源性院内感染。

5. 一旦发生医院感染暴发时，隔离感染患者，保护易感人群。

6. 发生医院感染暴发时，对于感染人群及非感染人群要分组护理，感染患者相对集中以防交叉感染。

7. 发生医院感染暴发时，及时做好流行病学调查，查找感染因素和感染源，及时切断感染源，终止感染的暴发。

8. 确诊为传染病的医院感染，按《中华人民共和国传染病防治法》进行处理。

（八）免疫规划管理制度

1. 目的

为提高我院的免疫工作服务水平，根据上级制定的免疫规划、策略和技术规范，结合本院的实际情况，特制定本制度。

2. 责任管理

（1）由医务科指定专人负责落实免疫规划管理的相关要求。

（2）免疫工作人员应检查、督导、评价和反馈免疫规划的执行情况，及时向上级报告免疫工作，并采取相应的纠正措施。

（3）制定第一类疫苗的需求、使用和分配计划，进行疫苗的运送和管理。

（4）指导和参与接种率常规报告、监测、分析和评价免疫相关的工作。

（5）组织开展疫苗针对传染病的疫情报告、监测和流行病学调查、疫情处理、实验室监测，并对免疫成功率和对人群免疫水平进行监测工作。

3. 对适龄儿童根据规定的免疫程序进行疫苗接种，并宣传免疫预防知识。

4. 建立儿童预防接种电子档案，及时做好信息登记、更新和保管工作。

5. 将免疫档案信息的实时更新信息上传至国家信息管理平台，电子档案应做好备份，长期妥善保管。

6. 疫苗管理

（1）疫苗专人管理，制定需求计划，从规定渠道购入。

（2）购入时须验收疫苗相关合格证件。

（3）做好领发登记，及时掌握使用量及耗损量。

（4）过期疫苗登记后上交。

（5）疫苗的运输、贮存和使用符合冷链管理要求。

（6）疫苗按规定的要求取得并管理。

7. 冷链管理

（1）制订冷链设备和接种器材补充，更新计划，指导辖区冷链管理工作。

（2）建立冷链设备档案，做到账物相符、专物专用。

8. 必须向社会公示开展预防接种服务人员的基本情况、免疫程序、收费标准、接种流程、接种须知，并公示咨询服务电话，特别要明确公示免费提供第一类疫苗的接种服务情况。

9. 收集与免疫和预防接种相关的基础资料，包括人口资料、疫情资料、接种资料、免疫规划疫苗供应及使用情况、冷链设备及接种器材等资料。

10. 接种

（1）由经培训合格，并取得相应资质的接种人员办理。

（2）及时建立接种卡、接种簿与接种证，按时预约接种。

（3）预记接种人员在实施接种前，应当告知受种者或者其监护人所接种疫苗的品种、作用、禁忌、不良反应以及注意事项，并严格按规定接种。

（4）预防接种人员在接种操作前，应查验核对接种对象的姓名、预防接种证、接种凭证和本次接种的疫苗种类，并做好接种记录。

（5）疫苗接种使用一次性注射器、安全盒，并做到“一人一针一管”，用后毁型、消毒回收。

（6）预防接种人员发现预防接种出现了不良反应时，应立好处置，并按要求记录、报告。

（7）在注射过程中，要防止被针头误伤。如被污染的注射针刺伤，应立即清洗刺伤部位，并采取相应的处置措施。

11. 做好常规查漏补种和强化免疫工作。

12. 做好接种率监测与常规接种月报表统计，定期评价疫苗接种情况。

13. 对预防接种异常反应做好登记、调查，并及时处理、上报。

14. 对因各种原因导致的疫苗过期、失效，或疫苗存在明显质量问题时，接种人员应按规定核实后，进行填报登记，签字后，对报废的疫苗进行无害化处理后统一销毁；同时将疫苗报废审批表上报至同级卫生行政部门备案。

15. 因冷链环节等其他原因导致疫苗报废的，应逐级追究责任。

16. 儿童接种的时间和方式，应按国家的相关规定办理。

17. 接种记录管理

（1）做好接种资料的记录、疫苗领发记录、冷链温度记录、使用注射器材记录等各类原始记录的管理。

（2）疫苗的购进验收记录要保存至超过疫苗有效期 2 年备查，预防接种卡，应在儿童满 7 周岁后再保存不少于 15 年。

（3）各级文字资料需按时整理、装订成册保存，实行档案化管理；各类数据库资料需随时备份保存。

（九）传染病管理制度

1. 管理机构

（1）医院感染科室要认真执行医院感染管理的各项规章制度，认真履行感染管理委员会的工作职责，“务实、高效、真抓、实干”，在本岗位上发挥积极的作用。

（2）负责对全院行政管理、医务、后勤人员进行医院感染管理知识培训。

（3）建立会议制度，每季度至半年召开一次会议，研究、解决有关医院感染管理方面的重大事件。

2. 发现传染病或疑似传染病患者时，在法定报告时限内，以最快速度向本辖区疾病预防控制中心报告。

3. 实行传染病首诊负责制

发现传染病患者或疑似传染病患者时，及时转入传染病定点收治医疗机构。

4. 跟踪报告

（1）建立传染病个案登记卡，按照卡片登记项目填写齐全，不得漏项。

（2）掌握其动态情况，做好追踪随访。

5. 传染源管理

（1）做好传染病患者或疑似患者流行病学调查、疫情报告、消毒隔离、应急救治、转院治疗等。

（2）必要时对患者的学习、工作、生活环境进行预防性消毒。

（3）与患者接触者，实行医学观察。

（4）密切接触者预防性用药。

6. 感染监督

（1）协助疾控中心开展传染病症候群（如发热、腹泻、因病缺勤、缺课等）监测工作。

（2）建立监测资料档案，开展监测分析。

7. 加强对结核病传染源的发现与报告，配合疾控中心做好辖区内恢复期结核病患者的送药和访视工作。

8. 建立健全性病、艾滋病防治工作制度，开展防治知识宣传，高危人群行为干预、咨询、检测、转诊服务；协助开展流行病学调查、医学随访、医疗救助；妥善保管工作档案，严格遵守保密制度。

9. 对传染病预防、治疗管理中，发生传染病疫情缓报、漏报、谎报、隐瞒不报，造成疫情扩大或传染病暴发流行的部门和责任人，应严格追究责任。

10. 控制指标

（1）将医院感染发病率控制在8%以内，漏报率控制在20%以内。

（2）抗生素使用控制在50%以内。

（3）监测各项消毒灭菌效果使其达标。

（4）加强对一次性医用物品的管理。

（十）儿童保健工作制度

1. 目的

为加强对儿童保健规范化管理，落实专人责任制，加强计划、质量管理，提高儿童保健服务管理水平，特制定本制度。

2. 职责

（1）设有专人专科门诊负责辖区内新生儿、婴幼儿、托幼园所儿童保健工作、访视以及生命监测等工作。

（2）认真贯彻执行妇幼卫生的法律、法规，掌握辖区内妇幼卫生工作要求，开展妇幼保健基础工作。

（3）做好儿童保健门诊的各项常规工作，全日开放保健门诊，实行首诊负责制。

（4）建立本辖区0~6岁儿童健康档案，掌握本辖区儿童健康状况、5岁以下儿童生命监测工作，掌握辖区内出生活产数、5岁以下儿童死亡数及死亡原因。

（5）参加继续医学教育，不断更新知识，提高儿童保健服务水平。

（6）承担上级下达的各项儿童保健工作任务。

3. 掌握辖区内0~6岁儿童基本情况和健康状况，实行定期健康体检，并对体检结果进行综合评价。

4. 做好新生儿访视工作，指导家长做好新生儿喂养、护理和疾病预防等工作。

5. 对不同月龄和年龄的儿童进行血红蛋白、智力、视力测查、听力筛查和口腔检查，对检查结果异常的儿童进行登记、转诊、追踪和治疗。

6. 对检查中发现的营养不良、低出生体重儿、活动性佝偻病、缺铁性贫血等体弱儿进行专案管理，发现肥胖、矮小、性早熟、铅中毒、智能发育迟滞等发育偏离的儿童，建议其进行逐级转诊治疗。

7. 在儿童定期健康体检中发现的体弱儿，按照管理常规进行登记和管理。

8. 掌握辖区内托幼园所的基本情况，定期深入托幼园所进行计划免疫接种、传染病预防、卫生消毒、五官保健等工作的督促与指导。

9. 每年对报表进行统计分析，掌握辖区内妇幼保健的主要指标和妇女儿童的健康状况，开展敏感指标的动态分析，并进行双向信息反馈。

10. 每月5日前将上月的《围产儿情况调查表》、《出生缺陷儿登记表》报所在区市级妇幼保健所。

11. 在社区开展儿童保健信息的登记、统计、分析和上报工作，及时反馈基层工作中存在的问题，定期进行质量控制。

12. 在社区开展儿童保健教育活动，宣传母乳喂养及儿童常见病、多发病的防治等卫生科普知识。

（十一）妇女保健工作制度

1. 医院相关部门应按国家及社区管理的要求，承担社区内妇女保健知识的宣传和技术指导工作，做好孕产妇保健系统管理工作，使孕妇管理率达标。

2. 建立社区妇女基本情况档案卡，了解基本健康状况（姓名、性别、年龄、住址、单位、婚姻状况、月经情况、生育史、妇科疾患）。

3. 保健管理。

（1）设专人负责辖区内妇女保健相关信息收集与管理。

（2）孕前与孕产期保健管理与指导。

（3）妇女多发病防治与管理。

（4）避孕节育咨询与指导等妇女保健工作。

（5）做好早孕的建卡、建册及围产期保健工作。

（6）对高危孕产妇实行专案管理，管理率达到100%，病历和保健手册有标记，有追访；有分娩结局。

4. 掌握辖区内人口、已婚妇女、育龄妇女、孕产妇、人口出生、孕产妇死亡、围产儿死亡等基本情况，定期与相关部门进行核实。

5. 负责辖区内妇女常见疾病的筛查工作，对筛查情况进行登记，对筛查出的高危妇女进行随访治疗或转诊。

6. 开展预防常见妇科肿瘤和生殖道感染性疾病的健康教育，提高其自我保健意识和水平。

7. 做好妇女保健的培训和宣传活动，做到统一宣教资料，专人负责。

8. 负责为辖区内妇女提供妇女常见病、多发病的诊疗服务，开展妇女病防治工作。

（十二）计划生育技术指导工作制度

1. 目的

依据我国计划生育的政策，结合辖区的实际情况，为育龄妇女提供避孕节育技术服务，开展避孕节育知识宣传普及，特制定本制度。

2. 内容

计划生育技术工作，是用现代科学知识指导育龄夫妇有计划地生育、节育、优生。必须贯彻避孕为主的方针，推广综合节育措施。努力提高节育效果，降低手术并发症的发生率，保护受术者的安全与健康。

3. 避孕

（1）开展避孕节育咨询与指导，做好避孕节育方法的知情选择。

（2）指导育龄人群实施有效的避孕措施。做好性生活指导，提高已婚夫妇生活质量。

（3）提供避孕药具，做好相关药具的储存与保管。

4. 开展经常性的孕情监测服务，做好跟踪随访工作。

5. 开展育龄妇女计划生育手术并发症和药具不良反应的监测。

6. 做好计划生育技术服务相关数据的登记、汇总、统计与上报。

7. 对计划生育技术人员要加强思想教育和医德教育，树立全心全意为人民服务的思想，技术上要精益求精，一丝不苟，不断提高业务水平。

8. 对计划生育手术，要做好健康指导、保健咨询和疑难问题解答。

9. 加强考核管理。

（1）对宣教、门诊登记、手术记录、差错事故、咨询登记、出入院、转诊、会诊、抢救、随访、病历管理要进行考核及奖惩管理。

（2）对相关工作人员，要不断地加强业务学习，以提高其工作质量和工作效果。

10. 建立健全各级计划生育技术指导组，加强对育龄人员的培训和指导。

（十三）健康档案管理制度

1. 目的

为监测职工的健康状况，完善本院的健康保健工作制度，为社区和本院员工提供高效的身心保健服务，特制定本制度。

2. 适用范围

本制度适用于本院全体职工、离退休职工和来院教实习的人员。

3. 职责

（1）本院负责本管理制度的编制、修改和完善工作。

（2）本院对各名医护人员的健康档案进行集中的管理和维护。

（3）医务科负责健康档案建立的实施和整理工作；档案科负责健康档案的保管、借阅工作。

4. 档案的建立

（1）医务科负责对全院医院人员的健康档案的收集、整理、保管和更新工作。

（2）每次体检后，由医务科审核健康档案的记录和填写工作，合理的档案，及时统一送交档案室存档。

（3）本院各名医护人员的各期护理、医疗行为，均应同步更新到其健康档案中。

（4）档案室应将健康档案卡片分类管理、依序整理、装订成册。

（5）档案室应为各名员工建立名册索引，以便于能快速查找、使用其健康档案。

5. 健康档案的管理

（1）档案室应加强员工健康档案的保管，做好防水、防潮和防盗工作。

（2）档案室各名员工应加强保密工作，除员工本人外，不允许其他人随意翻阅、借阅。

（3）因治疗需要调阅员工档案的，需要由其主治医师申请，院长批准后，方可调阅员工档案。

6. 医院应为社区提供健康保健服务，形成的辖区内重点人群（老年、妇女、儿童）、弱势人群（孤寡、残疾、低保）、慢性非传染性疾病患者的健康档案，由档案室做分区管理。

7. 对患有高血压、糖尿病、冠心病、脑卒中、肿瘤的患者，应在健康档案袋上用红、绿、橙、蓝、黑色标识区分。

8. 健康档案由全科医师负责填写，项目齐全、字迹清晰、表述准确、不得随意涂改。诊疗记录按 SOAP（主观治疗、客观检查、评价、计划）要求书写。

9. 健康档案每年至少随访记录四次，进行动态管理。

10. 各科室应根据病种为员工和辖区居民提供健康统计、分析和服务活动。。

11. 根据科室医师对健康档案的分析意见，对其健康保健提供相应的服务意见。

12. 在健康档案建立中，各个科室、各个岗位应依照制度，相互协作，尽心尽职，努力为员工和居民提供高水平的医疗服务。

（十四）健康教育管理制度

1. 成立医院健康教育工作小组，贯彻落实上级有关部门对健康教育工作的各项要求，并结合实际情况制定健康教育工作计划。

2. 在健康小组的领导下，建立健全健康教育工作网络，制定工作计划，定期召开例会，举办各种形式的丰富多彩的健康教育活动。

3. 单位健康教育专兼职人员认真学习卫生法律法规和健康知识，参加相关业务培训，积极从事健康教育工作。

4. 健康教育应树立良好的科学健康行为理念，逐步改变人们不良的生活习惯，从而不断改善环境质量，提高生活质量、生命质量和整体素质。

5. 健康教育普及员应树立环保意识、公仆意识，努力提高医疗卫生知识水平和全民保健教育服务能力，以便于更好地服务于患者。

6. 办好健康教育宣传专栏，结合季节特点和阶段防病重点，定期更换内容；建立健康教育宣传板报、橱窗，每月推出更新后的有关各种疾病的科普知识，倡导健康的生活方式。

7. 医院应每月完成病区公休座谈会，资料及时上报，由医务科存档。

8. 开通社区健康服务咨询热线，提供健康心理和医疗咨询等服务。

9. 针对不同人群的常见病、多发病开展健康知识讲座，解答居民最关心的健康问题。

10. 发放各种健康教育手册、书籍，宣传普及防病知识。

11. 档案室完整保存健康教育计划、宣传板小样、工作过程记录及效果评估等资料，接受监督和考核。

（十五）老年保健工作制度

1. 职责管理。设专（兼）职人员负责老年保健工作，设立专（兼）职保健人员负责老年保健工作。

2. 管理程序

（1）对管辖区的老年人的基本情况和健康状况进行调查、登记和管理，根据各名老年人的实际状况建立健康档案，并实时更新信息。

（2）管理人员应做好信息的管理和持续跟进服务，建立网络，制定工作计划。

3. 对辖区内各社区的老年人的保健工作进行服务需求调研，服务效果评估。

4. 积极为辖区的老年人提供医疗护理、康复、保健服务及心理舒导和治疗服务。

5. 认真记录各次保健服务的信息，包括接受服务的老年人的姓名、年龄、健康状况（历次记录）、生活条件、家庭环境等，以便为进一步的服务提供创造条件。

6. 对患有疾病、慢性病的老年人提供保健服务，对其饮食、运动、合理用药、就医等提供保健指导。

7. 定期到辖区居民小区开展老人宣传保健知识讲座，现场提供义务安全检测，如免费测血糖、血压和生活保健信息服务。

8. 对生活不能自理的老年人，应提供定期的上门服务。

9. 充分利用家庭、居民组、社区和社会资源开展社区护理和康复指导。

10. 为老年人提供就医、保健指导，使其能合理使用医疗卫生资源。

11. 对于高危老人，进行健康指导、行为危险因素干预，为其健康提供最有效的保健方案。

12. 开展多种形式的健康培训，增强老年人对疾病的预防、自我保健、自救和他救等的能力。

13. 设立健康保健服务热线，有专业医师负责老年人保健指导。

（十六）慢性非传染性疾病管理制度

1. 目的

为了有效地了解慢性非传染性疾病发病的分布区域、病理特征和发病特征等，使用医院更多地积累临床管理经验，从而有效地改善慢病治疗效果，特制定本制度。

2. 慢性病发病登记报告

（1）设立慢性病发病登记报告，掌握主要慢性病（脑卒中、冠心病、高血压、糖尿病、恶性肿瘤及中枢神经系统良性肿瘤）的分布和流行特征。

（2）通过慢性病发病登记报告及时发现慢性病患者，以便基层医疗卫生机构对高血压、糖尿病等患者开展规范化管理。

（3）通过慢性病发病登记报告，掌握当地慢性病发病死亡的流行水平和变化趋势，为政府部门分析确定预防控制策略措施和评价防治效果提供科学依据。

3. 设专（兼）职人员管理慢性病工作，建立社区慢性病防治网络，制定工作计划。

4. 信息管理

（1）慢性病发病登记报告信息管理和使用必须遵守国家有关法律、法规以及当地卫生行政部门有关规定，不得擅自提供对外提供个案信息资料和发布有关数据。

（2）慢性病管理科室应建立完善报告资料信息管理制度，并指定专人负责慢性病发病登记报告信息管理工作，确保报告信息资料安全。

（3）《慢性病报告卡》和各种报表需有序放置，便于检索和核对。《慢性病报告卡》和报表等原始资料应至少存放 5 年，电子资料需 2 份备份永久保存。

（4）慢性病发病报告资料、人口学资料等实行辖区内共享的原则，辖区内各相关医疗单位、肿瘤防治部门、疾控中心等可以信息互通，相互验证、补充，实行资源共享。

5. 对社区高危人群和重点慢性病定期筛查，掌握慢性病的患病情况，建立信息档案库。

6. 对人群重点慢性病分类监测、登记、建档、定期抽样调查，了解慢性病发生发展趋势。

7. 针对不同人群开展健康咨询及危险因素干预活动，举办慢性病防治知识讲座，发放宣传材料。

8. 对本社区已确诊的五种慢病（高血压、糖尿病、脑卒中、冠心病、肿瘤）患者进行控制管理。为慢病患者建立健康档案，实行规范管理，跟踪随访，详细记录。

9. 建立相对稳定的医患关系和责任，以保证对慢病患者的连续性服务。

10. 重复报告。各科室每月对本单位的慢病报告数据进行一次查重工作，对于确定为重复报卡者可直接在数据表中进行合并修改或删除。

（十七）社区康复工作制度

1. 坚持公益性原则，对残疾人、老年人、慢病患者实行免费康复服务。

2. 开展康复需求调查，康复需求筛出率达 60% 以上，并对有康复需求的残疾人、老年人、慢病患者建立康复服务档案。

3. 基层康复

（1）基层康复接受社区康复站站长领导。

（2）基层康复员通过填写工作报告表接受社区康复站站长的考核和监督。

（3）基层康复员，每周 1 ~ 2 次到残疾人家中指导康复工作，包括功能训练、心理辅导等，每次时间不少于 30 分钟。

（4）康复工作应包括，了解家庭、训练员工作情况，并进行心理指导；了解残疾人训练后的反应和进一步康复的要求等。

4. 转诊上送制度

（1）凡遇到较复杂或困难的康复问题，若不能在社区内解决的，经基层康复站同意，要转送至县、市或省级康复中心、医院或职业康复辅助培训机构。

（2）在确定相应的康复计划后，基层康复员申请批准后，要进行必要的安排。

5. 开展社区残疾人健康状况调查，掌握残疾人的基本状况和康复需求，并建立社区残疾人基本数据档案，实施动态管理。

6. 对有康复需求的残疾人，建立康复档案，进行功能评估，制定康复计划，实施康复治疗和功能训练。

7. 康复管理

（1）积极为残疾人提供康复医疗、训练指导、心理疏导、知识普及、简易康复技术培训、简易训练器具制作、辅助器具服务和咨询、转诊转介、信息等康复服务，并如实做好记录，康复服务覆盖率达 90% 以上。

（2）培训残疾人及亲属，指导开展家庭康复训练工作。

8. 积极开展家庭康复训练指导工作，对残疾人及亲友开展康复知识培训和指导。

9. 社区康复开展后，每年作一个阶段性评估，每三年作一次工作总结性评估。

10. 利用各种方式宣传康复和残疾预防知识，动员社会力量参与社区康复服务。

（十八）突发公共卫生事件应急处理制度

1. 目的。依据国家相关规定，为了有效预防、及时控制和消除突发公共卫生事件的危害，保障公众身体健康与生命安全，维护医院的正常社会秩序，制定本条例。

2. 范围。本条例所称突发公共卫生事件（以下简称突发事件），是指突然发生，造成或者可能造成社会公众健康严重损害的重大传染病疫情、群体性不明原因疾病、重大食物和职业中毒以及其他严重影响公众健康的事件。

3. 监测和报告。根据国家相关规定，监测与预警工作应当根据突发事件的类别，制定监测计划，科学分析、综合评价监测数据。对早期发现的潜在隐患以及可能发生的突发事件，应当依照本条例规定的报告程序和时限及时报告。

4. 制定突发公共卫生事件应急预案，包括部门职责、监测、预警、报告、程序、应急处理等。

5. 定期对全员开展突发公共卫生事件应急处理相关知识与技能培训并组织演练。

6. 参加突发事件应急处理的工作人员，应当按照预案的规定，采取卫生防护措施，并在专业人员的指导下进行工作。

7. 发生突发事件后，相关人员应按国家相关规定，做好信息的传递、报告和保密工作。

8. 做好突发公共卫生事件物资储备，并进行动态管理。

9. 疫情报告。发生或可能发生传染病暴发、流行的重大食物和职业中毒事件；发生不明原因的群体性疾病；发生传染病菌种、毒种丢失的应在 2 小时内向所在区县卫生行政部门报告。

10. 突发公共卫生事件应急预案的启动应听从政府统一指令，服从统一指挥。

11. 提供医疗救护和现场救援，书写完整病历记录，协助转送患者。

12. 采取卫生防护措施，防止交叉感染和污染。

13. 在本院实施抢救同时，应立即向主管行政部门报告，必要时可越级上报。

14. 医院院长及院各职能部门领导为突发事件委员会成员，负责指挥并组织本院的一切力量，投入抢救工作。

15. 在突发事件中需要接受隔离治疗、医学观察措施的患者、疑似患者和传染病患者密切接触者在卫生行政主管部门或者有关机构采取医学措施时应当予以配合。

16. 实行 24 小时疫情值班制度。值班人员接到突发公共卫生事件报告时，要详细询问疫情和事故发生情况，认真做好疫情记录，并立即向分管领导和应急管理职能科室报告。

17. 加强突发公共卫生事件的应急处理工作的演练，每年应根据情况组织一次应急演练。

（十九）孕产妇保健工作制度

1. 由主管领导牵头，产科、儿科及有关科室负责人组成围产保健质量管理小组。

2. 妇产科会诊要按《孕产妇系统管理制度》的规定，做好孕产妇的产前检查，填写《孕产妇系统管理保健手册》。

3. 对产前检查中发现的高危孕妇，应在《孕产妇系统管理保健手册》的封面用红笔表明高危妊娠，做好高危因素的初评分和复评分工作，同时填写《高危妊娠监护卡》，并上报上级妇幼保健院。

4. 产房、病房医师或助产医师在《孕产妇系统管理保健手册》中认真填写分娩记录，并督促家属在7天内将《孕产妇系统管理保健手册》送交户口所在地的防保站，及时行产后视访。

5. 凡有孕产妇死亡（指怀孕开始至产后42天内），医院须填写省内统一样式的“孕产妇死亡登记卡”，并在24小时内向当地妇产保健机构报告，同时提供孕产妇死亡的全部原始病历，接受核实检查。

6. 建立健全孕产妇、围产死亡评审制度，定期进行孕产妇、围产儿死亡评审。

7. 帮助产妇在产后半小时内开奶，鼓励按需哺乳，实行母婴同室，做好母乳喂养的宣传指导。

8. 举办不同形式的孕产妇保健宣传活动，提高孕产妇的自我保健能力。

9. 为辖区户籍人口、常住人口中的妊娠妇女建立“母子健康档案”（母子保健手册），并进行早孕检查与指导。

10. 对孕产妇和围产儿进行访视，统计上报相关信息。

11. 做好孕产妇与围产儿生命监测与管理工作。

12. 对建册的孕妇进行高危筛查，筛查出的高危孕妇按要求进行登记、追访与管理。

13. 入户调查、核实本辖区内的孕产妇和围产儿死亡（含外地户口及外区户口）情况，填写死亡报告卡，及时上报。

（二十）职业病管理制度

1. 职业病防治目的

采用有效地预防、控制和消除职业病危害，加强职业病防护设施措施、设施建设，关注行业职工身体健康，特制定本制度。

2. 职业病术语

（1）职业病是指劳动者在工作及其他职业活动中，因接触职业危害因素而引起的，并列入国家公布的职业病范围内的疾病。

(2) 职业病危害是指存在于工作场所或者接触特定职业，对从事该职业活动的劳动者可能造成的健康损害或者其他的各种危害。

(3) 有害作业是指在施工生产环境和过程中，存在的可能影响到身体健康的因素，包括化学因素、物理因素和生物因素等。

3. 职业病防治原则

职业病防治工作坚持预防为主、防治结合的方针，实行分类管理、综合治理。

4. 多级组织管理职责

(1) 护理科负责对职业病防治实行民主管理和群众监督。

(2) 护理科负责职业危害因素的辨识、评价、制定职业危害防治措施，开展职业病的宣传、教育和职业病统计、报告和档案管理工作。

(3) 劳动人事部门负责对职业病患者调换工作岗位，安排休养。

(4) 各临床医技部门负责职业病防治措施的实施，对职业病防治设备进行经常检查、维护和宣期检测，保持设备正常运转，并按规定发给员工符合质量要求的个人卫生防护用品和保健食品。

5. 职业病防治管理

(1) 在医院做好有利于防治职业病和保护职工健康的新技术、新工艺和新材料的整理和宣传，加强对职业病危害及防护措施的推广。

(2) 对职业病工作场所，宣传其规章制度、操作规程、职业病危害事故应急救援措施和工作场所职业病危害素检测。

(3) 定期收集职业卫生基础资料，掌握本辖区用人单位职业病危害因素的分布与监测，职业健康检查及职业病发病、急性职业中毒事故的发生等相关工作的基本情况和动态变化。

(4) 采取多种形式开展职业卫生法律知识的宣传教育，为用人单位和劳动者提供职业病危害和防护知识咨询、教育和培训，提高劳动者的自我健康保护意识。

(5) 发现职业患者或疑似职业患者时，应及时报告上级卫生行政部门，并告知劳动者本人及用人单位。

(6) 建立辖区职业卫生档案目录，统一编号，实施计算机管理；定期检查核对档案的内容，记录变动情况。

(7) 督促用人单位建立健全职业卫生档案，并定期对档案进行检查指导。

6. 职业病诊断

(1) 职业病诊断应当依据职业病诊断标准，结合职业病危害接触史、工作场所职业病危害因素检测与评价、临床表现和医学检查结果等资料，进行综合分析做出诊断。

(2) 对不能确诊的疑似职业病患者，可以经必要的医学检查或者住院观察后，再做出诊断。

(3) 没有证据否定职业病危害因素与患者临床表现之间的必然联系的，在排除其他致病因素后，应当诊断为职业病。

（4）职业病诊断机构在进行职业病诊断时，应当组织三名以上取得职业病诊断资格的执业医师进行集体诊断。

（5）对职业病诊断有意见分歧的，应当按多数人的意见诊断；对不同意见应当如实记录。

（6）职业病诊断机构做出职业病诊断后，应当向当事人出具职业病诊断证明书。

①职业病诊断证明书应当明确是否患有职业病，对患有职业病的，还应当载明所患职业病的名称、程度（期别）、处理意见和复查时间。

②职业病诊断证明书应当由参加诊断的医师共同签署，并经职业病诊断机构审核盖章。

③职业病诊断证明书应当一式三份，劳动者、用人单位各执一份，诊断机构存档一份。

④职业病诊断证明书的格式由卫生部统一规定。

（7）用人单位和医疗卫生机构发现职业病患者或者疑似职业病患者时，应当按规定报告。确诊为职业病的，用人单位还应当向所在地县级劳动保障行政部门报告。

7. 职业病诊断档案

职业病诊断机构应当建立职业病诊断档案并永久保存，档案内容应当包括：

（1）职业病诊断证明书。

（2）职业病诊断过程记录：包括参加诊断的人员、时间、地点、讨论内容及诊断结论。

（3）用人单位和劳动者提供的诊断用所有资料。

（4）临床检查与实验室检验等结果报告单。

（5）现场调查笔录及分析评价报告。

8. 职业病鉴定和复议

（1）当事人对职业病诊断有异议的，在接到职业病诊断证明书之日起 30 日内，可以向做出诊断的医疗卫生机构所在地设区的市级卫生行政部门申请鉴定。

（2）设区的市级卫生行政部门组织的职业病诊断鉴定委员会负责职业病诊断争议的首次鉴定。

（3）当事人对设区的市级职业病诊断鉴定委员会的鉴定结论不服的，在接到职业病诊断鉴定书之日起 15 日内，可以向原鉴定机构所在地省级卫生行政部门申请再鉴定。

（4）省级职业病诊断鉴定委员会的鉴定为最终鉴定。